本书获中国社会科学院老年科研基金资助

中国的经济起飞实验
——新中国工业化回望录
（1958–1965）

马泉山 ◎ 著

ZHONGGUO DE JINGJI QIFEI SHIYAN
XINZHONGGUO GONGYEHUA HUIWANGLU
（1958–1965）

中国社会科学出版社

图书在版编目（CIP）数据

中国的经济起飞实验：新中国工业化回望录：1958—1965 / 马泉山著．—北京：中国社会科学出版社，2020.11

ISBN 978-7-5203-2283-6

Ⅰ.①中… Ⅱ.①马… Ⅲ.①工业经济—经济史—中国—1958-1965 Ⅳ.①F429.07

中国版本图书馆 CIP 数据核字（2018）第 065196 号

出 版 人	赵剑英
责任编辑	张　林
特约编辑	张　虎
责任校对	周晓东
责任印制	戴　宽
出　　版	中国社会科学出版社
社　　址	北京鼓楼西大街甲 158 号
邮　　编	100720
网　　址	http://www.csspw.cn
发 行 部	010-84083685
门 市 部	010-84029450
经　　销	新华书店及其他书店
印　　刷	北京明恒达印务有限公司
装　　订	廊坊市广阳区广增装订厂
版　　次	2020 年 11 月第 1 版
印　　次	2020 年 11 月第 1 次印刷
开　　本	710×1000　1/16
印　　张	33.25
插　　页	2
字　　数	550 千字
定　　价	188.00 元

凡购买中国社会科学出版社图书，如有质量问题请与本社营销中心联系调换
电话：010-84083683
版权所有　侵权必究

目 录

前 言 ·· (1)

绪 论 ·· (1)
 第一节 人类社会的经济飞跃现象与罗斯托的经济起飞概念 ······ (1)
 第二节 毛泽东的经济发展观 ·· (6)

第一篇 起飞前奏

第一章 加快发展的提出与反复 ·· (13)
 第一节 加快发展问题的提出 ·· (13)
 第二节 1958年"大跃进"的预演 ·· (21)
 第三节 中央一线领导人的反冒进与毛泽东的保留 ···················· (24)
 第四节 一举扭转"一五"计划执行中的被动 ··························· (26)

第二章 单有经济战线的社会主义革命还不够 ···························· (29)
 第一节 决策层关于"波匈事件"教训的不同关注点 ···················· (29)
 第二节 还要有政治思想战线上的社会主义革命 ························ (34)
 第三节 适当收缩下部分计划指标的被突破 ···························· (36)

第三章 从"挡水"到加快发展再号召 ···································· (38)
 第一节 周恩来的反思 ·· (38)
 第二节 寄望中下层的促进 ·· (41)

第三节　两个基本估计 …………………………………………（43）

第四章　"赶超"英国口号的提出 ……………………………（44）
　　第一节　有利的政治经济形势 …………………………………（44）
　　第二节　莫斯科会议的激励 ……………………………………（46）
　　第三节　一个形象化的口号："赶超"英国 ……………………（49）

第五章　由下而上和从上到下的互动 ……………………………（51）
　　第一节　加快发展思想找到了自己的表达形式 ………………（51）
　　第二节　直接诉诸广大群众的号召 ……………………………（53）
　　第三节　从认识论角度总结经验教训 …………………………（56）
　　第四节　社会主义建设总路线的形成 …………………………（63）

第二篇　"大跃进"的三年

第六章　第二个五年的原定任务 …………………………………（69）
　　第一节　关于中国工业化的设计 ………………………………（69）
　　第二节　十五年远景规划的讨论 ………………………………（73）
　　第三节　党的八大关于"二五"计划建议 ………………………（76）

第七章　大炼钢铁与公社化运动并进 ……………………………（84）
　　第一节　催人奋进的跃进形势与北戴河会议 …………………（84）
　　第二节　农业"大跃进"与人民公社化运动 ……………………（94）
　　第三节　工业"大跃进"与钢铁翻番 ……………………………（106）
　　第四节　探索适合中国情况的经济体制和管理模式 …………（113）

第八章　八个月调整 ………………………………………………（120）
　　第一节　毛泽东的热与冷 ………………………………………（120）
　　第二节　要求四级领导读两本书 ………………………………（122）
　　第三节　人民公社"一大二公"体制的部分修正 ………………（128）

第四节　降低过高指标压缩过急任务 …………………………（135）
　第五节　做报纸的工作 ………………………………………（152）
　第六节　1959年上半年的经济活动与经济走势 ……………（157）

第九章　难以为继的继续跃进 …………………………………（164）
　第一节　纠"左"的转向 ………………………………………（164）
　第二节　农业的预警 …………………………………………（179）
　第三节　1960年继续"大跃进"的受阻 ……………………（188）

第三篇　意外的经济危机

第十章　马克思主义经济危机理论的方法论意义 ……………（215）
　第一节　马克思、恩格斯怎样剖析资本主义经济危机 ………（215）
　第二节　列宁、斯大林将危机概念引入社会主义经济分析 …（217）

第十一章　农业歉收引起的粮食危机 …………………………（220）
　第一节　粮食增产期望一再落空 ……………………………（220）
　第二节　农业再生产能力削弱 ………………………………（221）

第十二章　国民经济危机的爆发 ………………………………（223）
　第一节　农业危机向工业部门传导 …………………………（224）
　第二节　国民经济自由落体式下跌 …………………………（224）
　第三节　经济危机的一种特殊形态 …………………………（228）
　第四节　一个纠结的问题 ……………………………………（230）

第四篇　同严重困难的斗争

第十三章　扭转局面的关键一招：从农业抓起 ………………（241）
　第一节　由"大跃进"到收缩调整的再次转变 ……………（242）
　第二节　农业问题的两个方面 ………………………………（247）

第三节　找出了糊涂六年的症结 ……………………………… (253)

第十四章　整个国民经济的调整与一系列工作条例的推出 ……… (260)
　　第一节　设想在重工业现有生产水平上调整的失败 ………… (260)
　　第二节　"退够站稳"有利于调整 ……………………………… (262)
　　第三节　不能失去前进的方向和信心 ………………………… (264)
　　第四节　工业探底与农业企稳回升的意义 …………………… (270)

第十五章　决战动员与紧要关头的八届十中全会 ……………… (274)
　　第一节　不寻常的"七千人大会"及会议导向的差异 ………… (274)
　　第二节　新增赤字引发的"地震" ……………………………… (312)
　　第三节　内外敌对势力的挑衅与应对 ………………………… (326)
　　第四节　农业发展道路问题的波澜 …………………………… (328)
　　第五节　中共八届十中全会和毛刘相得益彰的决断 ………… (339)

第十六章　经济的复苏与三年过渡阶段的谋划 ………………… (352)
　　第一节　1962年国民经济计划完成情况 ……………………… (352)
　　第二节　经济再平衡与"超调"假定 …………………………… (354)
　　第三节　三年过渡阶段的任务 ………………………………… (362)

第十七章　国民经济的恢复性增长与内涵式发展 ……………… (372)
　　第一节　继续调整与再生产理论 ……………………………… (372)
　　第二节　伴随复苏的发展 ……………………………………… (375)
　　第三节　跃进的另一重含义和"大跃进"的新诠释 …………… (377)
　　第四节　承前启后的1965年与过渡阶段结束时的国民经济 … (379)

第十八章　旨在巩固提高的举措及其效果 ……………………… (385)
　　第一节　充实国民经济的"瓶颈"部门与薄弱环节 …………… (385)
　　第二节　继续改革经济管理体制 ……………………………… (388)
　　第三节　迈出从西方引进先进技术设备第一步 ……………… (404)

第十九章 "大跃进"年代的自然灾害与救灾 ………………………… (406)
第一节 中国农业的重要性与脆弱性 ………………………… (406)
第二节 1959—1961年的自然灾害及其特点 ………………… (409)
第三节 国家的紧急救灾措施 ………………………………… (412)

第五篇 起飞实验的综合观察

第二十章 概说 ………………………………………………… (419)
第一节 宝贵的收获 …………………………………………… (419)
第二节 不平坦的道路 ………………………………………… (420)
第三节 现行统计中一个有待商榷的问题 …………………… (421)

第二十一章 1958年的考察 …………………………………… (424)
第一节 1956年的示范效应 …………………………………… (424)
第二节 高昂的代价 …………………………………………… (426)
第三节 不一般的成就 ………………………………………… (430)
第四节 评析 …………………………………………………… (442)

第二十二章 1958—1960年的考察 …………………………… (447)
第一节 得在哪里 ……………………………………………… (447)
第二节 失在哪里 ……………………………………………… (458)
第三节 不能省却的一笔补偿性投入 ………………………… (462)

第二十三章 1958—1965年的整体考察 ……………………… (467)
第一节 作为发展周期的1958—1965年 ……………………… (467)
第二节 基本问题在于中国工业化道路仍在探索中 ………… (471)

第二十四章 1956—1965年十年建设成就 …………………… (474)
第一节 1956—1957年竣工投产的建设项目 ………………… (474)
第二节 1958—1960年竣工投产的建设项目 ………………… (475)

第三节　1961—1962 年继续施工的建设项目 …………………… (476)
第四节　1963—1965 年建设的部分重要项目 …………………… (479)
第五节　典型案例分析 …………………………………………… (480)

结　语 ………………………………………………………………… (504)

参考文献 ……………………………………………………………… (509)

表目录

表 5—1　1956 年反冒进前后几个省份兴修水利情况 …………… (57)
表 6—1　《国民经济十五年远景规划纲要》里 1967 年的主要经济
　　　　指标 …………………………………………………………… (75)
表 6—2　1962 年主要的重工业产品计划产量 ……………………… (80)
表 6—3　1962 年主要的轻工业产品计划产量 ……………………… (80)
表 6—4　1962 年主要的农业产品计划产量 ………………………… (81)
表 6—5　1962 年主要牲畜计划数量 ………………………………… (81)
表 12—1　1960—1962 年显示的中国经济状况（1）……………… (224)
表 12—2　1960—1962 年显示的中国经济状况（2）……………… (225)
表 12—3　1949—1962 年自然灾害同一些年份比较 ……………… (234)
表 12—4　1962—1965 年自然灾害及农业收成 …………………… (236)
表 16—1　1962 年完成工农业总产值同调整计划比较 …………… (353)
表 16—2　1962 年工农业主要产品实际产量同调整计划比较 …… (354)
表 16—3　1962 年工农业总产值指数同 1953 年以来的比较 …… (355)
表 16—4　1962 年工农业主要产品产量指数同前三年比较 ……… (355)
表 16—5　1962 年主要农业机械拥有量 …………………………… (365)
表 16—6　1962 年化肥施用量小水电站和农村用电量 …………… (365)
表 17—1　1965 年工农业总产值指数与历史比较 ………………… (381)
表 17—2　1965 年工农业总产值构成与 1957 年以来各年比较 … (381)
表 17—3　1965 年粮棉钢煤产量与 1957 年以来各年比较 ……… (382)
表 17—4　1957 年以来积累、财政收支、基建拨款占比变化 …… (382)
表 21—1　1958 年粮食等农作物产量两次统计结果比较 ………… (438)
表 21—2　1958 年大牲畜和小家畜饲养量两次统计结果比较 …… (438)

表21—3　1958年交通运输和邮电两次统计结果比较 …………（438）
表22—1　"一五"期间和"二五"计划前三年主要工业生产指标
　　　　　增长情况对照表………………………………………（448）
表22—2　1960年实绩同党的八大建议的1962年水平比较表……（450）
表22—3　1957—1960年现代生产设备增加情况 ………………（452）
表22—4　1958—1960年累计新增生产能力 ……………………（453）

前　　言

本书是"新中国工业化回望录"的第二卷，以回望中华人民共和国从社会主义改造基本完成到"文化大革命"前夕的十年，特别是1958—1965年八年的工业化历程为主要内容。

实现国家的工业化，是近代以来中华民族几代人历经磨难而终无所获的美好愿望，在毛泽东的领导下，新中国用不到30年的时间，就把一个贫弱的农业国建设成为一个具有独立的、比较完整的工业体系和国民经济体系的社会主义的工农业国，把"两弹一星"送上天，以它辉煌的光焰屹立于世界。

新中国的工业化有着时代的特点以及特定的制度内涵。它同现今西方发达国家与资本主义化相结合的情况不同，是与社会主义相结合的模式。依靠社会主义制度的优越性，极大地激发了人民群众的首创精神和工作积极性。这是它能够战胜各种困难，赢得高速度发展的根本原因。

新中国前30年的发展充满坎坷。有来自外部设置的障碍，也有自己的失误。有成功，也有挫折，甚至是严重的挫折。但是，无论什么情况，都没有能够阻挡它前进。回望过去，放眼未来，不禁使我们备感自信。

从社会主义改造基本完成到"文化大革命"前夕的十年，1956年至1965年，是中国共产党领导全国各族人民开始转入全面地、大规模地社会主义建设的重要时期。也是毛泽东"以苏为鉴"，探索加快发展的中国工业化道路的重要时期。[①] 这一时期尽管遭遇过严重的曲折，正如《中国

[①] 1956年主要是完成了生产资料所有制方面的社会主义改造任务，政治思想战线上社会主义革命的决定胜利是1957年，中国共产党领导全国人民真正全神贯注地向大自然开战，转入全面地、大规模地建设社会主义，是1958年。在这个意义上，本书断代1958—1965年，叙述上限则延伸到1956年。

共产党中央委员会关于建国以来党的若干历史问题的决议》所指出，仍然取得了很大的成就，积累了领导社会主义建设的重要经验。不论是正面的经验，还是反面的教训，都是我们宝贵的财富。

一

本书以《中国的经济起飞实验》命名。"经济起飞"概念，是美国一位经济学家提出来的。由英国 18 世纪下半叶开始的同资本主义相结合的工业革命，揭开了人类工业化历史的新篇章。这是由手工生产向机器生产、农耕文明向工业文明、传统社会向现代社会转变的社会经济大变革。伴随它们的，则是社会生产力的飞跃现象。马克思和恩格斯在《共产党宣言》里，对资本主义在不到一百年时间所创造的惊人的生产力的褒扬，指的就是这一事实。后来，美国经济学家 W. W. 罗斯托在研究这一现象时，把它定义为"经济起飞"。中国在完成民主革命和生产资料所有制的社会主义改造以后，致力于加快发展，加速推进社会主义工业化进程。撇开社会制度因素，同当年英国等国家工业革命所面临的情况和所要解决问题，在许多方面是很相像的。笔者点明中国这次经济起飞的"实验"性质，是基于毛泽东当年曾经说，对于社会主义建设总路线和"大跃进"他还要"观察"，要经受实践的检验。就是说，可能成功，也可能失败，或者兼而有之。后来的发展，果然是这样。1981 年 6 月 27 日中国共产党第十一届中央委员会第六次全体会议一致通过的《中国共产党中央委员会关于建国以来党的若干历史问题的决议》，关于这一时期的分析和评价，一分为二，既肯定主导的方面，又指出其严重的失误。

上述《决议》说："社会主义改造基本完成以后，我们党领导全国各族人民开始转入全面的、大规模的社会主义建设。直到'文化大革命'前夕的十年中，我们虽然遭到过严重挫折，仍然取得了很大的成就。以一九六六年同一九五六年相比，全国工业固定资产按原价计算，增长了三倍。棉纱、原煤发电量、原油、钢和机械设备等主要工业产品的产量，都有巨大的增长。从一九六五年起实现了石油全部自给。电子工业、石油化工等一批新兴的工业部门建设了起来。工业布局有所改善。农业的基本建设和技术改造开始大规模展开，并逐渐收到成效。全国农业用拖拉机和化肥使用量都增长六倍以上，农村用电量增长七十倍。高等学校的毕业生为前七年的四点九倍。经过整顿，教育质量得到显著提高。科学技术工作也有比较突出的成果。"《决议》在列举这一系列重大成就后肯定说："总之，我们现在赖以进行现代化建设的物质技术基础，很大一部分是这个期间建设起来的；全国经济文化建设等方面的骨干力量和他们的工作经验，大部分也是在这个期间培养和积累起来的。这是这个期间党的工作的主导方面。"

接着，《决议》对于这一时期的失误作了如下分析："这十年中，党的工作在指导方针上有过严重失误，经历了曲折的发展过程。"在经济工作方面，《决议》特别指出："一九五八年，党的八大二次会议通过的社会主义建设总路线及其基本点，其正确的一面是反映了广大的人民群众迫切要求改变我国经济文化落后状况的普遍愿望，其缺点是忽视了客观的经济规律。在这次会议前后，全党同志和全国各族人民在生产建设中发挥了高度的社会主义积极性和创造精神，并取得了一定的成果。但是，由于对社会主义建设经验不足，对经济发展规律和中国经济基本情况认识不足，更由于毛泽东同志、中央和地方不少领导同志在胜利面前滋长了骄傲自满情绪，急于求成，夸大了主观意志和主观努力的作用，没有经过认真的调查研究和试点，就在总路线提出后轻率地发动了'大跃进'运动和农村人民公社化运动，使得以高指标、瞎指挥、浮夸风和'共产风'为主要标志的左倾错误严重地泛滥开来。从一九五八年底到一九五九年七月中央政治局庐山会议前期，毛泽东同志和党中央曾经努力领导全党纠正已经觉察到的错误。但是，庐山会议后期，毛泽东同志错误地发动了对彭德怀同志的批判，进而在全党错误地开展了'反右倾'斗争。八届八中全会关于所谓'彭德怀、黄克诚、张闻天、周小舟反党集团'的决议是完全错误的。这场斗争在政治上使党内从中央到基层的民主生活遭到严重损害，在经济上打断了纠正左倾错误的进程，使错误延续了更长时间。主要由于'大跃进'和'反右倾'的错误，加上当时的自然灾害和苏联政府背信弃义地撕毁合同，我国国民经济在一九五九年到一九六一年发生严重困难，国家和人民遭到重大损失。"①

在人类历史上，每一次社会经济大变革，都必然引起社会生产力的大

---

① 《中国共产党中央委员会关于建国以来党的若干历史问题的决议》，人民出版社1981年版，第16、18—19页。

发展，即所谓飞跃现象，只不过比起社会主义制度下的情况，资本主义就要逊色一些了。美国在工业化时期（1820—1900年），工业发展速度比其他资本主义国家要快，但每年平均增长速度也只为5.8%—7.2%。① 我国在1956—1965年虽然经历严重挫折，工业总产值按可比价格计算，平均每年仍然增长11.0%。② 全民所有制工业固定资产原值1957年比1952年增长1.54倍，1965年比1957年增长2.53倍。③ 这说明，中国经过两次革命，获得了解放的社会生产力开始释放出更巨大的能量。正是在这个意义上，笔者尝试从经济起飞的视角观察这一时期的中国经济发展和工业化进程，探寻其固有的规律，从中研究它的正反两方面的经验，汲取教益。这是一个新问题。能否站得住，深望学界同仁指教。

二

紧步1958年"大跃进"和农村人民公社化运动，1959—1961年中国陷入三年严重经济困难，工农业生产大幅度下降。这是当代中国经济史研究中的一个重大问题。本书尝试运用马克思主义经典作家关于经济危机的一般理论，揭示这一不同寻常的经济现象，认为在经济危机一般的意义上，它实际上也是一场经济危机，但与资本主义那种周期性生产过剩危机不同。其原因，主要是自然灾害和工作失误导致农业严重歉收引发的粮食危机，进而向工业部门传导，酿成整个国民经济的危机，苏联政府背信弃义地撕毁合同，加重了它的严重程度。笔者把它定义为同社会主义基本制度无关的特殊形态的经济危机。这一研究的意义在于说明，建立在生产资料公有制基础上的社会主义经济制度，不是仅仅具有优越性的一面，例如，惊人的资源动员能力和按照需要有计划配置资源的可能性；而且在一定的条件下，例如，超出人类抵御能力的自然灾害的袭击，以及经济工作如果在较长时间内或者在较为严重的程度上违背客观经济规律和自然规律，同样会发生经济危机，更不要说天灾与"人祸"的同时夹击。它启示我们，必须保持清醒的头脑，并有必要的准备和储备。这也是不久以

---

① 转引自黄松龄《我国解放后十三年来工业和农业的相互关系问题》，载天津社会科学院经济研究所资料室《经济问题参考资料》第4期（总第11期），1980年4月24日，第12页。
② 国家统计局：《中国统计年鉴（1984）》，中国统计出版社1984年版，第24页。
③ 同上书，第19页。

后，毛泽东提出备战备荒为人民战略方针的重要背景之一。

迄今，对于那场严重经济困难即本书所称经济危机原因的探讨，有多种方法。笔者从比较的角度，应用"假设"的方法求证，认为天灾同"人祸"[①]相比，是更为重要的因素。在某些局部地区、局部环节上，"人祸"可能是主要的因素，但从危机的整体看，如通常所说，天灾是"压倒骆驼的最后一根稻草"，即最终形成危机的决定性原因。[②]在历史问题的研究中，人们并不一般地拒绝应用"假设"的方法求证某一论断或结论。《中国共产党中央委员会关于建国以来党的若干历史问题的决议》作出"如果没有'文化大革命'，我们的事业会取得大得多的成就"[③]的论断，就是使用的这种方法。

三

在中国这样一个人多地少，又是处在工业化初期阶段的国家，1959年到1961年连续三年遭遇百年不遇的自然灾害，对国计民生的影响是巨大的，有必要进行专题性研究。本书第十九章设专章讨论"'大跃进'年代的自然灾害与救灾"，并运用"新旧对比"方法，论列中国共产党和人民政府领导的这场抗灾和救灾斗争，是历代王朝、民国政府不可比拟的。离现在最近的旧中国1942—1943年蒋介石政府执政时期，曾有过一次中原大饥荒。当时灾害的严重程度和范围都不及1959—1961年，造成的危害和后果却骇人听闻。仅河南一省3400万人口中就因饥饿死亡300万—500万人（据一位国民党省参议和美国记者白修德所说，因饥饿死亡人口达500万人）。笔者曾亲历那次荒年，时年七八岁。目睹贫者卖儿鬻女的人间悲剧（邻居一家无子，就买了一个骨瘦如柴的小男孩），富者趁贱价

[①] "人祸"一词是毛泽东当年首先使用的。按词源解释，祸的本义是"灾害""灾难"，亦谓"作祸""为害"。毛泽东借用它显然是就当时工作上的缺点错误给党和人民的事业造成的危害而言，不是它的本意。是好心办了并不都是良好的事，"为人民服了不好的务"。应该加引号，有时为简便省略了。

[②] 国史学家陈东林《从灾害经济学角度对"三年自然灾害"时期的考察》一文（《当代中国史研究》2004年第1期），以1957年为参照系，用定性分析和定量分析相结合的方法，关于这一问题的研究成果，也持有这种看法。

[③] 《中国共产党中央委员会关于建国以来党的若干历史问题的决议》，人民出版社1981年版，第30页。

收买土地。那时，离我家不远的一家店铺依然有米、面出售，沿街照常有叫卖熟食的挑担小贩，却增加了不少乞讨者，啼饥号寒惨死街头已不稀罕。新中国1959年以后的几年，事前依靠国家和人民公社集体力量抗灾，减轻损失；事后又组织救灾，尽力降低灾害的危害程度。局部地区发生的人口非正常死亡情况，主要是"营养性死亡"。这是江苏师范大学孙经先教授研究这一问题提出的概念，是否妥当，还可以斟酌和讨论。其含义主要是指营养性疾病（浮肿病等）死亡、营养性疾病合并其他疾病死亡，也包括"完全性饥饿死亡"（即"饿死"）。但包括在"营养性死亡"数字中，真正属于"饿死"（完全性饥饿死亡）的只是其中的一小部分。[①] 这可能比"非正常死亡"的概念要精当些，因为其他意外死亡也属于"非正常死亡"。更重要的是，它有助于区别旧中国荒年的情况。在旧社会制度下，一遇荒年，虽然也有官方的救灾和民间义赈一类的做法，作用有限，不能避免农民因灾破产、因灾家破人亡的悲惨命运；荒年反而成为权势者与财主们巧取豪夺、兼并土地的好机会。区分上述两种情况的不同性质，是很必要的。1959—1961年三年经济困难时期，从国家领导人到全国人民，除区别城乡和不同工种，一律按低标准配给基本口粮，保证大家渡过灾荒。假如不是这样，而是像旧社会那样，一些人吃得饱甚至照旧美味佳肴，另一些人的景况就难以想象了。

四

关于本书的结构：

前言，是有关本书的几点说明。

绪论，论列人类社会固有的经济飞跃现象和经济起飞概念的由来以及毛泽东的发展观。

正文部分，分五篇：

第一篇，起飞前奏。用五章说明起飞的历史前提、思想理论等方面的准备及"大跃进"局面的形成。1956年的加快发展，后被周恩来概括为"跃进的发展"，其实是1958年"大跃进"的预演。它积累了正反两方面的经验，是决策层达成共识的必要环节。没有这一阶段的实践，很难理解

[①] 孙经先：《"饿死三千万"不是事实》，载《中国社会科学报》2013年8月23日A07版。

此后三年全党上下全神贯注地领导一场"大跃进"运动。

第二篇,"大跃进"的三年。从第六章到第九章分四章叙述,包括第八章专门论列实为主动进行经济调整工作的"八个月纠'左'"。可惜功亏一篑,导致更为严重的后果。

第三篇,意外的经济危机。本书把三年严重经济困难看作一场经济危机。说它是"意外的",不仅是指它具有偶然性的特点,还在于传统社会主义观念里根本不承认它有存在的理由。第十章,在简要说明马克思主义经典作家关于经济危机的一般原理后,第十一章和第十二章用两章分析危机的起因及主要表现。

第四篇,同严重困难的斗争。叙述党和政府领导全国人民战胜经济危机的斗争。这场危机的要害,也是影响和决定危机主要过程的决定性因素,是全国性的粮食短缺,六亿人口的口粮严重不足。当时的中国,面临以美帝国主义为首的帝国主义阵营的全面封锁,苏联赫鲁晓夫统治集团乘机发难,落井下石,更加重了困难的程度。即使没有这些因素,中国有限的外汇,世界粮食市场的可能情况,对于几亿人口的中国来说,出路只能是主要靠自己解救自己。在第十三章,专门论列毛泽东继续亲自动手抓农业,由此突破,带动和推进经济调整全局活起来。第十四章叙述整个国民经济的调整。第十五章叙述"七千人大会"和中共八届十中全会的主要情况及其在经济调整中的地位和作用。第十六章到第十八章叙述国民经济的复苏以及此后的三年过渡阶段。第十九章专章讨论这一时期的自然灾害与救灾问题。

第五篇,起飞实验的综合观察。本篇首先对1958年"大跃进"和1958—1960年三年"大跃进"分别设专章审视,进而把1958—1965年作为一个整体加以观察。前三年的"大跃进"和后五年的调整相辅相成,可视为国民经济波浪式运行的一个周期。在这一周期结束时的1965年,在第一个五年计划的基础上,过渡时期总路线规定的用大约十五年的时间即三个五年计划初步实现社会工业化的目标,按当时的理解和要求衡量,在很大程度上已经提前实现。它的主要标志是:初步建立起一个具有相当技术水平和规模的工业体系和机械制造工业体系,并开始有了自己的高新技术产业,一举突破国防尖端,爆炸了独立研制的原子弹。这是发达资本主义国家曾用四五十年甚至是上百年才走完的路。在同一时期里,一些较大的发展中国家在工业化的道路上也都没有取得这样大的发展成就。经济调整之所以用了五年长时间，除却天灾肆虐的因素，有相当一部分时间和一部分追加的资金投入，是用来解决三年大发展中的填平补齐问题，因而理应当作不能省却的一笔补偿性投入对待。没有几年的大灾，调整不至于延续五年的时间。

此外，笔者在本篇还提出一个关于"二五"计划期的统计数据处理问题。在国民经济实际运行中，原定"二五"计划期已经成为两个不同的阶段。国务院总理周恩来在 1964 年的政府工作报告里，已经做了这样的区分。现行统计方法仍作为完整计划期，难以反映历史原貌，且易产生误导作用，有必要引起有关方面的重视。

五

有必要说明，拙作承蒙国家新闻出版广电总局出版管理司和中共中央党史研究室专家审看，提出不少宝贵意见，在此深表感谢！

本书的构思是一次尝试。所持看法能否站得住，也有待于检验。期望批评指正。

本书讨论内容，不包括中国香港、中国澳门和中国台湾地区。

作者
2015 年 4 月 15 日
2017 年 4 月 5 日修改

绪　　论

在展开正文以前，有必要就引入的经济起飞概念有一个交代，同时说明我们是在什么意义上使用这一概念的。

第一节　人类社会的经济飞跃现象与罗斯托的经济起飞概念

一　人类经济社会固有的飞跃现象

人类社会发展的历史，也是生产发展的历史，是人类不断认识自然与改造自然的历史。人在同自然界的斗争中，总是结成一定的生产关系，又总是力图用较少的劳动获取较多的收获，或者用同样多的付出谋求更大的成果。历史上一种新的生产方式的出现，或者新型劳动组织形式的诞生；人类认识自然与改造自然的每一次重大发现或一项重要生产技术和生产工具的发明，都会在或长或短的时间内释放出更大的能量，促使社会生产的发展和财富的增加远胜过以往。例如，远古的几次社会大分工，最初历法的出现对农业耕作技术进步的意义，铁犁的发明及深耕法的推广，手工纺车与织机的制作成功与普遍采用，甚至大规模集合劳动方式的应用，都具有这样的作用。在中国的历史长河中，在繁荣经济、抵御自然灾害中发挥了巨大作用的南北大运河，以及都江堰等伟大水利工程的修建，应该说，都是大规模集合劳动的成果。没有这种"集合劳动"方式，在古代要兴修这些工程是不可想象的。社会生产的每一次重大进步，无不是一种质的飞跃现象。只不过在漫长的古代社会里，这种情况并不常有，更多的是发展迟缓，甚至停滞不前。

二 罗斯托对18—19世纪工业革命的研究

历史进入近代，伴随新生资产阶级在欧洲北美几个主要国家陆续登上政治舞台，发生显著变化。它们利用自己的政治统治，加紧推进资本主义关系的发展，并纷纷起而效仿发端于英国的工业革命，开始了农业社会向工业社会的转变。一改往日的情景，社会生产力仿佛像是一种魔力在驱动着一样，以惊人的速度发展，社会财富迅猛增加。

在英国，从18世纪下半叶开始的以机器排挤手工劳动、现代工厂制度取代手工工场和家庭作坊的经济大变革，被称为工业革命（或产业革命）。它经历了将近一个世纪，到19世纪40年代机器大工业一跃成为国民经济的主导产业，钢铁、煤炭和机器制造等重工业占有越来越重要的地位，被认为是完成了它的使命，英国也成为当时世界头号工业强国。机器的发明和应用不仅引起工业生产的革命，而且深刻地改变着社会经济面貌。伴随现代工厂制度的确立，机器生产的广泛采用，生产本身从一系列的个人行动变成一系列的社会行动。产品也从个人的产品变成社会的产品。过去是个体分散进行的生产，转变为较大规模的社会化生产。工厂内部的分工，既是以社会分工为必要前提，又推动着社会分工的发展，进一步排挤小生产，把国民经济各部门日益紧密地连接成一个整体，使生产真正具有社会化的性质。以机器生产为基础的社会化的生产和生产的社会化性质，成为显著不同于先前任何一种生产方式的标志。这是19世纪人类经济社会的现代化过程。正如马克思说："各种经济时代的区别，不在于生产什么，而在于怎样生产，用什么劳动资料生产。劳动资料不仅是人劳动力发展的测量器，而且是劳动借以进行的社会关系的指示器。"① 在这个意义上可以说，英国工业革命具有划时期的意义，它吹响了人类历史由农业社会向工业社会进军的号角。这是每个国家和民族迟早都将面对的历史任务，必须经历的转变过程。

工业革命首先在英国发生，而不是发生在资本主义发育更早的地中海沿岸和葡萄牙、西班牙、荷兰几个国家，不是偶然的。在英国，资产阶级革命早在17世纪80年代就已经完成。这个发生在1688年到1689年的革命，常常被英国史学家描绘为"光荣革命"。它标志着英国封建专制政体

---

① 《马克思恩格斯全集》第23卷，人民出版社1972年版，第204页。

的最后解体。资产阶级革命的完成，为资本主义生产方式的最终确立扫除了障碍，为生产力的发展，为工业革命开辟了道路。资产阶级利用自己的政治统治，一方面推进工业革命，确立现代工厂制度；另一方面加紧剥夺小农，在农业中推进资本主义关系的发展。早期资本主义经济是建立在简单协作和工场手工业的基础上的，就协作和分工的意义上，扩大了生产的规模，提高了劳动的生产率；但在主要以手工劳动为特征这一点上，还不能说完全脱离了中世纪。真正使资本主义生产方式显示出自己的崭新面貌，根本不同于先前任何一种生产方式的，应归功于工业革命，即机器的发明和应用，特别是工具机的发明和应用。它克服了人自身身体器官（人手）数量的极限，能够极大地提高劳动生产率。机器生产以远比手工生产先进的优势，迅速代替它而占据着社会生产的主要地位，促成了农业文明向现代工业文明的转变。作为工业革命的产物，资本主义的现代工厂制度确立起来了。在这里，在机器生产中，资本主义生产方式找到了它的典型形态。与此同时，在1760年到1850年，英国农村的"圈地"过程进行得也很迅速。在这90年间，被圈的土地达到了700多万英亩。国家用合法的形式，把小农赶出领地，对小农进行最后的剥夺。剥夺小农，不但是资本主义在农业中的胜利，形成了大地主、大租佃农场主、农业工人三个阶级；而且也为现代工厂制度提供了大量的雇佣劳动者，为它的发展创造了必要条件。到1848年《共产党宣言》问世的时候，大工业在生产中占了绝对的优势，用机器生产机器成为它的主要特点，煤炭、钢铁和机器制造等重工业部门上升到重要地位，英国成了一座"世界工厂"。1850年，英国在世界工业总产值中占39%，在世界贸易总额中占21%。英国成了各国工业品的主要供应者，许多国家成了它的原料供应地。1750年，英国的人口大约有770万。到了1850年，人口增加到2750万，城市化率达到50%。

英国工业革命很快产生了扩散效应。从18世纪后半期到19世纪，由英国带头，世界兴起第一次工业化浪潮。它波及的地区主要在欧洲和北美。紧步英国后尘的是法国。法国的资产阶级革命是在18世纪末叶取得胜利的，19世纪初进入工业革命时期。法国的资产阶级大革命比较彻底，较少同封建势力妥协，这成为工业革命的有利条件。美国继法国之后奋起追赶。美国原来是英国的殖民地，它通过战争手段战胜了它的宗主国英国赢得独立，于1776年7月4日发表独立宣言，建立独立的美利坚合众国，走上自主发展道路。美国这个"飞地式"的国家，无历史的因袭与封建传统的束缚，比较开放，且独占地利，资源禀赋极好，在很大程度上成就了它后来居上的先天优势。1860年它的工业生产已经超过德、法两国，又过20年可与英国比肩，再过10年的1890年竟把大英帝国远远抛在后面。它的工业生产在全世界工业生产中的比重达到31%，英国则降为22%。德国的工业革命则晚一些，是在19世纪30年代以后开始的。这归因于封建割据的困扰，阻碍了资本主义的发展。1834年德意志"关税同盟"的成立，推动了德国的统一。经过1848年的资产阶级革命，城乡封建势力受到削弱，为工业革命创设了条件。以后又在1870年的普法战争中获得胜利，夺取了资源丰富的阿尔萨斯、洛林地区，更加促进了工业特别是重工业的迅速发展。法、美、德相继在19世纪先后完成各自的工业革命。日本是世界第一次工业化浪潮中唯一例外的亚洲国家，勉强赶上末班车。在此之前，它并不比中国优胜多少。端赖1868年成功的"明治维新"，学习西方，走上资本主义发展道路。直到19世纪80年代，它仍停留在工场手工业阶段。1894年，这个既缺乏资金又罕有自然资源的岛国，依靠中日甲午战争中国的割地赔款，解决了它工业革命的急需：从清政府索取相当于它当时两年岁入（也有说相当于它四年岁入）的二亿两白银战争赔款，侵占了中国的固有领土台湾和澎湖列岛，也独霸了朝鲜，加快了以军事工业为中心的重化工业的发展步伐，20世纪初完成了它的工业革命，挤进工业强国之列。

  如前所述，在漫长的古代社会，尽管也存在经济的飞跃现象，从总的情况看，发展的迟缓与停滞是它的主要特征。资产阶级从它登上政治舞台，世界面貌为之一变。在十八九世纪的工业革命阶段上，生产方式的根本性变革与生产技术的革命性进步互相结合而又相互促进，推动社会经济以空前的速度向前发展。最先观察到世界历史上这种惊人的经济飞跃现象，并给予高度评价的，是马克思和恩格斯。他们在《共产党宣言》里这样评价说："资产阶级在它的不到一百年的阶级统治中所创造的生产力，比过去一切世代创造的全部生产力还要多，还要大。自然力的征服，机器的采用，化学在工业和农业中的应用，轮船的行驶，铁路的通行，电报的使用，整个整个大陆的开垦，河川的通航，仿佛用法术从地下呼唤出来的大量人口——过去哪一个世纪能够料想到有这样的生产力潜伏在社会劳动里呢？"①

此后，美国的一位经济学家在研究这一现象时，把它定义为"经济起飞"。这位经济学家名为 W. W. 罗斯托。他在发展经济学理论中自成一派。他将各国经济增长过程概括为六个阶段，即传统社会、为起飞创造条件的阶段、起飞阶段、自我持续增长阶段即向成熟推进阶段、高额群众消费阶段和追求生活质量的阶段。其中最关键的是起飞阶段。其含义是：在一般情况下，"在起飞年代里国民生产有一个加速趋势"。②这表明，他的"经济起飞"概念，是用以表述一国经济在特定阶段上实现质的飞跃发展的经济现象。有人评价罗氏的研究方法有三大特色：一是将经济学分析与历史学结合起来；二是重视对社会制度因素的考虑，即政治性较为突出；三是在经济分析中强调从长远观点看问题。从这一见地出发，罗斯托把起飞阶段定义为是一个社会由传统类型向现代类型的根本转变过程。这个过程一般是在一个相对短暂的历史时期中完成的。传统型社会的特征是"自我持续落后"，现代社会的特征是"自我持续增长"。按照这样的看法，他实际上是把工业革命看作起飞阶段。在这里，他一反经济学界一种十分流行的观点，即社会经济是一个渐进的过程的观点，认为社会经济可以经历一个突变的过程。③

罗氏的起飞说，十分重视"主导部门"的作用，重视人们主观努力的作用，国家在其中的作用。他说，标志着起飞的工业增长的高涨不是蓦地从天而降的。"在起飞前的时期中，起决定作用的主要是经济和整个社会的变化，这些变化对于后来的增长具有关键意义。"起飞以后，在它的行进中，也并不存在"某种自动的、轻松的内在机制"，还有可能出现困难甚至相对停滞的时期，而且，这些时期还有可能会延长。"总之，以现有历史材料来看，既然起飞要求人的心理、社会、技术和制度发生较大的改变，这些变化就很难使我们又面临真正的倒退，各个社会中的人都必须不断努力才能使增长持续向前。我们以主导部门为依据的分析方法的目的之一，就是要揭示这种努力的性质。只要成功的起飞建立在深刻

---

① [德] 马克思、[德] 恩格斯：《共产党宣言》，人民出版社 1964 年第 6 版，第 28—29 页。
② [美] W. W. 罗斯托编：《从起飞进入持续增长的经济学》，贺力平等译，四川人民出版社 1988 年版，第 3 页。
③ 同上书，第 5—9 页。

的基础上，从现有事实来看，它就极可能足以推动增长在长时期中持续向前。"

值得注意的是，罗斯托在分析起飞的初始条件的时候，特别提到中国1958年的"大跃进"。这说明，在这位经济学家的视野里，20世纪中国的"大跃进"是被列入关于起飞问题的研究案例的。关于初始条件，在他看来，首先是对传统社会进行大量先行的改变；在技术上则包括交通建设以便使国民经济的各个市场迅速而有效地相互影响，在劳动队伍中有最低限度的识字和受过专业训练的人，最低限度的动力资源及其他先行资本等一系列内容。"此外，要使起飞顺利进行，在前提时期的基本工作还必须有增加农产品和通常都已存在的进口品。这些既为适应城市人口不可避免的增长所需要，也是固定资本和流动资本的成长的需要，在当时的阶段中，单靠经济自身是不能满足这些要求的。"他说，"历史（1914年以前俄国）和当代的情况（1958年后的共产党中国）都表明：在没有相应的前提性的资本准备的情况下开始起飞的国家，它们在结构上的缺陷会导致起飞年代中的严重问题。"[①] 文中所说"前提性的资本准备"都指什么，没有具体阐释，但是，他从初始条件的角度分析"大跃进"的教训，认为这种"结构上的缺陷"导致了"起飞年代中的严重问题"，而不是简单地否定它，这是耐人寻味的。

第二节 毛泽东的经济发展观

1959年，毛泽东在读苏联《政治经济学教科书》的谈话里，对18世纪资产阶级工业革命的经验做了如下总结。他说："从世界的历史来看，资产阶级工业革命，不是在资产阶级建立自己的国家以前，而是在这以后；资本主义的生产关系的大发展，也不是在上层建筑革命以前，而是在这以后。都是先把上层建筑改变了，生产关系搞好了，上了轨道了，才为生产力的大发展开辟了道路，为物质基础的增强准备了条件。当然，生产关系的革命，是生产力的一定发展所引起的。但是，生产力的大发展，总

[①] [美] W. W. 罗斯托编：《从起飞进入持续增长的经济学》，贺力平等译，四川人民出版社1988年版，第8—17页。

是在生产关系改变以后。"① 这就是说，18 世纪资产阶级的工业革命，生产力的大发展，是首先实现上层建筑领域的革命，建立起资产阶级自己的国家；然后又改变了旧的所有制关系，使新的资本主义的生产关系获得充分的发展的必然。前者是因，后者是果。政治大革命和经济大变革，带来了生产技术的伟大创新，成为一次真正意义上的技术革命，才有马克思和恩格斯所说的"资产阶级在它的不到一百年的阶级统治中所创造的生产力比过去一切世代创造的全部生产力还要多，还要大"的结果。这是一切革命的历史都证明了的一条规律。例如，"在英国，是资产阶级革命（十七世纪）以后，才进行工业革命（十八世纪末到十九世纪初）。法国、德国、美国、日本，都是经过不同的形式，改变了上层建筑、生产关系之后，资本主义工业才大大发展起来。首先制造舆论，夺取政权，然后解决所有制问题，再大大发展生产力，这是一般规律。在无产阶级革命夺取政权以前，不存在社会主义的生产关系，而资本主义的生产关系，在封建社会中已经初步成长起来。在这点上，无产阶级革命和资产阶级革命有所不同。但是，这个一般规律，对无产阶级革命和资产阶级革命都是适用的，基本上是一致的。"② 中国也不例外。

一 中国革命归根结底是为生产力大发展创设条件

近代以降，中国不像日本那样幸运，它没有搭上世界第一次工业化浪潮这班车，就连君主立宪式的"戊戌变法"也被扼杀在摇篮里。有论者说，此后的中国便被世界"边缘化"。其实，这根本不是什么"边缘化"的问题。而是帝国主义列强变中国为它们的殖民地半殖民地，成为追逐利润最大化的资本的吮血之地。1921 年中国共产党成立以后，首先领导人民经过革命战争打倒了帝国主义、封建主义和官僚买办资本主义通过国民党蒋介石政府的反动统治，建立起人民的共和国，然后又利用国家政权的力量，在完成民主革命遗留任务后，接着对个体农业、手工业和资本主义工商业进行社会主义改造。"上层建筑改变了，生产关系搞好了，上了轨道了"，这就"为生产力的大发展开辟了道路，为物质基础的增强准备了

---

① 中共中央文献研究室编：《毛泽东年谱（1949—1976）》第四卷，中央文献出版社 2013 年版，第 270 页。
② 同上书，第 270—271 页。

条件"。毛泽东的"大跃进"思想，就是建立在这一基础上的。在人类历史的长河中，人们为满足自身的需要，无不追求更快、更好的发展目标。任何民族，也不管生活在何种社会制度下，莫不如此，问题在于是否具备了必要的条件。近代资本主义创造了过去不可能具备的条件，实现了惊人的发展，尽管付出了巨大代价。十月革命后的苏联，把资本主义大生产的经验同苏维埃的政治经济制度结合起来，夺得了比前者更高的发展速度。当然也付出了很大牺牲，特别是它的农民。中国吸收已有的文明成果，以苏为鉴，要求获得超越它们的发展，是顺理成章的。

二 新中国类似的繁难任务及"大跃进"的三重含义

1955年7月31日，毛泽东在《关于农业合作化问题》的报告里说："我们现在不但正在进行关于社会制度方面的由私有制到公有制的革命，而且正在进行技术方面的由手工业生产到大规模现代化机器生产的革命，而这两种革命是结合在一起的。"[①] "手工业生产到大规模现代化机器生产"，正是18世纪工业革命的课题。就是说，中国面临类似那时的任务，处在类似那时的发展阶段上。实际上，这只能是类比的意义，因为时代不同了。西方发达的资本主义国家，早在18世纪中叶到19世纪，就先后完成了由手工生产到机器生产的过程。此后，它们并没有停止在那里，又逐步提高，由以蒸汽动力为标志的近代技术，转变到以电能用于动力、照明、通讯为基础的现代技术，进入20世纪，又出现了原子能、电子计算机和空间技术，生产过程由一般机械化发展到自动控制。这样，中国就面临着二重性质的任务，处在一个特殊的发展阶段上。既要完成发达国家早已实现了的初步工业化和生产社会化的任务，又不能跟在别人后面一步一步地走，必须在跨越上述阶段中还要努力实现赶超它们的目标。这是异常繁难的任务。毛泽东认为，社会主义政治经济制度优胜于资本主义的政治经济制度这一根本条件，保证有比它们更高的发展速度是可能的；实施"以苏为鉴"的路线，也一定会比苏联发展得更快一些，实现历史性的大跃进。以上所说的飞跃和起飞，在实质上与大跃进没有什么不同。前面的使用主要是叙述的需要。后面将统一使用跃进或大跃进的概念。

迄今为止，跃进或大跃进的概念有三种界说：

[①] 《毛泽东文集》第六卷，人民出版社1999年版，第432页。

第一，从一个较长的时期看。人们熟悉的提法是，1964年12月13日，毛泽东加写在周恩来政府工作报告中的一段话。他说："我们不能走世界各国技术发展的老路，跟在别人的后面一步一步地爬行。我们必须打破常规，尽量采取先进技术，在一个不太长的历史时期内，把我国建设成为一个社会主义的现代化的强国。我们所说的大跃进，就是这个意思。难道这是做不到的吗？是吹牛皮、放大炮吗？不，是做得到的。既不是吹牛皮，也不是放大炮。只要看我们的历史就可以知道了。我们不是在我们的国家里把貌似强大的帝国主义、封建主义、资本主义从基本上打倒了吗？我们不是从一个一穷二白的基础上经过十五年的努力，在社会主义革命和社会主义建设的各方面，也达到了可观的水平吗？我们不是也爆炸了一颗原子弹吗？过去西方人加给我们的所谓东方病夫的称号，现在不是甩掉了吗？为什么西方资产阶级能够做到的事，东方无产阶级就不能够做到呢？中国大革命家，我们的先辈孙中山先生，在本世纪初期就说过，中国将要出现一个大跃进。他的这种预见，必将在几十年的时间内实现。这是一种必然趋势，是任何反动势力所阻挡不了的。"① 马克思和恩格斯在《共产党宣言》里评价资产阶级曾经起的历史性作用的那段话，W. W. 罗斯托关于起飞概念的使用，也都是包含较长时期的意义。可以说，这种跃进式发展的思想，不妨看作是毛泽东关于中国发展观的浓缩。

第二，就特定的年份而言。这一用法始于周恩来在1957年的政府工作报告中，关于过去一年社会主义建设取得的突出业绩的评价，认为1956年是"跃进的发展"的一年。他说："在我国发展国民经济的第一个五年计划中，我们已经正确地规划了建设和改造相结合的步骤。而1956年，伴随着社会主义改造的高潮的到来，我国的社会主义建设有了一个跃进的发展，经济事业和文教事业的发展规模和速度，都大大地超过了五年计划的前三年，有的甚至超过了前三年的总和。"② 这说明周恩来使用"跃进"的概念，显然是指该年份超常的发展规模和发展速度。

第三，是介于前二者之间、时间长度不一的阶段性的观察，类似于从经济周期的角度的评析，这就是邓小平1991年8月20日的如下一段话：

---

① 《毛泽东著作选读》下册，人民出版社1986年版，第849—850页。
② 周恩来：《在第一届全国人民代表大会第四次会议上的政府工作报告（1957年6月26日）》，转引自学习杂志编辑部编《社会主义教育课程的阅读文件汇编》第一编，人民出版社1958年版，第224页。

"可能我们经济发展规律还是波浪式前进。过几年有一个飞跃，跳一个台阶，跳了以后，发现问题及时调整一下，再前进。""这方面也有国际经验嘛。好多国家都是这个样子，十年就跳出来了。"[①] 他举了东南亚一些国家作为例证。所谓"过几年有一个飞跃，跳一个台阶"，就意味着跃进。在所说的几年里，数量的发展如果没有显著跃升，是谈不到"飞跃"，也不会有"台阶"出现的。邓小平的这一观点，能否看作是他对于1958—1960年三年"大跃进"正反两方面经验的总结和某种继承，是值得研究的。

上述三重含义，主要是就其与某种参照系的比较而言。毛泽东时代的参照系首先是西方资本主义发达国家，也包括同苏联的比较；邓小平上述一段话里选择的参照主要是东南亚一些国家，总之都是从比较的意义上予以界说，较难有绝对的量化标准。在1958年"大跃进"中，周恩来尝试提出它的量化尺度。例如，各以增长百分之几十来区分工农业跃进、大跃进和特大跃进。在"大跃进"出现某些失误后，他在反思中察觉到并不妥当，遂在1962年的"七千人大会"上收回上述提法。

---

① 《邓小平文选》第三卷，人民出版社1993年版，第368—369页。

第一篇　起飞前奏

我们已经说明，对于20世纪"大跃进"的观察，是着眼于广义的角度，将1958—1965年作为整体看待。这里还要补充说，亿万人民群众参与的"大跃进"运动，还有一个酝酿的阶段。始于1955年秋冬的1956年加快发展，此后被周恩来称为"跃进的发展"，在一定意义上可以视为1958年"大跃进"的一次预演。中途虽然有过一次反冒进，经过反思反而转化为决策层达成新的共识的基础。

第 一 章

加快发展的提出与反复

革命的目的就是为了解放和发展生产力,这是毛泽东的一贯思想。他的前半生,军事生涯光彩夺目;后半生,发展经济,致力于国家工业化,是他从不放松的目标。也因此,1955年秋冬,继完成民主革命任务,又将基本完成对农业、手工业和对资本主义工商业的社会主义改造任务之际,随即把加快发展中国经济的问题提上日程。1956年生产和建设的快速发展,在很大程度上可以视为1958—1960年三年"大跃进"的一次预演,也是毛泽东经济发展观的初步实践。这种跃进式的发展,对计划经济是巨大的挑战,它陡然增加了兼顾速度与保持国民经济综合平衡工作的难度,不可避免地出现这样那样的问题,从而引发决策层的不同认识和处置,经历了不曾料到的反复。

预演的反复有主观原因,也有客观因素的影响。1957年采取适当收缩的方针是必要的,它证明大发展中的问题也是不难解决的。1956年的加快发展与1957年的收缩调整成互补关系,表现了波浪式前进的不同侧面,提供了不同的经验。这次预演暴露党的决策层事实上存在着两种不完全相同的经济思想,二者也都从预演的实践中积累了经验,这是在后来的"大跃进"中取得共识的一个重要条件。

第一节 加快发展问题的提出

一 反对右倾保守思想的号召

新中国成立前夕,毛泽东预言,尽管中国经济遗产落后,随着中国人民革命的胜利和人民共和国的建立,"中国经济建设的速度将不是很慢而可能是相当地快的"①，对于中国经济复兴的悲观论点，没有任何的根据。六年后的1955年，继完成民主革命的遗留任务后，对农业、手工业和资本主义工商业的社会主义改造也即将掀起高潮。毛泽东遂将加快中国发展的问题提上日程。此时的农村，社会主义的群众运动已是风起云涌。他在一篇文章的按语里，用遵化县王国藩这个只有"三条驴腿"，被人称为"穷棒子社"的合作社，用自己的努力，在三年时间内初步改变面貌的感人事迹比喻说："我看这就是我们整个国家的形象。难道六万万穷棒子不能在几十年内，由于自己的努力，变成一个社会主义的又富又强的国家吗？社会的财富是工人、农民和劳动知识分子自己创造的。只要这些人掌握了自己的命运，又有一条马克思列宁主义的路线，不是回避问题，而是用积极的态度去解决问题，任何人间的困难总是可以解决的。"② 在他看来，作为领导社会主义建设事业核心力量的中国共产党，应当不失时机地采取恰当的政策措施，推动和领导酝酿中的生产和建设新高潮，否则，将犯右倾保守的错误。为此，他针对党的高中级干部，强调要反对右倾保守思想。同年12月5日，刘少奇向在京中央委员、党政军各部门和各省市负责人传达了这一指示。

他说："毛主席说'我们要利用目前国际休战时间，利用这个国际和平时期，加快我们的发展，提早完成社会主义工业化和社会主义改造'。关于八大的准备工作，毛主席提出'中心思想是要讲反右倾思想，反对保守主义'。可以设想，如果不加快建设，农业和私营工商业未改造，工业未发展，将来一旦打起仗来，我们的困难就会更大。因此，一切工作都要反对保守主义。毛主席说'我们可以有几条路前进，几条路比较一下，要选一条比较合理、正确的路线。按常规走路，时间拉得长，成绩不大，这是保守路线。现在各方面的工作都落后于形势的发展，我们有不少同志正在走着这条保守的路线。工业部门不要骄傲，要加油，否则，就有出现两翼（对农业、手工业和对资本主义工商业的社会主义改造）走在前面而主体（社会主义工业化）跟不上的现象。客观事物的发展是不平衡的，

---

① 《毛泽东选集》第四卷，人民出版社1960年版，第1434—1435页。
② 中共中央办公厅编：《中国农村的社会主义高潮》上册，人民出版社1956年版，第5—6页。

平衡不断被冲破是好事。不要按平衡办事,按平衡办事的单位就有问题'。"①

可以看出:它是作为方针性的问题提出来的,同关于世界战争问题的最新观察相联系,体现了跃进式发展的指导思想。其中,隐含了"以苏为鉴"的考虑。要有比较,选择一条适合自己情况的较快发展的道路。新中国成立后,毛泽东一直着眼于寻找一种更快、更好的发展道路和方法。1956年1月20日,他在知识分子会议上概括出两种领导方法。他说:"有两种领导方法,一种是使我们的事业进行得比较慢一些,比较差一些;另一种是使我们的事业进行得比较快一些,好一些。我们的党,我们的政府,我们的各个部门,都必须执行促进生产力发展的任务。所以,就要反对右倾保守。这个右倾保守,现在是相当地存在于各个方面。两种方法中间,我们不选择那种落后的、使事业办得坏的方法,而要采取第二种方法,就是使事业办得更快些,更好些,又多、又快、又好、又省,使我们的领导机关促进事业发展,使我们的上层建筑适合这个经济基础,适合生产力的发展。"② 同年10月,在中共七届六中全会上,他进一步阐释说:"过去一个时期,我们曾经较多的反对急躁冒进。这有好的一面,但也有坏的一面,这就是把干部和群众的积极性反掉了。结果,正气受压,邪气上升,右倾保守思想多了。我们为了达到一定的目的,有几条路线可走,但我们可以选择其中一条比较合理的路线,和群众在一起,站在群众前头,鼓舞群众前进,在较短的时间内取得较大的成果。这是正确的路线。另一条路线,照常规办事,按照老样子走路,结果思想落后于实际,群众没有劲,这是错误的路线,我们叫它保守主义。人总是惯于按照老习惯想问题,但共产党员就要有打破常规的勇气。"③ 1958年1月,在南宁会议上,毛泽东说,新中国成立后他一直为此而斗争。④ 足见在毛泽东心目中,这一问题的分量有多重。

---

① 刘少奇传达反对右倾保守思想问题记录,1955年12月5日;中共中央文献研究室编:《毛泽东年谱(1949—1976)》第二卷,中央文献出版社2013年版,第478页。
② 中共中央文献研究室编:《毛泽东年谱(1949—1976)》第二卷,中央文献出版社2013年版,第513页。
③ 陶鲁笳:《毛主席教我们当省委书记》,中央文献出版社1996年版,第4—5页。
④ 南宁会议与会者吴冷西回忆说:会议开始,"毛主席一上来就讲他建国八年来一直为工作方法而奋斗,1956年'反冒进'是错误的。"参见吴冷西《忆毛主席》,新华出版社1995年版,第48页。

这就是说，毛泽东批评的右倾保守思想，主要是指对于中国经过民主革命和社会主义革命，将要释放出来的人民群众的创造力估计不足，因而对于利用目前的历史机遇加快发展的必要性和可能性缺乏应有的认识。他对此后反冒进的不满，其原因也在这里。毛泽东曾说，他并不排除有时候可以有"局部的促退"，适当的压缩指标，进行必要的调整；他不能容忍的是采取反冒进这样的政治性举措，认为这是另一种与之对立的错误方针。

毛泽东关于加快中国发展的思想，其一，是同西方资本主义头号工业强国美国比较。1956年8月30日，他在八大预备会议第一次全体会议上有一段话说："我们这个国家建设起来，是一个伟大的社会主义国家，将完全改变过去一百多年落后的那种情况，被人家看不起的那种情况，倒霉的那种情况，而且会赶上世界上最强大的资本主义国家，就是美国。""美国建国只有一百八十年，它的钢在六十年前也只有四百万吨，我们比它落后八十年。假如我们再有五十年、六十年，就完全应该赶过它。这是一种责任。你有那么多人，你有那么一块大地方，资源那么丰富，又听说搞了社会主义，据说是有优越性，结果你搞了五六十年还不能超过美国，你像个什么样子呢？那就要从地球上开除你的球籍！所以，超过美国，不仅有可能，而且完全有必要，完全应该。如果不是这样，那我们中华民族就对不起全世界各民族，我们对人类的贡献就不大。"[1]

其二，是同社会主义国家的苏联比较。十月革命后的苏联，在粉碎外国武装干涉和恢复经济之后，实施优先发展重工业的方针，在同资本主义的竞赛中终于赢得时间，抢在苏德战争爆发前完成了自己的工业化和农业集体化。不论期间有怎样的失误，毕竟为尔后卫国战争的胜利打下了物质技术基础。毛泽东认为，中国应该比苏联发展得更快。1955年12月5日，他在一次会议上分析，中国的发展能够比苏联快，也应该比苏联快。因为中国党有夺取政权、管理政权的丰富经验，在这一点上比苏联革命经验更为丰富；其次，国际条件比那时有利，可以获得苏联的援助包括其经验教训可资借鉴，这是苏联当年不具备的；最后，中国拥有丰富的人力资源和比较优越的自然地理条件，中国没有理由不发展快一些。[2] 在这之

---

[1] 《毛泽东文集》第七卷，人民出版社1999年版，第88—89页。
[2] 转引自中共河南省委传达报告（1956年春）。

后，在听取34个部委汇报的过程中，他又一次谈到这个问题。他说，我国建设能否超过苏联头几个五年计划的速度？我看是可以的。中国有两条好处，一曰空，二曰白，一点负担没有。美国在华盛顿时代，也是白，所以发展起来是很快的。苏联开始也是白的。要打破迷信，不管是中国的迷信，外国的迷信。我国的工业化完全应该比苏联少走弯路，我们不应该被苏联前几个五年计划的速度所束缚。①

二 关于中国工业化道路的概括

如上所述，面临生产资料所有制的社会主义改造高潮与即将基本完成的新情况，毛泽东着手把主要注意力转移到经济文化建设方面来，提出了加快发展，迅速实现国家工业化的问题。他认为，现在也有可能给我们十二年时间来完成社会主义改造和基本上实现工业化。只要有了十二年的和平时间，就可以争取更多一点的和平时间。当然，毛泽东还估计到另一种可能性，就是帝国主义搞突然袭击。正如《毛泽东传（1949—1976）》所说："这意味着，开始了他一生中又一次重大而艰巨的历史性探索，即在中国怎样建设社会主义。在中国这样一个贫穷落后、人口众多、情况十分特殊的东方大国怎样建设社会主义，是一个非常困难而复杂的问题。从马列主义的书本上找不到现成的答案，照抄、照搬苏联的模式又不符合中国国情，更不可能凭主观去想象。这个问题，只能从实践中逐步认识，逐步解决，首先要求对实际情况进行系统而周密的调查研究。毛泽东的探索正是从这里开始的。"② 这就是听取中央34个部门的汇报。

这是一次大规模的调查研究。它的鲜明特点是"以苏为鉴"，其中也包含有对西方资本主义国家主要是美国发展经验的借鉴，带有总结国内外工业化正反两方面历史经验的相当广泛的性质。这次汇报和议论的成果，经过提炼、升华，形成的《论十大关系》这篇重要文献，从十个方面提出了中国经济建设和思想、政治、文化建设等一系列的新方针和新政策，重点是五个经济方面的问题：

---

① 34个部委汇报毛泽东插话记录，1956年2月25日；中共中央文献研究室编：《毛泽东年谱（1949—1976）》第二卷，中央文献出版社2013年版，第536—537页。
② 参见中共中央文献研究室编《毛泽东传（1949—1976）》（上），中央文献出版社2003年版，第470页。

第一，关于国民经济中的三大产业即农业、轻工业和重工业的定位及其相互关系问题。

第二，区域经济与生产力的配置问题，主要是沿海工业和内地工业的关系的问题。

第三，国防工业的发展规模及其发展速度问题，其实质是国防工业与民用工业的关系的问题。这是另一种意义上的经济结构问题。

第四，社会主义经济管理中国家、生产单位和生产者个人之间责、权、利的调节与分配的问题，即采取何种经济体制的问题。

第五，关于国家对经济以及整个社会事务的管理体制问题，主要是中央和地方的关系的问题。

毛泽东把重工业和轻工业、农业的关系问题放在首位，不是偶然的。斯大林为了发展重工业把农民挖得很苦，以至于粮食生产长期达不到沙皇时代的最高水平。中国在这个问题上虽然比苏联和东欧一些国家做得好，毛泽东认为还要适当地调整它们之间的关系。他说："必须优先发展生产资料的生产，这是已经定了的。但是决不可以因此忽视生活资料尤其是粮食的生产。如果没有足够的粮食和其他生活必需品，首先就不能养活工人，还谈什么发展重工业？"这里隐含了后来的"以农业为基础"的思想。他进一步说："我们现在发展重工业可以有两种办法，一种是少发展一些农业轻工业，一种是多发展一些农业轻工业。从长远观点来看，前一种办法会使重工业发展得少些和慢些，至少基础不那么稳固，几十年后算总账是划不来的。后一种办法会使重工业发展得多些和快些，而且由于保障了人民生活的需要，会使它发展的基础更加稳固。"[①] 1957 年 1 月，他在一次讲话里，再一次强调发展农业对于加快工业化进程的极端重要性，号召大家重视农业，工业部门要面向农业。他说："在一定意义上农业就是工业。"[②] 这是前人不曾提出的极富辩证思维的命题。同年 2 月，他在《关于正确处理人民内部矛盾的问题》的讲话里，进一步把重工业、轻工业和农业的发展关系问题，提升到中国工业化道路的高度。这在经济史和经济思想史上都是具有创新性的理论观点。在工业化过程中，如何协调好

---

① 《毛泽东著作选读》下册，人民出版社 1986 年版，第 721—723 页。以下毛泽东关于几种经济关系的论述，除另加注的以外，均引自该文，不再加注。

② 《毛泽东选集》第五卷，人民出版社 1977 年版，第 361 页。

重工业和轻工业、农业的关系，是一个重要而又复杂的问题。后来"大跃进"中的失误，说到底，主要还是发生在这个问题上。探讨它的原因和教训，将是后面章节的任务。

毛泽东关于上述五种矛盾关系的分析与结论，渗透着他娴熟的辩证法思想，其中都体现了多与少、快与慢、好与差的两种不同的思路与不同的选项。连同其他的五条，都是为着一个目的，就是要调动国内外一切积极因素，直接地或者间接地都要调动起来，还要化消极因素为积极因素，为把中国建设成为一个强大的社会主义国家而奋斗。在这里，实际上已经为后来正式提出的鼓足干劲，力争上游，多快好省地建设社会主义的总路线和一系列两条腿走路的方针做了重要的思想理论准备。

十大关系"以苏为鉴"，破除迷信，把独立自主、自力更生的建设方针进一步具体化，从而确立了适合中国国情的工业化道路。这是具有深远意义的。在政治局扩大会议讨论的时候，周恩来深有感触。他说：在一个时期里，政治上学习苏联，迷信苏联，从"八七"会议一直到遵义会议，迷信国际。错误当然是我们自己犯的，也包括我自己在内，那是有迷信的。遵义会议以后，中央路线正确，就不同了。革命胜利以后，在经济建设方面，因为我们没有干过，提倡学习苏联是对的，但是，因此也带来了一点盲目性。这里有两种情况，一种是关于制度、政策方面的，一种是关于科学技术方面的。科学技术方面应该学，但是在制度上政策上有很多学习的不恰当，现在有些他们自己都否定了。这说明，我们不仅在历史上由于迷信而有过沉痛的教训，就是在革命胜利以后这七年中间，由于盲目地学习也犯了很多错误。当然性质不同。因此，现在我们的党应该提高一步，首先是我们的领导群里头应该强调独立思考，破除迷信。这一点在政府部门更为重要。因为政府部门的苏联顾问最多，喜欢请顾问。每次都说不通。这次会议开完了，我们要召集政府部门司局长以上的干部讲一下，如果不是总的教育，枝枝节节不能解决问题。广东省委第一书记陶铸在发言中说：对于毛主席十大关系的报告的认识，我觉得不能简单地用拥护或者同意这两个词来表示。这个报告同我们在延安整风的时候，清算党在历史上"左"右倾机会主义，作出若干历史问题的决议一样重要。在某种意义上说，这次是把错误的根子挖掉了。过去我们仅仅是从中国本身解决了问题，没有从根子上解决问题。中国革命过去所以犯错误，是由于我们错误的执行了第三国际、执行了斯大林的错误的路线。如果不把这个问题彻底解决，就是说，不能独立地思考问题，不能按照本国的情况办事情，我想，我们的工作还是会出问题的。当然，并不是说我们今后就不会出问题了，但是，这毕竟是从一个方面挖掉了它的根源。①

三 向科学技术进军

为了加快发展，动员和组织知识分子，特别是科学技术界的知识分子这支具有重要作用的队伍，成为毛泽东和中共中央议事日程上的紧迫问题。1955年年初，毛泽东提出："过去几年，其他事情很多，还来不及抓这件事。这件事总是要抓的。现在到时候了，该抓了。"如果说前一项工作，主要是解决"软件"的问题，总结经验，提出政策方针；这一方面的工作所要解决的，就是属于"硬件"的范畴，组织队伍，配置力量。其主要举措，一是召开全国知识分子会议，解决调动知识分子的积极性的有关问题；二是制定发展国家科学技术十二年远景规划，整合全国科技力量，围绕国家初步工业化进程中的重大科学技术问题，展开攻关，解决科学技术界知识分子如何发挥聪明才智的问题。

1956年1月14日到20日中共中央在北京召开的知识分子问题的会议，对广大知识分子产生了巨大的动员和激励作用，对全党则是一次深刻的教育。大会结束后，2月24日，中共中央发出《关于知识分子问题的指示》，要求各地迅速采取措施，贯彻落实，推动向科学进军的热潮。同时，加紧了制定科学技术发展远景规划的工作。规划的制定，指明了今后十二年中国科学技术发展的方向和目标，为科学技术工作者施展抱负提供了广阔空间。到1963年，据检查，规划的绝大多数科研项目都已完成，并已运用到生产建设中，比规定时间提前四五年，极大地缩小了同世界先进科学技术水平的差距。1962年全国科研机构（国防系统研究机构除外，下同）由1956年的381个增加到1296个，几乎覆盖到所有主要学科和技术领域。科技队伍从1956年的6.2万多人增加到近20万人。其中，副研究员以上的高级研究人员达到2800多人。所取得的科研成果，解决了后两个五年计划期内经济与国防建设迫切需要解决的一批科技问题，同时加强了一部分重要基础学科，填补了一些重要空白，发展了原子能、电子学、半导体、自动化、计算机技术、喷气和火箭技术等新兴前沿学科。这

---

① 参见中央政治局扩大会议讨论毛泽东关于十大关系的报告记录，1956年4月28日。

是很大的跃进。

第二节 1958年"大跃进"的预演

毛泽东提出加快发展的主张，得到中共中央一线领导人的支持。1955年12月5日刘少奇传达这一指示，周恩来当场用他拟就的一副对联表达他的看法："客观的可能超过于主观的认识，主观的努力落后于客观的需要。"他说，我们的生产关系是保守了，用框子把生产力限制了。"新大陆早存在，而我们发现得太晚了。"① 当时，第一个五年计划执行过半，进展情况并不理想。整个计划有完不成的危险。1955年7月，第一个五年计划提请全国人民代表大会一届二次会议审议时，后三年基本建设要须完成五年投资总额的68%；工业总产值要在1954年的基数上增长29%；农业以1954年为基数，粮食要增长13.7%，增产466亿斤，棉花要增长53.5%，增产1140万担。② 1955年计划执行结果，继续欠账，这就更增加了剩下两年的困难。

同年9月，国家计委党组在向中央提交的报告中建议：为保证五年计划的完成，各部门和各地方制定1956年计划，"应该在可靠的基础上订得更积极些，尽可能地超过控制数字（指国家计划——引者注）所规定的指标"。③ 最高计划机关提出这样的要求，显见不安与担心。报告提出的主要计划指标是：（1）工业总产值为483.5亿元，比1955年预计完成数增长10.4%。主要工业产品产量：原煤10794.2万吨，钢351.6万吨，棉纱450万件，棉布14475万匹。（2）粮食总产量为3740.5亿斤，棉花总产量为2996万担，并要求"必须把1956年的农业生产计划订得积极些、紧张些"。（3）基本建设投资总额为112.7亿元，限额以上施工项目555个（包括新开工的161个）。鉴于前三年共完成五年计划总投资额51%左右的情况，为了保证五年计划的完成，并避免建设任务过多集中到1957年，"各部门不仅应达到控制数字的指标，而且应该把那些在五年计划内

---

① 转引自薄一波《若干重大决策与事件的回顾（修订本）》上卷，人民出版社1997年版，第549页。
② 《中华人民共和国发展国民经济的第一个五年计划（1953—1957）》，人民出版社1955年版，第230—231页。
③ 国家计委党组：《关于1956年度国民经济计划的控制数字的报告》，1955年9月。

有条件提前施工的建设单位提早施工。"① 10月4日，中共中央发出《关于编制1956年度国民经济计划草案的指示》，在批准上述报告的同时，也特别强调各部门和各地方编制1956年度国民经济计划，必须"利用各种有利条件，发掘潜力，克服困难，在全国平衡的基础上，尽可能地提高计划指标，努力争取实现"。

1956年元旦，《人民日报》发表《为全面地提早完成和超额完成五年计划而奋斗》的社论，正式提出"要又多、又快、又好、又省地发展自己的事业"的方针，号召全国团结一致，为全面地提早完成和超额完成五年计划而奋斗，为提早完成过渡时期的总任务而奋斗！社会主义改造高潮与社会主义建设高潮相互促进，在全国各地各条战线迅速展开。同年2月22日，国家计委向中共中央提出《关于1956年度国民经济计划草案的报告》，调高了原定指标。调整后的主要指标是：工业总产值535.7亿元，比上年增长19.7%，达到五年计划1957年的水平。46种主要工业产品中，27种可提前一年完成五年计划。农业总产值606.8亿元，比上年增长9.3%。粮食产量3989亿斤，增加8.4%；棉花产量3556万担，增加17.0%。基本建设投资总额为147.35亿元，比上年增长70.6%，相当于五年基本建设投资额的35%左右。

这次全国性的生产和建设高潮，首先从农村开始。1955年秋冬互助合作运动的迅猛发展，带动了农村的各项工作。贯彻《农业十七条》精神，以亩产400斤、500斤、800斤为奋斗目标，展开竞赛。兴修水利，改良土壤，积肥造肥，热火朝天。安徽省在战胜严重干旱、完成播种任务后，一个冬春就做了接近前六年总和的农田水利工程4.3亿立方。河北省把迅猛发展的农村合作化运动和大规模的农业增产运动结合起来，掀起了以兴修水利、增施肥料、推广高产作物、进行洼地改造为内容的生产运动，半年时间扩大水浇地1700万亩，为原有灌溉面积的一倍；施肥也超过上年一倍以上。城市各行各业也不甘落后，你追我赶。工业生产建设战线广泛开展社会主义劳动竞赛和先进生产者运动，不断刷新生产纪录，涌现出大量新人新事新发明。一批重点项目提前开工上马，在建项目加快进度。就是在这一年，中国结束了不能制造汽车的历史，第一架仿制米格一

---

① 《当代中国的计划工作》办公室编：《中华人民共和国国民经济和社会发展计划大事辑要（1949—1985）》，红旗出版社1987年版，第74页。

17型歼击机的歼—5型飞机也飞上蓝天。

同年4月30日，在北京举行全国先进生产者代表会议。毛泽东、刘少奇、周恩来等党和国家领导人出席开幕式，刘少奇代表党中央向大会致祝词，热情颂扬业已出现的国民经济和文化事业新高涨，高度评价涌现出来的先进模范人物，称他们是人类经济生活向前发展的先驱，人类社会历史向前发展的先驱。①

在反对右倾保守思想的推动下，经济发展速度明显加快。计划机关预计工农业生产都有可能在1956年就达到以致超过五年计划规定的1957年的生产水平。到1957年，工业总产值有可能超额20%以上，农业总产值有可能超额10%以上；基本建设投资额五年合计有可能超额20%以上完成原定计划。五年内开始建设的限额以上单位将达到800多个（原计划694个），并将有500多个（原计划455个）建成投产；五年内完成的基本建设投资总额可能达到500亿元以上（原计划427亿元），新增固定资产可能达到370亿元左右。由于适当增加了轻工业的投资，生产资料工业和消费品工业的投资比例，将有可能由原定的8:1改为7:1。五年内新建的铁路将有可能达到7000多公里（原计划4084公里）。在水利建设方面，已经开始兴建黄河三门峡水利枢纽工程，并且着手进行长江的规划。随着新工业企业的建成，特别是原有工业企业潜力的发挥，五年内工业总产值（不包括手工业产值）将增长1.4倍（原计划为98.3%），达到每年平均递增19%的速度（原计划为14.7%）。在工业生产中，五年内生产资料的生产平均每年将增长25%，消费品的生产平均每年将增长14%。到1957年，主要产品绝大部分都可超额完成五年计划规定的指标。农业前两年虽然遇到了相当严重的自然灾害，但计划规定的1957年的水平在1956年就可以争取达到以致超过。如果不遇到特别巨大的自然灾害，则预期到1957年可以生产粮食4100亿斤左右（原计划为3632亿斤，不包括大豆），棉花4000万担左右（原计划为3270万担左右），即超过原定计划13%和24%。② 6月18日，李富春满怀信心地向一届全国人大第三次会议报告说："我国第一个五年计划已经执行了三年。从三个年度计划的执行结果和1956年计划的预计来看，第一个五年计划所规定的任务，

---

① 《刘少奇选集》下卷，人民出版社1985年版，第194—195页。
② 国家计委：《关于实行第一个五年计划的基本情况的报告》，1956年6月16日。

将要提前完成和超额完成。"① 不过半年时间，原来的焦虑不见了。到1956年年底，这一预测也确实兑现了。

第三节　中央一线领导人的反冒进与毛泽东的保留

群众性的生产建设高潮一经形成，同国民经济综合平衡的协调就成为一个困难的问题，加之在反对右倾保守思想动员下的攀比心理，出现了竞相抬高计划指标的情况。1956年年初，在各部的专业会议上，纷纷表示决心，要把15年远景规划和《农业四十条》中所定的指标提前几年完成。为此，都要求增加投资，扩大生产建设规模。国家计委原来拟定的1956年基本建设投资总额为112.7亿元，比1955年预计完成数增长30.4%；而截至1956年1月5日，综合各省市和中央各部的数字增加到153亿元，以后又增加到180亿元、200多亿元。1956年年初，毛泽东已经注意到这个苗头，在1月17日晚上的政治局会议上他提醒说：现在已可以看到有一种忽视可能条件的盲目赶大的倾向，脑子太热了需要冷一下，以免又发生盲目冒进的错误。在1月20日的知识分子问题会议上，他再次提醒"不要搞那么一些没有根据的行不通的事情"。关于这一方面，他说，目前这个时候恐怕也还不是一个主要的倾向，"但是已经可以看出这么一种倾向。有一些同志头脑不那么清醒了，不敢于实事求是。因为右倾保守、机会主义这个帽子难听。如果经过考察，经过研究，确实办不到的事，那就硬要说办不到，敢于说办不到，敢于把它削下来，使我们的计划放在有充分根据、完全可行的基础上"。②

对于上述情况，中央一线领导人看得越来越重，处置手段也不限于批评、提醒，压缩计划指标，而是作为主要危险，发动了一场反倾向斗争。在6月4日刘少奇主持的中央会议上，在周恩来报告了上半年的经济工作以及出现的一系列不平衡情况后，会议确定要实行"既反保守、又反冒进，坚持在综合平衡中稳步前进"的方针。并要《人民日报》发一篇既反保守、又反冒进的"双反"社论。社论由中宣部代为起草，题为《要

---

① 《李富春选集》，中国计划出版社1992年版，第161页。
② 中共中央文献研究室编：《毛泽东年谱（1949—1976）》第二卷，中央文献出版社2013年版，第512、514页。

反对保守主义，也要反对急躁情绪》，经刘少奇、周恩来修改后，送毛泽东审阅。毛泽东圈了他的名字，批写"我不看了"几个字。① 由主要反对右倾保守改变为反对急躁情绪，这样重要的社论毛泽东是否真的不看，不便妄断。然而怎样表态，他不能不考虑。党的八大召开在即，姑且不论。苏共二十大大反斯大林酿成的巨大风波犹未平息，对国内的影响尚待观察。着眼国内外大势与大局，采取保留态度，说"不看了"，也许是最好的选择。

6月5日，国务院召开常务会议，讨论削减预算指标，修改预算报告和压缩基建指标问题。周恩来强调："右倾保守应该反对，急躁冒进现在也有了反应。这次'人大'会上要有两条战线的斗争，既反对保守，也反对冒进。"② 6月10日，刘少奇主持中央政治局会议，讨论并基本通过经修改的《关于一九五五年国家决算和一九五六年国家预算的报告（初稿）》，要胡乔木根据讨论意见再做些修改。修改后的稿子加重了反冒进的分量。6月12日国务院第三十次会议讨论这个报告稿时，有人不同意"既反保守，又反冒进"的提法，说它与去年夏季以来反对右倾保守思想的斗争相背离，可能引起思想混乱。这个意见没有被接受。

全国人民代表大会第一届第三次会议6月15日开幕，李先念按修改的稿子作报告，会议在批准该报告的决议中把"双反"作为"总的方针"。6月16日《人民日报》特别为此发表题为《读一九五六年的国家预算》的社论，点明报告"最值得注意的一点，是在反对保守主义的同时，提出了反对急躁冒进的口号"。社论要求"各级组织和各个部门的工作人员，都认真的重视这一个警号，在实际工作中正确地进行两条路线的斗争"。6月20日《人民日报》发表前面提到的《要反对保守主义，也要反对急躁情绪》的社论。社论指出："急躁冒进所以成为严重的问题，是因为它不但是存在在下面的干部中，而且首先存在在上面各系统的领导干部中，下面的急躁冒进有很多就是上面逼出来的。"

从10月20日至11月9日，国务院常务会议在周恩来主持下，连续

---

① 吴冷西：《忆毛主席》，新华出版社1995年版，第49页。
② 中共中央文献研究室编：《周恩来经济文选》，中央文献出版社1993年版，第261、262页。

举行10次会议，检查1956年计划执行情况，研究国家经委提出的1957年度控制数字。争论依旧集中在基本建设投资规模的问题上。为了统一政府各部门的思想，周恩来要各部党组负责人参加11月9日的国务院常务会议。在这一天的会议上，他表示："必须采取退的方针。"陈云提出了"宁愿慢一点"的思想。他说：宁愿慢一点，慢个一年两年，到三个五年计划，每个五年计划慢一年。稳当一点，就是说"右倾"一点。"右倾"一点比"左"倾一点好。[①] 第二天，会议在意见未能统一的情况下，周恩来拍板1957年基本建设投资暂定131亿元。他在总结发言中，联系苏联和东欧的经验教训，强调压缩生产和建设指标，放慢经济发展速度。

他说：从苏共第二十次代表大会批判斯大林以来，暴露了社会主义建设中不少问题。苏联束紧腰带发展重工业，忽视轻工业和农业，忽视人民生活。它的影响，现在还没有纠正过来，这是需要时间的。这个建设方针影响了东欧国家。十几年来，他们就是这样搞社会主义的。民主德国、波兰、匈牙利发生的群众闹事事件，反映了执行这个方针的严重后果。因此，斯大林的经济理论有值得怀疑之处。他要大家对于高指标应该勇于抵抗，敢于修改，这才是马克思主义者。指标一经确定就神圣不可侵犯的提法就是迷信。从我们国家大、很落后、人口多的实际出发，根据可能把原来设想的速度放慢，不能算是错误。明年的计划必须采取退的方针，目的是要保持平衡。这不发生"左"倾、右倾的问题。不像政治方面，"左"了就盲动，右了就投降。[②]

第四节　一举扭转"一五"计划执行中的被动

1956年国民计划执行过程尽管多少有些反复，还是取得巨大的成就，一举扭转多年的被动，保证了第一个五年计划的完成和超额完成。主要的情况是：

---

①　1956年10月20日至11月9日国务院常务会议记录，参见薄一波《若干重大决策与事件的回顾（修订本）》上卷，人民出版社1997年版，第574页。

②　1956年10月20日至11月9日国务院常务会议记录，参见中共中央文献研究室编《周恩来年谱（1949—1976）》上卷，中央文献出版社1997年版，第629—630页；中共中央文献研究室编《周恩来传（1949—1976）》（三），中央文献出版社1998年版，第1246—1248页。

（1）完成基本建设投资 148 亿元，比上年（指 1995 年）增长 59.1%，完成 147.35 亿元计划的 100.44%。这一年完成的投资额占五年计划总投资额的 34.6%，加上前三年完成的投资，已经达到 85.6%，这就争得了主动。当年开始施工和继续施工的大中型项目 919 个，其中限额以上的工业项目 625 个，比五年计划规定应施工项目增加 135 个，其中 89 个全部竣工。

（2）工业总产值完成 703.6 亿元，超额 7.4% 完成计划，比上年（指 1995 年）增长 28.2%，超过"一五"计划规定的 1957 年指标。其中，重工业增长 39.7%，轻工业增长 19.7%。生铁、钢、钢材等 27 种产品产量已经达到或超过"一五"计划规定的 1957 年的水平；在 46 种主要工业产品中，钢、煤等 24 种由于计划指标偏高没有完成计划。钢产量虽比上年增长 56.8%，也只完成计划的 98.9%。

（3）农业总产值达到 582.9 亿元，比上年（指 1995 年）增长 4.9%，为计划的 96%。粮食产量达到 3854.9 亿斤，完成计划 96%，比上年增加 176.2 亿斤；棉花 2890.3 万担，为计划的 81.3%，比上年减产 5%。其原因，主要是这一年的灾情比较严重，是新中国成立后自然灾害最严重的一年，成灾面积达 22845 万亩，比水灾严重的 1954 年还多 3960 万亩，而粮食总产量比丰收年的 1955 年仍增加 176.2 亿斤；棉花虽然减产 146.6 万担，同 1954 年相比还是多 706.5 万担。这是不容易的，不能不看到农业合作化高潮和贯彻《农业四十条》在其中的积极作用。

（4）交通运输方面，铁路铺轨 3108 公里，其中新建干线 1747 公里；修建公路 17499 公里。同上年相比，铁路营业里程和公路里程分别增长 3.5% 和 35.3%。纵横秦岭的宝成铁路，横跨海峡的鹰厦铁路，工程浩大的武汉长江大桥，贯通世界屋脊的康藏、青藏、新藏公路，都在这期间建成。

（5）文化教育方面，各类在校学生大幅度增加。以上年（指 1995 年）为基期，高等学校达到 40.3 万人，增加 11.5 万人；中等专业学校达到 81.2 万人，增加 27.5 万人；普通中学达到 516.5 万人，增加 126.5 万人；小学达到 6346.6 万人，增加 1034 万人，增加幅度分别为 39.9%、51.2%、32.4% 和 19.5%，是新中国成立以来增长率普遍较高的年份。

（6）人民生活方面，1956 年职工人数增加到 2977 万人，旧中国遗留下来的大批失业人员基本上得到安置。职工平均工资比上年（指

1995年）提高14%，农民收入提高4%左右。全国城乡居民平均消费水平比上年（指1995年）提高4.3%。

1956年的主要问题是基本建设规模偏大和职工人数增加过多，工资也增加多了一些，加上有的环节信贷额外增加，导致财政出现赤字，生产资料和生活资料的供求关系比较紧张，动用了一部分库存。

第二章

单有经济战线的社会主义革命还不够

1956年被视为多事之秋。上半年,苏共二十大大反斯大林;下半年,发生了"波匈事件"。帝国主义阵营兴风作浪,掀起一股反共逆流,国际共产主义运动和社会主义阵营遭遇到困难,这对国内也产生了影响。

对于放慢经济发展速度的主张,毛泽东仍持保留态度,但比之前进了一步,正面提出了一般性的原则意见,他称之为"挡水",挡"反冒进"之水。与此同时,他把关注的方向放在了国内日益突出的人民内部矛盾的研究和处理上,并提前部署党内整风。多少有些意外的是,极少数资产阶级右派分子乘机发难,整风运动转化为一场反右派的政治斗争。

第一节 决策层关于"波匈事件"教训的不同关注点

苏共第二十次代表大会是在1956年2月15日至24日召开的。赫鲁晓夫背着与会各兄弟党代表作秘密报告,大反斯大林。之后,美国《纽约时报》得到秘密报告文本公开发表,被国际反共势力利用,在国际共产主义运动中造成极大的思想混乱。面对这股逆流,毛泽东提议并主持起草了《论无产阶级专政的历史经验》的重要文章,4月4日以《人民日报》编辑部的名义发表,表明中国共产党的态度。内容主要是正确评价斯大林的功过是非,总结无产阶级专政的历史经验。

下半年,发生了波(兰)匈(牙利)事件。波兰的问题,起因于6月28日的波兹南事件。这是当局降低工人工资和增加奖金税引起的,中西部城市波兹南的一次工人大罢工,后来演变到苏波关系问题。应苏共邀请,中国党于10月23日派出以刘少奇为首的代表团到莫斯科,协助处理。在毛泽东的主导下,代表团从坚持兄弟党和兄弟国家平等的原则出发，着眼于维护社会主义阵营的共同利益，对苏共善意地提出意见和建议，圆满完成了自己的使命，使"波匈事件"分别得到妥善解决。

"波匈事件"极大地触动着中国领导人。与此同时，在国内，随着民主革命和社会主义革命的相继完成，人民内部矛盾开始显露出来。党内许多人看不到这个变化，他们的思想还停留在过去的阶段上，以至于在人民内部矛盾面前麻痹大意，或处理不当，酿成少数人闹事。1956年下半年，工人罢工，学生罢课，农民闹退社等少数人闹事的事件显著增加。半年里全国参加罢工的有一万多人。这些事件的导因是：（1）哄骗工人，诺言不能兑现；（2）招训青工超过需要，毕业无法分配；（3）不关心工人生活；（4）平时思想工作做得少，有了问题又不及时解决。从趋势看，还在发展，个别工人甚至说"不学习匈牙利不行了"。浙江1956年下半年农村请愿事件一千多起，大多因合作社内部问题处理不当引起，其他则是执行粮食统购统销政策有偏差等问题引起。

国际的大背景，国内的新情况，激发高层的严肃思考。11月1日刘少奇率代表团回到北京。当晚，毛泽东就召集政治局常委会听取他们的汇报。11月2日和4日，又分别召开政治局扩大会议和政治局常委扩大会议，继续讨论"波匈事件"。在4日的会议上，毛泽东说："现在摆在世界各执政的共产党面前的问题是如何把十月革命的普遍真理与本国的具体实际相结合的问题，这是个大问题。'波匈事件'应使我们更好地考虑中国的问题。苏共'20大'有个好处是揭开盖子，解放思想，使人们不再认为苏联所做的一切都是绝对真理，不可改变，一定要照办。我们要自己开动脑筋，解决本国革命和建设的问题。"他还说，"（要）根据最近一个月波匈事件的教训，好好总结一下社会主义究竟如何搞法。矛盾总是有的，如何处理这些矛盾是我们需要认真研究的问题。"[①] 这时，中国正遇到工业化过程中的发展速度问题。反保守抑或反冒进，从根本上说，都是围绕这一问题展开的。

1956年11月10日至15日，中共八届二中全会在北京举行。刘少奇向会议报告赴苏联协助处理"波匈事件"的有关情况，应当从中吸取的

---

① 吴冷西：《十年论战——1956—1966中苏关系回忆录》，中央文献出版社1999年版，第59页；中共中央文献研究室编：《毛泽东年谱（1949—1976）》第三卷，中央文献出版社2013年版，第22—23页。

教训。他说:"有些社会主义国家闹事,一是领导者特殊化,脱离群众;二是建设没有搞好,用牺牲轻工业和农业的办法发展重工业,人民生活得不到改善。"在这个问题上,我们应遵照毛主席"又要重工业,又要人民"的指示,"把工业建设速度放在稳妥可靠的基础上"。他解释所谓稳妥可靠,"就是群众总不能'上马路',还高兴,还能保持群众的那种热情。"在这里,他表示赞同陈云提出的"慢一点"的意见。他说:"昨天有一位同志讲,慢一点,右一点,还有回旋余地;过了一点,左了一点,回旋余地就很少了。"①

此前,毛泽东针对"波匈事件"暴露的问题曾说,我们是"又要重工业,又要人民"。但他的总结不限于此。他认为,这些国家的基本问题是不重视阶级斗争,吃了大亏。在11月15日的会议上,毛泽东说:"波兰、匈牙利出了乱子,我看是坏事也是好事。凡事有两重性,马克思主义者要坚持两点论。波兰也好,匈牙利也好,既然有火,总是要烧起来的,纸是包不住火的。现在烧起来了,烧起来就好了。匈牙利有那么多反革命分子,这一下暴露出来了。匈牙利事件教育了匈牙利人民,同时教育了苏联一些同志,也教育了我们中国的同志。""不依靠群众进行阶级斗争,不分清敌我,这很危险。东欧一些国家的基本问题就是阶级斗争没有搞好,那么多反革命分子没有肃清,没有在阶级斗争中训练无产阶级和其他劳动人民,分清敌我,分清是非,分清唯心论和唯物论。现在自食其果,火烧到自己头上来了。"②

毛泽东关于东欧一些国家问题的关注,涉及"波匈事件"深层次原因的分析,也关系他对于国内问题的注意和研究。

周恩来在会上作《关于1957年国民经济计划的报告》,认为1956年总的说是冒进了,造成赤字30亿元,发票子挖库存30多亿元,军费开支、增加职工也多花10亿元。他提出:因为今年冒了,明年应该实行"保证重点,适当收缩"的方针,不然站不稳。他还说:我们应该意识到,不要使中国也发生波兰几万或者几十万人站在街上请愿的事,那问题

---

① 八届二中全会记录(1956年11月10日下午),参见薄一波《若干重大决策与事件的回顾(修订本)》上卷,人民出版社1997年版,第575页。

② 吴冷西:《十年论战——1956—1966中苏关系回忆录》,中央文献出版社1999年版,第60、61页;中共中央文献研究室编:《毛泽东年谱(1949—1976)》第三卷,中央文献出版社2013年版,第33—34页。

就大了。① 现在拟安排1957年基本建设投资133.5亿元，物资平衡还很费劲，出口不能增加，进口却要增加，也很紧张。他还提出，原来设想的发展速度也不妨适当放慢一点。例如，原来设想钢产量在第三个五年计划的最后一年要达到3000万吨，照现在这个速度是不可能实现的。关于党的八大通过的"二五"计划建议指标和《农业四十条》的有些指标，也需要调减。② 至此，关于时局问题和1957年国民经济计划问题的讨论，遂由国家建设和人民生活的关系问题，归结到经济发展速度快与慢的比较和取舍的问题上。

在全会讨论中，一般都表示赞成按"保证重点，适当压缩"的方针来安排1957年投资；少数似有保留，甚至担心会不会引起"冒退"的后果。赞成的表态中，在具体做法上也并不都一致。鉴于当时的情况，毛泽东在11月13日的小组长会议上，讲了七条意见。他肯定1956年的工作，同时指出，人民生活的改善必须是渐进的，支票不可开得过多。关于1957年预算，毛泽东认为打得较紧，在某些方面应作适当收缩。他说，钱和材料只有这样多，1957年的年度计划，在某些方面必须比1956年做适当压缩，以便既能保证重点建设，又能照顾人民生活需要。压缩的重点在中央，地方也应尽可能地压缩。物资不足，应该首先支持必要的生产，同时注意平衡。他提议，在全党和全国人民中发动一个增产节约运动。在

---

① 据经济史学家吴群敢研究，财政赤字和动用库存等均比预计的要少。他认为，对于1956年的问题应具体分析。如说基本建设投资多花15亿元，只占当年基建投资总额的10%左右。绝大部分基建所需生产资料是用得其所的，挤掉工业、手工业需用的生产资料数量并不大，也不难调剂解决。至于18.3亿元赤字，按照西德汉堡经济研究所一位教授的看法，"光看赤字不足以说明问题，关键是看钱花在什么地方了。如果投到基建，而基建又是必需的，能够导致盈利，则这种赤字不一定是坏事"。当时影响最大又难解决的，是人民购买力增加过猛，农产品供应又遭到特大自然灾害的影响。1956年工资总额比上年增加了37亿元，这远比基建多花的15亿元影响要大。同1955年相比，粮食多销61亿斤，其中农村占22亿斤；棉布多销23亿元，库存减少2300万匹，占上年库存41.8%；牛皮多销近300万张，吃了多年的库存。但根据后来国家统计局的资料，1956年库存下降并没有估计的那么严重，不少生产资料库存反而有增加。例如：钢材不是挖了70万吨库存，而是消费增加47.9%，库存增加5.5%；铜消费增加63.9%，库存增加37.7%；水泥消费增加30.5%，库存增加73.2%；只有原煤消费增加26%，库存减少17.4%；木材消费增加22.2%，库存仅减少6.5%；消费品库存只减少3.3%，其中棉布库存减少11.8%。这说明当时市场紧张的程度并不可怕，有些消费品出现黑市、"黄牛"也没有什么了不起。"在广大人民生活消费普遍提高的情况下，担心会出现'中国的波兹南事件'是没有根据的。"（吴群敢：《试论我国第一个五年建设计划的几个问题》，《党的文献》1989年第4期。）

② 八届二中全会记录（1956年11月10日），参见中共中央文献研究室编《周恩来经济文选》，中央文献出版社1993年版，第336、339—340、341页。

第七条，他还谈道，国内阶级矛盾已经基本解决，但是应该注意仍然存在的一部分反革命分子的活动。对于资产阶级分子和知识分子的旧思想和旧习惯的改造，要在巩固团结他们的方针下，继续进行长期的教育。他说："人民内部的问题和党内问题的解决的方法，不是采用大民主而是采用小民主。要知道，在人民方面来说，历史上一切大的民主运动，都是用来反对阶级敌人的。"[1] 最后一点的内容，反映了他对波匈事件的思考。此后，他继续发展着这些认识，升华为关于正确处理两类不同性质的矛盾的学说。

11月15日会议闭幕的一天，中央政治局常委朱德发言。他的看法偏于积极些。他说："关于'波匈事件'的问题，我们的情况不同。虽然都是以发展重工业为主的方针，却并不相同。我们国家大，重工业本来就不多。他们国家小，农业又不行，所以出问题。我们中国的第一个五年计划，现在看，胜利完成是可能的。'二五'计划作出草案来，我看也会是正确的，因为得到经验教训了。以后也会稳步前进，不会出什么大问题。但是，我们确实要保证第二个五年计划逐步前进。如果这个最低的数字还嫌大，嫌多，还做不到，又怕跑上街，那也不好。"[2] 闭幕会在几人发言后，毛泽东作总结讲话。他指出："我们对问题要作全面的分析，才能解决得妥当。进还是退，上马还是下马，都要按照辩证法。世界上，上马和下马，进和退，总是有的。那有上马走一天不下马的道理？"讲到综合平衡的问题，他说："我们的计划经济，又平衡又不平衡。平衡是暂时的，有条件的。暂时建立了平衡，随后就要发生变动。上半年平衡，下半年就不平衡了，今年平衡，到明年又不平衡了。净是平衡，不打破平衡，那是不行的。我们马克思主义者认为，不平衡，矛盾，斗争，发展，是绝对的，而平衡，静止，是相对的。所谓相对，就是暂时的，有条件的。这样来看我们的经济问题，究竟是进，还是退？我们应当告诉干部，告诉广大群众：有进有退，主要的还是进，但不是直线前进，而是波浪式地前进。虽然有下马，总是上马的时候多。我们的各级党委，各部，各级政府，是促进呢？还是促退呢？根本还是促进的。社会总是前进的，前进是个总的

---

[1] 《毛泽东文集》第七卷，人民出版社1999年版，第159—161页。
[2] 八届二中全会记录，1956年11月15日，参见中共中央文献研究室编《周恩来经济文选》，中央文献出版社1993年版。

趋势，发展是个总的趋势。"他告诫："要保护干部和人民群众的积极性，不要在他们头上泼冷水。""要在保护干部和人民群众积极性的根本条件下，批评他们的缺点，批评我们自己的缺点，这样，他们就有一股劲了。群众要求办而暂时办不到的事情，要向群众解释清楚，也是可以解释清楚的。"① 毛泽东在小组长会议上讲的七条意见和在闭幕会上的这篇讲话，有助于统一党内的思想。全会最后决定1957年经济工作要贯彻执行"保证重点、适当收缩"的方针，号召开展一个增加生产、厉行节约的运动，保证整个五年计划的完成和超额完成。

第二节　还要有政治思想战线上的社会主义革命

在中国工业化的历史进程中，1956年是不寻常的一年。国际上是赫鲁晓夫、哥穆尔卡闹风潮的一年，国内是社会主义改造很激烈的一年。1957年仍是多事之秋，各种思想要继续暴露。党和政府面对国内外这种复杂情况，极不利于把主要精力转移到经济建设方面来。社会主义改造这场深刻而又激烈的社会大变动，各个方面一时不能完全适应，产生这样那样的矛盾和问题，是很自然的。毛泽东虽然估计到包括右翼知识分子在内的极少一部分人有着恢复资本主义的妄想，但认为中国不会出现匈牙利事件。通过共产党的整风运动，学会正确处理人民内部矛盾，有利于领导全国人民顺利渡过这个大变动时期。

1956年社会主义改造取得决定性的胜利以后，党的八大作出了工作重心转向经济建设的决策。但是，有一个问题没有完全解决，就是怎样正确认识和处理开始突出起来的人民内部矛盾的问题。苏联在20世纪30年代完成农业全盘集体化以后，曾经遇到过这个问题。由于斯大林不承认社会主义社会仍然存在矛盾，以至于把一批人民内部矛盾当成了敌我矛盾处理，造成了长时期的消极影响。毛泽东注意到这个历史经验，着手探索和解决这一问题。1957年2月27日，他在最高国务会议第十一次（扩大）会议上讲话，总题目就是"如何处理人民内部矛盾"。人民内部矛盾过去就存在，这时需要突出地提出来，一方面是民主革命任务的完成和社会主义改造任务取得决定性胜利，使正确处理人民内部矛盾成为政治主题；另

---

① 《毛泽东选集》第五卷，人民出版社1977年版，第313—314、315页。

一方面许多人对这个变化还缺乏认识,在人民内部矛盾面前麻痹大意,或处理不当,酿成少数人闹事。鉴于"波匈事件"的教训,解决这一问题显得尤为迫切。他说:"民主革命解决了同帝国主义,封建主义,官僚资本主义这一套矛盾。现在,在所有制方面同民族资本主义和小生产的矛盾也基本上解决了,别的方面的矛盾又突出出来了,新的矛盾又发生了。县委以上的干部有几十万,国家的命运就掌握在他们的手里。如果不搞好,脱离群众,不是艰苦奋斗,那末,工人,农民,学生就有理由不赞成他们。我们一定要警惕,不要滋长官僚主义作风,不要形成一个脱离人民的贵族阶层。"他提出,在1957年开展整风运动,克服主观主义,宗派主义和官僚主义,学会处理人民内部矛盾。

同年4月27日,中共中央发出《中国共产党中央委员会关于整风运动的指示》。[①] 4月30日毛泽东召集最高国务会议第十二次(扩大)会议,专门谈共产党整风问题。他说:"几年来都想整风,但找不到机会,现在找到了。凡是涉及许多人的事情,不搞运动,搞不起来。需要造成空气,没有一种空气是不行的。"[②] 中共这次整风,目的是要使自己能够适应社会主义改造基本完成后的新情况和社会主义建设新形势的需要,正确区分和处理两种不同性质的矛盾,更好地调动一切积极力量,团结一切可能团结的人,并且将消极力量转化为积极力量,为着建设一个伟大的社会主义国家的目标而奋斗。毛泽东说:"现在的情况是:革命时期的大规模的急风暴雨式的群众阶级斗争基本结束,但是阶级斗争还没有完全结束;广大群众一面欢迎新制度,一面又还感到还不大习惯;政府工作人员经验也还不够丰富,对一些具体政策的问题,应当继续考察和探索。这就是说,我们的社会主义制度还需要有一个继续建立和巩固的过程,人民群众对于这个新制度还需要有一个习惯的过程,国家工作人员也需要一个学习和取得经验的过程。在这个时候,我们提出划分敌我和人民内部两类矛盾的界限,提出正确处理人民内部矛盾的问题,以便团结全国各族人民进行一场新的战争——向自然界开战,发展我们的经济,发展我们的文化,使全体人民比较顺利地走过目前的过渡时期,巩固我们的新制度,建设我们

---

① 《人民日报》1957年5月1日第一版。
② 中共中央文献研究室编:《毛泽东年谱(1949—1976)》第三卷,中央文献出版社2013年版,第141页。

的新国家，就是十分必要的了。"①

后来，这一思想，被概括进八大二次会议通过的"多快好省地建设社会主义"的总路线的基本内容中。

整风运动开始后，极少数别有用心的人乘机鼓动推翻共产党的领导和社会主义制度，煽动上街，妄图在中国演出一场"匈牙利事件"。工人阶级带头实行反击。中国共产党开展的以正确处理人民内部矛盾为主题的整风运动，由此发展到一场反对资产阶级右派分子的政治斗争。"树欲静而风不止"，不以人们的主观意志为转移。这被认为是政治思想战线决胜负的一仗。单有经济战线的社会主义革命是不够的，并且是不巩固的，还必须有政治思想战线上的社会主义革命。与此同时，在工矿企业，广大农村，开展了广泛的社会主义教育运动。农村社会主义教育运动，是合作化以后围绕社会主义与资本主义两条道路的问题，通过大辩论的形式进行的。它进一步提高了五亿农民的政治觉悟，巩固了合作化运动的成果。

第三节　适当收缩下部分计划指标的被突破

1957年是"一五"计划的最后一年。1956年一年的工作，极大地舒缓了这一年的压力，使它能够在放慢节奏的情况下，调节经济关系。整风运动、反右派斗争以及城乡社会主义教育运动的开展，进一步激发了人民群众的积极性，各条战线酝酿着一场新的生产建设高潮，纷纷突破原定要求，超额完成各项计划指标。经过讨论修改的1957年国民经济计划，原来各项指标的安排是：(1) 基本建设投资额计划安排111亿元，为上年②的79.4%。在项目的安排上，适当调整若干部门的投资比重，加强薄弱环节；在中央与地方的投资比重上，增加了地方投资。1957年计划施工限额以上建设单位591项，计划竣工的219项。(2) 工业总产值计划安排603.4亿元，比上年增长4.5%。其中，生产资料生产比上年增长8%；消费资料生产比上年增长1.1%，同1956年相比，增长率大幅度降低。消费资料中棉纱等还由于上年农业受灾，比上年有所下降。(3) 农业总产值计划安排611.5亿元，比上年增长4.9%。粮食总产为3820亿斤，比

---

① 《毛泽东文集》第七卷，人民出版社1999年版，第216页。
② 这里的"上年"指的是1956年，下同。

上年增长 4.7%；棉花为 3000 万担，比上年增长 3.8%。计划执行结果，基本建设完成投资 143.32 亿元，为计划的 130.3%。工业总产值完成 704 亿元（当年价，下同），为计划的 116.7%；按可比价格计算，为上年的 111.5%。列入计划的主要工业产品产量增长速度指标，均超额完成。这一年，农业遭遇的自然灾害虽仍较严重，同上年相比，按可比价格计算，总产值还是增长了 3.6%，但没有完成计划（为计划的 87.8%）。农田受灾面积比 1956 年增加，成灾面积略有减少，说明合作化在抵御自然灾害方面的优越性开始发挥作用。粮食产量达到 3900.9 亿斤，比上年增加 1.2%；棉花产量达到 3280.0 万担，比上年增加 13.5%，粮食和棉花都是新中国成立以来的最高年份；油料作物减产，减幅 17.5%。这与工作指导和价格政策两方面的失当有很大关系。随着 1957 年国民经济计划的完成，第一个五年计划规定的各项任务除个别指标以外，都完成和超额完成。

1957 年，经济战线按照适当收缩的方针部署工作，开展全国性的增产节约运动，这在一定意义上是对 1956 年国民经济某种"过热"现象的一次主动调节。但也存在计划安排和工作部署不够积极的缺点。1956—1957 年冬春，广东、河南和河北三省兴修农田水利面积比 1955—1956 年冬春分别减少五成到八成以上。①

---

① 引自彭真传达南宁会议记录（1958 年 1 月 29 日）。

第 三 章

从"挡水"到加快发展再号召

1957年6月26日,周恩来在第一届全国人民代表大会第四次会议上做政府工作报告,在总结过去一年社会主义建设取得的成就时,使用了"跃进的发展"一词予以表述。相比中共八届二中全会时的情况,不过半年多时间。1956年是"冒进"的一年抑或"跃进"的一年,一字之差,反映了前后截然不同的分析和判断。周恩来态度的变化,是一个讯号,表明决策层的认识在实践中正重新趋于一致,再次启动加快发展的条件逐步具备。

第一节 周恩来的反思

1956年下半年的反冒进,说明这次跃进预演还缺乏必要条件的配合。从主观方面看,在缺乏经验的情况下,决策层一度达成的共识并不巩固。同时,也有客观原因。苏共二十大后国际上的反共逆流和"波匈事件",对国内的冲击很大。面对新情况和新问题,一线领导对于初次加快发展中的问题采取不同的处置方案,其用意也是不难理解的。人们的认识无不依赖于实践。周恩来认识的转变是很好的说明,也是一个标志。

1957年6月26日,一届全国人大四次会议在北京举行。关于过去一年的社会主义建设,周恩来使用了"跃进的发展"一词予以肯定。他说:"在我国发展国民经济的第一个五年计划中,我们已经正确地规划了建设和改造相结合的步骤。而1956年,伴随着社会主义改造的高潮的到来,我国的社会主义建设有了一个跃进的发展,经济事业和文教事业的发展规模和速度,都大大地超过了五年计划的前三年,有的甚至超过了前三年的总和。"① 这是我们看到的"跃进"一词在党和政府文献中如果不是最早，至少也是较早的使用。文中的含义说得很清楚，是用以表达中国经济和文教事业获得较高发展的事实：工业总产值（不包括手工业产值，下同）在五年计划的前三年共增加 177 亿元，而 1956 年这一年就增加了 139 亿元。正是由于这种迅速的发展，1956 年的工业总产值达到了 586 亿元，超过了五年计划所要求的 1957 年的指标。从主要工业产品看，钢产量前三年共增加了 150 万吨，而 1956 年就增加了 161 万吨。金属切削机床的制造，前三年由于调整设备和改变型号的原因，虽然在台数上比 1952 年没有显著的增加，但是在新的品种增加和质量的提高方面，都有了很大的发展，到 1956 年，在这一新的基础上，又比 1955 年增加了 12200 多台。此外，如电力、煤炭、石油、化学肥料、水泥等重工业产品，1956 年的产量比前三年的产量都有较多的增加。喷气式飞机、载重汽车、大型发电设备和单轴自动车床等重要新产品也都是在这一年制造成功的。轻工业生产由于 1955 年农业丰收的有利条件，增长速度很快。例如，棉纱产量前三年共增加了 35 万件，而 1956 年就增加了 127 万件；棉布的产量前三年共增加了 2050 万匹，而 1956 年就增加了 4300 万匹；食糖产量前三年共增加了 16 万吨，而 1956 年就增加了将近 11 万吨。再如农业，1956 年在严重的自然灾害中，总产值仍然增加了 27.4 亿元，超过前三年平均每年增加 23.8 亿元的水平。1956 年，在国家和农业合作社的通力合作下，农业建设有了很大的发展。前三年共开垦荒地 3600 万亩，而 1956 年就开垦荒地 2900 万亩；前三年扩大的灌溉面积共 4100 多万亩，而 1956 年就扩大了 1 亿多亩。在基本建设方面，1956 年全国完成的投资额将近 140 亿元，等于五年计划规定的投资总额的 1/3，因而改变了前三年基本建设投资只完成五年计划一半稍多的情况，使前四年完成的比重达到 86%，这就保证了第一个五年的基本建设计划能够超额完成。在其他方面，报告都列举了大量事例和数据。总之，报告使用"跃进"的概念，显然是指超常的发展规模和发展速度。

周恩来在他的报告里，针对有人认为 1956 年全面冒进了、1957 年又全面冒退了的看法进行批驳。他说：我国 1956 年的计划，是在改造和建

---

① 学习杂志编辑部编：《社会主义教育课程的阅读文件汇编》第一编，人民出版社 1958 年版，第 224 页。

设的高潮中拟订的。社会主义革命的基本胜利，大大鼓舞了劳动人民建设社会主义的积极性，他们纷纷要求增加生产，提高工作定额。1955年农业的大丰收，又为国民经济的发展准备了物质条件。同时，基本建设发展到了五年计划的第四个年度，也确实有扩大规模的必要。这些情况，都说明我们不但需要而且有可能加快建设的速度。1956年的计划就是适应这种情况，采取了跃进的步骤，而且在各方面取得了如前所说的巨大成就。不错，某些指标是大了一些。但是，这是属于局部性质的缺点。可以看出，周恩来在这里明确肯定1956年的跃进具有它的客观必然性。缺点同成绩相比，是第二位的问题。1956年生产和基建增幅高，也有1955年基数相对偏低的因素。财政多年有结余，1955年农业又获得丰收，加之处在社会大变革的高潮中，这不仅为加快发展提供了有利条件，也说明存在着有待挖掘的潜力；毛泽东的反右倾保守思想的号召，不过是把这种客观可能性转变为现实可能性。1956年的跃进式发展，一举扭转完成"一五"计划的不利局面，部分主要指标提前完成五年所要达到的目标，并为超额完成整个计划奠定了坚实基础。1956年是中国第一个五年计划时期具有重要意义的年份。关于1957年的情况，周恩来分析说：1957年，由于去年农业收成的情况不好，同时国家的财政和物质的后备力量也有减少，在这种情况下，适当地放缓建设速度，积蓄力量，准备今后更好地前进，是完全必要的，这绝不是全面冒退。我们应该懂得，任何事情都不会是直线发展的。随着客观条件的变化，发展速度总会有快有慢，并且常常会出现不平衡。社会主义建设事业的发展也是这样。尤其是像我们这样人多且穷的国家，由于农业的比重很大，自然灾害时常发生，要求国民经济年年都毫无起伏地按照同样的速度向前发展，这是一种不切实际的想法。[①]

在中国工业化的历史进程中，1956年和1957年两年各具迥异特点的发展实践，提供了国民经济波浪式发展规律的一定范例。1956年的跃进式发展，意味着国民经济的急速扩张，显示出前进中的一个波峰。经济处于扩张状态，尤其是急剧扩张的情况，其本身就是某种平衡的被打破，国家计划也难免有顾及不到的时候，造成暂时的局部失衡，甚至是比较严重

[①] 学习杂志编辑部编：《社会主义教育课程的阅读文件汇编》第一编，人民出版社1958年版，第228—229页。

的失衡，是难以完全避免的。资本主义市场经济国家经济扩张时期，出现这种情况，通常需要通过经济发展的暂时中断，即程度不同的经济危机的强制调整，才能恢复常态。在这个意义上，中国1957年的适当收缩，国民经济在依旧维持一定增长率的同时，主动进行的必要调节，所付的代价要小得多。这是社会主义经济制度及其上层建筑实施宏观经济管理的优势，是1957年的基本方面。它存在的不足，例如，基本建设和部分生产指标的安排不够积极，这是第二位的问题。如同1956年跃进的方面是主要的，过热的一面造成的局部失衡是次要的一样。1956年和1957年互补的经验，在1958—1960年三年"大跃进"运动中没有很好汲取，是很令人惋惜的。

第二节 寄望中下层的促进

1957年金秋时节，9月20日至10月9日，中共八届三中全会（扩大）在北京举行。这是又一次重要会议，对于中国后来的发展具有多方面的影响。当时，国内形势面临新的转折，即将迎来从政治思想战线上的社会主义革命重新转到向大自然开战。1954年日内瓦会议后，国际形势和周边环境一度出现有利于中国的发展的局面。毛泽东抓住这难得的机遇，在加快社会主义改造步伐的同时，适时展开加快中国工业化进程的部署。正当生产建设新高潮方兴未艾之际，1956年6月4日，美国《纽约时报》全文发表赫鲁晓夫在苏共二十大反斯大林的秘密报告，借此在全世界掀起一股反苏反共浪潮。接着，又发生了波匈事件。这对国内工作不啻是很大的干扰，毛泽东和中共中央不得不以相当的精力应对。在中苏双方的共同努力下，波匈事件得以妥善解决，社会主义阵营渐趋稳定，国际共产主义运动也渡过了它最困难的时期。以美国为首的帝国主义阵营煽动社会主义阵营大分裂的图谋没有得逞；相反，在苏伊士运河事件中，英、法两国联手入侵埃及，控制苏伊士运河的战争行径非但得不到美国的支持，倒为其所算，充分暴露出他们的尖锐矛盾。而苏联又在1957年10月4日成功地发射了世界上第一颗人造地球卫星，提振了人们对社会主义的信念。在国内，第一个五年计划的提前完成，对各族人民更是巨大的鼓舞，所有这一切都进一步焕发了他们的社会主义积极性和创造性，孕育着一场新的生产建设高潮。

中共八届三中全会（扩大）在这种背景下举行，自然具有不寻常的意义。这不仅表现在它的内容上，而且还表现在它的形式上。全会的一项重要内容，是解决"三个恢复"的问题，即恢复多快好省的口号，恢复农业发展纲要四十条，恢复促进委员会。它们都是1955年秋加快发展的标志性内容，也是发动1958年"大跃进"的号角。"三个恢复"意味着把加快发展的再次动员提上了议程。如毛泽东1958年3月在成都会议上所说，1958年的劲头，开始于三中全会。但它不是一般性的动员，是诉诸党的中下层的一次动员，是自下而上地促进。除了这次全会扩大成为三级干部会，各省也将召开三级或四级干部会。毛泽东在10月9日的会议上说："这次会议开得很好。这样扩大的中央全会，有省委和地委的同志参加，实际是三级干部会，对于明确方针，交流经验，统一意志，有好处。这样的会，恐怕是有必要一年开一次。因为我们这么一个大国，工作复杂得很。去年这一年没有开，就吃亏，来了一个右倾。前年来了一个高涨，去年就来了一个松劲。当然，去年开'八大'了，也没有时间。再开这样的会议，可以掺少数县委书记和一些大城市的若干区委书记，比如再加百把人是可以的。"为了弥补这个缺陷，他提议："各省也开一次全省性的三级或者四级干部会议，掺一部分合作社的干部，把问题扯清楚。"[1] 他说的"把问题扯清楚"，明显是指"几个恢复"。会议最后一天，毛泽东在闭幕讲话里，郑重发出恢复多快好省的口号，恢复农业发展纲要四十条，恢复促进委员会的呼吁。他说：去年这一年扫掉了几个东西。一个是扫掉了多、快、好、省。还扫掉农业发展纲要四十条。还扫掉了促进委员会。他说："我曾经谈过，共产党的中央委员会，各级党委会，还有国务院，各级人民委员会，总而言之，'会'多得很，其中主要是党委会，它的性质究竟是促进委员会，还是促退委员会？应当是促进委员会。""至于某些东西实在跑得快了，实在跑得不适合，可以有暂时的、局部的促退，就是要让一步，缓一步。但是，我们总的方针，总是要促进的。"[2]

---

[1] 《毛泽东选集》第五卷，人民出版社1977年版，第466页。
[2] 同上书，第472—475页。

第三节　两个基本估计

在重新转向经济技术革命的时候，毛泽东在八届三中全会闭幕讲话的第六点，又讲到了社会主义和资本主义两条道路的矛盾的问题。[①] 同年10月13日，他在最高国务会议第十三次会议上有一次讲话，所讲的内容，可以看作八届三中全会讲话的补充，或者是其中部分内容的展开。他在这次讲话里，有两个基本估计，即赞成社会主义的可能争取到百分之九十八，坚决反对社会主义的死硬派只有百分之二。"这样我们就有两个出发点：第一点，我们的基础有百分之九十的人赞成社会主义，工人阶级有广大的同盟军；第二点，在百分之十不赞成的人里头，经过大辩论还可以争取百分之八，那个坚决死硬派只有百分之二左右。百分之九十的人不愿意国家乱，而愿意建成社会主义。百分之十的人中间，有许多人是动摇的，至于坚决分子只有百分之二。我们讲阶级在起变化，除了工人阶级以外，其他几个阶级都是过渡的阶级，都要过渡到工人阶级那方面去。讲消灭阶级，不是讲把人灭掉，人是可以慢慢变的。右派许多人是有才干的，在这一点上我倒还相当地赏识他们。要交几个右派朋友。各界都要有朋友，左、中、右里头都要有朋友。现在许多知识分子没有工人的朋友，没有农民的朋友，这是很大的缺点。要承认有改造的必要。我们估计，大多数是能够前进的，知识分子能够变成无产阶级的知识分子。一个政权没有自己的知识分子是不行的。"[②] 这实际上是在提醒，在发展经济的时候，仍不要忘记对关系国家前途命运的基本情况的分析，以便使自己心中有数。

[①] 《毛泽东选集》第五卷，人民出版社1977年版，第475页。
[②] 中共中央文献研究室编：《毛泽东年谱（1949—1976）》第三卷，中央文献出版社2013年版，第227页。

第四章

"赶超"英国口号的提出

用15年左右的时间首先在钢铁和其他主要工业产品的总产量方面赶上和超过英国,是20世纪50年代中晚期中共中央和国务院向全国各族人民发出的号召。它的提出,同1957年的莫斯科会议有密切联系,成为鼓舞"大跃进"的响亮号角。追溯历史,这次会议为毛泽东丰富"大跃进"的行动口号提供了新的契机,会议的进程进一步激励了中国加快发展的迫切愿望,但却不是"大跃进"的根本起因。

第一节 有利的政治经济形势

对于苏共二十大,毛泽东和中共中央从一开始就有清醒的认识,谨慎地有保留地表示支持的态度。在帝国主义阵营掀起反苏反共逆流面前,中国党先后发表两篇有分量的文章——《论无产阶级专政的历史经验》和《再论无产阶级专政的历史经验》,表明立场;就斯大林的评价和如何认识苏联经验等问题,阐述自己的观点。这既是在国际共产主义运动困难的时刻,挺身而出,厉行国际主义义务;同时,也使自己的党和人民在紧要关头,认清方向,从容应对。事后证明,这两篇文章,在政治上具有极大的稳定作用。

1956年秋举行的中共第八次全国代表大会,总结"七大"以来特别是新中国成立以来社会主义革命和社会主义建设的新经验,根据新情况,提出新任务,制定了一系列适合中国情况的方针政策,选举产生新一届党中央领导机构,实现了全党在新的基础上的大团结。这次大会,有众多兄弟党代表参加,增进了国际团结,扩大了中国党的国际影响。"波匈事件"在中苏双方的共同努力下的妥善解决,进一步彰显了中国党在国际共产主义运动中的作用。

1956年，毛泽东和中共中央曾以一部分精力关照国际问题。1957年，着重研究解决国内问题和党内问题，主动进行以正确处理人民内部矛盾为主题的整风运动，因势利导，又取得了反右派斗争的胜利，把可能发生的匈牙利事件化解到各个单位，进一步巩固了社会主义制度和共产党的领导地位。这一年的国庆节前夕，国家计划委员会负责人向国内外宣布，第一个五年计划规定的基本任务和各项具体任务都可以胜利完成，"到现在为止，除少数指标以外，绝大多数指标都已经完成和超额完成。"① 9月20日至10月9日举行的中共八届三中全会（扩大），着手了把这种可喜的政治经济形势转化为新的生产建设高潮的部署。在这次扩大全会上，毛泽东提出恢复多快好省的口号，号召全党要做革命的促进派。10月25日，经全会讨论通过的《1956年到1967年全国农业发展纲要（草案）》以修正草案形式公开发表，发动全民讨论。此前一天，10月24日，中共中央和国务院还根据八届三中全会讨论的意见，联合发出《关于在今冬明春大规模开展兴修农田水利和积肥运动的决定》，要求鼓起像1955年冬季那样的干劲，使这一运动成为生产高潮的主要组成部分。此外，八届三中全会还基本通过了《关于改进工业管理体制的规定（草案）》、《关于改进商业管理体制的规定（草案）》和《关于改进财政体制和划分中央和地方财政管理权限的规定（草案）》三个有关经济体制改革的文件。总的精神是要把一部分工业、商业和财务管理的权力，下放给地方行政机关和厂矿企业，进一步发挥地方和企业的主动性和积极性，因地制宜地完成国家的统一计划。

10月27日，《人民日报》以"建设社会主义农村的伟大纲领"为题，发表第一篇关于《农业四十条》的社论，号召"有关农业和农村的各方面的工作在十二年内都按照必要和可能，实现一个巨大的跃进"。这是中共中央通过自己的机关报发出的信号，揭开了农业实现一个"巨大的跃进"的序幕。下一步，将是工业战线的发动。莫斯科会议为毛泽东的一项倡议的提出，提供了契机。

---

① 《国家计划委员会负责人谈第一个五年计划执行情况和成就》（1957年9月），《人民日报》1957年10月1日第三版。

第二节　莫斯科会议的激励

苏共二十大以后的一段时间，面对苏联国内外事态的发展，赫鲁晓夫深感处境不利，希望得到中国党的支持。为了向中国示好，他主动增加对华经济技术援助。"波匈事件"发生后，苏共及中共、赫鲁晓夫与毛泽东，在社会主义阵营和国际共产主义运动中的威望呈现彼消此长态势。当惯了老子党的苏共，刚愎自用的赫鲁晓夫，当然不会甘心，却又不得不求助于中国党和毛泽东。1957年6月，赫鲁晓夫向周恩来提出，愿意帮助中国发展原子能科学，建立研究中心和建设原子能工业。10月，中苏签订了苏联在火箭和航空等新技术方面援助中国的协定。随后，中国又同苏联签订了1958年至1962年两国共同进行和由苏援华进行的重大科研项目130项。经济建设方面，除已援建的150项以外，又确定新增55项重大工程。[①] 同年10月4日，苏联成功发射世界上第一颗人造地球卫星，重新赢得了国际赞誉。赫鲁晓夫借此提出利用各国代表团赴莫斯科参加十月革命庆典的机会，召开各国共产党和工人党代表会议的建议，获得包括中国共产党在内的各国共产党和工人党的响应。召开这样一次国际会议，势必涉及当时在社会主义阵营内部以及各国党之间的意见分歧，涉及一些重大理论问题和实践问题的认识，尤其是对于要不要坚持"以苏联为首"等争议较大的问题。赫鲁晓夫热切期望毛泽东与会。对于毛泽东的到来热情有加，高规格接待。会议进程中，除希望中共在关于从资本主义向社会主义过渡的问题上，能够照顾到苏共中央的实际困难，与苏共二十大的提法相衔接，别的问题都做了不同程度的让步。在会议宣言的问题上，放弃原先自己起草的草案，基本采用中方的草案，以苏中两党的名义共同提出。

毛泽东为会议的成功，发挥了不可替代的作用。例如，为了使社会主义国家兄弟党接受以苏联为首的提法，他耐心地做说服工作。11月14日，社会主义国家共产党和工人党代表会议开幕的第一天，他在会议上发言，专门讲以苏联为首的问题。他向大家说："我们这里这么多人，这么

---

① 当代中国研究所：《中华人民共和国史稿》（简称《国史稿》）第二卷（1956—1965），人民出版社、当代中国出版社2012年版，第305页。

多党，总要有一个首。就我们阵营的内部事务说，互相调节，合作互助，召集会议，需要一个首。就我们阵营的外部情况说，更需要一个首。我们面前有相当强大的帝国主义阵营，它们是有一个首的。如果我们是散的，我们就没有力量。"毛泽东接着说："谁为首呢？苏联不为首哪一个为首？我们中国是为不了首的，没有这个资格。有些同志因为苏联在斯大林时期犯了一些错误，对苏联同志的印象就不大好。我看这恐怕不妥。各国共产党过去相互关系中间有些不愉快的事，不仅别的国家有，中国也有，但是我建议我们要看大局。苏联是个社会主义国家，是个消灭了阶级的国家。它由一个比较落后的国家变成一个世界上先进的国家。没有苏联，我们都有可能被人家吞掉。当然，要说没有苏联，社会主义各国就统统被帝国主义吞下去，而且统统消化掉，各个民族都灭亡了，那也不见得。但是无论如何，不能不看到，现在我们的敌人是全副武装的，我们只有一个苏联有全副武装，这就是大局。其他我们一些小别扭是小局。小道理要服从大道理。"[1] 他还拿自己的感受同大家交心说："要讲心里有气，我也有一肚子气，主要是对斯大林。但是我没有讲过，我今天也只是讲有气就是了，什么气我也不准备讲。实际上现在我也没有气了，至少是气不多了，时间过去了，斯大林死了。应该承认，现在苏联同志的作风有很大的改变，并且还会改变，还会进步。"[2] "所以我认为：第一，现在承认以苏联为首有必要，承认以苏联共产党为会议召集人有必要；第二，这在现在没有害处了。"[3]

再例如，在会议宣言的讨论中，波兰党一度同大家处在"顶牛"状态。能不能通过协商达成一致，争取都在宣言上签字，就成为会议最后是否圆满成功的关键。早在会前，毛泽东到达莫斯科的第二天，赫鲁晓夫同他会谈的时候，就曾表示，希望毛泽东做波兰党的工作。赫鲁晓夫说："你们的处境好，你们的意见波兰同志能听得进去。"言外之意，他不行，其他的党也难当此任。毛泽东同波兰统一工人党第一书记哥穆尔卡两次会

---

[1] 中共中央文献研究室编：《毛泽东年谱（1949—1976）》第三卷，中央文献出版社 2013 年版，第 245 页。

[2] 中共中央文献研究室编：《毛泽东传（1949—1976）》（上），中央文献出版社 2003 年版，第 737 页。

[3] 中共中央文献研究室编：《毛泽东年谱（1949—1976）》第三卷，中央文献出版社 2013 年版，第 246 页。

谈，气氛融洽，效果良好，哥穆尔卡很满意。第二次会谈临别时，他对毛泽东深情地说："什么时候你有空我想来看你一次，可以吗？"毛泽东回应说：我准备见你一次。①

在毛泽东的努力下，社会主义国家共产党和工人党代表会议取得满意的成果，通过了会议宣言《莫斯科宣言》。除南斯拉夫以外，十二个社会主义国家代表团在宣言上签字。这是自共产国际解散以来，国际共产主义运动史上的重大事件，标志社会主义阵营在经历了苏共二十大以后的动荡，增进了在新的基础上的团结。

紧接着，11月16日至19日，又举行了各国共产党和工人党代表会议，包括中国代表团在内的64个国家的共产党和工人党代表团出席会议，共同签署了《和平宣言》。在18日的会议上，毛泽东发表长篇讲话，论述国际形势和团结问题。关于国际形势，他列举十件证据说明，现在不是西风压倒东风，而是东风压倒西风，就是说，"社会主义的力量对于帝国主义的力量占了压倒的优势。"在这里，他重申历来持有的一个重要论点："一切所有号称强大的反动派统统不过是纸老虎。""为了同敌人作斗争，我们在一个长时间内形成了一个概念，就是说，在战略上我们要藐视一切敌人，在战术上我们要重视一切敌人。"关于团结问题，毛泽东在讲到我们六十几国共产党大会一致承认要有一个头，这个头就是苏联，就是苏共中央的同时，特别讲了一个团结的方法问题，讲了需要广泛宣传辩证法，"辩证法应该从哲学家的圈子走到广大人民群众中间去"的问题。②这是一次即席讲话，朴实风趣，却又充满哲理，给人以启迪，获得强烈的反响。

毛泽东始终是会议瞩目的中心。他的每一次讲话，都受到极大的关注。11月6日，是庆祝俄国十月革命四十周年大会。上午，赫鲁晓夫作长篇讲话。下午，毛泽东被安排第一个讲话。他的讲话，不断被报以长时间的掌声。讲话结束，不仅热烈鼓掌长达数分钟，而且全场起立表示敬意。其他人的讲话都没有这种情景。中国代表团成员杨尚昆在日记中记述："今天主席出现在纪念会上，大受欢迎。主席一出场，全体即起立致

---

① 毛泽东同哥穆尔卡第二次会谈记录（1957年11月15日），转引自中共中央文献研究室编《毛泽东传（1949—1976）》（上），中央文献出版社2003年版，第740页。
② 《毛泽东文集》第七卷，人民出版社1999年版，第321—333页。

敬。下午大会时，主席第一个讲话，全场起立。讲话中不断地鼓掌，讲完了全场又起立，为纪念会致最高敬意的表现。其余各兄弟党代表讲话，都是鼓掌没有起立。"①"在这个会议上，毛主席在各方面起了决定作用。当然，同苏联协商那是没有问题。但是，许多问题，许多意见是主席提出来的，经过协商以后，他们接受了。"② 相比之下，会议的东道主黯然失色。

毛泽东第二次莫斯科之行，洋溢着炽热的革命激情和国际主义的责任感。这与他上次访问形成鲜明对照。不难理解，他着眼大局，维护以苏联为首，希望加强以苏联为首的社会主义阵营的团结和国际共产主义运动的团结，在巩固现有阵地的基础上，把渡过困难后赢得的大好形势继续推向前进，扩大胜利。细加品味，也许还可以发现，毛泽东油然而生的一种压力。会议给予他太多的希望和期待。毛泽东说，社会主义阵营还是要以苏联为首，中国没有资格。这并不是谦虚，而是实际。中国党越是意识到自己的国力同这种地位的巨大反差，就越是有一种紧迫感。反过来，这也是一种鞭策，鞭策它尽快发展自己。因为这也是一种责任。

第三节 一个形象化的口号："赶超"英国

赫鲁晓夫在 11 月 6 日庆祝俄国十月革命四十周年大会上提出，苏联十五年后在钢的总产量和按人口平均的产量方面超过美国。中国原来赶超西方发达资本主义国家，是把最强大的美国作为首选目标的。现在苏联要同美国比，毛泽东征得国内同志的同意，礼让苏联，改由英国替代。这在当时是很自然的。

马克思、恩格斯最初预计，社会主义革命将首先在发达资本主义国家发生。后来的事实却是相反，十月革命和中国革命的胜利，都是在资本主义比较落后甚至相当落后的国家。能不能尽快地发展经济，改变落后状况，追赶上发达的资本主义国家，就成为摆在这些国家面前的尖锐的政治问题。列宁把它看成生死攸关的问题。③ 毛泽东表示认同："我们现在就

---

① 《杨尚昆日记》（上），中央文献出版社 2001 年版，第 287 页。
② 杨尚昆在中共中央直属机关党的第六次代表大会上的讲话（1957 年 12 月 2 日），转引自中共中央文献研究室编《毛泽东传（1949—1976）》（上），中央文献出版社 2003 年版，第 760 页。
③ 参见《列宁选集》第三卷，人民出版社 1960 年版，第 169 页。

是要这样干。"①

　　为了同英国作比较，会议期间，毛泽东在同英国共产党主席波立特和总书记高兰会见的时候，特地向他们了解英国的经济情况。毛泽东说："我们今年的钢产量是五百二十万吨，第二个五年计划之后将是一千二百万吨，第三个五年计划之后将是二千到二千五百万吨，第四个五年计划之后，也就是十五年之后，将是四千到四千五百万吨。"他问波立特："英国现在的钢产量是二千万吨。你们看，十五年后能增加到多少？顶多三千五百万吨吧！"高兰回答说："十五年后，顶多增加到三千万吨。"② 就是说，中国用十五年赶上和超过英国，是有把握的。在11月18日的会议上讲话的时候，毛泽东就向大家公开了中国的这项计划。在1958年的成都会议上，"赶超英国"被毛泽东称为形象化的口号，生动具体，易于动员群众。

---

① 中共中央文献研究室编：《毛泽东年谱（1949—1976）》第四卷，中央文献出版社2013年版，第258页。
② 毛泽东同波立特、高兰第二次会谈记录（1957年11月9日）。转引自中共中央文献研究室编《毛泽东传（1949—1976）》（上），中央文献出版社2003年版，第735页。

第 五 章

由下而上和从上到下的互动

中共八届三中全会结束后,毛泽东加紧了加快发展的二次动员工作,即使在出席莫斯科会议期间,也没有间断。他把论辩慢一些好还是快一些好即后来以《人民日报》社论名义发表的那篇《必须坚持多快好省的建设方针》的稿子,也带在身边,会议间隙继续修改。会议期间,还有一个收获,就是形成了工业上十五年赶超英国的设想,它和农业战线实现亩产"四、五、八"即400斤、500斤、800斤的要求,一并构成"大跃进"的两大奋斗目标。

11月13日,《人民日报》为全国农业发展纲要修正草案刊发第二篇社论《发动全民,讨论四十条纲要,掀起农业生产的新高潮》。毛泽东看到这篇社论里的"大跃进"的提法,极为赞赏,称赞这是一个伟大的发明,剥夺了反冒进的口实。"大跃进"遂成为毛泽东用以表述加快中国发展的有力召唤,也成为他回国后批判反冒进即反反冒进的武器。经过一系列的中央会议,边发动、边行动,到八大二次会议正式通过社会主义建设总路线,总体部署就绪,"大跃进"也掀起高潮。

第一节 加快发展思想找到了自己的表达形式

历史和逻辑都表明,"跃进"或"大跃进"都是先有事实,后有概念。先有1956年又多、又快、又好、又省号召下加快发展的实践,导致跃进概念的产生。这就是1957年6月26日,周恩来向第一届全国人民代表大会第四次会议报告政府工作时,将过去一年概括为"跃进的发展"。这是跃进一词首次用来表达国民经济运行中速度较高的那种态势。① 此后,《人民日报》频繁使用跃进的提法。例如,1957年10月27日和11月13日为《农业四十条》连续发表的两篇社论里,都使用了跃进的提法,第二篇社论里还使用了"大跃进"的提法。社论说:"有些人害了右倾保守的毛病,像蜗牛一样爬行得很慢,他们不了解在农业合作化以后,我们就有条件也有必要在农业生产战线上来一个大跃进。这是符合规律的。1956年的成绩充分反映了这种跃进式发展的正确性。有保守思想的人,因为不懂得这个道理,不了解合作化以后农民群众的伟大的创造性,所以他们认为农业发展纲要草案是'冒进了'。他们把正确的跃进看成了'冒进'。"②《人民日报》10月27日的社论发表时,毛泽东正准备前往莫斯科,很可能没有来得及看。11月13日的第二篇社论毛泽东在莫斯科看到了,对于其中"大跃进"的提法极为赞赏,称赞这是一个伟大的发明,剥夺了反冒进的口实。1958年5月26日,他重阅这篇社论后,写信给中共中央政治局、书记处各同志及省市区党委第一书记,参加这次政治局扩大会议的其他同志:"重看1957年11月13日《人民日报》社论,觉得有味。主题明确,气度从容,分析正确,任务清楚。以'跃进'一词代替'冒进'一词,从此篇起。两词是对立的。自从跃进这个口号提出以后,反冒进论者闭口无言了。'冒进'可反(冒进即左倾机会主义的代名词),当然可以振振有词。跃进呢,那就不同了,不好反了。要反,那就立刻把自己抛到一个很不光彩的地位上去了。此文发表时,我们一些人在莫斯科,是国内同志主持的,其功不在禹以下。如果要颁发博士头衔的话,我建议第一号博士赠予发明这个伟大口号(即'跃进')的第一位(或者几位)科学家。"③ 这时,彭真反映总理在同年6月间的《政府工作报告》里,已先使用过"跃进"的提法,周恩来也在当夜将《政府工作报告》单行本连同说明,附信送达毛泽东。翌日上午,毛泽东特加以《周恩来的信——"跃进"一词的来源》的标题,要邓小平即刻付印给与会各同志。

---

① 学习杂志编辑部编:《社会主义教育课程的阅读文件汇编》第一编,人民出版社1958年版,第224页。

② 《人民日报》社论:《发动全民,讨论四十条纲要,掀起农业生产的新高潮》,《人民日报》1957年11月13日第一版。

③ 中共中央文献研究室编:《毛泽东年谱(1949—1976)》第三卷,中央文献出版社2013年版,第361页。

第二节　直接诉诸广大群众的号召

"大跃进"的二度发动,仍是首先抓农业"大跃进"的发动。在发表《农业四十条》修正草案的同时,各省市自治区相继召开党的代表大会,贯彻八届三中全会精神,正确分析和认识1956年的经济形势,批判右倾保守思想,部署以实现"四、五、八"为目标的农业生产建设高潮。

在莫斯科期间,毛泽东又相机作出在主要工业产品产量方面15年后赶上并超过英国的决策,作为发动"大跃进"的又一重要目标。落后国家在一定条件下,利用先进国家的科学技术成就,奋起追赶它们,进入先进国家行列,不乏先例。当年法、美、德、日几个后发国家,奋起赶超已完成工业革命的先进国家英国的历程,说明"赶超战略"早已经存在。社会主义国家"赶超"的渴望更为强烈,与两种社会制度尖锐对立有关。苏联曾长期为资本帝国主义包围。新中国依然受帝国主义严重战争威胁。所以,新中国成立以来,毛泽东总是把争取一个较长时间例如十年到十五年的国际和平环境来发展自己,作为一个重大战略问题考虑。一旦出现这样的机会,又总是要求抓住时机,充分利用,强调"机不可失,时不再来"。11月18日,他在各国共产党和工人党会议上说:在十五年后,在我们阵营中间,苏联超过美国,中国超过英国。"归根结底,我们要争取十五年和平。到那个时候,我们就无敌于天下了,没有人敢同我们打了,世界也就可以得到持久和平了。"[①] 当天晚上,在同意大利共产党总书记陶里亚蒂会谈时又说:"必须大力争取十年到十五年的和平。十五年以后战争就很难打起来了。我所指的是世界范围内的战争。当然,帝国主义内部还是可能局部打仗。"[②] 如果着眼于这一见地来观察和研究1958年曾经决心搞钢铁翻番会战,又将是一种认识。

毛泽东回国后,专门要主管工业交通工作的副总理薄一波为他准备这方面的资料,其中有世界主要国家煤炭、电力、石油、化学、机械、铁路等方面的资料,中国十五年后在钢铁和其他几种主要产品产量方面赶上英

[①] 《毛泽东文集》第七卷,人民出版社1999年版,第325—326页。
[②] 中共中央文献研究室编:《毛泽东年谱(1949—1976)》第三卷,中央文献出版社2013年版,第253页。

国所需要的速度的几种计算资料。在毛泽东看来，一个有具象的口号，生动具体，易于为群众所接受，有利于调动他们的积极性和创造性。在1958年3月的成都会议上，当陈伯达发言说中国社会主义建设将会出现空前的发展速度时，他插话说，在这个基础上面，提出一个形象化的口号，就是跟英国比，十五年赶上英国。这个口号产生很大的力量。多快好省，怎么叫多快好省呢？十五年赶上英国。这是具体化了。这也是毛泽东领导风格的一大特色。

12月2日，中国工会举行代表大会。刘少奇代表中共中央在大会上致祝词，向全国人民正式宣布了这一行动口号。他说：我国工人阶级和我国人民在今后十年到十五年内的基本任务，就是要在优先发展重工业的基础上，实行工农业同时并举的方针，把我国建设成为一个具有现代工业、现代农业和现代科学文化的社会主义强国。在十五年后，苏联的工农业在最重要的产品的产量方面可能赶上或者超过美国，我们应当争取在同一期间，在钢铁和其他重要工业产品的产量方面赶上或者超过英国。那样，社会主义世界就将把帝国主义国家远远抛在后面。①

从后来的情况看，由于遭遇不曾料到的挫折，关于15年在钢产量等方面赶超英国的要求未能完全如愿。经历过这一段历史又是主管当年工业生产的副总理薄一波回顾这件事，表达了自己的看法。他说："现在，有些著作对1957年11月毛主席在莫斯科会议上，提出钢铁等主要产品产量15年赶上英国的口号，采取批评态度。对此，我有不同认识。我认为，在当时两大阵营严重对峙和美国政府不断在台湾海峡制造紧张局势的国际环境下，一个拥有六亿人口的社会主义国家，憋一口气，矢志增强自己的实力，争取某些产品产量尽快赶上某个发达的资本主义国家，这种奋发图强的精神是无可责难的。列宁在1917年9月间写的《大难临头，出路何在？》的小册子，就豪迈地提出：俄国要'赶上并且超过先进国家'，我国1957年为什么就不能提赶上老牌的但已衰落的资本主义国家呢？再说15年赶上英国，就钢的总产量来说，也不能算是冒进。当时我们掌握的资料是：英国从1913到1956年的43年中，钢产量只增长169%，年均增长1.3%（原文如此，计算可能有误——引者注）；而我国'一五'期间

---

① 新华社：《总结四年工作经验教训迎接第二个五年计划——中国工会代表大会今天开幕》，《人民日报》1957年12月2日第一版。

增长近3倍，年均31.8%。1957年英国钢产量为2174万吨。按照英国几十年钢的增长速度推算（必然发生的经济危机和萧条不算在内），估计15年后，即到1972年，英国钢产量可能达到3600万吨。我国1958年的钢产量，按第一本账的624.8万吨计算，如果以后在综合平衡中稳步前进，那么到1962年可达到1200万吨（八大建议指标的上限），1967年可达到2500—3000万吨，1972年可达到4000—4500万吨，即可超过我们匡算的英国1972年钢产量400—900万吨。后来的实践证明：我们那时替英国作的预测想得太顺利了。1958年以后，英国经济发展远没有我们想的那么顺利。它的钢产量1970年曾达到过2822万吨，可是1972年又下跌到2232万吨。我国经过'大跃进'三年，不顾一切，虽然把钢产量突到1866万吨，但1962年不得不又降到667万吨；调整后，重新起步，到1972年，也达到了2338万吨，虽比英国1970年的产量还差约500万吨，但同英国当年的产量持平。可见，如果我们按1956年八大确定的指标和在综合平衡中稳步前进的方针办事，不搞什么'大跃进'，那么，我国1972年的钢产量超过英国是绰有余裕的。"① 薄一波所说，是不搞"大跃进"完全可以实现上述目标；而毛泽东发动"大跃进"，显然是要争取搞得更快些。至于为什么出现了同预想的背离，将是后面章节所要讨论的问题。

12月12日，《人民日报》发表题为《必须坚持多快好省的建设方针》的社论。这是毛泽东在国内主持起草，而后带到莫斯科修改审定，向全国人民重申社会主义建设总路线的一篇社论，也是正式向各族人民发出的"大跃进"的号召。社论指出：在执行第一个五年计划的过程中，党中央提出了又多、又快、又好、又省的发展国民经济的方针。这个方针对于我国的社会主义建设事业起了巨大的积极作用。1956年我国国民经济的跃进的发展，证明了这个方针是完全正确的、必需的和行之有效的。但是，在去年秋天以后的一段时间里，在某些部门，某些单位，某些干部中间刮起了一股风，居然把多快好省的方针刮掉了。有的人说，农业发展纲要四十条订得冒进了，行不通；有的人说，1956年的国民经济发展计划全部冒进了，甚至第一个五年计划也冒进了，搞错了；有的人竟说，宁

---

① 薄一波：《若干重大决策与事件的回顾（修订本）》下卷，人民出版社1997年版，第743—745页。

可犯保守的错误，也不要犯冒进的错误，等等。于是，本来应该和可以多办、快办的事情，也少办、慢办甚至不办了。这种做法，对社会主义建设事业当然不能起积极的促进的作用，相反地起了消极的"促退"的作用。社论重新引述毛泽东1955年2月为《中国农村的社会主义高潮》一书所写序言中的一段话："人们的思想必须适应已经变化了的情况。当然，任何人不可以无根据地胡思乱想，不可以超越客观情况所许可的条件去计划自己的行动，不要勉强地去做那些实在做不到的事情。但是现在的问题，还是右倾保守思想在许多方面作怪，使许多方面的工作不能适应客观情况的发展，现在的问题是经过努力本来可以做到的事情，却有很多人认为做不到，因此，不断地批判那些确实存在的右倾保守思想，就有完全的必要了。"然后说："这一段话，值得我们再读几遍。"① 1956年6月20日那篇《既反对保守主义，也要反对急躁情绪》的《人民日报》社论，曾引用过上述那段话的前一半，用以反冒进；"但是"以下的后一半没有征引。② 现在这篇社论全部引录，并且特别指明："这一段话，值得我们再读几遍。"

农业以实现亩产"四、五、八"为奋斗目标，工业以15年在钢产量上赶超英国为奋斗目标，直接同全国各族人民群众见面，很快产生了巨大的动员作用。农村中掀起了兴修农田水利和积肥的高潮，工业方面也正在走向新的高涨。

第三节　从认识论角度总结经验教训

从中共八届三中全会恢复多快好省的口号到1958年年初，全国跃进的气氛已是形势逼人。其间不过两个多月，说明政治动员效率异常高。毛泽东充分发挥了报纸的作用。他说："我们组织和指导工作，主要依靠报纸，单是开会，效果有限。"③ 利用报纸，"一竿子插到底"，这是使党的路线方针、目标任务直接同广大群众见面的最快捷的方法，也最有利于消除"中梗阻"现象，收到以下促上的效果。另一个方面的工作，主要是党的中

---

① 参见《人民日报》社论《必须坚持多快好省的建设方针》，《人民日报》1957年12月12日第一版。

② 参见《人民日报》社论《既反对保守主义，也要反对急躁情绪》，《人民日报》1956年6月20日第一版。

③ 吴冷西：《忆毛主席》，新华出版社1995年版，第61页。

上层的思想统一问题。这一过程是从 1957 年 12 月中旬的杭州会议，中经 1958 年 1 月的南宁会议到同年 3 月的成都会议，通过批评反冒进完成的。

1957 年年底和 1958 年年初的杭州会议，开始点燃批评反冒进之火。杭州会议开了两次，都限于华东几个省市。周恩来参加第二次杭州会议后，建议再召开一次范围扩大一些的会议，这就是南宁会议。国务院几位副总理和有的部长也被通知参加，加大了反冒进的声势。毛泽东在这次会议上有一段话说，"右派的进攻，把一些同志抛到和右派差不多的边缘，只剩了五十米，慌起来了"。这是毛泽东有时批评人爱用的一种尖锐方式，目的是要你出一身冷汗，好好想一想。据彭真说，还在 1957 年 6 月第一届全国人大四次会议召开的时候，李先念和薄一波打算趁他们向大会报告工作的机会，就反冒进的错误多做些自我批评。毛泽东没有同意。他说，当作政府工作来讲只是在财经方面有这么一个错误，不是整个政府工作，不是十个指头中的一个指头，是半个指头。彭真说，当时，正是右派利用整风兴风作浪之时，"先念的报告少奇、恩来斟酌后，主席改了的。"反冒进大家都有份，这个错误和右派根本是两回事。如果讲得过火，右派可能利用。① 看来，毛泽东处理反冒进的问题是谨慎的，尽管有些用语似觉尖刻。

毛泽东对反冒进的批评，有几个特点：

（1）先打招呼。前有八届二中全会上"挡水"之说，后有八届三中全会上关于恢复多快好省的几项提议，继之始有一系列批评。

（2）不是一般地否定反冒进中的一切做法。对于局部性的某些方面的"冒"，他肯定提出批评、适当压缩，是完全必要的；所不赞成的，是当作方针性的反冒进的做法，认为它打击了群众，泄了他们的气。彭真在传达南宁会议精神时，列举了以下例证（见表 5—1）：

表 5—1　　　　　1956 年反冒进前后几个省份兴修水利情况　　　单位：万亩

	1955 年冬—1956 年春	1956 年冬—1957 年春	1957 年冬—1958 年春
河北省	1400（扣除无水井后）	200	已完成 2400 预计 3000
河南省	2400	500	3000
广东省	1000	500	1500

资料来源：彭真关于南宁会议精神的传达报告（1958 年 1 月 29 日）。

---

① 彭真关于南宁会议精神的传达报告（1958 年 1 月 29 日）。

在1958年2月18日召开的中共中央政治局扩大会议上，毛泽东进而引申出一个有待实践进一步检验的一般结论。他说："以后反冒进的口号不要提，反右倾保守的口号要提。反冒进这个口号不好，吃亏，打击群众。反右倾这个口号为什么不会打击群众呢？反右倾所打击的就是一部分人的那些气（官气、暮气、骄气、娇气），一些主观主义、官僚主义、宗派主义，这些东西应该加以打击。"①

（3）用事实比较分析。毛泽东批评反冒进，立足于1956年生产建设的实绩和安徽省1957年冬1958年春兴修水利的实绩。一是拿前者同反冒进后的情况作比较，没有1956年那股劲头，"一五"计划不可能完成。一反冒进，兴修水利、办社、扫盲、除四害都没劲了。二是拿后者同八年治淮的情况作比较。治理淮河，六七年花了12亿元人民币，只搞了12亿土方；安徽1957年冬1958年春已经搞了8亿土方，再搞8亿土方，不过花几千万元。他说："你们如果说冒进是非马克思主义，或者反马克思主义，而反冒进是马克思主义，那马克思主义就在中国变了样子，把搞得少的叫马克思主义，搞得多的不叫马克思主义。我不赞成反冒进叫马克思主义，赞成'冒进'才是马克思主义。"② 在这之前，他在南宁会议上曾说："我就怕六亿人民没有劲，不是讲群众路线吗？六亿人民泄气，还有什么群众路线？看问题要从六亿人民出发。"③ 他认为，反冒进恰恰打击了群众的积极性，泄了六亿人民的气。在这一意义上，他说，他赞成这个"冒进"，说"冒进"是马克思主义。在3月9日的成都会议上，在对社会主义建设的两条路线、两种方法作比较分析时，他又说："一种是马克思主义的冒进，一种是非马克思主义的反冒进。究竟采取哪一种？我看应采取冒进那一种。"④ 他认为："反冒进是个方针问题。"可见，毛泽东肯定"冒进好"，隐含一定的前提，有它特定的语境。由于这个缘故，当他

---

① 毛泽东在中央政治局扩大会议上的讲话记录（1958年2月18日），转引自中共中央文献研究室编《毛泽东传（1949—1976）》（上），中央文献出版社2003年版，第786—787页。
② 毛泽东在中央政治局扩大会议上的讲话（1958年2月18日），转引自薄一波《若干重大决策与事件的回顾》下卷，人民出版社1997年版，第667页。
③ 薄一波：《若干重大决策与事件的回顾（修订本）》下卷，人民出版社1997年版，第666页。
④ 毛泽东在成都会议上的讲话（1958年3月9日）；转引自薄一波《若干重大决策与事件的回顾（修订本）》下卷，人民出版社1997年版，第667页。

看到有人用"跃进"一词代替"冒进"一词的时候,才有前面曾经提到的兴奋和赞誉。

(4) 从认识论、方法论角度挖掘根源。他批评反冒进的错误,是看问题的方法不对,没有分清主流和支流的关系。他形象地比喻为九个指头和一个指头的关系。他说:"反冒进首先没有把指头问题认识清楚,十个指头,只有一个指头长了疮,多招收了一些人(工人、学生),多花了一些钱,这些东西要反。当时不提反冒进,就不会搞成一股风,吹掉三条,一为多快好省,二为四十条纲要,三为促进委员会。一个指头有毛病,整一下就好了。没有搞清楚成绩是主要的,还是错误是主要的,是保护热情、鼓励干劲、乘风破浪,还是泼冷水泄气。"① 在《工作方法六十条(草案)》里,他专门列为一条:"十个指头的问题。人有十个指头,要使干部学会善于区别九个指头和一个指头,或者多数指头和少数指头。九个指头和一个指头有区别,这件事看来简单,许多人却不懂得。要宣传这种观点。这是大局和小局、一般和个别、主流和支流的区别。我们要注意抓住主流,抓错了一定翻筋斗。这是认识问题,也是逻辑问题。说一个指头和九个指头,这种说法比较生动,也比较合于我们工作的情况。我们的工作,除非发生了根本路线上的错误,成绩总是主要的。"②

毛泽东还认为,反冒进的另一思想根源,是囿于消极平衡论的观点,过分强调平衡,以致束缚自己,也束缚了群众。他从辩证法的角度,论证平衡是相对的、暂时的、过渡的。不平衡才是绝对的。我们一定要有一个平衡,没有一个暂时的平衡和统一也不行。但它是相对的,就是要不断地用先进的经验,在前进中把原来的平衡打破。只有把平衡不断打破,事业才能前进。前进又达到平衡。平衡又是暂时的,然后又有好多工作前进了,又把原来的平衡打破,又前进。不要把平衡当作主要的,比如钢铁,一个先进的技术搞起来了,所有都赶不上了,所有的都要赶,就是要在这里面前进。平衡是革命的平衡,是积极的平衡,不是消极的平衡,不是保守的平衡。③

这在理论上是完全正确的,为经济计划工作指明了方向。但原则的明

---

① 毛泽东在南宁会议上的讲话(1958年1月11日),转引自中共中央文献研究室编《毛泽东年谱(1949—1976)》第三卷,中央文献出版社2013年版,第277页。
② 《毛泽东文集》第七卷,人民出版社1999年版,第357页。
③ 引自彭真关于南宁会议精神的传达报告(1958年1月29日)。

确并不就等于实践问题的解决。因而积极平衡与消极平衡，后来又引申出长线平衡与短线平衡，成为长期有争议的问题。尤其是在"大跃进"年代，安排和处理经济发展与综合平衡的关系，实属不易，出现问题的风险度很高，这可能是产生不同看法的一个客观因素。

（5）适可而止，增进新的团结。在南宁会议上，周恩来就反冒进做自我批评，承担主要责任。刘少奇就《人民日报》反冒进社论承担主要责任，并认为解放以来，党领导革命和建设，右倾是我们的主要危险。在成都会议上，他在讲话中又说，关于社会主义革命，是有思想准备的，有一些不同意见，很快就放弃了。关于社会主义建设，对于快与慢的问题，没有意识到这是一个方针路线争论。就他自己说，是喜欢快的。邓小平就反冒进问题发言时指出：反冒进是不好的，挫伤了群众和干部的积极性。我对于这场斗争，在一个短期之内是有过模糊认识的，没有意识到党内有什么两条路线的不同，在某些问题上和一些同志有共同的看法，也曾经设想过基本建设和某些事情是不是慢一点好，是不是谨慎一点好。[①] 之前，陈云、李先念、薄一波等也都做了自我批评。其实，经过一月南宁会议，毛泽东的社会主义建设思想已为大家接受，此后再讲到反冒进口气就很缓和了。例如，在二月份举行的被他称为"中央内部的整风"的政治局扩大会议上，他为反冒进错误画了一条杠，即"这是大家都在正确的路线之下，在个别问题上意见不一致，这么一种性质"。在3月9日的成都会议上，他说，南宁会议提出反冒进的问题，有许多同志紧张，现在好了。谈清楚的目的是使大家有共同的语言，做好工作，而不是不好混，我绝无要哪个同志不好混之意。在3月25日的成都会议上，他的讲话等于宣布批评反冒进到此为止。他说，关于反冒进，我看以后不需要谈了。如果从经验上、方法上把它作为例子，那倒是可以的。这个问题不是个什么责任问题，重点是要用唯物论、辩证法来深入分析反冒进问题。

同年5月，八大二次会议在北京举行。闭幕那一天，毛泽东作最后一次讲话。薄一波后来回忆说：毛泽东在事先准备的讲话提纲里，写有如下的内容：《高潮》序言、促进委员会、农业发展纲要四十条、论十大关系、多快好省等都是在中央会议上通过了的，"有些同志，当时同意（无

---

① 参见中共中央文献研究室编《邓小平年谱（1904—1974）》（下），中央文献出版社2009年版，第1421页。

一人反对),五个月、或者一个月以后,即表示反对,或者不同意,或者怀疑,而不经合法手续,即经同样性质的会议加以改变,即进行反对活动,提反冒进","在1956年11月八届二中全会上突然爆发"。而在大会上讲话时,这些他却都没有讲。时隔30年后,薄一波在回顾这一重大历史事件时,不无感慨地说:"从这件事可以看出,毛主席对反冒进是有'气'的,但最后处理这个问题时,基本上采取了克制的态度。"① 显然,这有利于达到弄清思想、团结同志的目的。

毛泽东在批评反冒进的过程中,进一步发挥了他的思想。其中最重要的,一是强调要破除迷信,解放思想,敢想、敢说、敢干;二是强调要打掉官气,以平等的态度待人,改进领导方法。他说:不要妄自菲薄,看不起自己。我们中国被帝国主义压迫了一百多年。它们总是宣传那一套:要服从洋人。封建主义又宣传那一套:要服从孔夫子。对外国人来说,我们不行。对孔夫子来说,我们也不行。总之,这都是迷信,一切迷信都要打破。他列举大量例证,说明自古以来,大学问家、发明家,开头都是年轻人,被人看不起的人,受压迫的人,或者学问比较少的人。要大家不要被大学问家、权威、名人吓倒。要敢想、敢说、敢做。他认为,劳动人民蕴藏着的创造性、积极性很丰富,过去就是上层建筑——党和政府不提倡,或提倡不够,压制住了,没有爆发出来。我们现在的办法就是揭盖子,破除迷信,让劳动人民的积极性都爆发出来。

为此,他要求从调整生产中人与人之间的关系的角度着眼,改进领导与被领导之间的关系,以唤起人民群众的主人翁感,激发他们自觉的能动性。在他看来,生产关系中所有制的变革总有个底,分配则取决于生产,处于中间环节的人与人在生产中的相互关系问题大有文章可做。马恩列斯在这些方面没有展开讲,经济学上对人与人在生产中的相互关系问题没有讲清楚,苏联十月革命后也没有解决,而这正是很重要的问题。毛泽东说,人们的平等关系不会自然出现。中国如果不解决这个问题,要"大跃进"是不可能的。上层建筑其实也是一种人与人之间的相互关系问题。在这些方面,如在基层,厂长、党委书记、工会主席和职工之间并不平等,群众把他们称为"官"。现在,经过大鸣大放大辩论,情况就改变

---

① 薄一波:《若干重大决策与事件的回顾(修订本)》下卷,人民出版社1997年版,第665—666页。

了。群众看到，这些人可以批评，他们也真改正缺点，也纷纷起来改进工作，落后的职工批判了自己过去只为人民币服务的错误态度，认识到应该为人民服务了。于是劳动热情高涨，干劲十足。这样，就进一步巩固了所有制，同时也使分配问题容易得到解决。所以，毛泽东强调："不论你官多大，无非是当主席、当总理、当部长、当省长那么大的官，但是你只能以一个劳动者的姿态出现。这样，你的官更好做，更多地得到人民的拥护。"他特别提醒说："在北京做官，官气比较重，下去的时候很要注意，不要学'巡按出朝，地动山摇'那一套。下去主要是找先进经验。有了先进经验，就可以把后进和落后的带起来。"① 要消灭官僚主义，消除资产阶级作风，要使大家感到现在是真正解放了，建立起真正平等的关系。②

　　毛泽东通过批评反冒进，完成了党的领导中枢的思想统一。组织安排则是通过批评分散主义完成的。在南宁会议上，毛泽东说：集中，只能集中于党委、政治局、书记处、常委，只能有一个核心。为了反对分散主义，他编了一个口诀："大权独揽，小权分散。党委决定，各方去办。办也有决，不离原则。工作检查，党委有责。"③ 党委统一领导、书记挂帅的领导体制，在"大跃进"中得以强化。在中央，党的八大设立总书记主持的中央书记处，在整风运动中初步显示出重要作用。毛泽东上述领导原则的重新强调，更凸显了它的地位。同年5月25日，增补两位国务院副总理李富春和李先念进书记处。之后，决定成立财经、政法、外事、科学、文教五个小组。财经小组陈云任组长，政法小组彭真任组长，外事小组陈毅任组长，科学小组聂荣臻任组长，文教小组陆定一任组长。6月16日，决定以中共中央文件形式下达，其中，毛泽东增写了如下内容："这些小组是党中央的，直隶中央政治局和书记处，向它们直接做报告。大政方针在政治局，具体部署在书记处。只有一个'政治设计院'，没有两个'政治设计院'。大政方针和具体部署，都是一元化，党政不分。具体执行和细节决策属政府机构及其党组。对大政方针和具体部署，政府机构及其党

---

　　① 中共中央文献研究室编：《毛泽东年谱（1949—1976）》第三卷，中央文献出版社2013年版，第300页。

　　② 以上引语凡未注明出处的均见有关会议记录及中共中央文献研究室编《毛泽东年谱（1949—1976）》第三卷（中央文献出版社2013年版）有关南宁会议和成都会议部分。

　　③ 中共中央文献研究室编：《毛泽东年谱（1949—1976）》第三卷，中央文献出版社2013年版，第277页。

组有建议之权,但决定权在党中央。政府机构及其党组和党中央一同有检查之权。"① 书记处成为协助党中央和毛泽东统帅全局的参谋部和领导"大跃进"的日常工作机构。正如《邓小平传(1904—1974)》(下)所说:

八大以后,邓小平主持中央书记处的工作,在经济建设方面听到的更多的是来自各方面加快发展的呼声,他自己也同毛泽东及其他不少中央领导人一样,希望加快经济发展速度。1958年2月13日,邓小平在向四川四级干部传达南宁会议精神后说:"我们这个国家是很有希望的","现在我们中国的速度,比如工业每年发展到百分十几到二十,这速度是资本主义不可想象的","我们完全有可能比其他社会主义国家发展的速度快一些"。在讲到毛泽东的"大跃进"思想时,他说:"不断革命论,这是毛主席的领导方法。""毛主席的方法就是在一个任务完成后马上提出新的任务,一个接一个,气势雄壮。""加快,只要是可能的,不是主观主义的,就应该加快。"在讲到毛泽东对反对冒进的批评时,他说:"我们得到了这么一个教训,我们全党懂得了以后要当促进派,不要当促退派。"②

从杭州会议开始的一系列中央会议,同时也是工作会议。不过与以往的会议相比,有两个特点。一是虚实结合,以虚带实;二是中央与地方结合,形成互补。毛泽东批评许多经济工作会议缺乏思想性,只务实不务虚或很少务虚;中央部门办事不重视同地方沟通,官气重、暮气多,不如地方思想活跃。他要求采取使中央和地方的意见相结合的开会方法。当时一些重要决策及方针性口号的提出,就是在这样的会议上酝酿、讨论并最后形成。

第四节 社会主义建设总路线的形成

1958年5月5日,中国共产党第八次全国代表大会第二次会议在北京举行。刘少奇代表党中央作工作报告。报告完整地体现了毛泽东关于社会主义建设的思想,并且把他提出的"鼓足干劲、力争上游、多快好省

---

① 毛泽东:《对中央决定成立财经、政法、外事、科学、文教各小组的通知稿的批语和修改》(1958年6月8日),中共中央文献研究室编《建国以来毛泽东文稿》第七册,中央文献出版社1992年版,第268—269页。

② 中共中央文献研究室编:《邓小平传(1904—1974)》(下),中央文献出版社2014年版,第1057、1060页。

地建设社会主义"总路线的基本点概括为：调动一切积极因素，正确处理人民内部矛盾；巩固和发展社会主义的全民所有制和集体所有制，巩固无产阶级专政和无产阶级的国际团结；在继续完成经济战线、政治战线和思想战线上的社会主义革命的同时，逐步实现技术革命和文化革命；在重工业优先发展的条件下，工业和农业同时并举；在集中领导、全面规划、分工协作的条件下，中央工业和地方工业同时并举，大型企业和中小型企业同时并举；通过这些，尽快地把我国建成为一个具有现代工业、现代农业和现代科学文化的伟大的社会主义国家。刘少奇的报告在肯定十五年赶上英国这一战略目标的同时，还将原来"以十五年或者更长的时间"的提法，改为"十五年或者更短的时间"，并强调了速度问题的重要性。在阶级斗争的问题上，根据毛泽东在八届三中全会上的论断，确认："在整个过渡时期，也就是说，在社会主义社会建成以前，无产阶级同资产阶级的斗争，社会主义道路同资本主义道路的斗争，始终是我国内部的主要矛盾"。[①] 大会经过讨论，一致通过这个报告，标志着发动"大跃进"的决策及社会主义建设总路线成为党的正式决议，具有了它的权威性。

117 人在大会上发言，另有 140 人提交了书面发言。他们除表示坚决拥护社会主义建设总路线，抒发赶超发达国家的雄心壮志，地方和中央部门负责人还纷纷提出自己的跃进计划；一些中央领导人高度评价社会主义建设总路线"是马克思列宁主义普遍真理同中国革命的具体实践相结合的毛泽东思想的又一光辉范例，同时也是马克思列宁主义的社会主义建设学说的新发展"，"拥护和相信毛主席就是拥护和相信真理"，"毛主席是真理的代表"。[②] 这一事实表明，中国共产党不仅在组织程序的层面，更

[①] 中共中央文献研究室编：《建国以来重要文献选编》第 11 册，中央文献出版社 1995 年版，第 303—305、288 页。

[②] 中共中央文献研究室编：《毛泽东传（1949—1976）》（上），中央文献出版社 2003 年版，第 821—822 页。之前，在 3 月 25 日的成都会议上，先后发言的张德生、胡乔木、柯庆施、邓小平、陶鲁笳、周恩来、薄一波、滕代远、刘少奇、彭德怀，在谈到反对教条主义、南宁会议和成都会议思想斗争的性质、社会主义建设的路线、思想解放运动和领袖的作用等问题时，"一些中央领导人都对毛泽东说了一些赞扬的话"。有的提出："要宣传毛主席的领袖作用，宣传和学习毛主席的思想。高级干部要三好：跟好、学好、做好。"《毛泽东传（1949—1976）》编著者评论说："他们说这些话，态度是诚恳的和严肃的。他们对毛泽东的信任和钦佩是发自内心的。党中央的一些最重要的领导人如此集中地颂扬毛泽东个人，这是在新中国成立以来从未有过的。"——参见中共中央文献研究室编《毛泽东传（1949—1976）》（上），中央文献出版社 2003 年版，第 801—802 页。

重要的是在思想政治上又一次统一到毛泽东的社会主义建设思想上来。离开这一前提，很难理解会有将近三年的"大跃进"运动。

毛泽东在会议上五次讲话，继续鼓励大家破除迷信，坚持多快好省这条总路线。他说，中国这个国家应该变为世界上第一大国。因为他人口世界第一个多。"我们希望大概有七年左右要赶过英国，再加八年左右要赶过美国。""什么美帝国主义，不在话下。现在可惜是太少，只有一个美帝国主义，假如有十个怎么样？十个也不在话下。"这些充满激情又不免浪漫主义色彩的豪言壮语，在鼓舞全党和全国六亿人民的同时，也给业已出现的过急要求和过高指标加了"一把火"。

第二篇 "大跃进"的三年

1958年,中国开始执行第二个五年计划。就在这一年,开始了持续将近三年的"大跃进"运动。其中最为突出的是,1958年农村由大搞农田基本建设到开展人民公社化运动和为钢铁产量翻番而展开的全民大炼钢铁运动。设想的目标是,农业方面按照《农业四十条》关于粮、棉、油的亩产要求,实施"以粮为纲、全面发展"的产业政策,奋斗若干年,争取初步改变农村的穷困面貌;工业则以15年时间首先在钢铁产量方面赶上并超过英国,以此为突破口,实施"以钢为纲、带动其他"的产业政策,促使各方面都有一个飞跃,比原计划提前建立起独立完整的工业体系。这是中国尝试走有别于苏联的适合自己情况发展道路的一次实验。[①] 总路线、"大跃进"和人民公社被看作这场实验的重要标志。它把各族人民充分动员起来,推动国民经济高速度发展,各项工作打破常规地进行。但是,"过犹不及"。1958年秋,毛泽东察觉到这种过热的现象不能再继续下去,开始"压缩空气",降低计划指标,主动进行调整。然而,协调经济综合平衡与保护和发挥群众积极性之间的困难,导致了此后反倾向斗争的误判,纠正中的"共产风"和瞎指挥等错误故态复萌,而且发展得更为严重,加之从1959年开始,农业生产连续三年遭受一年比一年严重的自然灾害,国民经济最终陷入一场以食品短缺为主要特征的经济危机。

---

① "我们一反苏联之所为,先搞农业,促进工业发展,先搞绿叶,后搞红花。看来有些问题,需要重新解释,经济学和历史唯物论要有新的补充和发展。"——中共中央文献研究室编:《毛泽东年谱(1949—1976)》第三卷,中央文献出版社2013年版,第421页。

第 六 章

第二个五年的原定任务

在中共八届二中全会上,毛泽东肯定第一个五年计划,并不表明他没有意见。① 他在提出过渡时期总路线以后,关于工业化的具体要求以及产业政策等问题摆在了他的面前。听取 34 个部委的汇报,使他有机会加以考虑。他希望从第二个五年开始,不要再照抄苏联,能从中国的情况出发,改进计划工作,制订出体现多快好省精神的第二个五年计划和 15 年远景规划。由于"大跃进"的开始,"二五"计划没有像第一个五年计划那样最后形成。

第一节 关于中国工业化的设计

关于中国工业化的设计,毛泽东这一时期讲到的,至少包括以下几点:

第一,关于时限的考虑。

党在过渡时期的总路线和总任务,规定用大约三个五年计划即 15 年左右的时间实现国家的社会主义工业化,是参照苏联经验,同时考虑到中国工业基础比较落后的情况提出来的。在探索加快发展的过程中,毛泽东设想把 15 年缩短到 10 年。在一次听取工业部门汇报时,他询问这是否靠得住?在场者均回答"靠得住"。毛泽东接着说:"两种方法,一种方法是干十五年,另一种方法十年就可以,十五年也许能干二十年的事。"②

第二,关于工业化标准的考虑。

---

① 参见刘国光主编《中国十个五年计划研究报告》,人民出版社 2006 年版,第 59 页。
② 毛泽东听取 34 个部委汇报记录(1956 年 2 月 15 日)。

1938年斯大林宣布苏联实现工业化，当时它的工业总产值占工农业总产值的70%。这曾被认为是衡量的尺度。毛泽东突破这一传统观念，从数和质两方面提出了中国自己的判断标准，即"从数量上看是社会主义工业产值占工农业总产值的60%左右；从质量上看，要有独立的工业体系和农业相应的协调发展。"① 这是两条具有重大政治经济意义的标准。斯大林曾经说："不是发展任何一种工业都算作工业化。工业化的中心，工业化的基础，就是发展重工业（燃料、金属等等），归根到底，就是发展生产资料的生产，发展本国的机器制造业。工业化的任务不仅要增加我国整个国民经济中工业的比重，而且要在这种发展中保证受资本主义国家包围的我国在经济上的独立，使我国不致变成世界资本主义的附属品。"② 毛泽东更进一步，把坚持建立中国独立工业体系的工业化路线的含义加以扩展，不仅要使自己不致变成"世界资本主义的附属品"，而且也不为任何所谓的国际分工体系即使是社会主义国家的国际分工体系所左右，以维护国家的经济独立和政治独立。

1960年2月8日，他在广州读苏联《政治经济学教科书》第三十六章"世界社会主义经济体系"时，有两段话讲到这一问题。教科书说："社会主义的分工可以使各个国家作为世界社会主义体系的平等成员，彼此取长补短，因而有可能节约财力和人力，消除国民经济中个别部门的不必要的平行发展，以加快各国经济发展的速度。每个国家都可以集中自己的人力财力来发展在本国有最有利的自然条件和经济条件、有生产经验和干部的部门，而且个别国家可以不必生产能靠其他国家供应来满足需要的产品。这样就可以在工业中达到合理的生产专业化和协作化，在粮食和原料生产上达到最适当的分工。"读到这里，毛泽东说："这一段里面的提法不好。我们甚至对各省都不这样提。我们对各省的提法一向是：凡是自己能够生产的，就自己尽可能地发展，只要不妨碍全局。欧洲的好处之一，是各国林立，各搞一套，使欧洲经济发展较快。我国自秦以来形成大帝国，那时以后，少数时间是分裂、割据，多数时间保持统一局面。缺点之一是官僚主义，统治很严，控制太死，地方没有独立性，不能独立发

---

① 转引自李富春在第二次全国宣传工作会议上的报告（1954年5月15日），《当代中国的计划工作》办公室编《中华人民共和国国民经济和社会发展计划大事辑要（1949—1985）》，红旗出版社1987年版，第54页。

② 《斯大林全集》第八卷，人民出版社1954年版，第112—113页。

展,大家拖拖沓沓,懒懒散散,过一天算一天,经济发展很慢。现在,我们的情况完全不同了,全国各省又是统一的,又是独立的。在政治上经济上都是如此。从政治上来说,各省服从中央的统一领导,服从中央的决议,接受中央的控制,独立地解决本省的问题,而中央的重大决议,又都是中央同各省商量,共同作出的。从经济上来说,中央要充分发挥地方积极性,不要限制、束缚地方积极性。我们是提倡在全国统一计划下,各省尽可能都搞一整套。只要有原料、有销路,只要能就地取材,就地推销,凡能办的事情,都尽可能地去办。不能办的事情,当然不要勉强去办。这里要注意,原料供应,产品销售,地方应当服从中央的调度安排。在国与国的关系上,我们主张,各国尽量多搞。以自力更生、不依赖外援为原则。自己尽可能独立地搞,凡是自己能办的,必须尽量地多搞。只有自己实在不能办的才不办。特别是农业,更应当搞好。吃饭靠外国,危险得很,打起仗来,更加危险。"

在读到教科书说"欧洲各人民民主国家都是中小国家,对其中每一个国家来说,发展所有的工业部门,在经济上是不合理的,也是力不胜任的"时,毛泽东说:"就某些产品来说,有些国家有这里所说的'力不胜任'的问题。蒙古人民共和国人口不到一百万,各种东西都搞也有困难。我们国内有些人口少的省,例如青海、宁夏,现在也很难什么都搞。"

教科书说:"中华人民共和国的情况就不同了。它是一个大国,人口居世界第一,拥有丰富的种类繁多的自然资源,因此它自然给自己提出建立完整的工业体系的任务。同时,中华人民共和国也参加社会主义的国际分工的体系,并享有这个体系的一切好处。"读到这里,毛泽东说:"这段写法可以。要知道这是经过我们同他们争论,才这样写下来的。过去,他们和东欧的一些国家都曾经要我们不搞完整的工业体系。"[1] 毛泽东这里所说的"他们和东欧的一些国家",很明显,指的就是苏联和东欧等经互会国家。毛泽东所说中国不仅要建立独立工业体系,而且还要有农业相应的协调发展。这也是鉴于苏联工业化过程中牺牲农业的教训。否则,化来化去竟不能具有自己的独立的工业体系,或者虽建立起独立的工业体系,却不能养活自己,经济独立进而政治独立到头来仍然是一句空话。教

---

[1] 中共中央文献研究室编:《毛泽东年谱(1949—1976)》第四卷,中央文献出版社2013年版,第319—321页。

科书所写中国"也参加社会主义的国际分工的体系"的问题,指的可能是参加苏联主导的"经互会"。实际情况是根据上述原则,中国并没有参加。"经互会"(经济互助委员会)是苏联倡议的以社会主义阵营国家为主的国际性经济共同体。1949年建立,总部设在莫斯科。最初主要是贸易往来,经济技术交流。1954年赫鲁晓夫提出,各成员国要按照国际专业化分工和协作原则组织经济,经互会遂通过协调成员国国民经济计划,扩大到生产领域的合作,成员国之间也由双边关系扩展到多边关系。赫鲁晓夫1954年9月访问中国,当着毛泽东的面邀请中国加入,被毛泽东拒绝。据当时担任翻译工作的师哲回忆,毛泽东不容置疑地回答:"没有这个必要,这对中国的发展建设没有多大意义。相反,可能麻烦很多,纠缠不清,还会妨碍建设的进展。"赫鲁晓夫听后,立即改变了腔调,完全改变了自己原来的想法。他说:"中国是个大国,具备独立发展的一切条件,而且发展前途广阔。"[①] 1956—1961年中国只以观察员身份列席他们的例会。

第三,关于产业政策和区域经济政策问题。

"一五"计划的前几年,国民经济运行经常承受着基本建设的巨大压力。1956年4月18日,毛泽东在听取国家计委主任李富春汇报"二五"计划时,认为现在的问题是基本建设投资太多,农民负担不起。他说:"现在的危险是忽视个人利益,基本建设和非生产性建设太多。应该使百分之九十的社员个人收入每年增加。如果不注意个人收入问题,就可能犯大错误。"[②] 此后,总结"波匈事件"的教训,他又提出我们是"又要重工业又要人民",要兼顾国家建设和人民生活两个方面。

兼顾国家建设与人民生活的关系,在一定意义上又表现在国防建设与经济建设的问题上。这一组矛盾关系,不仅包含经济关系的内容,还有不同于其他经济关系的特殊性。毛泽东一方面讲,"国防不可不有。"我们不但要有更多的飞机和大炮,而且还要有原子弹。"在今天的世界上,我们要不受欺负,就不能没有这个东西。"怎么办呢?他说:"可靠的办法就是把军政费用降到一个适当的比例,增加经济建设费用。"到第二个五

---

① 参见师哲《在历史巨人身边:师哲回忆录》选载之十二"赫鲁晓夫首度来华",《作家文摘》2015年3月27日第6版。
② 中共中央文献研究室编:《毛泽东传(1949—1976)》上卷,中央文献出版社2003年版,第481—482页。

年计划时期把军政费用由"一五"时期的30%降到20%左右。他说,"现在把国防工业步子放慢,重点把冶金工业、机械工业和化学工业加强,把底子打好;另一方面,把原子弹、导弹、遥控装置、远程飞机搞起来,其他的可以少搞。"① 就是说,重点抓两头:一头是基础工业,一头是尖端技术工业。对于第二个五年计划,他指示:重点是煤、电、油等动力工业和冶金、化工等原材料工业。机械工业一方面发展农业机械,另一方面要以发展原子能、飞机和无线电及精密机械工业为重点。轻工业要跟农业走。某些方面要少做,才能保证重点方面多做。具体要注意三点:(1)生产性的多搞,非生产性的少搞;(2)基本建设要多有所为,事业费要少有所为;(3)军、政费要减。② 按此精神,1960年军、政费用占当年财政支出的比重由1955年的31.10%削减到13.2%;整个"二五"时期军、政费用占财政支出的比重由"一五"时期的31.48%削减为18.54%。1961年和1962年两年军、政费比重的反弹,是由于经济下滑导致了财政收入的锐减,并不是刻意增加军政费用支出。这一战略构想,对经济建设与国防建设都将带来巨大利益。基础工业的发展无疑有利于前者,而一旦有事,这样的和平经济转向战时经济的能力是毋庸置疑的;至于国防尖端的研发,必将带动一系列高新技术产业的建立与发展。这是在资金有限条件下兼顾军需与民用,"又要重工业又要人民"的双赢选择,也是对"一五"时期经验的总结。

在区域经济政策方面,毛泽东主张在全国逐渐形成若干大的经济中心,围绕它建立起各具特色的经济区。如以沈阳为中心的东北经济区,以西安、兰州为中心的西北经济区,以天津为中心的华北经济区,以武汉为中心的中南经济区,以广州为中心的华南经济区,以重庆为中心的西南经济区等。③

第二节 十五年远景规划的讨论

早在1953年5月,国家计委就根据过渡时期总路线和总任务编制15

---

① 转引自《周恩来选集》下卷,人民出版社1984年版,第236页。
② 参见《当代中国的计划工作》办公室编《中华人民共和国国民经济和社会发展计划大事辑要(1949—1985)》,红旗出版社1987年版,第112页。
③ 同上书,第113页。

年远景规划；然后又根据15年远景规划编制第二个五年计划。当时遇到的矛盾是，财政收入的增长不能满足建设的需要。据计算，在15年内建立独立工业体系，"二五"期间要安排限额以上项目950个左右，经济建设拨款约需1400亿元，基本建设投资将超过1100亿元，同"一五"时期相比，拨款增长1.33倍，平均每年递增19%；投资增长1.68倍，平均每年递增22%，而五年内国家财政收入估计增长不到50%，平均每年递增约9%，缺口很大。[①] 面对这个矛盾，计委压缩了预期计划指标，以便削减建设投资。1955年秋提交各部讨论，引来不少批评。

重工业部部长王鹤寿认为，15年远景规划钢铁工业水平应达到或接近英国和德国的水平，也就是1967年的钢产量要达到1800万吨到2000万吨，争取"四五"时期超过他们，占世界第三位。他推算，到1967年英国钢产量约为2400万吨，西德约为2200万吨，法国约为1300万吨，日本约为1400万吨。他说，苏联第二个五年计划就超过西欧的水平，当年苏联的条件远比我们困难，它利用资本主义危机，孤军奋斗。我们基础虽然差，应该能办到。速度再降低，就偏于保守了。他还以美国为例：1889年时钢产量为379万吨，经过16年到1905年达到2242万吨，平均每年增长12.5%。

第二机械工业部部长赵尔陆也批评计委保守，顾虑财政负担不了，压低指标，推迟建设项目，1967年钢的生产指标压到不超过1800万吨，煤炭不超过2.8亿吨，计划工业增产速度竟低于当年的苏联。苏联1932—1937年的速度为17.1%，我们1962—1967年却规定为15.8%。他说：认为旧俄国工业基础比旧中国好，所以中国的发展速度不能同苏联相比，这是只知其一，不知其二。他为此列举了四条理由：（1）国际条件不同；（2）现代技术的采用；（3）我国"一五"时期的设计定额不高，有潜力；（4）经过几年的实践，我们现在有了一些经验。他的结论是：速度快了，收入就会增加，应该从积极方面考虑解决投资与财政的矛盾。[②]

上述争论，从一个侧面反映了党内两种不同的经济思想。1958年3月成都会议印发的材料中，有两份材料都直接牵涉这一问题。一份是马克思《资本论》第三卷中论述商品交换的一段话，毛泽东拟题为《从生产

[①] 参见《关于"二五"基建问题的研究材料》，1955年10月15日。
[②] 参见综合讨论国民经济15年远景计划及"二五"计划发言记录，1955年11月。

出发,还是从交换和分配出发?》;另一份是《毛泽东选集》第三卷中的《抗日时期的经济问题和财政问题》一文,毛泽东另拟题为《从发展整个国民经济的观点出发,还是从片面的财政观点出发?》。

1956年2月16日,国家计委提出《国民经济十五年远景规划纲要》。主要由三个五年计划组成,即正式公布的第一个五年计划,在预计1957年完成实绩基础上草拟的第二个五年计划纲要和第三个五年计划轮廓计划,同时上调了最初设想的后两个五年的计划指标。以1952年为基数,十五年远景规划1967年的主要经济指标见表6—1:

表6—1 《国民经济十五年远景规划纲要》里1967年的主要经济指标

单位:亿元

年份	工农业总产值	工业总产值	农业及副业总产值
1952	827.1	270.1	483.9
1957	1417.4	656.5	676.5
1962	3113.5	1848	1037
1967	5468.5	3522.1	1557.8
平均每年增长(%)			
1953—1957	12.2	—	—
1958—1962	16.2	—	—
1963—1967	11.9	—	—
1953—1967	13.4	18.7	8.1
15年共计增长(倍)	5.6	12	2.2

资料来源:国家计委:《国民经济十五年远景规划纲要》,1956年2月16日。

按照上述规划,1953—1967年的15年内,现代工业在整个国民经济中的比重将由1952年的26.7%上升到1957年的39.4%、1962年的56.7%、1967年的62.6%;在工业总产值中,生产资料工业所占比重也将由1952年的39.7%上升到1957年的49.6%、1962年的62.1%、1967年的65.1%,国家工业化将取得重大进展。15年内,工业和农业产品产量都将有大幅度增长。以1952年为基期,1967年钢产量将增长16.8倍,达到2400万吨;煤炭产量将增长4.2倍,达到3.3亿吨;粮食产量将增长1.9倍,达到9500亿斤;棉花产量将增长2.8倍,达到1亿担。①

第三节 党的八大关于"二五"计划建议

中国共产党第八次全国代表大会关于"二五"计划的建议,是由周恩来主持拟定并在大会上作报告。"建议"曾经毛泽东审阅。在他审阅的"建议"第三稿,除有几处修改以外,若干重要经济指标经过计算,还标注了他的意见或疑问。例如:

(1)在原稿"二五"经济文化建设支出应从"一五"的58%提高到60%至70%处,他计算军政费用由原32%削为22%,减10%;其他支出为10%左右,经济文化建设支出实际是68%左右。从此后他的指示看,此处含有军政费用可以再压一点的意蕴。

(2)关于1962年几种工农业产品要求达到的水平,他表示疑问的有:

原油600万—650万吨,大了一点;

金属切削机床7万台,多了;

拖拉机和汽车指标以不写为好;

粮食总产(大豆除外,下同)达到5300亿斤,五年合计22500亿斤,达不到,以5000亿斤和21000亿斤为宜;

棉花总产达到5500万担,五年合计22500万担,也有疑问。

(3)在"二五"期内要求基本建设投资总额比"一五"计划约增加1.2—1.4倍处打了问号。②他在听取34个部委汇报时曾讲,现在的主要危险是基本建设投资太多,农民负担不起。以此推断,这个问号应是表示是否增加得多了的含义。

从正式提交八大审议的"二五"计划建议和周恩来关于"二五"计划建议的报告看,毛泽东的这些意见和疑问,周恩来大都吸收进来,做了必要修改。③从这里可以得出两点认识:

第一,毛泽东并不总是认为指标高了就好,脱离实际可能的指标他同

---

① 国家计委:《国民经济十五年远景规划纲要》,1956年2月16日。
② 毛泽东审阅的党的八大关于第二个五年计划建议(第三次草稿),1956年8月。
③ 参见中共中央文献研究室编《周恩来年谱(1949—1976)》上卷,中央文献出版社1997年版,第615页。

样不赞成。

第二，周恩来主持制订的第二个五年计划建议的重要指标，是在毛泽东的参与下最后确定的。这些指标经过实践检验，一般都留有较为充分的余地。后来说农业指标高了些，如果不是毛泽东提出意见，可能还要高。尽管如此，它仍不失为一个比较好的计划。只不过以上情节少为人知，毛泽东甚至于被误解为似乎是批判这个计划的。应该说，周恩来接手主持编制的"二五"计划建议草案，是在与毛泽东多次讨论，主要指标初步确定后，始提交党的八大审议，然后作为国务院编制"二五"计划的正式建议。

"建议"指出："第二个五年计划是实现我国过渡时期总任务的一个极其重要的关键。第二个五年计划，必须在第一个五年计划胜利完成的基础上，以既积极又稳妥可靠的步骤，推进社会主义的建设和完成社会主义的改造，保证我国有可能大约经过三个五年计划的时间，基本上建成一个完整的工业体系，使我国能够由落后的农业国变为先进的社会主义工业国。因此第二个五年计划的基本任务应该是：（1）继续进行以重工业为中心的工业建设，推进国民经济的技术改造，建立我国社会主义工业化的巩固基础（毛泽东后来对这一提法表示疑问，说在没有建立起独立完整工业体系以前，是不能说工业化有"巩固基础"的——引者注）；（2）继续完成社会主义改造，巩固和扩大集体所有制和全民所有制；（3）在发展基本建设和继续完成社会主义改造的基础上，进一步地发展工业、农业和手工业的生产，相应地发展运输业和商业；（4）努力培养建设人才，加强科学研究工作，以适应社会主义经济文化发展的需要；（5）在工业农业生产发展的基础上，增强国防力量，提高人民的物质生活和文化生活的水平。"①

关于建立完整工业体系的标准，周恩来在他的报告里有一个说明。他说："这样的工业体系，能够生产各种主要的机器设备和原材料，基本上满足我国扩大再生产和国民经济技术改造的需要。同时，它也能够生产各种消费品，适当地满足人民生活水平不断提高的需要。"在这里，他特别批评了那种借口现在存在以苏联为首的社会主义国家之间的经济技术合

---

① 中共中央办公厅编：《中国共产党第八次代表大会文献》，人民出版社1957年版，第843页。

作，否认中国有必要再建立独立工业体系的观点。[①] 1953 年第一个五年计划开始，有人说农民生活苦反对发展重工业；现在实施第二个五年计划，有人又以国际合作为由否定建立独立工业体系的必要性，其结果都将有害无益。

"建议"根据《论十大关系》的精神，汲取"一五"时期的经验，关于各方面的安排体现了积极稳妥的原则。

1. 在要求国民经济继续保持较快发展速度的同时，基本建设和工农业生产建设指标又不是绷得太紧，留有足够的余地。例如，"一五"计划规定，1957 年比 1952 年工业总产值（包括手工业产值）增长 90.3%，"建议"要求 1962 年工业总产值比 1957 年原计划增长一倍左右。如果与"一五"计划执行结果 1957 年的实际完成数相比，不到一倍。增长速度计划比"一五"时期稍高，主要考虑到以下几个因素：（1）投入生产的新建和改建企业将会增加；（2）大多数原有企业将采取增产的技术措施或者进行技术改造；（3）公私合营企业将要完成经济改组并且基本上实现国有化；（4）手工业除了少数的以外，将完成合作化；（5）农业发展也有可能保持较高的速度。特别是第一项，据计算，在工业总产值中，1957 年由新建和改建企业生产的比重还只占 15% 左右；到 1962 年这一比重将提升到 50% 左右。再如农业。"建议"提出：粮食产量五年合计为 22000 亿斤左右，1962 年达到 5000 亿斤左右；棉花产量五年合计 2.1 亿担左右，1962 年达到 4800 万担左右。1962 年农业总产值比 1957 年原计划增长 35% 左右。提出这样的要求，一方面考虑到完成高级合作化，将能够进一步调动农民的生产积极性，贯彻实施《农业四十条》，推广各项增产措施，扩大灌溉面积和耕地面积，国家供应的化学肥料也会有所增加，这都将促进农业生产的进一步发展；另一方面又要估计到各种自然灾害仍然难以避免，许多危害严重的河流还不能得到根治，更大规模的垦荒工作也还不能全面地展开，农业机械化的条件还没有具备，这些对农业生产又是一种制约，不能要求它有更高的增长速度。"建议"认为，在实际工作中，应该充分地利用有利条件，争取"二五"期间农业有更大的

[①] 周恩来：《关于发展国民经济的第二个五年计划的建议的报告》，1956 年 9 月 16 日，载中共中央办公厅编《中国共产党第八次全国代表大会文献》，人民出版社 1957 年版，第 123—124 页。本节资料除另行注明者外，均引自《关于发展国民经济的第二个五年计划的建议》和《关于发展国民经济的第二个五年计划的建议的报告》。

发展。

2. 在合理增加积累的同时，适当调整财政支出结构，降低军政费用，以便保证国民经济和文教事业的较快发展。预计1962年国民收入比1957年约可增加50%，财政收入不但相应增加，财政支出中军政费用还要压缩。"一五"时期，军政费用占财政支出的32%左右，"二五"期间争取降低到20%左右。这样，经济和文教支出所占比重就有可能由"一五"时期的56%左右提高到60%—70%。国家基本建设投资在全部财政收入中的比重，将由第一个五年计划的35%左右增加到40%左右，比"一五"时期增加一倍左右。同时，人民生活也将有相应改善，五年内职工平均工资和农民收入都将增加25%—30%。

3. 在基本建设投资中，适当调整农轻重的投资比重。"二五"计划在继续贯彻执行优先发展重工业方针的同时，加大对农业部门的投入，加强对农业的支持力度。在基本建设投资总额中，工业投资比重可以从"一五"计划的58.2%提高到60%左右，农林水的投资比重可以从"一五"计划的7.6%提高到10%左右。在工业投资中，在保持生产资料仍将增长较快的前提下，适当增加轻工业投资比重。1957年工业产值计划中，生产资料工业占38%，消费资料工业占62%，预计执行结果，生产资料产值可能超过40%，1962年生产资料和消费资料产值将大约各占50%。

4. 在优先发展重工业方面，不仅要加强机器制造工业和冶金工业的建设，而且要加强薄弱环节，填补空白。例如，稀有金属的开采和提炼，有机合成化学工业的建立和发展，原子能的和平利用等等，都应当提到重要位置，给以足够的重视。第一个五年计划期间，许多大型的精密机器和成套设备都还不能制造，当时所需要的机器设备40%左右依靠进口，许多特殊品种的钢材全部或几乎全部依赖进口，国内钢材自给率为80%左右。"建议"提出，应该争取经过第二个五年计划的建设，使机器设备自给率提高到70%左右，钢材和主要的有色金属的数量、品种都能够基本上满足国民经济各部门特别是机器制造工业部门的需要。1962年主要工农业产品产量指标，分别见表6—2、表6—3、表6—4和表6—5。

表6—2　　　　　　　　1962年主要的重工业产品计划产量

产品名称	计算单位	1962年计划产量	1957年计划产量	1952年实际产量	历史最高年产量 年份	历史最高年产量 产量
发电量	亿度	400—430	159.0	72.6	1941	59.6
原煤	万吨	19000—21000	11298.5	6352.8	1942	6187.5
原油	万吨	500—600	201.2	43.6	1943	32.0
钢	万吨	1050—1200	412.0	135.0	1943	92.3
铝锭	万吨	10—12	2.0	—		
化学肥料	万吨	300—320	57.8	19.4	1941	22.7
冶金设备	万吨	3—4	0.8	—		
发电设备	万千瓦	140—150	16.4	0.67		
金属切削机床	万台	6—6.5	1.3	1.4	1941	0.5
原木	万立方米	3100—3400	2000.0	1002.0		
水泥	万吨	1250—1450	600.0	286.0	1942	229.3

资料来源：中共中央办公厅编：《中国共产党第八次全国代表大会文献》，人民出版社1957年版，第846页。

表6—3　　　　　　　　1962年主要的轻工业产品计划产量

产品名称	计算单位	1962年计划产量	1957年计划产量	1952年实际产量	历史最高年产量 年份	历史最高年产量 产量
棉纱	万件	800—900	500.0	361.8	1933	244.7
棉布	万匹	23500—26000	16372.1	11163.4		
盐	万吨	1000—1100	755.4	494.5	1943	391.8
食用植物油	万吨	310—320	179.4	98.3	—	—
糖（包括土糖）	万吨	240—250	110.0	45.1	1936	41.4
机制纸	万吨	150—160	65.5	37.2	1943	16.5

资料来源：中共中央办公厅编：《中国共产党第八次全国代表大会文献》，人民出版社1957年版，第847页。

表 6—4　　　　　　　　1962 年主要的农业产品计划产量

产品名称	计算单位	1962 年计划产量	第二个五年合计	1957 年计划产量	1952 年实际产量	历史最高年产量 年份	历史最高年产量 产量
粮食	亿斤	5000 左右	22000 左右	3631.8	3087.9	1936	2773.9
棉花	万担	4800 左右	21000 左右	3270.0	2607.4	1936	1697.6
大豆	亿斤	250 左右	1100 左右	224.4	190.4	1936	226.1

资料来源：中共中央办公厅编：《中国共产党第八次全国代表大会文献》，人民出版社 1957 年版，第 848 页。

表 6—5　　　　　　　　1962 年主要牲畜计划数量

名称	计算单位	1962 年计划数量	1957 年计划数量	1952 年实际数量	历史最高年数量 年份	历史最高年数量 数量
牛	万头	9000 左右	7361	5660	1935	4826.8
马	万头	1100 左右	834	613	1935	648.5
羊	万头	17000 左右	11304	6178	1937	6252.0
猪	万头	25000 左右	13834	8977	1934	7853.0

资料来源：中共中央办公厅编：《中国共产党第八次全国代表大会文献》，人民出版社 1957 年版，第 849 页。

此后，受反冒进和批评反冒进的影响，"二五"正式计划的编制一波三折。先是受反冒进的影响。陈云和周恩来对于资金需求与财政收入可能的矛盾很不放心，一些计划指标也觉得过高。在 1956 年八届二中全会上，周恩来在作《关于 1957 年国民经济计划的报告》时提出了这个问题。1957 年八届三中全会召开前夕，计委党组就第二个五年计划编制情况向中央提供的一份背景材料，所列工农业生产增长指数已有所调整，有的降低，也有的调高，农业指标普遍调低。同党的八大建议比较，有所提高的如化肥、电、煤炭、冶金设备、探矿设备和化工设备等；接近或达到党的八大指标的如钢、铅、水泥、原木、船舶、食糖等；石油、机床、棉纱等比党的八大指标有所降低。估计农业总产值达不到党的八大建议增长 35% 的指标，初步计算可增长 25% 到 30% 左右，略高于第一个五年计划的 25%；主要农产品产量指标比党的八大建议数字普遍下调，较各省市提议数字降低 10% 左右。

在这以后，则有批评反冒进的影响。1957年11月下旬，毛泽东从苏联回国。他针对编制"二五"计划中的问题，批评从1956年冬到1957年大半年，多快好省和农业纲要很少有人提了，没有看到1956年的主流是社会改造和生产建设的大高潮、"大跃进"。计划"充分可靠"，不能片面地理解为越少越好。中国的国情是"一穷二白"，但不应该认为穷就什么都不能干了。十五年后，苏联要赶上和超过美国，中国要赶上和超过英国。根据这一目标，在工业方面也应搞出一个像《农业四十条》那样的纲要来，作为工业的奋斗目标。他强调要保证重点，不能分散力量。第二个五年重点是煤、电、油等动力工业和冶金、化工等原材料工业。机械工业一方面发展农业机械，另一方面要以发展原子能、飞机和无线电及精密机械工业为重点。生产性的多搞，非生产性的少搞；基本建设要多有所为，事业费要少有所为；军、政费要减。1957年年底，他又就经济管理体制下放、区域协作和批评反冒进等有关经济计划工作指示说："1956年有些东西是搞多了，但不能说是冒进，一反冒进就松劲。还要促进，今冬明春还要来一股劲头。第二个五年计划先搞出一个框框来，拿到中央讨论，不要等都搞好了，来个一大本，看不了。"[①] 毛泽东的不满溢于言表。

不久，"大跃进"开始，计划指标层层加码。1958年8月28日，中共中央批准国家计委提出的严重脱离实际的《关于第二个五年计划的意见》，所提基本目标是："完成我国的社会主义建设，提前把我国建设成为一个具有现代工业、现代农业和现代科学文化的社会主义国家，为第三个五年计划期间经济、技术、文化的高度发展，开始向共产主义过渡创造条件。到1962年，全国就能建成强大的独立完整的工业体系，各协作区就能建成比较完整的、不同水平和各有特点的工业体系；全国在钢铁和其他若干重要工业产品的产量方面就能接近美国；在主要科学技术方面就能赶上世界先进水平。"具体安排是：（1）重工业方面，以1962年生产钢8000万吨为纲进行安排。要求发电量3000亿度，原煤7亿吨，化肥6000万吨，金属切削机床50万台。（2）轻工业方面，1962年要求达到棉纱2600万件，纸1000万吨，糖1000万吨。（3）农业方面，1962年要求达到：粮食产量15000亿斤，棉花15000万担，猪7亿头。（4）五年基本建

[①] 《当代中国的计划工作》办公室编：《中华人民共和国国民经济和社会发展计划大事辑要（1949—1985）》，红旗出版社1987年版，第138—139页。

设投资约需 3850 亿元,重大工业建设项目 1000 个以上。(5) 五年需要增加职工 2800 万人左右,其中工程技术人员约 220 万人。按照上述主要指标安排,工业总产值年平均增长 53% 左右;农业总产值年平均增长 30% 左右。完成上述任务后,我国社会经济面貌将要发生根本的变化:完成社会主义工业化,在工业上做到独立自主;基本上实现农业现代化;科学技术赶上世界先进水平;人民生活水平大大提高;新的共产主义的社会关系必将得到迅速发展。①

---

① 《当代中国的计划工作》办公室编:《中华人民共和国国民经济和社会发展计划大事辑要(1949—1985)》,红旗出版社 1987 年版,第 123 页。

第 七 章

大炼钢铁与公社化运动并进

1958年是三年"大跃进"的头一年。全国各族人民都充分动员起来，决心通过苦干，争取尽快改变穷困面貌。各条战线频传捷报，刷新工农业生产和各项建设事业的历史纪录。全民大炼钢铁群众运动和农村人民公社化运动更把跃进的气氛推进到最高潮。意想不到的收获也带来了始料不及的问题。突出的表现，就是危害极大的浮夸风和"共产风"等"五风"的骤起。

第一节 催人奋进的跃进形势与北戴河会议

1958年1月1日，《人民日报》发表《乘风破浪》的元旦社论。在第二个五年计划第一年到来的时候，首次使用"鼓足干劲，力争上游"口号，向全国人民发出"乘长风破万里浪"的召唤，[①] 拉开了1958年"大跃进"的帷幕。

这一年的开春，毛泽东连续主持召开会议，从批评反冒进入手，部署整个社会主义建设事业的"大跃进"。口号是，农业上实现粮食亩产"四、五、八"（即粮食平均亩产达到《农业四十条》的要求——引者注）；工业上在钢铁等重要工业产品总产量上赶超英国。强调从现在起，要把工作重点转向经济革命和技术革命。为避免片面性，他要全党处理好政治和业务的关系，又红又专。他说：政治与业务不能脱离。政治是统帅，政治又是业务的保证。一定要批评不问政治的倾向，同时要反对空头政治家。他号召搞"实业"的要搞点政治；搞"虚业"的要研究点"实

[①] 参见《人民日报》社论：《乘风破浪》，《人民日报》1958年1月1日第一版。

业"。他主持的几次中央会议，都是既务虚，又务实，以虚带实，虚实结合。每一次会议，都激发起人民群众更大的热忱；群众的干劲，又影响到下一次的中央会议。互相促进，跃进的热度一步步升高，原来提出的奋斗目标和经济指标也"水涨船高"，被不断推升。在1月份的南宁会议上，薄一波向会议报告《1958年国民经济计划（草案）》，检讨1957年年度计划"某些方面有保守倾向"。为接受教训，他提出1958年准备采取两本账的办法：国家一本账，这是必成数；企业一本账，这是期成数。他说，企业过去也是有两本账的，现在让它公开出来。毛泽东觉得这是个好主意，写进《工作方法六十条（草案）》，成为"大跃进"时期的计划方法。当时想用第二本账来弥补第一本账可能出现的某些不足，避免计划落后于实际。结果，它为各项指标"层层加码"开了方便之门。会后，河南省委向地县布置当年必须完成的任务：麦收前实现水利化；到年底全省城乡消灭文盲；消灭老鼠、麻雀（后改为蝗虫）、苍蝇、蚊子等"四害"；实现《农业发展纲要》规定在12年内达到的粮食亩产目标。工业集中的辽宁省，要依靠外调粮供应市场，现在要求一年实现粮食、猪肉、蔬菜三自给。浙江、广东、江苏、山东、安徽、江西等省提出，五年或者稍多一点时间，粮食生产达到《农业四十条》规定的目标。到3月份的成都会议，热度进一步升高。会议通过的《关于1958年国民经济计划》第二本账，与第一本账相比，工农业总产值增加15.5%；主要工农业产品产量钢增加12%，原煤增加11%，粮食（不包括大豆）增加10.1%，棉花增加16.9%；财政收入由332亿元增加到372亿元，增加12%；基本建设投资由145.8亿元增加到175亿元，增加20%。此后，又根据各部门和各地方提出的指标，对第二本账的部分指标进行调整。农业总产值由754亿元提高到793亿元，粮食产量由4316亿斤提高到4397亿斤，棉花由4093万担提高到4463万担；工业总产值（包括手工业）由904亿元提高到915亿元，钢产量由700万吨提高到711万吨，原煤产量由16737万吨提高到18052万吨。[①]

这次会议共印发一百多份文件和材料，其中有《关于发展地方工业问题的意见》《关于在发展中央工业和发展地方工业同时并举方针下有关

[①] 参见《当代中国的计划工作》办公室编《中华人民共和国国民经济和社会发展计划大事辑要（1949—1985）》，红旗出版社1987年版，第118、119页数据。

协作和平衡的几项规定》《关于农业机械化问题的意见》《关于把小型的农业合作社适当地合并为大社的意见》《关于合作社社员的自留地和家庭副业收入在社员总收入中应占比例的意见》《关于1958年计划和预算第二本账的意见》等等。这些文件，不乏过高、过急的要求。例如，要求在7年内争取5年内基本实现农业机械化和半机械化，5年或者7年的时间内使地方工业产值赶上或者超过农业产值。会议还提出苦战三年，基本改变本省面貌；15年赶上英国也改为十年或稍多一点时间。此时的毛泽东，除为他所发动的方兴未艾的"跃进"气势由衷欣慰以外，对滋长中的"过热"苗头也不无担心。例如，辽宁省提出两年实现亩产四百斤。毛泽东提醒说，不要吹得太大，可以提得活动一点，留有余地，再看一看，以免被动。河南省提出一年实现"四、五、八"、水利化、除四害、消灭文盲。毛泽东认为，有些可能做到，即使是全部能做到，也不要登报。各省不要一股风，说河南一年，大家都一年。可以让河南试验一年。如果河南灵了，明年各省再来一个运动，"大跃进"。他说，凡是根据主观条件和客观条件能办到的，就应当多快好省，鼓足干劲，力争上游。但办不到的不要勉强。现在有股风，十级台风，不要公开去挡，要在内部讲清楚，把空气压缩一下。要去掉虚报、浮夸，不要争名，而要务实。毛泽东虽然这样说了，让河南先试验一年，河南灵了，明年各省再来一个运动，"大跃进"。但在工作指导上并没有采取相应措施，各省照旧一轰而起，竞相攀比。4月1日至4月9日，在有华东、中南各省区党委第一书记参加的武汉会议上，他明确表示不同意河南一年实现绿化的提法，劝吴芝圃（河南省委第一书记）把规划调整一下。吴同意不提一年实现绿化、一年消灭四害，仍坚持一年实现"四、五、八"。当安徽省委第一书记曾希圣汇报时，毛泽东说，你们能三年改变面貌很好，但是我表示怀疑，多搞几年也不要紧。看来，一个棘手的问题已经摆到毛泽东的面前：又要鼓干劲，又不能太离谱；要保护干部和群众的积极性，过头的做法也需要制止。成都会议已经触及"把空气压缩一下"的问题。到武汉会议，毛泽东较多地提出了警告，而且批评报纸的宣传"注意了多、快，但对好、省注意不够"。在4月5日湖南省委第一书记周小舟汇报时，他甚至提出了"会不会再来一个反冒进"的问题："现在担心会不会再来一个反冒进。如果今年得不到丰收，群众会泄气，到那时议论还会出来，又要刮台风的。此事要向地、县委书记讲清楚，要有精神准备。现在劲头很大，不要到秋天泄了气。要搞具体措施,要看结果,吹牛不算。不要浮而不深,粗而不细,华而不实。今年有平津、淮海战役之势,要放手发动群众,一切经过试验。"4月7日,听取广西壮族自治区区委第一书记刘建勋汇报后,毛泽东又一次讲到要防止反冒进,还讲到了准备大灾荒的问题。他说:"防止反冒进,领导上要有精神准备,在措施上在方法上要有准备。特大灾害问题要向群众讲一讲。各省的问题要概括起来想一想。"在5月份的八大二次会议上,毛泽东一是讲破除迷信,二是讲国际国内形势,三是讲灾难。他说:"要准备对付灾难,还要准备打仗,还要准备搞不好我们党会分裂。""现在就要准备和布置秋后的农业生产,大跃进不要搞得太紧。"①

1958年以来,各族人民迸发出来的冲天干劲,不计报酬的共产主义精神,敢于打破常规的勇气,创造出许多过去想不到,也不敢想的新发明、新创造和新业绩。安东一个不起眼的小机器修理厂,工人们硬是土法上马,经过多次失败,不屈不挠,终于研制成功三十马力单缸轮胎式拖拉机。毛泽东得知,挥笔写下"卑贱者最聪明,高贵者最愚蠢"的批语。长春第一汽车制造厂一季度生产能力提高一倍,5月12日成功试制出中国第一辆红旗牌小轿车。周恩来上半年到上海各钢厂视察,看到工人们意气风发争夺高产。他一本本翻台账,任务完成得都不错。不必讳言,其中也有浮夸的成分,特别是所谓高产"卫星"。正如毛泽东在武汉会议听取浙江汇报时所说:"世界上的事,有真必有假,有得必有弊,不可不信,不可全信。百分之百相信,就会上当;不相信,就会丧失信心。"为此,他提出:"对各项工作、各种典型,要好好检查,核对清楚,有的是假博士、假教授、假交心、假高产、假跃进、假报告。"②

全国跃进的形势和气氛,不可能不影响领导机关的认识。这可以从一份份呈送中共中央和毛泽东的节节攀升的生产指标,一再缩短的赶超英国时间表中得到说明。这些报告显然并不都有充分根据,也未必如"上有好者,下必甚焉"的说法那样简单。总而言之,毛泽东和以他为首的中央政治局相信并接受了。关于这一情况,《邓小平传》有所描述,兹转录于下③:

---

① 中共中央文献研究室编:《毛泽东年谱(1949—1976)》第三卷,中央文献出版社2013年版,第253、333、334、335、352、354页。
② 同上书,第336—337页。
③ 参见中共中央文献研究室编《邓小平传(1904—1974)》(下),中央文献出版社2014年版,第1074—1075页。

"全国上下一片热气腾腾，使中共中央核心领导层越来越不摸底，头脑更热了。七月五日，刘少奇在北京石景山发电厂同工人座谈时表示：赶上英国不是十几年，两三年就行了；赶上美国也用不了十五年，七八年就行了。① 七月七日，周恩来在广东省新会县干部会议上的发言中也感慨地说：这个大跃进，把我们的思想解放了，这是我们过去所没有料到的。"②

"邓小平也是如此。七月二日上午，他在会见美共中央委员蔡尔斯时说：中国是一个落后国家，想在十五年或更短一些时间内赶上和超过英国。现在看来，这时间可以大大缩短。③ 七月十一日，他在全国统战工作会议上说：'现在已经发生这个问题了，粮食多起来了，比如麦子，河南增产最多，河南就发生麦子农民不要，要卖给国家的问题了，国家买不得那么多'。'农业首先发生这个问题。工业会不会发生这个问题？工业也会发生这个问题。'他还说：'六亿人口的这个国家，应该他有自己的创造，应该找出更好的方法。'"④

"邓小平讲的是他当时真实的看法。当大跃进以轰轰烈烈的群众运动的形式兴起的时候，一时就变得难以辨别和把握，更难以抗拒了。后来，邓小平在总结新中国成立以来经济建设的经验教训时，曾多次做过自我批评。他说：'讲错误，不应该只讲毛泽东同志，中央许多负责同志都有错误。大跃进毛泽东同志头脑发热，我们不发热？''在这些问题上要公正，不要造成一种印象，别的人都正确，只有一个人犯错误。这不符合事实。中央犯错误，不是一个人负责，是集体负责。'⑤ '1958年大跃进，我们头脑也热，在座的老同志恐怕头脑热的也不少。这些问题不是一个人的问题。'⑥ '社会主义究竟怎么搞？过去几十年我们有成功的经验，也有不理想、不大好的经验。''我们都想把事情搞好，想搞快一点，心情太急了，1958年的大跃进就是心情过急。心情是好的，愿望是好的，但心一急，出的主意就容易违反客观规律。'"⑦

从上引《邓小平传》所述可以看出，这一时期，中央决策层显然被

---

① 刘少奇在北京石景山发电厂工人座谈会上谈话记录，1958年7月5日。
② 周恩来在广东省新会县党员干部会议上的发言记录，1958年7月7日。
③ 邓小平同美共中央委员蔡尔斯的谈话记录，1958年7月2日。
④ 邓小平在全国统战工作会议上的讲话记录，1958年7月11日。
⑤ 《邓小平文选》第二卷，人民出版社1994年版，第296页。
⑥ 同上书，第277页。
⑦ 邓小平同日本社会党第二次访华团的谈话记录，1985年8月29日。

误导，在很大程度上按照扭曲了的实际进行决策，钢铁生产指标一再加码，直到要求一年内实现翻番。钢铁指标开始的第一本账是620万吨；第二本账变成710万吨；第三本账升到850万吨，这是八大二次会议后在一次政治局扩大会议上定的；第四本账又升到1100万吨（对外公布1070万吨），是在6月18日晚上，毛泽东召集的一个小型会议上决定的。就在这天晚上，毛泽东问薄一波，现在农业已经有了办法了，叫作"以粮为纲，全面发展"，你工业怎么办？薄一波回答道，就"以钢为纲，带动一切"吧！毛泽东说，对，很对，就照这个办。事隔两天，6月21日，冶金部党组又向党中央报告：华东协作区会议规划1959年不包括山东的钢的生产能力将达到800万吨。其他各大协作区也分别召开冶金工作规划会议，从会议情况看，明年钢产量可以超过3000万吨，1962年可能达到8000万吨或9000万吨以上。毛泽东看到这个报告，更坚定了钢产量翻番的决心，立即批转了这个报告。薄一波根据6月18日会议精神，重新修改他提交中央的《汇报提要》，预计1959年钢产量将达到2500万吨，基本建设投资将达到450亿元，粮食产量可达到6000亿斤，全国人均粮食将达到900斤。工业总产值将增长60%至70%，达到1670亿至1780亿元。主要工业产品产量除电力外，都将超过英国的生产水平。《汇报提要》肯定："经过三年苦战，我国可以在钢铁和其他主要产品产量方面赶上和超过英国，基本建成比较完整的工业体系，农业方面将实现水利化，达到'四、五、八'的要求。"毛泽东6月22日看了薄一波修改后的《汇报提要》，也批给军委扩大会议，并标以《两年超过英国（向政治局的报告）》的题目。批示说："超过英国，不是十五年，也不是七年，只需要两年到三年，两年是可能的。这里主要是钢。只要一九五九年达到二千五百万吨，我们就在钢的产量上超过英国了。"[1]

农业方面，6月11日，农业部向中共中央政治局提交了关于第二个五年计划农业发展规划要点，毛泽东看后也批印给军委会议各同志。批示说："粮食、钢铁、机械是三件最重要的事。有了这三件，别的也就会有了。三件中，粮食及其他农产品是第一件重要的事，我们应当十分注意农业问题。"毛泽东将规划要点的题目改为《农业大有希望（农业部向政治

---

[1] 中共中央文献研究室编：《毛泽东年谱（1949—1976）》第三卷，中央文献出版社2013年版，第373页。

局提出——第二个五年计划期内农业方面所要到达的目的)》。规划要点的内容包括：到 1962 年时，耕地面积和各种作物的种植比例，粮、棉、油产量指标（中央的第二本账），增产措施，畜牧业的发展指标。1962 年，耕地面积发展到十八亿亩，粮食产量为八千五百亿斤，棉花产量为八千万担。① 6 月 24 日，邓子恢报送夏收粮食增产情况。毛泽东 6 月 25 日看后批示："此件印发军委会议各同志，是一个好消息。克诚办。办后，将此稿送小平，印发在京各中委、各部长。"邓子恢的报告说："二十个省市统计加估计，今年夏收总产量达到九百五十一亿斤，去年是五百九十六亿斤，增产三百五十五亿斤。按夏收推算，全年粮食总产可突破五千二百亿斤，增产可达两千一百亿斤或一千五百七十亿斤。这样，今年即可超过八大规定的第二个五年计划的粮食产量指标（第二个五年计划规定 1962 年粮食产量为 5000 亿斤左右——引者注）。"② 6 月 25 日，谭震林将他在华东四省一市第一次农业协作会议上的总结送交毛泽东。其中说，闽、浙、苏、皖、上海四省一市今年粮食总产量可能达到一千二百几十亿斤，比去年增加五百多亿斤。这就是说，华东四省一市平均每人一千斤粮食的任务，原先设想要四年五年完成，今年一年就完成了。全国粮食的产量，估计可能达到五千亿斤以上。这又是一个好消息。毛泽东当即将这个总结推荐给《红旗》杂志发表。③

入夏以后，报纸上开始出现所谓农业高产卫星的报道。尽管有过务农经历的毛泽东并不相信，④ 但他对于包括农业战线在内的整个"大跃进"是肯定的，对于来自方方面面的报告也是满怀喜悦的。7 月 1 日，《人民

---

① 中共中央文献研究室编：《毛泽东年谱（1949—1976）》第三卷，中央文献出版社 2013 年版，第 374 页。
② 同上书，第 377 页。
③ 中共中央文献研究室编：《毛泽东传（1949—1976）》（上），中央文献出版社 2003 年版，第 825—826 页。
④ 从已经披露的材料中，可参阅：(1) 1958 年 7 月 3 日晨，毛泽东阅广东省委书记处书记赵紫阳的一份报告的批语说："我同意赵紫阳同志的意见，早稻每亩能收三百斤已经很好，比去年的二百斤增长百分之五十，何况还有三百五十到四百斤的希望。原先的八百斤指标是高了，肥料和深耕两个条件跟不上去。"——参见中共中央文献研究室编《毛泽东年谱（1949—1976）》第三卷（中央文献出版社 2013 年版），第 382—383 页。(2) 新华社：《内部参考》1958 年 263 期刊登安国县"千亩天下第一田"，计划亩产二万斤。毛泽东在同年 11 月 21 日武昌会议上说："我是怀疑的。"——参见同上书，第 518 页。(3) 李银桥著、权延赤执笔：《走向神坛的毛泽东》，中外文化出版公司 1989 年版，第 228、238 页。

日报》披露，毛泽东接见河南省封丘县应举农业社社长崔希彦，跟他说：不要很久，全国每人每年就可以平均有粮食1000斤（其中人吃600斤，其他留下储备粮、种子和喂猪），100斤猪肉，20斤油，20斤棉花。再过一个时间，每人每年要平均有1500斤粮食。这样全国人民的生活水平就会大大提高了。① 稍后一些时候，赫鲁晓夫来访，毛泽东对他说：1949年中国解放我是很高兴的，但是觉得中国的问题还没有完全解决，因为中国很落后，很穷，一穷二白。以后对工商业的改造，抗美援朝的胜利，我又愉快又不愉快。只有这次大跃进，我才完全愉快了！按照这个速度发展下去，中国人民的幸福生活完全有指望了。②

8月17日至30日，中共中央政治局在北戴河举行扩大会议（以下简称北戴河会议）。这是"大跃进"年代的一次至关重要的会议。时值盛夏酷暑，北戴河虽然是避暑的好去处，依然炎热。相比之下，此时中国经济的热度似乎更高。会议的众多议题中，工业问题是主题，尤其是要搞1100万吨钢的问题。当时对农业的估计比较乐观，认为粮食生产已无忧虑。在第一天的会议上，毛泽东讲话说，今年粮食产量可能达到6500亿斤，每人平均1000斤，明年1500斤，后年2000斤。他当场问谭震林，明年你们安排怎么样？谭说，有的地区是人均2500斤，口径不一。会议明显被这种高估产误导，决定各省要把主要精力转到工业方面来，第一书记亲自抓工业，全党全民动员，为完成1070万吨钢奋斗。毛泽东说："这次会议的性质是个工业会议，农业也有，商业也有，工业是主题。今年要搞一千一百万吨钢，去年是五百三十五万吨，要翻一番。这个东西有完不成的危险。今天是8月17日，只有四个月零十三天了，中心的问题是要搞到铁。还要抓紧一点，今年要把一千一百万吨钢搞到手。"③ 会议期间，毛泽东的讲话，强调全党要真正办工业，要第一书记来抓。从现在这个时候起，从北戴河会议起，以后多少年，我们的工作要偏到工业这个方面。农业比较上轨道了，工业还没有完全上轨道。而工业首先是钢铁和机械。

---

① 转引自马齐彬、陈文斌等编《中国共产党执政四十年（增订本）》，中共党史出版社1991年版，第148页。
② 陈毅1958年9月2日在广州市干部大会作报告时转述的毛泽东同赫鲁晓夫的一段谈话。转引自马齐彬、陈文斌等编《中国共产党执政四十年（增订本）》，中共党史出版社1991年版，第151页。
③ 中共中央文献研究室编：《毛泽东年谱（1949—1976）》第三卷，中央文献出版社2013年版，第411页。

有了这两个东西，百事皆有。所以有人封粮食、钢铁、机械为"三大元帅"，我看是有理由的。他说："第一书记要亲自抓工业。'统一计划，分级管理，重点建设，枝叶扶持'。分级是在统一计划下，小部分中央管理，十分之二，投资和利润都可归中央；大部分归地方管理，十分之八。要图快，武钢可搞快些，但各县、社都发挥钢铁积极性，那不得了，必须有控制。全党办工业，各级办工业，一定要在统一计划下，必须要有重点有枝叶。不妨碍重点的大家搞，凡是妨碍重点的必须集中。各级只能办自己能办的事情。每个合作社不一定都办钢铁。合作社主要搞粮食加工、土化肥、农具修理和制造、挖小煤窑。要有所不为而后才有所为。各协作区要有一套，但各省要适当分工，不要样样都搞。"① 在战争年代，毛泽东用兵历来强调集中于主要战略方向。在他认为粮食问题已基本解决的情况下，有必要举全党全国之力决战钢铁。他批评有些人不懂得完成一千一百万吨钢，是关系全国人民的大事。他要求各省市自治区第一书记："你们回去后，什么事情也不搞，专门搞几个月工业，不能丢就不能专，没有专就没有重点。粮食问题基本上解决了，高产'卫星'不要过分重视。帝国主义压迫我们，我们一定要在三年、五年、七年之内，把我国建设成为一个大工业国。为了这个目的，必须集中力量把大工业搞起来。抓主要的东西，对次要的东西，力量不足就整掉一些。要下紧急命令，把铁交出来，不许分散。大、中钢厂的计划必须完成，争取超过。在一定时期，只能搞几件事情。要讲透有所不为而后才有所为的道理。钢要保证完成，铁少一点可以，也要争取完成。现在搞建设，也是一场恶战，拼几年命，以后还要拼。靠物质奖励、重奖重罚过多是不行的。""我看还是要搞政治挂帅，思想一致了，才好搞经济，在政治挂帅之下抓计划。"② 刘少奇、陈云和邓小平也都一致强调要集中统一，保证完成钢铁翻番的目标。会议期间，邓小平还多次主持召开座谈会，讨论计划安排和钢铁生产问题。8月25日，农业部党组向会议提供一份报告，说1958年全国粮食总产量将超过8000亿斤，比1957年增长一倍以上。会议虽然对于这个估计有保留，在会议公报里公布为6000亿—7000亿斤，对农业的问题还是觉得更

---

① 中共中央文献研究室编：《毛泽东年谱（1949—1976）》第三卷，中央文献出版社2013年版，第413—414页。

② 同上书，第415页。

有底了。同一天，根据毛泽东指示，在北戴河召开工业书记会议，部署发动群众，用土办法大炼钢铁。

北戴河会议通过的另一项决议，是《中共中央关于在农村建立人民公社问题的决议》。它把1957年秋冬以来，广大农村搞农田基本建设高潮中出现的小社并大社的做法加以总结，给予肯定和提高，成为比高级农业生产合作社又前进一大步的新事物，即所谓"一大二公"的人民公社。会议还作出《关于一九五九年计划和第二个五年计划问题的决定》。决定1959年粮食达到8000亿斤到10000亿斤，钢产量达到2700万吨，争取3000万吨。财政收入722亿元，国家基本建设投资500亿元。实现1959年计划，钢铁和其他主要工业产品除电力等少数几种以外，都将超过英国。全国农业发展纲要规定的粮、棉指标，都将提前八年超额完成。在此基础上，准备在1960年使粮食产量达到13000亿斤左右，钢产量达到5000万吨左右，科学上基本上掌握原子能和喷气等尖端技术。经过1958—1960年的三年苦战，再加上此后两年的继续努力，到1962年完全可能使粮食产量达到15000亿斤或者更多一些，钢产量达到8000万吨至1亿吨。"二五"计划时期，我国将提前建成为一个具有现代工业、现代农业和现代科学文化的伟大的社会主义国家，并创造向共产主义过渡的条件。

9月1日，《人民日报》发表《中共中央政治局扩大会议号召全党全民为生产一千零七十万吨钢而奋斗》的会议公报，将钢铁翻番指标公之于世。9月10日，《中共中央关于在农村建立人民公社问题的决议》也在《人民日报》公开发表。全国规模的农村人民公社化运动，与全民大炼钢铁的群众运动同时展开，"大跃进"进一步升温。全党、全国，从上到下纷纷卷进这一洪流，很少能够置身事外，主管军事、外交工作的两位元帅也深受感染。副总理兼国防部长彭德怀，"受北戴河会议炽热情绪的感染，会后便在哈尔滨军事工程学院的干部会上宣传会议决定的指标。"[①]副总理兼外交部部长陈毅，"在北戴河会议上对'大跃进'还有些将信将疑，会议结束后，他一路看到广州，表示相信了。"[②]

事物总是成双成对。在热气腾腾下面掩盖着的危险，正在人们不易察

---

① 丛进：《曲折发展的岁月》，河南人民出版社1989年版，第162页。

② 同上。

觉的情况下滋生并迅速发展。这就是伴随高指标的瞎指挥风和浮夸风，又刮起来的"共产风"。

北戴河会议举行期间，对炮击金门做出了最后决定。这是毛泽东一个时期以来，密切关注国际形势和台海局势演变的新动向，抓住有利时机，着眼维护国家独立主权和统一大局作出的重大决策。这是一场有文有武，文武配合，打打看看，看看打打，极富戏剧性的实为特殊形式的国际斗争。如他自己所说，"金门炮战，是我们与美国互相摸底的一出戏，一出很紧张很有意思的戏"。[①] 从事前部署到炮击时点选择，斗争策略与分寸的拿捏，都是他亲自掌控，甚至连中华人民共和国国防部告台湾同胞书也是他亲自动手撰写。这场斗争历时两月有余，在"大跃进"最紧张的时刻，占用了他不少的时间和精力。

第二节 农业"大跃进"与人民公社化运动

农业"大跃进"是 1958 年"大跃进"的重要组成部分，也是它的带头者和推动者。农业"大跃进"引发的人民公社化运动，愈加增强了整个国民经济"大跃进"的声势，也积累了更多的问题。

一 势在必行的并大社

毛泽东一贯重视农民在革命和建设中的伟大作用。他发动经济跃进也是从农业着手。还在 1956 年秋，在掀起农业合作化高潮之际，便酝酿提出农业发展规划 17 条，逐渐发展到 40 条。抓农业，尤其重视以兴修水利为重点的农田基本建设。农谚说"有收无收在于水，收多收少在于肥"。1957 年 9 月 24 日，中共中央和国务院发出《关于在今冬明春大规模开展兴修农田水利和积肥运动的决定》。各地迅速行动。10 月份投入农田水利建设的农业劳动力已有两三千万人，11 月份达到七八千万人，1958 年 1 月竟超过一亿人。广大农村热气腾腾，"苦战三年"的口号激励着渴望改变穷困面貌的农民去战天斗地。在兴修水利的同时，大积农家肥，深翻改土，改良农具，形成千军万马的跃进气势。

---

① 访问叶飞谈话记录（1984 年 7 月 22 日），转引自中共中央文献研究室编《毛泽东传（1949—1976）》（上），中央文献出版社 2003 年版，第 861 页。

第七章 大炼钢铁与公社化运动并进

农业"大跃进",催生了人民公社化运动。它的直接动因是农田基本建设提出的并大社的要求。合作化时期,初级社的规模一般都很小,进一步发展受到一定的限制。1955年,毛泽东在他编辑的《中国农村的社会主义高潮》一书里,收有一篇《大社的优越性》。他在为该文写的按语中指出:"现在办的半社会主义的合作社,为了易于办成,为了使干部和群众迅速取得经验,二三十户的小社为多。但是小社人少地少资金少,不能进行大规模的经营,不能使用机器。这种小社仍然束缚生产力的发展,不能停留太久,应当逐步合并。有些地方可以一乡为一个社,少数地方可以几乡为一个社,当然会有很多地方一乡有几个社的。不但平原地区可以办大社,山区也可以办大社。"[1] 1956年举办高级社,规模普遍扩大。河南省超过一千户的大社有495个,安徽省有16个社超过了3500户。由于管理经验不足,1957年秋冬整社,过大的社又缩小了规模。此后,经过批评反冒进,无论兴修水利,还是整治土地,在较大的范围内统一规划,整合资源,势在必行。在1958年1月南宁会议上,毛泽东就曾表态,支持广西出现的并社现象。4月8日,中共中央发出《关于把小型的农业生产合作社适当地合并为大社的意见》,提出小社并大社应具备以下条件:(1)在发展生产上有需要;(2)绝大多数社员确实赞成;(3)地理条件适合大社的经营;(4)合作社的干部有能力办好大社。如果乡的区划较小,可以适当地合并成大乡。[2] 同年4月12日,《人民日报》头版头条以"联乡并社发展生产力"为题,报道福建省闽侯县并社(23个农业生产合作社合并为一个社)、并乡(3个乡合并为1个乡)的消息。小社并大社的工作迅速推开。辽宁、广东两省进展最快。辽宁省5月下半月就把9272个社合并为1461个社,大体一乡一社,一个社2000户左右,最大的社18000多户。河南、河北、江苏、浙江等省紧随其后,也相继完成并社工作。河南由38286个社合并为2700多个社,平均每社4000户左右。

由并大社进而发展到举办一大二公的人民公社,与下述两大因素有关。一是突破了农业社的界限,开始办工业和其他事业;二是社的管理职能与乡村基层政权的行政权能出现某种重叠和交叉的现象,特别是社的规

---

[1] 中共中央办公厅编:《中国农村的社会主义高潮》中册,人民出版社1956年版,第611页。
[2] 中华人民共和国国家农业委员会办公厅编:《农业集体化重要文件汇编(1958—1981)》(下),中共中央党校出版社1981年版,第15页。

模达到了一乡一社甚至一区一社的地步。在这一点上，有客观的需要和群众的自发创造，也有毛泽东和刘少奇等人的倡导与推动。早在1953年互助合作起步阶段，北方农村在"双抢"（抢收抢种）最紧张的时候，就有田间地头临时托儿，互相搭伙送饭或为"光棍汉"代做饭的做法。东北有些地方在合作化过程中，曾出现村政府与合作社合署办公，"一套机构、两块牌子"的做法。浙江舟山群岛的蚂蚁岛，还有一个正式的政社合一的渔业生产合作社。这些稀疏的幼芽，1958年更多地出现在"大跃进"运动中。在杭州会议和南宁会议上，毛泽东要各省考虑，用几年时间争取地方工业产值超过农业。国家经委根据他的指示起草《关于发展地方工业问题的意见》，正式提出农业生产合作社办工业的问题。在农田基本建设和大办工业高潮中，伴随并社、扩社的同时，出现了劳动资源的紧缺，一些地方通过举办简易公共食堂和托儿所，解放女性劳动力弥补缺口。千百年来，农村妇女被束缚在家庭的小天地里，不仅是劳动资源的浪费，更重要的是压抑了她们个性的发展和才能的发挥。家务劳动社会化是社会的进步。所以最初举办公共食堂和托儿所，年轻女性特别支持。问题是任何一项社会进步措施，都依赖生产的发展状况和实际需要的程度，而且不能千篇一律。这就是后来经济遇到困难，即使曾经热烈拥护的人也表示反对的原因，这当然是后话。在"大跃进"中，吉林延边、河南登封和湖南浏阳等地，还自发办起"农业大学"，满足青年农民学习科学文化知识和农业技术的渴望。

二 毛刘周的畅想

群众中不断涌现的新事物，引起高层的思考和遐想。1958年4月，刘少奇、周恩来到广州向毛泽东汇报八大二次会议准备情况。中途在火车上，与中共中央宣传部部长陆定一、邓力群一同议论起未来的社会组织问题。据刘少奇后来说，他们4个人"吹半工半读，吹教育如何普及，另外就吹公社，吹乌托邦，吹过渡到共产主义。说建设社会主义的时候就要为共产主义准备条件。我们搞革命就是这样，搞前一步的时候，就想到下一步，为下一步创造条件。还吹空想社会主义，吹托儿所，生活集体化，工厂办学校，学校办工厂，半工半读。"要邓力群编《空想社会主义》一书，陆定一编《马恩列斯论共产主义》一书。火车在郑州停留，刘少奇对吴芝圃说：我们有这样一个想法，你们可以试验一下。他热情很高，行动也很快（这时吴插话说：那个时候，托儿所也有了，食堂也有了，大社也有了，就是还不叫公社），工农商学也有了，就是不叫公社。乡社合并是老早就有的。陆定一回去，马上编了那本书。八大二次会议，我讲了一个半工半读和生活集体化。后头要北京试验，也要天津（实指河北省——引者注）试验。公社就是这样来的。①

刘少奇到广州后，又和毛泽东一起，议论中国农村的组织结构问题。参与议论的陆定一说："毛主席和刘少奇同志谈到几十年后我国的情景时，曾经这样说：那时我国的乡村中将是许多共产主义的公社，每个公社有自己的农业、工业，有大学、中学、小学，有医院，有科学研究机关，有服务行业，有交通事业，有托儿所和公共食堂，有俱乐部，也有维持治安的民警等等。若干乡村围绕着城市，又成为更大的共产主义公社。前人的'乌托邦'想法，将被实现，并将被超过。我们的教育方针和其他文教事业，也将朝着这个目标去发展。"②

同年6月14日，刘少奇同全国妇联党组谈话，提出了家务劳动社会化的意见，要求在农村大办公共食堂、托儿所和敬老院。6月30日，他在同《北京日报》编辑谈话时认为，再有三四十年即可进入共产主义社会。所以对于共产主义社会的基层组织，现在就要开始试验。

三　"还是办人民公社好"

在这之前，各地并起来的大社，名称不一。毛泽东和刘少奇的上述议论一经透露出来，一些地方在办大社的基础上，开始试办政社合一、包括工农商学兵的公社。1958年六七月之交，主管农业的谭震林在郑州主持北方6省市农业协作会议。他在会议结论中，提出了高级社向更高一级升级过渡的问题。他说：农业大丰收，在农村已开始了新的变革。像遂平县嵖岈山卫星社已经不是农业合作社，而是共产主义公社。谭提到的这个卫星社，由27个高级社合并起来，有6500多户。最初的想法，社并大一点，好搞建设。经谭震林一讲，他们就改叫公社，定名河南遂平嵖岈山卫星人民公社。毛泽东得知后，还要人帮助他们搞了《嵖岈山卫星人民公

---

① 刘少奇在第一次郑州会议上的讲话记录（1958年11月7日），转引自薄一波《若干重大决策与事件的回顾》下卷，人民出版社1997年版，第756—757页。
② 陆定一在中共八大二次会议上的发言记录（1958年5月19日），转引自薄一波《若干重大决策与事件的回顾》下卷，人民出版社1997年版，第757—758页。

社试行简章（草稿）》，经他修改，批印各地参考。之后，在中共中央理论刊物《红旗》杂志1958年第7期公开发表，成为仿效的样板。《简章》规定，公社按乡的范围建立，一乡一社，是在党和政府领导下自愿联合起来的社会基层组织，管理本社范围内的一切工农业生产、交换、文化教育和政治事务。合并到公社的农业社应将一切公有财产交给公社，多者不退、少者不补。原有债务分别情况处理。社员转入公社，应交出全部自留地，并将私有房基地、牲畜、林木等生产资料转为全社公有，但可留下小量家畜和家禽。社员私有的牲畜和林木转为全社公有，折价作为本人投资。公社实行社、生产大队和生产队三级体制，盈亏由社统一负责。生产队是组织劳动的基本单位。公社在收入稳定、资金充足情况下实行工资制，条件还不完全成熟的时候先实行计件工资制，按月发给一部分或全部劳动报酬。在粮食生产高度发展、全体社员一致同意的条件下，实行粮食供给制，但必须使家中劳动力多的社员仍然比过去增加收入。对于缺乏或丧失劳动能力，生活没有依靠的老、弱、孤、寡、残废的社员，要在生产和生活上负责加以安排和照顾。建立幸福院，收养无儿女的老人。以生产队为单位组织公共食堂、托儿所和缝纫组，自愿参加，解放妇女劳动力。逐步建立健全医疗机构，实行合作医疗制度，在经济充足的时候，实行公费医疗。公社实行计划管理、民主管理，坚持勤简办社的原则。[①]《简章》否定生产队作为基本核算单位和取消自留地等措施，留下了隐患。在实行工资制和粮食供给制等问题上的谨慎态度，后来也被冲破了。

同年7月14日至18日，刘少奇视察山东工厂和农村。有一个农业社声称他们的玉米和谷子亩产都将达到3万斤到5万斤，红薯要亩产30万斤；另一个农业社说他们的棉花丰产田亩产1.5万斤籽棉。刘少奇称赞他们压倒了科学家，推荐有的地方组织公共食堂、托儿所、缝纫组等等，使家务劳动集体化，让广大妇女能够在社会主义建设中发挥更大的作用。[②] 8月6日，他要中共中央农村工作部副部长陈正人带着康有为的《大同书》，到河北省徐水县搞共产主义公社试点。陈正人把《大同书》送给一

[①] 中华人民共和国国家农业委员会办公厅编：《农业集体化重要文件汇编（1958—1981）》（下），中共中央党校出版社1981年版，第94—101页。
[②] 《刘少奇视察山东工厂农村》，《光明日报》1958年8月4日第一版。

些人，向河北省委和徐水县委领导干部传达了刘少奇的指示。① 9月1日，《人民日报》报道徐水县宣布"跑步进入共产主义"，树木归集体，房屋也由公社统一分配，社员实行工资制，计划红薯亩产120万斤，小麦亩产12万斤，皮棉亩产5000斤。② 刘少奇还要中央办公厅派人到他曾经视察过的山东寿张县，进一步了解那里的高额丰产情况。派去的人写回的调查报告，在8月27日的《人民日报》以"人有多大胆，地有多大产"为题刊发，《人民日报》并加写了编者按语。③

北戴河会议前夕，毛泽东也用一星期时间到河北、河南和山东三省视察。他同省、地、县以及合作社的干部座谈，走进试验田、高产田察看，几乎是一片粮食翻一番的声音。他总是盯着问：有把握吗？有保证没有？怎么实现？有什么措施？回答都很肯定的。他看到庄稼长得确实好。问大跃进愿意不愿意干？高兴不高兴？又是异口同声回答：愿意，高兴。毛泽东所到之处，也鼓励他们并大社，办大社。说社大好办事，可以更好地调配劳动力，合理使用土地，有农业，有工业，有学校，有戏院。8月4日和5日，毛泽东来到河北省的徐水县、定县和安国县，肯定徐水"组织军事化、行动战斗化、生活集体化"的做法。8月6日至8日，视察河南新乡、襄城、长葛、商丘几个县，看了棉田、粮田、社办工业、托儿所、幸福院和食堂。在新乡七里营，看到人民公社的牌子，称赞人民公社名字好。8月9日到了山东，省委书记处书记谭启龙汇报，历城县北园乡准备办大农场，毛泽东说："不要搞农场，还是办人民公社好，和政府合一了，它的好处是，可以把工、农、商、学、兵合在一起，便于领导。"④ 毛泽东"还是办人民公社好"的谈话，新华社当天发通稿报道，迅速传遍全国。

四　没有试点的隐患

1958年8月29日，北戴河中央政治局扩大会议通过《中共中央关于

---

① 赵云山、赵本荣：《徐水共产主义试点始末》，《党史通讯》1987年第6期。
② 康濯：《徐水人民公社颂》，《人民日报》1958年9月1日。
③ 中共中央办公厅派赴山东寿张一位干部的来信：《人有多大胆，地有多大产》，《人民日报》1958年8月27日第一版。
④ 中共中央文献研究室编：《毛泽东传（1949—1976）》（上），中央文献出版社2003年版，第828—829页。

在农村建立人民公社问题的决议》（以下简称《决议》），《人民日报》连续发表社论宣传推动。《决议》在讲到从集体所有制过渡到全民所有制的时间时，说"有些地方可能较快，三四年内就可完成，有些地方可能较慢，需要五六年或者更长的时间"，本意是说不要太急了。9月3日的社论《高举人民公社的红旗前进》却把"或者更长的时间"这几个字删掉了。① 《决议》说：人民公社运动要"先试点，再推广"。9月4日《从"卫星"公社的简章谈如何办公社》的社论却说："也可边试点，边推广。"② 两篇社论的调子都更急了。③ 9月10日，《决议》公开发表，《人民日报》同时配发《先把人民公社的架子搭起来》的社论。《决议》在肯定人民公社是形势发展的必然趋势的同时，也有若干带有约束性的规定。例如，关于社的规模的问题，建社的方法和步骤的问题，涉及一些经济政策的问题，以及不要忙于改集体所有制为全民所有制的问题等。但在实际执行中，都被一一突破。历来有关农村的社会变革，一般都首先试点，取得经验。这次人民公社化运动有些例外，没有经过试点，迅即全面展开，这是发生许多问题的重要原因之一。

北戴河会议后，刘少奇驱车到外地调查研究，主要考察农村"大跃进"和人民公社情况。9月10日到11日又来到河北徐水，对徐水人民渴望早日向共产主义过渡的热情和干劲给予鼓励。④ 9月13日，李先念来到徐水时，这里已经实现了"一县一社，县、社合一"。全县统收统支，各社队的收入统一交县，支出统一由县核拨，供给标准、工资水平全县基本一致。他们说，徐水人民公社已经消灭了生产资料私有制的某些残余，全县没有一个小商贩，全都实行供给制。这说明，远远走在了《决议》的前面。9月中下旬，邓小平同李富春等到东北考察。在听取三省农业情况汇报后，他批评东北落后了。他说："东北三省的农业生产，按常规说，同过去比，是有进步的。但是，目前是一个出奇迹的时代，全国粮食产量今年可能增产百分之百以上，而东北三省增产不过百分之几十，甚至只有

---

① 《人民日报》社论：《高举人民公社的红旗前进》，《人民日报》1858年9月3日第一版。
② 《人民日报》社论：《从"卫星"公社的简章谈如何办公社》，《人民日报》1858年9月4日第一版。
③ 毛泽东发现前一篇的问题，曾提出批评，说不知是听了那一位政治局委员的意见。——引者注
④ 康濯：《少奇同志在徐水》，《人民日报》1958年9月18日。

百分之二三十。这样一比，东北的农业还没有翻身。"他指示要用不断革命的精神领导农业。在视察幸福社和太阳升社时，邓小平勉励他们要有长远规划，工农商学兵、农林牧副渔全面发展。要搞大面积丰产方，少种高产多收。要把居民点建设成一座座漂亮的城市，大城市有的农村都要有，可以消灭三大差别。此外，他还就城市办公社的问题，要东北作多种实验。他认为，四平市已具备组织城市公社的条件，建议吉林省委试点。①10月中上旬，邓小平又同薄一波、刘澜涛、李雪峰、杨尚昆等到天津市和河北省考察。他在考察东北时，曾把徐水县和安国县作为农村人民公社的典型来宣传。原以为这里的生产水平高，粮食过关了，有实行粮食供给制和半供给制的雄厚物质基础。实地考察后，他发现情况并非如此。会上，他就这一问题同市、县负责人坦诚地交换了意见。②

　　经过一系列推动，农村人民公社化运动在全国迅速掀起高潮。毛泽东原来预计，1958年一个秋、一个冬，来年一个春，可能就差不多了。不料，截至9月底，全国已基本实现人民公社化。除台湾省以外，全国27个省市自治区中入社农户达到100%的有12个，入社农户达到85%以上的有10个，浙江、贵州、宁夏、新疆4个省和自治区在国庆节前也可基本实现公社化，只有云南一省计划在10月底完成。截至9月29日统计，全国共建起人民公社23384个，加入农户112174651户，占总农户的90.4%，每社平均4797户。另据11个省市自治区7589个公社统计，社的规模在5千户以下的5287个，5千至1万户的1718个，1万至2万户的533个，2万户以上的51个。河南、吉林等13个省，有94个县以县为单位建立了县人民公社或县联社。许多地方成立公社以后，便举办各项事业，办工厂，办学校，建立亦兵亦农的民兵组织，实行组织军事化、行动战斗化、生活集体化。公共食堂、托儿所、敬老院等组织日渐普及，大量妇女劳动力从家务劳动中解放出来。据江西、陕西、河北、福建4省不完全统计，共建立公共食堂563373处，托儿所、幼儿园599331个。河南、广西等12个省计划今年或明年1月普遍推行工资制和粮食供给制。其他各地也都在重点试验，准备推广。很多公社今年已不分现粮，把粮食统一

---

① 新华社：《邓小平、李富春视察辽吉黑三省》，《人民日报》1958年10月1日。
② 中共中央文献研究室编：《邓小平传（1904—1974）》（下），中央文献出版社2014年版，第1087—1088页。

拨给食堂，给社员发就餐证，吃饭不要钱。少数社已实行衣、食、住、行、生、老、病、死、学、育、婚、乐都由公社包干供给。群众反映是"一有盼头"（共产主义），"五不操心"（吃、穿、零花、孩子、工分）。①

人民公社的建立，一面投入紧张的农事活动，一面响应号召大炼钢铁。大办水利一项，高峰时上亿社员奋战在工地上，当年完成土石方580亿立方，新修一批包括大中小型水库在内的水利工程，许多至今仍在发挥着作用。例如，截至1985年建成的总库容25亿立方米以上的14座大型水库，其中8座都是1958年动工建设。大炼钢铁，又是几千万人出动，尽管花费巨大，所得并不够理想，如果完全没有人民公社的参与，1958年符合国家标准的800万吨钢铁任务能否完成，也许还是一个问题。《决议》通过时，毛泽东有一段话说："人民公社这个事情是人民群众自发的，不是我们提倡的。因为我们提倡不断革命，破除迷信，敢想、敢说、敢做，群众就干起来了。不仅南宁会议没有料到，成都会议也没有料到，八大二次会议也没有料到。我们的人民在农业合作社的基础上搞起的人民公社不是空想的，他们就是有那么个趋势，想要干起来。但是条理化，说清楚道理，那就需要我们，需要我们在座的同志们，需要各级党委，需要中央。现在我们作了一个决议。"② 毛泽东的话，反映了那时的情况。如《决议》第一部分所说，"大规模的农田基本建设和先进的农业技术措施，要求投入更多的劳动力，农村工作的发展也要求从农业生产战线上转移一部分劳动力，我国农村实现机械化、电气化的要求已愈来愈迫切；在农田基本建设和争取丰收的斗争中，打破社界、乡界、县界的大协作，组织军事化、行动战斗化、生活集体化成为群众性的行动，进一步提高了五亿农民的共产主义觉悟；公共食堂、幼儿园、托儿所、缝纫组、理发室、公共浴堂、幸福院、农业中学、红专学校等等，把农民引向了更幸福的集体生活，进一步培养和锻炼着农民的集体主义思想。所有这些，都说明几十户、几百户的单一的农业生产合作社已不能适应形势发展的要求。在目前

---

① 中共中央农村工作部：《人民公社化运动简报》第四期，中华人民共和国国家农业委员会办公厅编：《农业集体化重要文件汇编（1958—1981）》（下），中共中央党校出版社1981年版，第84—87页。

② 毛泽东在北戴河中共中央政治局扩大会议上的讲话记录（1958年8月30日），中共中央文献研究室编：《毛泽东年谱（1949—1976）》第三卷，中央文献出版社2013年版，第424—425页。

形势下,建立农林牧副渔全面发展、工农商学兵互相结合的人民公社,是指导农民加速社会主义建设,提前建成社会主义并逐步过渡到共产主义所必须采取的基本方针。"① 所以,毛泽东把人民公社的特点概括为"一大二公"。撇开其中某些带有时代印记的语言,它主要是从两方面论说了办公社的现实需要。一方面是走大农业的道路,实现规模化经营的现实需要;另一方面是公社办工业和其他事业,就地转移一部分农业劳动力的现实需要。问题是对这两方面的需要和五亿农民的觉悟都估计过高。在1958年的"大跃进"气氛中,人们显然对它赋予了过多、过高、过于理想化的期望。并大社,办公社,其实是农村资源的一次重新整合与再配置,势必触及参与成员即原有各个高级社的权益,归根到底将直接间接地触及社员个人的利益,因而绝不会仅限于合作社外在形式的变动,必将伴有质的一定变化。现在看来,人民公社化运动的初期,显然弥漫着一种过于乐观的预期,尤其是世代向往大同世界的劳动人民,对于吃饭不要钱等等供给制的做法心向往之。这样做是否具备了现实条件?能不能持久?包括许多领导人在内,都相当地带有某种盲目性。例如,吃饭不要钱,在北戴河会议上,毛泽东本来讲"吃饭不要钱,还要有个过程,明年还要苦战一年,也许有些要苦战三年。"② 结果,很快就推开了,甚至乱提什么"放开肚皮吃饭,鼓足干劲生产"的口号。

农村人民公社化运动,一方面,试图探索一种适合中国情况的社会组织模式;另一方面,探索过程中不完善的方面也潜藏着隐患,打击了社员的积极性。这主要表现在两个问题上。其一,是对于严格区别集体所有制与全民所有制的必要性与重要性认识不足,把前者向后者的过渡又看得比较容易。《决议》尽管提出"不要忙于改集体所有制为全民所有制","也不必忙于改变原有的分配制度",但都有相当的伸缩性和模糊性。例如《决议》又说:"实际上,人民公社的集体所有制中,就已经包含有若干全民所有制的成分了。这种全民所有制,将在不断发展中继续增长,逐步地代替集体所有制。"并预计了过短的时限。其二,是对于集体所有制内部大集体与小集体的区别,即公社与大队、生产队这三级所有制之间的区

---

① 中华人民共和国国家农业委员会办公厅编:《农业集体化重要文件汇编(1958—1981)》(下),中共中央党校出版社1981年版,第69页。以下《决议》引语,不另加注。

② 中共中央文献研究室编:《毛泽东年谱(1949—1976)》第三卷,中央文献出版社2013年版,第425页。

别，特别是对生产队的基础地位这一点，缺乏必要的认识和重视，甚至有些混淆，直到1961年这一重要问题才得以解决。这也是当时过于强调"一大二公"的根源所在。高级合作化时期，由于基本核算单位的升级，已经出现的生产队（相当于原初级社）与生产队之间的平均主义问题，从而进一步被掩盖起来，成为大刮"共产风"的温床。

急于由集体所有制过渡到全民所有制，为向共产主义社会过渡准备条件，在工作指导上，助长了一种不切实际的设想。其中很能够说明问题的典型例子，是河北省的徐水县。该县1958年8月匆忙宣布实行单一的生产资料全民所有制。集体工业企业、商业，公私合营商业统统上升为全民所有制企业。大部分生活资料也归全民所有，例如，随意拆迁社员房屋，让社员去住居民点。有的村庄的猪、羊、鸡、兔、树木等都归公有。在分配制度上实行供给制，干部、工人取消薪金制，社员取消工分制，吃饭、穿衣、住房、鞋、袜、毛巾、肥皂、灯油、火柴、烤火费、洗澡、理发、看电影、医疗、丧葬等全部由县统一包起来。依据组织军事化、行动战斗化、生活集体化原则，把20万人组成七个"兵团"，按部队建制管理。《人民日报》公开报道后，一个时期国内外参观、"取经"者络绎载道。幸亏不久被毛泽东从不同渠道了解到徐水的问题，在当年11月份的第一次郑州会议上批评制止。这个县曾筹款550万元，给全县社员和干部发过一次工资和部分生活用品；12月又筹款90万元，挪用商业流动资金700万元。此后财力枯竭，无法继续，前后搞了四个月。这种极端的例子，在全国虽然是个别的，持续的时间也不长，但是，带有同类性质的问题，在全国许多地方都不同程度地存在。

与此同时，在城镇，发动了手工业合作组织"转厂过渡"和"转产改向"运动。1956年下半年，为活跃城乡经济，放宽了对某些商品的市场管理，城镇中新出现了一些小型私营工业和个体手工业。它们一方面有积极作用，不可否认也有消极的方面。在反右派斗争后，过分看重了后一方面，1958年4月，中共中央决定要严厉限制，加强改造。采取了以下措施：（1）对于个体手工业户，除不适合组织集体生产的某些特殊手工业品允许继续进行个体生产外，都组织他们加入手工业合作社。（2）规定个体劳动者的收入水平不得超过同行业合作社或国营企业职工的平均收入。超过的，加以限制。（3）把集体工业并入或转为国营企业。这实际上是部分否认了在国家统一计划下，允许一定范围的自由生产存在的必要性。之后，在农村人民公社化运动中，对于手工业合作社也要求他们"转厂过渡"或"转产改向"。所谓"转厂过渡"，就是由集体所有制升级过渡到全民所有制。1958—1959年全国10万多个手工业合作社（组）的500多万社员中，转厂过渡的占总人数的86.7%。其中，过渡为地方国营工厂的占37.8%，转为合作工厂的占13.6%，有一部分转到人民公社。[1] 所谓"转产改向"，就是改组生产。这是"转厂过渡"的必然要求。这样做的结果，再现了过去发生过的撤点过多，居民生活不便的问题。不少地区把农村的农具修配站、修配组集中合并成较大的机械制造厂，影响了农具的及时修理。其次，就是片面追求"高精大"产品，忽视适合人民需要的大众化产品的生产。北京有名的王麻子刀剪厂，从1958年9月份起，300多人转为生产产值大的炼钢用具和翻砂工具，只留下20人生产剪刀，产值计划虽然超额完成，但是刀剪产量却从月产35000把下降为3000把；原来各种剪子200多种，只剩下11种；360种刀，减少到7种。再次，"釜底抽薪"，把人和机具设备都调走，去大炼钢铁和大办地方工业。最后，有的地区竟撤销了手工业联社和有关管理机构，削弱了手工业工作的管理工作。"大跃进"期间，原材料供应紧张，许多手工业合作社（组）和个体手工业者"转厂过渡""转产改向"，日用工业品大量减产，木盆、木桶、拖把、小锅、小勺、鞋钉、鞋眼、顶针等日杂用品，镰刀、锄头等小农具都十分紧缺。按不变价格计算，1958年集体工业产值比上年下降27%。

更值得重视的是，农村浮夸风，共产风，瞎指挥，穷过渡，导致丰年口粮紧张。其直接因素主要是：（1）盲目推行公共食堂"吃饭不要钱"的做法。中央书记处主管农业的书记在10月召开的晋、冀、京等九省市秋季农业协作会议上提出，1959年粮食产量要保证15000亿斤，单产3000—5000斤，可减少粮食播种面积两亿亩，分配制度上可以实行吃饭、穿衣不要钱。还说"放开肚皮吃饭"已是各取所需，五亿农民的分配制度将成为全国人民的分配制度。这些随意性很大的提法很快传播了出去，危害范围很广。（2）由于浮夸风和高估产的误导，又一次犯了购"过头粮"的错误。1958粮食年度的征购量增加到1175亿斤，比上年增长

---

[1] 《当代中国》丛书编辑部编：《当代中国的经济体制改革》，中国社会科学出版社1984年版，第69页。

22.3%，而当年粮食实际产量仅增长 2.5%。1957 年征购量为实际产量的 24.6%，1958 年则为 29.4%，增加 4.8 个百分点。大搞农田基本建设和大炼钢铁，加上实行吃饭食堂化，已经多消耗了粮食（多吃加糟蹋、浪费），不少地区口粮已经吃紧，征购任务的加重，一度遇到极大困难。与上年同期相比，7 月到 10 月国家征购到手的粮食减少 88 亿斤，销售和出口合计增加 52 亿斤，到 10 月底库存净减 140 亿斤。10 月 22 日，中共中央、国务院不得不为此发出《关于突击完成农产品收购调运任务的紧急指示》。这实际是在粮食问题上的"警报"。一方面说粮食"史无前例"大丰收，另一方面却收购不上来，出现粮、油、肉、蛋和菜蔬供应紧张状况。入冬后，农村公共食堂已经有停火和社员外出逃荒的现象。毛泽东发动了"大跃进"，也是他最早察觉热度已越过"临界点"，该降温了。

第三节　工业"大跃进"与钢铁翻番

农业"大跃进"带动并促进着工业和各行各业的"大跃进"。1957 年 12 月 2 日开幕的中国工会代表大会，也是中国工人阶级奋起大跃进的总动员。刘少奇代表中共中央在会上宣布了 15 年赶超英国的目标。1958 年 2 月 9 日，《人民日报》发表社论《打破常规过春节》，号召广大职工为了建设社会主义，春节不回家，力求把一分一秒都用到生产建设上来。工业交通战线广泛开展竞赛活动，北京长辛店机车车辆修理厂职工还为此展开"为谁劳动，为谁服务"的热烈讨论。3 月 15 日，《人民日报》专门发表《人人为我，我为人人》的社论，介绍他们的情况。不计报酬，忘我劳动的共产主义精神得到极大发扬。

1958 年中国工业"大跃进"最突出的标志，是为实现钢铁指标当年翻番，夺取 1070 万吨钢产量的目标，在神州大地上展开的全民大炼钢铁运动。这是北戴河中共中央政治局扩大会议通过的又一项决议。经薄一波建议，毛泽东同意，写进会议公报，[①] 于 9 月 1 日以《中共中央政治局扩大会议号召全党全国人民为生产 1070 万吨钢而奋斗》为导语，在《人民日报》发表。按邓小平的说法，"是向赫鲁晓夫打了保票"。其实也是向

[①] 薄一波：《若干重大决策与事件的回顾》（修订本）下卷，人民出版社 1997 年版，第 731—732 页。

世界人民打了保票,不好回旋。无怪乎后来毛泽东说,他"上了薄一波的当"。①

决定1958年钢的生产指标翻番,有一个过程,也有多方面的原因。第一个五年计划执行中,遇到的突出矛盾之一,是原材料工业的发展落后于加工工业和整个国民经济发展的需要。1957年第五次全国计划会议提出的任务,其中就突出了积极发展原材料工业的要求。薄一波忆及当年他用工业"以钢为纲",回应毛泽东说的农业"以粮为纲"的提法时,说他当时是"没有多加思索"的回答。② 21世纪初,他重忆这一情节时,补充说:钢铁工业是基础工业部门,在工作实践中我们又经常感到是一个薄弱环节,需要大力加强。所以,我的回答(指"以钢为纲"——引者注)多少也反映了当时的情况和认识。毛主席很爽快地接受了,以后多少年作为一项重要产业政策确定下来,是我完全没有想到的。"多少也反映了当时的情况和认识"这句话,道出了历史的本来面貌。抓"钢","以钢为纲",既是"二五"时期整个工业和国民经济发展的需要,用时下的话语说也是加快发展的抓手。从产业政策的角度看,钢铁工业的产业链不仅比较长,它对上下游行业的带动作用,对关联行业的波及效应,其他产业部门大多难以企及。所谓"纲",《辞海》解释为网上的总绳。"若网在纲,有条而不紊。"又为事物的总要。如:大纲;总纲;纲举目张。人们常用纲举目张比喻条理分明,或抓住主要环节,带动一切。③"以钢为纲"的提法,显然是说,在工业方面抓住钢这个主要环节,来带动工业各个产业部门的发展,而不是代替它们。否则,就无所谓"以钢为纲"了。

在世界近现代历史上,资本主义霸权政治横行世界,往往凭借握有的钢铁。两次世界大战,都在很大程度上给人们以拼钢铁的共识。在很长时期里,大国工业化和国防现代化,无不以钢铁工业为重要基础工业。20世纪50年代中晚期赶超英国,毛泽东选择钢铁产量为首要目标,有着同样的考虑。前面曾经提到,毛泽东在1957年莫斯科会议期间,谈到15年赶超英国的问题,总是同整个国际问题相联系。1958年,有两件大事,

---

① 薄一波主持写作他的回忆录的过程中,谈起过这一情节。据他的回忆,毛泽东也就是这么一说,并无责怪之意,更不是把责任推到他身上。——引者注
② 薄一波:《若干重大决策与事件的回顾(修订本)》下卷,人民出版社1997年版,第723页。
③ 辞海编辑委员会编:《辞海(缩印本)》,上海辞书出版社1980年版,第1154页。

促使他下决心在钢铁生产方面组织一场像淮海战役那样的经济会战。其一，是在台湾海峡同美国制造"两个中国"或"一中一台"，并封锁大陆的图谋的斗争；其二，是在长波电台和共同舰队问题上同苏联企图控制中国的斗争。它们所依恃的无非是实力，看不起中国（赫鲁晓夫曾蔑视中国的民兵"是一堆肉"）。人口上中国是一个大国，经济上又是一个小国，钢铁产量1958年还比不上比利时。尽快改变这种状况，具有迫切意义。毛泽东在同年的北戴河会议上，反复地讲这个问题。8月19日说："帝国主义压迫我们，我们一定要在三年、五年、七年之内，把我国建设成为一个大工业国。为了这个目的，必须集中力量把大工业搞起来。抓主要的东西，对次要的东西，力量不足就整掉一些。"8月21日又说："有些人不懂得，完成一千一百万吨钢，是关系全国人民利益的大事。"在他看来，工业的问题，主要是钢铁和机械，而要有机械又得有钢铁。所以他一再强调抓工业，首先是指钢铁和机械。"有了这两样东西，百事皆有。""有了这两门，万事大吉。""那个时候，我们跟美国人谈判就神气一点了。"[①]

当时的失误，并不在于"以钢为纲"的提法，而在于确定了一个脱离客观实际的奋斗目标，即要求在一年之内钢的产量翻一番。何况提出这一目标已经是年中。6月12日作出决定，向下部署过程中，该抓紧的工作又没有抓得很紧，又耽误了一些时间，到北戴河会议正式作出决策，号召全党全民为完成1070万吨钢而奋斗的时候，全国钢产量仅完成380万吨，还差700万吨，要在剩下的四个多月里完成，怎么可能？毛泽东怎么可能不担心？他为此批评了有关部门，[②] 同时，采取果断措施予以促进。当年的北戴河会议，在很大程度上就是为解决这个问题。8月17日下午，毛泽东在全体会议上讲话。8月30日，要搞1070万吨钢的决议要公布了，他仍不无担心地说："能不能搞到，我总是怀疑，十五个吊桶打水，七上八下。如果搞不到，那么一是我的工作没有抓紧，二就是这个题目出错了，不应该出这个一千一百万吨的数目。这个一千一百万吨，你总要到

[①] 中共中央文献研究室编：《毛泽东年谱（1949—1976）》第三卷，中央文献出版社2013年版，第415、417、427、443页。

[②] 陈云在北戴河会议上曾谈到这一点，说毛主席批评中央财经小组、国家计委、经委、中央各部都忙于计划，没有抓生产。"这个批评很对。"客观上翻番的指标定下来并布置下去就晚了；主观上各部以致许多工厂都把注意力放到五年规划或者明年的计划方面去了，忽视了今年的生产。——参见中共中央文献研究室编《陈云年谱（1905—1995）》中卷，中央文献出版社2000年版，第427—428页。

了手才算数。"①

既然担心,为什么还要硬着头皮干?从各方面的情况看,也并非完全没有完成的可能性。例如,大家都有这样的决心,表了态的;②也许更为重要的是认为,处在"大跃进"的高潮中,只要抓住这一有利时机,促一下,可能性就会转变为现实性,实现翻一番的目标。那时,中国钢铁工业就将是另外一种局面。再奋斗一两年,钢产量就可能赶上英国,中国就主动多了。毛泽东用解放战争时期的平津、淮海战役来比喻,或许多少透露出当年党和国家领导人的这种意图。

中共中央为此采取的办法是:群众运动加突击的会战方式,酷似组织一场战略决战。北戴河会议就是决战总动员。正如毛泽东所说:"为什么我们在这里(北戴河)开会?就是要紧急动员。""要大搞群众运动,实行政治挂帅,全党全民办工业的方针,以便保证完成1070万吨钢的艰巨任务。"鉴于企业下放后,出现了分散和混乱的现象,他提出实行"统一计划,分级管理,重点建设,枝叶扶持"的方针。说只搞分散不搞独裁不行,各县、社都发挥"钢铁积极性",那不得了,必须有控制,不能专讲民主。凡是妨碍重点的必须集中。要有所不为而后才能有所为。全国一盘棋,有"死"有"活"。完成1100万吨钢的生产任务,这是"死"的,一吨也不能少。明年2500万吨是"死"的,如果生产了2700万吨,200万吨归地方自由支配,就是"活"的。刘少奇说,在全国计划之外,不能再有其他计划,全国是一本账,一盘棋。不应该有不列入计划的经济活动。不列入计划就会发生无政府状态。不能一部分是计划经济,一部分是无计划经济。邓小平说:"现在不是什么统死的问题,恐怕是要统点死。""如果没有集中统一、保证重点的原则,肯定下来,从中央、各省市,一直到企业,坚持到底,我们这个计划有破产的危险。""看来就是要全国计划,集中统一,共同负责,全民保证。"他要求严格执行全国统一计

---

① 中共中央文献研究室编:《毛泽东年谱(1949—1976)》第三卷,中央文献出版社2013年版,第417、426页。

② 毛泽东曾找上海、鞍山、武汉、太原等城市、冶金部和北京、天津、唐山、重庆、马鞍山等钢厂负责人开会,问他们"1070"到底可靠不可靠?大家都说行!毛泽东说,根据你们讲的,不是"1070",是1100多万吨,发表"1070",那我们兜里还装有几十万吨。(引自袁宝华回忆,参见《缅怀毛泽东》编辑组编《缅怀毛泽东》,中央文献出版社1993年版,第330页。)陈云当时对1070也有些不放心,找王鹤寿等人算细账后,到毛泽东那里说,我与冶金部同志算了细账,看起来有希望。(同上书,第328—330页。)

划"，并"先保证重点"，"其他零星的不搞"。①

8月25日，根据毛泽东指示召开的工业书记会议，也在北戴河举行。陈云两次到会讲话。他特别提出依靠党委，发动群众，用土法大炼钢铁的问题。他说，经过计算，今年1100万吨钢是可以完成的，但光靠"洋炉子"不行，要依靠党委，发动群众，搞点"土炉子"。土法炼钢在我国已有两千多年的历史。他特别提到能否保证今年铁产量，关键在于土炉子。他说："今年一千七百万吨铁中的八百万吨靠'洋'炉子，四百万吨靠'半土半洋'的炉子，余下七百万吨只能靠'土'炉子。因此，发动农民群众搞好土炉子，是保证今年完成炼铁任务的关键。"②他还说，冶金部希望明年减少土炉子，方向是对的，经常搞土炉子总不是办法，要用半土半洋的办法。但设备制造很困难，明年上半年能否转过来我很怀疑。应是洋的、半土半洋的能代替时，再改变。以农民用铁来说，土炉子永远会有一部分。所以，搞好土炉子，是唯一的办法。③

考古发掘证明，早在公元前的战国时期，就有铁器的使用。世代相传，代有革新，以至于今。在中国工业化进程中，重视并充分利用它们，善于发挥"小土群"的作用，实行"土洋结合"，可能收到加快发展钢铁工业的效果。土法炼铁，也不是随便砌个炉子，点上火就能炼出铁。没有必要的条件，同样不行。在一个时期，在一些人眼里，把"土炉子"看得过于简单，不管有无条件，都希望为"1070"做出哪怕一点贡献也好。于是，众多机关、学校、生产队甚至街道里弄都筑炉炼铁，被一些国外学者喻为"后院炼钢"。花费不少，炼出的铁不能用，造成浪费。这种情况当然不是"小土群"的全部。应该承认，在钢铁翻番的年代，"小土群"配合"大洋群"，也有自己的一份贡献。遗憾的是，"小土群"的有关资料较难查找，为研究工作增加了困难。

9月1日，《人民日报》发表《中共中央政治局扩大会议号召全党全民为生产一千零七十万吨钢而奋斗》的会议公报，并配发《立即行动起

---

① 北戴河会议记录（1958年8月），中共中央文献研究室编：《邓小平传（1904—1974）》（下），中央文献出版社2014年版，第1081页。
② 中共中央文献研究室编：《陈云年谱（1905—1995）》中卷，中央文献出版社2005年版，第429—430页。
③ 陈云在北戴河省市工业书记会议上的讲话，1958年8月29日。

来完成把钢产量翻一番的伟大任务》的社论。一个千军万马大战钢铁的群众运动，迅速在中华大地上轰轰烈烈地展开。9月一个月内，全国参加大炼钢铁的人数由8月份的几百万人猛增到四五千万人，建起五六十万座土炉子。10月份达到五六千万人，最高时八九千万人日夜鏖战在工地上。农村人民公社建立后，在全国范围内展开的其规模和声势都超过以往的农田基本建设，是1958年"大跃进"的又一个震撼人心的战场。先后投入的青壮年劳动力达六七千万人，最多时超过一亿人。上述数字可能都有夸大的成分，就当时全国六亿多总人口来说，亿万人民踊跃投身进来，表明他们有着高度的政治觉悟和空前的劳动热情。这除了说明中国共产党出色而有效的政治动员能力，也足以验证"大跃进"具有深厚的群众基础。它反映了人民的愿望，代表了他们的利益和诉求。历史不会由于前进中的挫折而淹没这一本质。从积极方面看，钢铁翻番促成钢铁工业的大发展，打开了钢铁工业的全国布局，相应地带动上下游产业及有关产业的较快发展。上海第五钢铁厂、河北邯郸钢铁厂、山东济南钢铁厂、江苏南京钢铁厂、浙江杭州钢铁厂、广东广州钢铁厂、河南安阳钢铁厂、甘肃酒泉钢铁厂、福建三明钢铁厂、广西柳州钢铁厂、国内唯一专业生产无缝钢管的四川无缝钢管厂和成都钢铁厂、湖南涟源钢铁厂、衡阳钢管厂和湘潭钢铁厂等，都是1958年开始兴建，上海第五钢铁厂还创造了当年设计、当年施工、当年投产的奇迹。武汉钢铁公司焦化厂，包钢1号高炉，首钢前身石景山炼铁厂改扩建工程等，也都是在这一年开工建设，石景山炼铁厂当年建起侧吹转炉，结束了有铁无钢的历史。有的钢铁建设项目，如继鞍钢之后的第二大钢铁工业基地武汉钢铁公司、湖北大冶钢厂一期工程等，则是1958年建成。这批企业，大部分都是现在在上海和深圳证券交易所上市的大型钢铁企业的核心企业或它的前身。钢铁工业的大发展，还刺激了它的上下游企业。1958年铁矿石产量由上年的1937万吨猛增到7500万吨，增长287.2%；焦炭产量由上年的830万吨猛增到2174万吨，增长161.9%；机械设备制造部门中，矿山设备、发电设备和金属切削机床制造行业比上年分别增长了80.7%、455.6%和185.7%。从消极方面说，钢铁工业的过快发展，稀缺资源过分集中在某一个部门或几个部门，也损害了另外一些部门。关联度小的产业部门受到不同程度的影响。第二部类的农业部门由于劳动力被过多占用，受到挤压。

首先，为完成钢产量翻番任务，采取了"两条腿走路"的方针。一条腿是被称为"大洋群"的现代化钢铁生产厂家，一条腿是被称为"小土群"的使用土炉子的全民大炼钢铁。"大洋群"从采矿、炼铁、炼钢、轧钢现有生产能力的各个环节，都充分动员，满负荷运转，甚至不惜拼设备，仍不能满足需要，不得不一再追加投资，上新项目，扩大生产能力；钢铁工业骤然加大的需求又要求相关部门跟上去，从而促使整个基本建设规模的膨胀。1958年批准的基本建设投资计划为145亿元，最后追加到267亿元，材料、设备都供应不上；当年的积累率由上年的24.9%飙升为33.9%，增幅36.0%，比国民收入使用额增长幅度19.5%多出16.5个百分点，挤了人民生活。另一条腿，就是"小土群"。全国先后建起大约60万座小高炉、小土炉，但炼出来的416万吨土铁、270万吨土钢，质量差。冶金部原定标准，生铁含硫量不得高于0.1%。北戴河会议后，放宽标准，改为0.2%。1958第4季度和1959年第1季度，各钢厂调入的生铁合格率仍不到一半。有些地区小高炉生产的铁，含硫量超过2%到3%，有的高达6%。这种高硫铁不能炼钢。用于浇铸，铸件发脆，过硬，难以加工。由于矿石品位低，生铁质量差，又追求高产快炼，太原钢厂的产品质量显著下降。鞍钢1958年第4季度一级钢在全部钢产量中的比重，由过去的93%下降到50%以下；1959年有几个月，每天有3000多吨铁水只能翻成铁块，出不了钢，还有的钢轧制的钢材达不到订货要求。"小土群"生产的土铁一部分只能制作农具和其他一般用品。除了质量低，吨铁、吨钢成本远远高出大型钢铁厂，财政为此补贴数十亿元（一说40亿元，一说还多）。同上年相比（下同），1958年国民收入增长22%，财政收入增长25%，为新中国建立以来增长最高年份，结果却出现21.8亿元的财政赤字，"小土群"的大量补贴是重要原因。为建造和运作星罗棋布的小高炉、小土炉，先后动员各行各业数千万人参加，到处找矿、采矿，滥砍滥伐树木，甚至毁掉许多铁器、铁锅一类的成品，造成人、财、物的巨大浪费。动用农业第一线过多的人力和畜力，还影响到当年的收成。

其次，为全力保证钢铁生产任务的完成，要求与钢铁生产有密切关系的部门，要千方百计配合；与钢铁生产无直接关系的部门，要"停车让路"。《人民日报》为此专门发表《全力保证钢铁生产》的社论，强调："各部门，各地方都要把钢铁的生产和建设放在首要的地位。当钢铁工业的发展与其他工业的发展,在设备、材料、动力、人力等方面发生矛盾的时候,其他工业应当主动放弃或降低自己的要求,让路给钢铁工业先行。"① 按照这一精神,材料、设备、交通运输工具首先让给钢铁工业,制造能力首先为钢铁工业生产,电力首先输送给钢铁工业,煤炭及其他燃料首先满足钢铁工业的需要,劳动力和技术力量首先调给钢铁工业。为支持钢铁工业翻番,地质、煤炭、电力、机械制造、交通运输等部门纷纷大搞群众运动,出现了全民办地质、全民办煤炭等几个"大办"。煤炭部门提出"兵对兵,将对将,用分散的小煤窑对分散的小高炉","哪里有千吨铁,哪里就有万吨煤"的保证。这样做的结果,一些部门或因"停车让路"受到不必要的损害,或因不分青红皂白有求必应而受到损失。

1958 年大炼钢铁的结果,数量指标完成 1108 万吨,而符合国家标准的好钢仅为 800 万吨。土铁、土钢一部分虽然可用于制造农具和其他一般用具,投入产出比很差,说这一部分"得不偿失",并非完全没有道理。毛泽东说,到 1958 年底算账,如果拿不到一千一百万吨钢,那就是这个题目他出错了,或者是他没有抓紧。最后拿到的不完全是合格钢,而花费又远超过大钢厂的水平。这个题目确实"出错了",还不仅仅是抓紧没有抓紧的问题。当然,大炼钢铁的群众运动也促进了钢铁工业布局的展开,一系列中小型钢铁企业兴建起来,为此后进一步发展打开了空间。从这一方面看,又是值得的。退一步看,完成的 800 万吨好钢,如果没有"小土群"的配合和支持,有没有保证,也许还是一个疑问。但无论如何,钢铁产量翻番的代价毕竟很高。解放战争时期,决战淮海,本来是一锅"夹生饭"硬是吃了下去。搞钢铁生产,如法炮制,未必可行。毛泽东后来称,钢铁产量翻番"这是个冒险的倡议",② 是很贴切的。

第四节 探索适合中国情况的经济体制和管理模式

形成于第一个五年计划时期的国民经济管理体制,渗透着苏联经济管理体制的一些弊病。毛泽东在以苏为鉴思想的指导下,在《论十大关系》

---

① 《人民日报》社论:《全力保证钢铁生产》,《人民日报》1958 年 9 月 5 日第一版。
② 中共中央文献研究室编:《毛泽东年谱(1949—1976)》第三卷,中央文献出版社 2013 年版,第 526 页。

中首先提出了应该进行改革的问题,经过党的八大为全党所确认。为适应"大跃进"的要求,1958年着手了一场改革的重大尝试。这次改革同破除不合理的规章制度一起进行,主要包括以下几个方面:

一 调整中央和地方的关系,扩大地方经济管理权限

1. 调整企业的隶属关系,把由中央直辖的一部分企业下放给省市自治区作为地方企业。还在1957年11月,轻工业部就第一批下放了43个纸厂和胶鞋厂,接着又下放了所属的食品加工厂。同年12月,纺织工业部下放了59个大中型纺织企业。1958年3月又下放143个纺织企事业单位。1958年3月成都会议后,中共中央、国务院要求各主管工业部门以及部分非工业部门所管理的企业,除一些主要的、特殊的以及"试验田"性质的企业仍归中央继续管理以外,其余企业原则上一律下放地方管理。以后中央各工业部门的职责,以三四分力量掌握全国规划和直接管理的大企业,加强科学研究工作;以六七分力量帮助地方办好企业。同年6月2日,中共中央进一步明确,轻工业部门所属单位除四个特殊纸厂和一个铜网厂外,全部下放;重工业部门所属单位大部分下放。从1957年底开始到1958年6月15日止,冶金、机械、化工、煤炭、石油、轻纺等9个工业部陆续下放880多个企业、事业单位,占所属企事业单位的80%左右。[1] 当年中央直属企业工业总产值占整个工业总产值的比重,由上年的39.7%下降为13.8%。[2]

2. 在计划管理方面,实行在中央领导下以地区综合平衡为基础、专业部门和地区相结合的计划管理体制。具体做法是:(1)各地方各部门的经济文化建设,都纳入全国统一计划。(2)在保证完成国家规定的生产建设和财政收入任务以及重要物资调拨计划的条件下,各省市自治区可以对本地区的工农业生产指标进行调整,可以对本地区内的建设规模、建设项目和投资使用统筹安排,可以对本地区内的物资调剂使用,可以对本地区超收分成和支出结余资金以及其他资金自行支配使用。(3)自下而上地逐级编制计划和进行综合平衡。中央各部门在地区平衡的基础上编制

---

[1] 参见中国社会科学院工业经济研究所情报资料室编《中国工业经济法规汇编(1949—1981)》,第117页。

[2] 参见《新华半月刊》1958年第13号,第63页。

全国范围的专业计划；中央计划机关在地区平衡和专业平衡的基础上，编制国家的统一计划。

3. 在基本建设管理方面，适应加快发展地方工业的需要，简化基本建设项目审批程序。今后，中央将集中主要力量对全国分地区分事业的规划进行审查和研究。此外，中央只负责审批以下建设项目的设计任务书：（1）生产全国平衡的工业产品的骨干建设项目；（2）具有全国性的或者同几个省市自治区有重大协作关系的重大建设项目；（3）对生产力的地区分布上有重大影响的建设项目；（4）贯穿几个省（自治区）的铁路干线。基本建设实行投资包干制度。把年度国民经济计划和国家预算核定的基本建设投资（包括储备资金），在保证不降低生产能力、不推迟交工日期、不突破投资总额和不增加非生产建设比重的条件下，交由各有关建设部门和单位统一掌握，自行安排，包干使用。建设工程竣工以后，资金如有结余，可以留给建设部门和建设单位另行使用在其他生产建设上。

4. 在劳动管理方面，针对过去单一的固定工形式和能进不能出的弊病，尝试实行合同工和亦工亦农制度。从 1957 年底到 1958 年初，在四川、河北少数地区试点。后由于"大跃进"和人民公社化运动的展开，试点没有坚持下去。另外是下放招收新工人的审批管理权限。执行结果，又一次重复了 1956 年招工失控的情况。

5. 在财权方面，实行工业企业利润分成制度。除军工部门企业和少数大型工业企业以外，其他企业即仍属中央管理或原属中央管理现在下放地方的工业企业，全部利润地方和中央二八分成（20%归地方，80%归中央），分成比例三年不变。另外，减少税种，简化征税办法，扩大地方税收管理权限。各省市自治区可以在一定范围内，根据实际情况对某些税收采取减税、免税或加税的措施。这就在税收政策上，为发展地方工业松了绑。

6. 在物资管理方面，主要是增加各省市自治区在物资分配方面的权限，实行全国统一计划下的、以地区管理和地区平衡为主的物资调拨制度。具体办法是：（1）主要原材料和设备由中央统一分配，并由中央各主管部门负责同省市自治区协商，编制该地区的年度调出调入计划。不在中央统一分配范围内的原材料和设备，由各省市自治区以及各专区、各县分别确定产品目录和分配计划进行统一调度。（2）机械产品由有关主管部分工负责,生铁、钢材和其他金属材料,除钢轨由铁道部统一分配外,都由冶金工业部统一分配。(3)中央所属企事业单位的生产、基本建设所需要的物资,除军工生产单位所需要的物资,出口、援外和储备所需的物资,民航所需的燃料外,都向所在地的省市自治区提出申请,由省市自治区主管机关组织供应。(4)各省市自治区在保证完成国家计划的条件下,对国家分配的物资有权在本地区内进行调剂。实行这一制度,1959年统配、部管物资由1957年的532种减少到132种,减少四分之三。[①] 保留下来的统配、部管物资,也由过去"统筹统支"改为"地区平衡,差额调拨",中央只管调出、调入。在分配供应方面,除铁道、军工、外贸、国家储备等少数部门外,不论中央企业和地方企业所需物资,都由所在省市自治区申请、分配和供应。

二 调整国家与企业的关系,扩大企业管理权限

1. 减少指令性指标,扩大企业计划管理职责。国家下达企业的指令性指标由原来的12个减为4个,另外的8个指标列入计划只作为计算根据。

2. 实行企业留成制度。工业企业的利润,由国家和企业全额分成。(1)企业留成比例,以主管部为单位计算确定,五年不变。主管部可以在本部企业留成所得总数范围内,根据各个企业的具体情况分别确定它们的留成比例。(2)留成比例以第一个五年计划期间各部所使用的下列资金作为计算基数:预算拨付的组织措施费、新种类产品试制费、劳动安全保护费、零星固定资产购置费四项费用;企业奖励基金和社会主义竞赛奖金;按规定提取的超计划利润留成部分。将上述基数与在同一时期内所实现的利润总数比较,算出企业留成的比例。(3)企业留成大部分用于生产,同时适当照顾职工福利、社会主义竞赛奖金支出以及职工困难补助,支出合计不得超过企业工资总额的5%。[②] 按上述办法计算,企业留成比例为13.2%。

3. 试行流动资金"全额信贷"制度。过去国家财政拨款给国营企业

---

① 参见《当代中国》丛书编辑部编《当代中国的经济体制改革》,中国社会科学出版社1984年版,第505页。

② 参见中国社会科学院工业经济研究所情报资料室编《中国工业经济法规汇编(1949—1981)》,第118页。

的自有流动资金,全部转作人民银行贷款,统一计算利息。今后国营企业需要增加定额流动资金,由各级财政预算安排,交当地人民银行统一贷款。

4. 改进企业的人事管理。除企业主管负责人、主要技术人员以外,其他一切职工均由企业负责管理。在不增加职工总数的条件下,企业有权调整机构和人员。

三 探索适合中国情况的企业领导制度和管理制度

第一个五年计划时期,学习苏联的企业管理经验,有的起了积极作用,有的就不是这样。例如"一长制",削弱了党对企业的领导,忽视思想政治工作和群众路线的贯彻。还有些规章制度,如设备大修不变形、不移位,既束缚工人手脚,又不利于技术进步。毛泽东在听取34个部委汇报的过程中,曾提出严厉批评。此后,中共中央正式决定,在工业企业中建立以党委为核心的集体领导和个人负责相结合的领导制度,即党委领导下的厂长负责制。不久,在企业领导制度中,职工民主管理的思想有重大的发展,由党委领导下的厂长负责制,发展为党委领导下的厂长负责制和职工代表大会制。职工代表大会成为扩大企业民主,监督行政,克服官僚主义,正确处理人民内部矛盾的有效方法之一。职工代表大会采取常任代表制,代表向选举他们的职工负责,职工有权随时撤换不称职的代表。工会委员会负责筹备和召开职工代表大会并监督行政对职工代表大会有关生产行政工作决议的执行。职工代表大会有权听取和审查厂长的工作报告,审查和讨论企业的各项计划,讨论和审查企业奖励基金以及其他有关职工生活福利的经费开支,并有权向上级管理机关建议撤换某些企业行政领导人员以及向上级管理机关提出建议。但生产管理的指挥,必须由行政领导者完全负责,职工代表大会和工会委员会不得妨害厂长在企业行政上的责任制,所有职工必须遵守企业规章和劳动纪律,服从行政领导者的命令和指挥。随着国家适当扩大企业的权力,职工代表大会成为企业中真正具有一定权力的机关。这是企业领导制度的新发展。

1958年,在继续贯彻执行这一制度的同时,为探索适合中国情况的企业管理模式和管理方法作了进一步的努力。毛泽东认为,在企业工作中,同其他方面一样,以下几点是必须坚持的:第一,必须坚持政治挂帅。在党的领导下,把企业的各项经济技术工作都置于政治的统帅之下。

调动职工群众的积极性主要依靠思想政治工作，而不是物资刺激。政治挂帅为主，物质鼓励为辅。第二，各项工作都要大搞群众运动，打破过去那种依靠少数人冷冷清清办企业的局面，真正体现党依靠全体工人阶级办好企业的方针。第三，强调发扬工人阶级的首创精神，提倡敢想敢说敢干，不要迷信专家、迷信洋人。第四，实行"两参、一改、三结合"。"两参"是指干部参加劳动，工人参加管理；"一改"是指改革不合理的规章制度；"三结合"是指领导干部、技术人员（专业管理人员）、工人结合起来，共同研究解决生产技术和企业管理中的问题。

1958年，以权力下放为基本取向的经济管理体制改革，企业领导制度和管理制度的改革，为探索适合中国情况的管理模式，积累了经验。但是，问题也不少。主要是企业下放过头，权力下放过头，甚至层层下放，造成经济秩序的混乱。例如，把一些不适宜地方管理的铁路、邮电、航空、重要港口、电网、商业大型批发站等关系国民经济命脉的大型骨干企业也下放了，割断了原有的经济联系，生产和流通都发生困难。各自为政，国家计划失控，宏观经济难以综合平衡。1958年建设规模严重膨胀，积累率大规模攀升，招工指标突破计划，这是重要原因之一。当年全国施工的大中型项目高达1587个，比"一五"时期五年施工总和1384个还多出203个。又例如不顾条件，各省都追求工业自成体系，盲目建厂，拉长了基本建设战线，国家重点项目反而得不到保证。再例如招工计划和工资总额计划开了口子，1958年年底全民所有制职工人数比上年猛增2081万人，总数达到4532万人，其中工业部门人数比1957年年末的748万人增加两倍以上，达到2316万人。①

在微观经济方面，1958年探索企业领导制度的积极成果是把坚持政治挂帅，加强党的领导，作为探索社会主义企业领导制度必须遵循的一项基本原则，进一步肯定了下来；常任制的职工代表大会，作为企业领导制度的必要组成部分和职工民主管理企业的基本组织形式较为普遍地建立了起来。在某些方面有新的创造，例如干部参加劳动、工人参加管理，改革不合理的规章制度，实行干部、工人、技术人员三结合即被称为"两参一改三结合"的企业管理形式等。但在另一方面，在批判

---

① 中国国家统计局：《中国统计年鉴（1984）》，中国统计出版社1984年版，第110、114页。

"一长制"的过程中,削弱行政的必要职权,生产指挥系统的权威受到影响。改革规章制度,把不该破的也破了;破得对的也是破多、立少,无章可循,甚至有章不循。一些企业随意裁并职能科室,下放管理人员,推行工人自我管理或无人管理,不尊重科学,以致生产秩序混乱,酿成事故。

第 八 章

八个月调整

从 1958 年 11 月第一次郑州会议到 1959 年 7 月至 8 月的庐山会议这段时间，毛泽东把他关注的重点和主要的精力，用于解决"大跃进"和人民公社化运动出现的一些问题上，为头脑过热的各级领导干部降温，为过热的经济降温。出台一系列政策措施，包括适当降低一部分工农业生产计划指标。这通常被研究者称为毛泽东"八个月纠左"。从经济运行角度看，实际具有主动调整的性质。

举凡经济过热，不论是生产力方面经济增长速度过高，建设规模过大；还是生产关系方面所有制变革和经济体制改革的步伐过猛，抑或兼而有之，都必然出现这样那样其严重程度不等的问题，需要解决。1958 年的"大跃进"和人民公社化运动同时展开，巨大的生产建设规模以及经济体制和所有制的剧烈变动，给各个方面以很大冲击，小问题不可能不出，大问题也难以完全避免。关键在于领导者是否清醒。毛泽东是这场经济跃进和社会变革的发动者，又是他最早察觉其中的问题，采取纠正的措施。使人痛惜的是，1959 年庐山会议后期由纠"左"转变为反右，会后更把反右倾作为主要倾向从上到下传达贯彻下去，不仅中断了经济调整，而且再度抬高经济指标，继续"大跃进"。结果，纠正中的错误在更严重的程度上重演，又有百年不遇的自然灾害接连来袭和苏联政府背信弃义地撕毁合同，终于导致一场经济危机。

第一节 毛泽东的热与冷

1958 年不愧是火红的年代。工业战线广大职工极大地振奋起他们的积极性和创造性，革新发明活动格外引人瞩目，试制成功一大批"中国第一"，例如，第一架民用飞机，第一辆东风轿车和红旗轿车，第一台半导体收音机，第一台数控机床，第一台电视机，第一台40马力柴油拖拉机，第一台600马力内燃机车，第一台138吨交流电力机车，第一台液力传动内燃机车，第一台1500马力电气机车，第一台1.2万千瓦双水内冷汽轮发电机组，第一台高精度插齿刀磨床等等。与此同时，农村社队工业的兴起，是1958年涌现的又一新生事物，也是人民公社最初显示的一大优越性。它凭借"一大二公"的优势，整合村、镇固有的各种手工作坊和各类能工巧匠，因地制宜，因陋就简，土法上马，举办力所能及的小工业、小作坊。据粗略统计，当年全国共建起小型工业企业129万个，其中以手工操作为主的121.5万个，职工2489万人；主要作业用机器操作的7.5万个，职工840万人。另据17个省的不完全统计，共建立炼铁、炼钢炉60多万座，炼出土铁240多万吨，土钢50多万吨。建起59000座小煤窑，4000多座小型发电站，9000多家水泥厂，80000多家农机具修造厂以及一大批土化肥厂和农副产品加工厂。[①] 这是继抗美援朝之后中国人民的又一次思想解放运动。他们深信，按照"自力更生为主，争取外援为辅，破除迷信，独立自主地干工业、干农业、干技术革命和文化革命，打倒奴隶思想，埋葬教条主义，认真学习外国的好经验，也一定研究外国的坏经验，引以为戒"这条路线发展经济，完全能够缩短建设社会主义现代化强国的时间。新中国建立以来一直企图寻找一种加快发展途径的毛泽东，面对此情此景，难以掩饰的兴奋溢于言表，以至于在赫鲁晓夫面前坦言，民主革命、抗美援朝战争和社会主义革命那几次胜利时的喜悦都比不上这一次。尽管他不相信什么创造了奇迹的所谓高产"卫星"，还是根据农业的高估产，一度作出"粮食问题基本解决了"和"农业比较上轨道了"的判断。应该说，这是毛泽东的一个重要失误。世上没有不犯错误的人，毛泽东也不例外。毛泽东发动"大跃进"鼓舞和激励着全党全国各族人民；党和人民被焕发起来的自觉能动性反过来又影响了自己的领袖。1958年的毛泽东亢奋过，但却没有失去必要的清醒。正是毛泽东最先发现了"大跃进"和人民公社化运动中的问题，察觉到人们现在只有热没有冷，正在出现一种危险，走向反面的危险。他现在要做的工作已经

---

① 参见柳随年、吴群敢主编《中国社会主义经济简史》，黑龙江人民出版社1985年版，第238页。

不是给"大跃进"再加油升温，而是要适当降温了。及时发现新情况，解决新问题，这对于指导波澜壮阔的群众运动极为重要。

第二节　要求四级领导读两本书

还在成都会议期间，在批判反冒进的气氛下，对于有的省显露的浮夸苗头，毛泽东已有觉察，并有所提醒。那时，"大跃进"尚处发动阶段，他没有太多批评。毛泽东历来认为，反右必出"左"，反"左"必出右，"时然后言"。1958年秋，他着手"压缩空气"。11月2日至10日，在郑州邀集部分中央领导人、大区负责人和省市委书记谈话，开始做降温工作。这就是后来说的第一次郑州会议。这是为八届六中全会做准备。会前，毛泽东除亲身调查研究外，还派出两路调查组分赴河北、河南几个地区调查，发现不仅基层干部在一些问题上存在糊涂观念和混乱做法，高中级干部也有类似情况，被认为是理论家的陈伯达甚至提出废除商品生产的问题。柯庆施等还反映，城市里出现了提取银行存款，抢购商品，购置高档物品的现象。毛泽东在会上提出三个问题要大家讨论：（1）什么叫从集体所有制过渡到全民所有制？什么叫从社会主义过渡到共产主义？实现这些过渡需要什么条件，要多长时间？（2）钢的生产指标问题。（3）城市人民公社如何搞。会议最后形成由他主持、邓小平具体负责起草的《郑州会议关于人民公社若干问题的决议（草案）》，明确肯定中国现阶段仍处在社会主义社会，现阶段的人民公社是社会主义的集体所有制。他几次讲话，着重就集体所有制和全民所有制的界限、发展社会主义商品生产和降低过高的生产指标等问题，阐明看法。当时，为钢铁翻番展开的全民大炼钢铁运动正当高潮，毛泽东深感压力不小，但还是在肯定成绩的前提下做工作。11月3日下午，毛泽东在听取几省的汇报时说：10月份钢产量七百二十万吨，还差四百万吨（距离翻番指标——引者注），真是逼死人了。脑筋里头就是钢了。农业没有人抓了。[①] 现在开的支票太大了，恐

[①] 北戴河会议后，毛泽东在9月中下旬到外地视察过程中，发现了这一苗头。他9月30日起草的发表在10月1日《人民日报》头版的《巡视大江南北后同新华记者的谈话》新闻稿，特别提醒："在大干钢铁的同时，不要把农业丢掉了。人民公社一定要把小麦种好，把油菜种好，把土地深翻好。一九五九年农业方面的任务，应当比一九五八年有一个更大的跃进。"

怕不好。不过，他又说：总而言之，北戴河以前没有搞什么事，清谈主义。"北戴河以后搞了几千万人上山，总要讲成绩是主要的。"① 在11月4日的会议上，毛泽东对于浮夸风，对于要废除商品等一些"左"的做法提出了批评。当陈伯达说到"全世界的钢产量都比不上中国，河南前几天铁的产量120多万吨，全世界的生铁产量都赶不上河南一省"时，他当即说：你别讲得那么凶，那是为了放"卫星"。真的那么多？我这个人是怀疑派。毛泽东又问吴芝圃：你那里炼的是烧结铁吧？我看主要是那个东西。当另一位省委书记谈到一些公社到1962年要消灭商品，向共产主义过渡的时候，他批评陈伯达就有这个倾向。说北京现在也混乱得很，我们没有章程，天下大乱。人民公社城市恐怕搞不了。他说："必须使每一个公社，并且使每一个生产队，除了生产粮食以外，都要生产商品作物。西安会议没有提倡这个事，他们一心一意要取消商业。每一个人民公社除生产粮食以外，必须大量生产经济作物，能够赚钱的，能够交换的，有农业品，有工业品，总之是生产商品。这个问题不提倡，以为人民公社就是个国家，完全都自给，哪有这个事？生产总是分工的。大的分工就是工业、农业。现在农业人口占得太多了，五亿人搞饭吃、种棉花，是很不合理的。既有分工，搞工业的就不能生产粮食、棉花、油料，他就没有吃的，没有穿的，只好交换。三国时候，张鲁的社会主义是行不长的，因为他不搞工业，农业也不发达。要提倡每一个人民公社生产有交换价值的农作物和工业品，不然生活不能丰富。"②

这次会议分工业、农业、教科文和公社体制四个小组，讨论新四十条。调门依然很高，"降温"并不容易，毛泽东不得不耐心地做说服工作。11月4日，当吴芝圃汇报议了文件题目，一个叫《人民公社发展纲要四十条》，一个叫《中国共产主义建设十年规划纲要》，时间是1958年至1967年。毛泽东说："你现在牵涉到共产主义，这个问题就大了，全世界都不理解了。现在的题目，我看还是社会主义。社会主义里头有共产主义因素，不要一扯就扯到共产主义。""我看这个文件要发表，要过了苦战三年之后。不要把苦战三年放在这十年之内，从1961年算起。还是让

---

① 中共中央文献研究室编：《毛泽东年谱（1949—1976）》第三卷，中央文献出版社2013年版，第487页。
② 同上书，第487—488页。

苏联去赶美国,我们不过赶英国而已。"当会上有人提出十年内向共产主义过渡,并说有些重点社已经基本上是全民所有制时,毛泽东说:"这个全民所有制指什么范围说的?就县说可以,就省还难说,就全国更难说。""把全民所有制、集体所有制混同起来,恐怕不利。好像我们现在差不多了,共产主义已经来了。这么快,太快了!奋斗太容易了!把它们提得过高,跟鞍钢一样,而实际上又不是,那就不好了。这是客观规律,是个客观的东西。我现在顾虑,我们在北戴河开那个口子,说少则三四年,多则五六年或者更多一点时间,即由集体所有制搞成全民所有制,像工厂那样,是不是开了海口,讲快了?我现在想,北戴河那个决议要有点修改才行。"① 毛泽东还提醒,在粮食问题上不要盲目轻信,过于乐观。他对谭震林说,今年的粮食你说九千亿斤,我看至少有一千六百亿斤是谎报。就是说,顶多增加一倍,去年三千七百亿斤,今年七千四百亿斤,有了这样一个数目就了不起了。②

鉴于"大跃进"以来,"有些人搞得糊里糊涂",为澄清思想,11月9日,毛泽东给中央、省(市、自治区)、地、县四级党的领导干部写了一封信,建议大家读两本书。一本是斯大林的《苏联社会主义经济问题》,一本是《马克思恩格斯列宁斯大林论共产主义社会》。③ 他在信中说:"要联系中国社会主义经济革命和经济建设去读这两本书,使自己获得一个清醒头脑,以利指导我们伟大的经济工作。现在很多人有一大堆混乱思想,读这两本书就有可能给以澄清。"④

在11月9日和10日的会议上,毛泽东集中讲了商品生产的问题。他说:"我国是商品生产很不发达的国家,比印度、巴西还落后。印度的铁路、纺织比中国发达。去年我们生产粮食三千七百亿斤(不包括大豆——引者注),其中三百亿斤作为公粮,五百亿斤作为商品卖给国家,两项合起来商品粮还不到粮食总产量的四分之一。粮食以外的经济作物也很不发达,例如茶、丝、麻、烟都没有恢复到历史上的最高生产量。需要

---

① 中共中央文献研究室编:《毛泽东年谱(1949—1976)》第三卷,中央文献出版社2013年版,第489、491页。
② 参见1958年第一次郑州会议记录。
③ 斯大林:《苏联社会主义经济问题》,人民出版社1952年版;《马克思恩格斯列宁斯大林论共产主义社会》,人民出版社1958年版。
④ 毛泽东:《关于读书的建议》(1958年11月9日),《毛泽东文集》第七卷,人民出版社1999年版,第432—433页。

有一个发展商品生产的阶段,否则公社发不出工资。"毛泽东再一次肯定,"现在仍然是农民问题。有些同志忽然把农民看得很高,以为农民是第一,工人是第二了,农民甚至比工人阶级还高,是老大哥了。农村在有些方面走在前面,这是现象,不是本质。"他批评有些人没有分清社会主义商品生产和资本主义商品生产的区别,不懂得在社会主义条件下利用商品生产的重要性,急于要宣布人民公社是全民所有,废除商业,实行产品调拨,"这就是剥夺农民"。他说,"劳动、土地及其他生产资料统统是农民的,是人民公社集体所有的,因此产品也是公社所有。他们只愿意用他们生产的产品交换他们需要的商品,用商品交换以外的办法拿走公社的产品,他们都不接受。我们不要以为中国农民特别进步。""只要存在两种所有制,商品生产和商品交换就是极其必要、极其有用的。河南提出四年过渡到共产主义,马克思主义'太多'了,不要急于在四年内搞成。不要以为四年之后河南的农民就会同郑州的工人一样,这是不可能的。"①

郑州会议结束后,刘少奇、陈云、邓小平返京,一面组织传达、讨论会议文件,一面根据毛泽东的提议组织学习斯大林著作,首先在中央和省市两级领导干部中弄清毛泽东提出的有没有必要划线和要不要商品生产两个问题。

11月21—27日,在毛泽东主持下,中共中央政治局扩大会议在武昌举行。毛泽东首先讲话。他提出八个问题,重点是人民公社的问题和1959年国民经济计划的问题。在这次会议上,毛泽东在讲到有关问题时,开始做自我批评。他认为,在人民公社的问题上,主要是急于过渡;在经济工作上,指标过高,操之过急。要压低指标,他甚至提出1959年钢的生产指标可以定在1500万吨的水平上。②

毛泽东在所讲的八个问题中,贯穿一个思想,就是在社会主义的集体所有制与全民所有制之间、社会主义社会与共产主义社会之间还是要划线加以区别,不要急于过渡到共产主义。他说:"现在我们乡级以上的各级干部就是要过渡得快,抢先于苏联。我们现在是一穷二白,还有一个一穷二弱。现在吹得太大了,我看是不合事实,没有反映实际。建设社会主

---

① 《毛泽东文集》第七卷,人民出版社1999年版,第434—440页。
② "1959年钢的生产指标,主席(指毛泽东,下同)在1958年曾提出1500万吨,如果当时按主席指示布置工作,基本建设的摊子就不会铺得那么大,浪费了人力和物力。"——参见国家计委在1962年七千人大会上的检讨

义，我们没有经验，现在吹得那么厉害。我担心我们的建设。有一种树，叫钻天杨，长得非常快，就是不结实，建设搞得太快了，可能天下大乱。这个问题，我总是担心得很。"在讲到划线的问题时，他说："郑州会议划了五个标准才算社会主义的全民所有制，要全面地完成全民所有制才算是建成社会主义。北戴河会议有点急躁就是那个少则三四年，我是受了河南同志的影响。这个东西恐怕办不到，那个时候就搞全民所有制呀？只好改一下。"讲到这里，彭真插话说："农村公社化了，工业化了，向全民所有制转得太慢了，到农民很富了以后再转也不利。"刘少奇插话说："农民穷一点好转。在北京讨论的时候，我的意见是达到一百五十元到二百元就发工资，达到一批转一批，再达到一批再转一批。彭真主张两年转完，发工资。"毛泽东接着说："就是这个少则三四年、多则五六年，恐怕犯了冒险主义错误了。"这时，刘少奇又插话说："如果这个时候不搞，他什么东西都搞起来了，再发工资，那就很难包了。"彭真说："搞慢了不利。"毛泽东接着说："照刘少奇和彭真两位的意见，是趁这个穷来过渡，不然他不想过渡了。这个问题今天不讨论。"① 看来，在由社会主义的集体所有制向社会主义的全民所有制过渡的问题上，刘少奇和彭真的设想与毛泽东有些不同。毛泽东认为现在的问题是操之过急，包括他为北戴河公社决议加写的过渡时间的那段话也太急了，"犯了冒险主义错误"。刘少奇和彭真则觉得太慢反而不好，不如趁"穷"一些过渡比较容易。

在这次会议上，毛泽东继续强调要压缩空气，明年任务要减轻。他说，我看，我们中国人大概包括我在内，是个冒失鬼。所谓速度，所谓多快好省，是个客观的东西。客观说不能速，还是不能速。我不相信那个九千亿（指1958年预计粮食产量——引者注），搞到七千五百亿斤我就满意了。毛泽东在这里讲包括他在内，"是个冒失鬼"，意味着他的自省。

11月23日，他在第二次讲话中，就钢铁产量翻番反思说："去年是五百三十五万吨钢，都是好钢。今年翻一番，这是个冒险的倡议。北戴河会议后这两个半月的经验，对于我们是一个很好的经验，就想到恐怕明年搞两千七百万吨到三千万吨，难于办到。"他主张1959年工业任务、水利任务、粮食任务都要适当压缩。经讨论，1959年钢的生产指标按两本账

---

① 中共中央文献研究室编：《毛泽东年谱（1949—1976）》第三卷，中央文献出版社2013年版，第520页。

安排。第一本账是 1800 万吨；第二本账比 1958 年翻一番，2200 万吨。即使这样，毛泽东也并不认为钢的生产指标已经完全落实。他说："从前别人反我的'冒进'，现在我反人家的冒进。今年是一千一百万吨，实际上好钢是八百五十万吨（后来核实为 800 万吨——引者注）。明年所谓一千八百万吨，就是要搞好钢。如果一千八百万吨搞不成，我看还要缩小，先搞一千五百万吨。以此为例，各部门的指标都要相应地降下来。"①

在这次会议上，他还讲到要正确理解破除迷信和破除资产阶级法权的问题。他说：破除迷信，不要把科学当迷信破除了。"凡迷信一定要破除，凡真理一定要保护。资产阶级法权只能破除一部分，例如三风五气，等级过分悬殊，老爷态度，猫鼠关系，一定要破除，而且破得越彻底越好。另一部分，例如工资等级，上下级关系，国家一定的强制，还不能破除。资产阶级法权有一部分在社会主义时代是有用的，必须保护，使之为社会主义服务。把它打得体无完肤，会有一天我们要陷于被动，要承认错误，向有用的资产阶级法权道歉。"②

11 月 28 日至 12 月 10 日，中共八届六中全会在毛泽东主持下，在武昌举行。全会通过《关于人民公社若干问题的决议》。它吸收第一次郑州会议决议的积极成果，又重新改写，进一步阐释了人民公社化运动亟待解决的若干理论和政策问题，强调现阶段要首先关注于发展生产力，而不是热衷于向全民所有制过渡；强调发展生产是巩固和提高人民公社的中心环节，在发展直接满足本社需要的自给性生产的同时，必须尽可能广泛地发展商品性生产和商品交换。"决议"提醒说："同志们要记着，我国现在的生产力发展水平，毕竟还是很低的。苦战三年，加上再努力若干年，全国的经济面貌可以有一个很大的改变，但是那时离开全国高度工业化、全国农业机械化电气化的目标，还将有一段不小的距离；至于离开社会产品大大丰富、劳动强度大大减轻、劳动时间大大缩短这些目标，就还有一段更长的距离。而没有这些，当然就谈不到进入人类社会的更高发展阶段——共产主义。因此，我们既然热心于共产主义事业，就必须首先热心于发展我们的生产力，首先用大力实现我们的社会主义工业化计划，而不

---

① 中共中央文献研究室编：《毛泽东年谱（1949—1976）》第三卷，中央文献出版社 2013 年版，第 526—527 页。

② 《毛泽东文集》第七卷，人民出版社 1999 年版，第 448、449 页。

应当无根据地宣布农村的人民公社'立即实行全民所有制',甚至'立即进入共产主义',等等。""决议"还指出,"继续发展商品生产和继续保持按劳分配的原则,对于发展社会主义经济是两个重大的原则问题,必须在全党统一认识。有些人在企图过早地'进入共产主义'的同时,企图过早地取消商品生产和商品交换,过早地否定商品、价值、货币、价格的积极作用,这种想法是对于发展社会主义建设不利的,因而是不正确的。"[①] 这比第一次郑州会议前进了一步,但是,依旧没有认识到人民公社内部还存在一个大集体和小集体之间的关系的问题,而这正是人民公社问题的关键所在。

第三节 人民公社"一大二公"体制的部分修正

1959年2月的第二次郑州会议,提出人民公社体制调整的问题,多少有些意外因素。早在1958年夏秋之际,大中城市已显露粮、油、肉、蛋供应紧张的情况。入秋之后,夏粮征购又很不理想。这时,并未洞悉真实情况,以为主要是受其他因素的影响。中共中央、国务院遂在当年10月22日发出《关于突击完成农产品收购调运任务的紧急指示》。但毛泽东却不满足这样的认识,他在思考为什么1958年粮食丰收了,却出现1959年1、2月份的全国性缺粮、缺油风潮,而且严重程度超过1953年和1955年。事有凑巧的是,这时他看到广东省委的一份报告,讲到该省雷南县1958年晚稻收割时上报亩产达千斤,征购时下面却说没有那样多,平均亩产一下降到不足300斤。县委召集生产小队长以上干部四千多人开会,查出瞒产私分粮食7000万斤。省委书记处书记赵紫阳向省委报告说:雷南县的经验证明,目前农村有大量粮食,粮食紧张完全是假象,是生产队和分队进行瞒产私分造成的。广东省委将赵紫阳的报告批转全省,拟推广这种做法,同时上报中央。毛泽东是否认为找到了答案,暂且不论,他当即以"中央批转一个重要文件"为题,转发了广东省委的报告。其时,在其他地区,也把反对本位主义,反对瞒产私分作为完成国家粮食征购外调任务的手段。瞒产私分现象的存在,无疑是阻碍粮食征购的一个原因,

---

① 中华人民共和国国家农业委员会办公厅编:《农业集体化重要文件汇编(1958—1981)》(下),中共中央党校出版社1981年版,第110—126页。

却不是主要原因。1958年的粮食实际产量和现有存量与高估产、高征购的尖锐矛盾，一直被掩盖着，尚不为高层察觉，甚至为瞒产私分所误导。毛泽东尽管批转了广东省委的报告，毕竟没有就此止步，他要进一步探寻瞒产私分现象背后的原因。

1959年2月23日，毛泽东再次外出，一路上同天津、河北、山东省市委书记谈公社问题。在山东还找县委书记和公社、管理区、生产队长等基层干部谈公社问题，了解到劳动模范吕鸿宾由搞"共产"行不通，回头解决所有制问题的经验，收到很好的效果。2月26日，专列驶往郑州。在同河南省委和几个地委书记谈公社问题的时候，毛泽东把他出京后透过瞒产私分看到的本质问题"农民拼命瞒产是个所有制的问题"提了出来，并作为随后中共中央政治局扩大会议的主题。2月27日至3月5日，毛泽东在自己的专列上主持召开中共中央政治局扩大会议，即第二次郑州会议。这次会议的最大成果，是找出了当前人民公社问题的症结所在，为最终解决危害极大的"共产风"奠定了基础。毛泽东的第一天讲话首先提出问题。他说："我认为人民公社现在有一个矛盾，一个可以说相当严重的矛盾，还没有被许多同志所认识，它的性质还没有被揭露，因而还没有被解决。"他继续说："究竟是什么样的一种矛盾呢？大家看到，目前我们跟农民的关系在一些事情上存在着一种相当紧张的状态，突出的现象是在1958年大丰收以后，粮食、棉花、油料等等农产品的收购至今还有一部分没有完成任务。再则全国，除少数灾区外，几乎普遍地发生瞒产私分，大闹粮食、油料、猪肉、蔬菜'不足'的风潮，其规模之大，较之1953年和1955年那两次粮食风潮都有过之无不及。"接着，他分析说："我认为，我们应当透过这种现象看出问题的本质即主要矛盾在什么地方。这里面有几方面的原因，但是我以为主要的应当从我们对农村人民公社所有制的认识和我们所采取的政策方面去寻找答案。"就是说，"农村人民公社所有制要不要有一个发展过程？是不是公社一成立，马上就有了完全的公社所有制，马上就可以消灭生产队的所有制呢？我这是说的生产队，有些地方是生产大队即管理区，总之大体上相当于原来的农业生产合作社。现在有许多人还不认识公社所有制必须有一个发展过程，在公社内，由队的小集体所有制到社的大集体所有制，需要一个过程，这个过程要有几年时间才能完成。他们误认人民公社一成立，各个生产队的生产资料、人力、产品，就都可以由公社领导机关直接支配。他们误认社会主义为共产主义，误认按劳分配为按需分配，误认集体所有制为全民所有制。他们在许多地方否认价值法则，否认等价交换。因此，他们在公社范围内，实行贫富拉平，平均分配，对生产队的某些财产无代价地上调，银行方面也把许多农村中的贷款一律收回。一平、二调、三收款，引起广大农民的很大恐慌。这是我们目前同农民关系中的一个最根本的问题。"① 他由此得出结论："目前的问题是必须承认这个必不可少的发展过程，而不是什么向农民让步的问题。在没有实现农村的全民所有制以前，农民总还是农民，他们在社会主义的道路上总还有一定的两面性。我们只能一步一步地引导农民脱离较小的集体所有制，通过较大的集体所有制走向全民所有制，而不能要求一下子完成这个过程，正如我们以前只能一步一步地引导农民脱离个体所有制而走向集体所有制一样。"②

他反思："（八届）六中全会决议写明了集体所有制过渡到全民所有制和社会主义过渡到共产主义所必须经过的发展阶段，但是没有写明公社的集体所有制也需要有一个发展过程，这是一个缺点。因为那时我们还不认识这个问题。这样，下面的同志也就把公社、生产大队、生产队三级所有制之间的区别模糊了，实际上否认了目前还存在于公社中并且具有极大重要性的生产队（或者生产大队，大体上相当于原来的高级社）的所有制，而这就不可避免地要引起广大农民的坚决抵抗。从1958年秋收以后全国性的粮食、油料、猪肉、蔬菜'不足'的风潮，就是这种反抗的一个集中表现。一方面，中央、省、地、县、社五级（如果加上管理区就是六级）党委大批评生产队、生产小队的本位主义，瞒产私分；另一方面，生产队、生产小队却几乎普遍地瞒产私分，甚至深藏密窖，站岗放哨，以保卫他们的产品。"毛泽东把这种情况称为一股"共产风"。他说："公社在1958年秋季成立之后，刮起了一阵'共产风'。主要内容有三条：一是穷富拉平。二是积累太多，义务劳动太多。三是'共'各种'产'。即是说，在某种范围内，实际上造成了一部分无偿占有别人劳动成果的情况。"他说，对于民族资产阶级的生产资料，我们没有采取无偿剥夺的办法，而是实行赎买政策。"我们对于剥削阶级的政策尚且是如此，那么，我们对于劳动人民的劳动成果，又怎么可以无偿占

---

① 《毛泽东文集》第八卷，人民出版社1999年版，第9—10页。
② 《建国以来毛泽东文稿》第八册，中央文献出版社1993年版，第68页。

有呢?"①

农民问题历来是中国革命和建设中的一个根本问题。解决好农民问题的首要关键,在于正确分析和认识中国农民。曾经有一个时期,有人对于中国农民走社会主义道路的积极性估计不足,对他们在社会主义建设中的伟大作用缺乏应有的认识。人民公社化运动中的"共产风",说明对农民的认识又出现另一种偏向,把农民与工人等量齐观,甚至认为超过了工人,有意无意地否认他们在社会主义道路上总还有一定的两面性,因而前进过快,急于搞全民所有制,想很快跨进共产主义的门槛,更不承认从小集体到大集体也需要有一个过程。从对农民的正确分析入手,毛泽东认为,当前首先应该纠正平均主义和过分集中的倾向,而不是什么本位主义的问题。在这个问题上,毛泽东说他自己也有一个认识过程。他说:"我在出北京以前,也赞成反本位主义,但我走了三个省就基本上不赞成反本位主义了。不是本位主义,而是他维护正当权利。产品是他生产的,是他所有,他是以瞒产私分的方式来抵抗你。"②

毛泽东没有料到的是,由于缺乏思想准备,不少人一时转不过弯来,会期不得不延长,会议规模也有所扩大,周恩来、陈云、陈毅、彭德怀、李富春、薄一波等也赶来参加会议。他在3月1日写给刘少奇、邓小平等人的信里说,一些同志对我讲的一套道理,似乎颇有些不通,但是我觉得我的观察和根本思想是不错的,但是还不完善。我的这一套思想,是1月、2月两个月内逐步形成的。3月2日,他又给刘少奇、邓小平等人写了一封信,信里说:"已是3月了,春耕在即,这个大问题不在3月上半月解决,将遇到大损失,我担心苏联合作化时期大破坏现象可能在我国到来。我国过去几年合作化讲步骤,无破坏。这次公社化,仍然必需讲步骤,避免破坏。"第二封信发出不到四个小时,他又给刘少奇和邓小平等写信说:"我已请恩来、陈云、德怀、富春、一波、肖华、定一、康生等九同志于今日到此,到即参加你们今日下午和晚上的会议,共同审定我的讲话稿和你们议定的十二句话(后根据毛泽东的意见增补为后面的十四

---

① 《建国以来毛泽东文稿》第八册,中央文献出版社1993年版,第69—72页。
② 第二次郑州会议记录,中共中央文献研究室编:《毛泽东年谱(1949—1976)》第三卷,中央文献出版社2013年版,第608页。

句话——引者注），以昭慎重。"① 两天三封信，足见毛泽东对这一问题的重视，也可见他此时的急切心情。从会议第一天到最后一天，毛泽东接连讲话，反复强调正视并且解决生产队所有制问题的极端重要性和迫切性。他说，"基础是生产队，你不从这一点说，什么拉平，什么过分集中，就没有理论基础了。得承认队是基础，跟它做买卖。它的东西，你不能说是你的，同它是买卖关系。""六中全会到现在，两个半月，根本没有实行。人民公社决议没有阻止一平、二调、三收款这股风。开头我放炮，一定要那样做，要紧张一天半，不然扳不过来。原先心里想共产多了，想个人少了，就是这个弯子。要去掉本位主义的帽子，要恢复农民的名誉。现在我们是取消本位主义的帽子，反对平均主义思想、过分集中思想。这两个东西是很冒险的，它的性质是冒险主义。"他在这里，一方面给农民摘本位主义的帽子。另一方面做自我批评，为下面承担责任。他断然说："瞒产私分不是本位主义，瞒产私分极其正确，那股风一来，他幸得瞒产。我的思想就不明确。主要责任中央担，没有说清楚这个事，以为一篇决议就可以解决了。"②

经毛泽东一番分析，一些同志如梦方醒。湖北省委第一书记王任重在他的日记里说："28日下午到了郑州，晚上主席找我们七个人去谈话，柯庆施、陶铸、曾希圣、江渭清、周小舟和我，还有李井泉。主席的谈话像丢了一个炸弹，使人一惊，思想一时转不过弯来。一日上午继续开会，由小平同志主持讨论。看来大家还有相当大的抵触情绪，怕变来变去影响生产。当天下午主席又找大家一起去谈，从下午四时谈到晚上九点多钟。就在这一天的午饭后，我睡了一觉起来，思想就开朗了，觉悟到主席抓住了根本问题、关键问题，而我们是直线，抓的是枝节问题，是改良主义的修修补补的办法，不能彻底解决问题。""这次主席谈话，我们几个人跟他唱反调，再一次证明我们自己的思想水平低，相差太远。""二号晚上主席又找大家去，当面宣布几项结论，征求大家意见。大家都同意了，是真同意了。他为了察言观色，让我们坐在他的对面。在这两天主席写了三封

---

① 毛泽东：《郑州会议期间给刘少奇、邓小平等的三封信》（1959年3月1日、2日），《建国以来毛泽东文稿》第八册，中央文献出版社1993年版，第84—89页。

② 第二次郑州会议记录；参见中共中央文献研究室编《毛泽东年谱（1949—1976）》第三卷，中央文献出版社2013年版，第613—614页。

信，申诉了他的主张，要各省开六级干部大会，看来主席抓得很紧。"①王任重的话，反映了一些人的转变过程。

3月5日的会议是最后一天的会议，又有一部分省市自治区的负责人赶来参加。毛泽东在这一天的会议上发表长篇讲话。毛泽东甚至说："什么瞒产私分，完全必要，这是我们的政策造成的结果。明明是我们以及在座诸公叫他们瞒产私分的，是我们的政策要他们这么搞，叫他们磨洋工，叫他们外逃。我现在代表五亿农民和一千多万基层干部说话，搞'右倾机会主义'，坚持'右倾机会主义'，非贯彻不可。你们如果不一齐同我'右倾'，那么我一个人'右倾'到底、一直到开除党籍。"② 语气的严厉，尖锐，看似极端。这是他在不寻常情况下，为扭转局势惯常有的一种工作方法。毛泽东驾驭复杂局势的能力，化险为夷的智慧，往往同他特立独行的做事风格相联系。20世纪60年代中期陈毅在外交部的一次讲话，讲到毛泽东的工作风格，曾以"文王一怒而安天下"做比喻。薄一波晚年回顾往事，也无限感慨"毛主席抓工作不容易走过场"。他在回忆第二次郑州会议的时候说："我们都钦佩毛主席驾驭全局的本领。""他看问题总是比我们站得高，看得深，一旦了解了真实情况，就毫不犹豫地果断决策，工作效率之高，行动之快，在党内是无与伦比的。如果不是毛主席从纷繁的事物中，找出人民公社问题的症结所在，我们的事业就可能被'共产风'所葬送。"③

毛泽东继续说："人家都没有饭吃，你天天搞共产主义，向富队去共产，这怎么行？这是抢产主义。无偿占有别人劳动，是不许可的。至于一平、二调、三收款，根本就是否定价值法则，否定等价交换。这是个大事，民心不安，会影响军心的。国家收购是等价交换，国家付了钱的，但是公社拦腰抢劫。整社整了三个月（12月、1月、2月），隔靴搔痒，没有落到痛痒之处。我看，首先要下楼的是我们，从中央到公社，要搞个楼梯，这个楼梯就是要解决所有制问题。""谢谢五亿农民瞒产私分，坚决抵抗，就是这些事情推动了我，我就想一想。现在问题是在县和公社，特

---

① 王任重日记，1959年3月4日。转引自中共中央文献研究室编《毛泽东传（1949—1976）》（下），中央文献出版社2003年版，第921页。
② 中共中央文献研究室编：《毛泽东年谱（1949—1976）》第三卷，中央文献出版社2013年版，第622页。
③ 薄一波：《若干重大决策与事件的回顾》下卷，人民出版社1997年版，第850页。

别是公社这一级，要使他们懂得价值法则、等价交换，这是个客观规律，违反它，要碰得头破血流。"会后，毛泽东同一些省委第一书记交谈时说："六中全会决议就是缺三级管理、队为基础这一部分。没有说公社内社与队、队与队也要实行等价交换，这是一个缺点。这个责任我得负起来。原先这个稿子说了，我本人就没有搞清楚，有责任。这是个认识问题，一步一步深入，发现矛盾，分析矛盾，揭露矛盾，才能解决矛盾。"①

症结找到了，也就找到了解决问题的办法。第二次郑州会议根据毛泽东的意见，规定了整顿和建设人民公社的方针，这就是："统一领导，队为基础；分级管理，权力下放；三级核算，各计盈亏；分配计划，由社决定；适当积累，合理调剂；物资劳动，等价交换；按劳分配，承认差别。"② 这是第二次郑州会议的最大成果，为根本解决"共产风"提供了理论支持。

与第二次郑州会议同步召开的河南省六级干部会议，听到传达的毛泽东讲话，反响强烈。许昌地区与会者反映："主席看透了农村情况，看透了农民的心。我们成天在农村，看不见问题的实质。"各省、市、自治区也都迅速召开五级或六级干部大会，一竿子插到底，传达贯彻第二次郑州会议精神。毛泽东密切关注出现的新情况和新问题，采取"党内通讯"和批转典型材料的方式，及时给予指导，或同各地沟通，征求意见。其中，有三项重要政策性问题：（1）基本核算单位放在大队还是队？他倾向放在队（相当于原高级农业生产合作社，下同）一级。（2）旧账要不要算？他主张算。他说，算账才能实现那个客观存在的价值法则。（3）小队要不要有部分所有制？这是王任重和陶鲁笳提出来的，他认为有理，值得讨论。此后，又经过3月底到4月初中央政治局上海扩大会议讨论，正式规定人民公社以生产队为基本核算单位；生产队下面的生产小队作为包产单位，应当有部分的所有制和一定的管理权限。③ 至此，人民公社体制

---

① 中共中央文献研究室编：《毛泽东年谱（1949—1976）》第三卷，中央文献出版社2013年版，第622、623页。以上毛泽东引语，未注明出处的均见第二次郑州会议记录。
② 《郑州会议纪要》（1959年3月5日），《建国以来毛泽东文稿》第八册，中央文献出版社1993年版，第14页。
③ 《关于人民公社的十八个问题》，中华人民共和国国家农业委员会办公厅编：《农业集体化重要文件汇编（1958—1981）》（下），中共中央党校出版社1981年版，第189—191页。

的调整暂时告一段落，前进过快的原来意义上的"一大二公"体制被部分否定。从后来的发展看，明显留下一个矛盾，这就是生产小队作为包产单位却不是基本核算单位，生产与分配脱节；公共食堂等问题也没有解决。但总的情况可以说，公社化运动以来农村所有制变革过快过急的问题，大的调整已接近到位。经济困难时期，农村情况的好转比一般预计的要快，与此有关。

第四节　降低过高指标压缩过急任务

生产建设指标过高，布置任务过多、过急，是1958年各方面过度紧张的主要原因。然而，解决这一问题，却不简单。首先，认识并不一致。其次，也还有些因素不能不考虑。例如，包括较早意识到需要解决这一问题的毛泽东，在压缩过程中，也为保护群众积极性的问题所纠结。所以，第一次郑州会议没有着重解决这方面的问题。到11月21—27日的武昌会议，始列为重要议题。在第一天的会议上，毛泽东在讲到减少任务的问题时，针对一些人主张继续多搞，质疑说："水利建设，还有别的任务，实在压得透不过气，压得太重，恐怕也需要考虑一下。谭震林、廖鲁言同志搞的那个文件，要求全国今冬明春和明年夏天水利工程要搞一千九百亿土石方，还说一定不可少。去年冬季到今年秋季是搞了五百五十亿土石方，一千九百亿土石方比五百亿土石方要多差不多三倍。我看这样搞下来，中国人非死一半不可，不死一半也要死三分之一，不死三分之一也要死十分之一，中国五亿农民，十分之一就是五千万人。如果死了五千万人，那个时候至少我的职要撤掉，你们的职都可以不撤，那不是撤职问题，我这个头也没有了。你（指曾希圣——引者注）是想搞多的，你搞多也可以，总是不要死人，以不死人为原则。一千九百亿土石方总是多了，请你们议一议。你们如果一定要搞，那也没有办法，不能杀我的头就是了。我看，明年水利工程照五百亿土石方，一点也不翻。今年是五百亿，明年是五百亿，后年是五百亿，你搞它十年，不就五千亿了吗？我说留一点给我们的儿子去搞也可以，何必我们统统搞光！比如钢三千万吨，究竟要不要那么多？能不能搞那么多？现在才搞到八百万吨（不包括土钢——引者注），就是六千万人上阵，明年三千万吨钢，要多少人上阵？是不是定三千万吨，值得考虑。这三千万吨，还联系到焦炭、煤、运输等,请你们议一议。此外,还有其他各种任务,煤、电、油、运输、化工、森林、建筑材料、纺织、造纸。我们在这一次唱个低调,把脑筋压缩一下,把空气变成固体空气。先搞少一点,如果行有余力,情况顺利,再加一点。胡琴的弦不要拉得太紧,搞得太紧了,就有断弦的危险。还有,农业的任务是搞多少,还是要议一下,总是要有实际可能。"他告诫说:"可能性有两种,一种是现实的可能性,一种是非现实的可能性。能够转化为现实的那种可能性,就是现实的可能性。所谓非现实的可能性,就是空的。"①

关于1959年钢的指标究竟多少为好?毛泽东同李富春、王鹤寿、赵尔陆和薄一波多次讨论。李富春说,有同志主张定3000万吨,多了,我看2500万吨是可能的。赵尔陆说,我看1600万吨就不少了。薄一波也不赞成1959年像1958年这样搞法。他说:今年6000万人搞出来的铁大概是1100万吨。好铁,能够用的,280万吨。今年试一下有好处,明年这么搞,显然是不行的。各方面的矛盾太突出了,棉花也不能收了,吃的也不能运了,出口的东西也不能集中了,什么东西都供不上。钢,北戴河向主席保证的1100万吨,现在从数量上来讲,还是可以达到,甚至可以超过,但是从质量上讲,合格的,把造机械的铸钢,把地方上的好钢加上,我估算是850万吨。还有250万吨土钢,轧不成所需要的材料。假使明年搞到3000万吨,那是相当紧的。毛泽东说:"所以,要总结经验。六千万人上阵,天翻地覆。鼓足干劲,大家高潮,那很好,这是一个侧面;第二个侧面,人数这么多,要六千万人,总不妙吧。你搞这么一点铁,这么一点钢,要六千万人,我们中国有几个六千万人?这是一。第二,土铁土钢里头只有四成好的。当然这是可以改进的。"考虑到这些因素,毛泽东又找大区及中央几位同志研究。不仅北戴河建议指标3000万吨达不到,即使1800万吨根据也不足。由于一些人不赞成压得太多,最后决定搞两本账:第一本账是1800万吨,第二本账是翻一番,2200万吨。从内心说,毛泽东并不认为钢铁生产指标已经落到了实处。他说:"没有把握,我看还要缩小,搞一千五。"

在这次会议上,毛泽东还提出把作假问题专门作为一条,写到会议决

---

① 中共中央文献研究室编:《毛泽东年谱(1949—1976)》第三卷,中央文献出版社2013年版,第522页。

议里去。他说："现在横直要放'卫星'，要名誉，就造假。""严重的问题是，不仅下面作假，而且我们相信，从中央、省、地到县都相信，主要是前三级相信，这就危险。如果样样都不相信，那就变成机会主义了。群众确实做出了成绩，为什么要抹煞群众的成绩，但相信作假也要犯错误。比如一千一百万吨钢，你说一万吨也没有，那当然不对了，但是真有那么多吗？又比如粮食，究竟有多少，去年三千七百亿斤，今年先说九千亿斤，后来又压到七千五百亿斤到八千亿斤，这是否靠得住？我看七千五百亿斤翻了一番，那就了不起。""希望中央、省、地都懂得这个问题，有个清醒的头脑，打个折扣。三七开，十分中打个三分假，可不可？这样是否对成绩估计不足，对干部、群众不信任？要有一部分不信任，要估计到至少不少于一成的假，有的是百分之百的假。"但是，对于绝大多数犯错误的干部，毛泽东主张采取不处罚的方针，叫他们做些自我批评就够了；对极少数严重违法乱纪的干部，则要加以轻重不同的处罚；对谎报也是如此，百分之九十以上说服，极少数分别处罚。"总之，处罚的极少，教育的极多，就能保护广大干部的劳动热情。"①

同年11月28日至12月10日，中共八届六中全会最后通过的《关于1959年国民经济计划的决议》，初步总结正反两方面的经验，对1959年国民经济计划主要指标进行了调整。粮、棉继续维持10500亿斤和10000万担不变，钢产量由2700万—3000万吨降为1800万—2000万吨；原煤由3.7亿吨提高到3.8亿吨。基本建设投资总额由500亿元降为360亿元。"决议"指出，在1958年国民经济的发展中，存在着某种程度的比例失调的现象，1959年在抓紧钢铁生产的同时，必须照顾到其他的方面，纲目之间适当安排；在农业生产方面，在粮食作物和经济作物之间，在农业和农村工业、林业、牧业、副业、渔业之间，也必须注意适当安排，以便加强油料作物、副食品生产和其他薄弱环节，并且使农村的人民公社通过商品交换得到适当的现金收入。"决议"要求既要热又要冷，把冲天干劲和科学精神结合起来。要继续反对保守，破除迷信，提倡敢想敢说敢做，鼓足干劲，力争上游，在战略上貌视困难，同时又要在战术上重视困难，提倡实干苦干巧干，发扬"十分指标，十二分措施"的精神，反对浮夸，反对借口破除迷信而否认科学，反对谎报成绩，隐瞒缺点，经济工

---

① 《建国以来毛泽东文稿》第七册，中央文献出版社1992年版，第636页。

作一定要愈做愈细致，一定要尽可能接近或者符合实际。可以看出，"决议"体现了纠"左"的精神，但重要指标并没有调整到位。在胡乔木起草会议公报的过程中，陈云认为四大指标还高，以不公布为好。胡未接受，也没有向毛泽东反映。后因此受到批评。

1958 年最后几个月大炼钢铁的结果，积累的问题越来越尖锐地暴露出来。城市副食品和日用消费品的供应日趋紧张，党外一部分群众特别是在民主党派和高级知识分子中有一些怪话，党内也有一些议论。毛泽东建议召开各省市自治区党委第一书记会议，进一步研究 1959 年国民经济计划与市场安排问题。1959 年 1 月 18 日，毛泽东就有关经济问题和工业问题找陈云、彭德怀、李富春、李先念、谭震林、薄一波等人座谈，做些准备工作。之前，陈云曾应周恩来和邓小平的要求了解钢铁生产情况，算过细账，深信 1959 年要搞一千八百万吨好钢仍有困难，就讲了他的看法，说一千八百万吨好钢的计划能不能完成，恐怕有点问题。毛泽东说，那拉倒，甚至于这个总路线究竟正确不正确，我还得观察。陈云因此误会了毛泽东要他在省市委书记会议上也讲一讲的意图，此后讲话时反做了一番自我批评。

进一步压低计划指标，面临的一个突出问题是，会不会助长怀疑和否定"大跃进"的思潮，泄了干部和群众的气？从纠"左"以来的情况看，解决这一问题同纠正"共产风"、调整人民公社体制不同。处理后者雷厉风行，不容拖延，以免铸成大错。而压缩空气，调整指标，则是小步走。一面调、一面打招呼，尽可能避免挫折干部和群众的积极性，在肯定"大跃进"的前提下解决问题。

同年 1 月 26 日至 2 月 2 日，各省市自治区党委第一书记会议在北京举行。1 月 26 日下午，邓小平首先作报告。他讲的第一个问题是，坚决保证武昌会议决定的四个指标，即两千万吨钢，三亿八千万吨煤，一万零五百亿斤粮食，一亿担棉花，这是一个纲。今年的计划也是在肯定这四个主要指标的前提下来调整和制定的。他说："武昌会议时许多指标是按三千万吨钢安排的，现在按两千万吨钢安排，很多指标可以调整下来。降低指标是要有决心的。无论基本建设、生产，凡是不急切的，或者影响不大的，坚决压下来，坚决不搞。工业、农业、商业，各方面都有这个问题。还是这句话：轻重缓急要排队。"在谈到完成 1959 年国民经济计划的基本方针时，他指出："一切问题的关键是要贯彻一盘棋的方针。所谓一盘棋，就是全国要统一安排基建，统一安排主要产品的生产，统一安排原材料和两大部类（一个生产，一个生活）的主要物质分配。除统一安排外，还有个'让路'问题，这也是个大局和局部的关系问题。今年的计划要尽可能做到按比例发展，但是一切都面面照顾到，一万个行业都照顾到，每一种都不缺，办不到，不可能。还会有缺门，还会有些东西不足，还得有意识丢掉一些次要的，才能保证主要的。要让有条件的地方先上去，其他地方要让一点路。"在谈到基本建设时，他指出："各省市大体上有四百多项没有列入现在的计划，要下马。但是现在的计划还是一个了不起的非常宏伟的大跃进计划，四百多项的下马是为了多快好省的下马，是为了搞得更快。"在谈到工业生产时，指出："当生产和基建发生矛盾时，应该首先保证生产。切不可将分配到生产的原材料转用到基本建设上去。生产本身也要排队，要狠抓薄弱环节。工矿企业要加强经营管理、经济核算和责任制。规章制度只能废除那些必须废除的，不能统统否定，有的废除了之后要新建，没有规章制度不行。大生产应着眼搞技术革命，不是搞人海战术。劳动力安排要适当，要把劳动力放到收益大、见效快的地方。"在谈到人民公社时指出："公社的关键还在于生产，就是多种经营，增加收入。生产搞好，收入增加了，就稳如泰山。公社的财务管理和经济核算要加强，要有点制度。"在谈到宣传问题时指出："宣传要鼓干劲，但要实事求是，力戒浮夸。去年在宣传方面确实有不实事求是的浮夸现象。"[1]邓小平讲话中间，毛泽东不时插话。在邓小平讲到搞高潮的一套办法要捡起来，搞得轰轰烈烈，不要太冷，要热时，毛泽东说："郑州会议以后就压缩空气，到现在压了两个月了，我看再也不能压了。当然，有缺点还是要批评，那种批评也不能叫做压，因为他有那个缺点，但根本上现在要鼓气。"当邓小平讲到目前有松劲现象时，毛泽东又说："各省究竟有多少松劲现象？我问了很多人，他们都说没有松劲。究竟松了劲没有？恐怕是有很少数的。压缩空气，许多人不敢动笔了。要重新鼓起气来，要善于写报告，善于写社论。去年元旦有一篇好社论，叫《乘风破浪》。今年元旦的社论没有劲。"在邓小平讲到整社当中干部一个时候头低一下是个必经过程时，毛泽东说："12月、1月，头低那么两个月，2月就要抬头了，2

---

[1] 中共中央文献研究室编：《邓小平年谱（1904—1974）》（下），中央文献出版社2009年版，第1485—1486页。

月还不抬头,这一年就完了。"在邓小平讲到去年在宣传方面确实有不实事求是的浮夸现象时,毛泽东说:"把那一部分去掉,那个热保存下来,恢复起来。现在报纸不那么热了。要成版搞一个问题,搞那么几天,就搞起来了。"①

2月1日下午,毛泽东讲话。他说,对大跃进有些怀疑,这种情况年年会有的。我们做这么大的事情,动员这么多人,又出了这么多缺点,要人家不讲坏话,怎么行呢?现在外国人讲坏话,第一个是杜勒斯。此外还有好心人的怀疑,我们都要加以分析,都应加以注意。我们这么一个国家,这么多人口,资源也相当丰富,又鉴于苏联的经验,似乎可以搞大跃进。总而言之,我是倾向于可以跃进,或者可以加一个"大"字。关于生产指标的问题,他说:四大指标要保证,其他指标都要保证,个别的加以调整是必要的。指标问题,原则上是这样:经过努力能够做到的,一定要做到;经过努力还做不到,那得改。现在有些失调的方面,经过努力可以改过来。现在看起来,经过去年这一年,已经展开了一个大跃进的局面。我们曾经提过一些不适当的指标,包括我自己在内。这在武昌会议上已经纠正了,就是由三千万吨钢减为二千万吨。还有些指标也定得不适当,脑筋发起热来,想得很多,里头有一些胡思乱想。现在定下来的指标并不十分吓人,要吓人也是九分吓人,不是那么厉害。钢、煤、粮、棉,还有其他的指标,经过努力是可以实现的。请同志们注意发现新问题。现在我们不知道的问题,在实践中、在斗争中才能发现。向地球开战这件事,问题还多得很。这天下午,陈云也讲了话。他表示同意力争保证钢铁、煤炭、粮食、棉花四大指标的完成。肯定去年不论农业、工业和其他方面都是空前的大跃进。目前出现的一些缺点很快就会克服。接着检讨了对两千万吨钢的计划指标曾有过的怀疑,说现在解决了。② 北京会议就此打住,继续维持武昌会议的指标,没有再做进一步调整。事后,毛泽东惋惜失掉了一次纠正高指标的机会。庐山会议前期,毛泽东几次说,今年一月开政治局会议(即北京会议),关于钢的指标,陈云讲两千万吨不易完成,我和他的意见本来一致,不知为什么他后来要检讨。有人分析,这是

---

① 邓小平在北京会议作报告时毛泽东的插话,1959年1月26日北京会议记录。
② 北京会议记录(1959年2月1日);参见薄一波《若干重大决策与事件的回顾(修订本)》下卷,人民出版社1997年版,第855页。

由于"陈云那时还不摸底,以为毛主席要他检讨"。①

2月2日,与会省市区党委第一书记即将离京,毛泽东当日清晨六时给他们写了一封"倚枕书",说昨天讲了一些观点,含义未申,不深不畅,心里过不去,老是想,不能入睡。我现在睡(毛泽东从延安时期养成夜间工作,白天睡觉的习惯,此时尚未入睡),下午三、四、五时开会。有几个深切的辩证法问题要谈,与总路线、"大跃进"有大关系。请你们上午吹一吹当前实际问题的辩证法,打点底子。② 下午,毛泽东讲话。他说,所谓工作方法,看问题的方法,做事的方法,就是辩证法。在这次会上,李富春同志讲了个辩证法,他说,不能单讲经济规律,按比例有计划地发展,还要搞个主观能动性。还有许多同志提到,现在有些人,一讲起去年的缺点,尽是缺点了,脑筋里头记了几十条或者更多的缺点这方面的材料,而优点、成绩那方面的材料就记得少了,甚至没有了,就否认大跃进了。这也是个看问题的方法问题,就是所谓九个指头一个指头的问题,形而上学的方法还是辩证的方法问题。我们在南宁讲了九个指头和一个指头的区别。讲这个问题,就是要保护干部和群众的劳动积极性。这种经也得念一下,可能年年要念。他说,一大堆东西来了,尽是不快的材料,特别是看新华社的《内部参考》(主要反映缺点和问题的一种内部资料——引者注),它的方法,就是孤立地、片面地看问题。而我们的事业,归根到底,还是一个指头九个指头的关系。不过,想做好事,不想做坏事,这是一件事,而做的结果又是一件事,还要加以区别。我们主观的东西究竟是好还是坏,要在客观实际中见效。

毛泽东说:"还有两个问题想说一下:(一)现在有些人批评我们,说是没有大跃进,讲得一塌糊涂。这一点就必须要警惕。在整社过程中间,检查工作过程中间,一定要让群众把缺点说出来,并且首先要自己做点自我批评,立刻改正。但是一定要把那个缺点错误说成是十个指头中间的一个指头的程度,或者两个指头,或者三个指头。对干部,除了极少数之外,一定要做出恰当的结论,要保护积极性,不然工作就难做。民愤很

---

① 薄一波:《若干重大决策与事件的回顾(修订本)》下卷,人民出版社1997年版,第855页。

② 参见中共中央文献研究室编《毛泽东年谱(1949—1976)》第三卷,中央文献出版社2013年版,第581页。

大的人，不加以处罚是不行的，但是除此之外的百分之九十五以上的干部，要坚决保护。（二）关于有计划按比例发展的问题，我们现在是不甚了解，要研究。李富春同志提出主观计划合乎客观规律的问题，我想是不是不讲成两件事，是两件事的对立统一。主观能动性有两种，一种是主观主义的，一种是合乎实际的，要区别这两种情况。我们经常做事，要符合实际，不符合实际，脱离客观规律（自然界的规律，社会的规律），就要受挫折，要失败。现在没有蔬菜吃，副食品、日用百货、肥皂，什么东西都缺，在这一部分问题上，我们脱离了客观规律。从 1956 年开始，我们找了几个相互关系（十大关系），提出了多快好省的口号。去年成都会议加了鼓足干劲、力争上游这两句。鼓足干劲，力争上游，是主观能动性；多快好省就是搞物质工作、经济运动，要多、要快、要好、要省。当然，我们犯了一些错误。对于经济建设我们还是小孩，应该承认这一点。向地球作战，向自然界开战，这个战略战术我们就是不懂，就是不会。在实践中间展开斗争，才认识什么叫做有计划按比例。我们在 1958 年找到了道路。1958 年的大跃进基本上是适合的，这是正面的，但要说明有这么几点：劳动力浪费；副食品、多种经营、轻工业、运输业，有些是没有注意，有些是注意不够，以致引起供应不足或者失调；基本建设上马过多了一点。这些东西应该引为教训。可能我们在武昌所定的四大指标及现在规定的各项指标，是基本适合的。但是，我们定的这些指标也可能不完全适合。经过努力，硬是做不到，你有什么办法？不论我们定的这些指标，这些主观愿望，这些计划适合不适合，对于我们都是从实践中找经验，从没有完成这方面得到经验教训。明年再搞一年，苦战三年，我们的经验就多了，矛盾就展开了，就看出问题在什么地方了。关于有计划按比例发展的客观规律，现在我们开始接触这个问题，请大家研究。"[1] 以上引述，多少有助于了解纠"左"是在怎样的情景下进行，又怎样悉心安排力避"按下葫芦又起瓢"的情况。毛泽东要陈云讲话，陈云忽然做一番检讨，阴差阳错也可能由此而来。

1959 年《人民日报》元旦社论《迎接新的更伟大的胜利》，虽未如毛泽东所愿，依旧高举多快好省的旗帜，号召继续跃进。中共中央和国务

---

[1] 毛泽东讲话记录（1959 年 2 月 2 日），中共中央文献研究室编：《毛泽东年谱（1949—1976）》第三卷，中央文献出版社 2013 年版，第 582—584 页。

院1月2日决定,给所有国营单位职工发一次1958年跃进奖金,借以激励大家的积极性。这是1958年倡导的以精神鼓励为主,并与适当物质鼓励相结合的奖励形式的大范围实践。然而,工业战线却不见起色,许多企业生产反而下降。18个重点钢铁企业,1958年12月日产钢4万吨,1959年一季度计划日产3万吨,1月上旬实际日产仅为2.15万吨,中旬为2.2万吨,下旬为2.4万吨。一季度合计生产248万吨,按年计划1800万吨好钢计算,欠产将近一半。煤炭日产水平和铁路日均装车也有所下降。产品质量、原材料消耗和安全生产情况也不够好。例如,钢铁比1957年为1:1.11,1958年为1:1.13,1959年1—4月下降为1:1.82。钢与钢材比1957年为1:0.82,1958年为1:0.86,1959年1—4月为1:0.67。棉布一级品率由原来的60%降低到30%。

3月25日至4月5日,毛泽东又在上海主持召开政治局扩大会议(即上海会议)和八届七中全会,进一步压缩钢铁生产指标和建设规模的问题,被突出地提上日程。在3月26日下午的上海会议上,薄一波汇报一季度工业计划执行情况和二季度安排。他讲到安排的轧钢机许多配不起套,基本建设项目由于原材料和设备供应紧张等原因问题比较多。这时,毛泽东插话狠批评了一番。他说:"搞了十年工业,积累了十年经验,还不晓得一套一套要抓?安排了九十八套轧钢机,结果只搞了十六套,还有一部分配不齐全,这是什么人办工业?是大少爷。不是有十年经验了吗?走群众路线讲了一万年了,为什么不交给群众讨论?你们喜欢开工业书记、工厂党委书记会,不找车间支部书记,你就没有对立面。尽相信这一套人,等于只相信县委同公社党委书记一样。要让车间主任、支部书记或小组长、积极分子到会。走群众路线,交群众讨论,哪一年可以实行?是不是经过这一次会议可以实行?从前我们讲轻重缓急要排队。现在你们搞出一个重重急急要排队。这个分析好,这算得了一点经验了,对于事物观察得深入一点了。重中有重,急中有急,这好。你们不是说要抓得紧、抓得狠吗?你们就不狠。现在工业需要出'秦始皇'。我看你们搞工业的人就是不狠,老是讲仁义道德,结果是一事无成。搞那么多项目干什么?削它五百项,如果不够,再削,削六百项。明年搞个马鞍形好不好?明年索性少搞一点,聚集力量,已备近两年翘起来。何必那么忙,一定要搞一千多项?搞得成我赞成,问题是你搞不成。"他还提出粮食、棉花也要议一下，报纸登了要搞那么多，结果完不成怎么办。① 在这里，毛泽东实际上流露了他一向对经济工作的不满，同时明确地表达出他的波浪式发展的主张：1959年、1960年两年降低指标，调整比例关系，聚集力量，然后再跃进。

3月28日，李先念汇报财贸工作情况和意见，毛泽东又有很多插话。他说："去年是一大教训。同样是大丰收，但只是河南、湖南、黑龙江、吉林、四川、上海市、北京市等少数省市完成了粮食征购任务，其他各省就没有完成。这就是抓得不紧，抓得不及时，这跟中央也有关系。你讲一个时期内解决粮食问题，究竟是一个什么时期内？写十年内好不好？也许不要十年，多打一点。至少十年内不要宣布粮食问题已经解决。我们国家有六亿人口，将来是八亿、九亿人，那么多，我们总是讲粮食问题没有解决，即使解决了也不宣布。这样才保险一点。三顿干饭以后不要提了（指放开肚皮吃饭之类——引者注）。过去的错误不能再犯了。生产队的东西，要一手交钱，一手交货，不准存在银行里头搞非现金结算。你在农村里头搞非现金结算，猪，大白菜，粮食，拿走了，没有钱，一张白条子，那个条子吃不得，穿不得。所以，要在农村废止这个非现金结算制度。要直接和生产队和社员个人打交道，不经过公社，不许可拦截。"讲到"国内市场为主，国外市场为辅"，毛泽东说："这个口号好是好，但有一个缺点。我看应该加一句：但是国外市场极为重要，不可轻视，不能放松。辅是辅，但是非常重要。目前是战略也藐视，战术也藐视，一概都藐视，完全不在乎。好，粮食就收不起来。目前要强调在战术上重视困难这句话，要改变现在在战术上、在具体问题上漫不经心，不认真，不切实，你推我，我推你的情况。"他还说："增产节约今年还要搞，要紧缩一下。过去不是通胀，而是脑筋膨胀，事业膨胀。到处叫全民办工业，这个话讲得太大了。全民办农业我看还有点意思，五亿多农民在那里办农业。"在这里，毛泽东尖锐批评了把关不严，招工又一次失控的情况。他说："去年一年搞大跃进，增加多少工人，两千零八十万。这是个特殊现象。就照这样下去不得了。一年增两千万，十年增两万万，全世界没有这样一个国家。美国一亿七千万人，六千万人就业。农业有几百万，城市里的工业，包括广播、报纸，艾森豪威尔这样的行政人员，夯不狼帮都在

---

① 参见中共中央文献研究室编《毛泽东年谱（1949—1976）》第三卷，中央文献出版社2013年版，第646—647页。

内，只有六千万人。照我们这样搞不得了！一个人的事可能是七八个人做，横直有四十元，少的也有二三十元，徒工是十八元，一年二百一十六元，他不来？加上我们去年几个月横直在乡下吃饭不要钱，他就老弱在乡下吃饭，壮丁在城里赚钱（笑），来了一个人口大流动，这不行，要减，要减一些回去。"①

从毛泽东这一天的插话里，可以悟出一个道理，那就是讲领导艺术、领导科学，不宜绝对化、片面化地看待"举重若轻"与"举轻若重"的高下优劣，尤其决策之后，执行环节也"举重若轻"，未必都是好事。无怪乎七届三中全会期间，周恩来在一次谈到邓小平与刘伯承的行事风格时，说了这样一段话。他说："据我多年观察，他们两人的工作方法各有特色，小平同志是'举重若轻'，伯承同志则是'举轻若重'。从愿望上说，我更欣赏小平同志的'举重若轻'，但我这个人做不到这一点。我同伯承同志一样，在工作上常常是'举轻若重'。这也许是同我长期负责具体的执行工作有关。"②

1959年4月2日至5日，举行中共八届七中全会，根据毛泽东的意见，对主要经济指标做了调整。钢由2000万吨降到1800万吨，其中好钢1650万吨；原煤3.8亿吨。粮、棉指标（10500亿斤和10000万担）不变，其他几种主要农产品指标有所降低。基本建设投资由360亿元调减为260亿—280亿元，限额以上项目由1500个压至1000个左右。工业总产值为1650亿元，同上年相比（下同）增长41%，农业总产值为1220亿元，增长39%。

4月5日上午，毛泽东讲话，专门讲工作方法问题，包括多谋善断，留有余地，破浪式前进，依照形势改变计划，善于观察形势，当机立断，与人通气，解除封锁，一个人有时胜过多数人等十几个问题。在这次讲话中，毛泽东特别表扬了陈云。他说，"1月上旬（应为1月18日——引者注）我召集的那个小会，陈云同志讲了他估计今年完不成计划（指1800万吨钢的生产指标——引者注），这种话应该听。那个时候有人说，陈云是右倾机会主义，并非马克思主义，而自己认为是十足的马克思主义。其

---

① 上海中共中央政治局扩大会议记录（1959年3月28日），中共中央文献研究室编：《毛泽东年谱（1949—1976）》第三卷，中央文献出版社2013年版，第650—651页。
② 转引自薄一波《领袖元帅与战友》，中央文献出版社2008年版，第127页。

实陈云的话是很正确的。"他还讲到，从胡乔木那里得知，去年12月起草武昌会议公报，陈云建议粮、棉、钢、煤四大指标暂时不说，看一看，被乔木顶回去了。毛泽东说："这里有两个观点不正确。一个观点，不认识大会有时候就出错误，而大会中间的一个人或者两个人是正确的。第二个观点，是个组织关系，乔木应该向我反映，跟书记处别的同志谈一谈。"讲到依据形势改变计划，在提到了1956年的反冒进时，他说："我只是不同意'反冒进'，同意依据形势改变计划。如1956年八届二中全会我讲过，钱只有这么多，事只能办这么多，不能搞多了，我历来是这种态度，没有变动。我所反对的是公开在群众中间，在报纸上'反冒进'。""（去年）北戴河会议以后，我们的计划工作一直被动，自己毫无主动。武昌会议被迫由三千万吨钢搞成两千万吨。北戴河会议决议是大会通过的，通过之后，我看了一下，我也有责任，我没有提出意见，因为我那个时候也在高潮，越多越好，三千万吨。但到武汉，我就改了，我说不行了。我经过河北，经过河南，特别是经过河南郑州会议，形势不对了，我就提出降低一千万吨，只搞两千万吨，或者还少一点。"[①] 毛泽东这些话表明，根据情况调整计划和某些部署，可以也应当在保护干部和群众积极性的前提下进行，不需要用1956年那样的反冒进的做法。就是说，坚持大跃进的战略方针和局部的策略性收缩可以并行不悖。

关于"权力集中在政治局常委和书记处"的问题，是毛泽东这次讲话的一个重要内容。《邓小平传（1904—1974）》作了如下记述：

毛泽东说："开那么多小组会，今天开了一天会，不是权力集中在我们这里？但是，总要有一个核心，经常注意这个问题，所以我这里除了（讲）权力集中在中央委员会、政治局之外，还要提出集中在常委和书记处。中央主席是我，常委的主席是我，所以我毛遂自荐为元帅。书记处就是邓小平同志。所以就要这样干，不这样不行的。不然封锁问题不得解决。搞了十年，老是封锁，临到四时八节，强迫签字。你先把计划统统搞好了，然后一大本摆在我面前，造成既成事实，看那样子很有道理，我们毫无办法了。要改变这个方法。"他对大家说："毛泽东为元帅，邓小平为副元帅，你们赞不赞成？""如果赞成，就这样办"。"我挂正帅，就是

[①] 毛泽东在中共八届七中全会上的讲话记录（1959年4月5日），参见中共中央文献研究室编《毛泽东年谱（1949—1976）》第四卷，中央文献出版社2013年版，第8—9页。

大元帅,邓小平为副司令、副元帅。我们两个人一正一副。"

接着,毛泽东又向邓小平说:"你挂帅了,一朝权在手,便把令来行,你敢不敢呀?你就是拖拖拉拉,总不敢讲硬话,不过还是相当硬哩!""你是书记处总书记,你也是常委的总书记,你也是政治局的总书记,你也是中央委员会的总书记,但是你也是我的总书记。""订个条约,要一朝权在手,就把令来行。"①

毛泽东在他的讲话里特别申明:"我所有讲的这些,批评的这些,包括我自己在内。""我批评的这些人,以及没有批评的,都是好同志,我没有偏心。但是要批评,批评的目的是使同志们找到一个较好的工作方法。你们的缺点我要批评,我的缺点你们也批评。"②

《邓小平传》编著者认为:"显然,毛泽东是要增强中央政治局常委在领导经济工作方面的权威,同时也是要增强中央书记处特别是邓小平的权威,希望邓小平在经济计划指标调整和人民公社整顿及各方面工作决策中发挥更大的作用。"③

当天下午,邓小平向全会作总结报告。他首先说:"今天上午毛主席做了一个非常重要的讲话。我们建设社会主义,拟定了一条总路线,拟定了五个并举,要实现这个总路线,没有一个正确的方法,是不行的。今天上午毛主席提出这个问题,告诉我们一些方法,我相信,根据这个方法去实现总路线更容易见效,见效得更快,见效得更好。路线解决了,就要不断地总结经验,把我们的方法搞对。所谓方法,就是思想方法,工作方法。我完全同意今天上午毛主席的讲话。"然后,他宣布1959年钢的指标降为内部掌握"洋钢"一千六百五十万吨,其他主要工业产品指标也有不同程度的下调,基本建设项目由一千五百个缩减为一千个左右。他认为,修改后的指标"仍然是一个大跃进的计划"。他说:"1958年大跃进是史无前例的,是勿庸置疑的。我们应当为去年的伟大跃进而十分高兴,我们要为争取今年的继续大跃进而努力奋斗。"④

---

① 毛泽东在中共八届七中全会上的讲话记录(1959年4月5日),转引自中共中央文献研究室编《邓小平传(1904—1974)》(下),中央文献出版社2014年版,第1117—1118页。

② 中共中央文献研究室编:《毛泽东年谱(1949—1976)》第四卷,中央文献出版社2013年版,第10、11页。

③ 中共中央文献研究室编:《邓小平传(1904—1974)》(下),中央文献出版社2014年版,第1118页。

④ 中共八届七中全会记录,1959年4月5日。

八届七中全会后，主管计划工作和工交生产的李富春和薄一波剖析他们的思想说："主席在七中全会上对我们的指示和批评，我们还在进一步思索和检查。我们的心情是沉重中包含着愉快。沉重者是工作没有做好，愉快者是思想比较开动了。这半年来，特别是武昌会议以后，我们的脑子有些僵了，总往好的一面想，在许多问题上摸得不深，材料掌握不确，抓得不狠，少谋无断，以致在计划工作中犯了主观片面的错误。"①

　　此时的毛泽东，对于钢的生产指标是否真的调整到了接近实际的地步，仍存疑问，他委托陈云研究。1959年以来，钢的日产量始终达不到4万吨的计划要求，徘徊在3万吨的水平。钢的生产上不去，钢材分配指标便难以保证。为了把钢产量突击上去，中央书记处4月22日决定：7月15日以前要集中力量打一个钢铁战役。从现在起到5月15日为战役的第一阶段，目标是把日产量搞到4万吨；5月16日到6月15日为第二阶段，目标是把日产量搞到4.5万吨；6月16日到7月15日为第三阶段，目标是把日产量搞到5万吨。按照书记处部署，国家经委、计委与中央工业交通各部门组成四个工作组，分别到东北、华东、华北、华中四个钢铁重点地区协助地方检查督促。实施结果，没有奏效。直到7月份，钢的日产量仍然徘徊在3万吨的水平。

　　陈云受命，就钢的生产指标进行了周密的调查研究。收在《陈云文选》中的《落实钢铁指标问题》一文②，反映了这次调查研究的情况。他认为，钢材生产指标定在900万吨，钢的生产指标为1300万吨，比较适宜。5月15日，他给毛泽东写信，汇报调查情况。他针对冶金部认为钢材数量定为900万吨、钢定为1300万吨会使下面泄气说，"就全局看来，为了安定生产秩序，为了使生产计划不再变动太多，我认为依九百万吨钢材来分配较为可靠"，"说把生产数字定得少一点（实际是可靠数字）会泄气，我看也不见得"。定高了，做不到，反而会泄气。③

　　毛泽东6月12日和6月13日连续两个下午召集会议，6月13日下午参加会议的有中央政治局常委（陈云、邓小平未在）等35人，研究工业、农业和市场问题，解决迟迟未能很好落实的1959年钢铁生产指标问

---

① 李富春、薄一波：《关于今年钢铁生产问题给主席的报告》，1959年4月15日。
② 陈云：《落实钢铁指标问题》（1959年5月11日），《陈云文选（1956—1985）》，人民出版社1986年版，第120—129页。
③ 参见《陈云文选》（1956—1985），人民出版社1986年版，第120—131页。

题。毛泽东说：1959年的计划指标多次开会调整，这次会议还要决定降低指标。因此应当各抒己见，不管过去说过什么大话，都允许翻来覆去。周恩来根据他和几位副总理下去调查的情况，认为陈云建议把钢产量指标降为1300万吨是实事求是的。会议最后决定将1959年钢的生产指标定为1300万吨，钢材为900万吨，其他指标也有不同程度的下调，同时，进一步削减了基本建设项目。经过艰难的工作，高指标总算压了下来，尽管有些拖泥带水。毛泽东说："1956年紧张了，1957年降下来落实是必要的。现在的问题是去年紧张了，今年没有及时降下来。现在的压缩是必需的。"他不无感慨地指出："本来是一些好事，因为一些指标那么一高，每天处于被动。世界上的人，自己不碰钉子，没有经验，总是不转弯。农业究竟增产多少？河北是增产三成，即百分之三十。究竟有没有三成，我还怀疑。假定有三成，只有四千八百亿斤。今年根本不要理那个一万零五百亿斤（原定指标），就是按照去年的实际产量，今年只增一成、二成、三成。听说包产的结果是六千亿斤，但是我看，我们过日子还是放在四千八百亿斤。本来是富日子，也照穷日子过，这样安排好。"毛泽东在这次会议上提出了几个需要着手解决的问题：（1）加强农业机械和化学肥料工业的问题。他提议成立专门机构负责这件事，由总理直接管，或由他来管。（2）公共食堂的问题。粮食给本人，自愿参加，能保持三分之一、四分之一或者五分之一的人就好了。（3）宣传问题上如何转向主动的问题。过去开了那么大的腔，现在要想一个办法转过来。"那么高的指标，吹了，不要了。我们自己立一个菩萨，就在那里迷信这个菩萨。要破除迷信。"他要求，农业以后不要公布产量。工业，明年的指标切记不可高，大体就是今年的指标，低一点也可以。"1956年的错误就是不应该公开反'冒进'，至于把1957年的指标降低，完全正确。因为1957年降低了，1958年才有可能跃进，1957年不降低，1958年不可以跃，因为没有物质基础。"他又一次表示，倾向1960年踏步一年，继续调整。[1]

---

[1] 6月21日，毛泽东离京前往庐山主持中共中央政治局扩大会议，22日途经郑州，在同河南省委负责人谈话中甚至提出，1960年这一年跃进口号是不是可以不提？着重搞品种、规格、质量。他说：数量也是重要的，但着重之点要放在品种和质量，缓过一口气来。过去的雄心太大了，其志可嘉，就是办不到。明年恐怕要来一个"马鞍形"，所谓"马鞍形"，还是要增加，不是不增加。——中共中央文献研究室编：《毛泽东年谱（1949—1976）》第四卷，中央文献出版社2013年版，第76—77页。

在这里，毛泽东在要大家注意研究新情况和新问题的时候，讲到了得与失的辩证关系问题。他说："许多问题是料不到的。虽然出了这么多乱子，最大的成绩是自从去年北戴河会议以来，各级党委注意搞经济了。比如我这个人，在北戴河会议以前，报纸上关于工业的消息我看不进去，党内办工业的文件我被逼看一下，兴趣不大，主要注意力是搞社会关系，什么整风反右那些属于革命方面的人与人的关系的问题，人与自然的关系问题没有注意。现在工业方面的文件、报纸我开始看得进去了。政治局、书记处、省委书记，也是从去年九月起。"他还说："过去就是片面性，只注意高炉、平炉的生产设备能力，煤的账不算，焦炭的账不算，矿石的账不算，容积也不算，运输也不算。真正一算，从前那么高的指标就不行，是一千三百万吨钢，两千万吨铁。"他不无诙谐地说："最大的胜利就是这些失败，就是这些主观主义的教训。"

"最大的胜利就是这些失败"的话，实际上是讲了一个重要的唯物辩证法问题。不能设想，几亿人口国家的发展，工业化的宏大事业，只靠经济部门的少数人。各级党委注意搞经济了，这是很大的成绩。但仅此还不够，他们还需要在实践中取得经验，包括成功的经验和失败的经验，尤其是失败的经验。所以，毛泽东很自然地联想到当年领导秋收起义时的情况。他说："综合平衡这一套我们从来没有搞过，这不是指三委（即国家计划委员会、经济委员会和科学技术委员会——引者注），各部，你们是专家，而是说多数人没有搞。各省委书记就没有搞，我就没有搞，去年北戴河会议以后才搞这些事。我到井冈山，头一仗就是打败仗。这是个好经验，吃了亏嘛。现在的问题不是怪这个怪那个，现在的问题是已经好了，主观主义已经不很多了，接近实际了。现在来讲这个话我看是更有把握了。"毛泽东最后说："历来是这样，出了乱子，共产党一抓就好了。"[①]

据列席会议的吴冷西回忆：毛泽东的讲话和插话都贯穿一个精神，就是身体力行地总结去年的经验。他认为，去年的经验对于今后搞经济建设十分宝贵。他指出："去年我们至少有三大错误：第一，计划过大，指标过高，勉强去完成，必然破坏比例关系，经济失调；第二，权力下放过多，结果各自为政，政策也乱了，钱也花多了；第三，公社化过快，没有

---

① 1959年6月13日中央会议记录，中共中央文献研究室编：《毛泽东年谱（1949—1976）》第四卷，中央文献出版社2013年版，第69—71页。

经过试验，一下子推开，大刮共产风，干部也不会当家。现在粮食供应紧张，主要是虚报产量，还有是吃饭不要钱，敞开肚皮，吃多了。"毛泽东说："多快好省还是可以做到的，但太多太快就不行。去年我们只注意多快，不注意好省。什么是多快也不甚了了。现在钢的指标降到一千三百万吨，仍然是多快，因为去年只有八百一十万吨好钢，今年增长百分之六十，这样的速度在苏联也从未有过。综合平衡我们讲过多次，但还是不容易做到。事非经过不知难啊。"他要求："权力下放过多的情况要扭转过来。人权、工权、财权、商权都应该收回来，由中央和省市两级专政，不能再往下放了。今年粮食生产可以订六千亿斤的计划，能收到五千亿斤就很好，因为估计去年只有四千八百亿斤。但粮食消费计划只能按四千亿到四千五百亿斤的收成来安排。"[1] 毛泽东还自责地说："过去一年头脑发热，现在冷静下来就是了。人不要不如猪，撞了墙就要转弯。我们搞社会主义建设没有经验，一定会出现许多新问题，应当有充分的思想准备。我过去只注意人和人的关系，没有注意人和自然的关系。过去搞民主革命，忙不过来，打仗占了大部分时间。后来搞社会主义革命，主要精力是搞阶级斗争。去年北戴河会议才开始搞经济建设，特别是抓工业。看来，我第一次抓工业，像我1927年搞秋收起义时那样，第一仗打了败仗。不仅我碰了钉子，在座的也碰了钉子。现在不是互相指责、互相埋怨的时候，而是要认真吸取经验教训，赶紧把过高的指标降下来，尽快把生产计划落实。"[2] 吴冷西回忆说："毛主席在会上的两次讲话和多次插话，表明他对去年工作中的错误考虑得比较多，并且作了坦率的自我批评。我特别注意到他讲到第一次抓工业像秋收起义时那样，头一仗打了败仗。他详细地讲到他在田里躲了一夜，第二天还不敢到处走动，因为四面都有地主的'民团'，第三天才找到了起义队伍。他说，当时非常狼狈。因为从来没有带过队伍打仗，没有经验。抓工业也没有经验，第一仗也是败仗。据我记忆，从去年11月郑州会议到武昌会议到上海会议，毛主席多次作过自我批评，但像这次会议上这样的自我批评还是第一次。这两天会议开下来，大家心情都比较舒畅，而且开始有一种感觉，认为毛主席已经做了这样的自我批评，我们也得承担自己那一部分的责任，周总理和富春同志发

---

[1] 吴冷西：《忆毛主席》，新华出版社1995年版，第134—135页。
[2] 同上书，第135页。

言时就有这样的表示。"①

经过这次会议，以钢铁生产指标为中心的1959年国民经济计划终于尘埃落定。中共中央在6月13日发出《关于调整1959年主要物资分配和基本建设计划的紧急指示》，并批准国家计委《关于1959年主要物资分配和基本建设计划调整方案的报告》，决定工业总产值由1800亿元调为1450亿元；钢由1650万吨调为1300万吨；钢材由1150万吨调为900万吨；煤炭由3.8亿吨调为3.4亿吨。基本建设投资由260亿—280亿元缩减为240亿元，限额以上建设项目由1092个缩减为788个。物资的分配，计划的调整，都要尽可能安排好重工业和轻工业、农业之间应有的比例关系，注意轻工业和市场的迫切需要；要先照顾生产、维修的需要，后照顾基本建设的需要；在工业生产中，先满足维修和配件、备品的需要，后考虑主机制造的需要；基本建设要集中力量，首先保证重点项目。

第五节　做报纸的工作

在《毛泽东文集》第七卷里，收有一篇《记者头脑要冷静》的文章。这是1958年11月21日毛泽东开始纠"左"的时候，同新华社社长、《人民日报》总编辑吴冷西谈话的要点。这一时期，毛泽东做记者的工作，是他纠"左"工作的一个组成部分。他在这篇文章里说："记者到下面去，不能人家说什么，你就反映什么，要有冷静的头脑，要做比较。"他举了古代一个案例说，唐朝有一个太守，他问官司，先去了解原告被告周围的人和周围的情况，然后再审原告被告。这叫做"勾推法"。这就是比较，同周围的环境比较。记者要善于运用这种方法。不要看到好的就认为全好，看到坏的就认为全坏。如果别人说全好，那你就问一问：是不是全好？如果别人说全坏，那你就问一问：一点好处没有吗？他说："记者的头脑要冷静，要独立思考，不要人云亦云。这种思想方法，首先是各新华分社和《人民日报》的记者、北京的编辑部要有。不要人家讲什么，就宣传什么，要经过考虑。记者，特别是记者头子，头脑要清楚，要冷静。"②

---

① 吴冷西：《忆毛主席》，新华出版社1995年版，第135—136页。
② 《毛泽东文集》第七卷，人民出版社1999年版，第443—444页。

据吴冷西说,在1958年"大跃进"运动中,毛泽东多次找他谈话。从他回忆的情况看,集中在两个时段。一是运动发动时期。他要求《人民日报》和新华社要敢于抵制"五风"(官僚主义、强迫命令、瞎指挥、浮夸风、"共产风"),不登"五风"文章,不发"五风"消息,一定要卡死。吴冷西回忆说:"在3月份成都会议过程中,毛主席看到河南的计划是苦战一年,实现四五八、水利化、除四害和消灭文盲,辽宁要一年实现三自给(即粮、菜、肉本省自给)。他说,也许你辽宁是对的,我怀疑是错的,你是马克思主义,我是机会主义。河南今年办四件大事,有些可能做到,有些可能做不到。就算全部都能做到,可不可以还是提五年做到。今年真的全做到了,也不要登报。人民日报硬是卡死。否则这个省登报,那个省登报,大家抢先,搞得天下大乱。一年完成不登报,两年完成恐怕也不要登报。各省提口号恐怕时间以长一点比较好。我就是有点机会主义,要留有余地。各省不要一阵风,不要看河南说一年完成,你也说一年完成。就让河南今年试一年,灵了,让他当第一。你明年再搞。只差一年,有什么要紧。毛主席说,此事关系重大,他到武昌时要找吴芝圃谈谈。"

同年4月武昌会议期间,毛主席又专门找他,就《人民日报》的宣传问题做了五点指示:(1)近来报纸的宣传反映实际不够,但也有不实之处。现在要调整一下,压缩空气。鼓干劲的话要讲,但不要华而不实。这次在武昌有些省提出,怕一说调整宣传调子会泄气,这种顾虑要注意。目前总方针还是鼓足干劲,气可鼓而不可泄。(2)现在各地提出这个"化"那个"化"很多。报纸在宣传的时候要慎重。比如说绿化,不能说种一些树就是绿化,要成活,成片、成林,像在飞机上看到湘南、粤北那样郁郁葱葱才算绿化。又如水利化,有说一年实现的,有说三年实现的,其实都不能叫做"化",只是改变一些面貌。又如说"四无",应当相信可以实现,但也不是一两年或三五年可以实现的。一个"化",一个"无"不要随便宣传已经实现了。即使订规划、提口号,也要留有余地。(3)报纸的宣传要搞深入、踏实、细致。我们讲多快好省的方针,报纸上不能只讲多快,不讲好省。报纸对一些具体问题,要由小见大,从理论上把事情说清楚。报纸的评论,应带理论色彩。这样把纲提起来,才能使干部和群众方向明确。意识形态和上层建筑的重要性就在这里。(4)现在全国出现高潮,出现许多新鲜事物,但也鱼龙混杂,泥沙俱下。记者、编辑要提高政治思想水平，能对眼前彩色缤纷的现象做出政治判断，有远见卓识。这不容易，但应努力做到。(5)报纸的问题带有普遍性。今年夏天要召开全国报纸的总编辑会议，讨论新闻宣传如何改进。此事要告诉陆定一同志并报中央书记处。据吴冷西说，"此事我都照毛主席的意见办了"。[①] 结果，竟无下文。此后，《人民日报》和各省市自治区的报纸在1958年"大跃进"运动中的负面作用，人所共知。

毛泽东同吴冷西谈得较多的另一时段，是强调降温的时候。据吴冷西回忆，1958年11月武昌政治局扩大会议期间，11月22日晚上，毛泽东找他和田家英谈话，主题就是宣传上要压缩空气。"毛主席的谈话是从当天（11月22日）下午他找各大协作区组长谈话说起的。……看来毛主席对下午的会议很有感触，他跟我们谈话时仍处于亢奋状态。毛主席原想同各大区组长商量降低1959年的生产指标，首先是钢的指标。原来的指标是1958年8月北戴河会议确定的。毛主席设想可否把钢产量的指标从3000万吨减为1800万吨。他原想说服他们，结果反而是各组长力图说服毛主席维持原来的指标。毛主席说，他们都想打通我的思想，我硬是想不通，因为他们缺乏根据。他们有的大区明年要增加钢产两倍，有的省要增加四倍，有的省竟然要增加三十倍，这怎么能叫人相信？""毛主席还说，中央已有12个部长写了报告，指标高得吓人，似乎要立军令状。但我看完不成也不要杀头。铁道部长说1959年要修2万公里铁路。周总理主持制订的第二个五年计划草案，规定5年内才修2万公里，他夸下海口要一年完成，怎么完成得了呢？如果真的完成了，我甘愿当机会主义者。""毛主席又说，其实1800万吨钢的指标不是机会主义，能否完成还是个问题，因为今年（1958年）预计炼出的1000万吨出头的钢产量中，好钢只有850万吨，看来郑州会议读了几天书并没有解决思想问题，大家头脑还是发热。1958年钢铁翻一番就使得六千万人上山，闹得天下大乱。明年再来个翻一番以致翻几番怎么得了？毛主席说，一定要压缩空气。空气还是那么多，只不过压缩得体积小一些，不要虚胖子，要结实些。""谈到这里，毛主席说明他找我们来是为的把压缩空气的精神赶快告诉人民日报和新华社的记者、编辑。他说，现在宣传上要压缩空气，不要再鼓虚劲。

---

① 吴冷西：《忆毛主席》，新华出版社1995年版，第70—72页。

要鼓实劲,自己不要头脑发热,更不要鼓动人家头脑发热。"① 他归纳为三点意见:

第一,要实事求是,报道时要弄清事实真相,不能凭想象虚构,不能搞浪漫主义。

第二,现在要下明矾,把混乱的思想加以澄清。"听说人民日报有一篇社论讲到人民公社从集体所有制过渡到全民所有制时把时间压缩了,说三四年五六年就行了,不要北戴河决议上写的'或者更长一些时间'那半句话了。毛主席说,那半句话是我特意加上的,当时想法是谨慎一点好。现在看来还是太急了。你们删去那半句话就更急了,不知是听了哪一位政治局委员的意见。毛主席说,这半年大家头脑都发热,包括我在内,所以要下明矾,要压缩空气,说泼点冷水也可以,但要注意保护干部和群众的积极性。有错误领导上承担责任就是,不要责怪下面。

第三,要考虑国际影响。今年我们宣传上吹得太厉害,不但在国内搞得大家头脑发昏,而且国际影响也不利。"毛主席说,我在成都会议上就曾经说过,不要务虚名而得实祸,现在就有这个危险。杜勒斯天天骂我们,表明他恐慌,害怕我们很快强大起来。美国人会想到是不是对中国发动预防性战争。这对我们不利。何必那样引人枪打出头鸟呢?何况我们的成就中还有虚夸成分呢?即使真的有那么多成绩,也不要大吹大擂,还是谦虚一点好。中国是个大国,但是个大穷国。今年大跃进,即使根据现在汇报的数字,全国农民年平均收入也只有70元上下,全国工人每月平均工资只有60元左右。现在有些县委不知天高地厚,说什么苦战三年就可以过渡到共产主义。这不是发昏说胡话?说是'穷过渡',马、恩、列、斯哪里说过共产主义社会还是很穷的呢?他们都说过渡到共产主义社会的必要条件是产品极为丰富,否则怎么能实行按需分配呢?有些同志要'穷过渡',这样的'穷共产主义'有什么优越性和吸引力呢?毛主席说,现在人民公社搞的供给制,不是按需分配,而是平均主义。中国农民很早就有平均主义思想,东汉末年张鲁搞的'太平道',也叫'五斗米道',农民交五斗米入道,就可以天天吃饱饭。这恐怕是中国最早的农民空想社会主义。我们现在有些同志急于向共产主义过渡,这非常危险。北戴河会议规定了过渡到共产主义的五个条件,哪一条也不能少,缺一条也不能向

---

① 吴冷西:《忆毛主席》,新华出版社1995年版,第110—112页。

共产主义过渡。谈到这里，毛主席很动感情地说，反正我不准备急急忙忙过渡。我今年65岁，即使将来快要死的时候，也不急急忙忙过渡。毛主席强调，过渡要有物资条件、精神条件，还要有国际条件，不具备条件宣布过渡也没有用。"他总结说："事情都有一定的量度，有相对的规定性，从量变到质变要有一个过程，不能随意想过渡就过渡。"①

1958年《人民日报》和各地方报纸放"卫星"，讲大话，现在要在要降温，很被动，怎样转这个弯？是一个棘手的问题。鉴于计划已经确定，方针已经明确。宣传有准绳了，在1959年6月12—13日的颐年堂中央政治局扩大会议上，解决报纸宣传的问题再次被毛泽东提了出来。根据他的指示，中央书记处研究了一个意见。刘少奇考虑到这个问题的重要性，又提请毛泽东主持召开政治局会议讨论。刘少奇在会上首先讲了他的意见，其中也涉及对1958年错误缺点的分析。其要点是：

第一，报纸、通讯社和广播电台应当认真总结去年宣传工作的经验教训。他说，报纸上去年宣传上虚夸，基本上是反映了中央一些同志那个时候的思想和作风，所以不能完全怪报纸。但是报纸也有责任，记者、编辑加油加醋，以致错上加错。因此编辑部应该自己总结经验教训，不能只怪人家。

第二，目前宣传要转变过去一个时期的状况，但要逐步转。这里有两条战线斗争的问题。报纸要讲一些事情，又要不讲一些事情，要有计划地讲，既不要浮夸，也不要泄气。基本上讲正面的，也讲一部分缺点，讲一些困难。讲困难也是为了鼓劲，动员群众去克服困难。所以宣传上既要防"左"，又要防右。

第三，关于工作中的缺点，在宣传上应该讲这些缺点已经或者正在怎样改正，从这样的角度去宣传。不能把所有缺点都讲出来，讲典型的、有教育意义的。这是我们历来的做法。因为我们的工作主流是好的，缺点只是支流。报道缺点不能用纠偏的态度，不能泄气，不能给群众泼冷水。当然，在讲缺点过程中，一点不泄气也困难，泄了以后可以再鼓。从全局来看，主要还是鼓劲。

第四，根据过去十年的经验，经济建设是波浪式地发展的，这可以说是一条规律。发展的速度不可能年年一样。人们做计划、定指标，不会一

---

① 吴冷西：《忆毛主席》，新华出版社1995年版，第107—108页。

下子就完全符合客观实际。上半年慢了，下半年就快一点。上半年快了，下半年就慢一点，这是合理的，正常的。去年"大跃进"是史无前例的，我们没有这样的经验。经过去年的"大跃进"及其后的大失调，我们就可以研究有计划、按比例的发展速度究竟怎样才适当。平衡是运动中的平衡，运动的幅度究竟有多大才比较合适，这是我们今后需要研究的问题。犯了错误，可以取得教训，可以把事情办得好一些。去年的经验教训是全民性的、非常丰富也非常深刻的，因而是十分宝贵的。总结这些经验教训就是最大的成绩，没有理由悲观失望。①

从吴冷西的回忆看，刘少奇这次讲话同 1956 年反冒进不同，他鲜明肯定 1958 年 "大跃进"，对成绩和缺点的分析以及在宣传工作中怎样恰当地去把握等，许多看法都很有启发性。吴冷西的回忆也有自责，对他主持这两个单位的宣传工作，在这期间造成的恶劣影响，至今仍感内疚。②

第六节　1959 年上半年的经济活动与经济走势

尽管降低后的 1959 年计划指标仍然是一个 "大跃进" 的计划，但上半年经济活动的主基调，则是经济秩序的整顿以及经济比例关系的梳理与调整。除以上详述的压缩 "大跃进" 过热的空气，调整农村人民公社生产关系和降低过高的计划指标以外，从年初开始采取的一系列措施，无不体现这一意图。

一　落实纠正 "共产风" 的政策措施，加强农业

这方面的措施包括：（1）落实相当原高级社的生产队基本所有制和相当原初级社的生产小队部分所有制，尊重他们的自主权。（2）清理并退赔平调款物，有钱退钱，有实物退实物，无钱无实物的要讲清楚以后退赔。（3）贯彻执行 "大集体、小自由" 政策。恢复社员自留地，鼓励把 "四旁"（屋旁、村旁、水旁、路旁）零星闲散土地都利用起来，谁种谁收，不征收公粮，不派征购任务。允许家庭养殖和经营零星副业，屋前屋

---

① 参见吴冷西《忆毛主席》，新华出版社 1995 年版，第 137—139 页。
② 同上书，第 72 页。

后零星树木仍归社员私有，收益自行处理，并奖励利用宅旁和其他废弃土地种植竹木、水果，谁种谁有。（4）开放农村集市贸易，允许一、二类以及有交售任务的三类物资在完成国家征购、收购任务后的剩余部分上市交易。（5）重新提出各级党委第一书记在五六两个月农忙季节要以抓农业生产为中心。（6）重新强调扩大播种面积。凡是播种面积和耕地面积减少过多的省份，都应再作调整，多种多收。（7）重申少扣多分的分配原则，分配部分应占收入的60%左右，以便使90%以上的社员增加收入。国家收购农副产品一律付现钱，不能直接扣款。

从3月9日至5月2日不到两个月的时间里，毛泽东以党内通讯的形式，主要就解决农村工作中的问题写了六封信，其中第五封信，是4月29日写给省、地、县、社、队、小队六级干部的，表达他对于当前农业生产问题的高度关注。[①]

他说：我想和同志们商量几个问题，都是关于农业的：

第一个问题，包产问题。南方正在插秧，北方也在春耕。包产一定要落实。根本不要管上级规定的那一套指标。不管这些，只管现实可能性。例如，去年亩产只有三百斤的，今年能增产一百斤、二百斤，也就很好了。吹上八百斤、一千斤、一千二百斤，甚至更多，吹牛而已，实在办不到，有何益处呢？又例如，去年亩产五百斤的，今年增加二百斤、三百斤，也就算成绩很大了。再增上去，就一般说，不可能的。

第二个问题，密植问题。不可太稀，不可太密。许多青年干部和某些上级机关缺少经验，一个劲要密。有些人竟说愈密愈好。不对。老农怀疑，中年人也有怀疑的。这三种人开一个会，得出一个适当密度，那就好了。既然要包产，密植问题就得由生产队、生产小队商量决定。上面死硬的密植命令，不但无用，而且害人不浅。因此，根本不要下这种死硬的命令。省委可以规定一个密植幅度，不当作命令下达，只给下面参考。此外，上面要精心研究到底密植程度以何为好，积累经验，根据因气候不同，因地点不同，因土、肥、水、种等条件不同，因各种作物的情况不同，因田间管理水平高低不同，做出一个比较科学的密植程度的规定，几年之内达到一个实际可行的标准，那就好了。

第三个问题，节约粮食问题。要十分抓紧，按人定量，忙时多吃，闲

[①] 参见《毛泽东文集》第八卷，人民出版社1999年版，第48—50页。

时少吃，忙时吃干，闲时半干半稀，杂以番薯、青菜、萝卜、瓜豆、芋头之类。此事一定要十分抓紧。每年一定要把收割、保管、吃用三件事（收、管、吃）抓得很紧很紧，而且要抓得及时。机不可失，时不再来。一定要有储备粮，年年储一点，逐年增多。经过十年八年奋斗，粮食问题可能解决。在十年内，一切大话、高调，切不可讲，讲就是十分危险的。须知我国是一个有六亿五千万人口的大国，吃饭是第一件大事。

第四个问题，播种面积要多的问题。少种、高产、多收的计划，是一个远景计划，是可能的，但在十年内不能全部实行，也不能大部实行。十年以内，只能看情况逐步实行。三年以内，大部不可行。三年以内，要力争多种。目前几年的方针是：广种薄收与少种多收（高额丰产田）同时实行。

第五个问题，机械化问题。农业的根本出路在于机械化，要有十年时间。四年以内小解决，七年以内中解决，十年以内大解决。今年、明年、后年、大后年这四年内，主要依靠改良农具、半机械化农具。每省每地每县都要设一个农具研究所，集中一批科学技术人员和农村有经验的铁匠木匠，搜集全省、全地、全县各种比较进步的农具，加以比较，加以实验，加以改进，试制新式农具。试制成功，在田里实验，确实有效，然后才能成批制造，加以推广。提到机械化，用机械制造化学肥料这件事，必须包括在内。逐年增加化学肥料，是一件十分重要的事。

第六个问题，讲真话问题。包产能包多少，就讲能包多少，不讲经过努力实在做不到而又勉强讲做得到的假话。收获多少，就讲多少，不可以讲不合实际情况的假话。对各项增产措施，对实行八字宪法①，每项都不可讲假话。老实人，敢讲真话的人，归根到底，与人民事业有利，于自己也不吃亏。爱讲假话的人，一害人民，二害自己，总是吃亏。应当说，有许多假话是上面压出来的。上面"一吹二压三许愿"，使下面很难办。因此，干劲一定要有，假话一定不可讲。

以上六件事，请同志们研究，可以提出不同意见，以求得真理为目的。我们办农业工业的经验还很不足。一年一年积累经验，再过十年，客观必然性可能逐步被我们认识，在某种程度上，我们就有自由了。什么叫

---

① 八字宪法，指毛泽东1958年提出的农作物增产的八项措施，即土、肥、水、种（推广良种）、密（合理密植）、保（植物保护，防治病虫害）、管（田间管理）、工（工具改革）。

自由？自由是必然的认识。同现在一些流行的高调比较起来，我在这里唱的是低调，意在真正调动积极性，达到增产的目的。如果事实不是我讲的那样低，而达到了较高的目的，我变为保守主义者，那就谢天谢地，不胜光荣之至。

这封极具口语化的通信，读来确如同农村人民公社基层干部和社员群众相对谈农事、话家常。对于进一步纠正瞎指挥和浮夸风，安定农村，搞好农业生产，具有重大作用。信中所谈粮食问题，也反映了毛泽东一度经历的从比较乐观到碰壁（1958年丰收、1959年春荒）后的思考，它奠定了此后几十年在农业问题上的基本理念。

二 控制并开始精简城市人口，压缩粮食销量

1月5日，中共中央发出《关于立即停止招收新职工和固定临时工的通知》。1958年全国工业和建筑企业共增加新职工1900多万人，其中，有1000多万人来自农村。据此，国家要求1959年全国县以上全民所有制单位职工人数，要在1958年职工人数4532万人的基础上减少800万—1000万人。社办工业，则应根据具体情况，进行调整和压缩。工资决定不再增加。工资级别的某些必要调整，也必须严格控制。清退和精简职工的对象，主要是1958年过多招收的来自农村的临时工、合同工，多余的学徒工和新吸收的有家庭负担的妇女。与此同时，还取缔了一些城市的劳动力自由市场，遣送任意录用的流入城市的农民。截至8月份，已经减少职工500多万人。在控制粮食销量方面，城镇居民继续实施定量供应办法，并且适当降低标准，压缩销量的1/10左右。农村继续实行"三定"（定产、定购、定销）办法，三年不变。按人定量，粮食到户。公共食堂贯彻自愿原则，节约归己。恢复"糠菜半年粮"的提法，提倡干稀搭配，粮菜混吃，农忙多吃一点、农闲少吃一点，农忙吃干点、农闲吃稀点，勤俭持家，省吃俭用。

三 积极安排日用必需品和副食品生产

1959年全国社会购买力超过商品可供量50亿元左右。针对形成的原因，从两方面采取措施解决。即一方面积极安排日用必需品和副食品生产，另一方面努力压缩社会购买力。前者主要办法包括：（1）在物资分配计划中专门切出一块，保证日用品生产的需要，不得挪作他用。同时积

极发展农村多种经营，增产日用工业品的农副产品原料。(2)"大跃进"中改行转产的原来生产日用工业品和农业生产资料的工厂，"归队"重操旧业，或另指定其他工厂生产这类产品；"转厂过渡"为地方国营工厂和合作工厂的手工业生产合作社，重返本行，实行独立核算，自负盈亏，增加日用品的生产数量和花色品种。帮助农村手工业者解决原料和销路困难，增加农村手工业产品产量。(3)实行城乡并举促进副食品生产的方针。要求大中城市本着"自力更生为主，力争外援为辅"的原则，建立自己的副食品生产基地。郊区副食品生产以蔬菜和猪肉为纲，全面发展。放宽政策，国家、集体、个人三种形式同时并行，发展副食品生产，发展饲养业。(4)确保1959年23亿元轻纺工业基本建设投资足额到位；安排好计划生产的主要设备，包括棉纺成套设备500万锭、织布机86000台、造纸专用设备55000吨、制糖专用设备50000吨。在压缩社会购买力方面：(1)紧缩集团购买力。从1959年6月起，要求节约公用开支8亿元，全年公用开支压缩到上年水平。(2)精简职工，暂停增资。县以上企业职工人数在1958年基础上减少800万到1000万人，可减少工资开支15亿元到18亿元。(3)控制农村货币投放。农贷不再增加。农产品预购定金控制在指标范围内，不许超过。国家对人民公社的10亿元财政补助，主要用作扩大生产方面。商品赊销和预付款办法停止实行，必要的生产资料赊销须经中央批准。(4)积极开展储蓄工作。1959年国家将不再发行公债，绝大多数地方也不发行地方债，动员群众把过去购买公债的钱存入银行，减少对市场的冲击。

四 收回下放过头的经济管理权力

1959年1月，中央决定立即停止招收新职工，规定各省市自治区1959年劳动计划须报经中央审批，并严格按批准后的计划执行。这就在事实上收回了1958年6月下放省市自治区审批决定招收职工的权力。同年3月11日，国务院发出《关于调整若干企业隶属关系的通知》，批准40个企业调整隶属关系，其中34个企业由地方交归国务院有关部领导，6个企业由中央有关部下放地方领导。4月28日，国务院又批准46个企业调整隶属关系，其中21个企业由地方交归国务院有关部领导，1个企业由中央有关部下放地方领导，24个企业改由地方与国务院有关部双重领导。民用航空、跨省区的石油普查队和31个煤矿矿务局，陆续收归中央为主管理。在财权上，为防止计划外乱上基本建设项目，国务院1月14日作出《关于加强综合财政计划工作的决定》，把国家预算内收支和预算外收支、信贷和现金收支，统一纳入计划，统筹安排资金收支，保证国民经济计划中财力同人力物力的平衡。2月3日，国务院进一步规定，国家拨给企业的自有流动资金必须如数转作人民银行的贷款，抽调企业流动资金用于基本建设和其他用途的，应当设法补足，不得冲减企业的法定基金，不得减少国家的流动资金。

五 整顿企业秩序，健全企业管理工作

针对1958年"大跃进"以来企业管理的无序状态，中共中央在1959年2月24日批转国家经委党组的一份报告中，把抓紧解决整顿生产秩序，迅速建立健全合理的规章制度，加强对工业生产的领导的问题，作为一项重要任务。2月27日，国家计委和财政部发布《关于加强成本计划管理工作的几项规定》，根据统一领导、分级管理的原则，结合企业管理权限下放到省市自治区的新情况，就中央与地方财经各部门的成本计划管理中成本计划编制范围、编制成本计划的内容、成本计划编制程序和审批等，重新作出规定。要求计划部门和财政部门必须加强对成本计划执行情况的检查，交流经验，推动全面工作。3月20日，国务院又发出通知，按财政部提出的要求，清理企业在"大跃进"中违规挪用流动资金搞基本建设等问题。6月1日，中共中央批转中共中央工业交通工作部《关于目前企业管理中的若干情况和问题的报告》，根据前一段企业管理工作方面存在的问题，要求各地党委和各工业管理部门要开好工业五级干部会议，把改进企业管理工作列为会议的一项重要议程。发动干部和工人充分揭露企业管理中的问题，对原有和新建立的规章制度进行审查、修订和补充；国务院各工业部和各省市自治区工业管理机关，对于必须统一规定的规章制度和直接掌握的重大问题，应当尽快作出具体规定，发布实施。

以上所列显示了庐山会议前的经济工作的大致思路。国民经济的全面调整和整顿工作，已经展开部署，陆续出台了一批举措，并开始收到成效。1959年上半年，工业生产和交通运输情况基本良好，全国大部分产品都可完成调整后年计划的40%以上，产量一般都是逐月增长。下半年，就是要在鼓足干劲，继续前进的基础上，调整比例关系，加强薄弱环节的工作，改进企业的经营管理，加强对生产的组织调度，整顿生产秩序，深入地开展一个全面地贯彻执行多快好省方针的增产节约运动,更好地组织本年工业生产的继续大跃进。①

关于市场情况,财政部长李先念在分析社会购买力与商品可供量二者之间的不平衡情况后认为,几个月来在农副产品收购方面,在日用工业品生产方面,都做了许多工作,虽然还没有得到根本好转,但按计划采取的压缩社会集团购买力,减少职工人数,增加银行储蓄和节约使用原材料等项措施,累计则可紧缩社会商品购买力27亿元,根据历年的经验,日子是可以过得去的。②

1958年冬开始的国民经济调整,总的看还是初步的,有些效果正在逐步显现。一方面,是由于经济调整存在"滞后效应",从一系列政策和措施的出台到落实,直到收到应有的成效,大多有一个时间差。另一方面,一些政策措施出台的本身又比较晚,特别是钢、煤、粮、棉四大生产指标的大定已到年中,安排下去需要时间,何况有的指标即使调整后也并不低,要完成还相当吃力。从调整的角度考虑,经济指标宜于较为宽松。拿钢铁指标说,钢材调整为900万吨,钢1300万吨,按当时的情况,对国民经济的压力仍然较大,几乎没有留什么余地。

---

① 参见国家经委党组《关于当前工业生产中亟待解决的几个问题的报告》(1959年6月30日)。

② 参见李先念《关于1959年社会商品购买力和社会商品供应量之间的平衡情况的报告》,1959年6月11日。

第九章

难以为继的继续跃进

1957年秋冬开始的"大跃进",到1958年的11月又是一个秋冬。毛泽东察觉苗头不对,发展下去可能又要来一个反冒进,遂采取措施"降温":压缩1959年过高的计划指标,主动进行调整。为说服大家,他追忆几年来的经验说:"1956年紧张了,1957年降下来落实是必要的。现在的问题是去年紧张了,今年没有及时降下来。现在的压缩是必需的。""一个时候,我们自己头脑发昏。农业以后不要公布产量了。工业,明年的指标切记不可高,我看大体就是今年的指标,低一点也可以,搞一个马鞍形嚜。"[①] 就是说,不仅1959年的指标要降低,1960年还要踏步一年。然而,同年庐山会议后,情况却大变。纠"左"转变为从上到下反右倾,继续"大跃进"代替了经济调整。八个月的工作功亏一篑。继1959年大灾之后,1960年灾害更加严重,粮食和其他农产品连年大幅度减产,国民经济陷入严重困难。

第一节 纠"左"的转向

1959年炎夏,中共中央在庐山召开政治局扩大会议。这是对深入展开国民经济主动调整具有决定作用的重要会议。从7月2日开始,原定半个月,通过读书,总结经验,达到统一认识,进一步纠正"大跃进"和人民公社化运动中的"左"的错误。会议行将结束,因中共中央政治局委员、副总理兼国防部长彭德怀的一封信延期,决定召开计划外的八届八

[①] 政治局扩大会议记录(1959年6月12—13日),中共中央文献研究室编:《毛泽东年谱(1949—1976)》第四卷,中央文献出版社2013年版,第69、70页。

中全会。两会前后月余，史家统称庐山会议。

一　会议的初衷

会前，毛泽东曾回阔别32年的故乡韶山一趟。回韶山之前，先在武汉住了两天。他在同湖北省委第一书记王任重谈话时，讲了历史上秦穆公和他的大将孟明的一段故事，[①]引申说："决策错了，领导人要承担责任，不能片面地责备下面，领导者替被领导者承担责任，这是取得下级信任的一个很重要的条件。"在谈话中，又一次称赞陈云对经济工作比较有研究，批评有的部门、有的部长对他封锁消息。王任重和陶鲁笳（山西省委第一书记）曾在八届七中全会建议，将降低后的生产指标提交人大会议公开改正，未被采纳。毛泽东旧事重提说："看来，利用全国人大开会的机会，把去年公布的那些数字和今年的生产指标修改一下就好了。失去了一个机会，造成目前的被动。"毛泽东在韶山期间，触景生情，不免忆及往事。在与陪同人员谈起发动秋收起义，创建井冈山根据地时，他说：开始创建井冈山根据地的时候，政策很"左"。我自己就亲手烧过一家地主的房子，以为农民会鼓掌赞成。但是农民不但没有鼓掌，反而低头而散。革命才开始的时候，没有经验是难免要犯错误的。去年刮"共产风"，也是一种"左"的错误。没有经验，会犯错误，碰钉子。不要碰得头破血流还不肯回头。[②]以上所引虽属细节，却能反映毛泽东近一个时期的所思所想。

离开韶山当天，他从长沙给在武汉的周恩来打电话，商谈庐山会议的开法和应讨论的问题。他说，人们的头脑有些发热，需要冷静下来学点政治经济学。这次会议不要搞得太紧张，要适当注意休息。毛泽东为会议拟定了14个讨论题目：（1）读书。高干读《政治经济学》，地县自编《好人好事》《坏人坏事》和党的政策三本。（2）形势。好转没有？何时好转？（3）今年的工作任务。（4）明年的工作任务。（5）四年的任务（五

[①] 参见中共中央文献研究室编《毛泽东年谱（1949—1976）》第四卷，中央文献出版社2013年版，第77—78页。毛泽东所讲，系公元前628年，秦穆公任用大将孟明出师伐郑，大败。他不但不加追究，反主动承担责任，继续给予重用。公元前624年，孟明奉命讨伐晋国，大获全胜。事见春秋左氏传。——引者注

[②] 中共中央文献研究室编：《毛泽东年谱（1949—1976）》第四卷，中央文献出版社2013年版，第79—79页。

年计划的框子)。(6) 当前的宣传问题。(7) 食堂问题。(8) 综合平衡。(9) 工业、农副业中的群众路线。(10) 国际形势。(11) 生产小队的半核算单位问题。(12) 基层党团组织领导作用问题。(13) 粮食三定政策。(14) 如何过日子？后又增加五个：(1) 团结问题（中央至县委）。(2) 农村初级市场的恢复问题。(3) 体制问题，即收回财权、人权、工权、商权，由中央和省市两级控制，反对无政府主义。(4) 协作关系问题。(5) 加强工业管理和提高产品质量问题。关于会议的开法，决定采取先分后合的办法，先开几天分组座谈会，讨论十九个问题，然后再用两三天开政治局扩大会议，通过必要的文件。① 可见这次会议的目的，是想通过联系"大跃进"以来的实际，读书和思考，进一步总结经验教训，清醒头脑，从而解决一批迫切的实际工作问题，推动纠"左"继续深入下去。

庐山会议开幕前的6月29日和7月2日的正式会议第一天，毛泽东两次就《庐山会议讨论的十八个问题》发表讲话。他首先谈到读书的问题。他说，"有鉴于去年许多领导同志，县、社干部，对于社会主义经济问题还不大了解，不懂得经济发展规律，有鉴于现在工作中还有事务主义，所以应当好好读书。8月份用一个月的时间来读书，或者实行干部轮训。""我们提倡读书，使这些同志不要像热锅上的蚂蚁，整年整月陷入事务主义，搞得很忙乱，要使他们有时间想想问题。现在这些人都是热锅上的蚂蚁，要把他们拿出来冷一下。去年有了一年的实践，再读书会更好些。"② 谈到形势问题，他说，"国内形势是好是坏？大形势还好，有点坏，但还不至于坏到'报老爷，大事不好'的程度。八大二次会议的方针对不对？我看要坚持。总的说来，像湖南省一个同志所说的，是两句话：'有伟大的成绩，有丰富的经验。''有丰富的经验'，说得很巧妙，实际上是：有伟大的成绩，有不少的问题，前途是光明的。基本问题是：(1) 综合平衡；(2) 群众路线；(3) 统一领导；(4) 注意质量。四个问题中最基本的是综合平衡和群众路线。要注意质量，宁肯少些，但要好些、全些，各种各样都要有。农业中，粮、棉、油、麻、丝、烟、茶、糖、菜、果、药、杂都要有。工业中，要有轻工业、重工业，其中又要各样都要有。去年'两小无猜'（小高炉、小转炉）的搞法不行，把精力集中

---

① 参见《杨尚昆日记》(上)，中央文献出版社2001年版，第404—406页。
② 《毛泽东文集》第八卷，人民出版社1999年版，第75—76。

搞这'两小',其他都丢了。去年大跃进、大丰收,今年是大春荒。现在形势在好转,我看了四个省,河北、河南、湖南、湖北,大体可以代表全国。今年夏收估产普遍偏低,这是一个好现象。"

毛泽东关于形势问题的这段话,是对1958年"大跃进"的基本估计,也是他为会议定下的基调,应该说也是他认为纠"左"应遵循的原则。他接着提出一个问题并且自问自答说:"今年这时的形势和去年这时的形势比较,哪个形势好?去年这时很快地刮起了'共产风',今年不会刮,比去年好。明年'五一'可以完全好转。去年人们的热情是宝贵的,只是工作中有些盲目性。有人说,你大跃进,为什么粮食紧张?为什么买不到头发夹子?现在讲不清楚,促进派也讲不清楚。说得清楚就说,说不清楚就硬着头皮顶住,去干。明年东西多了,就说清楚了。"他还说"去年许多事情是一条腿走路,不是两条腿走路。我们批评斯大林一条腿走路,可是在我们提出两条腿走路以后,反而搞一条腿了。在大跃进形势中,包含着某些错误,某些消极因素。现在虽然存在一些问题,但是包含着有益的积极因素。去年形势本来很好,但是带有一些盲目性,只想好的方面,没有想到困难。现在形势又好转了,盲目性少了,大家认识了。"①他过去曾说,"在一定的条件下,坏的东西可以引出好的结果,好的东西也可以引出坏的结果。"② 倘使按照庐山会议的初衷进行下去,后来的发展也许又是一种情况。

讲到今明两年和后四年任务,毛泽东说:"今年钢的产量是否定一千三百万吨?能超过就超过,不能超过就算了。今后应由中央确定方针,再交业务部门算账。粮食有多少?去年增产有无三成?今后是否每年增加三成?每年增加一千亿斤,搞到一万亿斤,要好几年。明年钢增加多少?增加四百万吨,是一千七百万吨。后年再增加四百万吨。十五年内主要工业产品的数量赶上和超过英国的口号还要坚持。总之,要量力而行,留有余地,让下面超过。人的脑子是逐渐变实际的。去年做了一件蠢事,就是要把好几年的指标在一年内达到,像粮食的指标一万零五百亿斤,恐怕要到1964年才能达到。"

看来,毛泽东一直在反思。他说:"过去安排是重、轻、农,这个次

---

① 《毛泽东文集》第八卷,人民出版社1999年版,第76—77页。
② 《毛泽东著作选读》下册,人民出版社1986年版,第793页。

序要反一下，现在是否提农、轻、重？要把农、轻、重的关系研究一下。过去搞过十大关系，就是两条腿走路，多快好省也是两条腿，现在可以说是没有执行，或者说是没有很好地执行。过去是重、轻、农、商、交，现在强调把农业搞好，次序改为农、轻、重、交、商。这样提还是优先发展生产资料，并不违反马克思主义。重工业我们是不会放松的，农业中也有生产资料。如果真正重视了优先发展生产资料，安排好了轻、农，也不一定要改为农、轻、重。重工业要为轻工业、农业服务。过去陈云同志提过：先市场，后基建，先安排好市场，再安排基建。有同志不赞成。现在看来，陈云同志的意见是对的。要把衣、食、住、用、行五个字安排好，这是六亿五千万人民安定不安定的问题。这样有利于建设，同时国家也可以多积累。""现在讲挂帅，第一应该是农业，第二是工业。""农业问题：一曰机械，二曰化肥，三曰饲料。农、轻、重问题，把重放到第三位，放四年，不提口号，不作宣传。工业要支援农业，明年需要多少化肥、多少钢材支援农业，这次会议要定一下。"[①]

讲到关于综合平衡，他说："大跃进的重要教训之一、主要缺点是没有搞平衡。说了两条腿走路、并举，实际上还是没有兼顾。在整个经济中，平衡是个根本问题，有了综合平衡，才能有群众路线。"[②] 毛泽东把综合平衡和群众路线联系起来，而且视为因果关系，这是一个新的认识。有了这样的认识，并不就等于实践问题的解决。但有没有从碰钉子中获得的认识，还是大不一样。要真正处理好这一问题，并不容易。它总是处在一个变动不居的状态中，同其他多种因素交织在一起，因而人们往往有不尽一致的理解与处置，构成经济学的不同学派，即使对于马克思主义经济学，也不例外。过去党内在这一问题上的不同认识，就反映了这一点。

在18个问题中，毛泽东都讲了自己的意见。例如，工业管理，他强调要重视产品质量的问题，应该争取一两年内解决。公共食堂，"不要一哄而散，都搞垮了，保持百分之二十也好"；要学会过日子，"富日子当穷日子过"；恢复农村初级市场。等等。关于团结问题，毛泽东是放在最后讲的，说明他很重视，特别是领导核心的团结。而要团结，就要求思想上的统一，要求对形势有统一的认识。他说："要统一思想，对去年的估

---

① 《毛泽东文集》第八卷，人民出版社1999年版，第77—79页。
② 同上书，第80页。

计是：有伟大成绩，有不少问题，前途是光明的。缺点只是一、二、三个指头的问题。许多问题是要经过较长的时间才看得出来的。过去一段时间的积极性中带有一定的盲目性。这样看问题，就能鼓起积极性来。"①

毛泽东关于《庐山会议讨论的十八个问题》，渗透着他对"大跃进"有关问题的特有分析与经验教训的思考，借以启发和引导大家通过这次会议，在读书、思考、相互交流中，在新的基础上达成共识，继续推进纠"左"进程，更好地完成1959年的任务。在山上的刘少奇、周恩来、朱德三位政治局常委，也都抱有同样的愿望。刘少奇在参加华中、华南小组讨论时谈到，"1958年我们取得了大跃进的伟大成绩，同时也出现了些乱子，得到了极为有益的教训。碰了钉子，知道转弯，这是真正的聪明人。不碰钉子而知道转弯的'聪明人'是没有的。"他同时指出："大家注意，在转弯的时候，千万不要泄气，而要更好地鼓气。"② 周恩来曾这样表达初上庐山的心情："那时候，是本着一年党的总路线的执行情况，跃进了一年，大家都很忙，找到庐山来把经验总结总结。主席说了，也带一点休息的意思。这一年的大跃进成绩伟大，有些问题，逐步在解决，已经解决了不少，剩下的还在解决中，在认识上前途是光明的。是这样的心情，这样的意思上山的。"③ 朱德在一次发言中也认为，去年成绩是伟大的。但对农民是劳动者又是私有者这一点估计不够，共产搞早了一点。他对举办公共食堂的做法也不看好。他说，"办公共食堂，对生产有利，但消费吃亏。供给制是共产制，工人还得发工资，农民就那样愿意共产吗？"公共食堂"办不起来不要硬办，全垮掉也不见得是坏事"。④

从7月3日开始，按六大区分组讨论。大多数表示赞同毛泽东关于"有伟大成绩，有不少问题，前途是光明"的形势分析。在肯定总路线、"大跃进"和人民公社的同时，指出过去一年工作中的缺点错误。许多同志主动自我批评，表示要很好汲取教训，挽回损失。总的气氛可以说是轻松愉快，被称之为"神仙会"。

---

① 《毛泽东文集》第八卷，人民出版社1999年版，第81—82页。
② 中共中央文献研究室编：《刘少奇年谱（1898—1969）》下卷，中央文献出版社1996年版，第458页。
③ 转引自薄一波《若干重大决策与事件的回顾（修订本）》下卷，人民出版社1997年版，第877页。
④ 中共中央文献研究室编：《朱德年谱（1886—1976）》下卷，中央文献出版社2006年版，第1736页。

二 边议边行动

会议还有一个特点,就是随即讨论出台了一批政策性文件,推动纠"左"。7月15日前,举其要者有以下几项:

第一项,7月3日,毛泽东审阅修改了李先念为中共中央起草的《关于在大中城市郊区发展副食品生产的指示》,认为"是一个好文件"。7月4日发出。指示提出实行城乡并举、公私并举和农工交商并举的方针。

第二项,7月5日,毛泽东审阅印发粮食部副部长陈国栋《关于1959至1960年度粮食分配和粮食收支计划调整意见的报告》和李先念报送该报告给毛泽东的信,要各大区区长主持细致地讨论两次至三次。他说,"我基本同意这个文件所述的意见。但觉:(1)假定今年年成比去年确实好的情况下,征购一千一百亿斤,力争办到,这是变被动为主动的第一着。今年年成如果在秋收以后确实较去年好、确实证明无妄的时候,为什么不能征购到这个数目字呢?(2)下年度销售计划,我感觉不但一千零二十亿斤是太多了,这个文件上调整为八百五十亿斤,似乎也略为多了一点。是否可以调整为八百亿斤,或者八百一十、八百二十亿斤呢?告诉农民,恢复糠菜半年粮,可不可以呢?苦一年、两年、三年,就翻过身来了。多储备,少食用,以人定量,粮食归户,食堂吃饭,节余归己,忙时多吃,闲时少吃,有稀有干,粮菜混吃,仍然可以吃饱吃好,可不可以这样做呢?(3)多产粮,是上策。田头地脚,零星土地,谁种谁收,不征不购,主要为了解决饲料,部分为了人用。恢复私人菜园,一定要酌给自留地。凡此种种,可以多收。既已多收,可以多吃(主要猪吃,部分人吃,例如菜)。(4)好好地精细地安排过日子。是否可以按照1957年的实际产量安排过日子呢?1957年的日子不是过得还不错吗?这样做,农民的粮食储备就可以增得较多了。手里有粮,心里不慌,脚踏实地,喜气洋洋。(5)在今年秋收确实知道粮食比去年增产的情况之下,一定要划出牲口饲料、猪饲料两种,一定要比过去多些,是否可以有人粮的一半?人粮一斤,饲料半斤。各地情况不同,势必有多有少,但一定要下决心注意这个问题。除灾地外,饲料一定要比过去多些。增加饲料,极为有利。牲口是动力。一部分牲口是肉食奶食(老牛、菜牛、奶牛)。粪可肥田。皮、毛、骨、角,大有用处。吃肉多,吃粮少,动物蛋白优于植物蛋白,人的体格会更发展，会更健康。猪是肉食，又是肥料。在三、五、七年以内，力争做到一亩田一头猪。一头猪就是一个小型有机化肥工厂。肥料的主要出路是猪，是一亩田一头猪。以上几点意见，只供同志们此次讨论的参考，切勿下传。不对之处，准备修改。"① 此处照录原文，可以进一步看到，毛泽东对于"大跃进"以来的一个重大教训的深切认识与思考，也可见毛泽东对于系于全局的要害问题倾注怎样的心智与精力。会议讨论后，中共中央7月31日发出《关于粮食工作的指示》。《指示》在首先批评了放松粮食工作和麻痹思想后，提出以下要求：（1）解决我国粮食问题的根本办法是，鼓足干劲，多产粮食。（2）学会精打细算，省吃俭用过日子。坚持以丰补歉、细水长流，留有余地的原则。（3）在农村中继续实行粮食定产、定购、定销的办法；在城市中继续实行粮食定量供应的办法。庐山会议确定1959年度定产5000亿斤原粮，定购为1100亿斤贸易粮，定销为820亿斤贸易粮，到1961年三年不变。超产部分国家应征购40%。（4）中央对地方实行粮食购销差额管理办法。各地去年借用了中央库存的，今年要归还一部分。（5）各地要抓紧秋粮生产，加强田间管理，力争1959年秋粮和经济作物大丰收。7月31日发出的另一份文件是《关于当前财政金融工作的决定》。要求划清基建投资和流动资金的界限。基本建设投资应当全部经过财政渠道直接拨款，不应抽用流动资金，两者要分口管理，分别使用；1958年各地区、各部门占用银行贷款，抽用流动资金作了财政性开支的要清理。应该归还的，原则上由地方财政结余和企业留成收入以及中央财政分别负担；抽用企业流动资金的，由地方和部门用1959年地方财政收入和企业收入归还。1959年上半年炼铁补贴由银行垫款的部分，由财政部门拨给企业归还银行；下半年炼铁补贴在5亿元的范围内，由冶金部同各省市自治区商定补贴数字，银行不再拨款；超计划生产的炼铁补贴，谁使用谁补贴。立即停止计划外商品赊销和预付货款的做法，并根据情况清理收回。

第三项，7月5日，中共中央、国务院还联合发出《关于肥猪收购和农村食油供应问题的几项通知》，并印发国家基本建设委员会党组《关于贯彻执行1959年基本建设计划调整方案的报告（草稿）》。

第四项，7月10日，中央批转《农业部党组关于冬种准备会议的报

---

① 《毛泽东文集》第八卷，人民出版社1999年版，第83—84页。

告》。

第五项，7月12日，中央批转《中央组织部关于一部分公社党委的领导方法和干部作风方面的情况简报》。

第六项，7月14日，中央批转《林业部党组关于木材生产问题的报告》。同时印发国家计委党组《对1960年发展国民经济的方针、任务和速度的初步意见》。

会议讨论中，也有不同看法，主要集中在对形势的估计上，因而难免有所争论，发生某种争执。处在"大跃进"第一线上的省市自治区领导中，许多人对于有的批评不耐烦，甚至有抵触；而主要来自北京、在"大跃进"中比较超脱的，包括几位"秀才"，这些人着重于讲问题，有些用语还比较刺人。即使如此，他们仍然感到有压力，不能畅所欲言，认为那些地方大员"护短"。

毛泽东注意到了这一情况。7月10日，他在会上第二次讲话，着重讲对形势的看法。他说："对形势的认识不一致，就不能团结。要党内团结，首先要思想统一。党外右派否定一切，说我们'人心丧尽了'，'修天安门前面的工程，① 如秦始皇修万里长城'；说'过去历代开创的时候，减税薄赋，现在共产党年年加重负担'。所谓丧尽了，就是不仅资产阶级、地主，而且农民、工人都不赞成了。天津有些局长、科长议论，去年大跃进是'得不偿失'。是不是这样？有些同志缺乏全面分析，要帮助他们认识。得的是什么？失的是什么？比如说，为什么大跃进之后又发生市场大紧张。不要戴帽子，不要骂一顿了事。""去年北戴河会议的时候，人心高涨，但埋伏了一部分被动。不论谁批评，都要承认当时有一部分缺点错误。简单来说，就是三千万吨钢，基本建设一千九百项，粮食增产一倍，办公社中刮'共产风'。这四件事搞得很被动。对农业生产的确估计过高，并且据此安排生活，有浪费。工业基本建设是搞多了，金木水火土分散了，工业生产指标过高，缺乏综合平衡。为了三千万吨钢，引起了各方面的不满。现在我们有些被动，但也不是完全被动，不会因此垮台。""党内要团结，就要把问题搞清楚。有人说总路线根本不对。所谓总路线，无非是多快好省，多快好省不会错。过去搞一千九百项基建，现在安排七百八十八个，这还不是合乎多快好省的方针的？一千八百万吨钢不

---

① 指在天安门广场修建人民大会堂和历史博物馆。——引者注

行,现在搞一千三百万吨,还是多快好省。去年粮食没有翻一番,但增加百分之三十左右是有的。多快是一条腿,好省又是一条腿。跃进中最大的问题就是夸大。使我们被动的问题是不该把四大指标公布。"关于人民公社的问题,他说:"现在证明一条,社会主义国家中过去总是说农业合作化以后要减产,但是我们的经验证明,合作化也好,公社化也好,不减产。人民公社叫大合作社,或者说基本上还是高级合作社,就没有问题了。问题就是把公社看得太高了。"关于怎样看待成绩和错误,他说:"我们把道理讲清楚,把问题摆开,也不戴帽子,什么'观潮派'、'怀疑派'、'算账派'等等,都不戴。总可以有百分之七十的人在总路线下面。世界上的将军没有一个没打过败仗的。在三仗中打两个胜仗、一个败仗就是好的,有威信。两败一胜,就差一些。打了败仗,可以取得经验。要承认缺点错误。从局部来讲,从一个问题说,可能是十个指头,九个指头,七个指头,或者三个指头,两个指头。但从全局来说,还是九个指头和一个指头的问题。北戴河会议就埋伏了被动。经过郑州会议、武昌会议、上海会议到这次庐山会议,逐步认识了这些问题,腰杆子逐渐硬起来了。但是现在还有一部分腰杆子不能硬的,副食品总还不够吧,肉还不够吧,北京有一个时期每人每天四两蔬菜。在这些方面腰杆子还不硬。人家讲这部分问题,讲得对,要承认这一部分缺点错误。去年的确在跃进中有很大的虚名。要找问题,可以找几千几万件不对头的。但是从总的形势来说,就是这样:九个指头和一个指头。"为了进一步说明成绩是九个指头的道理,他重述说:"党的领导干部真正搞经济工作,搞建设,还是从去年北戴河会议以后。过去不过是陈云、李富春、薄一波,现在是大家担当起来。过去省一级的同志没有抓工业,去年都抓了。过去大家干革命,经济建设委托一部分同志做,书记处、政治局不大讨论,走过场,四时八节,照样签字。从去年起,虽然出了些乱子,但大家都抓工业了。所以还是那句话:成绩是伟大的,问题是不少的,前途是光明的。有的省的钢产量已经超过蒋介石时代全国的钢产量。这样看,还就是成绩是伟大的。对这样的形势分析,是关系全党、全民的问题。有无信心,这也是这次会议的重要问题。"关于党的路线的问题,毛泽东说:"我总是同外国同志说:请你们给十年时间,再来看我们是否正确,因为路线正确与否,不是理论问题,而是实践的问题,要有时间,从时间的结果来证明。我们对建设应该说还没有经验,至少还要十年。我们过去建国的十年中,第九年在北戴河开会,第十年在庐山开会。这一年经过了许多会议,我们总是把问题加以分析,加以解决,坚持真理,修正错误。党内有些同志不了解整个形势,要向他们说明。从具体事实来说,确实有些得不偿失的事。但是总的来说,不能说得不偿失。取得经验总是要付学费的。全国大办钢铁,赔了二十多亿,全党全民学了炼钢铁,算是出了学费。炼钢铁的小土群转化为小洋群,否定了小土群,但小洋群不要否定,要注意缩短提高质量的过程。"①

毛泽东一方面在大会上讲话,阐明他的看法;另一方面在小范围里找一些人谈话,做批评者和被批评者双方的工作。7月11日夜晚,先是找了周小舟、周惠、李锐②三人谈话,听取他们的意见。李锐回忆,谈到1958年粮食与钢铁的增产和高指标的看法,周小舟甚至说了"上有好者,下必甚焉"的话,不仅没有引起毛泽东的反感,反而谈笑风生。他们建议各大区穿插编组,被毛泽东接受。7月17日下午5时至10时,毛泽东又找周小舟、周惠、李锐、胡乔木、田家英谈话。这次谈话,还是毛泽东谈得多,谈得也很融洽。毛泽东讲道:"成绩讲够很重要,他们(指各省市自治区负责人——引者注)在当家。'人为财死,鸟为食亡',人都有保卫自己劳动成果的本能。"③ 毛泽东拿这句俗语作比喻,又加他的诠释,颇具开导之意。

三 "彭信"风波

八个月来,不断在反思中纠正缺点错误。绝大多数省市自治区为贯彻党中央和国务院的一系列举措,都在做出努力。尽管认识有差别,改正有快慢。毛泽东和周恩来希望早一点结束会议,回去抓工作。毛泽东在7月10日的讲话里,已经提到会议到了最后阶段,说初步安排到15日,延长不延长到那时再定。这至少说明他对于这次会议总的情况是满意的,希望通过他这篇讲话更好地统一大家的思想,实现预期的目标。7月14日,

---

① 毛泽东在庐山会议上的讲话记录(1959年7月10日),中共中央文献研究室编:《毛泽东年谱(1949—1976)》第四卷,中央文献出版社2013年版,第95—98页。

② 周小舟时任湖南省委第一书记,曾任毛泽东的秘书。周惠时任湖南省委书记处书记。李锐时任水利部副部长、毛泽东的通讯秘书,他与周小舟一起于7月13日被增补参加会议文件起草组工作。在1958年"大跃进"中,湖南被认为不像有些省那样厉害,周小舟在庐山会议上的表现是否与此有关,无从查考。——笔者注

③ 李锐:《庐山会议实录》,春秋出版社、湖南教育出版社1989年版,第89页。

根据他的指示，由胡乔木等起草、总的精神是继续纠"左"的《庐山会议议定纪录》，印发各个小组讨论。也正是在这一天，中共中央政治局委员、国务院副总理兼国防部长彭德怀给毛泽东写了一封信，由此引起一场风波。

7月16日，毛泽东将"彭信"冠以《彭德怀同志的意见书》的题目印发。"彭信"分甲、乙两部分：甲、1958年的成绩是肯定无疑的。乙、如何总结经验教训。整个看，全篇指出的"大跃进"和人民公社化运动的问题，没有超出甚至没有达到郑州会议纠"左"以来那样的广度和深度，也没有提出新的政策问题。但是，这并不意味着这封信了无新意，信中至少有两大看点：其一是说，"我们在处理经济建设中的问题时，总还没有像处理炮击金门、平定西藏叛乱等政治问题那样得心应手"。其二是说，"小资产阶级的狂热性，使我们容易犯左的错误"。而"纠正这些左的现象，一般要比反掉右倾保守思想还要困难些，这是我们党的历史经验所证明了的"。所以，有人把"彭信"解读为矛头指向毛泽东。如说，彭信"有很多刺，是影射毛主席的"。就是说，他意在毛泽东又不明说。因为谁都知道，金门炮战、西藏平叛，是毛泽东决策并亲自抓的，特别是金门炮战，从决策到部署以至以国防部长名义的告台澎金马同胞书都是毛泽东亲自为之。信里一句"我们"，说明遣词用句非无斟酌，不像致书人说"我这个人简单，类似张飞，却有其粗，而无其细"。毛泽东对经验教训的总结，着重在思想方法的方面，即认为主要是认识问题，缺乏经验。该信则强调挖社会根源，即小资产阶级的狂热性，并同党的历史上纠正几次"左"倾机会主义错误相联系。这又被解读为是把"大跃进"和人民公社中的缺点错误，看作路线性质的问题，其逻辑结论就会是"路线错了，就必须改换领导"。

毛泽东把"彭信"看得很严重是肯定的。他认为，自第一次郑州会议以来，历次重要的以纠"左"为主要内容的中央会议，致书人几乎都参加了，那时不讲话，现在膨胀的空气已基本压下来，纠"左"的部署和具体政策正在落实，会后有待进一步工作的时候，有此一举，这是"下战书"。他把这封信同国内外否定"大跃进"和人民公社的思潮联系起来，决心给予反击。经与其他常委商议，延长会期，扩大规模，接着举行党的八届八中全会。8月2日，中共八届八中全会开幕，毛泽东首先讲话。他说，会议有两个议题，改指标问题和路线问题。关于路线问题，他说："我们的路线究竟对不对？现在有一些同志发生怀疑。初上庐山还不清楚，有些同志要求民主，说有一种压力，压得他们不敢讲话。当时就不晓得是什么事情，摸不着头脑。初上庐山，7月上半月那个时候有点神仙会议的味道，就是闲谈一顿，没有什么着重，没有紧张局势。后来才了解，为什么有些人觉得没有自由呢？就是他们要求一种紧张局势。他们要攻击这个总路线，想要破坏这个总路线。对于去年11月郑州会议到现在九个月间中央的这些工作（批评'左'的倾向，'共产风'不刮了，公社实行三级所有制，指标逐步落实），他们看不到，他们看不进去，他们认为要重新议过。因此我们感觉政治局扩大会不够了，这个民主还小了，现在就请同志们大家来，开中央全会。他们还可能要求扩大，我们还有一个办法，开党代表大会，准备明年春季开党代表大会。现在要求民主，又是1957年那个要求大民主，大鸣大放大辩论，这么一种形势。"关于开会的方法，毛泽东说："应该是历来为我们大家赞成的一种方法，就是从团结的愿望出发。我们中央委员会这个团体，关系着中国的命运，现在社会主义的命运是在我们的肩上，我们担负这个命运，我们应该团结。现在有一种分裂的倾向。这种倾向，我在去年5月党代表大会上讲了的。那个时候并没有显著的迹象。现在已经有显著的迹象了，要分裂我们这个团体了。我看不行，不应该分裂，我们应该团结。那末，对于犯错误的同志怎么办呢？从团结的愿望出发，经过批评或者斗争，在新的基础上达到团结的目的，惩前毖后，治病救人。只有这种方法。"他最后提出："我们反了九个月'左'倾了，现在基本上不是这一方面的问题了，现在庐山会议不是反'左'的问题了，而是反右的问题了。因为右倾机会主义在向着党，向着党的领导机关猖狂进攻，向着人民事业，向着六亿人民的轰轰烈烈的社会主义事业进攻，找错误、缺点。确实有那么多错误，有那么多缺点。已经改正了，他说改正了不算，还要再改。他们抓住那么一些东西，把结论引导到路线错误，领导机关错误。是否如此，需要讨论。"[①] 现在基本上不是"左"的问题，而是右，"是反右的问题了"。这就掩盖了纠"左"以来还没有来得及解决或者解决得还不深不透的问题。会后，把反右倾的精神一直传达贯彻到基层，造成了严重的后果。

---

① 中共中央文献研究室编：《毛泽东年谱（1893—1976）》第四卷，中央文献出版社2013年版，第129—131页。

近年来，作为口述史料的《王光美访谈录》，关于1959年庐山会议围绕彭德怀信件问题，透露出一些值得重视的信息。其中提到，刘少奇看到"彭信"，最感担心的后果，是可能导致党的分裂。王光美回忆说："庐山会议中间发生180度的转变，实在很遗憾。为什么会这样？我认为有很多因素。彭总的有些话确实说得不够妥当，例如，说当年在延安召开的华北会议骂了他40天的娘，中国的严重问题也许要苏联红军帮助解决。正好这时驻苏大使馆发来情报，汇集了苏联领导人指责我们党的材料，所用的语言同彭总的说法相像。苏联大使尤金还在北京对留守中央的陈毅同志说：现在你可以搞政变了。庐山会议苏联政府又正式通知中国，停止供应我们制造原子弹的设备。联想到彭总在会前率军事代表团出访东欧几个国家，受到隆重欢迎等等情况，就认为他有国际背景，'为民请命'。在庐山会议上，少奇同志是站在毛主席一边的，也错误地批判了彭德怀同志。虽然少奇同志认为，彭总信中所说到的一些事情是符合事实的，一个政治局委员向中央主席反映问题，即使有些意见说得不对，也不算犯错误，但他并不赞成彭总的做法。中央包括毛主席在内已经开始着手纠'左'，彭总的做法使人感觉要追究个人责任，要大家表态站在哪一边，这不是要导致党分裂吗？少奇同志在总结党的历史经验时说过，党在幼年阶段曾遭受惨重打击，但仍能发展壮大起来，就因为保存了自己的旗帜，没有分裂。他是把党的团结看得高于一切的。"① 王光美的回忆说明，富有党内斗争经验的老一辈革命家，他们更看重的是这一行动的分量以及"一般不追究个人责任"的潜在含义。这可能是刘少奇的担心所在。

这一问题由经济问题引起，它的处置似在经济问题以外。现在，一些研究者开始较多地注意到庐山会议的复杂情况。例如，注意到1958年1月21日毛泽东在南宁会议上所说的如下一段话。他说："在整风中，建议军队拿几天时间讨论一次朱可夫②所犯严重错误的问题，此事由中央军委发出指示和有关朱可夫错误的材料，吸取苏联的教训。"对此，黄克诚后来回忆说："这次会议，实际上是中央领导军委整风，为彭德怀始料不

---

① 黄峥执笔：《王光美访谈录》，中央文献出版社2006年版，第200—201页。
② 朱可夫，苏联元帅。苏德战争期间战功卓著。斯大林逝世后，先后任国防部副部长、部长。1957年6月，朱可夫命令国防部动用军用飞机，把各地的苏共中央委员接到莫斯科，帮助赫鲁晓夫在党内斗争中击败了莫洛托夫等人。同年10月27日，朱又被赫鲁晓夫解除国防部长职务。

及。我们未能领会中央精神,所以主持会议显得很被动。这可能是:毛主席在匈牙利事件之后,开始担心我军领导出问题。也许这就是庐山会议的先兆。"① 这里不可能展开讨论这一问题。我们所关注的是,庐山会议后反倾向的转向,导致了严重的后果。也许没有"彭信",或者这封信是另外一个人所写,未必是那样一种局面。从这个意义上说,它带有偶然性;从另一方面看,作为一种新事物的社会主义建设总路线、"大跃进"和人民公社的提出和实践,出现较多问题,党内外以致国内外有不同的认识和议论,党内外以致国内外有人怀疑和否定,内外敌对分子和敌对势力乘机污蔑攻击,无疑增加了反倾向斗争的复杂性。在纠"左"努力已半年有余且成绩日显的情况下,毛泽东较多地考虑捍卫来之不易的这一套路线和方针,强调保护干部和群众积极性的方面,又可以说,庐山出现后来的发展有它难以完全避免的因素。

在这一点上,刘少奇的考虑和处置意见是较为妥帖的方案。据王光美回忆,关于反倾向的问题,刘少奇主张分别处理。王光美说:"他(为此)又找胡乔木说,他提议,把反右倾的文件只发到省一级,不要向下传达,同时搞一个继续纠'左'的错误的文件,发到县以下单位。少奇要乔木在起草文件时向毛主席转达他的提议。但会上批判彭总的火药味已越来越浓了,乔木没敢向毛主席转达他的提议。后来在1962年的七千人大会上,少奇同志在总结经验时说道:如果当时上面反右,下面仍反'左',情况要好多了。毛主席听说这事后批评胡乔木同志:'党的副主席叫你写完,你就该写嘛,不写是不对的。'"②

1959年庐山会议以"批彭"为标志,第一次郑州会议开始的纠"左"进程转变方向。同年8月7日,中共中央发出《关于反对右倾思想的指示》。"指示"指出:"现在右倾思想,已经成为工作中的主要危险。""反右倾,鼓干劲,现在是时候了。""指示"要求:"立即在干部中,在各级党的组织中,对右倾思想和右倾情绪,加以检查和克服,使干部和群众,在实事求是和认识一致的基础上,鼓足干劲,全面掀起群众性的增产

---

① 散木:《"朱可夫事件"对中国的影响》,原载《同舟共进》2012年第3期,转引自《作家文摘》第1522期第12版。林蕴晖:《朱可夫事件与彭德怀庐山罢官》,《今晚报》2009年5月18日。

② 黄峥执笔:《王光美访谈录》,中央文献出版社2006年版,第198页。

节约运动新高潮,用光辉跃进的成就,迎接国庆十周年。"①

庐山会议六年后,1965 年 8 月 11 日,毛泽东在他主持召开的中共中央政治局常委会议上说:"彭德怀最近说,当时不写那封信就好了。把他们的问题传达到底下去,现在看来不妥。当时,你(指刘少奇)是主张不传的,可是又没坚持,也没有给我讲。我赞成分配彭德怀一点工作,可以让他到三线去当第四副指挥。" 9 月 23 日,毛泽东同彭德怀谈话说:"现在要建设大三线,准备战争。按比例西南投资最多,战略后方也特别重要,你去西南是适当的,将来还可带点兵去打仗,以便恢复名誉。"当彭德怀谈到庐山会议上自己提到的三条保证时,毛泽东说:"后面两条我还记得,也许真理在你那边。"当刘少奇、邓小平和彭真到来参与谈话后,毛泽东又说:"彭德怀同志去西南区,这是党的政策。如有人不同意,要他同我来谈。我过去反对彭德怀同志是积极的,现在要支持他也是衷心诚意的。对老彭的看法应当是一分为二,对我自己也是这样。在我的选集上还保存你的名字,为什么一个人犯了错误,一定就要否定一切呢?"② 同年冬,彭德怀到四川任中共中央西南局三线建设委员会第三副主任。"彭案"的彻底平反,恢复名誉,是在两位主要当事人都作古以后的 1981 年党的十一届六中全会上。全会决议指出:"庐山会议后期,毛泽东同志错误地发动了对彭德怀同志的批判,进而在全党错误地开展了'反右倾'斗争。八届八中全会关于所谓'彭德怀、黄克诚、张闻天、周小舟反党集团的决议是完全错误的。'"③

第二节　农业的预警

中共八届八中全会虽然把右倾作为主要倾向加以反对,仍然决定由周恩来向全国人大常委会提出报告,建议对 1959 年 4 月全国人民代表大会上通过的当年经济计划指标进行调整。8 月 26 日,全国人大常委会第五

---

①　中华人民共和国国家农业委员会办公厅编:《农业集体化重要文件汇编(1958—1981)》(下),中共中央党校出版社 1981 年版,第 231—232 页。

②　中共中央文献研究室编:《毛泽东年谱(1893—1976)》第五卷,中央文献出版社 2013 年版,第 521、530 页。

③　参见《中国共产党中央委员会关于建国以来党的若干历史问题的决议》,人民出版社 1981 年版,第 19 页。

次会议讨论通过周恩来所作的《关于调整 1959 年国民经济计划主要指标和进一步开展增产节约运动的报告》，钢产量由 1800 万吨（包括土钢）调整为 1200 万吨（不包括土钢，土钢地方自产自用），原煤产量由 3.8 亿吨调整为 3.35 亿吨，其他工业品的产量指标也做了相应的调整。工业总产值由 1650 亿元调整为 1470 亿元。粮食产量由 10500 亿斤调整为 5500 亿斤，棉花产量由 1 亿担调整为 4620 万担，其他农产品和畜产品的产量指标也做了相应的调整。农业总产值由 1220 亿元调整为 738 亿元。基本建设投资由 270 亿元调整为 248 亿元，施工的限额以上项目由 1092 个调整为 788 个。同 4 月份全国人大通过的计划相比，各项指标调减的幅度为：钢产量近 1/3（有土钢停止生产的因素），原煤 11.8%，工业总产值 10.9%；粮食 47.6%，棉花 53.8%，农业总产值 39.5%；基建投资 8.1%，限额以上施工项目 27.8%。但同 1958 年实际相比，周恩来说，它仍然是一个继续跃进的计划，如钢产量（不包括土钢）增长 50%。

庐山会议刚结束的一段时间，经济调整的原定部署照旧维持着，八九月份还陆续出台几项新措施。例如：8 月 5 日中共中央发出《关于迅速恢复和进一步发展手工业生产的指示》；8 月 17 日财政部发布旨在进一步改善企业经营管理的《关于国营企业会计核算工作的若干规定》；8 月 31 日国家计委、财政部联合发布《关于国营工业企业生产费用要素、产品成本项目和成本核算的几项规定》；9 月 20 日中共中央决定继续上收企事业单位；9 月 23 日中共中央、国务院共同发出的《关于组织农村集市贸易的指示》等。但力度大不如以前，而且逐渐淹没在反右倾的声浪之中。

1959 年 8 月 24 日，中共中央发出掀起增产节约运动高潮的指示，要求提前和超额完成 1959 年国民经济计划，为两年基本完成第二个五年计划的主要指标而奋斗。《指示》说：八届八中全会公布的计划指标，是"第一本账"，必须提前和超额完成。在布置生产时，"第二本账"的指标（例如：钢，对外宣布 1200 万吨，内部仍为 1300 万吨；煤，对外宣布 3.35 亿吨，内部仍为 3.4 亿吨，这是"第二本账"）是实际的奋斗目标，也必须努力完成和提前超额完成。《指示》号召："为在今年完成和接近完成第二个五年计划的主要指标而奋勇前进！""为争取在十年左右的时间内在主要工业产品产量方面赶上英国而奋勇前进！""为大大提前完成和超额完成十二年全国农业发展纲要四十条而奋勇前进!"① 8月27日,《人民日报》发表《反右倾,鼓干劲,为在今年完成第二个五年计划的主要指标而奋斗》的社论。生产和建设显著加快了速度。国庆十周年献礼项目——北京十大建筑,当年设计、当年施工、当年竣工投入使用。像这样的大工程,能够在这样短的时间内高质量地完成,在建筑史上还不多见。它已作为"大跃进"年代的象征载入史册。

庐山会议后的九十两个月,毛泽东听到和看到的,都是经济形势日日向好的信息。9月18日,他曾离京到河北、山东、河南三省做为期一周的考察。一路所见,庄稼长势喜人,丰收在望,似乎印证了各地的报告。10月8日,他又接到一封薄一波10月7日给他的信,信中说:"我的家乡——和平人民公社的党委书记韩生智同志给我写来一封信,我看了感到十分兴奋:一、公社化后粮食大增产,工业也搞得很好;二、今年每人平均分到30斤麦子(保证了国家征购任务后),我的家乡主粮是杂粮;三、公社食堂59座,看来是基本上都到公共食堂了;四、群众情绪高涨,等等。特将这封令人兴奋的信打印送您一阅。"尽管如此,毛泽东还是要自己多看看。10月23日,他又一次离京南下考察。在安徽看了两个钢铁厂和一个化肥厂。10月30日,在列车上同安徽、江苏两省负责人谈话,问他们今年农业生产情况会不会好一些?两省负责人都作了肯定的回答。江苏负责人还说,今年的好处是大面积的高产,这一点比去年好。无论如何明年春天的问题不会再是今年春天那个样子了。当有人说对于粮食问题"心已经是比较放下来了"的时候,毛泽东接着又问了一句:"心放下来了?"回答说:"心比较放下来了。"毛泽东还是提醒说:"还是不要放下。搞十年吧,搞十年能够储备一年的口粮就好。能不能够?"在场的人回答:"差不多。"毛泽东说:"十年储备一年,就是到新中国成立二十周年的时候,全国人民有一年的储备粮,要办到这一条就很好。各种经济作物,多种经济的安排,你们怎么样?有所安排吗?"答:"明年的经济作物,我们打算多安排一点。"毛泽东说,不然积累也上不去,生活也不能改善。毛泽东这次外出,一路上还关切地询问群众和下面的干部对于两条道路的认识和态度问题。山东惠民县把小队长算在内的五级干部4300多

---

① 《当代中国的计划工作》办公室编:《中华人民共和国国民经济和社会发展计划大事辑要(1949—1985)》,红旗出版社1987年版,第139—140页。

人，坚决走社会主义道路的约占51%，在江苏，省委彭冲说南京郊区党支部书记排队，坚决拥护党的决定、号召的41%多一点。毛泽东说："乡村里头坚定的占百分之四五十，也就很好了，关键是看主要的权力掌握在谁手里。你只是讲的核算单位的，没有讲县、社、管理区的。这个问题是相当大的一个问题，不是个小问题。"他还说："社会主义和资本主义这个问题，是一个历史性的问题。虽然搞了十年，经过那么多风波，问题还是存在，并且相当严重，以后若干年，甚至于几十年，还存在这个问题。总之，阶级不消灭，总是存在这个问题。"①

10月30日晚上，专列驶往上海。毛泽东在同柯庆施谈话中，又一次谈到两条道路的问题。毛泽东这样说，是有所指的。一个时期在落实人民公社三级所有、队为基础的农村政策中，有的地区冲破有关规定，自行搞起包产到户甚至是分田到户的做法。江苏一些地方把全部农活都包到户，少数地方把全部或部分农作物包产到户，有的名为"定田到户，超产奖励"，实际上还是包产到户。有的公开提出"土地分到户，耕牛农具回老家"的要求。湖南农村有些富裕农民散布"公社不如高级社，高级社不如初级社，初级社不如互助组，互助组不如单干，解放后不如解放前"的流言，为倒退制造舆论。河南的情况更突出。不仅农民自发搞包产到户，有的地区一级主要领导还出面支持，借整社和实行包工包产重新丈量土地，立界碑，主张把土地、牲畜、农具、劳力等按户包给家长，在家长的指导下干活，倒退为"一小二私"的互助组或单干户。② 私有制存在了几千年，在集体农业还没有完成自己的技术改造（它要依赖于国家的工业化进程），不能大幅度地提高农村生产力，显著地增加人民公社社员的个人收入，使之明显超过当地新老富裕中农的生活水平的时候，一有机会，就会出现上述情况。遇到灾荒，生产生活一旦发生暂时困难，更是如此。"严重的问题在于教育农民。"所以，毛泽东提出，"在秋收之后，要在群众和干部中间，用批评的方法来开展两条道路、两条路线的教育。"③

---

① 中共中央文献研究室编：《毛泽东年谱（1893—1976）》第四卷，中央文献出版社2013年版，第226—227页。

② 马齐彬、陈文斌等编写：《中国共产党执政四十年（增订本）》，中共党史出版社1991年版，第172—173页。

③ 毛泽东同安徽、江苏两省负责人的谈话记录（1959年10月30日），中共中央文献研究室编：《毛泽东年谱（1949—1976）》第四卷，中央文献出版社2013年版，第226—229页。

在上海，毛泽东的所见所闻，使他对于反右倾的必要性及其对实际工作的推动作用更加深信不疑，相信国内经济形势已经显著好转。他说：庐山会议后，8月上旬起，设备、条件还是那样，但是产量、产值就变了，而且变得很显著。变得不显著，人家不信。沪东造船厂（应为江南造船厂——引者注）反右倾以后，说是争取六十天要送一条船下水，后头十九天把一条船的基本建设就搞成了。他还说：从中央材料看见的，说是湖南株洲一个工厂只有三十辆汽车，坏了二十六辆，剩四辆了。庐山会议后，那个劲就起来了，两三天功夫，就修好了二十四辆。从前不知什么道理，工人就没有劲了。总之，今年这个经验很大就是了。[1] 工农业生产传递的某种积极信号，不是虚妄的，却被高估了，尤其是自然灾害的严重程度仍在发展，虽然各地都在大力抗灾，能够抵御到怎样的程度，尚不能确定。毛泽东显然过于乐观了。

　　毛泽东在上海，一直是在自己的专列上。早已年过花甲的毛泽东，哪经得起长期过度操劳！市委负责人用他喜爱的游泳项目邀他下车，都被拒绝。他说："现在怕游水。已经有两个月没有游水了，身体搞得不行了。"然而，他依然满负荷地工作着。一天，他看到天津市畜牧局的一份材料，介绍河北省吴桥县王谦寺公社一个叫魁星庄的很穷的生产队，1958年以来，大养其猪，大干一年，不仅解决了吃肉问题，而且解决了肥料问题。以猪为纲，"六畜"兴旺，粮食产量一年翻了一番多，由穷队变成富队。毛泽东深受启发，随即在专列上给新华社社长吴冷西写了一封信，附上由他拟定题目为《大干一年翻了身，魁星庄生产队养猪积肥改变贫困面貌》的这篇材料。信中写道："此件很好，请在新华社《内部参考》发表。看来，养猪业必须有一个大发展。除少数禁猪的民族以外，全国都应当仿照河北省吴桥县王谦寺人民公社的办法办理。"信中建议各级党委直到公社生产队、生产小队的党组织，都要把养猪等项事业认真地抓起来，建立一个精干的机构，选派一个强有力的人去领导，大搞饲料生产。他说，美国就是这样办的。苏联现在也已开始大办。要把此事看得和粮食同等重要，把苞谷升到主粮的地位。有人建议，把猪升到六畜之首，毛泽东说，我举双手赞成，猪占首要地位，实在天公地道。苏联伟大土壤

---

[1] 参见中共中央文献研究室编《毛泽东传（1949—1976）》（下），中央文献出版社2003年版，第1019页。

学家和农学家威廉氏①强调农、林、牧三者互相依赖，缺一不可，要把三者放在同等地位。这是完全正确的。美国的种植业与畜牧业并重。"我国也一定要走这条路线，因为这是证实了确有成效的科学经验。我国的肥料来源第一是养猪及大牲畜。一人一猪，一亩一猪，如果能办到了，肥料的主要来源就解决了。这是有机化学肥料，比无机化学肥料优胜十倍。一头猪就是一个小型有机化肥工厂。而且猪有肉，又有鬃，又有皮，又有骨，又有内脏（可以作制药原料），我们何乐而不为呢？肥料是植物的粮食，植物是动物的粮食，动物是人类的粮食。由此观之，大养而特养其猪，以及其他牲畜，肯定是有道理的。以一个至两个五年计划完成这个光荣伟大的任务，看来是有可能的。用机械装备农业，是农、林、牧三结合大发展的决定性条件。今年已经成立了农业机械部，农业机械化的实现，看来为期不远了。"②他在同柯庆施等人讨论这个问题的时候，又补充说："我看，农业恐怕要抓住这两个东西就好办事，一个水，一个猪。只要水和肥料充足，粮食就能上得去。化学肥料放到第二位，主要靠粪肥。一亩一口猪，不增产我就不相信。"③毛泽东善于发现并且抓住群众中带有方向性的新鲜事物，加以理论的总结，推而广之。他关于农、林、牧业三者结合，走种植业和畜牧业并重的道路，大力发展养猪事业，以有机粪肥为主、化学肥料放在第二位的主张，科学总结了中外发展农业的有益经验，体现了"绿色农业"的思想，在今天也不失其应有的价值。此后人民公社大办养猪场中，又刮起一阵"共产风"，是另外的问题，同号召大养其猪不是一回事。上面提到的王谦寺公社魁星庄那个很穷的生产队，1958年以来，走养猪致富的道路没有刮"共产风"，就是证明。

工业方面，反右倾开始突破不久前调低了的计划指标，又向上加码。国家经委党组在一份报告中认为，今年工业生产和交通运输在5月下旬至8月上旬间，经历了一个"小小的马鞍形"。根据1月至9月20日计划的执行情况和目前形势看，今年钢、铁、煤炭等主要产品的生产计划，提前10天至15天完成是可能的。中共中央同意这一意见，9月30日批示要求

---

① 威廉氏，即威廉斯（1863—1939），苏联土壤学家，苏联科学院院士，著有《土壤学——农作学及土壤学原理》等。
② 毛泽东：《关于发展畜牧业问题》（1959年10月31日），《毛泽东文集》第八卷，人民出版社1999年版，第100—101页。
③ 毛泽东同柯庆施等谈话记录，1959年10月31日。

彻底揭发批判右倾思想和右倾活动，争取提前10天到15天完成全年的生产计划，推动已经形成的工交生产高潮持续地发展下去。①此后，在10月间召开的全国工业生产、交通运输会议和全国工、交、建、财先进集体和先进生产者代表大会上，又提出既要确保今年的继续跃进，又要为明年"开门红"和"满堂红"做好准备。10月16—28日的全国工业生产会议甚至认为，六七月份各地降低一些偏高的指标，减少某些方面的生产，主要是由于有些"右倾机会主义分子"吹冷风，使人们泄了气、松了劲，因而出现了一个"小小马鞍形"。还说庐山会议以后，还有1/10的工业企业右倾没有反透，干劲没有鼓足，仍然处于落后状态。当前工交战线的任务，就是要把右倾反透，把干劲鼓足，使已经掀起的增产节约群众运动大高潮巩固起来，争取提前10天到15天全面完成1959年的工业生产和交通运输计划。按照这一精神，要求1959年第四季度工业总产值完成486亿元，钢完成470万吨，生铁完成730万吨，煤炭完成9731万吨，加上前三季度的产量，同年计划相比，钢将超产50万吨，生铁将超产200万吨，煤炭将超产1500万吨。工业总产值保证全年完成1600亿元，比上年增长37%，超额8.8%完成年计划。

与此同时，国家计委和国家建委为贯彻执行反右倾、鼓干劲的精神，重新开工230个限额以上的基本建设项目，其中冶金、机械行业占86个。全年总计，限额以上基本建设项目又突破了1000项。11月22日，经中共中央批准，国家建委追加1959年基本建设投资13.6亿元，加上原定计划的248亿元、上年结转投资20亿元和各部与地方自筹资金约30亿元，1959年基本建设投资总额将达到311.6亿元，比6月13日调整方案240亿元增加71亿元，上半年压缩的基本建设投资出现反复。②

1959年国民经济计划执行结果，按全国人大常委会批准的调整计划检查，工业总产值完成101.0%，为1484亿元，比上年增长36.1%。基本建设投资完成139.0%，为344.6亿元，比上年增长30.1%。主要工业产品产量，钢完成115.6%（为第二本账的106.7%），为1387万吨，比上年增长73.3%；原煤完成110.1%，为36900万吨，比上年增长

---

① 参见中共中央批转的国家经委党组《关于目前工业生产形势和应当采取的措施的报告》，1959年9月30日。

② 参见《当代中国的计划工作》办公室编《中华人民共和国国民经济和社会发展计划大事辑要（1949—1985）》，红旗出版社1987年版，第141—142页。

36.7%。工业总产值指标和钢、煤、电、机床、原木、棉纱、盐、纸等几项指标，提前三年完成或超额完成党的八大一次会议关于第二个五年计划建议的1962年的任务。这一年，国民收入为1222亿元（当年价），按可比价格计算虽然比上年增长8.2%，但是，基本建设规模大大突破调整计划的结果，积累率在上年的基础上继续攀升，达到43.8%，为新中国建立以来的最高年份。财政赤字由上年的21.8亿元增加到65.8亿元。更为严重的是农业问题。尽管人民公社为抗灾作了很大努力，农业还是大幅度减产。粮食完成计划的61.8%，为3400亿斤，比上年减产600亿斤，下降15.0%，几乎退到1954年的水平；棉花完成计划的74.0%，为3417.6万担，比上年减产519.9万担，下降13.2%。油料、甘蔗、烤烟等主要农产品产量，减产幅度都很大。因而，农业总产值仅完成计划的64.4%，为475亿元，比上年下降13.6%。这是农业发出的预警。农业大幅度减产，轻工业生产不可避免地受到制约。工农业两大产业部门的反向运动，加上基本建设投资一再加码，1958年积累的问题非但未能缓解，反而有所发展，特别是以下几个问题显示了它的严峻性。

第一，城乡粮食供求关系十分紧张，基本口粮已明显不足。上半年本来精简了500万人，庐山会议后在反右倾的推动下，生产建设指标的反弹，带动职工人数回升，全年计算反而又增加81万人，城镇人口由上年的10721万人增加到12371万人，净增1650万人。为保证城镇商品粮供应，不得不动用库存。6月份，全国各大中小城市和工矿区的粮食供应，多是随调随销；许多地区的粮食库存已经挖空。1959年粮食产量比1957年减少500.9亿斤，而征购量反而增加了387亿斤，增长40.3%，当年征购粮达到1348亿斤。农村留粮由1957年的2940亿斤减少到2052亿斤，按农村人口平均的粮食消费量由409斤减少到366斤。又一次更为严重地购了"过头粮"，农民吃不饱的现象多处发生。

第二，在居民消费被挤压的条件下，社会购买力同商品可供量之间依然不能保持平衡，其反映就是市场供求关系的过分紧张。上述二者导致的结果，必然是城乡居民生活水平的下降。1959年，全国居民平均消费水平下降9.4%，其中农民平均消费水平下降21.1%，部分农民的生活相当困难。[①]

[①] 参见《当代中国的计划工作》办公室编《中华人民共和国国民经济和社会发展计划大事辑要（1949—1985）》，红旗出版社1987年版，第143—144页。

第三，财政赤字大幅度增加，基本建设投资效果指标恶化。1959年财政出现赤字65.8亿元，比上年又增加44亿元，占当年财政收入的13.5%。一般说，并不是任何情况下在可控范围的财政赤字都是危险的，不可接受的，即使是旨在扩大基本建设规模，只要农业部门不出问题，投资效益又较好，资金回收较快，通常也不会有什么危险。1959年恰好是在农业遭受大灾的情况下，基本建设投资又一次大上，增幅高达30.1%，远远超过国民收入8.2%的增幅，比财政收入增幅高出4.4个百分点，把积累率推高到建国以来从未有的43.8%的高位，比1958年还高9.9个百分点，挤压了本来就较低的居民消费。由于基建规模大，战线长，固定资产交付使用率和基本建设项目建成投产率比上年都有所下降。国家建设占用了过多的资源，既挤压了既有企业的生产，又不能在当年转化为现实的生产力，增加社会可供商品量；基建费用中转化为新增职工的一部分消费基金，还增加了社会购买力，加剧与社会可供商品的矛盾。基本建设规模过大，是造成许多问题的重要原因。

第四，在农业减产、轻工业受到制约的情况下，重工业依然发展较快，更突出了农轻重结构的畸形化。1957年农、轻、重在工农业总产值中所占比重为43.3∶31.2∶25.5（按当年价计算，下同），1958年变化为34.3∶30.5∶35.2，1959年变化到25.1∶31.1∶43.8。其中尽管有农业减产的非正常因素，仍然值得高度重视。

这里有一个问题，反右倾、鼓干劲是否一定要落实到提高计划指标、增加基本建设投资上？就当时的情况，需要解决的问题主要不是计划保守，而是跃进之后的问题还没有很好解决，如国家经委党组6月30日报告所说，主要问题是：在工业发展的比例关系上，出现了某些失调现象和许多薄弱环节。在企业的经营管理上，生产指标不落实，天天欠账。产品数量上升，质量下降。产品数量的增长也不平衡，人力物力浪费，产品成本提高，等等。因此，下半年工业战线的任务，就是要在鼓足干劲，继续前进的基础上，调整比例关系，加强薄弱环节的工作，改进企业的经营管理，加强对生产的组织调度，整顿生产秩序，深入地开展一个全面地贯彻执行多快好省方针的增产节约运动，更好地组织本年工业生产的继续大跃进。[①] 就是说，经过反右倾，鼓起来的干劲本应落实到这些方面，却反其

[①] 参见国家经委党组《关于当前工业生产中亟待解决的几个问题的报告》，1959年6月30日。

道而行。

第三节　1960年继续"大跃进"的受阻

一　继续"大跃进"的决策

毛泽东曾要求1960年搞个马鞍形，有时是说踏步一年，计划指标就像1959年那样，甚至低一点也可以，总之，不要定高了，继续调整。结果却不是这样，最后确定的1960年国民经济计划指标又是一个继续"大跃进"计划。这是很大的变化，这同国际事态的发展有联系，更同庐山会议后的情况直接相关。当时，对国内政治经济形势，对粮、棉生产的估产都比较乐观。

自1954年万隆会议和日内瓦会议开始，到1957年莫斯科会议前后，这是新中国仅有的一段外部条件较为稳定的时期。除了国内因素以外，抓住这难得的机遇加快发展，正是发动1958年"大跃进"的重要背景。毛泽东在《论十大关系》报告里，设想较大幅度地调整若干经济政策和经济关系，也与此有直接关系。然而，历史的发展并不总是一帆风顺。1958年的台海局势说明，有利的外部条件正向相反的方向转化。国外敌对势力不愿看到新中国强大起来。首先是美国。它的一个如意算盘是在台湾问题上做文章，一方面制造"两个中国"或"一中一台"，把台湾从祖国分裂出去；另一方面，扶植亲美势力作为封锁、围堵新中国和反华反共的桥头堡。1958年夏的金门炮战，严重挫折了美国的图谋。在西藏，外部势力从来没有停止它们的阴谋活动。1959年3月10日，西藏上层反动集团在英帝国主义分子和印度扩张主义分子的支持下，经过长期准备，公然发动以拉萨为中心的武装叛乱，妄图把西藏从祖国分裂出去。由于中央早有警觉，内政与外交、军事斗争与政治斗争有机配合，迅速取得平叛的胜利，维护了国家的统一和民族的团结，获得了藏族同胞和爱国上层的一致拥护。其次，苏联赫鲁晓夫集团在巩固了自己的统治地位以后，转过脸来又想控制中国。1958年提出在中国建立长波电台和联合舰队，遭毛泽东严词拒绝。为讨好美国，它不惜拿中国作筹码，把中苏分歧公开化。1959年6月20日，苏联政府突然单方面撕毁关于向中国提供核技术援助的协议，以此压迫中国屈服于它的对美妥协政策。赫鲁晓夫访美前夕，无视中国劝阻，于9月9日抢先发表塔斯社偏袒印度、指责中国的声明。9月30

日，访美归国途经中国时，竟在周恩来举行的为庆祝中华人民共和国成立十周年招待会的讲话中，对中国的台海政策妄加非议，说什么"不要去试验资本主义制度的稳固性"等等。中国党和政府在应对美国帝国主义的同时，不得不直面一场控制与反控制的严重斗争。由于以上因素，西藏平叛后，国际上出现了鼓噪一时的"反华大合唱"，一些人包括党内一些高级干部不免感到迷惑。面对这种情况，毛泽东的选择是，无所畏惧，决不示弱后退。它有利于自己的人民增强信心，战胜困难，化害为利。1960年3月22日，他在题为《关于反华问题》的批语中，首先对所谓大反华进行分析，最后归结到团结起来，做好国内工作。他说，"我劝同志们，对于西方国家的帝国主义分子，其他国家的反动分子半反动分子，国际共产主义运动中的修正主义分子半修正主义分子，对于所有这三类分子，要有分析。第一，他们人数极少。第二，他们反华，损伤不了我们一根毫毛。第三，他们反华，可以激发我们全党全民团结起来，树立雄心壮志，一定要在经济上和文化上赶上并超过最发达的西方国家。第四，他们势必搬起石头打到自己的脚上，即是说，在百分之九十以上的善良人民面前，暴露了他们自己的丑恶面目。"他进一步指出，各国坏人半坏人反华，不是每天都反，而是有间歇性的。不但现在有较小的间歇性，而且将来会有较大的间歇性，看我们的工作做得怎么样。例如说，我们全党全民真正团结一致，我们的主要生产项目的总产量和按人口平均的产量，接近或超过他们了，这种较大的间歇性就会到来，即是说这会迫使美国人同我们建交，并且平等地做生意，否则他们就会被孤立。"总之，一切问题的中心在于我们自己的团结和自己的工作都要做得好。"① 当时估计，经过反右倾，大家的干劲又鼓起来了，情况一天比一天好。

1959年11月30日至12月4日，毛泽东在杭州主持召开中央政治局常委扩大会议，讨论1960年国民经济计划和中苏、中印关系等国际问题。会议第一天，李富春汇报1960年国民经济计划。当他汇报说1960年工业总产值和净产值计划比1959年增加31%的时候，毛泽东问：明年看涨，为什么？李富春回答说：今年比去年增加37%。农业照原来农业书记会议上的安排，粮食是六千五百亿斤，棉花是六千万担，以这两项为纲农业

---

① 毛泽东：《关于反华问题》（1960年3月22日），中共中央文献研究室编：《建国以来毛泽东文稿》第九册，中央文献出版社1996年版，第93—96页。

总产值比 1959 年增产 17%。毛泽东又问：如果减少呢？陶铸说：绝不会减少，可以增加的。毛泽东质疑：可以增加？李富春说：明年粮食可以增加一千一百亿斤。毛泽东说：可以嘛，现在横竖是我们的指标，你明年超过，大家高兴。结果明年又完不成。你看，今年粮食要搞七千五百亿斤，结果搞了五千四百亿斤，二千一百亿斤不见了，这不是看涨，是看跌嘛！你明年搞这么多，结果达不到。增加百分之十，我看就好，百分之十就算跃进嘛！你先不要搞那么多。李富春继续汇报棉花增加七百万担。毛泽东说，明年增加七百万担是不是太多？增加不了怎么办？这个还要斟酌一下。在李富春讲到明年一季度基本建设的安排问题时，毛泽东说：控制得了吗？你说控制，结果他不控制。控制上马项目的办法，一是控制材料，一是一定要审批。在李富春讲到明年农业生产的问题时，毛泽东说：还要养猪。各省要专开一个养猪的会议，明年猪至少要增加一倍。从这段对话看，计划机关又有些坐不住了，可见下面的劲头不小。毛泽东虽然倾向谨慎些，尤其是农业指标，但还是改变了他原先所说 1960 年"踏步一年"的初衷，同意钢的生产指标定为 1800 万吨，希望搞到 2000 万吨，说到 1962 年"三千万吨钢真正搞到手，我们国家的局面就转变过来了"，不过对外可考虑提个二千八百万吨，再留点余地，让各地年度去超过。在这次会议上，毛泽东除了提出把质量、规格、品种放在第一位、数量放在第二位以外，还提出了两个意义重大的问题：一个是建立大后方的问题，一个是防止帝国主义除用战争方法，还用和平演变方法消灭社会主义的问题。[①]

1960 年 1 月 7—17 日，中共中央在上海举行政治局扩大会议，主要议题是国民经济计划和今后几年的设想。因应国际形势的新情况，军事问题也被列为议题，在第一天的会议上，毛泽东还提出了突破国防尖端的问题。他说："国防尖端这个东西要切实抓一下。现在世界上没有这个东西，好像就不是一个国家，人家就不理你。这个东西，我看是备而不用，要在八年内搞起来，搞个吓人的东西。"[②] 这次会议批准了李富春关于计

[①] 参见毛泽东在 1959 年 11 月 30 日至 12 月 4 日召开的中共中央政治局常委扩大会议上的讲话记录及讲话提纲，中共中央文献研究室编《毛泽东年谱（1949—1976）》第四卷，中央文献出版社 2013 年版，第 241—242 页。

[②] 中共中央文献研究室编：《毛泽东年谱（1949—1976）》第四卷，中央文献出版社 2013 年版，第 304 页。

划问题的报告,认为1959年的"大跃进"是全面的大跃进,1960年还将是一个大跃进年,可能比1959年形势更好。说资产阶级搞了一百年,就超过过去几千年,无产阶级为什么不能搞大跃进呢?应当有这样的雄心壮志。会议敲定的1960年国民经济计划,钢产量第一本账为1835万吨,比上年增长33%;第二本账争取2000万吨或者还稍多一点。粮食产量为6000亿斤,比上年增长11%。今后三年的设想是提前五年实现八届八中全会提出的十年赶上英国的口号,提前五年实现全国农业发展纲要和科学规划纲要;八年的总目标是基本实现四个现代化,建立起完整的工业体系,同时基本完成集体所有制到全民所有制的过渡,在分配制度上逐步增加共产主义的因素。从现在起,要大办公共食堂,试办和推广城市人民公社。毛泽东在最后一天的讲话中,勉励大家要努力实现今年计划规定的任务。他说,庐山会议以后很灵,生产月月高涨,看来今年至少不弱于去年,可能比去年更好一些。基本上是要把我们自己的事情搞好。我们准备分几个阶段,把我们这个国家搞强大起来,把人民进步起来。现在我们的干法的正确性,有些人不相信,再有三年、五年,再有个五年,搞到一亿吨钢,那时候就很难再不相信了。所以,我们要努力工作。①

同年3月30日—4月10日,第二届全国人民代表大会第二次会议审议通过国务院拟定的1960年国民经济计划草案。主要经济指标的安排是:工农业总产值2980亿元,比上年增长23%,其中,工业总产值2100亿元,在1959年增长39.3%的基础上增长29%;农业总产值880亿元,在上年增长16.7%的基础上增长12%。在工业总产值中,重工业增长32%,轻工业增长24%。主要工农业产品产量,钢(不包括土钢)从1387万吨增加到1840万吨,增长38%;原煤从3.47亿吨增加到4.25亿吨,增长22%;粮食从5401亿斤增加到5940亿斤,增产10%;棉花从4820万担增加到5300万担,增长10%。铁路货运量从5.4亿吨增加到7.2亿吨,增长33%;汽车货运量从3.4亿吨增加到5.4亿吨,增长57%。预算内基本建设投资由267亿元增加到325亿元(不包括地方自筹的60亿元),增加21.7%,主要用于机械、冶金、电力、煤炭等部门;

---

① 参见毛泽东在中共中央政治局扩大会议上的讲话记录(1960年1月7—17日),中共中央文献研究室编《毛泽东年谱(1949—1976)》第四卷,中央文献出版社2013年版,第303—305页。

当年施工的限额以上建设项目1520个。国家预算收入安排700.2亿元，比上年决算增长29.3%；预算支出安排700.2亿元，比上年增长32.7%。稍加分析，这个计划的基础是有问题的，它主要是以农业的高估产为前提的。而实际情况是：1959年的产量已经达到或者超过了第二个五年计划规定的1962年的指标的，主要是工业交通和基本建设，农业不但没有完成原定"二五"计划，同上年相比，生产水平总的说是下降趋势，同国务院的估计距离很大。当时，国务院对国民经济发展状况的估计是："在1958年'大跃进'的基础上，在1959年继续实现了国民经济的大跃进，并且提前三年完成了第二个五年计划的主要指标。"1959年工农业总产值达到了2413亿元，比1958年的1841亿元增长31.1%，其中，工业总产值达到了1630亿元，比1958年的1170亿元增长39.3%，农业总产值达到了783亿元，比1958年的671亿元增长16.7%。国家预算内的基本建设投资总额完成267亿元（地方和企业自筹的投资约50亿元不在此数之内），比1958年的214亿元增长24.5%。就主要工农业产品来说，其中的多数，1959年的产量已经达到或者超过了第二个五年计划规定的1962年的指标。钢（不包括土钢），计划1050万吨至1200万吨，实际达到1335万吨；原煤，计划1.9亿吨至2.1亿吨，实际达到3.478亿吨。粮食，计划5000亿斤左右，实际达到5401亿斤；棉花，计划4800万担左右，实际达到4820万担；大豆，计划250亿斤左右，实际达到230亿斤。[①] 其中农产品产量后经核实，粮食（包括大豆）只有3400亿斤，棉花只有3417.6万担，[②] 比上述统计数字分别少2001亿斤和1402.4万担。粮食退到相当于1954年的水平。从而，轻工业在下一年势必要受相当大的影响。在这种情况下，提出继续跃进，其前景蕴含着很大的不确定性。如果不再发生大的自然灾害，农业状况明显向好，可能争得较多主动；否则，就会是另外一种情况。

二 饥馑的袭来

1960年1月2日，《人民日报》发表题为《开门红，满堂红，红到

[①] 参见李富春在第二届全国人民代表大会第二次会议上《关于1960年国民经济计划草案的报告》（1960年3月30日）。

[②] 参见中国国家统计局《中国统计年鉴（1984）》，中国统计出版社1984年版，第145、146页。

底》的社论，发出"开门红，满堂红，红到底"的号召。社论说：我们已经完美地实现了"1959年红到底"，现在正满怀信心地为"1960年开门红"而奋斗。我们的努力目标不但是开门红，而且还是满堂红、红到底。所谓开门红、满堂红、红到底，从全国范围来说，就是要各个企业、各个行业、各个地区今年第一季度的平均日产量，不低于或略高于去年第四季度的水平，并且在这个基础上稳定上升，实现月月红、季季红；不但要做到产量红，而且同时做到质量、品种、成本和安全样样红，全面跃进。社论还论述了实现1960年开门红、满堂红、红到底的一些条件。[①]

应该说，1960年的继续跃进，在一定程度上汲取了1958年"大跃进"的某些教训。例如，在计划安排上一个较为突出的特点是，从各方面努力加强农业的基础地位，争取农业有一个好收成，扭转在粮食问题上的被动局面。其措施包括：（1）继续落实郑州会议以来农村人民公社的有关政策，坚持集体经济的方向。1959年3月3日，经毛泽东批示、中共中央转发广东省委关于当前人民公社工作中的几个问题的指示[②]，集中反映了这一点。（2）大力发展以养猪为中心的畜牧业。（3）加强商品粮基地建设。（4）把支援农业列为重工业以及各方面的重要任务，抓紧农业技术改造。钢材分配尽可能保证农业需要。与1959年相比（下同），用于制造农业机械和农具的钢材安排110万吨，增加一倍左右；为农业直接提供的产品有：拖拉机22000台，联合收割机2000台，排灌机械250万马力，载重汽车8500辆，化肥280万吨，农药18万吨，胶轮手推车1000万辆，小型水利发电设备20万千瓦至30万千瓦。此外，半机械化的农具和小农具将有更多的增加。1960年供应农业的生产资料将达到105亿元左右，增加40%；农业方面将增加机械动力500多万马力，相当于2000万个劳动力；机耕面积将达到1亿亩以上，增加40%左右；机械灌溉面积将达到2亿亩以上，增加1倍。（5）加大国家对农业的投入。1960年安排农业、水利、林业和气象部门的基本建设39.1亿元，比上年增加62.9%，在基本建设投资总额中占12%，为新中国成立以来占比最高年份。可改善灌溉面积2亿亩，扩大灌溉面积6千万亩，增加治涝面积6千万亩，造林2

---

① 参见《当代中国的计划工作》办公室编《中华人民共和国国民经济和社会发展计划大事辑要（1949—1985）》，红旗出版社1987年版，第145页。
② 参见中共中央文献研究室编《建国以来毛泽东文稿》第九册，中央文献出版社1996年版，第39—43页。

亿亩，初步实施水土保持措施的面积增加 10 万至 15 万平方公里。除兴修大型水库以外，还将兴修大量的中小型防洪、灌溉和水利综合利用工程。河南三门峡、湖北丹江口、河北岳城镇等大型水利工程都将进行大规模施工。[①]

又例如，基本建设的安排向地方倾斜，多发展中小企业，多上投资少、见效快的项目。在投资总额中，分配给中央各部门直属企业的投资为 163.5 亿元，占 50.3%；分配给地方企业的投资为 161.5 亿元，占 49.7%。其中，特别注意增加中小型项目的建设，要求各个工业部门和交通运输部门，各个地方和人民公社，在 1960 年都应当继续积极地发展一批"小洋群"和"小土群"企业，同时提高原有的"小洋群"企业和"小土群"企业的生产水平。有煤有铁的地方，都要积极建立新的采煤、炼焦、炼铁、炼钢的"小洋群"企业，或者"小土群"企业，以带动其他行业的"小洋群"或"小土群"企业的发展，并且适应生产建设的需要，根据各地自己的可能条件，建设必要数量的小洋铁路或小土铁路。

再例如，一部分经济指标和工作要求（水利、开荒、土铁路的修筑等）有所降低。在工业生产上强调提高产品质量和增加新种类产品，大搞"四化"即机械化、半机械化和自动化、半自动化，通过技术革新和技术革命促进经济增长，不能单纯依靠增人增设备。要开展增产节约运动，努力节约原材料，提高劳动生产率，降低成本，改革和加强企业管理和劳动组织等。

但 1960 年的主基调仍然是继续"大跃进"。钢、煤、粮、棉四大指标定得依然较高。钢的指标在第一本账以外，又拟定了 2040 万吨的第二本账，甚至还要求达到 2200 万吨。为了完成计划规定的任务，部署开展五大运动，就是技术革命运动，公共食堂运动，城市人民公社运动，城市支援农村运动，卫生运动。要求 1960 年普遍推行"四化"，城乡实现公共食堂普遍化，城市人民公社化，一个县至少搞一个小洋群，凡有煤、铁的人民公社均应搞小洋群。一时间，各地纷纷大办县社工业，大办水利，大办食堂，大办养猪场，已经或正在纠正中的"五风"随之又刮了起来。有些公社为增厚社有经济，创造向全民所有制过渡的条件，也乘机一平二

---

① 参见李富春在第二届全国人民代表大会第二次会议上《关于 1960 年国民经济计划草案的报告》（1960 年 3 月 30 日）。

调。三月间，毛泽东看到山东的一份材料，发现了这种严重情况，当即作出批示，要求严厉制止，切实纠正。他说：山东发现的问题，肯定各省、各市、各自治区都有，不过大同小异而已。问题严重，不处理不行。"一些公社工作人员很狂妄，毫无纪律观点，敢于不得上级批准，一平二调。另外还有三风：贪污、浪费、官僚主义，又大发作，危害人民。所有以上这些，都是公社一级干的。范围多大，不很大，也不很小。是否有十分之一的社这样胡闹，要查清楚。""对于这些人，应当分别情况，适当处理。教育为主，惩办为辅。对于那些最胡闹的，坚决撤掉，换上新人。平调方面的处理，一定要算账，全部退还，不许不退。对于大贪污犯，一定要法办。一些县委为什么没有注意这些问题呢？他们严重地丧失了职守，以后务要注意改正。对于少数县委实在不行的，也要坚决撤掉，换上新人。"①3月24—25日，他在天津主持召开政治局常委扩大会议。在讨论继续跃进的有关问题时，要求全党要严重注意农村"五风"抬头等问题，并且提出今年要搞三反，就是反贪污，反浪费，反官僚主义。他说，已经六七年没有反了，现在大发作。②与此同时，农村缺粮，出现逃荒、患水肿病以及饿死人的问题也时有发生，并开始反映上来。山东省在2月27日的一份报告里反映，约有15%的基本核算单位生活安排不落实，出现人口外流和水肿病的现象。3月21日的简报又说，沾化县有几个公社患水肿病的人比较多，全县春节后因患水肿病已经死亡500人，缺粮原因是卖了过头粮。

工业交通方面，3月天津会议结束后，邓小平在京传达会议精神，强调还是要大搞群众运动。他说，不搞群众运动，小脚婆娘，不行。小土群、小洋群仍要注意，各行各业都有个小土群、小洋群问题。相应地要抓小土铁路、小洋铁路。大中小并举，从发展速度、从战略上看有益处。这是对付原子弹的主要的办法。③从传达看，天津会议关于生产指标打得也还是比较高，而且估计1967年实现四十条纲要"四、五、八"的目标能够提前。然而，实际情况却不像设想的那样好。还在1959年第四季度，工交战线突击高产以后，已经出现许多脱节现象亟待解决，接着又提出1960年第一季度生产水平不低于或者略高于第四季度的要求。在一季度

---

① 毛泽东：《坚决制止重刮"共产风"等违法乱纪行为》（1960年3月23日），《毛泽东文集》第八卷，人民出版社1999年版，第163—164页。
② 参见天津会议记录，1960年3月24日。
③ 参见邓小平传达天津会议讨论十七个问题记录，1960年3月30日。

勉强实现"开门红"以后，便疲软下来。主管部门预计五六月份以煤、铁、矿、运为中心的生产高潮一直没有出现，提出"上半年要完成全年指标一半左右"的目标也没有兑现。纺织行业的问题更大。3月30日到4月10日第二届全国人大第二次会议期间，上海纱厂由于棉花断供，已不能开工。据商业部报告，1959至1960年度，由于棉花大幅度减产，预计只能收购3075万担，比原定4119万担的收购计划要少1044万担。这就势必造成棉布大量减产，影响棉布供应。为此，中共中央于5月7日决定，把1960年全国平均每人的棉布定量由24尺减为22尺。5月22日，又减少了县城和农村的定量。

毛泽东原来也是比较乐观的，但种种迹象不能不使他产生疑问。国内形势，农业情况究竟怎样，他决定亲自到各地看看。4月28日，他先来到天津。4月30日，找在这里主持全国农村工作部长会议的谭震林、廖鲁言以及河北省、天津市的负责人座谈。问及国内形势同一月上海会议时比较是不是好一点？他被告知"好得多"。毛泽东问："怎么好得多？"谭震林说，今年工业产值可能翻一番。粮食形势也是好的。他们派了十几个考察团到安徽阜阳专区考察，死人是个别的，多数人治好了，外流的人数也不多，口粮并不是九两以下（从整个谈话看，这里指的应该是十六两一市斤的老秤，下同——引者注），实际数字比这多。说河北省的大名县也是叫做有粮食问题的，他们也派了一个组去摸，摸的结果不是每天吃八两、十二两，而是吃一斤。人的脸都红光满面，不像吃八两粮食的样子。毛泽东说："实际的情况我们不大清楚。有些瞒产的，有些以多报少的，也有些以少报多的，不仅是中央的人不大清楚，省的人也不清楚。"谭震林说："现在我们发现有些县委手上掌握的粮食，省里不知道，有些地委也掌握着粮食，省委也不知道。"毛泽东说："这都是好事，虽然瞒着省委。这是穷的结果。因为穷，穷则瞒嘛。"谈到河南省粮食统销，全省差不多每个人都统销，毛泽东说他不相信，谭则说："这说明他们手里有粮食，没有粮食他不会那么干的。所以，实际吃的，并不是他们报的什么八两、九两、十一两、十二两。"毛泽东说："那好呀，那我又舒服一点。"接着他又问：今年能搞到多少粮食？在场的廖鲁言回答：大概六千亿斤。毛泽东追问能保收多少？廖答："保收六千亿斤。""照你的说法，有可能超过六千亿了？"毛泽东质问说。谭震林肯定："超过。"廖鲁言补充道："今年多了一亿五千万亩的播种面积是肯定有的，可能搞到两亿亩。"

1959年入冬以来,西北、华北几个省和河南、山东一直干旱,对农业生产威胁很大。这次会议提出用三个冬春大搞水利建设,解决这个问题。毛泽东听了,要他们搞十个冬春。他说:索性搞长一点,放长线,钓大鱼。谈到河北省水运不昌,就是靠天上水、地下水,毛泽东提出了研究海水淡化的问题。他说,把海水变成淡水,渤海这个水库就大了。[①]

1960年的粮食产量,最后核实仅为2870亿斤[②],不到谭、廖所说6000亿斤的一半。这个数字是怎样来的?谭震林和廖鲁言正在这里主持全国农村工作部长会议,是否是这次会议上的汇总?如果是这样,是不是大家又浮夸虚报?至少没有充分根据这样推定。一者,谭、廖二人向毛泽东汇报时,夏收作物正在生长季节,尽管旱灾不小,从全年看,自然灾害最终有多重,对全年收成影响到多大程度,远未可知。二者,当年总播种面积还是增加近1.2亿亩,其中粮食播种面积增加9610万亩,[③] 虽然没有达到廖鲁言所说多了1.5亿亩甚至2亿亩,假如受灾不是很严重,或者像上年那样,虽然不能奢望收6000亿斤,超过1959年的3400亿斤应是可能的。果真如此,历史的发展也许又是一种情况。问题是,天有不测风云,偏偏当年自然灾害比上年更为严重,粮食预产数字后来大大落空。

毛泽东从天津到山东、河南,再南下湖北、湖南,经江西、浙江,最后到上海,前后一个多月。后一段,国际问题分散了他一部分精力。毛泽东每年都有很大一部分时间在外地视察,他认为北京没有鲜活的东西,容易滋生官僚主义。实际上,他这时在外地也很难了解到完全真实的情况。听到的和看到的,同实际大都有一定的距离。例如,5月2日在山东,毛泽东先是询问那里的旱情。省委第一书记舒同汇报说,全省受旱面积9000万亩,严重的3000万亩。毛泽东又一次讲到水利建设要搞十年而不是三年,还提出了南水北调和海水淡化的问题。当问及山东今年会不会闹春荒?舒同汇报说:"有些问题,现在正在抓这件事。有一部分县的领导,马马虎虎,看来是有问题,他们却说没有问题;有些县,原来认为没

---

① 参见毛泽东同谭震林、杨尚昆、廖鲁言、刘子厚、万晓塘谈话记录(1960年4月30日),中共中央文献研究室编《毛泽东年谱(1893—1976)》第四卷,中央文献出版社2013年版,第382—383页。
② 参见中国国家统计局《中国统计年鉴(1984)》,中国统计出版社1984年版,第145页。
③ 同上书,第137页。

有问题，现在暴露出了问题；有个地区还搞了瞒产私分。"毛泽东一听说瞒产私分，立即追问："哪个要反瞒产私分？是地委，还是县委，还是公社党委？现在那些人还在那里办事吗？这种书记就不要让他当了，要他吃饭完了。"毛泽东提出，"是不是要中央调点粮食给你们呢？"舒同说："中央答应一亿。我们今年调出去三亿五。"毛泽东接着说："你们搞三年，转过这个弯来。河北省转过来了。"毛泽东又问："今年的麦子比去年是不是多一点？"舒同说："今年的麦子原来一百四十亿斤是有把握的。现在全省大旱，多则一百亿，少则九十几亿，去年是八十亿。"毛泽东说："是呀，世界上的事情，天有不测风云呀。也许这两三天就下雨了。"舒同说："那就好了，还有希望。"①

5月6日在河南，毛泽东见到吴芝圃、杨蔚屏等省委负责人，第一句话就说：我在火车上，在郑州附近看了你们的麦子很好，差不多一人高，有水浇没有？杨蔚屏回答说：有的有水，是城里的污水和黄河水。偃师（县）是全省第一，麦田管理得好。毛泽东又问：单位产量呢？杨说："有一个丰产单位，去年搞到八百多斤。"毛泽东接着问："有那么多没有？"杨答："它那里好。现在天旱得很厉害，河南八千万亩麦子，有二千万亩五个多月不下雨，五千万亩是三个月不下雨。"毛泽东说，"去年旱，今年又旱。你们这个水利计划，还是搞长久之计吧，每年不要搞得太紧张了，免得牵动太大，粮食也吃得多。"稍加琢磨，有的话，所答不完全是所问。一般说，所属地方领导对交通要道两旁的庄稼都比较重视，类似于所谓"面子工程"。如果再以"丰产单位"为例，产量自然要高一些。5月11日，毛泽东同吴芝圃、杨蔚屏再次谈话时，又谈到河南的旱情。吴芝圃说："去年从夏季一直旱到秋季，全省有四分之一地区一直旱到现在，这个情形跟光绪三年（1877年）连旱三年的情形一样。光绪三年（1877年）河南大旱，1942年河南大旱。最怕夏旱、秋旱。不过今年的麦子还算不错。去年工作上也有毛病，一部分地区歉收，对灾情估计不足，搞基本建设公用粮食太多，抗旱也多吃了粮食。所以，今年浮肿病多，主要是信阳专区，旁的专区也都有一点，不怎么严重。信阳专区说病了十来万人。正常死亡与浮肿病死亡也很难分，死亡率是增加的，信阳专

---

① 毛泽东同山东省委负责人谈话记录（1960年5月2日），中共中央文献研究室编：《毛泽东年谱（1949—1976）》第四卷，中央文献出版社2013年版，第385—386页。

区可能增加好几万人。"吴的语气里,难免有些避重就轻。毛泽东说:"我们中央、省这两级做上层工作的人不可能都去看公社,就是选点要点去望一望,要靠下面反映;而下面反映的材料,就有一部分不可靠。总而言之,上级领导机关,比如中央一级,省一级,连地委也是不甚了了。方针、政策、计划是否正确,不是理论的问题,而是实践的问题,横直去做,做出结果出来了,就是正确。方针政策是否反映了客观实际,是要靠做。"看来,毛泽东已经愈来愈感到,不能了解到实际情况是个很大的问题。在这次谈话中,毛泽东问到河南的人口有五千一百万时,说恐怕是要提倡节育了。①

自庐山会议反右倾精神传达到县以下,不仅纠"左"成果在很大程度上得而复失,在几个"大办"中,大刮"共产风"又有了口实。就一般情况,公社和生产大队手里既缺钱又缺粮,急于要它办这办那,还要为过渡到公社所有制准备条件,它不去平调生产队和社员的财物,"共"别人的"产",还能指靠什么?当时分析,全国 2000 个左右县、市,大约 3/4 的县市有煤铁资源,其中建立起钢铁基点的只有 2/3。因此,要求在 1960 年内全国所有有煤铁资源的县、市至少要搞起一个以煤铁为中心的小土群、小洋群基点,有条件的人民公社也要尽可能举办小土群的采煤、采矿、炼铁企业,使小煤窑、小铁矿、小高炉、小转炉、小铁路"五小成群"。在有条件的地方,还要求搞小有色金属矿、小化工、小水泥、小水电等等。这些过急过高的要求,不啻成了"共产风"的催化剂。据 21 个省、市、区的统计,当年参加"小土群""小洋群"的职工发展到职工总数的 55.2%。②

在粮食形势方面,1960 年以来,粮食供应日趋紧张,粮食调运情况更加不好。3 月 23 日,国务院决定适当提高四川、贵州、云南、湖北、湖南、江西、广西七个省区的粮食收购价格(粮食销价原则上不作变动),情况仍无好转。5 月 28 日,中共中央发出《关于调运粮食的紧急指示》。接着,又于 6 月 6 日发出《关于为京、津、沪和辽宁调运粮食的紧

---

① 参见毛泽东同河南省委负责人谈话记录(1960 年 5 月 6 日、11 日),中共中央文献研究室编《毛泽东年谱(1949—1976)》第四卷,中央文献出版社 2013 年版,第 387—388、392—393 页。

② 参见柳随年、吴群敢主编《中国社会主义经济简史》,黑龙江人民出版社 1985 年版,第 261 页。

急指示》。① 5月份各调出省所调出的粮食仅完成计划的一半。北京、天津、上海和辽宁省一些大工业城市和工业区调入的粮食都不够销售，粮食周转库存非常薄弱，北京只能销售7天，天津只够销售10天，上海几乎无大米库存。如果不突击赶运一批粮食去接济，这些城市就有脱销的危险。全国粮食周转库存预计6月末只有300亿斤，其中陈粮160亿斤，新粮140亿斤，是统购统销以来最低的一年。中共中央虽一再要求有关省、区必须立即采取有效措施，把一切需要调运和能够调运的粮食尽快地集运外调，由于各地粮食都很紧张，调运工作一直进展不快。肉、油、禽、蛋供应情况也越来越差，大城市除特殊情况外，几乎无禽蛋供应。

三 重新开始转弯

毛泽东这次外出，边看，边听，边思索，逐渐感到坚持原来的部署难以为继，重新开始了转弯的过程。毛泽东的《十年总结》，可以看作是这一转变的一个标志，也是它的起点，虽然迟了"半拍子"，转得也并不轻松。国际问题主要是中苏关系的问题，在转变的过程中产生了极大的干扰作用。它牵涉了毛泽东和中共中央很大一部分精力。赫鲁晓夫为首的苏共和苏联政府乘机向中国发难，额外增加了转变中的困难。5月22日和6月8日至9日，政治局常委连续举行会议，讨论国际问题和中苏关系问题，决定由彭真率中共代表团出席罗马尼亚工人党代表大会。毛泽东提醒要做两手准备，特别是准备苏共借机整我们。他的提醒不幸言中。

6月8日至18日，毛泽东在上海主持召开中共中央政治局扩大会议，研究"二五"后三年（1960—1962年）的计划，并讨论国际形势。这次会议强调，作计划必须留有余地，要坚持以农业为基础的方针，加快发展农业，并较大幅度地降低了"二五"后三年（1960—1962年）补充计划的14项指标，从而开始了转弯的过程。

会议第一天，刘少奇主持讨论纠正"一个指头"的问题。他在列举存在的一些问题后说，这些问题不纠正，现在是一个指头，将来是可以慢慢扩大的，可以扩大到两个指头、三个指头的。这就是今天会议要解决的

---

① 参见《当代中国的计划工作》办公室编《中华人民共和国国民经济和社会发展计划大事辑要（1949—1985）》，红旗出版社1987年版，第151页。

问题。邓小平也说，我们要热，热是热得够的；但是，冷是否有一些不够呢？这些现象是一个指头，但如果不注意，会发展到两三个指头的。他提出，要考虑"二五"计划后三年的计划是否高了。11日下午继续讨论。刘少奇在讨论后说，这次讨论一个指头的问题，是为了更好地、更全面地贯彻执行总路线，不是动摇或否定总路线。过去两年，执行了总路线，但是有些地方执行得不够好，还有浮夸，我们听了，而且相信。把成绩估计得过好过高了，如果根据这种估计布置工作，决定政策，就会落空。今后还要鼓足干劲，力争上游，但要着重了解实际情况，实事求是。①

6月14日，毛泽东讲话，主旨是要降低生产指标，由着重数量转向着重质量，把质量问题放到第一位。他说："八大有两条经验，第一，大多数项目，以钢为例，打得很低，一千零五十万吨到一千二百万吨，以致给我们留了很大余地。第二，有些指标打高了，就是棉、油、糖。"这一次搞后三年补充计划我看要改，还是要留有余地，不要打那么多。比如棉花，昨天不是说五千万担吗？我看刮下五百万担，只搞四千五百万担。他问今年粮食究竟是不是能够增长百分之十左右，增加四百多亿斤？说今年能够增长一点跨过五千亿斤大关，就大有可为。现在提1962年三千万吨钢，假如今年搞到两千万吨，还有两年，平均每年增长五百万吨，会超过的。这时，邓小平插话说：三千二百万吨也超过。毛泽东说，不要提三千二百万吨，还是提三千万吨。按实际办得到的，还要打点回旋余地，让年度、让地方去超过。关于基本建设，毛泽东说：基本建设这个盘子，我还是有点不放心。今年大型水利工程计划搞一百个，结果是三百六十个，搞那么大的规模，就要有那么多的人上阵，质量有些就不够标准，大水一冲就垮，一跨就把人冲走了。所以基本建设要好好抓一下，要抓稳。今年和今后两年的基本建设，盘子绝不可以搞得过大，数量不可不讲，但恐怕要提出质量放在第一位。过去有一个时期，包括我在内，想那个大数目字，比如一亿吨钢，接近美国，那该多好呀！我看，现在不要着重那个东西，要着重门类样样都有，钢与钢材的规格很高，普通钢之外还有特殊钢，而特殊钢要达到世界水平。"总而言之，这次会议要解决这个问题。报告指

---

① 参见中央政治局扩大会议记录（1960年6月8日、6月11日）。

标要修改,讲质量、品种、规格,把这个提到第一位,把数量放到第二位。"①

这次会议,很有些类似1958年接近年底实为主动调整的武昌会议。那时是压缩空气,落实到降低计划指标;这一次,是正视"一个指头"的问题,同样要落实到降低计划指标,"同曲同工"。看来,把生产指标真正落到实处,并不容易。问题在哪里?毛泽东在会议最后一天所写的《十年总结》,从认识论的角度进行了初步总结。考虑到该文的重要性,篇幅不算很长,特全文抄录于下:

十年总结

(一九六零年六月十八日)

前八年照抄外国的经验。但从一九五六年提出十大关系起,开始找到自己的一条适合中国的路线。一九五七年反右整风斗争,是在社会主义革命过程中反映了客观规律,而前者则是开始反映中国客观经济规律。一九五八年五月党大会制定了一个较为完整的总路线,并且提出来打破迷信、敢想敢说敢做的思想。这就开始了一九五八年的大跃进。是年八月发现人民公社是可行的。赫然挂在河南新乡县七里营墙上的是这样几个字:"七里营人民公社"。我到襄城县、长葛县看了大规模的生产合作社。河南省委史向生同志,中央《红旗》编辑部李友久同志,同遂平县委、嵖岈山乡党委,会同在一起,起草了一个嵖岈山卫星人民公社章程。这个章程是基本正确的。八月在北戴河,中央起草了一个人民公社决议,九月发表。几个月内公社的架子就搭起来了,但是乱子出得不少,与秋冬大办钢铁同时并举,乱子就更多了。于是乎有十一月的郑州会议,提出了一系列的问题,主要谈到价值法则、等价交换、自给生产、交换生产。又规定了劳逸结合,睡眠、休息、工作,一定要实行生产、生活两样抓。十二月武昌会议,作出了人民公社的长篇决议,基本正确,但只解决了集体、国营两种所有制的界线问题,社会主义与共产主义的界线问题,一共解决两个外部

---

① 毛泽东在中共中央政治局扩大会议上的讲话(1960年6月14日),中共中央文献研究室编:《毛泽东年谱(1949—1976)》第四卷,中央文献出版社2013年版,第414—415页。

的界线问题，还不认识公社内部的三级所有制问题。一九五八年八月北戴河会议提出了三千万吨钢在一九五九年一年完成的问题，一九五八年十二月武昌会议降至二千万吨，一九五九年一月北京会议是为想再减一批而召开的，我和陈云同志为此都感到不安，但会议仍有很大的压力，不肯改。我也提不出一个恰当的指标来。一九五九年四月上海会议规定一个一六五〇万吨的指标，仍然不合实际。我在会上作了批评。这个批评之所以作，是在会议开会之前两日，还没有一个成文的盘子交出来，不但各省不晓得，连我也不晓得，不和我商量，独断专行，我生气了，提出了批评。我说：我要挂帅。这是大家都记得的。下月（五月）北京中央会议规定指标为一三〇〇万吨，这才完全反映了客观实际的可能性。五、六、七月出现了一个小小马鞍形。七八两月在庐山基本上取得了主动。但在农业方面仍然被动，直至于今。管农业的同志，和管工业的同志，管商业的同志，在这一段时间内，思想方法有些不对头，忘记了实事求是的原则，有一些片面思想（形而上学思想）。一九五九年夏季庐山会议，右倾机会主义猖狂进攻。他们教育了我们，使我们基本上清醒了。我们举行反击，获得胜利。一九六〇年六月上海会议规定后三年的指标，仍然存在一个极大的危险，就是对于留余地，对于藏一手，对于实际可能性，还要打一个大大的折扣，当事人还不懂得。一九五六年周恩来同志主持制定的第二个五年计划，大部分指标，如钢等，替我们留了三年余地，多么好啊！农业方面则犯了错误，指标高了，以至不可能完成。要下决心改，在今年七月的党大会上一定要改过来。从此就完全主动了。同志们，主动权是一个极端重要的事情。主动权，就是"高屋建瓴"、"势如破竹"。这件事来自实事求是，来自客观情况对于人们头脑的真实的反映，即人们对于客观外界的辩证法的认识过程。我们过去十年的社会主义革命和社会主义建设，就是这样一个过程。中间经过许多错误的认识，逐步改正这些错误，以归于正确。现在就全党同志来说，他们的思想并不都是正确的，有许多人并不懂得马列主义的立场、观点和方法。我们有责任帮助他们，特别是县、社、队的同志们。我本人也有过许多错误。有些是和当事人一同犯了的。例如，我在北戴河同意一九五九年完成三千万吨钢；十二月又在武昌同意了可以完成二千万吨，又在上海会议同意了一六五〇万吨。例如，一九五九年三月在第二次郑州会议上，主张对一平二调的账可以不算；到四月，因受浙江同志和湖北同志的启发，才坚决主张一定要算账。如此等类。看来，错误不可能不犯。如列宁所说，不犯错误的人从来没有。郑重的党在于正视错误，找出错误的原因，分析所以犯错误的主观和客观的原因，公开改正。我党的总路线是正确的，实际工作也是基本上做得好的。有一部分错误大概也是难于避免的。哪里有完全不犯错误、一次就完成了真理的所谓圣人呢？真理不是一次完成的，而是逐步完成的。我们是辩证唯物论的认识论者，不是形而上学的认识论者。自由是必然的认识和世界的改造。由必然王国到自由王国的飞跃，是在一个长期认识过程中逐步地完成的。对于我国的社会主义革命和建设，我们已经有了十年的经验了，已经懂得了不少的东西了。但是我们对于社会主义时期的革命和建设，还有一个很大的盲目性，还有一个很大的未被认识的必然王国。我们还不深刻地认识它。我们要以第二个十年时间去调查它，去研究它，从其中找出它的固有的规律，以便利用这些规律为社会主义的革命和建设服务。对中国如此，对整个世界也应当如此。

我试图做出一个十年经验的总结。上述这些话，只是一个轮廓，而且是粗浅的，许多问题没有写进去，因为是两个钟头内写出的，以便在今天下午讲一下。①

在两个钟头内，写出两千字（须知不是用打字机，更不是用现在的计算机）有着如此深刻思想的总结性短文，不是偶然的。极有可能这是他反复思考的大问题。在回望那段历史的时候，仍值得后人细加体会。

1960年上半年的"大跃进"，在某些方面的错误比1958年夏秋更为严重。它是在过去两年积累了不少问题的基础上的重演，又有反右倾的政治压力，因而危害性更大。1959年年底农村在公共食堂吃饭的人数已经有72%，1960年要求达到80%，说能争取到90%以上更好。把公共食堂当作必须固守的社会主义阵地，提高到阶级斗争上看待。不顾实际情况推行食堂化，侵占、克扣口粮，引起农民的极大不满。城市大办人民公社，大办街道工业和各种集体生活组织，几乎都是依靠平调起家，包得多，统得死，也引起部分居民特别是一部分高级知识

---

① 毛泽东：《十年总结》（1960年6月18日），中共中央文献研究室编：《建国以来毛泽东文稿》第九册，中央文献出版社1996年版，第213—216页。

分子的不安。

正当国内一些问题亟待解决的时候，在罗马尼亚布加勒斯特上演了一场赫鲁晓夫精心组织的对中国共产党的围攻。毛泽东和中共中央除了应战，别无选择。

7月5日至8月10日，中共中央在北戴河举行工作会议。会议议题，一是国际关系问题，主要是中苏关系问题；二是国内工作问题，主要是经济调整问题。这是把加强农业摆在首位、拉开长达三至五年经济调整序幕的一次重要会议，也是将反对苏修叛徒集团为主要代表的国际修正主义郑重提上日程的一次重要会议。7月5日下午，毛泽东主持召开中共中央政治局常委扩大会议，听取彭真汇报出席布加勒斯特会议情况，以及部分省市委第一书记关于农业生产情况的汇报。陶铸发言汇报广东开展"三反"运动的情况，说发现很多贪污、浪费和官僚主义的问题，还发现很多坏人和一些反革命分子在一些县、社当权，枪毙了几个罪大恶极的分子，群众很欢迎。还讲到广东这两年非正常死亡两万人。合浦县县委书记提出一年改变面貌，水利搞得不错，但强迫命令不少，群众不敢讲话。毛泽东说，拉长点时间，十年改变面貌就好了。李先念反映，现在农村粮食安排和征购发生矛盾。薄一波反映，江苏无锡县委书记给他讲，去年该县养猪34万头，今年计划发展到130万头，现在反而下降了，只剩下32万头。主要原因是全县5000多个生产小队中48%的小队不养猪了。李井泉汇报说，现在下面干部贪污的主要是粮食和猪。柯庆施汇报说，今年收成不好，劳动力被挤占比较多，粮食和生产在安排上都有问题。工业方面的问题也很多。陶铸说，现在农村商品非常紧缺。过去生产的水果等农副产品是自己的，他要拿出去卖钱，现在不是自己的，就大吃，小队留、大队也留。这时，毛泽东说，这次要把一些问题彻底搞清楚，主要是两个问题，一个是国际关系问题，一个是国内工作问题。邓小平说，有一系列问题要考虑，比如外贸，他们（指苏联——引者注）看到我们有了困难就卡我们，我们要自力更生。话音一落，大家的注意力立刻又转到中苏关系方面。[①] 在充满义愤的议论中，毛泽东提醒国际的事情还是决定于国内。他讲话说："要真正以农业为基础。农业被挤了十年，一挤劳动力，二挤设备、运输力。工业上去了有利有弊，现在要去其弊。把现有劳动力搞出个

---

① 参见北戴河中央工作会议记录（1960年7月5日）。

比例。过去产量估计过高，水利方面上人太多，生活管理又很差。现在要贯彻劳逸结合，管好生活，搞好作风，保证最低生活。城市与乡村同时安排，粮食、经济作物、副食品三者统一安排。国际事情决定于国内的工作。我国的工业、农业都没有过关，力求缩短时间过关。要真正实事求是，密切联系群众，不要脱离群众，把社、队干部训练好，把公社制度建立好，争取（一九）六零、（一九）六一、（一九）六二年把工作做好，把人民公社搞好，主要建立各种制度，如三级所有制。工业要缩短战线打歼灭战，争取主动。"①

就在会议中间，7月16日，苏联政府悍然决定召回在中国工作的苏联专家，撕毁两国签订的343个建设合同和合同议定书，废除257个科学技术合作项目。未及中国答复，7月25日就通知全部苏联专家都将在7月28日到9月1日撤走。苏联在华专家共约1300多名，分布在经济、国防、文教和科研等32个部门、51个城市、250多个企业。他们用突然袭击的办法，全部撤走，并带走所有技术资料，停止合同供货，势必使中国一些重大设计项目和科研项目中途停顿，正在施工的一部分建设项目被迫停工，一些正在试生产的厂矿不能按期投产。这显然是瞄准中国经济遇到的困难，施加压力，逼中国就范。赫鲁晓夫扬言，离开苏联的帮助，中国不可能搞出自己的原子弹。这一举动，再一次激起大家的义愤，影响着会议的进程。7月18日，会议转入第二项议程。李富春就国内经济形势和有关问题作报告。7月20日，毛泽东主持召开政治局常委扩大会议，听取各地汇报今年生产任务完成情况。26日，周恩来主持讨论当前最突出的粮食问题。28日，毛泽东再次召集政治局常委扩大会议，继续研究粮食问题，同时还讨论了尖端技术问题。7月31日，周恩来就苏联撤走专家和外贸问题作报告。这是牵涉到国家经济生活各个方面的问题。对苏贸易一项占中国整个进出口贸易的一半，在中国主要依赖农产品出口的情况下，连续两年大灾，粮、油、肉、蛋等都没有完成收购计划，影响了出口，对苏贸易欠账积累23亿卢布。大家一致表示，要勒紧裤带还债。毛泽东答应："争取明年还清这个账。"②

---

① 中共中央文献研究室编：《毛泽东年谱（1949—1976）》第四卷，中央文献出版社2013年版，第428页。
② 北戴河中央工作会议记录（1960年7月31日）。

8月10日会议最后一天,刘少奇主持,毛泽东作简短讲话。他说,我们开了一次办公会议,工作会议。关于国内工作,制定了几个文件,希望要切实执行。接着,他着重讲要抓好粮食生产,力争多打粮食。他说:"总而言之,韩信将兵,多多益善,使秋收尽可能搞多一点。这是第一条。第二条,秋种要尽可能多种一点,种好一点。从前我有一个时期偏在一面,就是武昌会议那个时期,赞成一些同志的建议,叫做少种多收。后头看起来不行,还是要两条腿走路:一个是少种多收,就是搞丰产方;二是要广种薄收。还有一个肥料问题,种绿肥也是秋种。明年夏收必须要争取多收,比哪一年也要多一点,而关键就在于今年的秋耕秋种。现在横直是天要下雨,娘要嫁人,全靠自己。国际问题,上面讲了的,全靠自己救自己。民以食为天,吃饭是第一条,请同志们注意。"他针对农村人民公社重又急于过渡到社有制和刮"共产风"的问题,提出"三级所有,队为基础"的规定至少五年不变。他说:"原说三五年不变,我改成至少五年。至少五年不改变这个所有制,搞一个死规定。个人所有制的部分,一定还是要的,在田边屋后总要给社员一点自留地。过去批转贵州省关于食堂问题的那个文件中说食堂办得好的地方群众自己不要自留地了,这个说法是有毛病的。'大集体、小自由',武昌会议决议写了的,不要忘记这一点,这个要下一个狠心。你们如果反对,就在这里讲,不要面从心违,当面说赞成,回去又不干。"毛泽东讲到这里,话锋一转说:"我主要讲农业问题。至于钢,一定要二千万吨呀!我看有一个幅度比较好,一千九百万吨到二千万吨之间。我们在座的心里要有个账,如果硬办不到,也不要十分勉强。"这时,周恩来插话说:力争还是要力争,但不要十分勉强。毛泽东最后说:"今天我讲的这些,不是什么发明,也不是我个人的意见,而是我们过去共同决定的,中央并且有指示的,今天重复说一下。劳动力问题,要学四川仪陇县那个办法,从县、社两级压下去多少万人,中央把这个文件批一下。总之,保粮保钢,这是两个大东西,当然别的也要保。"[①]

毛泽东讲话后,邓小平接着讲话。他针对当前的新情况,讲了必需的战略举措。他说:我们面临着在国际上坚持反对修正主义,国内坚持马列

[①] 中共中央文献研究室编:《毛泽东年谱(1949—1976)》第四卷,中央文献出版社2013年版,第441—442页。

主义的问题。中国最有资格坚持这样做；如不坚持，将是一大灾难，天虽然不会垮下来，将来历史会写我们一章就是了。谈到国内工作，他指出：要估计到，工作做得好，有一定的困难，从现在到明年北戴河会议。要足够估计到这个困难，特别是粮食。关于今明两年可能欠苏联的大约20亿卢布债务，就是要挤，把账还完。这是政治上争取主动，是个政治问题，没有什么了不起。这个时期，中央很大的精力要抓国际斗争，地方同志，中央各部门的同志，很大的精力要抓具体的工作，第一是农业，第二是工业，还有市场、"三反"等。战略布局方面，这次有个重要的决定和措施，就是成立中央局。从战略上考虑，从把工作做得更细、更好考虑，成立中央局极有好处。他强调，有几个问题能够解决了，我们这个国家腰杆子就粗了。第一个问题，就是有六个战略单位，形成这么一个体系；第二个问题，就是大中小结合，遍地开花，打不烂；第三，叫做民兵；再加上第四，各个地区粮食能够自给。他说，这几招踩稳了，我们准备硬着头皮顶十年。如果三年搞好了，就提前完成了么！现在的形势，谁晓得出什么问题呀！他以1956年波兰波兹南事件时，赫鲁晓夫最初决定出兵波兰为例说，他跟艾森豪威尔谈话是承担了义务的，他那个时候为什么要来？就是承担了义务来的，结果就吵了架（指1959年中国国庆十周年时，他访美归国途中路过中国的情况——引者注）。总之，国际这一切，就是要把国内的工作做好。[①] 刘少奇最后也讲了话。他讲到要注意苏联的颠覆活动。国内工作，讲到建立六个经济体系问题时，他说，这也是准备战争，不只是经济部署，是一个战略部署，要准备在"二五""三五"把这件事情基本上搞好。[②]

会议经过讨论，形成几个文件。结束的当天，中共中央发出《关于全党动手，大办农业，大办粮食的指示》。8月14日，又发出《关于开展以保粮、保钢为中心的增产节约运动的指示》。虽然在"保粮"的同时，也还有一个"保钢"的任务，以粮食为中心的农业生产被摆在了最紧要的地位。坚决缩短基本建设战线，认真清理劳动力，充实农业第一线，首先是粮食生产战线；按照"低标准""瓜菜代"安排好人民生活，管好、

---

① 参见北戴河中央工作会议记录（1960年8月10日），《邓小平年谱（1904—1974）》（下），中央文献出版社2009年版，第1570页。
② 同上书，第1570页。

用好粮食,把保证粮食不脱销列为党和政府的头等大事。自此,应对危机,救灾度荒的一系列安排陆续出台。

1960年情况错综复杂。年初信心满满地发动继续大跃进,第二季度工业开始下滑。粮食市场持续紧张。毛泽东巡视各地,召开上海会议力求扭转被动。不料夏收减产,水灾接踵而至,希望年成比上年好的期盼行将落空。农村饥馑开始蔓延,国民经济危机征兆日益明显。赫鲁晓夫乘机恶化中苏两党、两国关系,政治围攻,经济施压。北戴河中央工作会议及其前后出台的几个文件,既是这种状况的反映,也标志着旨在应对危机的经济调整已经拉开序幕。在1960年的后半年,实际上是较为被动地从"大跃进"的态势向着应对危机的转变,类似于战场上不利情况下的边打边撤退。在工业上,以钢为例。4月29日,中共中央批准1960年4月各省市自治区党委工业书记会议的两个文件,要求在第二季度把工业生产迅速地、显著地促上去,"力争做到上半年主要产品产量完成全年计划一半左右,为完成和超额完成今年以2040万吨钢为纲的工业生产计划而奋斗。"要大办"小土群""小洋群",以煤、铁为中心,以交通为先行,使小煤窑、小铁矿、小高炉、小转炉、小铁路"五小成群"。5月30日,又批转1960年计划第二本账,要求各部门和各地区立即抓紧时间,争取钢产量达到2100万—2200万吨。当年计划指标被推到最高点。到二季度末,钢产量不但没有搞上去,平均日产水平反而比一季度下降5.8%。7月份以后煤炭等几种主要产品逐日大幅下降。苏联单方面撕毁协议,尽管憋一口气,要"练争气钢",然而计划指标还是有了松动,允许要求调入煤炭、生铁的省份,在经过努力以后仍不能实现原定钢铁生产指标,"那就应当实事求是,根据煤炭和生铁供应的可能",适当调整指标。[①] 8月10日,毛泽东在北戴河会议上进一步表示,钢的计划指标,经过努力如果硬是办不到,也不要十分勉强。其他方面,大体情况也是这样。

与此同时,加强了应对灾荒的举措。例如,在农业劳动力的安排上,要求用于农业和牧业生产的比例不得少于60%到65%,农忙季节用于农业生产的应达到80%以上;所有单位都必须根据有张有弛的原则和既有

[①] 参见中共中央批转的李富春、薄一波《1960年第三季度工业交通生产中的主要措施》,1960年8月5日。

大集体又有小自由的原则,对群众的生产、工作、学习和生活进行统一安排,切实做到劳逸结合,保证睡眠时间和必要的自由支配时间;督促突击调运粮食,以应急需;从8月份起到年底,压缩社会集团购买力5亿元,直到1961年2月底以前都不得动用等。

四 1960年计划完成情况

这一年,工农业总产值完成2065亿元,仅为计划的69.3%,比上年增长5.4%。其中,农业总产值完成415亿元,继上年大幅下降后又比上年下降12.6%。主要农产品产量,粮食产量为2870亿斤,比上年减产530亿斤,下降15.6%;棉花产量2126万担,比上年减产1292万担,下降37.8%,粮、棉总产量都下降到1951年的水平;油料产量3405万担,比上年下降50.9%,其他很多农产品也大幅度下降。1960年收购原粮尽管高达1024亿斤(按生产年度计算,下同),供求矛盾仍很尖锐。当年粮食销售大于购进124亿斤,国家粮食库存比1957年减少236亿斤,有些城市和地区存在粮食脱销的危险。由于粮食减产和征购量较大,1960年农村留粮比1957年减少37.1%,按人口平均的粮食消费量比1957年减少35.3%。农业继续大幅度减产,还将向重工业和整个国民经济传导。这是农业危机可能引发国民经济全面危机的重要信号。

工业总产值中重工业继续以25.9%的较高速度增长,轻工业出现新中国成立以来从没有过的9%负增长,这是上年农业大量减产的结果。棉纱、布、食糖等主要轻工业产品产量分别比上年减少28%到60%。重工业产品产量虽仍在增长,已显露疲态。10月份以后,在保粮的同时,集中力量保钢,到年底勉强完成1866万吨,其后果是进一步加剧了国民经济的失衡。工业和农业两大产业部门以及农业、轻工业与重工业之间的比例关系,更加不相适应。在重工业内部,采掘工业出力过度,受到极大损坏。在机械设备的生产中,主机和辅机、主件和辅件配不起套。而最主要的是,数量和质量不平衡,数量增加,质量下降。[①]

这一年,基本建设投资高达389亿元,比上年增加39亿元。基建

---

① 参见国家经委《关于重工业和交通运输业的汇报要点》(1960年12月16日)。

拨款占财政支出的比重升至54.2%。当年施工的大中型项目1815个，比上年增加454个。固定资产交付使用率由上年的69.2%下降为68.8%；大中型建设项目投产率由上年的12%下降为9.8%。国民收入为1220亿元（当年价），首次出现1.4%的负增长。积累率比上年下降4.2个百分点，仍处在39.6%的高位。财政赤字由上年的65.8亿元增加到81.8亿元，为新中国成立以来的最高位。货币流通量96亿元，比上年增长27.7%。当年全民所有制职工人数达到5044万人，比1957年增加2593万人。一方面社会需求膨胀，另一方面农业和轻工业生产下降，市场供应更加紧张。零售商品货源与社会商品购买力差额高达74.8亿元，占当年社会购买力的10.4%。全国零售物价上涨2.8%。居民消费水平比1957年下降13.6%；按人口平均的基本生活必需品减幅更大。每人平均的全年粮食消费量降为327斤，比上年减少12.3%；食油消费量降为3.7斤，比上年减少18%；猪肉消费量降为3.1斤，比上年减少48%。[①] 加以几年苦战，疲劳过度，抵抗力降低，衍生一些流行疾病，人口死亡率上升，出生率下降。

---

① 参见《当代中国的计划工作》办公室编《中华人民共和国国民经济和社会发展计划大事辑要（1949—1985）》，红旗出版社1987年版，第162—163页。

第三篇　意外的经济危机[①]

紧步"大跃进"和农村人民公社化运动，中国陷入三年严重经济困难。本书尝试运用马克思主义经典作家关于经济危机的一般理论，揭示这一不同寻常的经济现象。认为：在经济危机一般的意义上，它实际上也是一场经济危机。但这是不同于经济危机的特有形式——资本主义市场经济国家为固有矛盾所决定的那种周期性生产过剩危机。20世纪60年代初的中国经济危机，主要是由于持续遭遇特大自然灾害和工作失误导致的危机，首先是农业严重歉收引发的粮食危机，进而向工业部门传导和扩散，酿成整个国民经济的危机。笔者把它定义为同社会主义基本制度无关的特殊形态的经济危机。这一研究的意义在于说明：建立在生产资料公有制基础上的社会主义经济制度，不是仅仅具有优越性的一面，惊人的资源动员能力和按照需要有计划配置资源的可能性；而且在一定条件下，例如遭遇超出人类抗拒能力的自然灾害的袭击，以及经济工作如果在较长时间内或者在较为严重的程度上违背客观经济规律和自然规律，同样会发生经济危机。它启示人们，必须保持清醒的头脑，并有必要的准备和储备以预防不测。这也是不久以后，毛泽东提出备战备荒为人民战略方针的重要背景之一。

尝试用经济危机的一般理论解释20世纪60年代初的中国经济困难，应该说，是一个新问题。本篇命题是一场"意外的"经济危机，一则是在社会主义的传统观念里，通常并不接受经济危机的概念；二则对于当时的中国，正处在经济跃进年代，一般也不会想到有什么危机。虽则毛泽东1958年确曾多次发出过准备应付包括战争、严重自然灾害和党的分裂在

[①] 这里使用的经济危机概念，是就经济危机一般而言，不是指它的特有形式——为资本主义制度固有矛盾所决定的那种周期性生产过剩危机。

内的可能的灾难,但是,在庐山会议刚刚经历一场党内风波不久,也未必估计到经济危机的袭击。

  这场危机严重打击了中国经济,使人民饱受艰难,也再次引发了决策层的一度分歧。国内外敌对势力幸灾乐祸,甚至乘机发难。他们绝不会想到,中国各族人民在毛泽东为首的中共中央领导下,万众一心,团结奋斗,以难以置信的速度战胜危机,修复经济,重新走上健全发展的道路,宣告了种种反共反华预言的破产。事实再一次表明:社会主义制度具有强大的生命力。中国共产党不愧为坚强的党,中国人民不愧是英雄的人民。

第 十 章

马克思主义经济危机理论的方法论意义

本章主要从方法论的角度绍介马克思、恩格斯关于资本主义经济危机的分析以及列宁、斯大林将经济危机概念引入社会主义经济分析的启发意义。

第一节　马克思、恩格斯怎样剖析资本主义经济危机

经济危机这一惊心动魄的重要经济现象和经济运行状态，是伴随资本主义经济制度的诞生和发展方才出现的。世界第一次经济危机发生于1825年的英国，以后大约每十年就发生一次，被马克思称之为周期性的生产过剩危机。他在自己的不朽著作《资本论》里，作了深入研究和精辟分析。他从商品分析开始，进而阐明了危机的必然性来自资本主义的基本矛盾，其实质是资本主义的再生产过剩。他在揭示商品的内在矛盾以及外化为商品与货币的矛盾里，就看到了简单商品生产和交换存在的本身所孕育着的经济危机的可能性，只是由可能性转变为现实性需要一定的条件，这条件就是资本主义的社会化大生产的出现。在这里，既有资本主义制度的因素，也有社会化大生产的因素，两种因素的共同作用把商品生产及其交换关系推进到前所未有的高度。资本主义生产方式，一方面推动着社会生产力突飞猛进的发展，迅速扩展着社会财富；另一方面，它又把社会财富越来越多地集中到少数资本家的手里，扩展着资本主义占有方式的私人性质。一端是财富的积累，另一端是贫困的积累。这两方面形成了剧烈的矛盾冲突，成为资本主义制度解决不了的对抗性的根本矛盾。在以资

本主义私有制为基础的条件下，支配全社会的是自发的无计划的分工，而在资本家的单个工厂里则是有组织有计划的生产，这就又构成它们之间的矛盾和对立。资本追逐利润最大化的本性和大工业生产方式的跳跃式的扩展能力，在整个社会的无序状态下，使得庞大的商品堆积与被资本不断挤压的有支付能力的社会需求之间，形成巨大的鸿沟，并最终引致危机的爆发。当危机到来时，商业停顿，市场萧条，银根奇紧，工厂关门，工人失业，破产相继发生，拍卖纷至沓来。这样的停滞状态持续了一段时间，当过剩的产能得以必要的释放，生产和交换活动才逐渐恢复起来。所以，马克思把资本主义经济危机称作生产过剩危机。资本主义正是通过危机的形式，强制性地修复它运行中受到破坏的经济平衡；同时，它也在可能的限度内对某些具体制度和环节进行局部性的自我调整，从而继续维护了自身，但它不可能消除危机产生的根源。马克思恩格斯指出，资本主义经济危机具有周期性的特点。随着各主要资本主义国家机器大工业的发展，这种危机越来越带有世界规模，成为一种世界性的经济危机。每一次危机，社会生产力都受到巨大的破坏，给劳动人民带来灾难，震撼着资本主义世界，如此反复不已。这是资本主义制度的危机。

在一定意义上，第二次世界大战最终把资本主义世界从20世纪30年代大危机中拖了出来。战后，原来资本主义发展程度较高的国家，在长期的社会震荡中兴起了新技术革命，经济又有巨大的发展；资本主义本身也发生了一系列新变化，经济危机的周期及其程度也出现若干新情况和新特点。"熨平经济周期"之说遂风行一时，一些人以为资本主义果真可以摆脱经济危机的困扰了。以美国次贷危机和欧洲债务危机为标志的资本主义经济危机，再一次宣告这种论调的破产，验证着马克思恩格斯论断的真理性。

马克思恩格斯关于经济危机的理论，是同他们对于经济危机的特有形式——资本主义周期性生产过剩危机的分析紧密联系在一起的。宁可说，他们关于经济危机的概念，有着特定的内涵，指的就是根源于资本主义固有矛盾的周期性的生产过剩危机。一旦社会占有全部生产资料，即社会主义代替资本主义，社会生产的无政府状态也将让位于有计划的调节。那时，自然也就铲除了周期性的生产过剩危机的根源。人们从这里得出结论，认为社会主义不可能像资本主义那样发生周期性的生产过剩危机，是合乎逻辑的。但如果从这里引出社会主义制度不会发生任何形式的经济危机的论断，却是值得商榷的，而这正是长时期没有得到解决的一个问题，也是马克思恩格斯关于经济危机理论研究有待拓展的领域。

其实，进一步思考，就会发现，马克思恩格斯关于经济危机的特定形态——资本主义周期性生产过剩危机的分析，同时包含着经济危机一般的分析。他们指出的经济危机到来时的情况，撇开社会制度的因素，也就是社会再生产诸环节的必要平衡受到破坏而不能正常进行下去的外在表现。这无疑是经济危机的一般特征，也是最基本的特征。就方法论而言，马克思恩格斯的研究，是从实现论的角度揭示社会再生产过程，怎样被资本主义社会化大生产方式周期性的跳跃式扩张所破坏。这对于从事社会主义经济建设事业的后人是具有认识论意义的。不能苛求他们为未来社会是否还可能发生经济危机作出回答。这是今人的任务。在这一问题上，列宁和斯大林的贡献值得重视。

第二节 列宁、斯大林将危机概念引入社会主义经济分析

现实表明，经济危机并非是资本主义特有的经济现象。在社会主义社会，社会再生产也可能由于经济领导者的决策失误或者其他意外因素，例如人力无法抗拒的重大灾害、内部分裂、外敌入侵等而不能正常进行，从而发生经济危机。社会主义经济危机与基本制度无关，它具有或然性的特点。社会主义社会也可能出现经济危机的论断，最早是由列宁、斯大林提出来的。十月革命胜利后，苏维埃政权曾试图通过农村的余粮征集制等军事共产主义政策，建立城市与乡村、工业与农业的联系，借以恢复和发展濒临破产的国民经济，结果引起农民的反抗，农业遭到更大的破坏，激发了喀朗施塔特叛乱。此后，列宁吸取教训，调整政策。他在总结这一时期的经验时指出："农村的余粮征集制，这种解决城市建设任务的直接的共产主义办法，阻碍了生产力的提高，它是我们在1921年春天遭到严重经济危机和政治危机的主要原因。"[①] 这是首次引入经济危机概念，用于经济政策和经济问题的描述与分析。列宁因过早逝世，未再展开说明。

1925年，苏联恢复国民经济的任务基本完成，即将开始大规模经济

[①] 《列宁全集》第33卷，人民出版社1957年版，第45页。

建设。同年 12 月 18—31 日，联共（布）举行了被称为工业化的第十四次代表大会。斯大林向大会作政治报告，讲到国民经济的部分，又一次引入危机概念，认为社会主义国家也会有经济危机，并阐述了可能发生的现实条件。他说："要估计到我们对国民经济的领导不同于资本主义国家的领导的特点。在资本主义国家里，任何一种较为重大的错误，任何一次较为严重的生产过剩或生产和需求总量之间的严重脱节现象，都不可避免地要由某种危机来纠正。在资本主义国家里，就是这样生活着的。但是我们决不能这样生活。在资本主义国家那里所发生的经济危机、商业危机和财政危机，都只是触及个别资本家集团。而在我们这里却是另一种情况。商业和生产中的每一次严重停滞，我国经济中的每个严重失算，都不会只以某种个别危机来结束，而一定会打击到整个国民经济。每次危机，不论是商业危机、财政危机或工业危机，在我们这里都可能变成打击全国的总危机。因此，我们在建设方面就应当特别谨慎小心，应当具有远见。"在这里，他首先区别两种社会制度下经济危机的不同性质和情况。资本主义同经济危机如影随形，在那里"就是这样生活着的"，"我们决不能这样生活"。就是说，经济危机并不是社会主义固有的、注定不可避免的必然现象。然而，它确实可能发生。显然，这是就经济危机一般的意义上使用这一概念的，不是马恩所指本来意义上的周期性生产过剩危机。不过，斯大林还是认为，社会主义国家一旦发生危机，即使是某一方面的危机，"都可能变成打击全国的总危机"。在这个意义上，他把经济危机的影响看得比在资本主义国家里更为严重。这很可能是斯大林亲身经历苏联实践的经验之谈。

　　社会主义国家为什么还会有危机？斯大林指出了主客观两方面的原因。客观方面，他称之为意外因素，例如农业上的自然灾害（歉收），工业方面国内市场的波动（苏联当时存在大量非公有经济成分），外贸方面对象国资本家的行为（隐蔽形式的抵制或封锁）等；主观方面，则是工作中的"失算"和错误。他说："我们在按计划领导经济方面，必须做到使失算的情况减少，使我们领导经济的工作极为明智，极为谨慎小心，极其正确无误。但是，同志们，很遗憾，既然我们不特别明智，也不特别谨慎小心，又不特别善于正确地领导经济，既然我们不过是在学习建设，那么我们就会有错误，并且将来还会犯错误。""我们最近两年来的全部工作表明，我们既不能保证不发生意外，也不能保证不犯错误。"看来，斯大林也是一个错误"难免论"者。为此,他除了强调"应当特别谨慎小心,应当具有远见"以外,特别提出"必须积累后备",尽可能处理好工业与农业、进口与出口、消费与积累等几方面的关系。① 很明显,同列宁一样,斯大林也是在引申的意义上将经济危机的概念应用于社会主义经济的研究分析,指导经济实践。在中国经历20世纪60年代以农业危机为主要特征的一场经济危机后,更可见列宁和斯大林的上述思想对社会主义经济建设和国民经济管理工作具有的认识价值和方法论意义。遗憾的是,他们的这一思想,尚未引起应有的重视。

---

① 参见《斯大林全集》第七卷,人民出版社1958年版,第248—250页。

第十一章

农业歉收引起的粮食危机

20世纪60年代初,跃进中的中国陷入连续三年的严重经济困难。其主要表现是人民基本生活必需品的食物短缺,口粮普遍供应不足,饥馑成为全国性的问题。这是农业连年歉收引起的一场粮食危机。从国外进口粮食弥补缺口,在当时又受到主客观条件的制约,只能主要依靠自力更生克服困难。这就需要时间。这期间,粮食危机的发酵,迅速向工业和国民经济各部门传导,放大了经济困难。

第一节 粮食增产期望一再落空

1958年本是丰年,迎来的却是1959年的春荒。这预示着粮食问题的潜在危险。国家为化解在粮食问题上的被动,做了不少努力,希望能够多增产。结果,又逢大旱,粮、棉双双减产。同上年相比(下同),1959年粮食减产600亿斤,下降15.0%;棉花减产519.9万担,下降13.2%;油料减产1331.0万担,下降14.0%,导致农业总产值下降13.6%。直接的影响,首先是人民的基本生活受到威胁,口粮明显不足。在农村,1958年和1959年连续两年粮食高估产征购了"过头粮",按人口平均的粮食消费量由1957年的409斤减少到366斤,一般农区的食油供应也一度停止。在城市,粮食供应日益紧张。从入春开始,粮食调运就遇到极大困难,5月份各粮食调出省仅完成计划的一半,京、津、沪几个大城市和辽宁工业大省调入的粮食不够销售,不得不动用库存。6月份,许多地区的库存已经挖空,到了随调随销的地步。为保证市民必不可少的食油供应,暂时减少了农村销量。农村留粮不足,挤了饲料粮,打压了养殖业和畜牧业。肉、禽、蛋减少,反过来又增加粮食的紧张。

1960年，号召尽量扩大粮食种植面积，把"少种多收"同"广种薄收"结合起来，比上年多种了将近一亿亩，估计收6000亿斤有把握。但"天公不作美"，灾情继续发展，而且更加严重。1960年春夏之交，农业已呈现危机的明显征兆。与资本主义存在大量贫困人口的农业生产过剩不同，中国主要是供给不足，不能满足需求。尽管在政府管理的主体市场上，主要农产品的价格照旧维持原来的水平，自由市场和黑市价格已经开始上涨。到年底，农业生产在上年全面下降的基础上进一步下降。同减产的1959年相比，粮食又减产530亿斤，仅收2870亿斤；棉花又减产1291.8万担，总产为2125.8万担；油料又减产4327.0万担，总产为3881万担，农业总产值仅完成计划的47.2%。这一年，人均年粮食消费量下降为327斤，比上年减少12.3%；食油消费量下降为3.7斤，比上年减少18%；猪肉消费量下降为3.1斤，比上年减少48%。[①] 从国外进口粮食弥补缺口，在当时又受到主客观条件的制约：一则国家外汇支付能力有限，二则面临美国为首的西方国家的封锁禁运。中国人口众多，只能主要依靠自力更生克服困难。这就需要时间。出现粮食危机，有自然因素，也有工作上失误的因素，天灾与"人祸"夹击（二者孰轻孰重，留待后面讨论），危害格外严重。这一年的冬季，显得格外寒冷而又漫长。饥馑迅速蔓延，影响到各个方面。这是经济急遽下降而且降幅巨大的关键性因素。

第二节 农业再生产能力削弱

在农业集体化基础上的"大跃进"，本意是想加快发展，尽快改变农村穷困面貌，由于要求过急，反而损害了农业。人民公社化运动和大炼钢铁运动并举，大办水利、大办食堂、大办县社工业、大办养猪场几个"大办"争相上马，农民出力过度，贡献过度，各种消耗过度，1959年和1960年连续两年征购"过头粮"，两度大刮共产风，农业再生产能力呈现萎缩趋势，农业恢复条件变得明显不利。粮食生产进而拖累农林牧各业，农业部门首先陷入危机。在构成农业生产力的主要因素里，具有首要意义

[①] 参见《当代中国的计划工作》办公室编《中华人民共和国国民经济和社会发展计划大事辑要（1949—1985）》，红旗出版社1987年版，第163页。

的农业劳动力，1960年比1957年减少大约4000万人，而且主要是青壮劳动力。留下从事农事劳作的大多是妇女和老弱半劳力。役畜1960年由1957年的5368万头下降为4124万头，减少23%。在农业仍主要依靠人、畜力耕作的条件下，这对于农业是很大的损害。这一时期，耕地面积减少一亿亩左右，农机具损坏严重，小农具尤其缺乏。几年来大搞农田基本建设，提高了抵御自然灾害的能力，增厚了一部分耕地的丰度，也破坏了部分耕地。例如，违背科学任意深翻改土，把生土翻在熟土上面。到处蓄水，造成土地盐碱化，等等。粮食紧张，城市挤农村，口粮挤饲料粮，牲畜减少，猪只减少，优质有机粪肥随之减少。1960年猪只存栏比1957年减少43.6%。人们说，农村是"人瘦、地瘦、牲口瘦"。这在一定程度上反映了那时的情况。

第十二章

国民经济危机的爆发

20世纪60年代初的中国农业危机,迅速发酵并向外扩散,最终爆发一场工业和国民经济的危机。由于"大跃进"本身也积累了大量问题,加上苏联政府背弃义地撕毁合同,这场危机显得异常严峻,社会总产值在1961年和1962年两年中下降43.5%,其中,工业降幅更大,下降54.8%。1962年国民收入比1959年下降35.2%,下降幅度甚至超过美国20世纪30年代大萧条时期,美国在危机开始的1929年至萧条最严重的1933年这一时期,人均国民收入下降32%。[①] 但中国的情况毕竟不同于资本主义制度那种周期性的生产过剩危机。它的发生,主要是由于严重自然灾害频发导致农作物大量减产和工作失误这两方面因素的叠加而又互相放大酿成的,是社会主义制度下特殊形态的经济危机[②]。它来势凶猛,去得也很快。1960年下半年至1961年上半年这一年左右最为严重;1962年经济触底并开始复苏。它不是社会主义制度的伴生物,却说明铲除生产资料私有制只是消除了发生周期性生产过剩危机的制度基础,并不能命定地避免任何一种危机的可能性。这就提供了一个极为有益的启示:社会主义经济的领导者仍然应该意识到,建立在生产资料公有制基础上的国民经济,还是有可能出现经济危机,不能麻痹大意。这也给社会主义经济研究提出了一个几乎是全新的课题,为马克思主义政治经济学增添一项新内容。

[①] 参见费正清、罗德里克·麦克法夸尔主编《剑桥中华人民共和国史》,王建朗等译,陶文钊等校,上海人民出版社1990年版,第432页。

[②] 这里所说特殊形态的经济危机,是指社会主义制度下经济危机的个性,以与资本主义周期性生产过剩危机相区别。本书行文中常简略使用经济危机概念,含义相同,不再说明。

第一节　农业危机向工业部门传导

农业危机的发酵和扩散，首先指向工业部门，轻工纺织行业又首当其冲。1959年农业歉收，由上年增长2.4%转为下降13.6%，粮、棉减产幅度都很大。1960年工业在连续两年高速度增长后，已由上年增长36.1%减为11.2%，减幅高达近七成。重工业虽仍维持在25.9%的高位，同上年相比，增速回落了22.2个百分点；轻工业则出现建国以来首次负增长，比1959年下降9.8%。棉纱、布匹、食糖等主要轻工业产品产量分别减少28%—60%。社会总产值增长速度也由上年的18.0%降为4.7%，国民收入由上年增长8.2%转为下降1.4%，财政连续第三年出现赤字，为81.8亿元。这一年，农业再下降12.6%，连续第二年负增长，粮食减产幅度更大。可以预计，其负面影响势必更加严重地向其他经济部门传导，向各个方面扩散。

第二节　国民经济自由落体式下跌

同所有经济危机发生时所表现的生产大幅度下降一样，继1960年中国国民经济增长速度出现两位数的减速，接着，1961年和1962年连续两年深度负增长。详见表12—1和表12—2：

表12—1　　　　　1959—1962年显示的中国经济状况（1）

（按可比价格计算，以上年为100）

年份	工农业总产值	农业总产值	工业总产值	在工业总产值中	
				轻工业总产值	重工业总产值
1959	119.5	86.4	136.1	122.0	148.1
1960	105.4	87.4	111.2	90.2	125.9
1961	69.1	97.4	61.8	78.4	53.5
1962	89.9	106.2	83.4	91.6	77.4

资料来源：中国国家统计局：《中国统计年鉴（1984）》，中国统计出版社1984年版，第25页。

表12—2　　　　　1959—1962年显示的中国经济状况（2）

（按可比价格计算，以上年为100）

年份	社会总产值	农业	工业	建筑业	运输业	商业
1959	18.0	-13.6	36.1	9.0	34.1	7.6
1960	4.7	-12.6	11.2	3.2	9.0	-3.3
1961	-33.5	-2.4	-38.2	-64.2	-42.1	-18.5
1962	-10.0	6.2	-16.6	-14.8	-19.5	-2.4

资料来源：国家统计局国民经济平衡统计司编：《国民收入统计资料汇编》（1949—1985），中国统计出版社1987年版，第5页。

1962年社会总产值由1960年的2679亿元下降为1800亿元，减少879亿元，减幅43.5%。同期，国民收入由1960年的1220亿元下降为924亿元，减少296亿元，减幅36.2%（绝对数为当年价，百分数为可比价，下同）。这就是说，中国经济两年中下降1/4左右，足见这场经济危机相当严重。其中，重工业受打击尤甚。以1960年为基期，1962年重工业产值由1090亿元下降到486亿元，下跌69.1%，跌去一大半。主要工业产品产量减产幅度都很大，钢由1866万吨下降为667万吨，降低64.3%；原煤由3.97亿吨下降为2.20亿吨，降低44.6%。这次危机由农业危机引起而后传导到国民经济各部门，农业先于工业从1959年开始到1960年连续两年负增长。以1957年为基期（鉴于1958年农业统计的准确性有不同看法，故选取前一年作比较），1960年产值由537亿元下降为457亿元，下降16%。同期粮食生产由3900.9亿斤下降为2870亿斤，下降26.4%，两年少生产粮食1531.9亿斤，各与上年比较合计减产1030.9亿斤。1961年农业开始趋稳，粮食生产并小幅回升，增产80亿斤；棉花和油料继续减产。棉花由3280万担下降为1600万担，下降51.2%；油料由8391.9万担下降为3627万担，下降56.8%。

这场危机，工业部门特别是重工业部门最为严重。除受农业危机的影响，还有它自身的原因。重工业同农业重要区别之一，在于它的产业关联度远比农业为高，相互紧密联系，其发展不仅依赖于农业的发展（这是首要的因素），而且取决于其他众多的因素，而这正是除农业以外由于国民经济综合平衡受到破坏，导致危机的又一重要原因。

国民经济综合平衡的破坏,既是这次经济危机的又一个重要原因,也是一般经济危机的惯常表现。这可以从几个方面来看:

(一)基本建设规模同国力不相适应。1960年与1957年相比,基本建设投资增长1.7倍,国家财政收入仅增长84.5%。第一个五年计划时期,基本建设拨款在国家财政支出中的比重,每年平均为37.6%,1958—1960年攀升到54%—56%,挤占了其他方面的需要,财政连续三年出现赤字。

(二)工业化速度同农业发展不相适应。农业是生物性产业,在大自然面前,具有很大的脆弱性,每个国家无一例外。尤其是中国人多地少,仍主要依靠人畜力耕作,抗灾能力还比较低,农业发展的滞后是一个十分尖锐的问题。第一个五年计划时期,工农业的矛盾已经很突出。1958年工业总产值增长54.8%,而农业总产值仅增长2.4%;1959年、1960年工业总产值又继续增长36.1%和11.2%,而农业总产值却分别下降13.6%和12.6%。工业发展速度严重脱离农业可能提供的支持。从历史上看,广义的工业(手工业)就是从农业能够提供剩余开始的。工业乃至各行各业超过农业负担的可能,都难以为继。1958年粮食虽然增产99亿斤,为满足骤然增加的城镇人口,增加的粮食收购量比99亿斤还多出16.4亿斤。1959年粮食减产600亿斤,收购量又增加169.3亿斤。1960年粮食产量又减少530亿斤,收购量虽然减少327.1亿斤,仅为减产数的61.7%。很明显,国家多收购的粮食,不是农业剩余,而是农民的一部分粮食消费量,即通常指称的"过头粮"。1960年9月,国家决定压低农村和城市的口粮标准,实为不得已的举措。从作为轻工业原料的经济作物,同样远不能满足需要,轻工业从1960年起,连续大幅度下降。旧中国,蒋介石政府执政时期,粮食和棉花都依赖一部分进口弥补,新中国扭转了这种状况,用节省出来的外汇进口工业化急需的机器设备和缺乏的原材料,遇到荒年,难免捉襟见肘。此外,农业主要依靠人畜力耕作的现状,也难以转移较多的劳动力去办工业和其他事业。

(三)国民经济状况同交通运输能力不相适应。这也是"一五"时期就存在的老问题。1958年至1960年,铁路、公路和水路的运输能力增加了很多。这期间,曾提出"全党全民办交通"的口号,动员各个方面的力量修建简易公路、土铁路,组织机关、企事业单位汽车参加运输,开展群众性的短途运输,甚至把全社会的各种运输工具都加以征用。还采用超载多拉、连续运输、强化使用设备等非正常的办法提高运力，仍不能满足需要。"北煤南运""南粮北调"，压力很大，常常顾此失彼。

（四）工业内部的各产业互相不能适应：

（1）重工业过重，轻工业发展不足。1958—1960年重工业基本建设投资545.7亿元，为"一五"时期重工业投资额的2.6倍。轻工业基建投资仅65.7亿元，只比"一五"时期增加75.3%，旧中国遗留的轻纺工业生产能力日益老化而又无力更新，加上原料不足，来自农业部门的轻工业原料减产，工业性轻工业原料和材料大多尚处于起步阶段，还有一部分则被挤占。例如，1957年轻工市场产品消费的钢材占整个钢材生产消费量的比重为20.7%，1958年下降到13.8%，1959年和1960年又分别下降到11%和10.2%，多种原因，致使轻纺工业发展缓慢，日用消费品供应持续紧张，一些小商品如电池、灯泡、民用锁、火柴、铁锅，甚至连妇女的头发卡子都供不应求。

（2）制造工业生产能力大于原材料工业，原材料工业生产能力又大于采掘工业。这也是"一五"时期就开始出现的问题。"大跃进"的三年间，提出"以钢为纲"的产业政策，其中也包含了改变这种状况的考虑。执行过程中，过分突出钢这个重点，先是提出当年产量翻番，此后两年指标仍过高，为保钢，加剧了新的不平衡。例如，采掘工业是原材料工业的基础，它的发展投资大，周期长。"一五"时期，采掘工业占重工业投资额的28.6%，原材料工业占33.8%；但在1958—1960年三年中，原材料工业的投资比重增加到42.3%，采掘工业的投资反而下降为21.7%，占比过小，远不能适应需要。1960年机械化半机械化炼钢能力已经达到1700万吨，机械化半机械化采矿能力却只能满足冶炼1200万吨钢的需要。不仅铁矿如此，包括煤矿、有色金属矿、辅助原料矿、化学矿、石灰石矿等整个采掘工业，都落后于冶炼加工能力。

（3）重主机、轻配套，重生产、轻维修，成为影响相当大的问题。1958年第四季度，机械工业部突击生产小高炉，原来布置生产6万立方米。由于层层加码，各方让路，生产了13万立方米。炉壳子上去了，其他方面跟不上去，最后还是只能配成6万立方米。突击生产小高炉以后，又突击生产轧钢机，计划布置261套，却生产了370多套。又是只注意了生产轧钢机的本体，配套产品没有跟上，多生产的照旧不能使用。① 1960年，电力系统新增装机容量中，有三分之一以上的机组缺乏配套设备，不能充分发挥作用。冶金系统大中型项目中，生产能力不能配套的轧机占30%，高炉占50%以上，平炉和铁矿山占80%以上。其他部门也都程度不同地存在这一问题。解决设备配套的问题，竟成为当时新建企业能否投入生产的决定性一环。

1958—1960 年，机械制造能力增长又快又多，维修和配件生产能力不但没有增加，还有缩减，许多承担修理和生产配件的工厂、车间升级制造设备，加之原材料分配又挤占维修用料，大量设备得不到维修。1959年第二季度，全国 17 万辆汽车由于损坏后缺少配件不能修复的就有 1.8万多辆，而当年计划新生产的汽车也不过 1.8 万辆。又如河北省交给农村使用的近 30 万马力排灌机械，根据天津、保定、唐山、石家庄、邯郸五个专区的调查，真正在运转的只有三分之一，其余的一部分是缺少配件和燃料而停顿下来，大部分则是损坏了不能及时修复。②

以上几个方面大致反映了国民经济比例关系的严重失衡情况，它意味着社会再生产两大部类之间彼此不能得到相应的补偿，不仅不能扩大再生产，甚至难以维持简单再生产，从而不可避免地发生经济危机。

第三节　经济危机的一种特殊形态

经济危机作为危机，不论具有何种具体形态，都具有经济危机一般的属性，即社会再生产在不同程度上遭到破坏，不能正常地继续进行下去。不但不能实现扩大再生产，而且也难以维持原有规模的简单再生产。通常的表现就是生产大幅度下降，国民经济陷入严重困难。认为中国 20 世纪 60 年代初的经济危机，是一种特殊形态的经济危机，是就其实质根本区别于资本主义经济危机来说的。资本主义的经济危机，归根到底是资本主义制度固有矛盾的必然产物。它的基本特征是由支付能力的需求不足导致的生产过剩危机，是贫富两极分化所决定的。社会主义新中国这次经济危

---

① 参见《毛泽东同志批转赵尔陆同志关于重工业生产建设方面几个问题的意见》，1959 年6 月 17 日。
② 同上。

机,则是起因于"天灾人祸"引发的农业危机,主要表现为粮食危机。粮食连年大量减产,没有足够的农业剩余保证社会再生产。不但不能实现扩大再生产,甚至维持不住简单再生产,大批企业不得不关、停、并、转,裁长补短,同时调整产业结构和产品结构;精简数以千万计的职工和一部分城镇人口,安排他们到农村充实农业第一线,增加粮食等农产品生产。

在农村,1958年以来,为改变穷困面貌,五亿人民几经苦战,体力消耗很大。繁重的劳动,加上口粮不足,热量不够,动物蛋白缺少,消耗大,补充少,体质下降,极易发生水肿病等疾病或合并其他疾病,导致死亡。这好像部队在艰难行军中的"非战斗减员"。现有资料表明,这种令人痛心的现象,主要发生在1959年冬至1960年。1958年和1959年两年都购了"过头粮",1959年和1960年两年又连续遭受大灾,饥馑迅速蔓延。河南省信阳地区极为严重的农村人口营养性死亡事件,就是发生在1959—1960年冬春这一段时间。那里的主要领导人在出现因饥馑引起疾病和营养性死亡的情况后,竟封锁消息,延误了抢救时机,造成极为严重的后果。同是这一地区,有的县没有这样做,就避免了上述情况的发生。同是河南省,洛阳地区也没有发生这种情况。1961年,当农业危机传导至国民经济的各个方面,危机的广度和深度都在发展的时候,作为这场危机的先导部门农业战线却露出了一丝曙光。同上年相比农业的降幅反而收窄10.2个百分点。粮食生产在灾情依然比较严重的情况下开始回升,总产微增80亿斤,增加2.8%。这是一个信号,预示经济危机行将触底。指出这一点,有助于认识中国这场经济危机的特殊性。其次,同年有了一定量的粮食进口,加上多方面的工作,开始了由被动向主动的转化过程。农业危机先于整个经济危机触底并启动自己的复苏进程,1962年农业总产值比1961年增长6.2%;后者则滞后一年。1962年,工业和整个国民经济跌幅收窄,1963年均呈现恢复性增长。按可比价格计算,工业总产值和社会总产值分别比上年增长8.5%和10.2%,一场经济危机宣告结束。而美国20世纪30年代那场周期性生产过剩危机,迟迟难以摆脱,直到第二次世界大战,依赖军火工业的刺激,征召大量兵员解决了失业问题,才走出困境。

第四节　一个纠结的问题

在20世纪60年代初三年经济困难的研究中，一向有一个纠结的问题：天灾与人祸[①]二者孰轻孰重？鉴于严重经济困难同时也是一场经济危机，探讨危机的根源也将涉及这一问题。

所谓天灾与人祸孰轻孰重，实际是对于这场危机的主客观因素的探讨。如前节所述，这场危机主要源于粮食危机，分析导致粮食减产的主客观原因，至关重要。一般说，这是有相当难度的，即使不是不可能。因为不仅需要定性分析，而且需要定量分析，而对并非纯粹经济问题的定量分析，存在诸多困难。在这方面，国史学家陈东林研究员的《从灾害经济学角度对"三年自然灾害"时期的考察》一文[②]，做了有意义的努力。他认为，20世纪50年代的中国生产力十分低下，综合国力很弱，人类抵御自然灾害的能力非常有限，遇到持续三年特大自然灾害，出现经济困难是不可避免的。为说明这一问题，他用农村粮食存量指标作为比较指数，分为三个部分：因灾减产；因决策错误减产；因高征购而减少。前两项使农村粮食产量减少，第三项使农村粮食存量减少。1959—1961年全国因旱灾共减产粮食611.5亿公斤，1959年减产378亿公斤中旱灾损失约为260亿公斤。按照1959年旱灾占全部灾害损失比例的68.8%计算（1960年旱情超过1959年），估算出这三年里中国因自然灾害减产的粮食至少为888.8亿公斤。如以1957年全国粮食产量为标准衡量，则1959—1961年共减产粮食1241.5亿公斤（未考虑年增长率，只作为一个比较参数，不等于实际减产量）。其中，除去自然灾害减产的粮食数量888.8亿公斤，其余的352.7亿公斤可以视为决策错误减产。他把高征购（大量增加城镇和职工人数多消耗的粮食，一般来讲，已包括在高征购之内）视为农村粮食存量减少的主要因素。高征购的决策源于高估产。1958年，根据有关部门正式公布的粮食预计产量3250亿公斤计算，核定各省市自治区征

[①] 人祸，词源的解释，祸的本义是"灾害""灾难"，亦谓"作祸""为害"。这里借用是就它造成的损失，给党和人民的事业造成的危害而言，不是它的本意。是好心办了并不都是良好的事，"为人民服了不好的务"。应该加引号，有时为简便省略了。

[②] 该文原载《当代中国史研究》2004年第1期。此处引述陈东林的研究成果均系该文内容。

购粮食计划为 579.5 亿公斤，征购率为 17.8%，比上一年要少得多。但按后来核实产量只有 2000 亿公斤计算，净征购率（减去返销农村的数量）为 20.9%。1959—1961 年三年遭受严重灾害，粮食大幅度减产，而年均净征购率反而高达 22.3%，大大超过 1957 年。考虑到遭受灾害应当减少征购的原则，按照 1957 年每年 111.4 亿公斤粮食占一个净征购率百分点的比例，1959—1961 年的净征购率应该为 15.3%、12.88%、13.2%，三年共计多征购 402.7 亿公斤，则三年农村共减少粮食 1644.2 亿公斤。其中，因灾减产 888.8 亿公斤，占 54%；决策减产 352.7 亿公斤，占 21.5%；多征购 402.7 亿公斤，占 24.5%。后两项都属于决策错误。作者说："至此，我们得出最后的数据：从粮食看，因灾造成的减少略大于决策错误的减少，两者之比约为 54:46。"

三年中，农村减少粮食 1644.2 亿公斤，几乎相当于 1959 年全年粮食总产量。1959—1961 年国家通过调入、进口等办法向农村返销大量粮食，三年共 546.6 亿公斤，占总征购量的 34.4%，抵消多征购还有余，高征购政策似乎不应成为农村发生严重缺粮危机的因素。然而，有两个重要情况值得考虑：一是高减产、高征购集中在 1959—1960 年，和大量进口返销粮食的 1961 年之间有一个时间差。1959 年全国因灾减产数量高达 378 亿公斤，占三年因灾减产总数的 42.5%；而这一年净征购率为 28%，反而成为新中国成立以来最高的一年，比 1957 年多征购 180 亿公斤，占三年多征购总量的 44.7%。1960 年，净征购率仍高达 21.5%。这样，产量剧减，征购激增，仅滞后半年（征购年度为每年 4 月至次年 3 月底），1959 年底至 1960 年底就到了农村缺粮危机的高峰，后果极为严重的河南信阳事件便是发生在这一时期。全国农村平均每人粮食消费量由 1957 年的 204.5 公斤急剧下降到 1960 年的 156 公斤、1961 年的 153.5 公斤，人均口粮每天不足一斤，重灾区只有几两，春荒时期甚至持续断粮。农村的严重缺粮引起了中央的注意。从 1961 年开始，国家大量进口、调拨粮食向农村返销，净征购率降为 17.5%。但是，当时已经错过了救灾的紧要时机，这不能不主要归咎于 1959 年 8 月本应反"左"而更向"左"发展的庐山会议后的"反右倾"和继续发动"大跃进"的决策。作者认为，还应考虑一个重要因素，即 1958 年起到 1961 年的大办公共食堂，使得农村"寅吃卯粮"，缺粮危机高度集中在夏粮未下的次年春季。这个因素虽然难以列出数据，但恶性后果是很明显的。作者由此得出结论："从粮食减产看,自然灾害略大于决策错误;从一个时期的集中缺粮情况看,决策错误影响远大于自然灾害。"作者说:天灾与"人祸""两者之间的关系是相互作用的。出现两者中任何之一,都足以导致经济困难。如果决策正确,遇到大的自然灾害,也远不应发生如此之大的经济损失和非正常死亡;但没有'三年自然灾害',决策失误虽然会导致经济严重递减,也不应是集中爆炸性的。"[①]

陈东林研究员运用定性分析与定量分析相结合的研究方法,富有启发性。得出的结论,具有很强的说服力。这里,我们设想另一种研究思路和研究方法,即从比较的角度,进行定量与定性相结合的分析。也以1957年为参照。

第一,以1957年为参照,中国20世纪50年代末60年代初遭遇的自然灾害,应是超出了当时国家和人民的抵御能力。作出这一判断的基本根据是:同1957年相比,1959—1961年在灾情更为严重的情况下,以成灾率反而降低所表示的人们抵御自然灾害的主观努力及其能力,还不足以把它的危害降低到相当于1957年的程度。这三年农田受灾面积比1957年分别增加51.1%、124.6%和111.8%,成灾面积分别增加9.1%、66.8%和92.5%,成灾面积占受灾面积的比率分别下降20.6个、13.2个百分点和4.7个百分点,最终不能阻止粮食大量减产。1957年粮食年产量为3900.9亿斤,1959—1961年三年每年粮食总产量分别减少500.9亿斤、1030.9亿斤和950.9亿斤,合计2482.7亿斤。人们的主观努力能够减轻天灾的危害程度,并不能完全制服它。这不是他们的过错。人类在大自然面前能够做到什么程度,不能不受制于诸多因素。

第二,以成灾率作为重要标志,还有一层意义,即说明"大跃进"中大搞农田水利基本建设已经开始发挥作用,说明两次郑州会议后确立起来的"三级所有、队为基础"(同时又承认部分小队所有权)的人民公社体制也已经开始发挥作用,显示着党的农村政策和党在农村工作的积极的方面。否则,就无法解释这一切,无法解释何以能够降低自然灾害的成灾率。例如,1959年受灾远比1957年严重而成灾率除比1958年为高(高出5.5个百分点)以外,远低于1957年,也几乎低于新中国成立以来任

[①] 陈东林:《从灾害经济学角度对"三年自然灾害"时期的考察》,《当代中国史研究》2004年第1期。

何一年。《毛泽东传》的作者提供的下述情况，是一个很好的注脚：

1959年11月3日，胡乔木在周恩来、彭真等同在杭州的毛泽东谈到农业情况时插话，讲了一段沿路看到的人民公社抗旱的感人情景。他说："我在河北走了几个地方，一路上就像是打仗一样，白天晚上，来来去去，都是上水库的同从水库回来的，他们轮班。大车和背上一大堆行李，另外还有送给养的，因为给养都是由各个公社负责。路上完全像支前一样，比支前紧张得多。邯郸农村劳动力的半数以上到水库了，半数以上的意思，就是剩下的只有妇女，男劳力很难留下。他全区不过六百万人，不过两百万劳动力，他就有一百六十万人上水库。"该传作者说："这种景象，可以说是当时大搞水利的一个缩影。"[1] 值得注意的是，这已经是庐山会议后的情况。

退一步说，1959年和1960年两年，农村中尚有"共产风"等错误的影响和危害，1961年基本上已经不存在这种情况，1960年北戴河会议决定大办农业、大办粮食后，各行各业还加强了对农业的支持力度，农业生产条件进一步改善，而当年粮食产量却继续大量减产，应该可以说明几年来粮食减产近2500亿斤，天灾占有的分量更重。正视这一客观现实，是以下研究的一个重要前提。

第三，1959年至1961年自然灾害的后果所以特别严重，还在于它持续三年的连续性。一是一年比一年严重，不容有喘息的余地；二是三年肆虐作用的叠加效应，威胁极大，就像遭遇强大拳击手频出重拳足以把对手击倒一样。历史上明、清两代，一旦遭遇连年大旱，酿成巨大社会悲剧，出现人相食的惨象，屡见不鲜。现在的社会历史条件虽然不同于那时，人类在同自然界的较量中也并不总是强者。美国科技称雄世界，农业已经过关，仍不能无视干旱等灾害对农业丰歉的影响。中国是人多地少的国家，这是任何国家都没有的特殊国情和特别艰难的课题。新中国建立后，开始改变了旧中国正常年景下也必须依赖吃进口粮的局面，但要保证灾荒年无虞，一般说来还是不容易的。陈云在主持编制"一五"计划时算过一笔账，粮食生产如按计划完成，五年内能增加的库存也只有二百五十五亿斤。如加上1953年6月底的库存一百九十五亿斤，到1957年底库存粮总

---

[1] 中共中央文献研究室编：《毛泽东传（1949—1976）》（下），中央文献出版社2003年版，第1025页。

共也只有四百五十亿斤。这还是包括周转粮在内的。1954年五月份一个月就卖了八十亿斤,按此计算,如果遇到灾荒,库存粮只能应付五六个月。[①] 这就是说,建国不过十年的新中国,家底有限,政府和百姓手里都少有存粮,一遇歉年,难免饥荒。1959年果然遭灾,而且是大灾。接着又是两个灾荒年,一年比一年严重。详见表12—3:

表12—3　　　　1949—1962年自然灾害同一些年份比较　　　　单位:万公顷

年份	自然灾害受灾面积	成灾面积	成灾占受灾面积%	其中:旱灾 受灾面积(1)	成灾面积(2)	(2)占(1)%
1949	—	853	—	—	—	—
1950	1001	512	51.1	240	41	17.1
1951	1256	378	30.1	783	230	29.4
1952	819	443	54.1	424	259	61.1
1953	2342	708	30.2	862	68	7.9
1954	2145	1259	58.7	299	26	8.7
1955	1999	787	39.4	1343	414	30.8
1956	2219	1523	68.6	313	206	65.8
1957	2915	1498	51.4	1721	740	43.0
1958	3096	782	25.3	2236	503	22.5
1959	4463	1373	30.8	3381	1117	33.0
1960	6546	2498	38.2	3813	1618	42.4
1961	6175	2883	46.7	3785	1865	49.3
1962	3718	1667	44.8	2081	869	41.8

资料来源:中国国家统计局:《中国统计年鉴(1984)》,中国统计出版社1984年版,第190页。成灾面积指农作物产量比常年减产30%以上的耕地。

1959—1961年受灾面积分别为4463、6546万公顷和6175万公顷,成灾面积分别为1373万公顷、2498万公顷和2883万公顷。三年平均,每年受灾面积和成灾面积分别占总播种面积的39.4%和15.5%,比1957年分别高出20.9个百分点和6个百分点,受灾超过一倍多,成灾尽管不到一倍(这应该是"大跃进"中大搞农田水利基本建设和人民公社抗灾的

---

① 参见《陈云文选(1949—1956)》,人民出版社1984年版,第236页。

结果），比那时还是严重得多。

第四，换一个角度看，如果 1959—1961 年三年的灾情不是那样严重，即使 1959 年的灾害仍像 1957 年那样，粮食产量也应该是 3900 亿斤左右，比当年的 3400 亿斤多出 500 亿斤，打七折也将有 350 亿斤左右，按农村五亿人口计算人均可增加 70 斤。如果真是这种情况，1959 年、1960 年冬春未必会闹严重饥荒了。又假如，1960 年和 1961 年的灾情不是特别严重，而是像 1959 年那样的情况，这两年的粮食产量也不应该低于 1959 年的水平。按上面所说，1959 年的灾情相当于 1957 年的水平，1960 年和 1961 年的灾情相当于 1959 年的水平，按此计算，三年的粮食产量就将比实际分别多出 500 亿斤、530 亿斤和 450 亿斤，都打七折，将是 350 亿斤、371 亿斤和 315 亿斤。1959—1961 年三年加总将是 1036 亿斤。同理，油料也不会减产那样多，棉花等经济作物也不会减产那样多。照这样，农业恐怕不会有什么危机，工业也很难有那样自由落体式的深幅下跌，出现整个国民经济的危机，经济调整也自然不需要后来那样长的时间。就是说，没有特大自然灾害的肆虐，不遇到大歉年，单有工作上的缺点错误，不可能酿成巨大后患。天灾是农业危机的决定性因素，从而国民经济的危机难以避免。在这个意义上，它也是整个危机最终形成的根本原因。[①]

在这一问题上，美国的一位名为本鲁·坎的学者，研究中国 1959—1961 年间饥馑问题的某些看法，似乎也支持了本书的上述论断。他根据中国国家统计局历年提供的统计资料研究认为，1949 年以来，多数年份的受灾面积在 2000 万—3000 万公顷之间，而 1959—1961 年间的受灾严重程度则远甚于此。粮食总产量在 1959 年下降为 1.7 亿吨后，1960 年和 1962 年又分别下降到 1.43 亿吨和 1.47 亿吨。他以 1957 年的 1.95 亿吨为"正常"年份进行比较（如同我们把这一年作为参照系），这两年粮食总产下降 1/4，1962 年仍低于 1957 年。与此同时，单产也下降了。他分析，原因之一是猪粪和其他畜粪等有机肥料的减少。饥荒到来前华北和华中地区役畜短缺已经阻碍双季稻面积的扩大，在某些极端情况下甚至导致土地抛荒。1959—1961 年持续的土地严重抛荒现象表明，农民往往因身体虚

[①] 在历史研究中，并不一般地拒绝应用"假设"方法求证某一论断或结论。人们熟知的《中国共产党中央委员会关于建国以来党的若干历史问题的决议》，作出"如果没有'文化大革命'，我们的事业会取得大得多的成就"的论断，就是使用的这种方法。——参见该书单行本，人民出版社 1981 年版，第 30 页。

弱而难以耕作。1961年以后，随着更多的资源流向关系国计民生的粮食生产，其他作物生产也受到严重影响。

这就是说，本鲁·坎认为，1959—1961年间，严重的自然灾害导致粮食大量减产，引致饥荒；饥荒又影响农业的恢复。他认为，这一时期的饥荒已不限于局部地区。

本鲁·坎的进一步分析是更值得注意的。他说：饥荒对经济影响的其他表现体现在中国所说的社会总产值，即工业、农业、建筑、运输、邮电通信、商业产值总和之上。1960—1961年间，社会总产值下降1/5，而且到1964年才恢复到原有水平。"下降的原因是农业的下降。"然后，1961年后，其他部门也因为储备枯竭和资源重点保障粮食生产而下降。[①]

这就说得很清楚了：自然灾害导致粮食大量减产，引致饥荒；进而影响到各个部门，造成整个国民经济的大幅度下降。这同本书关于三年严重经济困难实为一场特殊形态经济危机的分析思路及所持观点，极为接近。

从1962年起，自然灾害开始减轻，农业收成逐年上升。详见表12—4：

表12—4 　　　　　　　1962—1965年自然灾害及农业收成

年份	受灾面积（万公顷）	受灾率（％）	水灾 受灾面积	水灾 成灾率%	旱灾 受灾面积	旱灾 成灾率%	粮食产量（亿斤）
1962	3718	44.8	981	64.4	2081	41.8	3200.0
1963	3218	62.2	1407	74.5	1687	53.3	3400.0
1964	2164	58.4	1493	67.2	422	33.6	3750.0
1965	2080	53.9	559	50.3	1363	59.5	3890.5

注：（1）成灾率指农作物产量比常年减产30%以上的耕地面积占受灾耕地面积的比例。
（2）水灾和旱灾栏内的受灾面积单位，均为万公顷。
资料来源：中国国家统计局：《中国统计年鉴（1984）》，中国统计出版社1984年版，第190、145页。

将表12—4同表12—3比对，可以发现，1962年和1963年的灾情与

[①] ［美］本鲁·坎：《1959—1961年中国饥荒程度的分析》，赵凌云译自《中国的饥馑：1959—1961》（麦克米伦公司1988年版），译文原载《发展研究》1991年第3期（该刊译文原题中1958—1961年疑有误，笔者引用时改为1959—1961年，特此说明）。

1959年有些相近，或者说不相上下。1962年的粮食产量为3200亿斤，比1959年的3400亿斤只少200亿斤，1963年就赶了上来，也是3400亿斤。实际上，这两年的真实产量不止这么多。经历了前两年的浮夸虚报，不仅基层干部和社员群众，而且各级领导干部也都备尝苦头。所以，1961年以后这些年的粮食产量，已经是相反的情况，瞒报和少报了。1964年和1965年的灾情同1957年相仿，有轻有重。粮食产量方面，红薯折合粮食若按同口径计算，1964年已基本恢复到1957年的水平，1965年实际上超过了1957年的水平。[①] 表12—4与表12—3的比对，应该能够从正面佐证：上面的假定是可以成立的，结论应是经得起推敲的。这样说，并不意味着原谅缺点错误，更不是对于主观失误的袒护。从1958年秋冬开始，毛泽东和中共中央就一直用很大的力气，批评和纠正工作中的缺点和错误，着重从主观因素方面总结经验教训。他们用在这些方面的精力，并不逊于发动"大跃进"。但这毕竟是两个范畴的问题。

---

① 详情参看本书第十六章第三节的计算。

第四篇　同严重困难的斗争

　　从1960年夏的北戴河会议到1962年，中国共产党和人民政府领导全国各族人民，展开了一场可歌可泣的战胜严重经济困难的斗争。1960—1962年，是中华人民共和国极为艰难的时期。1959年、1960年两年，粮食（包括大豆，下同）累计减产1130亿斤，1960年粮食总产量仅为1957年的73.6%，退回到1951年的水平，而1960年全国总人口比1951年几乎增加一个亿。[①] 1961年食物短缺最严重时，同1957年相比，按全国人口平均计算的年消费量，粮食降低到317.57斤（贸易粮，下同），减少88.55斤；食用植物油降低到2.17斤（1962年数），减少2.64斤；猪肉降低到2.82斤，减少7.33斤。热量不足，动物蛋白减少，人民体质下降，疾病增加，人口死亡率上升，出生率下降。受食物短缺影响，国民经济连年大幅度下降，1962年工业生产从高峰时的1960年降低43.8%；同期，钢产量由1866万吨减少到667万吨，降低64.3%。国家财政捉襟见肘，基本建设几近停顿，1962年基本建设投资仅为71.26亿元，比1953年还低21.2%，仅为高峰时期的18.3%。

　　与此同时，国内外敌对势力幸灾乐祸，图谋乘机发难。在国内困难，国际形势不利的情况下，一部分人被暂时的困难压倒，怨天尤人，悲观泄气。面对这种情况，保持执政党的团结，尤其是中高层认识上的一致，具有特殊的重要性。实践证明，中国共产党不愧是久经考验的伟大的党，中国人民不愧是勤劳勇敢的人民，他们经受住了这场严峻的考验。在战胜困难、调整经济的斗争中，沿着正确方向继续前进。1965年，迎来国民经济的新高涨。社会主义制度显示了它的生命力和优越性。

---

　　① 人口增长数系根据中国国家统计局《中国统计年鉴（1984）》（中国统计出版社1984年版）第81页统计数据计算。

第十三章

扭转局面的关键一招:从农业抓起

从1960年夏的中央北戴河工作会议,到1961年初的中央北京工作会议正式提出"调整、巩固、充实、提高",以调整为中心的八字方针,党和政府大幅度地调整政策和工作部署,开始了由"大跃进"到经济调整的转变,应对经济危机,准备过苦日子,渡过严重困难。这是一年前实为调整的八个月纠"左"在新情况下的继续。从农业抓起,这又是扭转局面的关键。自从1958年丰收,接着发生1959年春荒,毛泽东在深思之余,就重新把注意力转向农业,强调按农、轻、重的次序安排国民经济计划,争取农业有一个好收成,变被动为主动。然而,"天有不测风云"。1959年、1960年两年农业连续遭受大灾,粮食出现危机。在这种情况下,采取断然措施,大幅度地调整政策和工作部署,下大力气抓农业,成为必然的选择。[①] 1959年以来,国外反华势力乘机向中国发难。败退台湾的蒋介石父子,看到大陆连年遭受灾害,错误估计形势,以为反攻大陆的时机已到,也多次派遣武装特务部队窜犯东南沿海和广东沿海地区,妄图建立进犯大陆的"游击走廊"。一小撮拒绝改造的地、富、反、坏等反革命残余势力蠢蠢欲动,他们中的死硬派急不可待地跳出来,幻想与蒋介石的反

[①]《毛泽东传(1949—1976)》的编著者曾指出:"第二次庐山会议虽然主要讨论工业等方面的问题,但毛泽东着重关心和注意的仍在农业方面,在'六十条'。他在会议期间也批示过印发工业等方面的材料,如陈伯达、田家英率领的天津调查组关于工业问题的调查材料,但都没有写批语。写批语的只有一个材料,那就是中共中央农村工作部关于各地贯彻执行'六十条'的情况简报。批语写道:'此件很好,印发各同志。并带回去,印发省、市、区党委一级的委员同志们,开一次省委扩大会,有地委同志参加,对此件第二部分所提出的十个问题,做一次认真的解决。同时越早越好,以便在秋收、秋耕、秋种和秋收分配时间,政策实行兑现,争取明年丰收。毛泽东后来一直称赞这个文件。"——参见中共中央文献研究室编《毛泽东传(1949—1976)》(下),中央文献出版社2003年版,第1174—1175页。

共叫嚣相呼应。这对工作转变造成一定的干扰。尤其是 1960 年，国际方面的问题耗用毛泽东和中共中央相当多的精力，分散了对国内工作的注意。有些经济调整措施力度不够，或出台不够及时，这是一个重要原因，也是一个教训。

第一节　由"大跃进"到收缩调整的再次转变

"大跃进"再次转变为经济调整，有一个过程。1960 年 7 月 5 日至 8 月 10 日，中共中央在北戴河举行工作会议，主要议题是国际问题和国内经济问题。这次会议决定，坚决压缩基本建设战线，集中力量保证重点产品、重点企业和重点基本建设项目；认真清理劳动力，加强农业第一线，首先是粮食生产战线；以后国民经济计划不再搞两本账，只搞一本账，不搞计划外的东西，不留缺口。会议强调要自力更生，下决心搞尖端技术；要首先在党内进行反对修正主义的教育，向党员干部介绍布加勒斯特会议情况和中苏关系问题，同时做必要的战略部署，成立六个中央局，并争取 1961 年还清苏联债务。8 月 10 日，中共中央发出会议形成的《关于全党动手，大办农业，大办粮食的指示》。1958 年以来，由全党动手，大办工业，大办钢铁到全党动手，大办农业，大办粮食，这不能不说是转变的强烈信号。8 月 14 日，中共中央又发出《关于开展以保粮、保钢为中心的增产节约运动的指示》，在保粮的同时还要保钢，保证完成继续跃进式发展的 1860 万吨钢的生产任务。这说明具体工作部署明显具有"二元化"色彩。

这同当时国际发展中的新情况有些关系。在国际问题中，这一时期，中苏关系成为突出问题。历史与现实表明，当一国遭遇困难，敌对势力往往乘机利用。20 世纪 60 年代中国的情况就是如此。在境外势力的策动下，西藏达赖集团背叛祖国，发动叛乱。平叛自 1959 年 3 月至 1960 年 7 月，历时一年四个月。国际上借此掀起一股反华逆流。其间，印度尼赫鲁政府乘机蚕食中国领土，多次挑起中印边境冲突。尽管中国一再忍让，苏联赫鲁晓夫集团仍然公开偏袒印度，指责中国。这一时期，美国艾森豪威尔政府对苏奉行所谓"绥靖"政策，离间中苏，诱使赫鲁晓夫集团反目中国。赫鲁晓夫先是在罗马尼亚布加列斯特兄弟党会议上组织对中国共产党的围攻，而后乘中国经济困难施压。他们互相配合，演出一场反华大合唱。赫鲁晓夫甚至狂妄声称,要改变中国共产党的主要领导①。中苏之间的分歧和争论,已不完全局限在意识形态层面,具有了控制与反控制、颠覆与反颠覆以及反制赫鲁晓夫联美反华斗争的严重性质。他们敢于这样,毛泽东认为,还是欺负中国工、农业这两方面没有过关。实力地位,实力政策。你没有生产力人家是看不起的。②"手里没有一把米,叫鸡鸡都不来。"在这种情况下,憋一口气,保粮、保钢,力争缩短工农业过关的时间,也就不奇怪了。

针对当时的情况,在北戴河会议上,毛泽东着重提出了有关全局性的两大问题。一是工业的盘子要收缩,劳动力要下乡,要真正以农业为基础;二是要抓紧1960—1962年这三年的工作。他说:"有一些问题,要矛盾充分暴露才能解决。矛盾充分暴露,多数人才能看得见。比如农业劳动力安排问题,农业设备安排问题,工业盘子的大小问题,这些问题,已经有这么长的经验了,大跃进以来也已经两年半了,要争取在1960年、1961年、1962年这三年把工作做好。人民公社经过五年,到1962年至少能够由建立到巩固。现在公社的制度不健全,公社的上层建筑跟公社的基础有许多不相适应。工业方面,要来一个大集中兵力,缩短战线,打歼灭战。"在最后一天,8月10日的讲话里,他特别强调要抓好粮食生产,争取有一个好收成。农村人民公社"三级所有,队为基础"至少五年不变,个人所有制的部分也一定要有,"大集体、小自由"。③这实际上是为三年经济调整,精简大批多余的职工加强农业第一线,规划了轮廓。

这次国内工作由"大跃进"向经济调整的再次转变,带有较大的被动性。一般说,适时地主动调整,支付成本比较低;滞后进行的被动调整,成本要高得多。不论在何种社会制度下,就一般情况而言,经济发展总是有间歇性的,即波浪式的形态。在景气与高涨(高潮或跃进)时期,经济急剧扩张,之后必然伴随或长或短、或深或浅的收缩与调整。这时,

---

① 1960年8月10日,毛泽东在北戴河会见胡志明及黄文欢、阮春水等越共领导人时,谈到赫鲁晓夫说"要扔掉我这只'破胶鞋'。"——参见中共中央文献研究室编《毛泽东年谱(1949—1976)》第四卷,中央文献出版社2013年版,第440页。

② 参见中共中央文献研究室编《毛泽东年谱(1949—1976)》第四卷,中央文献出版社2013年版,第429页。

③ 毛泽东1960年7月5日至8月10日在北戴河的讲话记录,中共中央文献研究室编:《毛泽东年谱(1949—1976)》第四卷,中央文献出版社2013年版,第427—428、441页。

比较热气腾腾的局面自然显得冷清得多，遂有萧条之说。而后开始复苏，重新走向景气与高涨，进入新的一轮经济周期。在社会主义制度下，有可能按照这一经济规律调节自己的经济。毛泽东 1958 年秋提出"压缩空气"，采取纠"左"措施，按说，是提供了这样一个机会。可惜的是，这篇文章刚刚破题，便被 1959 年庐山会议后期意外的情况所打断。这一年，工业又增长 36.1%，农业则在自然灾害和重刮"共产风"的情况下遭受重创，国民经济实际上已孕育着危机，却估计不足，认为坚持 1960 年继续"大跃进"，情况将会好转。直到春夏之际，粮食市场发出危机的信号，始有两个历史性文件的发出，这就是经同年北戴河会议决定，中共中央于 8 月 10 日和 8 月 14 日接连发出的《关于全党动手，大办农业，大办粮食的指示》和《关于开展以保粮、保钢为中心的增产节约运动的指示》。8 月 20 日和 9 月 7 日，又分别发出《中央关于坚决地认真地清理劳动力和加强农业第一线的紧急指示》和《中央关于压低农村和城市口粮标准的指示》。同年 9 月 30 日，中共中央在批准经周恩来审定的《关于 1961 年国民经济计划控制数字的报告》里，首次出现关于"调整、巩固、充实、提高"方针的提法。此后，正式提到 1960 年 12 月 24 日至 1961 年 1 月 13 日召开的中共中央北京工作会议上。这次会议，明确将以调整为中心的上述八字方针，列为 1961 年经济工作的指导思想，要求工业发展速度要压低，基本建设规模要缩小，从各方面努力加强农业的基础地位。如毛泽东所说，"过去我们大办工业，现在要大办农业，由大办工业转变到大办农业，工业发展速度要降低"。[①]

  经过这一段的曲折，促使毛泽东进一步反思。在 12 月 30 日下午的会议上，他深有感触地说："现在看来，建设只能逐步搞，恐怕要搞半个世纪。""这几年说人家思想混乱，首先是我们自己思想混乱。总结经验，前后不要矛盾才行。过去一个时期，一方面纠正'共产风'，纠正瞎指挥风；另一方面，又来了几个大办，助长了'共产风'，这不是矛盾吗？庐山会议时以为，'共产风'已经压下去了，右倾也压下去了，加上几个大办，就解决问题了。实际上并不是这样，'共产风'比 1958 年刮得还厉害。原来估计 1960 年会好一些，但没有估计对。1960 年有天灾又有人

[①] 中共中央文献研究室编：《毛泽东年谱（1949—1976）》第四卷，中央文献出版社 2013 年版，第 507—508 页。

祸，敌人的破坏尚且不说，我们工作上是有错误的，突出的是大办水利、大办工业，调劳动力过多。三年的经验对我们有很大的帮助，要真正地好好地总结三年经验。把这几年的经验总结起来，接受过来，就可以把消极因素转化为积极因素。信阳专区就是一个证明。基本的经验是什么？看来就是缩短工业战线，大办农业，大办粮食。争取明年形势好转是有条件的，有办法的。"毛泽东要大家对明年要有精神准备，把富日子当穷日子过，当灾年过，说这一条很重要。陈云接着说，明年的情况不一定比今年好。他提出要抓三条："一是做好精神准备、思想准备、工作准备。二是今冬无论是人还是牲畜，都要多休息，养精蓄锐，准备明年春耕。三是进口粮食，能进多少就进多少。"他说："我以为要'吃饭第一，建设第二'。"（有人补充了一句："市场第二，建设第三"）最后毛泽东概括为：第一是吃饭，第二是市场，第三是建设。他还说："总的说来，要缩短工业战线，延长农业战线，把整风整社搞好，把抽调的劳动力压下去，把'共产风'搞掉，把坏人搞掉，几个大办变成中办、小办。粮食生产多了，就可以多吃点粮食了。还有，多产的要多吃一点，要有差别。"刘少奇插话说：碰得头破血流，广大干部才能教育过来。毛泽东接着说："中央和省这两级教育过来就好办了。"[①]

1961年1月13日，毛泽东在全体会议上作《大兴调查研究之风》的讲话[②]，这可以看作《十年总结》的重要补充。之前，他在《十年总结》里，曾从认识论的角度总结几年来的经验教训。问题是客观外界的情况怎样才能真实地反映在我们的头脑里，而不是经过层层过滤歪曲地甚至是以假象的形式反映在我们的头脑里，这是首先必须解决的。原材料质量有问题，头脑这个加工厂加工的成品也会有问题。在1月9日听取汇报时，他说，河南1959年说有450亿斤粮食，实际只有240亿斤，210亿斤是假象，我们被这种假象弄得迷糊了。所以，他说："做工作要有三条，一要情况明，二要决心大，三要方法对。情况明，这是一切工作的基础，情况不明，一切无从着手。因此要摸清情况，要做调查研究。"在谈到工业问题时，毛泽东说："工业，我们已经摸了一些底，还要继续摸底。大体上

---

① 毛泽东在中央工作会议汇报会上的插话、讲话记录，1960年12月30日；中共中央文献研究室编：《毛泽东年谱（1949—1976）》第四卷，中央文献出版社2013年版，第510—512页。

② 参见毛泽东《大兴调查研究之风》（1961年1月13日），《毛泽东文集》第八卷，人民出版社1999年版，第233—237页。

今年的盘子，要缩短基本建设战线，缩短工业战线，缩短重工业战线。除了煤炭、木材、矿山、铁道等，别的都要缩短。特别是要缩短基本建设战线，今年不搞新的基建。现在看来，搞社会主义建设不要那么十分急。十分急了办不成事，越急就越办不成，不如缓一点，波浪式地向前发展。我看我们搞几年慢腾腾的，然后再说。今年、明年、后年搞扎实一点，不要图虚名而招实祸。我们要做巩固工作，提高产品质量，增加品种、规格，提高管理水平，提高劳动生产率。"① 在他看来，"我们对国内情况还是不太明，决心也不大，方法也不那么对"。为此，他号召大兴调查研究之风，并要身体力行，把实事求是的精神恢复起来。他说："今年搞一个实事求是年好不好？河北省有个河间县，汉朝封了一个王叫河间献王。班固在《汉书·河间献王刘德》中说他'实事求是'，这句话一直流传到现在。提出今年搞个实事求是年，当然不是讲我们过去根本一点也不实事求是。我们党是有实事求是传统的，就是马列主义的普遍真理同中国的实际相结合。但是建国以来，特别是最近几年，我们对实际情况不大摸底了，大概是官做大了。我这个人就是官做大了，我从前在江西那样的调查研究，现在就做的很少了。今年要做一点，这个会开完，我想去一个地方，做点调查研究工作。不然，对实际情况就不摸底。现在我们看出了一个方向，就是同志们实事求是的精神恢复起来。"②

1961年1月14日，中共八届九中全会召开。全会一致通过贯彻执行调整巩固充实提高以调整为中心的方针。在这次全会上，毛泽东号召大兴调查研究之风，搞一个实事求是年。这对于正确贯彻执行八字方针具有重要指导意义。在1月18日下午的会议上，毛泽东说："今年不搞两本账，上下只搞一本账，决不要层层加码，总而言之是实事求是，一切从实际出发。"关于钢的生产指标问题，他说："今年有人主张还是搞一千八百四十五万吨钢，不要去动这个数目。我们谈了一下，觉得这个意见有道理，这是叶剑英提的，最近李维汉也提了。我们的五年计划早已完成了，搞了一千八百七十万吨钢。所以，剩下这两年高质量高规格，在这方面跃一下，在数量上不要跃。拿富春的话说叫'调整、巩固、充实、提高'。搞

---

① 中共中央文献研究室编：《毛泽东年谱（1949—1976）》第四卷，中央文献出版社2013年版，第523—524页。

② 同上书，第524页。

经济我们是没有经验,虽然十一年了,还是经验不足。对于经济建设就是不行,我没有研究,没有亲身看,看也看得不多。凡是规律要经过几次反复才能找到。"①

这一年的《人民日报》元旦社论,没有提"大跃进"的口号,提的是争取社会主义建设的新胜利。

第二节 农业问题的两个方面

抓主要矛盾,是毛泽东一向重视的工作方法。在他看来,目前的困难主要在于农业问题,克服当前的困难也必须从农业抓起。抓农业,一是解决生产力方面的问题,二是解决生产关系方面的问题。

应该说,农业和农村政策的调整,在1958年第一次郑州会议开始的纠"左",就被看作十分重要的问题,毛泽东亲自抓,而且抓得很紧。庐山会议后,尽管整个调整工作转向,农业和农村政策调整取得的成果,特别是确立的"三级所有、队为基础"以及生产小队的部分所有制的人民公社体制,其意义和作用还是不可抹杀的,它为后来的进一步调整奠定了一个很好的基础。这可以视为农村政策调整的第一个阶段。

从1959年庐山会议提出国民经济要以农业为基础的思想,安排国民经济计划要以农轻重为序,各行各业要支援农业,重工业要转移到为农业服务的轨道上来,可以看出毛泽东对于中国产业政策的思考异于常规。②就一般意义说,农业对于一国国民经济的重要性,马克思早有经典论述。毛泽东则有新的发展和发挥。根据他的思想,1960年北戴河会议前后,采取的几项重要措施包括:

(1) 从各个方面压缩和清理劳动力,充实农业第一线。就农业本身

---

① 中共中央文献研究室编:《毛泽东年谱(1949—1976)》第四卷,中央文献出版社2013年版,第525—526页。
② "我们一反苏联之所为,先搞农业,促进工业发展,先搞绿叶,后搞红花。看来有些问题,需要重新解释,经济学和历史唯物论要有新的补充和发展。"——参见中共中央文献研究室编《毛泽东年谱(1949—1976)》第三卷,中央文献出版社2013年版,第421页。

说,也要坚决压缩水利等农村基本建设。① 1960年8月10日,中共中央决定:"在今冬明春的一百天中,调离本包产单位,不在本食堂吃饭的参加水利基本建设(包括水土保持)的民工,全国总计不许超过一千万人,只搞续建工程和配套工程,新建项目一概不许上马。不脱离本食堂和本包产单位的施工力量,也要适当控制。"② 在农业仍然主要是手工劳动的情况下,农业劳动力首先要保证粮食生产。

(2)加强支农工作力度,专门成立农业机械工业部。增拨钢材等原材料,首先保证农业和支农工业的需要。

(3)"破产还债",严格制止和坚决纠正"共产风"。

(4)贯彻执行教育为主、惩办为辅的原则,分批分期地进行农村反贪污、反浪费、反官僚主义的"三反运动"。

(5)中央机关带头,抽调万名干部下基层,到问题多的社、队帮助工作,扭转困难局面。在中央的带动下,地方相继仿效。

(6)继续调整基本核算单位,解决两个平均主义的问题,较长时期地稳定农村的几项基本政策。

早在第一次纠"左"时期,上海会议决定的18个问题,已经明确规定农村人民公社实行以生产队(相当于原高级社规模)为基础的三级所有制,要保证农业第一线有足够的劳动力。1960年10月10日他看到湖北和福建的两份报告,这两点至今仍有很大问题,遂要书记处书记李富春(总书记邓小平和彭真均在莫斯科,举行中苏两党会谈——引者注)责人"为中央起草一个有力的指示(要有几百字,几句话太少,不足以引起省、地、县、社的注意)",经他审阅,于10月12日以《中共中央关于转发湖北省委和福建省两个文件的重要指示》发出。《指示》以湖北沔阳县通海口公社一经整顿,群众的生产情绪不仅马上扭转,并且出现了生产的高潮为例,强调纠正一平二调的"共产风",坚持以生产队为基础的公

---

① 1959—1960年冬春水利战线拉得过长,三百个大型水利工程同时上马,占用劳动力过多,最高时曾达到七千万人,既增加了粮食消费,又影响了冬季积肥和田间管理,甚至到农忙季节,有些水利工地上的民工还下不来,影响了春耕播种,影响了当前的粮食生产。——中华人民共和国国家农业委员会办公厅编:《农业集体化重要文件汇编(1958—1981)》(下),中共中央党校出版社1981年版,第338页。

② 《中共中央关于全党动手,大办农业,大办粮食的指示》(1960年8月10日),中华人民共和国国家农业委员会办公厅编:《农业集体化重要文件汇编(1958—1981)》(下),中共中央党校出版社1981年版,第338页。

社三级所有制,是彻底调整当前农村中社会生产关系的关键问题,是在公社中贯彻实现社会主义按劳分配原则的关键问题。同时,以福建闽侯县城门公社一经整顿,就从各方面挤出两千多个劳动力,被群众称为大喜事的事实,说明在我国当前还不能立即全面实现机械化的条件下,保证足够的劳动力,是保证农业生产力发展的头等要素。《指示》说:"现在中央发给你们的两个文件,一个是关于农村中社会主义生产关系的问题,一个是关于农业生产力的问题。这是相互关联的两个问题。如果不实事求是地、迅速地处理这两个根本问题,就不能够实现党中央所提出的关于以农业为发展国民经济基础的这个基本方针,就会使这个方针变为空谈。"为此,"要实事求是地、彻底地解决上述两个根本问题,看来不能够只依靠各级的干部会议,还必须由省、地、县和公社党委下最大的决心,贯彻执行党中央和毛主席历来的指示,并且明确地把党中央和毛主席历来的指示下达到公社的生产队和各经济部门的基层单位,使党的各种政策和方针直接同群众见面,用领导和群众的'两头挤'的方法,用由上而下和由下而上的相结合的方法,才能够如通海口公社和城门公社那样,收到切实的效果。"[①]

夏季北戴河会议结束后,毛泽东身体欠佳,中央决定他脱离工作休息一段时间。实际上,国内外大事连连,他很难休息得了。

9月15日,邓小平率中共代表团赴莫斯科,举行中苏两党会谈。11月5日,以刘少奇、邓小平为正、副团长的中共代表团赴莫斯科,出席各国共产党和工人党代表会议。这些重大问题都需要毛泽东拍板决定。国内的问题,也很急迫。有的省份出现严重的人口营养性死亡现象。一些地方坏人当权,打人死人,为非作歹。10月23日至26日,毛泽东召集华北、中南、东北、西北四个大区的省市自治区党委主要负责人开会,在讨论纠正"共产风"的过程中,专门讨论了错误严重的山东、河南两省的问题(河南信阳事件的材料,10月26日送交毛泽东)。鉴于情况严重,会后,毛泽东委托周恩来主持起草一个关于农村政策问题的紧急指示。11月2日,周恩来起草完毕送交毛泽东审阅。翌日清晨,毛泽东将审改稿退周恩来。他在附给周的信上说,有几点修改"是重要的",请召集李富春、谭

---

① 中华人民共和国国家农业委员会办公厅编:《农业集体化重要文件汇编(1958—1981)》(下),中共中央党校出版社1981年版,第363页。

震林等谈一下，酌定后"用电报发出，越快越好"。① 周恩来11月3日下午召集会议讨论定稿后，随即在当天以《关于农村人民公社当前政策问题的紧急指示信》（习称农村十二条）发出。其内容是：（1）三级所有，队为基础，是现阶段人民公社的根本制度。（2）坚决反对和彻底纠正一平二调的错误。（3）加强生产队的基本所有制。（4）坚持生产小队的部分所有制。（5）允许社员经营少量的自留地和小规模的家庭副业。（6）少扣多分，尽力做到百分之九十的社员增加收入。（7）坚持各尽所能、按劳分配的原则，供给部分和工资部分三七开。（8）从各方面节约劳动力，加强农业生产第一线。（9）安排好粮食，办好公共食堂。（10）有领导有计划地恢复农村集市，活跃农村经济。（11）认真实行劳逸结合。（12）放手发动群众，整风整社。这封《紧急指示信》径直发到生产队的基层党支部，"要求把这封指示信原原本本地读给全体党员和干部听，读给农民群众和全体职工听，反复解释，做到家喻户晓，把政策交给群众，发动群众监督党员干部认真地、不折不扣地贯彻执行。"除宣读外，各级干部都要分期分批开办训练班，进行学习。② 毛泽东的几处重要修改和补充是：在第一部分，原稿提到以生产队为基础的三级所有制从1961年算起，按此前说的"至少五年不变"，将五年改为七年，并用括号加写了"在1967年我国第三个五年计划最后完成的一年以前，坚决不变"一句（见《农业集体化重要文件汇编》（1958—1981），第387页）。在第二部分，原稿中说，以生产队为基础的公社三级所有制，必须在"一定时期内稳定下来"，将"一定时期"改为"一个长时期"（见同上书，第379页）。在第四部分，原稿中说，各生产小队之间在分配上的差别"对于发展生产是有利的"，将"有利"改为"极为有利"（见同上书，第381页）。在第七部分，原稿"在现阶段，人民公社分配的原则还是按劳分配"一句的"在现阶段"之后，加写了"在很长的时期内，至少在今后二十年内"一句。③ 诸如此类的修改，表明毛泽东在实践中修正着自己原

---

① 毛泽东给周恩来的信（1960年11月3日），中共中央文献研究室编《毛泽东年谱（1949—1976）》第四卷（中央文献出版社2013年版），第473—474页。
② 参见中华人民共和国国家农业委员会办公厅编《农业集体化重要文件汇编（1958—1981）》（下），中共中央党校出版社1981年版，第377—387页。
③ 参见毛泽东对中共中央关于人民公社当前政策问题的紧急指示信稿的修改，1960年11月3日，中共中央文献研究室编《毛泽东年谱（1949—1976）》第四卷，中央文献出版社2013年版，第474页。

来的认识。

同一天，中共中央还发出《关于贯彻执行"紧急指示信"的指示》，提出要放手发动群众，整风整社；彻底清理一平二调，坚决退赔。不仅要解决农村的问题，中央各部委、国家机关和人民团体各党组和总政治部也要深入检查自己的工作，"再不容许由于自己的主观主义、官僚主义的领导和不切实际的过高要求，而引起下面干部的'共产风'、浮夸和命令风。各系统各部门都必须认真总结经验，彻底改进工作，坚决克服主观主义和官僚主义。凡是自己有一平二调错误的和直属企业、事业单位有一平二调错误的，都必须彻底清理，坚决退赔，作出示范。"①

继"农村十二条"下达后，毛泽东决定，从中央党政机关抽调万名干部下基层，到问题多的社、队帮助工作，扭转困难局面。1960年11月10日，中央精简干部和安排劳动力五人小组提交《关于中央一级机关抽调万名干部下放基层情况的报告》。11月15日，毛泽东看后作了两段分量很重的批示，提出五个月把不利的局面转变过来。其中一段说："总理：在讲大好形势、学习政策的过程中，要有一段时间大讲三分之一地区的不好形势，坏人当权，打人死人，粮食减产，吃不饱饭，民主革命尚未完成，封建势力大大作怪，对社会主义更加仇视，破坏社会主义的生产体系和生产力，农村工作极为艰苦（'极为艰苦'四字下特别加了着重号），要有坚强意志决不怕苦的精神才能去，否则不能去。以上请你酌定。"另一段是："全国大好形势，占三分之二地区，又有大不好形势，占三分之一地区。五个月内，一定要把全部形势都扭转过来。共产党要有这样一种本领，五个月工作的转变，一定争取一九六一年的农业大丰收，一切坏人坏事都改过来，邪气下降，正气上升。又及。"该文即以"一定要在五个月内，把全部形势都扭转过来"为题，以《中共中央文件》行文下发。

在这以后，到11月底，他又批转两件材料，代中央写了两段重要批示。一件是批转湖北王任重的报告，要求"必须在几个月内下决心彻底纠正十分错误的'共产风'、浮夸风、命令风、干部特殊化风和对生产瞎指挥风，而以纠正'共产风'为重点，带动其余四项歪风的纠正。省委自己全面彻底调查一个公社（错误严重的）使自己心中有数的方法是一

---

① 中华人民共和国国家农业委员会办公厅编：《农业集体化重要文件汇编（1958—1981）》（下），中共中央党校出版社1981年版，第388—390页。

个好方法。经过试点然后分批推广的方法,也是好方法。省委不明了情况是很危险的。只要情况明了,事情就好办了。一定要走群众路线,充分发动群众自己起来纠正干部的'五风'不正,反对恩赐观点。下决心的问题,要地、县、社三级下决心(坚强的贯彻到底的决心),首先要省委一级下决心,现在是下决心纠正错误的时候了。只要情况明,决心大,方法对,根据中央十二条指示,让干部真正学懂政策(即十二条),又把政策交给群众,几个月时间就可以把局面转过来,湖北的经验就是证明。"①另一件是批转甘肃省委的报告,说甘肃省委在做自我批评了,批评得还算切实、认真。看起来甘肃同志开始已经有了真正改正错误的决心了。批示称:"毛泽东同志对这个报告看了两遍,他说还想看一遍,以便从其中吸取教训和经验。他自己说,他是同一切愿意改正错误的同志同命运、共呼吸的。他说,他自己也曾犯了错误,一定要改正。例如,错误之一,在北戴河决议中写上了公社所有制转变过程的时间,设想得过快了。在那个文件中有一段是他写的,那一段在原则上是正确的,规定由社会主义过渡到共产主义的原则和条件,是马列主义的。但是在那一段的开头几句规定过程的时间是太快了。那一段开头说:'由集体所有制向全民所有制过渡,是一个过程,有些地方可能较快,三四年内就可以完成;有些地方可能较慢,需要五六年或者更长的时间。'这种想法是不现实的。现在更正了,改为从现在起,至少(同志们注意,说的是至少)七年时间公社现行所有制不变。即使将来变的时候,也是队共社的产,而不是社共队的产。又规定从现在起至少二十年内社会主义制度(各尽所能,按劳付酬)坚决不变,二十年后是否能变,要看那时情况才能决定。所以说'至少'二十年不变。至于人民公社队为基础的三级所有制规定至少七年不变,也是这样。1967 年以后是否能变,要看那时的情况才能决定,也许再加七年,成为十四年后才能改变。总之,无论何时,队的产业永远归队所有或使用,永远不许一平二调。公共积累一定不能多,公共工程也一定不能过多。不是死规定几年改变农村面貌,而是依情况一步一步地改变农村面貌。"毛泽东把自我批评写进批示里,公之于全党,表示"同一切愿意改

---

① 《毛泽东文集》第八卷,人民出版社 1999 年版,第 220—221 页。王任重报告参见中华人民共和国国家农业委员会办公厅编《农业集体化重要文件汇编(1958—1981)》(下),中共中央党校出版社 1981 年版,第 391—406 页。

正错误的同志同命运、共呼吸",体现了无产阶级领袖的崇高风范,足以激励全党努力纠正错误。批示最后还指出,甘肃省委这个报告没有提到生活安排,也没有提到一、二、三类县、社、队的摸底和分析,这是缺点。他说,这两个问题关系甚大,请大家注意。①

这时,毛泽东已经减掉了饭菜中的肉食。据他的护士长说,从1960年10月份起,毛泽东开始吃素,不吃肉了。他对护士长说:"国家有困难了,我应该以身作则,带头节约,跟老百姓共同渡过难关,不要给肉吃,省下来换外汇。吃素不要紧。"护士长怕他营养不够,影响健康,每天都给他计算摄入食物的热量。身材高大的毛泽东的体重这时下降到75公斤。② 现在,他又表示,"同一切愿意改正错误的同志同命运、共呼吸",下决心解决目前存在的问题。他用自己的行动昭告:在严重困难面前,全党上下团结一致,发扬共产党人"跟老百姓共同渡过难关"的传统作风,比什么都重要。只要全党都这样做了,从农业破题,力争在尽可能短的时间内扭转严重困难局面是可能的。

第三节 找出了糊涂六年的症结

原先预定的中共中央北京工作会议,于1960年12月24日到1961年1月13日举行。毛泽东主持形成的会议纪要,在"十二条"的基础上,进一步作出了几项补充规定。

第一,通过整风整社,纠正"五风"。

第二,退赔问题,强调谁平调谁退赔,从哪里平调退赔到哪里,要退赔实物;国家准备补助25亿元,按农村人口分配,用于退赔。

第三,关于粮食、自留地、社员家庭副业和家庭手工业、农村集市贸易等问题,在政策上也有所放宽。例如,1961年中央准备再拿10亿元提高粮食收购价格;自留地(包括食堂菜地)由占当地人均耕地面积的5%提高到7%;养猪实行公养私养并举、以私养为主的方针;社员家庭副业

---

① 参见《毛泽东文集》第八卷,人民出版社1999年版,第222—223页。甘肃省委报告参见中华人民共和国国家农业委员会办公厅编《农业集体化重要文件汇编(1958—1981)》(下),中共中央党校出版社1981年版,第408—415页。
② 访问吴旭君谈话记录,2002年5月21日。转引自中共中央文献研究室编《毛泽东传(1949—1976)》(下),中央文献出版社2003年版,第1098页。

和家庭手工业允许有适当发展；要放手活跃农村集市贸易，不要过多限制等。

在这次会议上，毛泽东先后五次听取各省市区汇报，深感这几年有许多情况没有摸清，被一些假象弄迷糊了。究其原因，他认为是调查研究少了，要大兴调查研究之风。开完八届九中全会，他立即组织三个调查组，分赴广东、湖南和浙江三省的农村进行调查研究。这次调查研究的最大收获，是发现并解决了自高级合作化以来一直没有能够解决的两个平均主义的问题，即生产队与生产队之间的平均主义和生产队内部社员与社员之间的平均主义问题。据当年参加广东调查的邓力群回忆，他们到广州的时候，省五级干部会议刚结束，与会人员还没有都散去。省委主要领导到调查组驻地看望，讲到"农村十二条"传达后，反映很好。1960年11月初发下来，只两个月，农村情况明显好转。与会同志都认为继续贯彻"十二条"，农村就没有问题了。但是有一个公社书记和大家的意见不一致，而且非常坚持自己的意见。这位公社书记讲，"十二条"的确很好，解决了一个从上而下刮"共产风"的问题。有了这个"十二条"，县里向农民刮共产风，不行了；公社向大队、生产队刮共产风，也不行。这是"十二条"的好处。但是，农村的"共产风"问题还没有完全解决。农村还存在两种共产：一种是大队内部生产队与生产队之间的"共产风"，那时基本核算单位是大队，几个生产队之间平调；一种是生产队内部社员与社员之间的"共产风"，大家都吃大锅饭。这两个问题不解决，农村状况的根本好转还是没有希望。只有把包括这两种"共产风"在内的四种共产风都解决了，农村状况才有可能根本好转。这位公社书记还在会上打保票说：如果省委允许他们这个公社解决那两个"共产风"的问题，保证几年之内，生产会有大的发展。调查组听后，很受启发，就约请这位公社书记第二天来谈谈。第二天他来了，把他的那些意见说得头头是道，理直气壮。听完之后，陈伯达（广东调查组组长——引者注）立即向毛主席汇报。毛主席一听，立刻说："这个意见好！我们这次调查研究就是要以这个为纲。通过调查要制定政策，解决大队内部生产队与生产队之间、生产队内部社员与社员之间的平均主义。这是一个纲。"[①]

其实，这个问题即人民公社的基本核算单位究竟放在哪一级为好，装

[①] 邓力群：《参加广州调查和起草"人民公社六十条"》，《党的文献》2012年第1期。

在毛泽东的脑筋里已经许久了。自 1958 年第一次郑州会议开始纠"左"，到上海会议，不仅确定了农村人民公社必须实行"三级所有、队为基础"的体制，以相当原来高级社的生产队为基本核算单位，还为相当原来初级社的生产小队争得了部分所有权。其所以如此，就是多少感到了负责组织生产的生产小队，与作为基本核算单位的生产大队之间有些不匹配。那位公社书记的看法，触及了他久未释怀的问题，引发认识上的升华。这也就是邓力群说的，毛泽东把那位公社书记的说法"理论化了，也更准确了"。按毛泽东的这个指示，三个调查组在三个省，分别选择不同类型的社队进行调查，将了解到的情况汇集到毛泽东那里。经他提炼，最后概括为以调整社队规模、扩大相当原初级社的生产小队的权力为主要内容，进一步改进农村人民公社体制，并按照这一思路起草了农村人民公社工作条例，提交中央工作会议讨论。毛泽东说："如果社、队划小以后，大队与大队之间的平均主义解决了，现在还存在两种平均主义没有解决，一个是小队与小队之间的平均主义，一个是个人与个人之间的平均主义。我看这样好，把小队的名字去掉，公社就是三级，公社、大队、队。"① 为此，他提出了把基本核算单位放在生产小队②和在公共食堂的问题上听取群众意见、灵活处理两个问题。

1961 年 3 月 11 日，毛泽东在广州主持中南、西南、华东三大区及所属省市自治区负责人会议（即"三南会议"），刘少奇、周恩来、陈云和邓小平在北京主持东北、华北、西北三大区及所属省市自治区负责人会议（即"三北会议"），分别讨论农村人民公社体制问题。3 月 13 日上午，毛泽东给刘少奇、周恩来、陈云、邓小平和彭真并"三北会议"各同志写信，希望在第一线的领导同志要重视调查研究的问题。他指出："大队内部生产队与生产队之间的平均主义问题，生产队（过去小队）内部人与人之间的平均主义问题，是两个极端严重的大问题，希望在北京会议上讨论一下，以便各人回去后，自己并指导各级第一书记认真切实调查一

---

① 毛泽东同陶铸等谈话简要记录（1961 年 2 月 25 日），中共中央文献研究室编《毛泽东年谱（1949—1976）》第四卷，中央文献出版社 2013 年版，第 545—546 页。

② 《毛泽东传（1949—1976）》的编著者说："从能查到的文献来看，到这时为止，还没有哪一个中共领导人，包括负责农村工作的人在内，像毛泽东这样重视生产小队（相当原来的初级社）的地位和权利。毛泽东的目光，他的注意力，总是盯在生产小队这一级，盯在农业生产的最基层。"——中共中央文献研究室编：《毛泽东传（1949—1976）》（下），中央文献出版社 2003 年版，第 1129 页。

下。不亲身调查是不会懂得的,是不能解决这两个重大问题的(别的重大问题也一样),是不能真正地全部地调动群众的积极性的。也希望小平、彭真两位同志在会后抽出一点时间(例如十天左右),去密云、顺义、怀柔等处同社员、小队级、大队级、公社级、县级分开(不要各级集合)调查研究一下,使自己心中有数,好做指导工作。我看你们对于上述两个平均主义问题,至今还是不甚了了,不是吗?我说错了吗?省、地、县、社的第一书记大都也是如此,总之是不甚了了,一知半解。其原因是忙于事务工作,不做亲身的典型调查,满足于在会议上听地、县两级的报告,满足于看地、县的书面报告,或者满足于走马看花的调查。这个毛病,中央同志一般也是同样犯了的。我希望同志们从此改正。我自己的毛病当然也要坚决改正。"[1]

毛泽东原本打算派陶铸带上他写的信,到"三北会议"通报有关情况,后改为"三北会议"的同志移师广州,与"三南会议"合并,举行中央工作会议,研究解决公社体制、条例问题、粮食问题和商贸问题四个议题。关于公社体制的问题,毛泽东继续强调:"队与队之间的平均主义,队里面人与人之间的平均主义,是从开始搞农业社会主义改造,搞集体化、搞公社化以来,就没有解决的。现在这个条例,就是要解决平均主义问题,可以使小队满意,但是要让小队完全满意还不可能。关于基本核算单位问题,究竟是以大队为基础,还是以小队为基础,这个还可以研究。基本核算单位可以划小,但是单位太小了,对天灾人祸抵抗不了。总的原则要搞到相当原来一个高级社的范围作为一个基本核算单位。基本核算单位的大队太大了也不好,它底下管的生产队就太多了。这样势必就要拉平,就要搞平均主义,非改不可。"他说:"穷队富队拉平,现在已经证明,对富队不好,对穷队也不好。必须对生产大队下面的生产小队贫、中、富区别对待。小队里头人与人之间的平均主义,也就是劳动力多的与劳动力少的社员户之间的矛盾。因为实行粮食供给制,劳动力少的户跟劳动力多的户吃粮都一样,他横直有的吃,所以就不积极。劳动力多的户,他们想我干也是白费了,所以也不积极了。"[2] 毛泽东在这里列举了嘉兴

---

[1] 《毛泽东文集》第八卷,人民出版社1999年版,第250—251页。
[2] 中共中央文献研究室编:《毛泽东年谱(1949—1976)》第四卷,中央文献出版社2013年版,第557页。

的例子来说明。浙江省嘉兴县，原是一个有名的粮食高产县，由于农民多产不能多吃，粮量严重减产。他说："今后高产的地方农民一定要多吃。"①

在这次会议上，毛泽东又一次讲到调查研究的问题，并印发了他失而复得的写于1930年的《调查研究》一文。大家对上面提到的那封信和《调查研究》一文，反响强烈，许多同志结合几年来的工作，做了自我批评。周恩来说："进城以后，特别是这几年以来，我们调查研究较少，实事求是也差，因而'五风'刮起来就不容易一下子得到纠正。毛泽东同志关于调查研究的文章讲的是世界观，也是方法论。是好是坏，要从客观存在出发，不能从主观愿望出发。"② 他还从政府工作方面做了自我批评。在3月19日和3月23日的会议上，邓小平在讲话中着重就中央书记处的工作做了自我批评。他说："主席对我们的批评是中肯的、必要的。在我个人来说，在书记处来说，日常工作做得不算很坏，但是在重大的决定方面出的好主意不算很多。主要就是缺乏调查，调查研究不够，材料来源主要是看报告。因此，出的主意、一些意见很难有把握。作为助手，作为主席、常委、政治局的助手，这一方面工作是做得不好的。过去我们书记处不是对所有问题都没有发觉，对若干地方出现的问题本来是有察觉的。察觉了之后，应该有个办法，去调查研究。无非是自己去调查研究，或者是派人去调查研究。出现这些问题不能及时解决，不能够正确地解决，这一方面我们没有尽到责任。作为重要的教训，个人也好，整个书记处也好，我想大家恐怕都应认真汲取。"③

这次会议通过了几经修改的《农村人民公社工作条例（草案）》，即"农村六十条"，连同中共中央《关于讨论农村人民公社工作条例草案给全党同志的信》一并下发到农村党支部和全体社员讨论。这是公社化以来讨论和解决农业问题的可贵成果。毛泽东回顾这一过程时不无惋惜地说："农业问题抓得晚了一些。这次一定决心解决问题。第二次郑州会议，问题解决得不彻底，只开了三天会，而且是一批一批地开，开会的方

---

① 中共中央政治局常委扩大会议记录，1961年3月14日。
② 中共中央文献研究室编：《周恩来年谱（1949—1976）》中卷，中央文献出版社1997年版，第398页。
③ 中共中央文献研究室编：《邓小平年谱（1904—1974）》（下），中央文献出版社2009年版，第1623、1624页。

法也有问题。庐山会议本应继续解决郑州会议没有解决的问题,中间来了一个插曲,反右,其实应该反'左'。1960年上海会议对农村问题也提了一下,但主要讨论国际问题。北戴河会议也主要是解决国际问题。'十二条'起了很大作用,但是只解决了'调'的问题,没有解决'平'的问题。12月中央工作会议,只零碎地解决了一些问题。农村问题,在1959年即已发生,庐山会议反右,使问题加重,1960年更严重。饿死人,到1960年夏天才反映到中央。"①

遗憾的是,会议未能接受毛泽东关于把基本核算单位下放到生产小队的意见,农村问题的解决还是留下一个尾巴。这也说明,大家不赞成的事情,是不可能付诸实行的。会后,中央和省市自治区两级领导人纷纷深入基层,亲自做调查研究。通过调查研究,对真实情况有了切身感受,认识更加接近实际,也有了更多的共同语言。同年5月7日清晨,周恩来从河北邯郸打电话给毛泽东,说他在武安县农村人民公社调查得来的情况,有四个问题。(1)食堂问题。绝大多数甚至全体社员,包括妇女和单身汉在内,都愿意回家吃饭。(2)社员不赞成供给制,只赞成把五保户包下来和照顾困难户的办法。(3)社员群众迫切要求恢复高级社时评工记分的办法。(4)邯郸地区旱灾严重,看来麦子产量很低,有的甚至颗粒无收。目前最主要的问题是恢复社员的体力和恢复畜力问题。② 5月10日,邓小平、彭真也写信给毛泽东,汇报他们领导的五个调查组和北京市委工作组在北京顺义、怀柔的调查情况。信中说:北京近郊和各县生产大队、生产队的规模都已调整,农民生产积极性大大提高。目前群众最关心的是粮食征购和余粮分配问题。多数生产队赞成对包产部分的余粮购九留一,超产部分购四留六,少数生产队主张包死。关于供给制,要求废除,只对五保户生活和困难户补助部分实行供给。凡是几年来年年增产的单位,多是大体上坚持实行"三包一奖"和评工记分制度。关于食堂问题,比较复杂,除居住比较分散的队不办、常年食堂一般主张不办外,对农忙食堂意见不一,不能像供给制一样一刀两断地下决心,要走群众路线,完全根

---

① 中共中央文献研究室编:《毛泽东年谱(1949—1976)》第四卷,中央文献出版社2013年版,第564页。
② 参见周恩来给毛泽东电话的记录(1961年5月7日),中共中央文献研究室编《周恩来年谱(1949—1976)》中卷,中央文献出版社1997年版,第409—410页。

据群众自愿决定。① 毛泽东将周恩来的来电记录和邓、彭的来信都分别予以转发。

1961年5月21日至6月12日，中共中央在北京举行工作会议。根据调查研究、征求意见和试行的情况，对《农村人民公社工作条例（草案）》又做一次修改，取消了供给制，公共食堂办与不办完全由群众讨论决定，然后以《农村人民公社工作条例（修正草案）》下发，继续讨论和试行。1958—1960年的三年中，为适应经济高速发展和庞大的基建规模，全国新招收职工2500多万人，城市人口由9900万人增加到1.3亿人。城镇粮食供应紧张的问题影响到各个方面。在这次会议上，陈云就解决这一问题提出四条意见：

（一）继续调整党在农村的基本政策。政策问题不解决，农民的积极性发挥不出来，其他的措施再多，农业生产也上不去。

（二）工业要大力支援农业。因为化肥、拖拉机、排灌机械等不可能一下子增产很多，所以这一措施不是短时间可以见效的。

（三）进口粮食。但从目前情况看，超过一百亿斤有困难，因为没有那么多外汇，也没有那么大的运输力量。

（四）动员城市人口下乡，减少城市粮食销量。

他说："以上四条，第一条是根本的，第二、三两条有时间和数量的限制，第四条则是必不可缺少的，我们非采取不可。"②

根据毛泽东的提议，周恩来主持制定了《关于减少城镇人口和压缩城镇粮食销量的九条办法》，三年内减少城镇人口两千万以上，1961年减少一千万。刘少奇在这次会议上首次提出了经济困难的原因是"三分天灾、七分人祸"的判断。

---

① 参见邓小平、彭真给毛泽东的信（1961年5月10日），中共中央文献研究室编《邓小平年谱（1904—1974）》（下），中央文献出版社2009年版，第1636—1637页。
② 《陈云文选（1956—1985）》，人民出版社1986年版，第151—152页。

第十四章

整个国民经济的调整与一系列工作条例的推出

从1960年11月初"农村十二条"下达到1961年春"农村六十条"的讨论和试行,农村有了很大变化,政策调整开始走上轨道。抓工业的问题紧迫起来。毛泽东要各省市区一把手把农业问题暂时交给二把手和三把手,对城市做些调查,准备定于1961年夏在庐山举行的工作会议上着重讨论工业和整个国民经济的调整。

第一节 设想在重工业现有生产水平上调整的失败

积以往经验,完成任何一项重大经济政治任务,仅有一般性的方针还不够。要付诸实施,还有一个具体化的问题。例如八字方针的贯彻,是在维持工业现有生产水平上调整,还是先退一步再调整,开始不太明确,所以执行起来很困难,又走了一段弯路。同1956年的小跃进比较,三年"大跃进"中积累的问题更多也更严重,又连年遭受大灾,工业特别是重工业的生产和建设很难维持住原来的规模。两大部类失衡的情况超过了应有的限度,不仅不能扩大再生产,也难以维持简单再生产,社会再生产只能在萎缩的状态下(缩小规模)进行。这是通常经济危机时期必然出现的情况。说中国20世纪60年代初的经济危机不同于资本主义周期性的生产过剩危机,这是就其本质而言。认为中国这次经济危机主要是供给不足,也是就它的基本方面来说。具体分析,不能一概而论。农业和轻工业,特别是农业,突出的问题是供给不足;重工业的某些部门相对说则是"生产过剩"。以重工业生产建设规模为标志的国家工业化的推进速度,总体看超过了农业能够提供的剩余产品。解决的办法,一是加强农业,延长农业战线，增加供给；二是适当降低重工业的发展速度，相应缩小重工业的建设规模，压缩需求。在大力发展农业的前提下，按"短线"恢复国民经济的综合平衡，就是可能的选项。正是在这一点上，经历了一个认识的过程。

如上节所说，从大办工业到大办农业，加强对农业的支援，是增加供给。与此同时，也采取了一些压缩需求的举措。供给的增加需要时间，而压缩需求的力度又明显不够，供求矛盾绷得依然很紧，整个国民经济的调整很难展开。问题的关键是，不论1960年夏北戴河中央工作会议决定改变原定经济工作部署，还是安排1961年国民经济计划，基本上都是设想在现有基础上进行调整，尽量维持工业已经达到的生产水平，经过短暂喘息，继续跃进。例如，1960年下半年除了保粮，还想保钢，费尽力气，钢保住了，影响了众多部门。山东轻工纺织行业当年有3/4的企业，因为煤炭集中用于保钢、保电，经常处于停工半停工状态。为保钢，采掘企业突击生产，超强度出力，只采不掘，采掘严重失调，加重了以后调整的艰难程度。

关于安排1961年国民经济计划的问题，同样是这种情况。在1960年底至1961年初的中央工作会议和中共八届九中全会上，毛泽东在讲到工业的问题时，他不无感慨地说："现在看来，搞社会主义建设不要那么十分急。十分急了办不成事，越急就越办不成，不如缓一点，波浪式地向前发展。"他还说，"我看我们搞几年慢腾腾的，然后再说。今年、明年、后年搞扎实一点。不要图虚名而招实祸"。有了工作会议的基础，八届九中全会顺利地通过了对国民经济实施调整巩固充实提高以调整为中心的方针。但一涉及工业特别是重工业的具体指标，调整便止步不前了。经国家计委提出、会议认可的1961年工业增长速度仍维持8%的水平，其中重工业为8.7%。初步确定的原煤产量指标为4.36亿吨，铁为2750万吨，钢为1900万吨，均比上年略有增加；其他主要重工业产品产量指标则有增有减。李富春在汇报《关于安排1961年国民经济计划的意见》时认为，这样安排，已经考虑了经济调整的需要。他说："按照上列指标，1961年比1960年，煤只增加1100万吨，煤炭部直属煤矿将增加1500万吨；钢只增加30万吨。这样安排，一方面是为了给农业让路，特别是照顾到晋冀鲁豫辽五个受灾严重的省份恢复和发展农业生产的需要；另一方面，是为了调整重工业内部的关系，并且使我们能够用更多的力量来提高质量，增加品种，降低原料和燃料的消耗。"他还说："1961年煤、铁、钢的增长速度虽然不高，但是发电量、石油、有色金属、化工产品的生产仍将保持比较高的速度，这就有可能在一定程度上改善这些产品在生产和需要上的不相适应的状况。"① 此后，钢的指标参照全国人大正式批准的1960年计划指标1840万吨，定为1845万吨（最后完成870万吨）。

其之所以仍努力维持原有的生产水平，并力争有所增加，与对经济形势的认识有直接联系，其中一个重要因素是没有估计到农业会连续受灾减产，反而期望能够增产。同时，有些问题的暴露也还有一个过程，人们的认识不能不受一定的限制。当时并不认为问题有多严重，适当调整即可解决。实际上，这不过是一厢情愿。1961年一季度工业生产和交通运输继续大幅度下降，主要产品平均日产水平多数只相当于上年同期的一半左右。完成全年计划的比重，为历年最低。上海等六大城市，有半数左右的工厂由于缺煤、缺电，处于停工、半停工状态。认识严重脱离了实际，尚未完全觉悟到这一点。除囿于多年的思维定式，对实际情况也若明若暗。以粮食生产为例，八届九中全会后，周恩来指示有关部门对粮食产量重新核实，1959年的粮食产量不是公布的5100亿斤，而是3400亿斤；1960年的粮食产量仅为2870亿斤；1961年预计只能达到2700亿斤，粮食赤字将达到191亿斤，粮食形势异常严峻。顺便指出，1961年的粮食实际产量为2950亿斤，不是继续下降，而是开始企稳并略有回升，比预计数增加250亿斤。这似乎也说明一种现象（也许还是一种规律性现象），即通常在顺风顺水、群情高涨时，容易高估成绩；困难当头，问题多多，士气低落时，则往往是相反的情况。

第二节 "退够站稳"有利于调整

中共八届九中全会后，工业方面也积极展开调查研究。1961年3月，国家计委和国家经委联合组成调查组，到石景山钢铁公司、城子煤矿、华北无线电厂、天津永利久大化工厂、太原钢铁厂、济南钢铁厂等单位调查研究，弄清情况，寻找解决办法。通过多方面的调查研究，较为清醒地看到了工业战线存在着非常严重的问题。同年5月21日至6月12日，中共

---

① 中共中央文献研究室编：《建国以来重要文献选编》第14册，中央文献出版社1997年版，第36、37页。

中央在北京举行工作会议。由于有前一段的调查研究,这次会议对于确定国民经济调整的目标比较摸底。李富春根据国家计委预测,提出1961年钢铁生产指标为1050万吨,比八届九中全会时的指标降低850万吨,降幅高达44.7%。他说:"工业指标下降是个惩罚,工业发展过快,工业战线拉得过长,城市人口增加过多,这些我都负有主要责任。"毛泽东插话说:"好,不怕外国人骂。我们本不行,人家说行,自己也说行,不好。我们学了十一年,未学会,至少还要学十一年。""认识客观世界是逐步认识、逐步深入的,没有例外,我也在内。"他建议再读一读斯大林的《苏联社会主义经济问题》这本书。他说,这本书只有极少数问题有毛病,我最近又看了三遍。他讲客观规律,把社会科学的这种客观真理,同自然科学的客观真理并提,你违反了它,就一定要受惩罚。我们就是受了惩罚,最近三年受了大惩罚。他提出来要教育干部,要给庐山会议后整错了的人平反。还说,上半年把农业问题搞通,搞好。下半年搞城市问题,工业问题。① 就在这次会议上,陈云、李富春提出来"要退够站稳,按比例前进"。李富春解释所谓"退够",就是退到满足农业和市场之后。邓小平说,从去年北戴河会议起,最近这将近一年,我们曾经用打补丁的办法解决了一些问题。但是,涉及规模、速度等一系列带有重大性质的原则问题,看来打补丁是不行的。会议最后决定,今后三年内减少城镇人口2000万人,1961年减少1000万人;钢的生产指标由1800万吨调整为1100万吨。②

会后,按此精神将基本建设投资又由127亿元(原为167亿元)压缩到70亿元左右。到七八月份,国家计委估计1961年钢产量至多能完成850万吨。8月9日,中央书记处在讨论"二五"后两年计划安排的问题时,周恩来说:看起来不退够,形势稳不住,不好调整。哪有部队打仗在火线上调整的?必须撤到后方进行调整。③ 邓小平说,经济调整工作迟迟展不开,根本的问题是生产指标仍然过高,必须退下来才能真正调整。他说:去年北戴河会议提出"八字方针",究竟怎样贯彻,一年多了还没有

---

① 参见1961年5月21日—6月12日中央北京工作会议记录,中共中央文献研究室编《毛泽东年谱(1949—1976)》第四卷,中央文献出版社2013年版,第600页。
② 参见中共中央文献研究室编《邓小平年谱(1904—1974)》(下),中央文献出版社2009年版,第1641页。
③ 参见袁宝华《对国民经济的艰苦调整》,《当代中国史研究》2002年第1期。

具体化。"八字方针"的贯彻，至少要五年时间。指标退下来，可以腾出精力和时间搞填平补齐。基本建设要集中力量建成一个算一个。要切实贯彻"八字方针"，调整什么？巩固什么？充实什么？提高什么？各部、各地区、各行业都要搞清楚，不要再拉长战线了。以钢为例，要想办法多搞平炉、电炉钢，提高质量，而不是再搞转炉钢，保数量。钢材要根据需要做生产计划，而不是生产出什么用什么。重工业按煤炭、木材、钢铁、有色金属次序全面安排，机械工业进行调整。农业措施，要集中地运用到商品粮生产基地，不能再撒胡椒面。必须想办法多生产一些日用品供应市场。基本建设要服从填平补齐的方针，市政建设需要充实。城市减人，不认真地快减，会把我们拖住。在目前的情况下，要更多地强调集中统一。现在的提法应当是：保农、保轻、兼顾国防。①

第三节　不能失去前进的方向和信心

第二次庐山会议1961年8月23日至9月16日举行。这是经济调整时期的一次重要会议。会议立足毛泽东关于经济已经退到"谷底"的估计，就经济调整的指导思想、调整目标以及退够站稳的界限等问题，都作了原则性的阐明，并决定了若干重要举措。②

1960年北戴河会议以来，农业的调整走在了前面，虽然基本核算单位调整的问题留有尾巴，但农村情况已经出现较大改变。毛泽东尽管感叹对于社会主义建设依然不甚了了，但他对于经济形势的看法已较为乐观。认为问题暴露出来了，将走向反面，现在是退到谷底了，形势到了今年，是一天天向上升了。他说："这次会议搞了几个好文件，如'工业七十条''高教六十条'等，证明我们的经验比较多了。"③

---

① 参见《当代中国的计划工作》办公室编《中华人民共和国国民经济和社会发展计划大事辑要（1949—1985）》，红旗出版社1987年版，第173页。
② 《周恩来传（1949—1976）》说："经过（1961年）这半年多的努力，由于农业的情况基本摸清，又采取了比较正确的对策，农业情况开始好转，但是，工业方面的困难更加突出暴露出来。"为适应调整工作的重心由农业转向工业的需要，中共八届九中全会结束后，在周恩来关怀下成立了由各部委负责人组成的"十人小组"，专门负责研究工业问题。——参见中共中央文献研究室编《周恩来传（1949—1976）》（四），中央文献出版社1998年版。
③ 参见王任重日记，1961年8月23日。转引自中共中央文献研究室编《毛泽东传（1949—1976）》（下），中央文献出版社2003年版，第1169—1170页。

李富春在庐山会议的报告里,回顾几年来的认识过程说,三年"大跃进"的主要教训是对生产力估计过高,计划指标过高,要求发展速度过快,基本建设规模过大,综合平衡很差,打乱了经济发展的正常比例关系。从1960年北戴河会议到现在,党中央和毛主席首先抓了农村,农村形势已经开始好转。工业方面,提出"八字方针"后,开始想调整,但还想在重工业生产已经达到的水平上调整,没有认识到后退一步才能调整。因此,"八字方针"并未具体化,1961年初还定了以1840万吨钢为纲的过高指标。实际情况是非退不可,但又不甘心退,弄得东凑西补,一再努力而生产仍然上不去。他自责说:我们把整个工作耽误了。总结这一经验,他认为,"八字方针"的中心是调整。不仅工业的基本建设和生产指标要主动地、有计划地退下来,而且要退够,留有余地,使总的情况松动下来,以利于调整。他说,这些认识,是经过了一个过程而逐步明确的。看来,这些问题也不可能用突击的办法,要求在短时间内得到解决。①

会议经过讨论,通过了《中共中央关于当前工业问题的指示》。这是实施调整的一个指导性文件。《指示》指出:"在1958年、1959年两年大跃进以后,在1960年春就应当及时地进行调整,主动地放慢重工业的发展速度。"调整、巩固、充实、提高"的方针,虽然已经提出了一年多,但是,由于情况不明,认识不足,经验不够,一直没有按照实际情况降低指标,也不是在综合平衡的基础上抓中心环节,带动其他,以致调整工作不能有效地进行。我们已经丧失了一年多的时机。现在再不能有犹豫了,必须当机立断,该退的就坚决退下来,切实地进行调整工作。如果不下这个决心,仍然坚持那些不切实际的指标,既不能上,又不愿下,那么,我们的工业以致整个国民经济就会陷入更被动、更严重的局面。"《指示》规定:"所有工业部门,在今后七年内,都必须毫不动摇地切实贯彻执行调整、巩固、充实、提高的方针。在今后三年内,执行这个方针,必须以调整为中心。"关于工业生产和工业基本建设指标的问题,《指示》要求下最大决心降下来,"降到切实可靠、留有余地的水平上"。《指示》说:"中央认为,一定要从实际出发,从全局出发,在必须后退的地方,坚决

---

① 李富春在中央庐山工作会议上的报告(1961年9月2日),《李富春选集》,中国计划出版社1992年版,第269—272页。

后退,而且必须退够;在必须前进和可能前进的地方,必须积极前进。只有这样,才有利于工业的调整,才能够在比较松动的情况下,掌握主动,加强必须加强的方面,把工业内部的比例关系调整好,把工业生产的秩序安排好,把工业企业的管理工作整顿好,扭转工业生产和工业基本建设的被动局面,逐步发挥在过去三年大发展中增加的工业生产能力。"[①]

9月5日,邓小平在会议上做总结性讲话。讲话的基调是在毛泽东主持下确定的。为便于大家讨论,由邓小平来讲。他着重讲了以下几个问题:

首先,是对最近三年主要是最近两年的估计问题。他说,这是涉及究竟"三面红旗"对不对的问题,是讨论"六十条"以来就提出来的问题。他同意李富春讲的,我们主要的毛病出在上次庐山会议到去年北戴河会议这一阶段,实际上就是一年的时间。他认为,"三面红旗"是正确的。他说,我们这三年"大跃进"的实践,证明了两个问题:第一,证明了总路线可能,多快好省可能,大跃进可能。因为我们整个国民经济的发展速度是30%。拿钢来说,1958年是500多万吨,1960年就跳到1800万吨。第二,我们的教训,就是搞过了一些。比如积累30%还可以,但是我们搞到百分之四十几,这就是过了。这两点,我们在全党和人民当中要讲清楚。不了解的人,我们把道理一讲,把数目字一摆出来,他会了解的。关于人民公社,他说,现在问题已经解决了,公共积累将来发展了总是有希望,社会保险性质的公共福利还是保留了。现在做得差一些,将来总要做。他强调,现在问题的严重性,我们也要认识到,特别是中央和省这两级要认识到。我们主导的方面是正确的,问题出在搞过了,出在没有一系列的具体政策,办法不妥当。吸取这个教训,就把消极的方面变成积极的方面了。比如拿中央来说,书记处是在政治局常委下面管具体工作的,过去了解什么情况呢?处理问题有好多是被迫的,闭着眼睛搞的。这一点,我们应该做自我批评。问题不暴露到一定程度,就了解不到,这大概是一个真理。他说,我们没有社会主义建设的经验,主席好几年来经常讲这个问题。但是现在总是比较了解情况了,因为问题暴露的比较突出,也比较严重。病根找到了,办法也就切实了,至少办法会切实一些、对头一些。

[①] 中共中央文献研究室编:《建国以来重要文献选编》第14册,中央文献出版社1997年版,第615—617页。

毛主席那一天讲了几句话，究竟我们比过去更强了，还是更弱了？是更强了。我完全赞成毛主席的这个话。这个真理，我想我们应该宣传。拿我们书记处来说，今后我们还要管事情，我们比过去稍微懂得多了，还是懂得少了？我们比过去会办得好一点，还是会办得坏一点？我相信会办得好一点。

其次，是关于退够的界限问题。毛泽东判断经济已经退到了谷底，意味着转折的到来。邓小平在讲到这个问题时，拿战争作比喻，说如果发生战争，究竟退到哪一条线？这是一个很大的问题。关于这次调整，他提出今后是进，还是退的问题？他认为："今后是进，退就退到庐山，把防线设到庐山。"他说：所谓退够，有个界限。它是一种积极的措施，不是消极的。退是为了进。譬如煤，不能再退了，再退就可能瘫痪了。现在江苏工业五分之四不能开工，主要是煤的问题。东北是出煤的地方，问题就很严重。再如钢，现在日产总要搞一万三千吨，这是个保命的限度。鞍钢一天生产九千吨到一万吨是保命的限度，它现在不是增产节约，把炼焦时间缩短，而是千方百计延长炼焦时间，又要使这个焦炭还能够用（质量当然要差一些）。因为炼焦炉不炼焦就要坏，坏了就一两年修不起来，这是一个很大的问题，如果再退，那就是把多年积累起来的这点世界水平的好东西破坏了。哈尔滨的飞机厂一定要保持20摄氏度的温度，否则，厂房架子就要坏，造出来的飞机就不合规格。所以退要有个限度，这个限度，有的要奋斗才能保得住。现在努力保的关键就是煤。有了一定数量的煤，我们的钢铁企业才能保命，还不要说什么增产。退到保命的限度也就够了，不能再退了，再退就是溃退。

邓小平关于"退够"问题的阐述，体现了辩证的思维和积极奋斗的意蕴。它说明在经济工作中，不论在什么情况下，具有积极的指导思想，使干部和群众总能保持一种锐气，不被困难和挫折压倒，同军队作战一样，都是很重要的。

第三，是关于调整的目标。他设想：从今年到1967年划分为两段，前三年即1961—1963年主要搞调整，恢复经济；后四年，跃进。跃进也许不是在前两年出现，也许在第三或第四年出现（后来的阶段划分有一定变化——引者注）。关于1961—1963年调整的目标，他提出几个具体指标作为参照：

（1）粮食，在中等年景的条件下，1963年不再依靠吃进口粮食，以便把省下来的外汇用于其他急需的方面。粮食征购恢复到 860 亿斤。按此目标,1962 年全国粮食产量应恢复到 3000 亿斤,1963 年达到 3200 或 3100 亿斤。

(2) 棉花,到 1963 年恢复到 2000 万担,平均每人 8—10 尺布,播种面积维持 7000 万—7500 万亩,同时积极改人造和化学纤维。

(3) 煤炭,1963 年恢复到 2.9 亿吨到 3 亿吨。当时,关系整个国计民生的有两大制约因素,一是粮食,二是煤炭。粮食的紧张情况,已如前述。煤炭紧张,国民经济和人民生活都深受影响。1961 年计划 2.7 亿吨,1962 年反而又下降到 2.6 亿吨,然后才一步步回升。邓小平说,1963 年恢复到 2.9 亿—3 亿吨煤,钢就可以搞到 1000 万吨,工业开工率就能恢复到 2/3,经济就活起来了。

(4) 钢,1963 年达到 1000 万吨,而且都是好钢,这也是关系到 2/3 的经济能不能活起来的问题。

(5) 日用品、副食品、外贸、市场、物价、税收等,到 1963 年都应有相当程度的改善。实现了这些目标,企业再经过整顿,各方面填平补齐,经济活起来了,市场比较稳定了,各种收入就会增加,再把物价调整好,适当时候总要提高些工资,也总要有些积累。他说,现在基本建设投资只有五六十亿元,无论如何是不能继续多少时间的。煤矿如果没有基本建设,生产就保不住。

第四,实现这个调整目标的可能性问题。他说,在小组讨论中,有一种气氛,就是总不甘心,总想还要搞好一点,我看这个精神应该是全党的精神。因为现在暴露的问题这样多,容易灰心丧气。他一再提到,现在是更弱了抑或更强了的问题。说当年长征到达陕北,主席在吴起镇讲话的时候就说,红军剩下不到十分之一,是更强了,不是更弱了。以此启迪现在。他说:"我们总是要有一个积极的目标,积极的看法,然后积极地去做。如果消极了,那就会真正变成溃退。现在是什么状况呢?现在我们的国民经济实际上是一个半瘫痪状态,总要有一个时间来结束这个半瘫痪状态,基本上把我们的生产恢复起来,把现有的设备能力利用起来。总之,不能失去前进的方向和信心,要积极地干,要千方百计地干。我们的精神,我们的想法,总要放到这上面。如果这一步做到了,后四年就有了一个好的前进基础。比如 1963 年达到 1000 万吨好钢,1967 年就可以搞到 2000 万吨,四年翻一番,而且质量、品种、规格是 60 年代的水平。总之，我这个人还是不甘心，至少总是想搞到2000万吨。但是，一定要把这三年的工作做好。归根到底，还是要决心大，还是要努力干。要有干劲，没有干劲不行。"

第五，还要方法对头。就是抓重点，打歼灭战。在抓重点的方法下面，一步一步地建立新的比例关系。例如，材料的分配不能马上都做到按比例分配，重点还是要更多一点放到煤炭上，抓煤炭来带动整个国民经济活起来。他认为，"八字方针"提出一年多，不是没有做工作，所以见效迟、见效慢，原因之一，就是方法没有找对，没有抓住重点。邓小平在这里提出一个涉及经济学原理性的观点，就是国民经济的比例关系里，还要有带头的东西。他说，现在是比例失调，应该按比例，但是按比例也应该有重点。从目前来说也好，从长远来说也好，我们提出这样一个想法：两马出头（不是"一马当先"），一个煤，一个钢铁（主要是钢的品种和质量），带动其他。这两个东西在前面一点，比例关系就会活了。农业的重点第一是粮食，第二是经济作物，而今天经济作物主要是棉花。煤炭、钢材、农产品原料等原材料的使用，都要抓重点。比如棉花要放到上海、青岛、天津那些好厂。在困难的时候，在东西少的时候，不用这种方法，我们自己倒霉就是了。

第六，关于集中统一和分级管理的问题。他说，要坚持集中统一和分级管理的原则。至少在最近三年内，要高度地集中到中央和中央局。我的想法，可能还长些。现在应该承认乱了，好像理乱麻团，是一个人理好，还是几十个人理好？一个人理，就是中央和中央局；几十个人理，就是每一个省还加各部。几十个人理不好，要集中统一来理。过去集中过多是不对的，以后又下放过多了。我们今天来总结经验，有四个东西不应该下放（这也是经验告诉我们的）：第一是职工人数，第二是工资总额，第三是现金管理，第四是物价管理。这四个东西，苏联是始终不放的，我们现在也要把这四个东西收回来。我们过去几年的经验，一个是太死了，一个是太活了。总之，在集中统一下面要给一点活动余地。

最后，邓小平还讲了一个统一认识的问题。他说，毛主席说，统一认识就好办了。我们这次会议把认识统一了，就可以在一个目标下积极干。毛主席经常说，"气可鼓而不可泄"。打仗也好，过去搞各种斗争也好，照例都是这样的。在这里，邓小平意味深长地说："军队打了胜仗，我们批评他，狠狠地骂他都不要紧；打了败仗，批评可要谨慎，只是骂娘，越骂越糟糕。我们带兵的人都有这个经验。当然，现在的问题不是那个问题，但是不管怎么样，性质是一样。面对这样的情况，要鼓气，不要搞得灰溜溜的。现在灰溜溜的状况也是很自然的，很多企业没有事情干，他不灰溜溜的？这个时候，我们要鼓气。过去那一段情有可原，我们中央书记处有责任，指标高了，一下办不到，但是现在大家改嘛。我们中央书记处是一改，二承认错误。我要求我们中央各部、各企业，只要改，不承认错误都是可以的。总的来说，现在我们的情况是比较乐观的。这是讲大局，至于每一个行业，还是有问题的。应该说，我们这次会议总可以找出一些好的办法。现在的问题就是要下决心，就是要积极干。讲老实话，当老实人。如果这样，我看，三年调整也可能比我们预想的要早一点，后四年也可能比我们现在预想的还要好一点。三年初见效，七年大见效。我们的三面红旗还是能够搞起来的，应该有这个信心。"[1]

第四节 工业探底与农业企稳回升的意义

第二次庐山会议结束后，经中共中央批准，国家计委重新调整 1961 年国民经济计划，大幅度降低了原定计划指标特别是工业生产指标，压缩了基本建设投资。钢产量由 1900 万吨降为 850 万吨，降低 55.3%；原煤由 4.36 亿吨降为 2.7 亿吨，降低 38.1%；粮食由 4100 亿斤降为 2700 亿斤，降低 34.1%；预算内基本建设投资由 167 亿元缩减为 87 亿元，减幅 47.9%。从 1960 年夏北戴河会议至此，在被迫退却与主动调整相交织的状况下，生产和建设指标的安排已经比较落实。就是说，"退到谷底了，今后要稳步上山"。[2] 这是在经济"硬着陆"情况下的调整。不妨设想，如果把 1960 年夏北戴河会议结束后，集中资源保粮、保钢改变为保"粮"保"煤"而不保那个高指标的"钢"，或者只保"粮"，情况可能会好得多。那时，把能不能完成 1860 万吨钢的生产任务，当作国内外注目的"政治性问题"。实际上，在当时，煤炭供应已经成为更为紧迫的问题（这与钢一直保持过高的计划指标有着很大的关系）。从 1960 年第二

---

[1] 邓小平在庐山中央工作会议上的讲话记录（1961 年 9 月 5 日），参见中共中央文献研究室编《邓小平传（1904—1974）》，中央文献出版社 2014 年版，第 1199—1203 页。
[2] 参见中共中央文献研究室编《毛泽东年谱（1949—1976）》第四卷，中央文献出版社 2013 年版，第 19 页。

季度起，煤炭产量便大幅度下降，出现火车没有煤，就截煤车的现象。鞍钢煤炭供应不上，要求减产1/3到1/2。到年底，煤炭勉强达到3.97亿吨的峰值，1961年上半年日产量即由1960年下半年的63万吨降至52万吨，下半年又降至44万吨，说明煤炭生产中积累的问题相当严重。如果像抓农业那样，工业上抓煤，至少会减少一些后来的被动。毛泽东除为国际问题所累，还专注于农业与农村问题，未能深入研究工业问题（也许已无力顾及），这是其他领导人很难替代的。

1961年，在中央书记处主持下，一面组织企业调查，着手起草治乱的工业企业条例，出台了调整经济管理体制的暂行规定，收回不应该下放的一部分权力，在一段时间里更多强调把经济管理权集中到中央手里。同时决定粮食进口由22亿斤增加到80亿斤。第二次庐山会议后，加快了调整的步伐，9月16日，中共中央将《国营工业企业工作条例（草案）》即《工业七十条》下发企业，进行讨论并选择若干企业试行。由于多年积累的问题非朝夕所能解决，农业危机的滞后影响继续发酵，工交部门本身的种种矛盾也在这一年集中暴露出来，导致这一年国民经济出现新中国成立以来从未有的最大跌幅。与上年相比（按可比价格，下同），社会总产值下降33.5%；工农业总产值下降30.9%，其中，工业下降38.2%，农业下降2.4%。在工业总产值中，重工业下降46.5%，轻工业下降21.6%。轻工业下降主要受农业减产影响。降幅最大的重工业一部分降得合理，是调整的需要；一部分同样是由于农业危机的拖累。

值得注意的是，在国民经济主导部门工业探底的同时，它的基础产业部门农业则出现企稳回升趋势。突出表现就是粮食生产在自然灾害比上年还有发展的情况下，反而增产90亿斤，比调减后的计划增加250亿斤。这是一个极为重要的积极信号。说明抓得早的农业政策调整开始显示出明显的成效。另外，支援农业的工作逐步落实，也是一个不可忽视的原因。据统计，全年由城市动员返回农村的劳动力约980万人；生产小农具6亿件；商业部门供应化肥等农业生产资料总值70.5亿元；国家拨给公社投资16.5亿元，给农民的退赔款18.5亿元；此外，农民从提高农副产品收购价中大约多收入30亿元，这对农业的企稳和恢复都有很大的帮助。但同时也应该看到，农业政策的调整还没有完全到位，困难也还不少。棉花、油料生产依然继续下降，棉花减产幅度还很大，这对轻工业极为不利。

工业战线，为加强煤炭这一薄弱环节的努力，成效依然不明显。10月14日，陈云亲自召开有阳泉、开滦、平顶山、阜新、鸡西、淄博等六个矿务局的领导干部以及煤炭部和有关部门领导参加的煤炭生产座谈会，会议一直开到11月3日，长达21天。陈云要大家讲真话，找出问题的症结，对症下药。到年底，全国煤炭产量还是由上年度3.97亿吨下降为2.78亿吨，下降30%。

1961年完成基本建设投资127亿元，比上年减少261亿元。施工的大中型项目1409个，比上年减少406个。积累率由上年的39.6%降到19.2%。压缩了需求，为重工业的调整拓展了空间。当年钢的生产完成870万吨，比调整后的计划多出20万吨，比上年减少近1000万吨；原煤完成2.78亿吨，比上年又减少1.19亿吨，但比调整后的计划多出7万吨；机械制造行业大幅度减产，金属切削机床产量由上年的15.35万台减少到5.67万台。重工业适当放慢发展速度，缩短"长线"，有利于加强"短线"，也有利于"长线"本身内部的调整，转向着重提高产品质量，增加产品的品种上。唯原煤产量的过多下降，不利于经济的调整与恢复。原煤产量下降过多，有调整过去几年采掘比例严重失调的原因，其次则是井下工人生活方面的困难解决得不及时，政治思想工作不到位，人的积极性不高的原因。

1961年，精简职工和压缩城镇人口的工作成效显著。年底全民所有制单位职工总数比上年净减873万人；前11个月压缩城镇人口将近1300万人，全国城镇总人口由上年的13073万人减为12707万人，净减366万人。农业劳动者人数年底达到19749万，恢复到1957年的水平。这对加强农业，减轻财政负担和粮食供应压力，具有重要作用。

通过1961年一年的工作，中央和省市自治区两级领导的主要精力都转到了经济调整方面来，并且陆续制定和出台了一系列调整和整顿的文件，如《农业六十条》《工业七十条》《商业四十条》《手工业三十五条》《高教六十条》《科技十四条》《文艺八条》以及关于对被错误处分的干部实行甄别、平反的指示等等，迈出了全面调整的实质性步伐。这当然还不是被动局面的根本扭转。首先，主要农业产品中，除粮食以外，棉花、油料、糖料、烤烟、黄红麻、茶叶等主要经济作物都继续减产，棉花、油料只完成原计划的50%；大牲畜、生猪等畜产品倒退到了1951年的水平。其次，财政金融困难加大。收入完成356.1亿元，比上年减少216.2

亿元，新增赤字10.9亿元。在商品零售总额比上年减少89.2亿元的情况下，由于当年增发票子，年末货币流通量比上年增加29.8亿元。最后，物价上涨，增加了人民生活的困难程度。当年社会商品购买力为632.9亿元，多于商品零售货源26.9亿元，全国零售物价总指数比上年上涨16.2%，其中城市消费品价格上涨17.8%，集市贸易价格上涨2.6倍，比国营牌价高2.2倍。全民所有制职工平均实际工资比1957年降低29%。全国城乡居民平均每人全年的粮食消费量由1957年的406斤降低到318斤，食油由4.8斤降为2.8斤，猪肉由10.2斤降为2.8斤，棉布由20.5尺降为8.6尺。① 要渡过困难，还需做很大的努力。

---

① 参见《当代中国的计划工作》办公室编《中华人民共和国国民经济和社会发展计划大事辑要（1949—1985）》，红旗出版社1987年版，第177—178页。

第十五章

决战动员与紧要关头的八届十中全会

1962年,是在战胜严重困难道路上转折的一年。年初在北京举行了旨在统一全党思想的七千人大会。会议进程中及在会后的工作中,决策层在对经济形势的分析上一度存在不同认识,从而引致不同的政策取向,最后获得统一。全党团结在以毛泽东为核心的中央委员会周围,带领各族人民顽强奋斗,终于走出危机,进入三年过渡时期。

第一节 不寻常的"七千人大会"及会议导向的差异

1962年新年伊始,七千人大会在首都北京开幕。这是一次不寻常的会议。其一是说,会议本身不寻常。规模之大过去不曾有过。时间也足够长,开了近一个月。更为引人瞩目的,是它包括了从中央到省(市、自治区)部级、地(市)级、县级和大型厂矿企业主要负责人的五级干部,是党的干部的大聚会。其二,是就它的作用和意义而言。最初的起因,是为解决当年150亿斤粮食征购任务。会议的目的是八个字:鼓足干劲,统一认识。会议的进程和后来的发展,不断扩展内容,开掘深度,成为解决"大跃进"以来党内积累的众多问题,纾解上下怨气,增进团结和睦,重鼓干劲,向严重困难攻坚的一次动员会。其三,还有一点,党的决策层的两种经济思想,在分析当前经济形势与克服经济困难的某些不同认识,会议前后逐渐显性化,并一度影响到会议进程,在同年八届十中全会上重新获得统一。

一 会议的来由及准备工作的变化

1961年第二次庐山会议结束后,毛泽东把会议决定的有关工作交由书记处具体主持进行,他自己继续抓农业政策的调整,解决下放基本核算单位的问题。同年9月下旬,在邯郸听取河北和山东两省省委和一部分地区负责人的汇报,他明确表示,有两个问题要尽快解决。第一,是以相当原初级社规模的生产小队为基本核算单位的问题。他说:"广州会议时,河北要在全省实行小队核算。山东开了个座谈会,也提出了这个问题:生产在小队,分配在大队,这不是矛盾吗?在广州开会时,我批了一个文件,让大家议一议,大家议的结果都不赞成。农村现在二十户左右的生产队,有人说规模太小。二十户不小了,山里头更小一些也可以,十来户、七八户搞一个核算单位。二十户有八九十人,三十个、四十个整半劳动力,不算少啦。生产队有四十来个劳动力,就是个大工厂嘛,再大了管不好。河北平均四十二户,有八十个到九十个整半劳动力,已经很大了。这个工厂难办,它是生产植物、动物的工厂,是生产活的东西,钢、铁是死的东西。"第二,是在口粮分配中遗留的供给制尾巴问题。他说:"唐二里那个地方,口粮按劳分配部分百分之五到百分之十,太少了。湖北孝感规定每人基本口粮三百六十斤,这不行。有了这些基本口粮,就可以不做工了。最好定一百八十斤,吃不饱就得努力。看来基本口粮高了不行。"河北省刘子厚说,对困难户进行补助,人们是同意的。对投机倒把的,只搞自留地小片开荒的,懒汉、盲流,都不同意补助。毛泽东说:"基本口粮要减少。对只搞小片开荒的,给他算算账,有的可以不给基本口粮,懒汉、投机倒把的人不给基本口粮,盲流也不给。基本口粮定多了不好,就没有积极性了。"[①] 9月27日,这次谈话内容被整理成《邯郸谈话会纪录》,连同9月29日他写的一封信和其他几份材料,一并送给几位常委。现将该信抄录于下:

常委及有关各同志:

送上河北深县五公公社耿长锁的一封信,山东省委一九六一年三月关于大小队矛盾问题座谈会材料一份,湖北省委九月二十五日的报告一份,

---

[①] 毛泽东听取刘子厚汇报时的谈话记录(1961年9月26日),中共中央文献研究室编《毛泽东年谱(1949—1976)》第五卷,中央文献出版社2013年版,第30—31页。

九月二十七日邯郸座谈记录一份，另有河北的一批材料，请你们一阅，并和你们的助手加以研究。然后我们集会讨论一次。这些材料表明：我们对农业方面的严重平均主义的问题，至今还没有完全解决，还留下一个问题。农民说，六十条就是缺了这一条。这一条是什么呢？就是生产权在小队，分配权却在大队，即所谓"三包一奖"的问题。这个问题不解决，农、林、牧、副、渔的大发展即仍然受束缚，群众的积极性仍然要受影响。如果我们要使一九六二年的农业比较一九六一年有一个较大的增长，我们就应在今年十二月工作会议上解决这个问题。我的意见是"三级所有、队为基础"，即基本核算单位是队而不是大队。所谓大队"统一领导"要规定界限，河北同志规定了九条。如不作这种规定，队的八权有许多是空的，还是被大队抓去了。此问题，我在今年三月广州会议上，曾印发山东一个暴露这个严重矛盾的材料。又印了广东一个什么公社包死任务的材料，并在这个材料上面批了几句话：可否在全国各地推行。结果没有被通过。待你们看了湖北、山东、广东、河北这些材料，并且我们一起讨论过了之后，我建议：把这些材料，并附中央一信发下去，请各中央局，省、市、区党委，地委及县委亲身下去，并派有力调查研究组下去，作两三星期调查工作，同县、社、大队、队、社员代表开几次座谈会，看究竟哪样办好。由大队实行"三包一奖"好，还是队为基础好？要调动群众对集体生产的积极性，要在明年一年及以后几年，大量增产粮、棉、油、麻、丝、茶、糖、菜、烟、果、药、杂以及猪、马、牛、羊、鸡、鸭、鹅等类产品，我以为非走此路不可。在这个问题上，我们过去过了六年之久的糊涂日子（一九五六年，高级社成立时期），第七年应该醒过来了吧。也不知道是谁地谁人发明了这个"三包一奖"的糊涂办法，弄得大小队之间，干群之间，一年大吵几次，结果瞒产私分，并且永远闹不清。据有的同志说，从来就没有真正实行过所谓"三包一奖"。实在是一个严重的教训。①

  毛泽东关于公社基本核算单位应该下放到生产小队的意见，在广州会议上没有被接受，他在保留意见的同时，继续向大家做工作，并建议通过亲身调查求得共识。10月6日，毛泽东看了时任共青团中央第一书记胡耀邦10月2日报送的《二十五天三千六百里路的农村察看》报告，说写

---

① 《毛泽东文集》第八卷，人民出版社1999年版，第284—285页。

得很好，批印给各中央局第一书记。在这份报告里，胡耀邦说，他深感形势确实比去年好。所到之处，群众都说形势比去年好多了，不平调了，不瞎指挥了，干部不打人整人了，能多劳多得，生产、生活有了奔头。根本问题在于认真具体地贯彻农业六十条。大队统一分配，在当前是保护队与队之间的平均主义的一个堡垒。经过邯郸时，听说主席早就说过这个问题，并且说用分配大包干代替"三包一奖"，是解决生产在小队分配在大队这个矛盾现象、真正调动小队积极性的一个大问题。这是十分正确的。在这份报告里，胡耀邦认为，在安徽实行的分田到户或包产到户，是一种起过作用但具有危险性的做法。①

下放公社基本核算单位的问题，在决策层首先统一认识后，10月7日，中共中央发出经毛泽东审改的《关于农村基本核算单位问题的指示》，并附发了毛泽东的邯郸谈话会记录和几件有关材料，要求从各中央局到各地委、县委，在10月下半月和11月上半月内，重新考虑一下究竟以生产大队为基本核算单位好，还是以生产队（即原来的生产小队）为基本核算单位好的问题。《指示》说，从这些材料看来，就大多数的情况来说，以生产队为基本核算单位，是比较好的。各级党委的有关负责同志，都要亲自下乡，并且派得力的工作组下去，广泛征求群众意见，深入进行调查研究。各县还可选择一两个生产队进行试点。中央准备在今年12月的工作会议上作出决定。② 11月13日，又发出《关于在农村进行社会主义教育的指示》，③ 提高农民对集体生产的积极性，巩固和发展集体经济；发扬爱国热情，积极完成征购任务，支援国家工业建设。这次教育，要求结合农村的各项具体工作进行，不单独开展运动。毛泽东一面调整农村政策，使之适合当前农村生产力的发展水平和农民的觉悟程度，又决不放松对农民进行社会主义和爱国主义教育。《指示》指出："不断地用社会主义思想教育农民，不断地提高农民群众的政治觉悟和爱国热情，这应当是我们一项经常工作。自从农村中反对'五风'以来，有些地方

---

① 参见胡耀邦《二十五天三千六百里路的农村察看》报告及毛泽东的批语（1961年10月6日），中共中央文献研究室编《毛泽东年谱（1949—1976）》第五卷，中央文献出版社2013年版，第37页。

② 参见中华人民共和国国家农业委员会办公厅编《农业集体化重要文件汇编（1958—1981）》（下），中共中央党校出版社1981年版，第518页。

③ 同上书，第528—532页。

竟把政治宣传也当作多余的事情，一起反掉了。这是很不对的。命令主义和瞎指挥必须反对，但是用正确的方法向农民群众进行正确的宣传教育，却是十分必要的政治工作。没有这项工作，很多农民就会迷失方向，农村的社会主义事业就不可能顺利发展。"1962年2月13日，中共中央正式发出《关于改变农村人民公社基本核算单位的指示》，[①] 确立大体相当于初级社规模的生产队为基本核算单位。毛泽东还将邓小平原拟20年不变改定为30年不变。农村政策和人民公社体制的调整至此基本到位。《指示》指出：基本核算单位下放以后，农业集体经济的优越性，将主要从生产队表现出来。加强生产队的工作，将成为我们农村工作中的一个突出的问题。我们应当下这样的决心，争取在一个不太长的时间内，把全国四百多万个生产队，一批一批地、认真地整顿好，建设好，使它们进一步地巩固和健全起来。这样，社会主义的阵地，在我国的农村就会愈益巩固。我国社会主义建设事业，也就有了更加稳固和可靠的基础。《指示》还指出，如何进一步克服社员与社员之间的平均主义，是基本核算单位下放以后，一个值得注意的问题。要认真把制定劳动定额、健全评工记分办法等项工作，切实做好。为了克服社员留粮标准上的平均主义，许多地方采取了基本口粮和按劳动工分分配口粮相结合的办法或者"按劳分配加照顾"的办法，对于调动社员的劳动积极性，很有成效。各地可以根据自己的情况，在既调动最大多数社员的劳动积极性，又确实保证了劳动力少人口多的农户和农村的非农业人口的一般口粮标准的前提下，根据群众的意见，斟酌实行。

1959年以来，面对日益严重的经济困难以及敌对势力的压力和威胁，一些人感到困惑，又有一些人不安，还有的怨天尤人，甚至悲观泄气。不少干部在群众责难和埋怨面前，理不直、气不壮，缩手缩脚，或者自己也动摇起来。针对这种情况，党中央加强了形势教育和前途教育，强调发扬大无畏精神，奋发图强，自力更生，战胜困难。毛泽东为此提议编辑出版了《不怕鬼的故事》一书，成为别出心裁的一种教育形式。他亲自指导序言的起草并动手修改。其中加写的部分颇具点睛意义。如说："难道我们越怕'鬼'，'鬼'就越喜欢我们，发出慈悲心，不害我们，而我们的

---

① 参见国家农业委员会办公厅编《农业集体化重要文件汇编（1958—1981）》（下），中共中央党校出版社1981年版，第544—554页。

事业就会忽然变得顺利起来，一切光昌流丽，春暖花开了吗？""读者应当明白，世界上妖魔鬼怪还多得很，要消灭它们还需要一定时间，国内的困难也还很大，中国型的魔鬼残余还在作怪，社会主义伟大建设的道路上还有许多障碍需要克服，本书出世就显得很有必要。"毛泽东毫不隐晦他是把不怕鬼的故事作为政治斗争和思想斗争的工具。他要借用同妖魔鬼怪做斗争的生动故事来警示人们：要敢于斗争、敢于胜利。在他看来，有了这种精神，前进道路上的一切障碍都能够克服。在该书付印前，他批示把清样送给刘少奇、周恩来、邓小平等同志一阅，询问他们的意见；出版时，将序文在《红旗》和《人民日报》上登载。他希望能在二月出版，使目前正在全国进行整风的干部们阅读。①

这一时期，邓小平的一些讲话，也体现了这一精神。1961年10月23日，他在共青团中央工作会议的讲话，讲到苏共二十二大，以搞阿尔巴尼亚为主题再次反华。他说，我们曾向苏联提出，按加拿大的条件购买220万吨粮食，苏方以收成不好为由拒绝，它估计我们日子不好过，要搞政治条件。这不行。②他说，农业主要是这几年"共产风"一刮，影响比较大。但是，也不是那样了不起，无非是花两年时间恢复。总的讲，还是主席在庐山会议的估计，我们究竟是比过去强了还是弱了，是比过去好了、还是坏了的问题。他说我们比过去强了，不是弱了。赫鲁晓夫只看到我们粮食少了一点，钢也少了一点。如果只看到这一点，他不会做出正确的估计。毛主席看问题，往往不是从这里看。这三年，我们犯了一些错误，甚至于有大量的问题，但是最宝贵的是，路要自己走。自己走出来的路，是最熟悉的路，也是最稳当的路。这是一定要经过的。我们现在一不怨天，二不尤人，要好好地把这个积极的因素看到。这个经验是花了代价买来的，它是无价之宝。他说，最近，从各方面看，比庐山会议估计的还要好一点。比如钢，庐山的时候，设想日产能达到一万二千或一万三千吨，现在保持了一万五六千吨。煤炭也稳住了。可见，只要总结经验，自己可以

---

① 参见中共中央文献研究室编《毛泽东年谱（1949—1976）》第四卷，中央文献出版社2013年版，第529—530页。《不怕鬼的故事》一书于1961年2月由人民文学出版社出版，毛泽东加写的内容见《不怕鬼的故事》序言。

② 此前，9月1日，毛泽东在庐山一次讲话时，就曾讲到同美国做生意的问题。他说：生意我们总是要做的，美国人不跟我们做，他要政治条件，并不是我们不跟美国人做。——参见中共中央文献研究室编《毛泽东年谱（1949—1976）》第五卷，中央文献出版社2013年版，第16页。

搞起来的。路要自己走,把自己套坐在人家的马车上办不好。苏联对中国的帮助,老实说,慷慨一点的是斯大林,不是赫鲁晓夫。他给的东西,都是把重要的、关键的东西卡住。他也不卡我们的手,也不卡腿,他只卡脖子,给搞的飞机工厂就是这样。所以,路一定要自己走,单干就单干下去。党内也有人想,是不是要他多给一点,我们可以搞快一点。那是天真的想法。他本来不给,你去要,去哀求,何必呢?谈到前景,他说,今年的调整,已开始见效。明年再搞一年,以后继续贯彻三面红旗,还是要想法子搞个跃进。我们的三面红旗是正确的,问题出在一是调整迟了一年,二是缺乏一套具体政策。一个叫调整迟了一年。本来庐山会议是个调整会议,那个时候钢调整到1200万吨,反对的是"左"。可是大家一鼓劲,就越搞越猛。教训就是这么多。所以,不能说我们是路线错误,或者说哪一个问题是路线错误。不管说整个也好,或者说某一个问题也好,说路线错误都是不正确的。[①] 同年11月1日,他在全军政治工作会议上的讲话,仍是上述讲话的精神。其中涉及"天灾"与"人祸"的关系问题。他说,执行三面红旗中的问题主要是两条,一是搞得太猛,二是经验不足,没有一套具体政策,刮"共产风"就是缺乏一套具体政策。速度猛了,当然出现一些不平衡。这个问题是发觉得比较早的。大家知道,庐山会议是一个反"左"的会议,中间钻出一个问题来,大家一鼓劲,1960年搞得更猛了。这是人的方面的毛病,再加上三年的灾荒,老天爷的问题。他说,不能完全怪天,但确实有许多灾是不可抗拒的。不是所有的地方都是由于老天爷,也有若干地方风调雨顺而搞得不好的,但是,从全国看,这几年的灾荒是很大的。今年棉花减产,应该说不是人的问题,如果说去年还有人的因素,叫做"人祸"吧,那么,今年就不是了。河北省邯郸专区500多万亩棉花确实种下去了,根本不下雨,苗子没有长出来,只好改种粮食。所以,今年棉花比去年差。[②] 在这里,邓小平对"天灾"与"人祸"的影响的分析,实际上作了一个时限上的区分,认为1960年与1961年有着不完全相同的情况,应当根据它们各自的具体情况作出具体分析。

---

① 邓小平接见共青团中央工作会议讲话记录(1961年10月23日),参见中共中央文献研究室编《邓小平年谱(1904—1974)》(下),中央文献出版社2009年版,第1665页。
② 邓小平在全军政治工作会议上的讲话记录(1961年11月1日),参见中共中央文献研究室编《邓小平年谱(1904—1974)》(下),中央文献出版社2009年版,第1667—1668页。

同年12月1日至18日，经中央书记处批准，召开全国工业书记会议。经过讨论，对当前形势和主要工作取得一致意见，认为当前工业形势已经开始好转，并继续向好的方面发展，1962年将会更好。其表现是：（1）工业生产已基本稳定，下降局面已扭转过来并开始出现某些上升趋势。（2）精简了900万职工。（3）薄弱环节得到初步加强。（4）产品质量有所提高，品种有了增加，亏损现象开始减少。（5）缩短了生产和基本建设战线，裁并一批企业，重点企业生产能力利用状况有所改善。（6）初步整顿企业，生产秩序逐步好转。（7）干部和工人精神面貌改变了，干群关系有所改善，混乱思想有所澄清，职工生活有了一些改善，出勤率提高，流动现象减少，生产积极性正在调动起来。（8）讨论当前国际形势后，干群干劲更大了。会议认为，工业形势开始好转，与农业形势的好转分不开。就工业本身说，贯彻八字方针和中央工业问题的指示，具有决定性作用。但是，发展还不平衡，重要的调整工作还刚开始，不能说形势已根本好转，只是开始取得一些主动权，不是全部主动权。总之，形势很好，成绩不小，困难尚多，任务很重。[1] 会后，薄一波向书记处报送《关于全国工业书记会议总结的汇报提纲》，邓小平批印作为中央工作会议文件。

经济情况向好，尚不能立即反映到城市居民的日常生活上面来。例如，粮食生产的增加，农村最先感受到了实惠，[2] 城市依然承受着巨大的压力。"等米下锅"，在有的城市和工矿区仍是一个问题。市民请愿已发生多起。中共中央在9月8日关于粮食问题的指示中指出："国家周转库存比去年更加薄弱。从国外进口粮食的计划已经打满，而又没有充分把握。城市工矿区的粮食供应十分紧张，有保不住最低需要的危险。"令中央更加不安的，是随着农村形势的好转，从各省上调粮食的难度反而增加了。这是少有的新情况。追究原因，自1960年河南、山东、甘肃等省、区出现人口营养性死亡的问题，省、地、县各级领导都把考虑问题的侧重

---

[1] 参见薄一波《全国工业书记会议总结的汇报提纲》，1961年12月18日。
[2] 1961年11月3日，农村工作部副部长陈正人电话汇报说，他在湖北十多天，看过孝感与荆州两个专区，并找黄冈地委第一书记谈了一个晚上。湖北农村一片新气象，有如一九五八年春，即使是重灾区，也看不出是灾区，人、畜都和非灾区一样，每户都有十几只或几十只鸭子，养猪的很多，人的脸色很好，群众很高兴。——参见中共中央文献研究室编《毛泽东年谱（1949—1976）》第五卷，中央文献出版社2013年版，第46页。

点，首先放在维护自己所属地区的利益上。打了粮食，先多留点，让农民多吃点，以利于调动农民的生产积极性，使农业恢复得快一点。从一方面说，这是一种好现象。身为地方官，不为本地的人民着想，不能让本地的人民群众从发展生产中一年比一年的生活有改善，算不得好的领导者。"大跃进"以来的教训之一，撇开其他因素，就是割裂了对上负责与对下负责的一致性，忽视了对群众负责的一面。现在注意这个问题了，是进步。问题是，一种倾向掩盖另一种倾向，走向又一个极端，把全局丢开了，支援国家建设这一面顾得少了。在粮食征购任务面前，过分强调困难，讲理想、顾大局的意识淡薄了。过去是以少报多，现在是以多报少，落实粮食征购指标和上调任务困难重重。按计划，1961年征购720亿斤，中央上调60亿—70亿斤。第二次庐山会议协商决定，第四季度从各地上调32亿斤，截至11月中旬，只完成20%多一点。京、津、沪三大城市粮食问题全面告急，断粮危险随时都有可能发生。这一年，动用3.5亿美元（折合人民币14亿元人民币）进口粮食，几乎用掉全部外汇，根本无法再进口国家建设急需的机器设备和其他物资。为扭转这种被动局面，创造继续推进工业化的条件，设想1962年增购100亿斤，达到820亿斤的征购目标，其中上调150亿斤。这样，就能争得主动。落实的结果，地方不能接受。

11月6日至10日，刘少奇主持召开会议，讨论人民公社基本核算单位下放生产小队和落实粮食征购及上调任务问题。11月8日，周恩来在会上作关于粮食问题的报告，要求按时完成1961年上调七十亿斤粮食，1962年完成征购八百二十亿斤、上调一百五十亿斤或者征购八百六十亿斤、上调一百八十亿斤，征购指标三年不变。讨论中，关于1961年粮食上调任务没有异议，对于1962年的上调任务，有几位中央局书记有意见。中南局第一书记陶铸认为，1962年上调一百二十亿斤是可能的，一百五十亿斤有困难，他建议定为一百三十亿斤。东北局第一书记宋任穷也提出，今年的任务一粒不少，但1962年如果按照一百五十亿斤的盘子，东北要比今年多上调十亿斤，有问题。这时，邓小平还是认为庐山中央工作会议确定的包括粮食在内的工农业生产指标是"退够"的指标，是"过关"的指标。他说："这两年各级干部的一个思想状态就是总想减任务，庐山会议确定的任务一定要完成。"他具体分析说，1962年度任务是个很大的政策问题，无非一百二十亿斤、一百五十亿斤和一百八十亿斤三个方案。一百二十亿斤的方案,就得大量进口粮食,没有一点回旋余地,日子不仅难过,工业也无法上去和调整;一百五十亿斤方案,日子勉强过得去,但也要进口不少粮食;一百八十亿斤方案就可以不进口,也有点调剂余地。"① 关于今年的粮食上调任务,无非六十亿斤,搞得好七十亿斤,主要是三十天的工作,这三十天抓住,就抓到了,这三十天抓不到,就呜呼哀哉。从当时各中央局第一书记的思想状态看,作为中央的代表,同中央必须也应该保持一致。但是,把任务接了下来,最终还是要靠下面落实。征购阻力之大,他们很清楚。因而感到两头为难。柯庆施的话反映了这种状况。他说,在粮食问题上,我深感进口粮食不是办法。但是现在大家的屁股都坐在农民方面,现在的问题是讲征购就抵触。讨论结果,赞成第二方案。不过,陶铸还是建议,召集全国地委书记到北京开会,打通思想,落实任务。刘少奇、邓小平表示赞成,说待向主席汇报后,再做决定。

11月12日,毛泽东主持召开有各中央局第一书记参加的政治局常委扩大会议,听取邓小平等汇报中央局第一书记会议情况和陶铸的建议。毛泽东深感现在气不壮,需要解决。他提出,干脆把县委书记都找来,要开就开个大会,开一个县委书记以上的五级干部会议,当作小整风。他说:"几年来中央在工作上犯了什么错误,要讲。全局观念、纪律、先整体后局部后个人,要讲。现在小天地太多,一个县也是小天地。中央的账要讲清楚。我们交了心,才能要求他们交心。"毛泽东还说他准备在大会上讲话,中央各同志和中央局的同志也讲一讲。"各省不能只讲自己的错,不讲中央的错,要用这次会讲清楚,不要怕鬼。现在气不壮,很沉闷。收购不到东西,粮食状况不好,要两三年转过来。去年庐山会议说1963年转,明年要改观。现在不是没有东西,猪是少,但其他有,就是收购不上来。要鼓气,就是总结经验,鼓足干劲八个字。总结经验是讲清道理,好坏经验都找。错误的责任,第一是中央,第二是省。中央第一是改,第二是检讨。对地方只要求改,可以不做检讨。会议搞十天,大会套小会。把会议当作小整风,把大家的思想统一起来,解决小天地太多的问题,集中统一的问题。"他还交代了两件事:一是让陈伯达把1958年以来的文件查一

---

① 中共中央文献研究室编:《邓小平传(1904—1974)》(下),中央文献出版社2014年版,第1213页。

查，理清楚有些什么错误；二是中央书记处写一个报告，对工作会议有所交代。① 这次常委扩大会在决定举行扩大的中央工作会议的同时，也在原则上确定了会议的主旨和开法。

11月13日，邓小平主持召开中央书记处会议，传达贯彻毛泽东的指示，布置筹备定于12月20日召开的中央工作会议和定于1962年1月上旬召开的省、地、县委书记会议。他在会上说："中央工作会议中心是搞七年规划，县委书记以上会议是总结经验，鼓足干劲。总结经验就是讲清道理，好坏经验都要讲清楚。把全党干部思想搞一致，解决'小天地'太多和集中统一的问题。""我们党从来没有这样分散，不讲真话，这两年搞成这个样子，各人搞各人的'小天地'，目光如豆，要把这种空气转过来。"②

这时，正值年终岁尾之际，国务院有关部门正在召开农业工作会议、工业工作会议等，制定1962年的生产计划。在严峻的经济困难面前，这几个会议的与会人员普遍表现出比较严重的畏难情绪，而且考虑各自地区的利益比较多，考虑国家大局少。参加农业工作会议的许多省农业厅长，连本省今年的实际粮食产量都不敢如实上报，基本上都是少报，对中央提出1962年粮食征购820亿斤的计划都表示难以接受。邓小平严厉批评党内这种不健康的倾向。他认为，现在出现的问题是低指标下发生的问题。低指标下发生的问题，主要是干劲不足，分散主义，缺乏长远的目标和全局的观念。他说："现在的问题是党的问题，要统一思想，鼓足干劲，在一个长远目标规划之下，立志气，有奔头，不要搞得思想分散，灰溜溜的。"邓小平在几次中央书记处会议上尖锐的谈话，在各方面引起很大的反响。他自己也说："我好久没讲这么厉害的话就是了。"③

七千人大会的准备工作，在邓小平的主持下进行。他根据毛泽东的指示，一是布置陈伯达组织人，负责查文件，搞清楚这些年的中央指示究竟有哪些不对，开个账单子；二是起草一个书记处的报告。关于前一项，研

---

① 参见中共中央文献研究室编《毛泽东年谱（1949—1976）》第五卷，中央文献出版社2013年版，第47—48页。
② 中共中央文献研究室编：《邓小平传（1904—1974）》（下），中央文献出版社2014年版，第1214页。
③ 中央书记处会议记录（1961年11月11日、16日、18日），转引自中共中央文献研究室编《邓小平传（1904—1974）》（下），中央文献出版社2014年版，第1215—1216页。

究的结果，编了两个本子，一本是毛泽东这个阶段的语录，它是确定党的路线和各项具体政策的指导思想。在这方面研究的结果，没有错误。后以《毛泽东同志论社会主义建设的总路线和在两条战线上的斗争》（中央书记处编印），印发七千人大会。另一本是中央指示、批转的文件。邓小平说，这里面的问题比较多，许多毛病出在这上面。这些文件，主要是经过中央书记处拿出去的，所以说中央的责任，主要是中央书记处的责任。关于第二项，书记处的报告，是写给毛泽东和中央的报告，没有下发。其主要内容，如邓小平12月16日，在中央书记处会议讨论给毛泽东并中央常委的报告时所说："这个报告及一些编选文件是根据毛主席指示搞的，以便对中央工作会议有所交代。这几年工作中有一些错误、缺点，其责任，第一是中央，第二是省委。毛主席关于路线、政策的言论是正确的，但我们许多具体政策、措施与之相违背，表现在：（一）计划偏高、多变，基建战线长，打破了一切程序。（二）几个大办，而且是限期完成，把实事求是、调查研究、因地制宜的工作方法搞掉了。（三）体制下放，造成很大混乱。"在谈到反对分散主义的问题时，他指出："过去高指标时，大家接受任务痛痛快快，今年是低指标，却顶牛，发生这么大问题。'工业七十条'实际上要求集中统一，下面党委反应很强烈，不高兴，实际上就是反对集中统一。党委本来权很大，还感到权不够，要发号施令，为所欲为，这个问题反映了干部的思想状况。"[1] 邓小平要求，给毛泽东并中央常委的报告前面要加上中央总的方针政策是正确的，关于上述几条，我们要负责，影响到下面出毛病。列席会议的周恩来表示同意。他说："不这样说，下面看了报告，当面不说，背后也不服。"

12月18日，中央书记处会议在邓小平主持下，听取薄一波汇报全国工业工作会议情况。他指出："工业会议讨论问题缺乏从整体出发，整体是什么？就是怎样才能翻过身来，怎样才能渡过难关。过去高指标是错的，第一是中央负责，主要是书记处负责。但是现在低指标却兜不拢，这是一种丧失信心、丧失前途的表现。在困难时期，要千方百计努力，当老实人，说老实话，从全局出发，情愿自己吃亏。""总之，应

---

[1] 中共中央文献研究室编：《邓小平年谱（1904—1974）》（下），中央文献出版社2009年版，第1676—1677页。

当从全局出发，看到前途，艰苦奋斗，做老实人，办老实事，说老实话。"①

为七千人大会另一项重要准备工作，是报告的起草。邓小平委托陈伯达主稿，交代讲三部分内容，包括讲书记处的责任，大致一万四五千字。第一部分，形势和任务，包括后七年规划，达到怎样的奋斗目标，以此来鼓舞干劲；第二部分，讲集中统一问题；第三部分，讲党的问题。这一部分，按邓小平所说，主要讲：（一）要立志气。过去志气太大了，最近志气太小了，所以要立志气。（二）要加强纪律性。（三）要强调统一领导，克服小天地。（四）要有全局观念。（五）要提倡实事求是。（六）要搞群众路线。（七）要严格党的生活。

关于七千人大会报告的起草工作，中央文献研究室张素华研究员在《变局：七千人大会始末》一书②中，提供一个重要细节，就是从1962年1月6日这一天，主持者似乎有微妙变化，反映到报告第一部分关于成绩与缺点的处理色彩有所不同，从而对大会的进程构成了某些影响。该书说，上午，邓小平来到钓鱼台审看改后的第一部分，边读边议边改，直到14时通过。邓小平走了，刘少奇随后就到了。邓小平通过的第一部分，在刘少奇那里没有通过。胡绳回忆：下午，少奇又来看，看后他找到我，问：你看下面县委书记一级的同志们对形势的估计会满意吗？我说差不多吧。他举了下面的一些情况，说了有些县委书记的意见。意思就是说，我们把当前困难的经济形势估计得太轻了，讲得不够。好像对前两年工作的检讨也提出了意见。总的感觉，少奇不满意。于是大动干戈，一直改到凌晨3点钟才大体完成。好像也不只是内容不行，还包括逻辑上的问题。③

七千人大会的主旨报告人，后来是刘少奇。前面提到，毛泽东决定扩大会议规模的时候，没有涉及这一问题。党的全国代表会议、八大和八大二次会议，都是由刘少奇代表中央作报告，1958年以来的工作会议其中毛泽东认为特别重要的由他亲自主持并主要由他讲话以外，其他多是邓小

---

① 中共中央文献研究室编：《邓小平年谱（1904—1974）》（下），中央文献出版社2009年版，第1677—1678页。
② 张素华：《变局：七千人大会始末》，中国青年出版社2012年版。
③ 张素华：《刘少奇、邓小平主持起草七千人大会报告的经过（4）》，《变局：七千人大会始末》，中国青年出版社2012年版。有关七千人大会的部分史料，参引了该书，在此致谢。

平唱主角。这一次，毛泽东只交代理清1958年以来的问题，由书记处写一个报告，好给大家一个交代，尽管他说他要讲话，中央的同志都讲话，没有看到由谁作报告的说法。1962年1月12日上午，毛泽东阅杨尚昆1月9日的报告。报告说："主席：小平同志嘱向你报告两件事：一、在中央扩大的工作会议上的报告（初稿），共三部分，前两部分已于昨日送上（已同时发工作会议，今天各组即将讨论），第三部分今晨已送出，这个稿子是少奇同志主持修改的，报告也即由少奇同志作。小平同志希望你审阅。二、书记处向常委的报告和几个材料，应如何处理，请示。出席扩大工作会议的同志们，昨天基本上已到京，近几天他们都在参观。"毛泽东批示："尚昆同志：这两件事都已办理。"[1]

这里提到的工作会议，是在1961年12月21日至1962年1月10日举行的一次小型工作会议，任务之一是为七千人大会做准备。出席会议的有各中央局和各省市自治区的负责人，中央各部委负责人。开幕前一天晚上，毛泽东召集中央政治局常委和各中央局第一书记开会。邓小平、周恩来首先谈了会议的开法，说会议要讨论国际国内形势。毛泽东说："这样好。有形势，才有气。"谈到现在需要强调集中统一，毛泽东说："我起初是支持地方的，后来我看不对头，现在要支持集中了。过去民主革命，证明集中统一才能打胜仗。现在的毛病是'五风''五多'。"听到周恩来对形势估计的四句话："形势好，成绩大，困难多，任务重"，毛泽东说，形势是好的，错误都在改正，比去年好，在向好的方面走。农业有了六十条，工业有七十条，教育有六十条，商业也将要有几十条或者一百条，这就有办法。然后，毛泽东讲话。他说："对过去走弯路的看法，应该首先由中央负责，然后是省委，然后才是地委、县委。我到下边一看，省委说错误主要由他们负责，也说到中央，但总是说中央总是正确的英明领导，这不符合事实嘛。这就不能得到真正经验教训。这几年的高指标、高估产、高征购、高分配和几个大办，大办水利、大办交通、大办养猪场等，都是中央的。虽然材料是由你们来的，但是谁叫你相信的？谁叫你购买呢？我们头脑这个加工厂，没有了解实情。四高，几个大办，供给制，食堂，这些都是错误的，做了有损于人民利益的事，为人民服了不好的务。

---

[1] 中共中央文献研究室编：《毛泽东年谱（1949—1976）》第五卷，中央文献出版社2013年版，第71页。

服务服得不好，这是一方面。还要看到，有了这些错误，这是我们的宝贵财产。人的认识总有个过程的。问题是认识得慢了一点，时间长了一点。比如'三包一奖'，今年我才看到耿长锁的信、山东的材料、广东大荔公社一个大队的材料，开始怀疑这个办法，找胡乔木、廖鲁言谈。他们都说大队为基本核算单位好，这是中国的创造，苏联没有的。胡乔木还给我举了韶山的例子。那时，河北的同志在北京、在广州都讲了他们的主张。但是经过了大半年，我们才了解。人们对于事物的认识，就是这样子奇怪。有了这样错误的经验，我们就可以不再犯了。这十二年，恐怕还是做对了的是主要的，占第一位，错误占第二位。我们十二年，已经有了两方面的经验，这就更强了，而不是更弱了。这是一。民主革命时还有一条经验，即有了总路线，还必须有一套完整的具体政策，不然不能把事情办好。这是两条很重要的经验。"①

品味毛泽东插话和讲话的基本精神，更加明确国内形势出现了拐点。在夏季的第二次庐山会议上，他曾说，到了谷底。这一次，则肯定："形势是好的，错误都在改正，比去年好，在向好的方面走。"

会前，12月13日到16日，他在江苏无锡，听取省委负责人汇报，说各方面都有起色，农业生产和征购完成情况比预计的好。估计百分七十的地方比去年好，百分之十五的一般，百分之十五的有困难。存在的问题，主要是生产不平衡，底子薄，安排不落实。毛泽东表示，赞成对情况要具体分析。"缺点可以有几千条，但这是可以克服的。不可理不直、气不壮，不要灰溜溜。分析形势要有比较，从积极方面考虑，要充分利用有利条件发挥主观能动性，去战胜困难。潜力是很大的，有困难，有办法，有希望。久卧思起，现在是起床的时候了。到了谷底，就要上山了。"他要求快一点把农村基本核算单位下放传达贯彻下去，但是，不要搞包产到户。他说："包产到户这事，不可干。"明年要开会，开个大动员大会。无论如何要抓好工作，争取主动。要识大体，顾大局，要加强纪律性。②

"久卧思起，现在是起床的时候了。"毛泽东用生活哲理，启示人们

---

① 中共中央文献研究室编：《毛泽东年谱（1949—1976）》第五卷，中央文献出版社2013年版，第61—62页。

② 毛泽东听取江渭清等汇报时插话的传达记录（1961年12月20日），参见中共中央文献研究室编《毛泽东年谱（1949—1976）》第五卷，中央文献出版社2013年版，第57—59页。

认识经济形势的转折。12月27日,他向大家介绍了他的一首新词作《卜算子·咏梅》:"风雨送春归,飞雪迎春到。已是悬崖百丈冰,犹有花枝俏。俏也不争春,只把春来报。待到山花烂漫时,她在丛中笑。"① 以物喻人,激励党内同志。②

1961年12月21日,中央小型工作会议第一天,邓小平讲话。他首先传达了毛泽东对国内形势的估计。他说:究竟国内形势怎么样?毛主席做了一个总的分析:国内形势,现在是不错的。那一天我们谈的时候,他说,他感觉他的心情,去年、前年是不那么很愉快的,今年他很高兴,因为我们的具体政策,凡是搞了的,都见效了。首先见效在农村,有了"六十条",最近又把队为基础这个问题更进一步地解决了。现在反映农村的情况是见效的。毛主席说,农村不是现在那些民主人士所感觉的,共产党毫无办法,蒋介石要反攻大陆了,社会基础到蒋介石那里去了,不是那么一回事。共产党还是有办法的,可以搞好,而且情况也一天一天好起来。毛主席还说,过去几年,包括"大跃进"三年,总的来说我们办的好事是基本的,也出了毛病,也有缺点和错误。这些缺点错误,我们又把它总结起来了。好的、成功的、错误的,统统总结起来,就变成了财富。然后我们就有可能制定合乎实际的正确的具体政策,我们的事业就会办好。邓小平说,毛主席特别举例,讲到江苏省委最近组织了几个反对派,向来不说好话的人,下去自由访问,先看坏的,后看好的,这次回来也讲好话了。关于党的工作,毛主席说,明年要抓工、农、商、学、兵、政、党七个字,明年要大抓一年。这几个方面都要理出一个头绪来,工作要做好一些。所以建议这次会议谈一谈党的问题。过去多少次会议,没有把党的问题集中地作为一个问题来谈一谈。邓小平最后特别讲道:"毛主席希望在'七千人大会'上,对形势、对过去一段的经验教训,究竟我们有没有希望,要有一个统一的看法,这是一个出发点。"③ 然后,他就会议

---

① 《毛泽东诗词选》,人民文学出版社1986年版,第113页。
② 《周恩来传(1949—1976)》说:"经过一九六一年的调整,国民经济主要比例关系日益失调的势头初步得到控制,农业生产开始稳住了,粮食生产略有回升。"周恩来在12月下旬至年初召开的中央工作会议上,"对国内形势作了这样概括:'形势已在好转,农村先于城市;困难仍然很多,城市大于乡村。'"——中共中央文献研究室编:《周恩来传(1949—1976)》(四),中央文献出版社1998年版。
③ 邓小平在中央工作会议上讲话记录(1961年12月21日),参见中共中央文献研究室编《邓小平年谱1904—1974》(下),中央文献出版社2009年版,第1678—1679页。

议程、国际形势、国内形势、长远计划、明年计划和党的问题,分别加以阐述。"邓小平的讲话,成为这次为七千人大会作准备的中央工作会议的主题报告。"①他说:过去几年,我们办的好事是基本的,也有缺点错误,责任中央第一,省市第二。他主动承担责任,说"中央的责任就是中央书记处的责任",并概括这几年中央书记处工作中的缺点错误为:第一,没有及时研究和提出各方面的具体政策,或者有些具体政策不符合实际、不正确或不完全正确;第二,计划指标过高、多变,钢、粮、棉的指标这四年中最多有七变的;第三,不因地制宜、不实事求是地搞几个"大办",冲垮了原来的方针和群众路线;第四,权力下放过多。邓小平这里所指出的,实际上是"大跃进"和人民公社运动以来党和国家工作中存在的问题。②

　　七千人大会开幕前夕,送到毛泽东手里的报告第一稿,关于形势的估计有了变化。据吴冷西回忆,刘少奇从南方休养回来,第一天就找几位起草人谈话,对起草的稿子很不满意,主要是嫌稿子不够鲜明,不够尖锐。他说,整个报告的精神,还是他1959年在庐山会议上讲的那两句话,即:成绩讲够,缺点讲透。现在的初稿主要毛病是不够、不透,尤其是对缺点错误含糊其辞,像钝刀子割肉,不痛不痒。他要我们放开手写,实事求是,缺点错误有多少就讲多少,不姑息,不怕丑,即使讲过头一点也没有关系,还可以修改。具体说,对工作中的缺点错误,刘少奇要求要摆开来写,要鲜明尖锐,可以有必要的含蓄,但不要温吞水;重症要用猛药,痛切而后能吸取教训,但不搞文字嘲讽。对造成当前严重经济困难的原因,要认真科学分析。要实事求是地说明,这些困难主要是我们工作中的缺点错误所造成的,既不是由于自然灾害,也不是由于苏联撕毁协议、合同。把这个问题说清楚了,我们的干部和群众就会认识到,只要我们自己克服工作中的缺点错误,当前的困难就可以克服一大半了。这就增强而不是削弱了干部和群众战胜困难的信心。他特别讲到他在湖南家乡听到农民群众的意见,农民说是"三分天灾,七分人祸"。吴冷西回忆,"成绩讲够,缺点讲透"八个字,是刘少奇指导报告起草工作的基本原则。按这八个

---

① 中共中央文献研究室编:《邓小平传(1904—1974)》(下),中央文献出版社2014年版,第1221页。
② 同上书,第1218—1219页。

字修改后的稿子，形势与任务部分，总结成绩，是讲新中国成立十二年的成绩，"大跃进"以来究竟有哪些成绩，没有专门交代，单独列出；讲缺点和错误，几乎都是"大跃进"以来的。①

这份报告初稿一面送毛泽东审看，一面提交小型工作会议讨论。与会大区书记和省市区党委书记们看后，议论纷纷。有一种意见认为，缺点错误讲得过分，仿佛漆黑一团，使人泄气。华东组1月9日下午讨论时，普遍感觉报告稿讲缺点错误，没有区别去年以来已经纠正和正在纠正的，好像过去干的都错了。叶飞（福建）说，纠正错误、总结经验是必要的，问题是讲得过分了。谭启龙（山东）说，一年来经济形势、工作作风都发生了很大变化，报告稿没有区分，把老账又翻出来，好像问题还是那么严重。七千人大会县委书记都要来，要讲农业如何保证城市需要，讲工农关系，还要发扬1958年以来的干劲，这是永远都需要的。陈丕显（上海）说，不要搞成漆黑一团，对我们的工作要好好估计一下。柯庆施说，第一还是要干，第二是反对分散主义。既反分散主义又不要弄得都不能动，还是要讲两个方面，集中统一与地方积极性相结合。江华（浙江）说，报告应该多讲奋发图强。农业指标到1967年定在4000亿斤上，前五年增加1000亿斤，后五年才增加500亿斤，是不是太低了？杨尚奎（江西）说，老问题和新情况的界限要分清楚。"三高"主要是1958年和1959年。现在的情况是指标太低了，低了也不接受，越低越好。高指标问题已经过去，现在是低收购。过去手太长了，现在是应收未收。过去是瞎指挥，现在是不敢指挥。大家认为，报告稿缺少了一点东西，就是如何鼓劲？有利条件如何发挥？现在提出的十年计划指标，比第一个五年还低。讲指标，越低越好，这不是小苗头。②

二 不曾有过的做法

1962年1月10日上午，毛泽东刚看完报告的第一、二两部分，就批示田家英转告刘少奇和邓小平，建议推迟三天做报告，扩大会议先讨论农村基本核算单位及别的问题。看来，这个稿子给他的印象，好像不是小修

---

① 参见张素华《毛泽东究竟对报告怎么看（2）》，《变局：七千人大会始末》，中国青年出版社2012年版。
② 参见中央工作会议（华东组）讨论记录，1962年1月9日。

小改的问题。因为在随后同邓小平、陈伯达和田家英谈报告稿的问题时，他除肯定报告的中心（反对分散主义）不能变动，必须坚持之外，采取了一项出乎意外的做法，即把这个报告稿"披头散发"地发下去，先听取大家的意见。他说：报告就不要先开政治局会议讨论了，立刻发给参加大会的同志们，请大家评论，提意见，根据大家意见再作修改，然后提交政治局通过后正式作报告。这样，就更能发扬民主，集中各方面的智慧，对各种不同的看法有所比较，会也开得活泼一些。我们把革命干成功了，不怕讲缺点，要有信心。

这是从不曾有过的开会方法，七千人动手，集体修改文件，然后再回到写作班子修改，提交中央政治局讨论通过，作为向大会的正式报告。毛泽东后来说，这是一个民主集中制的方法，是一个群众路线的方法。先民主，后集中，从群众中来，到群众中去，领导同群众相结合。[①]

毛泽东的高屋建瓴，"第一，他使与会者看到了中央主动承担责任的姿态，又感受了民主气氛，不少同志积压在心上的不快和意见讲出来了，其困惑、不满的情绪缓解了；第二，他了解了人们到底有些什么想法，当然这也是他很想知道的，换句话说，他由此掌握了人们的思想动态；第三，因为中央的报告是通过全体同志讨论修改形成的，那么这个最终要达到统一人们思想的文件，便具有了更广泛的代表性和权威性"[②]。其实，更为根本的意义还在于，保证大会仍旧按照预定的意图进行下去。

报告稿同七千人一见面，不出所料，果然反响强烈，意见如潮。不少人认为，报告稿对形势的看法有些消极，缺点错误讲得过分，发展目标起不到鼓舞作用，经济指标太低。对于中央把分散主义作为主要矛盾，一些人也有异议。有鉴于此，毛泽东决定，重新组织报告起草委员会，吸收各中央局第一书记、个别省委书记参加，充分听取地方同志的意见。对于原报告稿，不论是文字问题，还是原则问题，都可以讨论。不合理的，不是真理的都可以推翻，甚至全部推翻，但是正确的不能推翻，统一思想之后再写稿子。毛泽东还说，重新写好的稿子拿出去以后，再推翻也不要紧，

[①] 参见中共中央文献研究室编《毛泽东年谱（1949—1976）》第五卷，中央文献出版社2013年版，第68—69页。

[②] 张素华：《毛泽东究竟对报告怎么看（3）》，《变局：七千人大会始末》，中国青年出版社2012年版。

不过，最好不推翻。

起草委员会由二十一人组成，从 1 月 17 日至 1 月 24 日多次开会讨论。会前，毛泽东一再强调，几年来的缺点错误，中央要首先承担责任，其次才是省委、地委。中央一要改，二要检讨；对下面只要求改，不要求检讨。他这样做，从总体说，既符合实际（基层中真正坏人当道、为非作歹另当别论），也有利于同心同德应对困难，尽可能避免出现怨天尤人，互相埋怨，彼此推卸责任的偏向，而这正是遇到困难和挫折时最容易发生的问题，其危害性甚至更大。在这一问题上，毛泽东又是首先承担责任。1958 年秋纠"左"以来，他在不同场合作自我批评，并要求向下传达；还有一次，他把自我批评写进了转发甘肃省一个文件的批语里。会议开始，邓小平向他汇报情况时，毛泽东又一次讲到这一点。他说：你们的报告，把我写成圣人，圣人是没有的，缺点错误都有，只是占多少的问题。不怕讲我的缺点，革命不是陈独秀、王明搞的，是我和大家一起搞的。好像缺点错误都是人家犯的，不是的，我也有一份。毛泽东此时再一次作这样的表示，在他看来，这没有坏处，只有好处，有利于开好大会，总结经验，统一思想。事实上，也等于给大会报告的讨论和修改以宽松环境，不必受什么束缚。当彭真在起草委员会提出，毛主席也应承担一部分责任时①，邓小平趁机转述了上面毛泽东讲的那段话。周恩来接下来的发言，则是着眼于另外一个角度。他说：在目前困难时期，要顶住，承担责任，全世界都指望我们。主观上的错误，要着重讲违反毛泽东思想，个别问题是我们供给材料情况有问题，应由我们负责，不能叫毛主席负责。如果不违反"三面红旗"的思想、毛泽东思想，的确成绩会大些。现在调整工作进行后，情况正在好转，但不能过分乐观。经验现在还不能完全总结，还是初步总结。主席讲过，不经过反复，不能取得教训。现在不是弱了，而是强了。过去几年是浮肿，幸亏主席纠正得早，否则栽的跟头更大，要中风。现在的问题是要争取时机，不怨天，不尤人，发愤图强，埋头苦干。不吹，不务虚名。主席早发现问题，早有准备，是我们犯错误，

---

① 彭真的意见是：毛主席也不是什么错误都没有，三五年过渡、食堂都是毛主席批的。毛主席的威信不是珠穆朗玛峰也是泰山，拿走几吨土，还是那么高。现在党内有一种倾向，不敢提意见，不敢检讨错误，一检讨就垮台。如果毛主席的百分之一、千分之一的错误不检讨，将给我们党留下恶劣影响。——参见张素华《二十一人报告起草委员会也起波澜（5）》，《变局：七千人大会始末》，中国青年出版社 2012 年版。

他一人无法挽住狂澜。现在要全党一心一德，加强集中统一，听“艄公”的话，听中央的话。中央听毛主席的话。这是当前工作中的主要问题，不解决，寸步难行。如粮食上交130亿到150亿斤，就很难。[①] 周恩来在国家遭受严重困难的关头，显示了一个共产党人识大体、顾大局、勇于担当的高尚品格，讲出一篇掷地有声的话。

在起草委员会讨论的问题里，关于哪一段是犯错误的关键时期，一种意见认为，关键是1960年；另一种意见认为，主要是庐山会议以后一段。两种说法着眼点不同，区别不是很大。关于失误原因的讨论，陶铸等认为：很重要的一条是由于缺乏经验。他举例说：水利问题，主席在1958年冬武昌会议上说，这样搞法，中国人要死一半，最少也死十分之一，五千万。可是我们还是大搞。搞水利是可以不死人的，结果还是死了人。哪里想到搞多快好省会死人呢？没有那个经验。不是不拥护主席指示，把主席、中央同志的思想变为全党的思想要有个过程。王任重说：在速度问题上，过分乐观，还搞平均主义，以为供给制没有问题，现在明确了，50年才能建成社会主义。也不懂得按比例搞综合平衡，犯错误就在这里。刘少奇说：国民党叛变后，李立三说打倒国民党只要两三年，结果整了十年没有整倒，才知道革命的长期性。对于社会主义建设的长期性问题，进了北京，还有点不大相信。看来，时间准备长些就快，准备短反而慢了。关于目前困难的原因，陶铸说，困难来自三方面，错误、灾害、修正主义。彭真插话，三年灾害不可低估。刘少奇说，有反革命，加重了困难。邓小平说，有些人就是想办坏事的。在这个问题上，大家没有展开讨论。[②]

关于分散主义是不是当前的主要矛盾，地方同志与中央同志的看法有距离。在中央工作的同志认为，抓集中统一是抓住了要害。分散主义，上下都有，如果不反，当前的许多问题无法解决。陈云说：什么叫计划经济，就是要集中统一。半计划就是无计划。周恩来说：这次大会讲这讲那，如果不反掉分散主义，鼓了半天劲，也没有鼓到实处。刘少奇、邓小平更把反对分散主义提到防修、反修的高度。刘少奇说：现在有些现象类

---

① 参见张素华《二十一人报告委员会也起波澜（6）》，《变局：七千人大会始末》，中国青年出版社2012年版。

② 参见张素华《七千人大会报告的讨论修改情况》，《党的文献》1999年第6期。

似南斯拉夫的企业所有制,侵害全民所有制。这种社会主义,资产阶级也能接受,搞不好要出修正主义。邓小平说:社会主义国家存在两条道路的斗争,存在资本主义复辟的可能,不要认为苏联现象只有苏联有,我们前八年后四年社会风气不同。他还说:是1958年以前中央领导更集中?还是1958年以后?我脑袋里是1958年后分散,不是整体。真正的集中最民主,最能发挥积极性。中央一线领导人的看法,明显是针对目前的情况。在这一基本意图上,中央与地方需要沟通,也需要注意另一种片面性。

关于今后规划所定指标是否过低的讨论,分歧也主要发生在中央与地方之间。报告提出,争取到1972年基本建成一个独立完整的经济体系,使我国在主要工业品的总产量方面赶上英国,在科学技术方面接近世界先进水平。实现上述目标,1967年粮食产量达到4000亿斤(原定3800亿斤),1972年达到4500亿斤;同期,棉花分别达到3500万担和4500万担;钢分别达到2000万吨左右和3000万吨左右;煤炭分别达到3.8亿吨左右和4.5亿吨左右。华东区普遍反映这些指标偏低。国务院农村组提出粮、棉指标订得低,连邓子恢也认为低了。刘少奇回答说:邓老(邓子恢)提出粮食1967年3800亿斤是不是改成4000亿斤,问题是我又怕搞高指标,写了又达不到,陷于被动。指标低一点,不会陷于被动。指标低一点,是不是干劲就少呢?我看也不是。指标高一点,不见得人民的干劲就高一点。不要把指标的高低,跟人民的干劲联系得那么密切。不管外国人,让他们轻视我们一下好,让他们说我们不行吧。对于钢的指标,陈云的解释是:到1967年实现2000万吨,看起来低,可是不简单,要过六道关:(1)煤,即使每年增加2000万吨煤,到1967年才能炼1700万吨钢,可见任务艰巨;(2)钢铁工业本身要解决选矿、烧结、轧钢等一系列问题才行;(3)要解决有色金属(镍、铬)的问题;(4)要解决木材问题;(5)要解决机械制造问题;(6)要解决投资问题,另外还有运输问题,很不简单。不是曾经达到过1800万吨钢吗?那是用挤掉其他的办法达到的。现在再也不可能用这个办法了,不按比例是不行的。他说:1967年2000万吨钢究竟能不能达到?我看有三种可能:一是达到或者超过;二是差一点;三是差得相当远。第三种可能性要估计进去。他还针对王鹤寿关于钢可以达到2500万吨的说法,回答说,在这个问题上,王鹤寿和我历来有分歧。陈云强调,十年规划,特别是头五年,过渡不可能快,再一个十年会快些,因为农业要恢复。他主张报告中的指标以不改为好。和帝国主义、修正主义争气，不在数字，而是在按比例、配套，踏踏实实前进。只追求数字，靠不住。周恩来从回顾前两年的情况来说明。他说，早两年，是否能很好调整？很难。因为还不认识。我也讲过15%、25%（指跃进和大跃进的经济增长率标准——引者注），那是浮夸。当时不认识，现在比较清楚了。我们的工业如果真是把钢的品种质量搞上去，1967年即使到不了2000万吨，也是好的。刘少奇又说，现在的许多积极性，是解散公共食堂，实行"农业六十条"，基本核算单位下放调动起来的，并不是高指标调动起来的。此后，当1月27日他在大会上做口头报告，讲到有同志认为中央提出的1963—1972年十年奋斗指标不高时，毛泽东也曾插话说："有一种可能是还达不到。"这说明，毛泽东这时在生产指标的问题上同样持十分审慎的态度。从后来的情况看，尽管在"文化大革命"期间，1967年粮食产量已经达到4356亿斤，1971年达到5100亿斤的高位（1972年有所下降，仍为4800多亿斤）；棉花1967年就达到了1972年的设想，为4700万担（1972年一度下降为3900万担），都超过原来设想。工业受政治运动影响比较大，钢和煤炭的生产指标没有达到预定要求。1966年钢产量曾达到1532万吨，1967年又下降为1029万吨，1972年增至2338万吨，与3000万吨的计划相比距离很大。煤炭产量1967年恢复到2.06亿吨，1972年达到4.1亿吨，显然都存在意外因素的干扰。否则，超额完成应无问题。地方和某些工业部门当时在这个问题上的意见，不能说完全没有道理。

关于"三面红旗"的问题，针对有人提出的疑问，报告要不要正面回答，起草委员会意见不一。刘少奇感到"比较难说"。陈云说：有些问题，只能在原则上肯定，有些人认为不具体，还有怀疑，公开讲过几年再说。如人民公社，容许他怀疑几年。周恩来持较为积极的态度。他说，报告中有关人民公社的优越性，要多说几句。邓小平说，人民公社如果经过试点，就更好。既然早产了，就应当好好爱护他。对早产的孩子有四种态度，一是不要，这是右派；二是对付对付，不认真；三是拔苗助长，多给猪肉吃，多运动。这三种态度都不对。主席的态度是，重视他，爱护他，想办法解决问题。四种态度跟哪一种走？当然跟主席走，一定有希望。这时，刘少奇说，人民公社还是有点"一大二公"，将来会看出来，现在难讲。柯庆施的态度类似于周恩来。他说：十条成绩，人民公社讲少了，至少抗灾有作用。三个口号取消了也不行。关于"大跃进"，薄一波讲了自己的看法。他说:"从一个长时期来看,可以是跃进,技术方面新的重大改革,也可以表现为跃进。例如,原子能的发现和使用,就可以跃进。但是,在一般情况下,每年不一定都是跃进。工业方面、农业方面都是如此。跃进的提法,不要随便提。正常情况不能是跃进。在各种条件凑在一起时,可能跃进。"邓小平接着说:"这有道理。事实上,基数越大,速度会有不同。美国每年增长5%就了不起了,它只能增长2%。"不过,他又说:"不提跃进,三面红旗就少了一面。事实上品种齐全了,质量提高了,也是跃进。报告时,对跃进可以解释清楚。"刘少奇这时插话说:"还是要提跃进,三面红旗少了一面不好。对大跃进要有新的解释,要从一个历史时期来看。"经过讨论,基本上按毛泽东曾经讲过的口径说明。一是从长时期来看;二是同资本主义国家比,同苏联比;三是跃进不能总是以钢作标准,要全面地看,无数小的跃进,可以组成大的跃进。今后几年产量下来了,品种、质量上去,也是跃进。可以看出,这与1958年八大二次会议时的情况相比,经过几年的实践,党的认识有很大前进。面对既有成功也有失误,在反思中出现这样那样的认识,有分歧和争论,是很自然的,也是党的事业兴旺发达的一个标志,这有利于总结正反两方面的经验,加深对社会主义建设规律的认识。

起草委员会经过8天的讨论,1月24日修改出书面报告第二稿。1月25日下午,刘少奇主持召开有各省市委第一书记及中央各部长参加的中央政治局扩大会议,讨论报告第二稿。毛泽东没有出席。在这之前,改好的报告稿曾送给他看。毛泽东没有看完,但表示赞成"这个方向"。

1月27日,刘少奇向七千大会作报告。这一天的会议由毛泽东主持。按照毛泽东的意见,书面报告发给大家,口头报告主要做些说明。修改后的书面报告与原来稿子的不同,集中在第一部分。例如,专门列出"大跃进"以来的成绩,总结为12条;缺点错误4条;增加基本经验教训16条。刘少奇的口头报告,在国内形势问题部分,提出了"两个三七开"。一是对目前形势分析的三七开;二是关于造成目前困难原因的三七开,即"三分天灾,七分人祸"。他说:关于目前的国内形势,实事求是地说,我们在经济方面是有相当大的困难的。当前的困难表现在:人民吃的粮食、副食品、肉、油都不够,穿的、用的也不够。为什么?"这是因为1959年、1960年、1961年这三年,我们的农业不是增产,而是减产了。减产的数量不是很小,而是相当大。工业生产在1961年也减产了,据统计，减产了百分之四十，或者还多一点。1962年的工业生产也难于上升。这就是说，去年和今年的工业生产都是减产的。由于农业生产和工业生产都是减产，所以各方面的需要都感到不够。这种形势，对于许多同志来说，是出乎意料的。两三年以前，我们原来以为，在农业和工业方面，这几年都会有大跃进。在过去几年中，的确有一段时间是大跃进的。可是现在不仅没有进，反而退了许多，出现了一个大的马鞍形。这应不应该承认呢？我想，要实事求是，应该承认事实就是这样。"接着他说："这种困难的形势是怎样出现的呢？为什么没有增产，吃、穿、用没有增加，而且减少了呢？原因在哪里？原因不外乎两条：一条是天灾。连续三年的自然灾害，使我们的农业和工业减产了。还有一条，就是从一九五八年以来，我们工作中的缺点和错误。这两个原因，哪一个是主要的呢？到底天灾是主要原因呢？还是工作中的缺点、错误是主要原因呢？各个地方的情况不一样。应该根据各个地方的具体情况，实事求是地向群众加以说明。有些地方的农业和工业减产，主要的原因是天灾。有些地方，减产的主要原因不是天灾，而是工作中的缺点和错误。去年我回到湖南的一个地方去，那里也发生了很大的困难。我问农民：你们的困难是由于什么原因？有没有天灾？他们说：天灾有，但是小，产生困难的原因是'三分天灾，七分人祸'。后来我调查了一下。那地方有几个水塘，我问他们：1960年这个水塘干了没有？他们说：没有干，塘里的水没有车干。塘里有水，可见那里的天灾的确不是那么严重。就全国总情况来说，我在书面的报告中是这样讲的：我们所以发生相当大的困难，一方面是连续三年的自然灾害的影响。另一方面，在很大的程度上，是由于我们在工作上和作风上的缺点和错误所引起的。至于某一个省、某一个地区、县究竟怎么样，你们可以根据情况，讨论一下，实事求是地作出判断。"

刘少奇接着说："过去我们经常把缺点、错误和成绩，比之于一个指头和九个指头的关系。现在恐怕不能到处这样套。有一部分地区还可以这样讲（这时，毛泽东有一句插话：这种地区也不少。——引者注）。在那些地方虽然也有缺点和错误，可能只是一个指头，而成绩是九个指头。可是，全国总起来讲，缺点和成绩的关系，就不能说是一个指头和九个指头的关系，恐怕是三个指头和七个指头的关系。还有些地区，缺点和错误不只是三个指头（刘少奇在这里举例说，比如河南的信阳地区，甘肃的天水地区。毛泽东接着又插话补充说，还有甘肃的酒泉地区、张掖地区和青海省——引者注）。如果说这些地方的缺点和错误只是三个指头，成绩还有七个指头，这是不符合实际情况的，是不能说服人的。我到湖南的一个地方，农民说是'三分天灾，七分人祸'。你不承认，人家就不服。全国有一部分地区可以说缺点和错误是主要的，成绩不是主要的。"①

　　刘少奇的这一看法，来源于湖南农村调查。1961年广州中央工作会议结束以后，4月1日他来到湖南，进行了四十四天的调查研究，逐步改变了自己过去的一些看法，对目前的经济形势和经济困难，作出了"三七开"的判断。同年5月31日，他在北京中央工作会议的讲话中，谈到了这一新认识。他说：在农村里，我们的工作有缺点错误，也有天灾；在城市里面，在工业方面，我们的工作也有缺点错误。"这里提出一个问题，这几年发生的问题，到底主要是由于天灾呢，还是由于我们工作中间的缺点错误？湖南农民有一句话，他们说是：'三分天灾，七分人祸'。我也问了几个省委干部。我问过陶鲁笳同志：在你们山西，到底天灾是主要的，还是工作中的缺点错误是主要的？他说，工作中的缺点错误是造成目前困难的主要原因。河北、山东、河南的同志也是这样说的。其他一些省我没有问。总起来，是不是可以这样讲：从全国范围来讲，有些地方，天灾是主要原因，但这恐怕不是大多数；在大多数地方，我们工作中的缺点错误是主要原因。有的同志讲，这还是一个指头和九个指头的问题。现在看来恐怕不只是一个指头的问题。总是九个指头、一个指头，这个比例关系不变，也不完全符合实际情况。我们要实事求是，是怎么样就是怎么样，有成绩就是有成绩，有一分成绩就是一分成绩，有十分成绩就是十分成绩。成绩只有七分就说七分，不要多说。我们这几年确实做了一些事，也做了一些不见效的事情。我们在执行总路线，组织人民公社、组织跃进的工作中间，有很多的缺点错误，甚至有严重的缺点错误。最近不仅农业减产，工业生产也落下来了。如果不是严重问题，为什么会这样减产？为什么要后退？难道都是老天爷的关系？说到责任，中央负主要责任，我们大家负责，不把责任放到哪一个部门或者哪一个人身上，我们现在是来总结经验。好在我们现在能够回头，能够总结经验，能够改正过来，还不是路线错误。但是，如果现在我们还不回头，还要坚持，那就不是路线错误

---

　　① 《刘少奇选集》下卷，人民出版社1985年版，第418—421页。括号中的内容没有收进该选集。

也要走到路线错误上去。所以,在这个问题上,现在要下决心。"①

湖南调查研究得出的上述认识,构成了他在七千人大会上口头报告的基调。他讲"三分天灾,七分人祸"时,仍然肯定成绩是基本的这一前提。这里姑且不论二者在逻辑上能否协调一致,正如他自己所说:"书面报告上是没有这样讲的。"口头报告的基调更像开始提交大会讨论的书面报告第一稿。

1月29日,林彪在大会上讲话。他的讲话,现在备受诟病。这主要是他讲话的第一部分,关于党的工作部分。他在这一部分讲了三个问题:一是对形势的分析。他给予积极评价。二是对目前困难的分析及得失问题的看法。他提出了付学费的观点。三是讲面对困难,要更加信赖并团结在毛泽东为首的党中央领导下的必要和重要。他说:"我们党所提出的总路线、大跃进、人民公社这三面红旗是正确的。这两三年以来,我们国家在某些方面发生了一些困难。但我们取得了经验,付出一点学费是值得的。在困难的时候,我们更应该加强党的团结,更加依靠和更加相信党的领导、中央的领导、毛主席的领导。事实证明,这些困难在某些方面、某种程度上,恰恰是由于我们没有照着毛主席的指示、毛主席的警告、毛主席的思想去做。我深深感觉到,我们的工作搞得好一些的时候,是毛主席的思想能够顺利贯彻的时候,是他思想不受干扰的时候。反之,他的意见受不到尊重或者受到很大干扰,事情就要出毛病。"林彪还说:"我们国内的责任,就是要使我们的国家富裕起来,人民富裕起来。我们是一个落后的国家,但是我们有足够的条件成为先进的国家、强大的国家,成为世界最强大的国家。不但要比已经落后了老帝国主义英国强,也能够比美国强。只要一个国家变成团结的国家,只要这个国家有先进的领导,不要很长的时间,有几十年的时间就可以翻过来了。"在讲话的第二部分,关于军事工作,林彪说:我们对战争的方针,第一是不挑衅,不主动发动进攻,我们要争取和平,尽量推迟战争的爆发。第二是不搞单纯防御,而是打进攻防御战。② 林彪讲完后,毛泽东说:林彪同志讲得好,给你一个月

---

① 中共中央文献研究室编:《刘少奇论新中国经济建设》,中央文献出版社1993年版,第442—443页。

② 参见中共中央文献研究室编《毛泽东年谱(1949—1976)》第五卷,中央文献出版社2013年版,第75—76页。

时间整理出来，一个月不行两个月，请你整理出来。①

林彪的讲话，不仅为毛泽东肯定，周恩来在大会上讲话时也持肯定态度。山西省一位与会县长刘新起，几十年后，回忆当天开会的情况时说：林彪讲罢，毛主席夸他讲得好，参加会议的大多数同志也都认为林彪说得对。散会后天大黑，北京的街头已经开了路灯。按照日程安排，这次会议1月30日就要结束了，代表们都预订好了车票，只等一散会就赶回家去过年。29日下午，林彪讲罢后，毛主席即席发言说：你们都急于回去过春节，这是个矛盾。还有几个同志准备讲话，我也想讲几句话。同志们听了都鼓掌欢迎。就在这时候，从底下传到主席台上一张小纸条，毛主席看后就笑了。刘新起后来才知道，纸条是东北局的一位老同志写的，署名"党小鬼"。纸条上写着，明天会议就要结束了，可大家还有很多话没说完，还憋着气，要求把气出完再走。毛主席当场同意，宣布延长会期，让大家出气。②

三 出气会：由批评到自我批评的转折

毛泽东当场动议延长会期，不完全是那张字条的作用。之前毛泽东已接到几封信，表示话还没有说完，还憋着一肚子气。有的省份本来讨论很热烈，省委书记一去，立刻鸦雀无声。当时有一种议论，说过去几年的错误，中央承担了主要责任。说假话、刮"五风"、搞特殊化等等，不能算在中央的头上，哪样不是省、市开的头？同样是执行中央的政策，有的省就搞得好一些，有的省就差一些，这又怎么解释？！有人说，这几年中央的决议、毛主席的指示不灵了，主要是"中梗塞"，有些中央部门、省市委不大听话，上情不能下达，下情不能上达。有人提出，对中央各部部长、省委第一书记，应该发动地、县同志提意见，两头挤。联系到反右倾、整风整社，被错整的一些人更有不少怨气，要求在会上讲讲。这些议论，引起了毛泽东的思考。仍然憋着一股气，上下关系不顺畅，势必妨碍同心同德克服困难。正是在这种背景下，经毛泽东和政治局常委商量，决定延长会期，开"出气会"。1月29日下午林彪讲话后，毛泽东向大家

---

① 参见中共中央文献研究室编《毛泽东年谱（1949—1976）》第五卷，中央文献出版社2013年版，第76页。

② 李保文：《老县长回忆"七千人大会"》，《文史月刊》2006年第1期。

说：现在，要解决的一个中心问题是，有些同志的一些话没有讲出来，觉得不大好讲，这就不那么好了。要让人家讲话，要给人家机会批评自己。你自己不批评自己，也可以，得让人家批评你。最好的办法还是自己来批评自己。有许多地方的同志是做了准备的，作检讨做了几年了。自我批评的结果，人家就不爱听了，这个时候你就可以不讲了，这才取得了主动。我看是不是在这次会议上就解决这个问题，不要等回去了再解决。我相信能解决上下通气的问题。有一个省的办法是，白天出气，晚上看戏，两干一稀，大家满意。（全场活跃，鼓掌）我建议让人家出气。不出气，统一不起来。因为气都没有出嘛，积极性怎么能调动起来？到中央开会还不敢讲话，回到地方就更不敢讲话了。我们几个常委商量，希望解决出气的问题。有什么气出什么气，有多少气出多少气。不管是正确之气、错误之气，不挂账，不打击，不报复。你骂了我，我整你一下，这是不许可的。要建立民主集中制。讲了几十年马克思主义，我们党内生活的民主集中制没有很好建立起来，民主集中制的思想在有些同志的脑筋里面没有产生，没有民主。"讲到这次会议报告的讨论和修改，毛泽东又一次进行自我批评。他说：中央的错误，有些我要直接负责，间接的我也有责任。你当主席嘛，谁叫你当主席？你怎么官僚主义？搞了这么多文件，煤炭部下了那么一个命令，直到这次少奇同志报告搞出来我才知道。可见我的官僚主义相当可观了。他征询大家的意见说："实际上，我们现在开的是五级干部会议：县委、地委、省委、中央局、中央。如果你们赞成，就按照这个方法去做，改正我那一天说的办法。（鼓掌）如果你们不赞成，一定要明天结束，我也可以接受，我们明天就可以散会。如果你们想解决上下通气这个问题，就趁此机会，就在这里解决，舒舒服服回去。（热烈鼓掌）如果你们赞成，就这样做。（热烈鼓掌）每天下午有一个同志讲话，上午讨论，开出气大会。"[①]

1月30日下午，他在大会上发表讲话。讲话中，毛泽东带头作自我批评，承担责任。他说："去年6月12号，在中央北京工作会议的最后一天，我讲了自己的缺点和错误。我说，请同志们传达到各省、各地方去。事后知道许多地方没有传达。似乎我的错误就可以隐瞒，而且应当

[①] 扩大的中央工作会议记录（1962年1月29日），中共中央文献研究室编：《毛泽东年谱（1949—1976）》第五卷，中央文献出版社2013年版，第76页。

隐瞒。同志们，不能隐瞒。凡是中央犯的错误，直接的归我负责，间接的我也有份，因为我是中央主席。我不是要别人推卸责任，其他一些同志也有责任，但是第一个负责的应当是我。"[1] 他要求各级担任主要领导职务的同志，要发扬民主作风，勇于承担责任。他说，"我们的省委书记，地委书记，县委书记，直到区委书记，企业党委书记，公社党委书记，既然做了第一书记，对于工作中的缺点错误，就要担起责任。不负责任，怕负责任，不许人讲话，老虎屁股摸不得，凡是采取这种态度的人，十个就有十个要失败。人家总是要讲的，你老虎屁股真是摸不得吗？偏要摸！"

毛泽东的讲话，包括六个问题。一是这次会议的开会方法；二是民主集中制问题；三是我们应当联合哪一些阶级？压迫哪一些阶级？这是一个根本立场问题；四是关于认识客观世界的问题；五是关于国际共产主义运动；六是要团结全党和全体人民。讲话围绕民主集中制的问题总结经验教训，同时又提高到认识论的高度，阐明认识客观世界要有一个过程。他是从民主革命的历史讲起的。他又一次说到经过长征到达陕北，红军经过补充还是不到三万人，不到三十万人的十分之一。"究竟是那三十万人的军队强些，还是这不到三万人的军队强些？"他说："我们受了那样大的挫折，吃过那样大的苦头，就得到锻炼，有了经验，纠正了错误路线，恢复了正确路线，所以这不到三万人的军队，比起过去那个三十万人的军队来，要更强些。刘少奇同志在报告里说，最近四年，我们的路线是正确的，成绩是主要的，我们在实际工作中犯过一些错误，吃了苦头，有了经验了，因此我们更强了，而不是更弱了。情形正是这样。"他在这个意义上，肯定了刘少奇的报告，向全党表明中央领导核心的一致。他说："我讲我们中国共产党人在民主革命时期艰难地但是成功地认识中国革命规律这一段历史情况的目的，是想引导同志们理解这样一件事：对于建设社会主义的规律的认识，必须有一个过程。必须从实践出发，从没有经验到有经验，从有较少的经验，到有较多的经验，从建设社会主义这个未被认识的必然王国，到逐步地克服盲目性、认识客观规律、从而获得自由，在认识上出现一个飞跃，达到自由王国。"他总结说："自由是对必然的认识

---

[1] 中共中央文献研究室编：《毛泽东年谱（1949—1976）》第五卷，中央文献出版社 2013 年版，第 78 页。

和对客观世界的改造。只有在认识必然的基础上，人们才有自由的活动。这是自由和必然的辩证规律。所谓必然，就是客观存在的规律性，在没有认识它以前，我们的行动总是不自觉的，带着盲目性的。这时候我们是一些蠢人。最近几年我们不是干过许多蠢事吗？"[①]

人们听了毛泽东的讲话，尽管不是都能立刻理解他那朴实无华语言中的深刻思想，却都受到极大的鼓舞和激励，尤其为他在七千人面前再一次作自我批评深深感动。说有些事办错了，是歪嘴和尚念错经，是下面的错，不能叫他老人家负责。福建有人当场表示，"听了主席的讲话，只有一条意见，就是他老人家不该做检讨，我们把工作做坏了，为什么让他老人家做检讨？"说到这里，流下了眼泪，很多人也感动得流下眼泪。有些地委书记、县委书记激动地说："主席都检讨了，我们还有什么说的？！"毛泽东的讲话，促使会议气氛为之一变，出现上下左右纷纷主动自我批评，承担责任，决心尽快渡过困难的局面。

毛泽东在下午的大会上，严厉地批评了有的省压制批评的做法，表示要坚决摸他们的"老虎屁股"。当晚，又召集各中央局第一书记谈话，做细致工作，帮助一些人怎样过好关。他说：省委要检讨，检讨不在多，态度要老实诚恳，要抓住本质，简明扼要，关键性的东西讲一个小时就够了，讲长了反而有坏处。讲的东西，有"左"讲"左"，有右讲右，有多少讲多少，即使人家讲得不对，也不要忙于解释。如果你检讨的时候，说你负责，回头又说，你当时不在，这就不诚恳嘛。如果你只有十条错误，人家讲你二十条，你实际上还是只有十条嘛。总之，一条是人家对你有意见就应该听，准备听十年八年，让人家讲够，讲够了他就不讲了；第二条，你自己讲，你讲了，人家就不讲了，或者讲的就少了。不听不讲是不行的。当然不是错的不要承认，也不要为了过关，对自己乱戴帽子。对检讨自己错误的人，不要勉强，检讨不彻底的人也不要勉强，因为检讨总要觉悟到了才行，能检讨多少就检讨多少。过去我们对犯错误的同志，一犯了错误就过不了关，总说是不彻底，没有彻底的。不要怕开除党籍，不要怕当民主人士，只要你对，你就不要怕，我就曾经三次被迫离开过红军，结果还不是回来了。对在会上讲话的人，不管错误和正确，一律不许追

[①] 毛泽东：《在扩大的中央工作会议上的讲话》（1962年1月30日），《毛泽东文集》第八卷，人民出版社1999年版，第289—311页。

究；凡是犯了错误的，只要是能改正的一律要使用。在这里，毛泽东又一次讲了春秋五霸之一的秦穆公，如何对待同晋国交战打了败仗的三位将军的故事。① 在此之前，他给湖北的王任重讲过一次。当时用以说明，有了错误，上级领导要为下面承担责任。毛泽东这一次讲，可能还有一重考虑，那就是犯了错误只要能够认识错误，党仍旧会信任他们。

第二天，各中央局书记就将毛泽东这次谈话传达给省委书记和中央的部长们。一场场感人的民主生活会就这样展开了。从中央到中央各部门负责人，各中央局书记，省、地、县委书记纷纷检讨。由批评别人到自我批评，由出气到承担责任，毛泽东成功地把握了这一转折，从而使"七千人大会"实现了增强党的凝聚力，重新激发起革命干劲的目的。

各省开出气会的情况，以下选择人口最多、粮食上调量也最大的四川和检讨较好的湖北两省为例。四川是人口大省，又是一个重灾省，出现了人口营养性死亡的严重情况。会议进行中，中央收到一封匿名信，反映省委主要领导在这次会议上捂盖子，还列举这位省委第一书记不贯彻执行党中央和毛主席的一些指示，对纠"左"持消极态度。这引起了中央的重视，所以在开"出气会"时，邓小平曾专门去参加四川组的会议。这位第一书记听了毛泽东的讲话，积极转变态度，进行检查。为了过关，不惜大包大揽，把并不全是他的问题，如调粮太多引起的问题，一概揽在自己身上（他的苦衷是不能不检讨，又不能把责任推给中央），反而显得不诚恳，更加引起不满。一次又一次地检讨，仍旧不能过关。最后，邓小平说了话，说省委有责任，中央也有责任，账不能都算到某一级头上，才得以解决。由此可见，中央首先承担责任，是很必要的。四川出现的有些问题，特别是人口营养性死亡现象，同中央外调粮过多有直接关系。这一时期，四川为全国输送粮食147亿斤，② 为支援兄弟省市特别是为保障京、津、沪的口粮供应做出了巨大贡献。省委顾全大局，为中央分忧；四川人民不惜作出一定牺牲；省委第一书记为此甚至背负骂名，忍辱负重。在七千人大会上，周恩来特别表扬了四川，说四川上调粮食表现得最积极；问题是这几年把四川这样一个出商品粮最多的省调亏了。这位省委第一书记

---

① 参见中共中央文献研究室编《毛泽东年谱（1949—1976）》第五卷，中央文献出版社2013年版，第80—81页。

② 参见罗晓红《1959年四川调粮真相》，原载《党史文苑》2011年8月（上），转引自2011年9月6日《作家文摘》1466期第12版。

检讨后，大家纷纷做自我批评。说到各自的责任和造成的损失，有的泣不成声。表示回去后要努力工作，弥补过失。

湖北省委第一书记是检查得比较好的例证。早在1958年秋冬纠"左"，湖北省委就开始醒悟，并不断做自我批评。毛泽东在大会讲话中，表扬有的省1959年就自我批评，指的可能就是湖北。令这位第一书记意外的是，出气会上被一些人批评说，那时省委担的是空担子，检讨以后完事；我们担的是实担子，大会批评，小会斗争，撤职，开除。这件事指的是省委不久开展的反对右倾机会主义的斗争。接受批评，他在会上检讨说：湖北犯错误最严重的时期是1959年秋季到1960年上半年，省委搞了反右倾机会主义的斗争，错误地对不少同志进行了批判。省委要承担责任，并为处分错了的同志平反。他说：中央没有处分我们，我们也不应该处分你们。他检讨犯错误的原因：客观上是缺乏建设社会主义的经验，主观上是缺乏调查研究和党内民主。此外，有急躁情绪，总是嫌慢了，怕落后。他的检讨，反映良好，得到下面的理解。同他共事的同志评价他，错了的事，他勇于担担子，不诿过于人。1959年1月，武汉市只剩一天的存粮，为救急，扣了从四川调运上海的粮食。中央办公厅得知，要处分武汉市委。他当即站出来代市委承担责任，事情得以化解。由于湖北对错误认识得快，改得坚决，1960年就较早渡过了最困难的时刻。

出席会议的国务院各部门，也纷纷检查。粮食部检讨说：1959年全国征购粮食1200亿斤，这是农村伤元气的一个原因。1959年全国全年粮食产量3400亿斤，征购就拿走了1200亿斤，占三分之一强。1960年已经出现大面积的饥荒，发生了饿死人的严重现象，粮食部还自以为天下太平。可见见事太迟！他们为此深感痛心。冶金部领导检讨说：生产和基本建设的高指标是冶金部带起来的。计委提的指标高，有些是我们直接提的，有些是我们造成的。计委、经委的错误我们有份。中央要把责任担起来，我们更加于心不安。煤炭部检讨，这几年煤炭生产有三个阶段：1958年8月至1959年上半年，增长迅速，虽然也有些过头，可以说成绩伟大，缺点不多；从1959年9月到1960年底，问题严重，生产能力遭受严重破坏，产量下降，"得不偿失"；1961年做了很多调整工作，很有成绩，但也走了一些弯路。

会议上，还有两人的检查引人关注。一位是主管农业的中共中央政治局委员、中央书记处书记、副总理的检查，一位是《人民日报》和新华通讯社主要负责人的检查。在1958年"大跃进"期间,这位副总理分别主持召开的南方、北方分片农业大协作会议,农业和有关农业的许多专业会议以及现场会,搞高指标,高估产,宣传、推广"吃饭不要钱","放开肚皮吃饭","马上就要进入共产主义",还在《人民日报》公开发表文章,引用"人有多大胆,地有多大产"的口号,影响及于全国。有一次他到安徽,在省三级干部会议上说:我来安徽,主要是看形势。"广东汕头、湖南醴陵和湖北的几个县搞亩产一千五百斤,你们来个全县平均两千斤盖过他。这不是自满,这是打擂台。""第一个'卫星'放出去,第二个也就出来了。我看麦子亩产五千的'卫星'可能出在你们安徽的阜阳。会不会出现亩产万斤,我看有可能。"当时就引起不满。在这次"七千人大会"上,反映仍很强烈。浙江杭州地区与会同志反映他"乱批评人,乱压人。逼着我们搞亩产万斤专区"。他沉痛检讨,还是提了不少意见,批评他早就应该作检查。有的说,"毛主席思想受干扰,他难辞其咎"。

有着极大影响力的《人民日报》和新华通讯社,在1958年"大跃进"中,为"五风"推波助澜,各地意见不少。这两家宣传单位的主要负责人检查说:"可以说,在一个时候,没有《人民日报》比有《人民日报》还要好一些。"例如,1958年夏北戴河会议关于建立人民公社的决议说:先试点,再推广。9月4日《人民日报》社论却说"也可边试点,边推广"。北戴河决议说:由集体所有制向全民所有制过渡,要三四年、五六年,或者更长的时间;9月3日《人民日报》社论却把"或者更长的时间"这几个字擅自删掉了。[①] 毛泽东发现后,曾批评说:"那半句话是我特别加上的,当时想法是谨慎一点好。现在看来还是太急了。你们删去那半句话就更急了,不知是听了那一位政治局委员的意见。"按规定,编辑部的重要稿子是要送审的,上述两篇社论不能说不是重要的稿子,何况变动的又都是党的决议中的提法。这位负责人说是"擅自"删掉的,自己把责任包揽了下来。他还检查说:关于破除迷信,主席讲了敢说、敢想、敢干,要以马列主义为基础,《人民日报》却发表《人有多大胆,地有多大产》的社论。时任福建省委书记的梁灵光几十年后回忆:《人民日报》登出一张小孩子坐在麦穗上的照片,发表了《人有多大胆,地有多大产》

[①] 《人民日报》1958年9月3日的社论题为《高举人民公社的红旗前进》,同年9月4日的社论题为《从"卫星"公社的简章谈如何办公社》。——引者注

的文章，说"不怕做不到，只怕想不到"。之后，华东局书记柯庆施不断给我们打电话，说全国连发几颗"卫星"，都是在北方，南方的空气太沉闷了，你们要表态呀！叶飞（省委第一书记）连忙把新闻记者找来。自此，福建也开始放"卫星"了。该负责人说：1958年3月，毛主席在成都会议上说，河南一年水利化即使能够实现，也不登报，硬是卡死。《人民日报》却在6月7日报道河南半年就实现了水利化，还配发《河南人民做出了好榜样》的社论，将全国的军。一个时期，报纸宣传不问具体条件，运用一种激将法，笼统说，"这里能办到，那里为什么办不到？"当时，报上搞许多进度表，公布各省有关工作的进展情况。如扫盲进度表、除四害进度表、造林进度表、钢铁放卫星等等。一些省感到压力很大，告到毛主席那里，被毛主席批评制止，并要《人民日报》引以为戒。

他还代表新华社做检讨说，在"大跃进"期间，关于所有制的报道，曾经提倡"一切社有""全民所有""消灭私有制残余"，"交出全部自留地，并且将私有的房屋、牲畜、林木等生产资料转为全社所有"等等。报道的各种"卫星"，最高的冬小麦亩产7320斤（河南），春小麦亩产8585斤（青海），早稻48925斤（河南），中稻60400斤（广东），北方水稻124329斤（天津），红苕25万斤等。还宣传过"放开肚皮无限量地吃饭"。在工业、财经方面，宣传无人负责制，一概否定过去的规章制度。宣传什么16个"无盲（文盲）"省、54个"四无"县（无老鼠、麻雀、苍蝇和蚊子）、"四不"医院（外科不疼，皮肤科不痒，妇产科不叫，小儿科不哭）等等。

以上所引文献资料，在一定程度上说明各级领导骨干通过整风式的会议，展开批评与自我批评，开始把犯错误的经验教训变成宝贵财富，至少比过去那种只知一股劲地干，甚至是带着很大盲目性地去干，有了更多的清醒。像中国这样的大国要发展起来，仅靠少数人懂得经济建设是不行的。在这个意义上，"大跃进"算得上是一次"真枪实弹"的演练。

2月6日，朱德和邓小平在大会上讲话。朱德主要讲反对现代修正主义的问题。邓小平讲话的主题是关于党的问题。1961年3月广州会议以来，他多次讲到近几年的错误，中央书记处要负主要责任。这次讲话他又说："这几年工作中的缺点和错误的责任，中央首先负责，而在中央，首先应由做具体工作的中央书记处负主要责任。"接着，他指出我们党有五个优点：有好的指导思想，即毛泽东思想；有好的党中央；有大批好的骨干，包括大批新的积极分子；有好的传统，好的作风，包括实事求是，有理想、有志气、不怕"鬼"，有一套健全的党的生活制度等；有对党高度信赖的人民。这些条件，使党一定能够领导人民取得社会主义建设的胜利，也一定能够在国际共产主义运动中担当起自己应负的责任。但是，最近几年来，党的领导，党的工作有严重的缺点，特别是党的优良传统受到了严重的削弱。其原因，一是对毛泽东思想学习不够，提出的一些任务和口号不实事求是，不切合实际，指标过高，要求过急，还有一些不适当的"大办"。二是这几年党内斗争发生了一些偏差，伤害了一大批党内外干部。现在，必须把党的优良传统恢复起来，加强起来，发扬起来，这是我们党成为执政党的特点所决定的。[①] 关于坚持党的优良传统，邓小平说：除了调查研究、实事求是、联系群众、及时纠正错误等等以外，必须注意健全党的生活。在这一方面，他谈了四个问题：第一个是民主集中制的问题，第二个是建立经常工作的问题，第三个是培养和选择干部的问题，第四个是学习的问题。"总之，我们的方针确定之后，就要一条心，向前看，继续总结各地方、各部门、各单位的经验。对于党和国家的政策和任务，必须千方百计，克服困难，去贯彻执行。决定了就要执行，要一致执行，这是一条纪律，也是我们党的传统。"[②]

大会最后一天，在2月7日的闭幕会议上，周恩来就当前的经济工作作报告。在讲到这方面之前，他首先肯定这几年的社会主义建设，在"三面红旗"的指引下，成绩是第一位的，主要的；缺点和错误是第二位的，次要的。我们的缺点和错误虽然严重，但是，它是属于执行中的问题，不是"三面红旗"本身的问题。他同时指出：现在，"工作中的缺点和错误已经改正或者正在改正；几年来工作经验的积累，使我们逐渐认识了一些建设中的客观规律；粮食、家禽、猪的产量在大部分地区已经开始回升；工业的调整工作正在进行；最重要的是，我们对过去工作中的缺点、错误揭开了盖子，破除了迷信，统一了认识，总结了经验。而充分地估计困难，是为了寻找办法，去战胜它，克服它"。周恩来在讲话中，还对几年来工作中的缺点和错误主动承担责任，代表国务院做自我批评。他

---

① 参见中共中央文献研究室编《邓小平年谱（1904—1974）》（下），中央文献出版社2009年版，第1688—1689页。
② 《邓小平文选（1938—1965）》，人民出版社1989年版，第286、299页。

说：对于缺点和错误，在中央来说，国务院及其所属的各综合性委员会，各综合口子和各部，要负很大责任。国家计划和具体政策，具体措施，有许多是由政府部门提请中央审核批准的。还有一些政策性的文件，没有经过中央审核批准，就由各部门擅自发出，这更是无组织、无纪律的分散主义行为。"不切实际地规定跃进的进度，就使人们只注意多快，不注意好省；只注意数量，不注意品种、质量；只要高速度，不注意按比例；只顾主管需要，不顾客观可能性；只顾当前要求，没有长远打算；不从整个历史时期来计算大跃进的速度，而要求年年有同样的高速度。结果，欲速则不达。"[①] 他这种勇于承担责任，勇于自我批评的精神，与会同志深受感动。关于当前的经济工作，他在分析目前国民经济存在的困难后，特别指出："当前经济生活中最严重的问题，还是粮食问题。坚决精简机构，压缩城镇人口，精简职工人数，减少粮食供应，是克服当前经济困难的最重要一着，也是调整工作的一个重要环节。"此外，他还提出了千方百计支援农业，努力增加工业生产，缩短基本建设战线，清仓核资，搞好市场供应，争取财政收支平衡等项解决办法。

周恩来讲话后，大会表决通过了关于刘少奇书面报告的决议。书面报告集七千人讨论的意见修改完成，在充分肯成绩的前提下，指出几年来的缺点错误，总结了 16 条经验，并就保证中央集中统一的领导、战胜经济困难，提出 10 项要求：第一，国家计划必须保证全面完成，争取超额完成。地方计划必须纳入国家计划。第二，凡是产品在全国范围内统一调度的重点工业企业，由中央直接管理，已下放的逐步收回。原由省市自治区管理的重要工业企业已经下放了的也应该收回。第三，所有基本建设项目和投资都必须纳入国家计划，不准有国家计划以外的基本建设项目和投资。第四，国家规定的生产资料调出计划必须切实保证完成，不准留好调坏、七折八扣。国家分配的物资，必须按规定使用。超产和节约的生产资料应按国家规定办法处理。第五，国家规定的生活资料收购任务和上调任务除经中央批准减免的以外，必须保证完成，不准多留少调。第六，国家确定的劳动计划，必须坚决执行。没有经过中央批准，不许增加人员。国家规定的工资标准和工资总额，一律不准超过。第七，国家统一规定的工

[①] 周恩来在中央工作会议上的发言记录（1962 年 2 月 7 日），中共中央文献研究室编《周恩来传（1949—1976）》（四）中央文献出版社 1998 年版。

农业产品价格，不准任意变动。由地方、部门规定的产品价格需要变动，必须报告全国物价委员会批准。第八，国家财政预算规定的收入，在正常的情况下必须保证完成，支出不许超过。地方财政预算不许列赤字，不许先支后收，不许挪用银行资金。第九，国家规定的信贷计划和现金管理制度必须严格遵守。企业流动资金必须经过国家财政机关核定、批准。企业向银行贷款必须按期归还。企业流动资金只能用于生产周转和商品流通的需要，不准用于基本建设、弥补企业亏损和其他财政性开支。有些企业的合理亏损由国家财政开支；企业的积压物资由国家统一管理。第十，国家规定的出口计划，必须如质、如量、如期保证完成。国家规定的进口计划，不准各地方、各部门擅自变动。国家的进口物资，必须按照中央规定分配，不许扣留先分、移作他用。"报告"要求，为实现中央的集中统一领导，需要全党同志同心同德，努力做好各方面的工作。各地方、各部门、各单位都应该及时地提供真实的情况和准确的统计数字，提出关键性的问题，拟出有可靠根据的计划草案，通力合作，帮助中央计划机关制定确实可行的、一致遵守的国家计划。任何地方、任何部门、任何单位都不许要策略，藏一手，隐瞒情况，谎报数字。在计划确定以后，都必须严格遵守，保证实现。[1] 大会在毛泽东简短讲话后，落下帷幕。

会后，中央书记处一面抓传达会议精神，一面抓工作的贯彻落实。按照国家计委提交"七千人大会"的报告，1962年的国民经济计划，工农业总产值为1400亿元，其中，农业总产值450亿元，工业总产值950亿元，原煤2.51亿吨，钢750万吨，粮食2986亿至3014亿斤，棉花2034万至2049万担。基本建设投资59.5亿元，大中型施工项目718个。2月8日，中共中央作出关于1962年基本建设初步安排的紧急规定，在正式基建计划下达以前，暂按国家计委安排的建设规模59.5亿元、大中型项目718个部署工作。凡不属这个范围的工程一律停止施工；个别计划外项目必须施工的，须报中央审查批准。2月13日，接着发出经"七千人大会"讨论通过的《关于改变农村人民公社基本核算单位的指示》。[2] 2月

---

[1] 参见《刘少奇选集》下卷，人民出版社1985年版，第391—394页。
[2] 即《中共中央关于改变农村人民公社基本核算单位问题的指示》（1962年2月13日），中华人民共和国国家农业委员会办公厅编：《农业集体化重要文件汇编（1958—1981）》（下），中共中央党校出版社1981年版，第544—554页。

14 日，又作出继续减少城镇人口的决定。1961 年全国已精简职工 950 万人，减少城镇人口 300 万人，要求 1962 年上半年全国再减少城镇人口 700 万人，其中职工 500 万人以上，争取在春耕或夏收前完成，以便在这个基线上拟定下半年继续减少城镇人口 600 万人的计划。

第二节　新增赤字引发的"地震"

七千人大会上，虽然可以看到围绕经济形势的不同看法，最后的成功，显示了根本上的一致。会议结束的第二天晚上，毛泽东在中南海颐年堂召开的政治局常委扩大会议上说：一张一弛，现在要弛一下，不要搞得太紧了。7 月开北戴河会议，几个月内不开会。[①] 会后，他即离京南下视察。不料，一份报告重新拨动了大同中的某些分歧。

一　国务院财贸办公室的一份报告

1962 年 1 月 7 日，周恩来曾将国务院审定的财贸办公室《关于 1961 年财政信贷执行情况和 1962 年如何兑现中央"当年平衡，略有回笼"方针的报告》提交中央书记处，并致信邓小平请他考虑，是待书记处讨论后再印发中央工作会议，抑或先印发中央工作会议征求意见。邓小平赞同后一种做法，1 月 8 日批印工作会议。根据该报告提供的情况，1961 年国家预算预计收入 348 亿元，支出 348 亿元，账面是平衡的，实际上各地区和各部门又动用上年结余 30 亿元用于当年支出，为弥补银行信贷逆差迫使财政性发行即增发货币 30 亿元。算下来，1961 年国家有三笔亏空：（1）挖用商品周转库存 20 亿元，（2）动用黄金储备 1.7 亿元，（3）增发货币 30 亿元，合计 57.7 亿元。"这说明票子多了，家底薄了，给今后留下的困难是不小的。"据后来国家统计局正式公布的数据，1961 年的财政收入为 356.1 亿元，支出 367.0 亿元，赤字 10.9 亿元。中央提出 1962 年"当年平衡，略有回笼"的财政方针，应是考虑到了上述情况。1962 年财政收支的安排是：收入 304 亿元，支出 304 亿元，从账面上看是平衡的，但报告认为实际上并不平衡。因

[①] 参见中共中央文献研究室编《毛泽东年谱（1949—1976）》第五卷，中央文献出版社 2013 年版，第 85 页。

为预备费打得太少，有些支出要动用上年结余。"根据以往经验，意外支出总是有的，年初机动性太小，预算执行中很容易被突破，因此，1962年的预算实际上是有缺口的。同时，我们认为按照当前的平衡，要有回笼的方针，国家财政不仅要收支完全平衡，而且要收大于支，有相当的结余，才能回笼货币。"这就是说，财贸办公室的报告不仅揭露1961年财政存在赤字，而且认为1962年仍将有赤字，增收节支的任务相当繁重。只不过没有估算出1962年较为确切的赤字会有多少，七千人大会后方才说可能有30亿元，由此引起一场"地震"。

二 陈云的西楼讲话与中央财经小组的升格

刘少奇本来对经济形势看得比较严重，当他得知1962年财政预算中将有30亿元赤字，做出的第一反应就是：必须对经济状况进行重新估计，采取果断措施。2月21日至23日，他在中南海西楼召开中央政治局常委扩大会议，史称"西楼会议"，重新讨论经济形势和对策。会上，刘少奇严厉批评财贸办公室的报告没有暴露赤字，没有揭露矛盾，没有解决问题，要重新提出报告。他称现在是"非常时期"。在2月23日的会议上，陈云就目前财政经济的情况和克服困难的若干办法，发表讲话。[1] 刘少奇非常赞赏陈云的意见，在插话和会议的结论里指出："中央工作会议（指七千人大会）对困难情况透底不够，有问题不愿揭，怕说漆黑一团！还它个本来面目，怕什么？说漆黑一团，可以让人悲观，也可以激发人们向困难作斗争的勇气！"他还说："现在处于恢复时期，但与1949年后的三年情况不一样，是个不正常的时期，带有非常时期的性质，不能用平常的办法，要用非常的办法，把调整经济的措施贯彻下去。"[2] 他建议召开国务院全体会议，请陈云再展开讲一讲，以便统一认识，并征求意见。陈云同意，提出国务院会议扩大到各部委党组成员参加，由李富春、李先念和他共同传达西楼会议精神。

---

[1] 七千人大会开会前，毛泽东希望中央同志都讲话。会议中间，一次他请陈云讲话，陈云婉拒。毛泽东说，陈云不调查清楚他就不讲话。"这一次我说请他讲话，他说不讲。我说你哪一年讲？他说过半年可以讲。" 20多年后，陈云解释说："1962年七千人大会，毛主席要我讲话，我不讲话，主要是和稀泥这不是我陈云的性格，同时不能给毛主席难看。"——参见中共中央文献研究室编《陈云传（1905—1995）》（下），中央文献出版社2005年版，第1292页。

[2] 西楼会议记录（1962年2月21—23日），中共中央文献研究室编《毛泽东传（1949—1976)》（下），中央文献出版社2003年版，第1207—1208页。

七千人大会前转发的财贸办公室的报告，除了缺乏关于赤字的完整情况以外，主要问题已经提出来了。"大跃进"以来历年财政赤字的状况，据统计，1958 年 21.8 亿元，1959 年 65.8 亿元，1960 年 81.8 亿元，1961 年 10.9 亿元。[1] 考察铸成赤字的原因，是多方面的，其中首推几年来过大的建设规模，这是最主要的因素。其次是"小土群"数量庞大的补贴及其损失浪费。从 1960 年开始被迫加快外债还本付息，等等，也都有关系。"一五"时期，财政支出中基本建设拨款都控制在 40% 左右，多数年份低于此数，1956 年被认为曾经"冒进"，占到 45.7%。1958 年猛升至 56%，此后两年均保持在 54% 强的水平。基本建设投资项目并不都能在当年见效，较大项目甚至在几年内都未必能够见效，重工业项目即使建成投产，投资回收期也比较长，它的经济效果主要反映在后续期。通常认为赤字占国民生产总值 5% 为警戒线，以中国按当年价计算的社会总产值比照国民生产总值指标，赤字占社会总产值的比例 1959 年为 2.58%，1960 年为 3.05%，都还低不少。即便按"欧盟"3% 的苛刻标准，也算合格。1958 年和 1961 年两年的比例就更低。这当然是一种近似的比较，因为毕竟不是完全相同口径的指标。无论如何，经济学家并不一般地把赤字看作是经济很健康的表现，否则，也不会有什么警戒线的问题了，何况那时整个经济比较困难，连年出现较多的赤字，积累下来的问题很多，更增加了 1962 年实现"收支平衡、略有回笼"任务的难度。七千人大会的规模和性质，决定它不可能成为具体研究解决这一问题的合适场所，召开较小范围的会议，专门研究解决，是必要的。问题是，它是否因此就成为重新估量经济形势从而改变七千人大会决议基调的根据？很值得研究。在这次会议上，刘少奇强调："收入要可靠，争取的数字不能打上。支出要打足，各种支出都要打上。实际支出如超出了预算，做预算的人要负责。有赤字要提出警告大家，采取措施来弥补。过去几年没有揭露赤字是不对的，搞不好经济还要继续恶化。只有暴露了问题，才好解决问题。"[2]

2 月 26 日，国务院召开有各部委党组成员参加的扩大会议，李富春和李先念分别作《关于工业情况和建设速度问题》的报告和《当前财政、

---

[1] 参见国家统计局《中国统计年鉴（1984）》，中国统计出版社 1984 年版，第 417 页。
[2] 当代中国研究所著：《中华人民共和国史稿》第二卷，人民出版社、当代中国出版社 2012 年版，第 152—153 页。

信贷、市场方面存在的问题和应采取的措施》的报告。然后，陈云作报告，基本内容如西楼会议所讲，又有所补充。这就是现在人们看到的，经整理后收入《陈云文选》的《目前财政经济的情况和克服困难的若干办法》一文。① 以下引述，均见该文。

他说：目前我们在财政经济方面是存在着困难的。关于存在着困难这一点，大家的认识是一致的。但是，对于困难的程度，克服困难的快慢，在高级干部中看法并不完全一致。我认为这种不一致是正常的，难免的。不要掩盖这种不一致。取得认识的一致，需要时间，需要实践的证明。我相信，在实践的过程中，可以逐步的一致起来。关于目前财政经济方面的困难，他讲了五点：（1）农业在近几年有很大的减产。农业困难的大小，恢复的快慢，有不同的估计。他对比现在与"一五"时期的条件说："总的看，好坏两种条件相抵，现在的条件可能不如过去。这是稳当的说法。至于农业恢复的速度能够多快，目前还不能肯定，需要再看一两年。那时候，实践将会证明能不能快一点。我们工作的基点应该是：争取快，准备慢。"由于他对农业的恢复不看好，决定了他对整个经济形势和经济调整工作有着自己的一套看法和做法。（2）已经摆开的基本建设规模，超过了国家财力物力的可能性，同现在的工农业水平不相适应。不仅在农业遇到灾荒的时候负担不了，即使在正常的年景，也维持不了；不仅农业负担不了，而且也超过了工业的基础。（3）钞票发得太多，通货膨胀。这几年挖了商业库存，涨了物价，动用了很大一部分黄金、白银和外汇的储备，在对外贸易上还欠了债，并且多发了六七十亿元票子来弥补财政赤字。照现在的情况看，在采取有力措施以前，通货膨胀恐怕还不能停止。（4）城市的钞票大量向农村转移，一部分农民手里的钞票很多，投机倒把在发展。（5）城市人民的生活水平下降，实际工资下降很多。上述五点困难中，前两点是基本的，其他三点是派生出来的。

他分析，克服困难也存在五个有利条件，即社会主义建设总路线已经在实践中逐步地丰富起来，制定了一些具体政策，并在实施中收到了效果；粮食、家禽、猪的产量在回升；几年来扩大了的工业、交通生产能力，其中许多部分将会在经济恢复中起作用；人民在克服困难、恢复经济中会同我们党合作，原谅党犯的错误；党的各级领导干部取得了正、反两

---

① 《陈云文选（1956—1985）》，人民出版社 1986 年版，第 182—197 页。

方面的经验。为此，他提出六条意见：第一，把十年经济规划（"大跃进"中拟定的1963年至1972年十年国民经济发展规划的初步设想）分为两个阶段。前一阶段是恢复阶段，后一阶段是发展阶段。"把十年规划明确地区分为两个阶段，并且确定前一阶段是恢复阶段，对我们妥善部署财经各部门的工作很有好处。如果不是这样，笼统地要大家执行十年规划，又想发展，又要下马，又想扩大规模，又要'精兵简政'，就会彼此矛盾，举棋不定。而分成两个阶段，基本建设和若干重工业生产的指标先下后上，任务就比较明确。"他还赞同刘少奇关于目前类似非常时期的看法，认为应付非常时期的办法，主要有两条：一条是要有更多的集中统一；另一条是一切步骤要稳扎稳打。他说的集中统一，可能要超过新中国成立初期，因为现在的情况更复杂。第二，减少城市人口，"精兵简政"。第三，采取一切办法制止通货膨胀。一是严格管理现金，节约现金支出，严格的程度要超过第一个五年计划时期。二是尽可能增产人民需要的生活用品。三是增加几种高价商品。四是坚决同投机倒把活动做斗争。第四，尽力保证城市人民的最低生活需要，逐步做到：城市每人每月供应三斤大豆以补充营养；每年供应几千万双尼龙袜子，以减轻市场棉织袜供应不足的压力；把全国各地四千万到五千万元的山珍海味等高级副食品用于高价饭馆，价高一些，既可改善一部分人的生活，又能多回笼货币。第五，把一切可能的力量用于农业增产。这一条是根本大计。第六，计划机关的主要注意力，应该从工业、交通方面，转移到农业增产和制止通货膨胀方面来，并且要在国家计划里得到体现。他表示：以上六点，只要努力去做，就一定能够克服困难，争取财政经济状况早日好转。

西楼会议之后，中央一线领导人根据刘少奇的意见，决定恢复中央财经小组，明确小组不再是咨询机构，而是财经工作的决策机构。陈云仍为组长，李富春、李先念为副组长，成员有周恩来等。新中国建立初期，财经工作由陈云任主任的财经委员会领导，随着大区的撤销，成立国家计划委员会，取代了财委的很大一部分职能。1957年1月10日，一线领导人在反冒进后，决定成立陈云任组长，有李富春、薄一波、李先念、黄克诚参加的五人小组，在中央政治局领导下，统一领导国家的经济工作。1958年，毛泽东在南宁会议和成都会议上批评反冒进后，6月10日，中共中央决定在政治局和书记处下成立几个小组，财经小组仍以陈云为组长，但不再是决策机构而是咨询机构。此次所谓恢复中央财经小组，是恢复

1957年时的职能。财经小组权能的变化，在一定意义上也折射出不同的经济指导思想。

3月7日，财经小组开会，陈云在会上提出："今年的年度计划要做相当大的调整。要准备对重工业、基本建设的指标'伤筋动骨'。重点是'伤筋动骨'这四个字。要痛痛快快地下来，不要拒绝'伤筋动骨'。现在，再不能犹豫了。"会议议定：今后十年划分为两个阶段；重工业和基本建设要"伤筋动骨"地砍；坚决搞综合平衡，只有按短线平衡才能有真正的平衡，按比例发展。周恩来说："可以写一副对联，上联是先抓吃穿用，下联是实现农轻重，横批是综合平衡。"

陈云受刘少奇和其他一线领导人的委托，把脉20世纪60年代初的中国经济，不惜下重药医治，既是基于他对经济形势的严峻估计，也与他的经济思想有着直接的关系。我们在前面述及1956年那场加快发展与反冒进的问题时，曾提到党内实际上存在的两种经济思想，类似经济学中的不同学派（如果可以这样比喻的话），不过不是西方经济学中的不同学派，是同属于马克思主义范畴的思路较为不同的经济指导思想。毛泽东的主张显现为非均衡发展的思想与政策取向。认为平衡是相对的，不平衡是绝对的，发展本身就是平衡的"破坏"，不平衡—平衡—不平衡，是经济发展的波浪式进程。这其中，重视发挥人的主观能动性，在一定条件下发动跃进甚至是大跃进，是毛泽东经济思想的一大特色。他并不否认发展中的必要调整，他曾说过有进有退，进总是主要的。从经济发展角度看，邓小平后来说的发展是硬道理，过几年总要上一个台阶，可能与前者的含义类似。在综合平衡的问题上，毛泽东倡导积极平衡论。陈云的经济思想和经济政策取向，或许可以用均衡发展论的思想来表述。在综合平衡的问题上，他主张按短线平衡。他说："过去几年，基本上是按长线搞平衡。这样做，最大的教训就是不能平衡。""按短线搞综合平衡，才能有真正的综合平衡。所谓按短线平衡，就是当年能够生产的东西，加上动用必要的库存，再加上切实可靠的进口，使供求相适应。"[①] 第二次庐山会议，邓小平总结讲话中关于退到庐山会议的那一段话，应该说代表了积极平衡论的思想。陈云的西楼讲话和他3月7日在财经小组会上提出不要拒

[①] 陈云：《在中央财经小组会议上的讲话》（1962年3月7日），《陈云文选》（1956—1985），人民出版社1986年版，第198—206页。

绝"伤筋动骨"的主张，体现了他的按短线平衡的思想。二者哪一种思路较为切合实际，有利于加快经济的复苏，有待于经济实践的进一步检验。其实，积极平衡的对立面是消极平衡，短线平衡的对立面是长线平衡。二者并不完全是一回事，也并不绝对地互相排斥。积极平衡的思想，并不反对在充分估计能动因素后，应按"短线"平衡的做法，例如，毛泽东纠"左"时要求降低计划指标，留有足够的余地等；按短线搞综合平衡的做法，也不一般地否认主观能动因素的作用，例如，陈云自己提出的"紧张平衡"的观点，只是各自强调的重点有所区别，各有其在不同情况下的适用性。而在付诸实践的过程中，都有可能由于主客观原因犯错误。在"大跃进"中的过急与过高的指标，就属于非均衡发展思想方面的失误。在调整阶段的超调等问题（后面将会提及），反映了"慢一些甚至比快一些好"的思路，则属于均衡发展思想方面的缺陷与不足。二者的互补，可能是最为理想的。但无论如何，这是关于社会主义建设中的不同思路与不同方法的问题。1960年3月，毛泽东在一次谈到基本矛盾与主要矛盾的问题时，曾经说："基本矛盾，觉得还是应该提阶级矛盾，这是两条道路的矛盾。在我们国家，这是主要矛盾。但是，还有第二种矛盾、第三种矛盾等等，比如两条路线，同是想搞社会主义，方法不同，看法不同，这就不是基本矛盾。"[①] 上面所说的情况，很明显是属于建设社会主义大前提下的方法问题和看法问题。

2月26日国务院扩大会议后，一些委、部、行党组成员在讨论中，有拥护的，也有持有异议的。国家计委党组3月8日的简报反映：（1）总的拥护三个报告。（2）同意十年分两个阶段。只是有人认为第一阶段还是称作调整时期为好。（3）关于恢复农业的条件和速度，有同志提出，以队为基础的三级所有制，把两个平均主义解决了，是一个很有利的条件。第三个五年农业的增产速度可能比第一个五年快，因为恢复总比发展容易。（4）关于控制信贷，应区别不同情况，以防止由于控制过死而引起紊乱，把不该关闭的工厂也关闭了。还有同志说，财政信贷物资三大平衡原则是对的，鉴于现在经济状况很复杂，如甲乙两大部类这几年甲部类搞多了，物资有积压，而乙部类的生产却减少了，所以对物资不平衡的问题

[①] 参见中共中央文献研究室编《毛泽东年谱（1949—1976）》第四卷，中央文献出版社2013年版，第363—364页。

要具体分析。如何把多种复杂因素都考虑进去，把这三者的关系搞得更清楚一些，提得更完善一些，值得进一步研究。[①]（5）个别同志认为，陈云报告是七千人大会的发展。党组认为这种提法欠妥。对当前形势的估计，应以七千人大会报告为准，并依此安排工作。

冶金部党组3月10日的报告反映，听报告前对"争取快、准备慢"的形势认识不足，许多同志原以为一两年就可以恢复，现在认识到要三五年。说农业需要恢复，工业一般超过了1957年，所以主要是贯彻八字方针的问题。农业恢复可能不要那么长。现在农业的生产条件不能说比1952年还差，《农业六十条》的作用也应充分估计。大家以家乡来信和春节回乡下老家听到的反映，说明农村形势是在迅速好转，农民的积极性调动起来了。市场缺乏物资固然与工农业生产下降有关，但有些同组织工作不善也有关系。有些产品并非无原料，是没有很好组织，如小五金生产，只要安排了，就能解决。

财政部党组3月12日的报告反映，有的同志接到农村来信，说今年春节很好，还宰了猪，看不出粮食问题像报告说的那样严重，认为去年粮食产量可能超过2800万斤和3000万斤（质疑1961年粮食估产是否低了，出现过去高估产的另一面——引者注）。听了三个报告，仍有人怀疑情况是否有那样严重。

中国人民银行党组3月16日的报告反映，有人回乡探亲，看到农村比城市好，还有往回寄粮票和寄吃的东西。所以，原以为农村一两年、工业两三年即可恢复，听了报告才知道伤了元气。但仍有不同意见，说总比1949年好吧！他们说：1949年刚建国被破坏得那样严重，三年就恢复了。也有的说，1949年是恢复到战前水平，现在是恢复到1957年水平，要求比那时高，所以需要时间更长。

中央若干经济综合部门和专业部门讨论中的不同意见，实际上包含着以下几个值得注意的问题。（1）对形势的估计要不要考虑一年来的变化？（2）农业的恢复应不应该区分恢复与发展的不同以及充分估计生产关系

[①] 这实际上是提出了在紧缩与增长二者之间怎样依据不同情况，有不同的选择和侧重的问题。近年欧盟治理欧债危机也遇到这一问题。有评论认为，"欧洲正为并继续为过分紧缩付出代价。"参见《英媒文章紧缩政策将让欧洲"失落十年"》，《参考消息》2013年12月27日第10版；保罗·克鲁格曼：《欧洲将为"任性"付出代价》，《参考消息》2015年1月27日第10版。中国与欧盟及有关国家社会制度不同，情况差别很大，不能完全类比，仅供参考。——引者注

调整的积极作用？（3）要求重工业和基本建设的调整要"伤筋动骨"，是否考虑到1961年重工业已经下降46.5%和基本建设投资退到了127.42亿元这一事实？（4）奉行紧缩政策力度的掌握，应否避免或至少应降低对国民经济即期尤其是后续期的负面作用？从后来的情况看，这些意见未能引起财经小组应有的重视。

3月8日至9日，财经小组继续开会。陈云因病到南方休养，暂由周恩来主持。他首先肯定总的形势，最困难的时期已经过去了，但接下来所说的，同这一看法又有些矛盾。他说，目前财政经济的困难是相当严重的，而且有些困难我们可能还没有预计到。例如，现在17个省1亿人口地区春荒，最重的有5000万人，一天的口粮在5两以下。农业的全部恢复，可能五年还不行。工业生产力也部分地遭到破坏。市场紧张，货币贬值，人民生活水平下降。财政有赤字，信贷不平衡，多发票子，挖了库存，算来可能有300亿元。国家和老百姓的底子都空了，陈云说农民的底子不如开国初期，我看是这样。今后十年要有个恢复时期。"今年计划还需要大调整，是我向中央提出来的。原来还想慢慢转弯，现在看来不行，要有一百八十度的大转弯。如果说，过去是改良的办法，那么，现在就要采取革命的办法。当然，步子一定要踩稳。"[①] 在3月9日的会议上，他断定粮食的恢复不可能太快，目前农业生产条件，某些方面不如第一个五年，还要准备一两年大灾。就是1967年恢复到3700亿斤，农民的口粮也只能恢复到1955年"三定"的标准，而且国家毫无储备，所以粮食进口是必要的，只能逐年减少。现在的外汇储备已经用过了头。今后的方针争取快、准备慢，还要加上争取好、准备坏。周恩来对形势的估计，同七千人大会时相比，有了差别，只不过一些提法仍比较谨慎。例如，他在原则上仍肯定最困难的时期已经过去；关于恢复时期的提法问题，他认为是就它的主要性质而言，一般仍可称它为调整时期，尽量与七千人大会的提法相吻合。

3月12—13日，刘少奇主持召开中央政治局常委扩大会议，讨论和通过中央批转陈云、李富春、李先念在国务院扩大会议上讲话的批语等。刘少奇说：这只是我们这里的讨论，毛主席不在北京，我们要立即向他汇

---

① 中共中央文献研究室编：《周恩来经济文选》，中央文献出版社1993年版，第456、459页。

报。主席同意，文件就下发，主席不同意，回来再议。①

七千人大会后，毛泽东即离京到外地考察。他在注视国内形势的变化与夏季收成以外，同时密切关注着周边事态的发展。前面曾提到，大凡一国遇到困难，往往为敌对势力利用。这时的中苏关系，"一波未平，一波又起"。两党之间的关系还没有解决，两国关系又因苏联在新疆制造事端而紧张起来。在西边，从1962年初开始，印度尼赫鲁政府不断向中国境内纵深推进，蚕食中国领土。对岸台湾当局也趁机叫嚣"反攻大陆"，鼓动美国支持。这一切，不容毛泽东掉以轻心。5月中旬，他提出了加强备战的问题。而在这些问题中，他深信农村的稳定，农业的恢复和发展，是起决定作用的因素。还在2月25日，他就要秘书田家英组织调查组，到湖南了解"农村六十条"的贯彻执行情况和问题，以便做到心中有数。关于北京的情况，刘少奇提出要谈西楼会议的有关问题。3月16日，毛泽东在武昌听取从北京专程前来的刘少奇、周恩来和邓小平三人汇报，并看了陈云等三位副总理在西楼的讲话稿，当时没有表示意见。次日，他召集刘、周、邓等人开会，同意转发陈云等三位副总理的讲话，发至省军级参阅；同意陈云担任中央财经小组组长。

据周恩来在此后于5月份召开的中央工作会议上说，毛泽东同意西楼会议是有保留的。《毛泽东传（1949—1976）》在叙述这一过程后，特别加写了如下一段话进行说明。该传编著者说："这里值得注意的是，周恩来讲毛泽东同意西楼会议，只是说'调整时期要成为一个阶段'，而没有说对形势的估计问题。刘、周、邓向毛汇报时，关于对形势的估计问题，毛泽东没有表态，实际上是有保留的。而到一九六二年八月北戴河会议上，在形势估计问题上的不同看法就十分清楚了。"②

4月上旬，中央财经小组多次开会，讨论调整1962年国民经济计划问题。4月23日，刘少奇主持召开政治局常委扩大会议，审议调整1962年国民经济计划的情况。刘少奇又谈了如下一些意见：（一）国民经济有全面失调的问题，要全面调整。（二）要有秩序地撤退。不然，搞乱了。（三）现在要讲清形势。看来，对形势还估计不足，不是过分。在经济上

---

① 中共中央文献研究室编：《毛泽东年谱（1949—1976）》第五卷，中央文献出版社2013年版，第91页。

② 中共中央文献研究室编：《毛泽东传（1949—1976）》（下），中央文献出版社2003年版，第1213页。

没有大好形势。所谓大好形势，是指政治上，表现在党的团结，人民的团结。如果对形势认识不一致，就会发生不团结。但是，在讲形势时，不要讲得人心惶惶。① 他还说，现在的调整计划是否退够了？可能明年还要退。关一批工厂才能保一批工厂的生产。现在做得越彻底，情况好得会越快些；如果现在怕拆摊子，以后就会大拆摊子。②

4月25日，国家计委向中共中央提出关于1962年国民经济的调整计划。周恩来将财经小组讨论上述计划的意见整理成《中央财经小组关于讨论1962年调整计划的报告（草稿）》，并将主要部分报告毛泽东。其内容有以下几点：

第一，尽可能地挤出一部分材料来增产农业所需要的生产资料。如今年可供分配的500万吨钢材用于农业的达75万吨，比原计划增加8.5万吨，木材比原计划增加50万立方米。粮食产量由原计划的2986亿—3014亿斤，降为2890亿斤。

第二，尽可能安排较多的原材料、燃料，增加日用品生产。原计划中社会购买力584亿元，商品供应量544亿元，差额40亿元，调整计划拟增加商品19亿元。

第三，根据农轻重方针和实际可能，绝大多数重工业产品的指标比原计划分别降低了5%—20%。煤从2.5155亿吨降为2.3904亿吨，钢从750万吨降为600万吨。

第四，进一步缩小了基本建设规模，工作量从原计划的60.7亿元降为46亿元。加设备储备费8亿元和下马费9亿元，扣除基建单位动用库存设备、材料抵拨资金约5亿元，今年基建拨款约为58亿元，其中重工业、交通部门减少10.53亿元。中央安排的大中型项目由原来的588个减为100个左右，地方安排的大中型项目也减少几十个。在安排上首先保证了维持目前生产水平的需要，适当照顾了扩大再生产能力的需要。

第五，这样调整的结果，1962年工农业总产值由1400亿元将降为1300亿元，其中，工业总产值由950亿元将降为880亿元，农业总产值

---

① 参见程子华在中共国家计委党组会议上传达刘少奇在讨论1962年国民经济调整计划时的讲话记录（1962年4月25日），转引自中共中央文献研究室编《毛泽东传（1949—1976）》（下），中央文献出版社2003年版，第1218页。

② 参见程子华在中共国家计委党组会议上传达刘少奇在讨论1962年国民经济调整计划时的讲话记录（1962年4月25日）。

由 450 亿元将降为 420 亿元。在工业总产值中，生产资料产值由 550 亿元将降为 470 亿元，生活资料产值则由 400 亿元提高为 410 亿元。农业总产值基本上是根据中央 2 月 16 日下达的粮食 2885 亿斤（原计划为 2986 亿—3014 亿斤）、棉花 2063 万担等主要指标估算出来的。最近各地报来的粮、棉计划数字都比上述数字低，全年农业总产值是否有 420 亿，要看情况才能做比较恰当的估计。

第六，调整计划时，力求不留缺口，按短线材料（包括可靠的进口资源和可能动用的储备）进行安排，力求使今年计划与明后年调整任务结合起来。讨论中，大家认为调整计划方案还没有能够达到这样的要求。就当年平衡来说，还有不小的缺口：（1）粮食收支有很大差额，即差 40 万吨，正布置进口。（2）商品供应和市场购买力接近平衡，但某些材料供应还不落实。（3）今年三月"财贸办"提出的财政预算收支都是 306 亿，按此次调整计划收入只能达到 300 亿，如农副业达不到指标，农副产品采购完不成 220 亿（现行价），商品库存继续减少（1961 年底全国主要生活资料商品库存实际价值比 1957 年减少 60 亿元），城镇人口和职工人数（1961 年末城镇人口 1.2 亿，职工 4170 多万）不能大量减少，财政赤字还要增加。（4）煤炭生产，中央直属矿日产量全年为 44.7 万吨，目前只有 41 万多吨，如不扭转，生产和分配的缺口（约 300 万吨）还会扩大。（5）主要原材料尤其有色金属不能满足需要。如铜、铅、锌等只能满足 50%—70%，目前储备少，进口又受限制。（6）短途运输能力不足。就今年计划同明后年平衡情况说，也有不少重大问题没有解决。

上述报告似乎反映了一种矛盾：一边压缩生产指标，一边又说有缺口。为了不留缺口，又得继续压缩指标；压的结果，又出现新的缺口，"按下葫芦起来瓢"。从后来的情况看，大部分指标都超额完成。这是否意味着在强调按短线平衡的同时，没有把已经或正在出现的积极因素估计进去？这是值得研究的。一般说，这是在困难的情况下比较容易出现的问题，犹如在顺境时往往发生另一种情况那样。

5 月 1 日晨，毛泽东看了周恩来的报告后批示："此件更切实际一些，可以供 5 月上旬有各大区书记参加的中央小型会议讨论的基础。"下午，主持召开政治局常委会进行讨论,他表示同意该报告的方针。①

5月7日至11日,有各大区书记参加的中央小型会议在京举行,刘少奇主持,其他与会者为除毛泽东外的在京中央政治局委员和书记处成员,中央和国务院各部委负责人。主要议题是讨论《中央财经小组关于讨论1962年调整计划的报告(草稿)》(以下简称"报告"),听取大家的意见,修改完善文件;更为重要的是,期望按该"报告"的基调统一思想,实施比先前更加严厉的各项调整措施。该"报告"认为,粮食总产要恢复到1957年水平需要三五年,整个农村经济要恢复到1957年水平则需要更多时间。其次,工业生产要上去,既要有农业的恢复,也必须要工业内部的大调整。重工业今后两三年上不去,主要原因在内部。例如,钢的综合生产能力已达1200万吨,铜和铝的综合生产能力仅为15万吨,只能适应600万吨钢的要求。设备维修与更新欠账也都很严重。一机部直属企业机床需大中修的比重,由过去的35%上升到50%。矿山生产能力由于设备失修和损坏等原因,大约30%—40%不能发挥作用。要把必须和能够修复的设备全部修复,至少需要两三年甚至更多时间。陈云说:"已经摆开的建设规模超过了国力的可能性,同现在的工农业生产水平不相适应。"周恩来又补充了一句:"已经拉长的工业生产战线,铺开的企业摊子,不但超过了农业提供粮食和原料的可能性,而且也超过了工业本身提供原料、材料、燃料和电力的可能性。"因此,基建规模缩小以后,必须踏步两三年,才能创造条件继续前进。今后三五年内市场状况特别是吃穿方面,很难有大的改善。外汇支出的一半左右必须用于进口粮食,其他进口势必受到影响。财政严重亏空,货币发行过多,主要商品挖了库存,生产资料大量积压,国民收入下降到了低于1957年的水平。结论是:必须对整个经济进行大幅度调整,下决心坚决拆掉那些用不着的架子,收掉那些用不着的摊子,进一步精简职工,即关停并转一批企业,甚至还要拆掉一些企业。如不这样做,遇到的困难会更大。

周恩来在会议上关于形势的估计,仍沿用七千人大会书面报告的分析。他估计调整的时期要相当长,第三个五年计划恐怕就是个调整

---

① 参见毛泽东对周恩来来信的批语(1962年5月1日),中共中央文献研究室编《毛泽东年谱(1949—1976)》第五卷,中央文献出版社2013年版,第100页。

时期。①

  邓小平在最后一天讲话。他说：当前工作中的问题我们还认识得很不够，有一些问题还要研究。但就已经认识到的下这样一个决心很必要。第一，要做的事情很多，但中心任务是两个：一是减少两千万城市人口，二是加强农村生产队的工作。这两件事都不能抓迟了，越抓迟了越不利。"我们有了粮食、棉花和其他东西，才翻得了身，这些东西要靠生产队拿出来。减少城市人口的工作也涉及生产队的问题，安置城市人口就要靠生产队。"第二，为了把基层干部和群众的积极性调动起来，甄别平反工作在全国县以下首先是农村采取一揽子解决办法，就是说，过去搞错了的，或者基本上搞错了的，统统摘掉帽子，不留尾巴，一次解决。第三，树立和加强各级党委的领导核心，特别是县以下和企业党委的领导核心。我们可能遇到的障碍，主要来自县。现在的危险，就是缺乏信心，看见困难不想办法，不当机立断。树立各级党委的领导核心，主要办法是从现有各级党委干部中挑选作风好的来培养，同时把精简企业中的干部层层下放一批加强地方党委，加强县委，加强公社党委。②看来，邓小平的讲话还是本着七千人大会的精神。而且，在千头万绪的工作中，他抓住了减少两千万城市人口和加强生产队工作这两个关键性问题，作为当前的中心工作，这是切中要害的。

  刘少奇的讲话带有总结性质。他重申他对经济形势的基本估计。他说："目前的经济形势到底怎么样？我看，应该说是一个很困难的形势。从经济上来看，总的讲，不是大好形势，没有大好形势，而是一种困难的形势。"他还说："我在扩大的中央工作会议上讲了这样一句话：最困难的时期已经过去了。这一句话，现在大家都抓到了。最困难的时期是不是已经过去了？恐怕应该说，有些地区最困难的时期已经过去了，但在城市里面，在工业中间，最困难的时期还没有过去。"他认为："现在的主要危险还是对困难估计不够。"③

  会后，中央财经小组进一步修改和充实了《关于讨论1962年调整计

---

  ① 参见中央工作会议记录（1962年5月11日），中共中央文献研究室编《毛泽东传（1949—1976）》（下），中央文献出版社2003年版，第1217页。
  ② 参见中央工作会议记录（1962年5月11日），中共中央文献研究室编《邓小平年谱（1904—1974）》（下），中央文献出版社2009年版，第1704—1705页。
  ③ 中央工作会议记录：《刘少奇选集》下卷，人民出版社1981年版，第444—446页。

划的报告》，周恩来并为中共中央主持起草了批发这个报告的指示，一并送毛泽东审阅。毛泽东回复周恩来"照发"。5月26日，以中共中央文件的形式发出。

这时，有更为重要而急迫的问题等待着毛泽东去处理。

第三节　内外敌对势力的挑衅与应对

毛泽东这时仍在外地。他是5月2日再次离京到外地视察的，一面考察了解农村贯彻"农村六十条"以后的情况，一面密切注视着周边和海峡对岸的一举一动。一个时期以来，他一直关注着内外敌对势力的动向。四五月份，在新疆，发生苏联驻乌鲁木齐总领馆和驻伊宁领事馆策划数万人越境前往苏联的严重事件，为此展开了一场复杂微妙的反颠覆斗争，反对苏联现代修正主义因而发展到一个新阶段。在中印边界，自年初起，印度当局加紧推行所谓"前进政策"，明目张胆地向中国境内纵深推进，建立哨所，蚕食中国领土。而有些居心叵测的国家，蓄意挑动中国出手，利用中国的暂时困难，达到整中国的目的。根据毛泽东的指示，中央实施了"决不退让，力争避免流血；犬牙交错，长期武装共处"的反蚕食斗争总方针，为日后的对印自卫反击战争得了有利的条件。与此同时，在台湾的蒋介石也想入非非，叫嚣"反攻大陆"，东南沿海局势骤然吃紧。毛泽东果断决策，加强战备。6月初，他向公安部长谢富治部署备战中的公安工作，强调加强侦查破案，及时打击和严密防范国内外敌人的破坏活动；加强城市治安管理；开展制止谣言的斗争。[①] 6月8日下午，毛泽东在杭州约见杨成武、许世友等人，听取东南沿海前线动向和有关部署的汇报，赞成对来犯之敌采取"顶"的方针。还说，利用这个机会把军工搞起来。对尖端武器的研制，仍应抓紧进行，不能放松或下马。6月10日，中共中央发出准备粉碎国民党军进犯东南沿海地区的指示。中央军委采取紧急措施，具体部署各项准备工作。为动员群众，动员舆论，毛泽东为新华社起草了一份揭露蒋介石妄图进犯东南沿海的电讯稿，首先在内部印发，要求各地党委根据这个电讯稿，"在干部及人民群众中用口头讲明，使人民

---

① 参见中共中央文献研究室编《毛泽东年谱（1949—1976）》第五卷，中央文献出版社2013年版，第104页。

普遍有所准备"。6月24日,《人民日报》以"全国军民要提高警惕准备粉碎蒋匪帮军事冒险"为题,发表了他最后审阅定稿的这份电讯稿,[①] 立即引起国际舆论的关注。6月27日,美国总统肯尼迪就台湾海峡局势发表声明,表示不支持蒋介石进犯大陆,劝阻他放弃所谓的"反攻大陆"计划。蒋介石如泄气的皮球,只能以小股匪徒从事骚扰活动,仍不免覆灭的命运。

蒋介石所谓"反攻大陆"的叫嚣,刺激了那些心有不甘、拒绝改造的反革命分子。出于本能,他们错误判断形势,以为"共产党就要垮台了","出头之日已经到来"。一批坚决的比较冒失的反革命分子迫不及待地开始活动,积极同海外敌人相呼应,气焰相当猖狂。主要表现是用各种反革命党派和反革命武装的名义,张贴反革命标语,散发反革命传单,投寄恐吓信。1962年上半年全国共发生三千多起这样的案子,其中省会以上的27个城市就有近千起,五六两月占一半。这些反革命传单、标语数量大,不少张贴在城市中心和交通要道上,公然叫嚣"打倒共产党","迎接蒋委员长反攻大陆",反革命面目十分鲜明。5月16日,兰州街道、机关和工厂发现油印反革命传单两千多张,煽动工人、学生、居民罢工、罢课、罢市。7月7日和7月8日,北京北海公园东门、景山公园前门、东城米市大街等处发现反革命传单34张,鼓吹"配合反攻,调转枪口对准共产党"。7月12日,上海长宁区发现一张一人高二尺宽的反革命传单,声称:"现在不反抗,等待何时!"幻想变天,图谋复辟。据调查,战备以来,地富反坏右五类分子中有这种表现的占10%左右。浙江龙江船厂做工的一个地主分子,6月上旬请假回家,路过抚州,听到战备消息,欣喜若狂,当众撕毁身上带的人民币和粮票,双膝跪下,拱手向天说:"天亮了,蒋介石要过来了。"山西代县一个过去的伪军官,6月份以讨饭为名,到七个大队调查党支部书记、民兵队长名单、住址,一一记在本上,准备报复。这次暴露出的敌人,大约50%是隐藏在企业、学校、机关内部的反革命分子,很多是从反革命阶级基础(即各种反动阶级的各种残余分子)中滋生出来的新的反革命分子。他们比较年轻,首先冒

[①] 参见中共中央文献研究室编《毛泽东年谱(1949—1976)》第五卷,中央文献出版社2013年版,第105—106页。

了出来。那些老奸巨猾的反革命骨干分子正在观察时局变化待机而动。[①] 这一时期，在内外不同方向上进行的反颠覆、反蚕食和反复辟斗争，情况不同，时间却很巧合。毛泽东见机早，成竹在胸，应对得当，保障了国家的安全，维护了国内的安定环境，经济调整的各项工作得以照常进行。

据《毛泽东传（1949—1976）》记载："毛泽东六月三十日离开武汉。在返回北京途中，向几个省的负责人着重了解他十分关心的夏收情况。在郑州，从刘建勋那里得知麦收不那么坏，预计秋收还要好一点。在济南，从山东省委的汇报里，了解到'情况大变'，除了德州、惠民等地遭灾外，农村形势不坏。麦收四十二亿斤，比原来估计的二十九亿斤增加了十三亿斤。而河南、山东是几年来农业减产最严重、经济最困难的两个省份。此前，6月18日，在长沙同湘潭地委书记华国锋谈话时，了解到湘潭地区夏粮增产了十亿斤。这些情况，对毛泽东作形势估计都是很有影响的。他7月5日到了天津，听刘子厚汇报时他说：'今年河南麦收秩序空前好。湖南也很好。麦收秩序空前好，出乎干部群众的意料。'7月6日晨，毛泽东回到了北京。这时，刘少奇、邓小平等中央负责人正在筹备召开中央工作会议，进一步制定调整农业、工业、商业等方面政策的文件，为召开八届十中全会做准备。一件事情引起了毛泽东的不满。"[②] 从后来的情况看，就是关于"包产到户"的问题。

第四节　农业发展道路问题的波澜

1962年上半年，毛泽东几乎都在外地。他时刻关心农业收成，注视分田到户的问题会不会趁势反弹。[③] 第二次外出期间，沿途都在询问夏收作物生长状况。5月上旬，在上海，特意找杨得志和许世友两位大军区司令员和周兴谈农村形势。山东省委书记处书记周兴对山东麦收不太看好，

---

① 公安部的一份报告（1962年8月15日）。
② 中共中央文献研究室编：《毛泽东传（1949—1976）》（下），中央文献出版社2003年版，第1228—1229页。
③ 1961年10月22日，他在同中共中央农村工作部长、国务院副总理邓子恢谈改变人民公社基本核算单位问题时，邓说：我看，以生产队为基本核算单位，要几十年不变。毛泽东问：基本核算单位划小以后，会不会出现单干？邓说不会。从问话看，毛泽东并不完全放心。——参见中共中央文献研究室编《毛泽东年谱（1949—1976）》第五卷，中央文献出版社2013年版，第43页。

估计只能有 29 亿斤。济南军区司令员杨得志有几个师在下面救灾,他说,据他几个师的报告,情况还比较好。南京军区司令员许世友也不相信就不行,说比较好。6 月 8 日,在杭州,同韩先楚(福州军区司令员)、许世友、杨成武(人民解放军副总参谋长)和罗瑞卿(人民解放军总参谋长)等人谈过军事问题之后,又向他们了解农村情况。谈论中,他们不认同今年夏收不如去年的看法,对于"经济形势仍然很困难"的说法也有意见。6 月 17 日,在长沙,湖南省委书记处书记、副省长华国锋汇报说,"农村六十条"在恢复农业生产中发挥了重要作用,湘潭地区今年夏粮增产。他检讨曾经估计人的体力下降了,畜力弱了,地力弱了,农具差了,农业生产一时不能恢复,是钻了牛角尖,就是没有估计到"农村六十条"的作用。7 月 1 日,到郑州,河南省委第一书记刘建勋汇报麦收情况不那么坏,预计秋收比夏收还会好一些。7 月 3 日,又回到山东,这时,省委汇报夏收能增产十亿斤,稳当一点说也有 8 亿斤(最后收了 42 亿斤,比周兴原来估计的 29 亿斤多出 13 亿斤)。谈到财贸问题,毛泽东说票子多了。谭启龙(省委第一书记)说:不能一概而论,山东就是票子少了,东西没有人买,影响生产,工厂停产。实际是商品少了,好像是票子多了。商业部门资金短缺,无钱收购,银行信贷应该放松一点,以利于生产。毛泽东说:好么,应该这样。[1] 山东反映了过度紧缩的负面作用。从根本上说,如果不能支持生产,也难以缓解市场的紧张状况。

研究这一时期的文献资料,不难发现一个有趣的现象:中央部门的领导人中,对严重估计形势附议的相对多些(也有不少人并非如此,如前面所说);而在地方大员(包括大军区司令员)中,怀疑和反对的声音则比较多,也较为强烈。这可能与是否接触实际与接触的多少有关系。7 月 2 日,中央书记处召开会议,会上谈到几个中央局负责人对这一阶段老是讲错误,讲困难,有意见。还说,据陶铸、柯庆施反映,毛泽东也表示恐怕讲错误差不多了,讲困难是否也差不多了,以后要讲克服困难。考虑到这些情况,彭真提议:"讲困难缺点到此为止,转为积极方面。"邓小平说:"我倾向这样。"这次会议还讨论了包产到户的问题。[2]

---

[1] 参见中共中央文献研究室编《毛泽东年谱(1949—1976)》第五卷,中央文献出版社 2013 年版,第 102 页注(1),105—106 页注(2),109—110 页。

[2] 参见中共中央书记处会议记录(1962 年 7 月 2 日),中共中央文献研究室编《邓小平年谱(1904—1974)》(下),中央文献出版社 2009 年版,第 1713 页。

毛泽东7月6日从外地回到北京。一回京，首先碰到的问题，就是包产到户和分田单干的问题。在他看来，这是关系方向与道路的问题。

这里有必要追溯一下毛泽东曾经为安徽推行责任田开绿灯的问题。1961年春，安徽省委打算在全省搞责任田。他们把这种形式叫"包产到队、定产到田、责任到人"的责任制，说这不是"单干"。3月15日，广州会议期间，省委第一书记曾希圣当面向毛泽东请示。他详细汇报了实行责任田的由来，主要好处和可能出现的问题以及解决的办法。毛泽东允许他们试验："你们试验嘛！搞坏了检讨就是了，如果搞好了，能增产10亿斤粮食，那就是件大事。"此后不久，毛泽东又要柯庆施转告曾希圣：责任田可以在小范围内试验。从这一点看，毛泽东对搞责任田不是很认同，至少有保留。3月18日，他的秘书田家英在写给他的一封信里说："我从魏文伯同志（华东局书记处候补书记）处借到一个安徽省宿松县试行包产到户情况的报告。这个材料很值得看，现送请主席一阅。我们的方针应当是，办好集体经济，扭转群众情绪。宿松的材料里说，在连年增产的九姑公社，大部分人不赞成包产到户；在情况很坏的二郎公社，便有大部分人拥护包产到户。要在二郎公社实行包产到户，就是把一些孤儿寡妇丢下不管。工作是我们做坏的，在困难的时候，又要实行什么包产到户，把一些生活没有依靠的群众丢开不管，作为共产党人来说，我认为，良心上是说不过去的。信中提出：维护集体经济，是我们考虑问题的出发点。依靠集体经济来克服困难，发展生产，是我们不能动摇的方向。为了总结多方面的经验，我们应该进行各种各样的试验。包产到户的办法，也不妨试一试，但是只能是试点。从宿松的材料看，包产到户，在安徽已经不是简单的试点了，已经是在大面积推行。这种做法，应该制止。"上面说的要柯庆施转告曾希圣的话，是不是在看了田家英的信以后，不得而知。总之，毛泽东批示将田家英的信即送曾希圣阅后，送刘少奇、周恩来、陈云、邓小平、彭真、柯庆施阅，再退给他。[①] 3月20日，曾希圣又给毛泽东、刘少奇、周恩来、邓小平、彭真和柯庆施写信，分析"责任田"的好处明显大于坏处。毛泽东没有表态。[②] 同年7月8日，毛泽东路过安

[①] 参见中共中央文献研究室编《毛泽东年谱（1949—1976）》第四卷，中央文献出版社2013年版，第558、563页。

[②] 参见薄一波《若干重大决策与事件的回顾》下卷，人民出版社1997年版，第1114页。

徽，曾希圣又当面汇报，力陈搞责任田能使队长和社员都关心产量，缺点是可能私心重，年年要调整。毛泽东表示："你们认为没有毛病就可以普遍推广。""如果责任田确有好处，可以多搞一点。"① 当时，毛泽东正在为解决"两个平均主义"的问题进行调查研究。不久，毛泽东的努力获得突破，找到了基本核算单位再下放一级，落实到生产小队的办法，能较好地克服平均主义，从而把"三级所有，队为基础"体制中的"队为基础"，确定为相当于原来初级社规模的生产小队为基础，而不是相当于原来高级社规模的生产大队为基础。毛泽东认为，农村所有制的调整业已到位，就是说，这是最后的政策界限，不能再退了。1961年底，他在无锡，特地把曾希圣找去说：生产恢复了，是否把"责任田"这个办法变过来。曾希圣固执地还想再搞一段时间。② 七千人大会后，他被调职，新省委作出了改正"责任田"的决定。

不可否认，农村合作化运动以来，始终存在是坚持走集体化道路，还是一部分较为富裕的农民一有机会就想退回到单干的老路上去的问题。同时，在集体经济管理中也一直有一个没有很好解决的平均主义问题有待探索。早在1956年，四川江津地区有些农业生产合作社就有"包工包产"的作法。4月29日，《人民日报》登载的《生产组和社员都应该"包工包产"》一文，肯定性地予以介绍。随后又发现安徽的芜湖地区、阜阳地区，山西省榆次地区，江苏的盐城，广东的中山，浙江的温州地区，都出现了包产到户，而以浙江温州地区为最多，约有1000个社，17.8万户，占入社农户的15%。中共浙江永嘉县委副书记李云河1957年在《浙江日报》发表《"专管制"和"包产到户"是解决社内主要矛盾的好办法》一文。《河北日报》也发表了《推行田间管理包产到户》的社论。③ 其中，可能有旨在探索一种管理意义上的责任制的尝试，由于政策界限把握得不好而越过了必要的边界，同部分富裕农民的单干倾向相混淆。三年经济困难时期，这种情况愈加突出起来，包产到户或分田到户的社队大量出现。据1962年六七月份估计，全国总农户中包产到户或分田到户的已有

---

① 中共中央文献研究室编：《毛泽东年谱（1949—1976）》第五卷，中央文献出版社2013年版，第3页。
② 参见薄一波《若干重大决策与事件的回顾》下卷，人民出版社1997年版，第1114页。
③ 参见马齐彬、陈文斌等编写《中国共产党执政四十年（增订本）》，中共党史出版社1991年版，第112页。

30%。几年来大刮"五风",一些人对集体经济丧失信心,一遇困难,便想走回头路。同时,在落实"农村六十条"的过程中,有时政策界限不清,生产管理中的责任制度和以责任制形式出现的包产到户的边界不很容易区分,也有一定的关系。问题是,毛泽东认为,越到上层,这股风越大。这是真正的危险。

在 5 月中央小型工作会议上,主管农业的副总理、中央农村工作部部长邓子恢提出,有些地区,特别是受灾地区和山区分散地区,如果适合搞包产到户,农民也有搞包产到户的积极性,那就让他们搞。会后,他在中央党校、解放军总后勤部和政治学院多个单位作报告,宣传包产到户的主张。①

田家英原来是反对包产到户的,他奉命到农村调查贯彻"农村六十条"的情况和效果,却转而变为赞成了。同年 5 月初,他到上海向毛泽东汇报,毛泽东对田说:"我们是要走群众路线的,但有的时候,也不能完全听群众的,比如要搞包产到户就不能听。"据田的秘书逄先知说,他们离开上海,进一步调查,田还派出两位同志赶往安徽无为县,了解实行包产到户的情况。他们调查的结论大致是:包产到户对于解救已经遭到破坏的集体经济的危机,迅速恢复农业生产,肯定是有利和必要的;但是,将来要进一步发展农业经济,就可能要受到限制。我们回到北京已经是 6 月底,在北京听到的关于包产到户的声音,跟我们在下面听到的几乎一样,不过这些言论更带理论性和系统性。回到北京以后,田家英立即向刘少奇做汇报。汇报刚开了个头,就被刘打断了。刘接过去说,"现在情况已经明了了"。接着,他提出分田到户的意见。刘少奇对当时国内形势的估计比较严峻。他说:"这样下去,无产阶级专政要垮台,我现在一天也不敢离开北京。"田家英问刘少奇,关于分田到户可不可以报告主席。刘少奇说可以。② 刘少奇又吩咐田家英,把他的意见在"秀才"中间酝酿一下,听听反映。为慎重起见,也为了能够听到"秀才"们的真实意见,他嘱咐田不要说是他的意见。

毛泽东是 7 月 6 日清晨回到北京的。据逄先知回忆,当天田家英被召

---

① 邓子恢在中央工作会议上的发言记录(1962 年 5 月 9 日),参见中共中央文献研究室编《毛泽东传(1949—1976)》(下),中央文献出版社 2003 年版,第 1229 页。
② 参见中共中央文献研究室编《毛泽东传(1949—1976)》(下),中央文献出版社 2003 年版,第 1229 页。

见，地点在中南海游泳池。田家英系统地陈述自己的意见和主张。大意是：现在全国各地实行包产到户和分田到户的农民，约占30%，而且还在继续发展。与其让农民自发地搞，不如有领导地搞。将来实行的结果，包产到户和分田单干可能达到40%，另外60%是集体的和半集体的。现在搞包产到户和分田单干，是临时性的措施，是权宜之计，等到生产恢复了，再把他们重新引导到集体。毛泽东静静地听着，一言不发。这种情况同刘少奇性急地打断田家英的汇报，滔滔不绝，毫无保留地讲出自己的意见，完全不同。最后毛泽东突然向田家英提出一个问题：你的主张是以集体经济为主，还是以个体经济为主？一下子把他问住了。对于这突如其来的问题，他毫无准备。毛接着又问："这是你个人的意见，还是有其他人的意见？"田答："是我个人的意见。"当时毛没有表示意见。没有表态，这就是一种态度，不过没有说出来而已。田家英从游泳池回来，情绪不大好。他说："主席真厉害。"意思是说，毛主席把问题提得很尖锐，使他当场不知如何回答为好。毛泽东善于抓住对方谈话的要害，出其不意地提出问题，迫使对方无法含糊其辞，无法回避问题的实质，非把自己的观点确定而鲜明地摆出来不可。[1]

  毛泽东意识到，田家英所说不是他一人的意见。但他还需要掌握更多的情况。当面陈述意见的，还有陈云。陈云7月6日写信求见。他事先已就分田到户的问题同刘少奇、周恩来、林彪、邓小平等人交换过意见，看法大体一致或没有表示异议。毛泽东收到陈云信的当天下午，约见了他。陈云面陈主张分田到户的理由，说分田到户不会产生两极分化，不会影响征购。这样做经济恢复只要四年，否则需要八年。[2] 据薄一波说，"当时毛主席未表态。第二天传出，毛主席很生气，严厉批评说，'分田单干'是瓦解集体经济，是修正主义。陈云同志闻讯沉默不语"。[3]

---

  [1]　参见逄先知《毛泽东和他的秘书田家英》，中央文献出版社1989年版，第65—68页。
  [2]　参见中共中央文献研究室编《毛泽东年谱（1949—1976）》第五卷，中央文献出版社2013年版，第111页及该页注（1）："据姚依林回忆，1962年5月，陈云在上海找姚依林、陈国栋等谈恢复农业生产问题，认为包产到户还不彻底，与其包产到户不如分田到户。用重新分田的办法，可刺激农民生产积极性，以便恢复农业的产量。陈云要姚依林帮他算一笔账，分田到户以后，农业生产每年能增产多少，国家能掌握多少粮食。姚依林担心地说，这个问题，毛主席怕不会接受。陈云说：毛主席是实事求是的，我去讲。先搞分田到户，这更彻底一些，集体化以后再搞"。
  [3]　薄一波：《若干重大决策与事件的回顾》下卷，人民出版社1997年版，第1120页。

北京的气氛，包产到户和分田单干的声音日渐升高。不久前出版的《邓小平传（1904—1974）》，较为详细地披露了作为中共中央总书记的邓小平对待这一问题的态度，摘录如下：

7月2日，邓小平主持召开中央书记会议，讨论最近工作和8月中央工作会议的准备工作，他在谈到农业如何恢复的问题时提出，"不管是黄猫黑猫"，哪一种方法有利于恢复就用哪一种方法，要认真研究分田或包产到户的方法。他说：

"对恢复农业，相当多的群众提出分田，陈云同志作了调查，讲了些道理，提出意见是好的，需要研究。"

几天后，邓小平在接见出席共青团三届七中全会全体人员时，更明确地提出："农业本身的问题，现在看来，主要还得从生产关系上解决。这就是要动员农民的积极性。"而生产关系的哪种形式能够比较快地恢复和发展农业生产，就采取哪种形式。他说：

"现在出现了一些新的情况，如实行'包产到户''责任到田''五统一'① 等等。以各种形式包产到户的恐怕不只是百分之二十，这是一个很大的问题。""生产关系究竟以什么形式为最好，恐怕要采取这样一种态度，就是哪种形式在哪个地方能够比较容易比较快地恢复和发展农业生产，就采取哪种形式；群众愿意采取哪种形式，就应该采取哪种形式，不合法的使它合法起来。"

该传编著者指出：邓小平在这里再次阐述了后来被人们称为"猫论"的观点。他说：

"刘伯承同志经常讲一句四川话：'黄猫、黑猫，只要捉住老鼠就是好猫。'这是说的打仗。我们之所以能够打败蒋介石，就是不讲老规矩，不按老路子打，一切看情况，打赢算数。现在要恢复农业生产，也要看情况，就是在生产关系上不能完全采取一种固定不变的形式，看用哪种形式能够调动群众的积极性就采用哪种形式。""现在要冷静的考虑这些问题。过去就是对这些问题考虑得不够，轻易地实行全国统一。有些做法应该充分地照顾不同地区的不同条件和特殊情况。""要承认多种多样的形式，

---

① 指生产资料集体所有，劳力、耕牛统一调配，生产统一计划安排，肥料统一使用，庄家统一收打，统一分配，在这个前提下，实行主要农活集体操作，一般农活责任到人。——原编者注

照我个人的想法,可能是多种多样的形式比较好。"

《邓传》编著者评述说:"这个时候,党内探讨农业生产关系变革的思想和气氛异常活跃。刘少奇、周恩来①、陈云、邓小平等关于变革农业生产关系、促进农村生产力发展的思想主张,虽然在不久后召开的北戴河中央工作会议和八届十中全会上被否定;但是,作为探索中国社会主义建设道路的思想成果和有益尝试,影响却是非常深远的。邓小平的上述思想观点,特别是坚持以发展生产力为标准变革生产关系的思想,成为十多年后中国改革开放的思想源头之一。"②

鉴于接二连三的情况,7月8日中午,毛泽东在他的住处召集刘少奇、周恩来、邓小平、陈伯达、田家英等人开会。毛泽东介绍了河南、山东两省的夏收情况,说形势并不那么坏,建议刘少奇等找河南、山东、江西的同志谈谈,了解一下农村的形势。对于包产到户,毛泽东表明了反对的态度,批评田家英回到北京不修改"农村六十条",却热心搞什么包产到户、分田单干。他提议起草一个关于巩固集体经济、发展农业生产的决定,准备交中央工作会议讨论通过后执行,并指定陈伯达负责起草。由此开始,为之一变。

会后的第二天、第三天,7月9日和7月10日,刘少奇、周恩来、邓小平先后同河南省委第一书记刘建勋、山东省委第一书记谭启龙谈话,了解情况。周恩来后来谈到这件事的时候说:"在去年7月我们讲困难不得了的时候,主席到了最困难的河南、山东两省。这两个省原来把形势估计得很坏,小麦产区夏征很少。主席到河南后,刘建勋同志汇报说,到下面实际一看,麦收并不那么坏,而秋收比夏收还要好点,秋征任务由原来22亿斤增加到25亿斤,河南过去最高征过80亿斤,25亿斤虽少但看出了转机。主席到了济南,谭启龙同志也说,除了德州、惠民等地遭灾外,农村形势不坏。主席讲夏收抓少了,单干的包产到户的应当批判。主席回到北京就找我们谈,他说形势不那么坏,要我们找河南、山东、河北的同志谈谈。我们找了刘建勋、谭启龙、刘子厚谈。知道生产形势开始好转,包产到户应当批判。所以在北戴河会议上就把对形势的看法扭转过来了。

---

① 据王光美回忆,在这一问题上,周恩来表示:"还是先听取毛主席的意见。"——参见黄铮执笔:《王光美访谈录》,中央文献出版社2006年版,第288页。
② 中共中央文献研究室编:《邓小平传(1904—1974)》(下),中央文献出版社2014年版,第1240—1242页。

主席讲的形势、政策等就由此而来。"① 即使在这种情况下，7 月 17 日，邓子恢仍直面毛泽东，申述实行包产到户的建议。7 月 18 日，刘少奇在对中直机关和国家机关下放干部的讲话中，专门讲了巩固人民公社集体经济的问题，批评从高级干部到基层干部"对集体经济的信念有所丧失"。他说：现在相当多的集体经济发生动摇，如果搞不好有散的危险。对于这个问题，中央正在讨论，即将规定若干政策措施。你们到农村去，要抓巩固集体经济的问题。② 同一天，中央下发《关于不要在报纸上宣传"包产到户"等问题的通知》。当天下午，毛泽东同杨尚昆谈话。要点是：（1）是走集体道路呢，还是走个人经济道路？（2）对国家计委、商业部不满意，要反分散主义。杨尚昆在日记中写道："我觉得事态很严重！！十分不安！"他在当晚将毛泽东谈话的内容报告了周恩来。③

刘少奇的夫人王光美，几十年后接受党史学者黄峥访问，就这一段的有关情况作了如下回忆：

"包产到户是三年经济困难时期，一些地方的农民为了渡过困难，自发地搞起来的。出现包产到户比较早、比较多的是安徽，一开始实际上得到安徽省委的支持。1961 年 3 月广州会议的时候，安徽省委书记曾希圣同志，向毛主席汇报了安徽农村包产到户的情况和做法。当时毛主席表示可以试验。

"对包产到户这件事，在领导干部中认识是不一致的。有的同志是积极支持的。如邓子恢同志，当时是国务院主管农业的副总理、中共中央农村工作部部长。他在两次派人到安徽农村考察之后，充分肯定了包产到户的做法，并且在一些会议上明确地讲了他的观点。

"田家英同志起先不赞成包产到户。七千人大会以后，他带了调查组到一些农村调查，其中包括毛主席的家乡湖南韶山。经过实地考察，田家英改变了看法，认为包产到户是农村渡过困难的有效办法，主张推广。听说他还征求过陈云同志、小平同志的意见，得到他们的支持。

"我想少奇同志内心是赞成包产到户的。他一直有一个心情，觉得这几年由于我们工作中的失误，造成群众生活这么困难，应该想出一个办

---

① 周恩来同黑龙江省委书记处成员的谈话（1963 年 6 月 18 日），转引自中共中央文献研究室编《毛泽东年谱（1949—1976）》第五卷，中央文献出版社 2013 年版，第 112 页注。
② 参见《刘少奇选集》下卷，人民出版社 1985 年版，第 461 页。
③ 参见杨尚昆《杨尚昆日记》（下），中央文献出版社 2001 年版，第 196 页。

法，让困难尽快过去，包产到户可能是农村克服困难的有效办法。但由于他所处的地位，在公开场合他对包产到户的表态比较谨慎。1961年在湖南农村调查的时候，他对农民说，有些零星生产可以包产到户，如田塍、荒地，但在正式场合他没有讲这个问题。

"默认也是一种支持，至少是不反对。各地农民见上面没有人来制止，包产到户便愈演愈烈，以很快的速度蔓延。有一个统计，到1962年的年中，包产到户在安徽农村迅速发展到了80%，四川、甘肃、浙江等省农村达70%，全国农村平均起来已经超过20%。形势已经迫使领导同志必须对此作出回答了。

"大约1962年的六七月份，田家英同志从农村调查回来了。他向少奇同志汇报调查情况，其中讲到建议实行包产到户，甚至分田到户。这时毛主席在外地还没有回来，好像是在河北邯郸。少奇同志要他赶紧去向毛主席汇报，听取主席对这个问题的意见，还要田家英转告，请主席快点回北京。田家英同志打电话同主席联系，说要去汇报农村调查的情况，可能讲了一下包产到户的好处等意见。主席说：'你不用来了，我过几天就回北京，等回北京再谈。'

"田家英同志和主席处通完电话，马上给少奇同志这里打电话，是我接的，说他已经向毛主席汇报过了，看来主席同意了。我忙追问他，主席是怎么同意的？怎么讲的？田家英说不清楚。我感觉到里面还有问题。我跑去向少奇同志报告田家英来电话的事，同时提醒说，我感到田家英的话可能不准，还是要先听听主席的意见。

"过了几天，主席回来了，住在中南海游泳池。不多会儿，毛主席那里来电话，要少奇同志马上到游泳池去。

"少奇同志接到通知，立即赶到游泳池。一见面，毛主席就严厉地批评少奇：你急什么？为什么不顶住？叫我回来，你压不住阵脚了？我死了以后怎么办？……

"少奇同志这才明白，毛主席是坚决反对包产到户的。后来听说，陈云同志曾就包产到户和用重新分田的办法刺激农业生产的问题，同一些领导同志交换过意见，少奇、小平同志同意，林彪也同意，恩来同志表示还是先听取毛主席的意见。毛主席回北京的当天，陈云同志当面向毛主席陈述意见，主席不表态，实际上是反对的。毛主席和陈云同志谈完话后，即找周恩来同志谈话，接着又找少奇同志谈话。"

王光美回忆到这里，访问者黄峥插话说：据姚依林同志回忆，那段时间陈云同志集中思考如何对付台湾国民党叫嚣反攻大陆，认为农村在这种形势下，包产到户不如分田到户。陈云同志对姚依林同志说："分田到户，农民就会保卫自己的土地。现在不如分田到户，可以试试看嘛！""先搞分田到户，这更彻底一些。集体化以后再搞。"陈云为此先后找邓小平、周恩来、刘少奇同志阐述他的意见，都得到支持（周恩来的态度，根据王光美以上回忆，应有不同——引者注），最后在毛主席那里碰了钉子。

王光美接着说："在毛主席这样明确地表示了反对包产到户的意见之后，处在少奇同志的地位，他只能按毛主席的意见办，不再支持包产到户。当时，从中央机关和中央国家机关抽调了一批司局长以上干部，下放到主要产粮区帮助工作。7月18日，中央召集这批下放干部在怀仁堂开会，要少奇同志给他们作一个报告。一些有关的领导同志，如邓子恢等同志都来了，其中有不少同志是主张包产到户的。这时他们还不知道毛主席已经表了态。我记得邓子恢等同志开会前在怀仁堂后台显得很高兴，以为少奇同志会在作报告时讲一讲包产到户。后来一听，少奇同志在会上讲要巩固集体经济，调子已经变了，他们还不知道是怎么回事。

"少奇同志在会上讲巩固集体经济而没有讲包产到户，但还是强调要在农村实行责任制。他说：'我看实行责任制，一户包一块，或者一个组包一片，那是完全可以的。问题是如何使责任制跟产量联系起来。现在分开打场有困难，不分开打场产量就难搞准确，只能找老农估计，大家评定。如何使产量跟责任制联系起来，这是要研究的。'（《刘少奇选集》下卷，第463页。）

"没过多久，1962年的七八月间，中央在北戴河开工作会议。毛主席在会上多次讲话，讲阶级、形势、矛盾，批评'黑暗风''单干风''翻案风'。包产到户受到严厉批评。毛主席说：现在有一部分同志把形势看成一片黑暗了，没有好多光明了，引得一些同志思想混乱，丧失前途、丧失信心了。农村集体化还要不要？是搞分田到户，还是集体化？主要就是这样一个问题。

"北戴河会议后期，气氛相当紧张，赞成包产到户的同志都受到批评。从此，包产到户被当作资本主义、修正主义的东西，受到长期批判。"①

第五节　中共八届十中全会和毛刘相得益彰的决断

一　会议重心的改变与会前的酝酿准备

1962年夏的中共八届十中全会，是早经决定的。原定计划，主要是讨论农业、粮食、商业和国家支援农业等问题。按惯例，会前，首先举行中央工作会议，为全会做必要的准备。毛泽东外出期间，刘少奇和邓小平等一线领导人就在做筹备工作，进一步制定调整农业、工业、商业等方面的政策性文件。大体思路，一如西楼会议以来的精神。邓小平在7月7日的讲话里，在讲到包产到户的问题时，还以肯定的态度说，中央准备在8月会议上研究一下。7月8日，毛泽东召集刘少奇、周恩来、邓小平等人开会后，情况开始发生变化。陈伯达受命起草的《关于进一步巩固人民公社集体经济、发展农业生产的决定（草案）》，成为会议讨论的主要文件，而且，毛泽东重新提出了阶级和阶级矛盾的问题。聚焦点的改变，影响到整个会议的进程。八届十中全会正式会议只开了四天（9月24日至27日），预备会议就开了二十九天（8月26日至9月23日）；为全会做准备的中央工作会议还开了将近二十天（8月6日至8月24日）。无怪乎毛泽东在全会第一天说，这次会议实际上已经开了两个月。可见，全会的准备，除了《关于进一步巩固人民公社集体经济、发展农业生产的决定（草案）》的起草，主要是思想的酝酿和沟通。

7月17日，陈伯达完成巩固人民公社集体经济文件初稿的起草，在有大区第一书记参加的起草委员会的会议上，连续两天（19—20日）进行讨论。大区书记一致肯定需要这样一个文件。柯庆施（华东局第一书记）说，现在看，单干不行，这个方向必须批判。有些人很容易把工作上的问题和道路问题混淆起来。这几年减产，是工作问题，不是道路问题。例如华东1959年到1960年调出36亿斤粮食，因为调出过多，死了好多人。生产降下来就是在这以后，高征购是这几年的主要缺点之一。现

---

① 黄峥执笔：《王光美访谈录》，中央文献出版社2006年版，第286—290页。

在，农民普遍要求两条：一是确定征购任务；二是拿生产资料和生活资料换购农产品。他认为，在粮食问题上，确定征购任务以后，就能引导农民向土地争粮食，而不是向国家争粮食。李井泉（西南局第一书记）支持柯庆施的观点。他说，四川1958年以前农业生产是逐年上升的，产量最高的年份是1952年、1956年、1958年。1952年是互助组，1956年是初级社，1958年是公社化。1958年生产的确好，但未分配好。牲畜1957年前未突破2000万头，1957年突破了，1958年发展到2400万—2500万头。粮食征购，1955年后连年上升。1955年是91亿斤，1956年是96亿斤，1957年是101亿斤，1958年是108亿斤（实征100亿斤），1959年是118亿斤，1960年12月就死人。高级社的问题是未解决困难户的问题，规模大了一点。现在看，凡是规模大的都垮了，小社都增产。省、地、县培养的都垮了。现在就怀念初级社的规模。这样的历史发展证明，主席合作化的路线是正确的。现在实际上有一部分集体经济垮了，包产到户有三分之二是由于困难，农民不满；三分之一是由于干部问题，也有地富搞鬼和干部不纯的原因。去年7月就发现了，纠了一下，对杀风有好处，但方法简单了。包产到户情况也不同，我主张有步骤地解决，但放久了党组织有可能变质，对生产恢复发展不利。陶铸（中南局第一书记）说：这次会议主要是鼓劲。1958年农业是好的，"五风"搞坏了。1959年经过两次郑州会议，又好了，庐山会议后又坏了。经过这样大反复，1960年不可能好，1961年比1960年好，不过速度较慢；1962年比1961年好，中南各省都如此。这次鼓劲，会出现较好的形势。刘澜涛（西北局第一书记）说，对于包产到户的问题，西北从上到下都有争论，今年5月中央工作会议后，争论更激烈。党内争论反映了社会和农民中的争论。一种意见认为安徽的办法值得推广。我在电话里问了安徽省委李葆华。我觉得，包产到户有刺激作用，但今年天气条件较好和不征购所起的作用，不能算到包产到户的账上。连续几年困难之后，人民要寻找出路，社会上的单干思想就抬头了。所以，要从分析现在的经济情况和阶级关系来看问题。西北这次争论的结果，多数还是认为《农村六十条》、基本核算单位下放是指导工作的纲。但包产到户和分田单干也是目前的一个事实，要改变就要做工作，单干的还可以回到集体，清涧就从单干恢复了集体。清涧县原来实行包上缴、井田制等实际上是单干的办法，基本核算单位下放后，又改回来了。已经有这样的例证。李雪峰（华北局第一书记）的发言特别强调了国家与农民的关系问题。他说，抗战时期毛主席有一句有名的话："如果农民负担过重，其他政策都正确，也无济于事。"所以，在粮食问题上，要把征购任务定得合理。关于巩固集体经济的问题，中心问题是如何搞好生产队，我们是吃生产队的饭。生产队越搞越小也不行，多种经营无法搞；而不搞多种经营，许多问题无法解决。他的意见是，大队为核算单位的也不必急于否定。华北现在保留大队核算的，一般都好。他说：我的意见，大队核算办得好的，群众又没有意见，可以不动。总之，要有大同，也要存小异，没有小异就没有群众路线。这次讨论之后，文件又作了进一步修改。

会议最重要的准备，还是思想和理论的准备。毛泽东看重的，首先不是一个会议有怎样的结果，或一纸决议的本身如何，而是达成会议的结果和形成的决议，是否是在思想一致基础上水到渠成的产物。会议的结果和决议的通过，无疑是必要的也是重要的，但是，如果离开认识上的统一，它们最终将流于形式而难以真正付诸实践，至少也将大打折扣。所以，四天的全会，会前的工作用了四五十天。

7月20日，毛泽东同几位中央局第一书记谈话，把两条道路的问题提了出来。他说："你们赞成社会主义还是赞成资本主义？当然不会主张搞资本主义，但有人主张搞包产到户。现在有人主张在全国范围内搞包产到户，甚至分田到户。共产党来分田！？对农民，要让他自愿，如果有的人非包产到户不可，也不要采取粗暴态度。问题是要分析农民的基本要求是什么，我们如何领导。有人似乎认为我们和农民搞了几十年，现在好像不行了，难道我们就这样脱离群众？有人说恢复农业要八年时间，如果实行包产到户有四年就够了，你们看怎么样？难道说恢复就那么困难？这些话都是在北京的人说的。下边的同志说还是有希望的。"在这次谈话里，他提出"目前的经济形势究竟是一片黑暗，还是有点光明"这一问题，要大家考虑。[①]

7月22日，他看到《中南通讯》1962年第5期刊载的一篇《巩固生产队集体经济问题座谈会记录》（以下简称"记录"），深表赞赏，当即批印给中央工作会议。批示说："这个文件所做的分析是马克思主义的，分

---

① 参见中共中央文献研究室编《毛泽东年谱（1949—1976）》第五卷，中央文献出版社2013年版，第116—117页。

析之后所提出的意见也是马克思主义的。是否还有可议之处，请各位同志研究。并且可以发给省、地两级去讨论。"① 这是中南局第一书记陶铸和第二书记王任重，在广西桂林专区龙胜县（前面提到中央曾通报这里包产到户和分田单干比较突出）召开巩固生产队集体经济问题座谈会的情况。"记录"的内容分四部分：（1）对目前龙胜县形势的估计。（2）对龙胜县目前存在的几种生产管理形式和性质的分析。（3）划清集体经济和单干的界限。（4）目前巩固集体经济的方针。"记录"把目前存在的生产管理形式区分为五种，一、二种都属于集体经济形式，完善程度不同；第四种是居住深山的单家独户情况下，经过批准采取包上交形式的特殊的集体经济模式；第五种是明显单干性质的；中间的第三种，是生产资料集体所有，统一计划，统一分配；按劳力或按人头基本固定田块，少数农活统一派工，集体操作，多数农活常年责任到人。"记录"认为，采取这种形式的生产队，从实质上看，应当分为两类：一类基本上还是集体经济，一类很可能基本上已经是变相单干了。这种形式，反映了集体经济生产管理中的责任制，与以责任制形式出现的实为单干的包产到户或分田单干的边界较为模糊的情况。"记录"的可贵之处，就在于提出了区分二者的尺度，即集体经济最基本的是四条：一是主要生产资料集体所有，二是生产统一计划安排，三是集体劳动，四是生产收入统一分配。至于什么叫集体劳动，很多人都还不很清楚或者很不清楚。集体劳动的意思，主要是指劳动力由生产队统一调配，而不是所有的农活都要大家拥到一块去干。所以，不能单纯从集体操作农活的多少，来确定是不是集体生产。② "记录"对一定规模的集体农业基本特征的表述，与个体农业的小农经营模式区别了开来。其中，关于集体劳动方式的分析，有助于澄清一些误解，克服集体化以来确实存在的不问具体情况，派活一窝蜂，干活大呼隆，既窝工浪费，又质量不高的现象。这也是否定集体经济常常列举的一条重要理由。其实，集体经济条件下的集体劳动，是相对于个体经济条件下的劳动方式而言。它是走向分工协作的大生产方式。在兴修水利，抵御自然灾害，抢

---

① 毛泽东对《关于巩固生产队集体经济问题座谈会记录》的批语（1962 年 7 月 22 日），中共中央文献研究室编《毛泽东年谱（1949—1976）》第五卷，中央文献出版社 2013 年版，第 117—118 页。

② 参见中共中央文献研究室编《毛泽东年谱（1949—1976）》第五卷，中央文献出版社 2013 年版，第 118 页注。

收抢种等方面,都显示了它的优越性。这是个体经济不可能做到的。集体经济中也有分散劳动,个体操作,这同样是统一计划下的不同分工,与个体经济的劳动不同。包产到户和分田到户的着眼点主要在于"联产"。许久以来为解决基本核算单位下放一级到生产小队的努力,主张作为基本核算单位的生产队规模不宜太大,20户左右为好,便于管理,要求搞好责任制,小段包工,包工到组、到人,但不联产,其原因可能就在于此。从互助合作运动到公社化,毕竟只有不到十年的历史,要求社队干部既懂得,又会处理好这些问题,是不太现实的,要有一个过程。安徽一位县委宣传部长直接写信给毛泽东保荐"责任田"的办法;邓子恢评价这种"责任田"是"联产计酬的生产责任制",坚持了主要生产资料、生产计划、劳动力、分配和上缴任务统一于集体,不是单干。毛泽东也把这两封保荐(建议)信一并批印工作会议讨论。

7月28日,陈云写信给邓小平并转报毛泽东,表示完全同意中共中央《关于进一步巩固人民公社集体经济、发展农业生产的决定(草案)》。信中提出:由于心脏状况很差,请求不参加将在北戴河召开的各种会议,毛泽东批示同意。[①]

7月31日,毛泽东审阅《农村人民公社工作条例修正草案(修改初稿)》,批示印发工作会议讨论。接着,审阅修改中共中央8月1日《关于正确对待单干问题的规定(草稿)》。在文件讲到党内的思想问题要达到统一认识、统一行动处,加写:"但是必须容许少数持有不同意见的同志有充分发表意见和保留意见的权利。"在文件中的"一小部分生产队陷于瓦解状态,这是农业集体化运动的一个曲折,看来这种曲折是难以避免的"一句后,加写:"不但过去有,现在有,将来几十年几百年内,也是还会有的。只要就全国来说,只占一小部分地区、社队和人数,也是并不可怕的,因为社会主义经济占了极大的优势。"并将"看来"二字删去,"难以"改为"不可"。在文件中的"农村中资本主义和社会主义两条道路之间的斗争,还将继续一个相当长的时期"后,加写"可能要继续几十年到几百年",并将"相当长"改为"很长"。此外,对文件中的"在一部分地区也发生了相当严重的'单干风',已经有一小部分生产队陷于

[①] 参见中共中央文献研究室编《陈云年谱(1905—1995)》(下),中央文献出版社2000年版,第121页。

瓦解分户单干了"这一句，将"在一部分地区"改为"就全国来说，有不到百分之十的地区"，删去"相当严重的"五个字，"陷于瓦解"改为"改变方向"。还将文件中的"我们必须同'单干风'进行斗争，改为"我们必须对'单干风'采取正确态度"。[①]

8月6日至8月24日，中共中央工作会议在北戴河举行，毛泽东主持会议。会议议题是讨论农业、粮食、商业等方面的工作。8月6日，毛泽东在全体大会上讲话，提出关于阶级、形势、矛盾三个问题，会议又着重讨论阶级斗争问题和批判"黑暗风""单干风"等。

8月6日下午，毛泽东主持中央工作会议全体会议。他说：先开中央工作会议，再开一次中央全会，工作会议为中央全会准备文件。过去的十几天，起草了一些文件，从今天起就开始讨论。因大会不好讨论，组织了许多小组，有六个组。单是这六个组讨论，似乎还不能畅所欲言，所以组织一个核心小组，或者叫中心小组。这是少奇同志提议的，常委的同志都赞成他这个意见。核心小组由常委、书记处、中央管业务的几个同志、各中央局第一书记组成。接着，邓小平介绍这次中央工作会议讨论的主要问题和日程安排。他说：会议今天算正式开始，实际上已经开了十几天了。这次会议讨论的有四个方面的问题：（1）农村工作；（2）财贸工作；（3）城市工作；（4）其他，毛主席、少奇同志考虑搞一个全国上下左右干部交流的问题。会议分了六个组，以六个大区为主，加上中央各部门的同志。中心小组的作用就是把问题集中起来，更深入地考虑一些问题，又返回到各小组里面去。邓小平做介绍后，毛泽东讲话。他说：小平同志没有讲到的，我想还有一些问题可以谈一谈。

第一，究竟有没有阶级？阶级还存不存在？社会主义国家究竟还存不存在阶级？外国有些人讲，没有阶级了。因此，共产党也就叫作"全民的党"了，不是阶级的工具了，不是阶级的党了，不是无产阶级的党了。因此，无产阶级专政也不存在了，叫全民专政，全民的政府。对什么人专政呢？在国内就没有对象了，就是对外有矛盾。这样的说法，在我们这样的国家是不是也适用？可以谈一下。这是个基本问题。

第二，形势问题。国内形势，就是谈一谈去年和今年这两年我们的工

[①] 参见中共中央文献研究室编《毛泽东年谱（1949—1976）》第五卷，中央文献出版社2013年版，第121—122页。

作怎么样？过去几年，我们有许多工作搞得不好，有些工作还是搞好了。比如我们的建设工作还是有成绩的。现在有些人说，去年比前年好一些，今年又比去年好一些。这个看法对不对？这是讲农村。工业，今年上半年是不那么好的，那么下半年怎么样？也可以谈一谈。大体上说，有些人把过去几年看成就是一片光明，看不到黑暗。现在有一部分人，一部分同志，又似乎看成是一片黑暗了，没有什么好多光明了。这两种看法，究竟是哪一种对？或者都有不对。如果都有不对，就要提出第三种看法，一片光明也不是，一片黑暗也不是，而是基本上是光明的，但是问题不少。还是回到我们第一次庐山会议讲的三句话：成绩很大，问题不少，前途光明。我倾向于不那么悲观，不那样一片黑暗，一点光明都没有，我不赞成一片黑暗的看法。现在，那种一片光明、毫无黑暗的问题不存在了，转成另外一个方面，引得一些同志思想混乱，丧失前途，丧失信心。

第三，有些什么矛盾？第一类是敌我矛盾，然后就是人民内部矛盾。人民内部有一种矛盾，它的本质是敌对的，不过我们处理的方式是当作人民内部矛盾来解决，这就是社会主义与资本主义的矛盾。这个矛盾是长期存在的，不是几年，几十年的问题，我想甚至是几百年。现在有一部分农民闹单干，究竟有多少？从全国来说，你们估计一下，是百分之几，还是百分之十几，还是百分之二十？现在这个时期，这个问题比较突出。是搞社会主义，还是搞资本主义？是搞分田到户、包产到户，还是集体化？农村合作化还要不要？主要就是这样一个问题。现在这股闹单干风，越到上层风越大。再有，积累同消费的矛盾，过去几年，积累太多了，分给个人消费的太少了。集中同分散的矛盾，这个问题是否可以说解决了，我看没有，还要继续做工作。民主同集中的矛盾，要用民主的方法达到集中的目的，过去几年的方法就集中不起来，要让人家说话。[①]

7日，中央工作会议分组讨论毛泽东的这个讲话。

《邓小平传（1904—1974）》记述说："毛泽东在视察湖北、湖南、山东和河南等省后，感到农业和农村工作形势很好，'情况大变'。由此他对刘少奇等在一线的领导人对包产到户的态度很不满。7月20日，他在同各中央局第一书记的谈话中，尖锐地批评主张包产到户是赞成搞资本

[①] 参见中共中央文献研究室编《毛泽东年谱（1949—1976）》第五卷，中央文献出版社2013年版，第127—129页。

主义。

8月6日，中央工作会议正式召开第一次全体会议。毛泽东发表著名的关于阶级、形势和矛盾的讲话，提出：社会主义与资本主义两条道路的矛盾将长期存在，一部分农民'闹单干'就是走社会主义道路还是走资本主义道路的问题。8月9日，毛泽东在中心小组会议上提出，世界观和思想意识的斗争谁胜谁负的问题还没有解决，阶级斗争是长期的，不是几十年，而是几百年，一千年。

"历史的复杂性就是这样，某种特殊的因素，有时可能是人们的思想认识出现大的反复。8月11日，中心小组会议听取各小组汇报后，刘少奇、邓小平、陈毅和邓子恢作了发言，对毛泽东关于阶级斗争的说法，都表示认同。刘少奇在发言中说：'主席提出的这些问题，在长时间内，一直到消灭阶级都是管用的。我们这个国家阶级存在的时间还是很长的，因此，阶级斗争还是长期的。'邓小平在发言中说：'主席这次提出的问题，非常重要、很及时。不只是讲国内问题和单干问题，内容是很广泛的，包括整个国际国内的一个历史时期，即社会主义过渡时期或叫无产阶级专政时期的问题。直到共产主义，消灭三个差别，都管用。'"[①]

会议的分组讨论同中心小组讨论结合进行。在8月11日的中心小组会议上，刘少奇还说：关于形势问题，"1月会议我们做过一个估计，当时说最困难的时期已经过去了。5月会议又有一个估计。现在看，5月会议对困难有点估计过分了。第一是认为夏收减产已成定局。现在看没有减产还增产了（毛泽东插话：夏收还没有定局。今年整个讲是增产了。山东增产了8亿斤，全国都增产了）。第二是那时估计单干在全国已占20%。因此，五月会议上说，最困难的时期已经过去是指全国讲的，有些地方最困难的时期还没有过去（毛泽东插话：那是河南、安徽外逃的人减少了，社会秩序很好。夏收秩序空前好嘛，全国如此。这说明基本核算单位下放起了很大作用）。五月会议下了决心，减轻征购任务。当时对困难估计有三种设想：一是估计够了；二是估计不够；三是估计过头。当时认为把困难估计得充分一点，即使出现出乎意料之外的事，也会有思想准备，但是有些丧失信心。"刘少奇说到这里，毛泽东又插了一段话："恐

---

① 中共中央文献研究室编：《邓小平传（1904—1974）》（下），中央文献出版社2014年版，第1243—1244页。

怕还是1月会议（指七千人大会——引者注）估计得对。过去打仗，军队有两种情况。一种伤亡大，一个连损失一半，但他们不叫困难，把几个连合并起来。另一种是伤亡小，一个连只损失百分之二十到百分之三十，就大叫困难。你们有这样的经验没有？有人估计，恢复需要五年到八年。讲农业恢复，不要说需要那么多年，什么五年、八年，要有点希望。讲的那样长，就没有希望了。不要把困难不适当的夸大。如果那样讲，就是说我们的政策如'六十条''七十条'、减人两千万、改变高征购都不灵，或者说我们的政策要长期才能见效，那就需要另搞一套。事实上已经起了作用。单干风越到上面越大，下面就好一些，尤其是灾区越好。"刘少奇接着谈到，在经济上、在党内都会产生资产阶级分子时，毛泽东又插话说："不只是在农村，在商业、工业方面都要产生，党内也可以产生资产阶级分子。"刘少奇还谈到农业是关系我国命运的问题，非搞社会主义大农业不可。只能这样，不能有其他想法。在8月13日的中心小组会上，当罗瑞卿发言谈到美国国务卿杜勒斯认为欧洲共产党的第二代还可以，第三代就不行了的时候，毛泽东提出了中国会不会出修正主义的问题。在中心小组会上，邓子恢多次做检讨。毛泽东说：问题讲清楚，不伤人。"究竟是单干好，还是集体好，要由历史作结论。我们要和风细雨地把问题讲清楚，分清是非，主要是解决思想问题。要讲道理，像这次会议一样。"[①]

在8月15日的中心小组会议上，毛泽东曾就经济恢复时间作大致预测。他说："瞎指挥我们不干了，高征购改正了，农业恢复的时间会快一些，恐怕再有两年差不多了，主要是今明两年，（一九）六四年扫尾。"《毛泽东传（1949—1976）》的编著者对此评价说："毛泽东的这个估计，跟后来的实际情况基本符合，到1964年底，中国的国民经济就全面好转了。"[②]

二 社会主义历史时期党的基本路线的提出

9月24日至27日，中共八届十中全会正式举行。24日的会议，由毛泽东主持并讲话。他就8月6日北戴河会议上提出的三个问题，作系统阐

[①] 中共中央文献研究室编：《毛泽东传（1949—1976）》（下），中央文献出版社2003年版，第1244—1249页。

[②] 同上书，第1247页。

述。他说：在社会主义国家还有没有阶级？有没有阶级斗争？应该肯定还是有的。列宁曾经说，在社会主义革命胜利以后的一个长时期内，因为国际资产阶级的存在，因为本国资产阶级残余的存在，因为本国小资产阶级主要是农民阶级中间还不断生长着资本主义分子，所以剥削阶级虽然被推翻了，它还是要长期存在的，甚至于要复辟的。在欧洲，封建阶级被资产阶级推翻以后，比如英国、法国，经过几次复辟。社会主义国家也可能出现复辟的情况。我们这个国家要好好掌握，要好好认识这个问题，承认阶级同阶级斗争的存在。要好好研究，要提高警惕。老干部也要研究，尤其是青年人，要对他们进行教育。从现在就讲起，年年讲，月月讲，开一次中央全会就讲，开一次党大会就讲，使得我们有一条比较清醒的马克思主义路线。①

刘少奇、周恩来、朱德、邓小平、董必武等先后在大会上讲话或发言，一致赞同毛泽东的观点。董必武在9月27日的发言中认为，阶级的经济基础虽然搞掉了，并不等于阶级就不会发生了。这时，毛泽东插话说，个别贫农出身的人可以转化为反革命，工人出身的人也可以转化为反革命。广东写信要陶铸、陈郁交出政权的那个人，就是贫农出身，还在军队做过保卫工作。董必武针对单干风批评说：在老百姓那里可能刮这种风，但是，我们共产党员就不能同情这种东西。我认为，农民的出路，农业的出路，只有集体化，只能搞社会主义（毛泽东插话：社会主义大农业），不能单干，单干就是农村的两极分化。这时，毛泽东又说，他实际上是要搞资本主义的大农业，现在形式上是包产到户，不能持久，总有一年要搞资本主义的大农业。

三 继续调整不受干扰

在北戴河工作会议将要结束的8月20日，毛泽东主持最后一次中心小组会议。刘少奇就会议的传达问题，提出一个重要意见，即应注意防止因讲阶级斗争又联系到反右，使实际工作受到影响。他说：这次会议讨论阶级和阶级斗争问题，究竟怎样传达？是传达广一些好，还是传达窄一些好？传达广一些，对干部教育有好处，但是，闹不好在实际上可能发生反

---

① 毛泽东在八届十中全会上的讲话记录（1962年9月24日），中共中央文献研究室编《毛泽东年谱（1949—1976）》第五卷，中央文献出版社2013年版，第151—152页。

右，容易划分不清，什么都联系到阶级来分析。应该规定个传达范围。1959年庐山会议"批彭"后，他就曾提出实际工作应继续反"左"的建议。那一次是通过毛泽东的秘书传话，被压下来耽误了大事。这一次，他当面提了出来，毛泽东当即表示赞成，说要写一个决定。之后，毛泽东在八届十中全会作主旨讲话的末尾，专门讲了这个问题。他说，要分开一个工作问题，一个阶级斗争问题，我们决不要因为对付阶级斗争问题而妨碍了我们的工作。这一点，请各部门、各地方的各位同志都要注意。1959年的庐山会议，本来是要研究工作的，后头来了一个风暴，大家都搞阶级斗争，就把工作丢了。这一回，可不要这样。同志们回去传达的时候，也要注意，要把工作放到第一位，阶级斗争跟它平行，不要放在很严重的地位。不要让阶级斗争干扰了我们的工作，大量的时间要做工作，但是要有专人对付这个阶级斗争。① 在陈伯达就《关于进一步巩固人民公社集体经济、发展农业生产的决定（草案）》和《农村人民公社工作条例修正草案》作说明的过程中，提到从1958年下半年起开始纠正错误时，毛泽东又插话讲这个问题。他说：1959年来了一个庐山会议，扰乱了我们；庐山会议以后，又有国外修正主义的干扰，以至于1959年下半年，1960年差不多整个一年，我们的精力就是对付那方面去了。这一次，不管国内修正主义，国际修正主义，国际帝国主义，国际反动的民族主义，一切都不受它干扰，什么金门打炮也好，沿海要进攻也好，U—2飞机也好，中印边界也好，新疆事件也好，东北黑龙江的事情也好，准备今年下半年要闹风潮的，我们要"任凭风浪起，稳坐钓鱼台"。国内也好，国际也好，只有那么大的事，没有什么好大的事。"一个游鱼三个浪，引得懒汉去上当"。那个懒人就得意了，以为很可以捉一批鱼了，结果只有那么几条鱼。全世界百分之九十以上的人民，或者现在已经站在我们这方面，或者将来要站在我们这方面，这是一个坚定的观点，应该相信。②

在这次插话里，毛泽东还首次讲到一个观点，中国农业过关要靠科学的问题。他说："我们农业要过关，就是要化学肥料，要拖拉机、农药、种子等，要靠科学。过去不重视科学家，从现在起要重视起来。这

---

① 毛泽东在八届十中全会上的讲话记录（1962年9月24日），中共中央文献研究室编《毛泽东年谱（1949—1976）》第五卷，中央文献出版社2013年版，第152—153页。
② 毛泽东在八届十中全会上陈伯达发言时的插话记录（1962年9月24日），中共中央文献研究室编《毛泽东传（1949—1976）》（下），中央文献出版社2003年版，第1255—1256页。

次精简，农业部门把种子站、牲畜配种站、农业技术推广站、农业试验场等都减掉了，这些东西不应该精简，这些东西要保留，现在要恢复。商业部门也搞弱了，把供销社取消了，骨干分子调出去了，这些也要恢复。"[1]

1962年北戴河中央工作会议和八届十中全会的直接意义在于：解决了一个时期以来由于对国内形势的不同认识，从而在若干政策方针问题上的不同取向，全党又一次取得一致。毛泽东预计到农业的恢复可能加快，他提出，不必再分恢复阶段、发展阶段。今后的五年不只是恢复，应该有所发展。在9月27日的闭幕会议上，邓小平作总结性讲话。他说，这次会议解决的问题是一系列的带根本性质的问题，而且解决得很好。阶级、阶级斗争问题，形势问题，矛盾问题，这是管我们整个社会主义历史时期，甚至于包括共产主义时期的。关于社会主义建设的方针问题，路线问题，就是以农业为基础。过去我们还有一个提法，就是以农业为基础，以工业为主导。毛主席在这次讲，工人阶级还是领导阶级，工业还是领导的经济。但是不管怎么样，工业主导，还是要以农业做基础，工业要服务于农业，整个国内的市场还是在农村，在农民方面。否则，工业也没有出路。这个问题，毛主席提得很早，我们没有做好，这一次把这些原则更加明确起来了，这就有希望了，这是一个带根本性质的问题，也是管整个社会主义几十年时期的。讲到今后的工作，他说，现在路线更加明确了，全会后，要根据这样的方针来重新考虑一系列的问题。现在要把劲鼓起来，要充分相信干部、群众，把工作搞好。现在看起来，还是必须政治挂帅。一个时期灰溜溜的，具体工作总在那里徘徊，好像这样也没有出路，那样也没有出路（周恩来插话：也有一些好的），我是说总的情况。这不能怪群众。这次会议以后，比如中央一个部，你一个一个企业搞好嘛。一个市、一个省、一个专区也是同样的。不只是工业，包括各方面，包括科学文教方面。[2] 邓小平的讲话，意味着经济工作和经济调整，将以较为积极的姿态向前推进。

会议发表的公报，体现了这一精神。公报指出，当前的迫切任务是：

---

[1] 中共中央文献研究室编：《毛泽东年谱（1949—1976）》第五卷，中央文献出版社2013年版，第154页。

[2] 参见第八届十中全会记录，1962年9月27日。

贯彻执行以农业为基础、以工业为主导的发展国民经济的总方针，把发展农业放在首要地位，正确地处理工业和农业的关系，坚决地把工业部门的工作转移到以农业为基础的轨道上来。在农业方面，要继续贯彻执行党中央关于农村人民公社的各项政策，进一步巩固集体经济，进一步调动农民的集体生产积极性，在优先发展粮食生产的同时，努力发展棉花、油料等经济作物，发展畜牧业、水产业、林业和其他副业；同时，要动员和集中全党全国的力量，在物质方面、技术方面、财政方面，在组织领导方面，人才方面，积极地、尽可能地支援农业，支援人民公社集体经济，分批分期地、因地制宜地实现农业的技术改革。在工业方面，首先必须适应农业技术改革的要求，按照目前原料、材料和劳动力的可能性，进一步地进行合理的调整，加强薄弱部门的生产能力，努力改进经营管理，增加品种，提高质量。八届十中全会深信，经过一段时间的努力，就一定能够使我国的社会主义建设进入一个伟大的新高涨时期。[①]

经过两年的艰苦努力，中国共产党终于带领全国人民走出三年经济困境。到1962年底，"农村形势有很大好转，工业生产已经稳定，市场供应情况正在改善。无论工业、农业、商业、财贸、劳动、文教等各方面的计划，都完成得比较好。全国经济情况一天一天好起来"。[②]

[①] 参见《中国共产党第八届中央委员会第十次全体会议的公报》，《人民日报》1962年9月29日第一版。

[②] 参见国家计委《关于安排一九六三年国民经济计划的综合汇报提纲》（1962年10月31日），转引自中共中央文献研究室编《邓小平传（1904—1974）》（下），中央文献出版社2014年版，第1245页。

第十六章

经济的复苏与三年过渡阶段的谋划

1962年，是中国经济危机开始复苏的一年。1961年，农业率先企稳；工业触底之后，1962年轻工业显示企稳迹象，重工业降幅明显收窄；财政扭转连年亏空实现盈余。尤为重要的是，经过北戴河中央工作会议和中共八届十中全会，党在关于国内经济形势及重大政策举措方面统一了认识，为加快恢复发展经济提供了思想与组织保证。中共中央一致决定，第三个五年计划推迟到1966年开始，把1963—1965年作为一个独立的阶段，继续执行"八字方针"，但把以调整为中心转移到以巩固提高为中心上来，在巩固提高中还要有所发展，在发展中进一步巩固提高，从而为第三个五年计划做好准备，打好基础。

第一节 1962年国民经济计划完成情况

北戴河会议结束后，经济工作和经济调整工作着手一系列新的部署。10月6日，中共中央和国务院联合发出关于当前城市工作的指示，明确肯定农村形势已有好转，城市的经济形势也正在逐步好转，工业生产和基本建设已经按计划缩短，大中城市和重要企业减少职工的任务已接近完成，过去下放过多、过散的经营管理权已经基本收回。有鉴于城市经济发生了这些变化，要求把城市工作的重点转到组织工业生产和职工生活上，主要抓好以下几项工作：

一，完成减少职工任务80%以上的大中城市，可以宣布精简工作告一段落，而集中精力搞好生产。全国精简工作的重点，应转到专区、县、公社大队管理的企业单位，转到各级党政机关。

二，争取完成和超额完成今年的工业生产建设计划；大力支援农业和市场需要，尽可能地增产适合农业需要的农业生产资料以及以工业产品为原料的日用品。

三，企业要减亏增赢。凡由于管理不善而亏损的企业，都应至迟在明年元月底以前扭转亏损。

四，迅速处理积压物资，清理拖欠的货款，恢复正常的经济关系。

五，努力保证职工生活稳定在现在的水平上，并力争有所改善。城市主要生活必需品的价格和房租水电费的收费标准要继续保持稳定。凡是有条件实行计件工资的，都要实行计件工资，没条件实行的，要认真改进计时工资加奖励的办法，实行节约提成奖励的办法。对于生活困难的职工给予适当的补助，原定补助标准适当提高。

六，按照集中统一、分级管理的原则，改进各种管理体制。在后四个月里，要在工业部门开展一个以支援农业、增产日用品和解决"短线"原材料为中心的增产节约运动。国家经委安排，要保证完成大型农业机械生产任务，尽最大努力解决农村最急需的竹木农具和农用车、船，增产自行车11万辆、缝纫机11.5万架、手电池2000万只、民用锁105万打、铝制品3000多吨等。与此同时，在农村，着手纠正包产到户和分田到户的做法，落实巩固人民公社集体经济、发展农业生产的决定。

1962年国民经济计划执行结果，同中央财经小组关于1962年调整计划相比，大多数指标都超出预期，农业更为突出。详见表16—1、表16—2。

表16—1　　　　1962年完成工农业总产值同调整计划比较　　　　单位：亿元

	工农业总产值	农业总产值	工业总产值	在工业总产值中	
				轻工业	重工业
调整计划（1）	1300	420	880	410	470
1962年实绩（2）	1504	584	920	434	486
（2）为（1）%	115.7	138.1	104.5	105.9	103.4

资料来源：《中央财经小组关于讨论1962年调整计划的报告（草稿）》，中国国家统计局：《中国统计年鉴（1984）》，中国统计出版社1984年版，第23页。

表 16—2　　　1962 年工农业主要产品实际产量同调整计划比较

	粮食（亿斤）	棉花（万担）	钢（万吨）	煤炭（亿吨）
调整计划（1）	2885	2063	600	2.3904
1962 年实绩（2）	3200	1500	667	2.2000
（2）为（1）%	110.9	72.7	111.2	92.0

资料来源：《中央财经小组关于讨论 1962 年调整计划的报告（草稿）》，中国国家统计局：《中国统计年鉴（1984）》，中国统计出版社 1984 年版，第 145、146、225 页。

从上列二表看，总产值指标完成情况好于粮棉钢煤四项产量指标完成情况，说明整个情况好于预期。反映到国家财政状况方面，调整计划安排财政收入为 303 亿元，担心能不能收到 300 亿元，实际完成 313.6 亿元，为计划的 102.5%，收支相抵盈余 8.3 亿元。基本建设工作量调整计划压缩到 46 亿元，加下马费和设备储备费等项在内合计 58 亿元，最后完成投资额 71.26 亿元，为计划的 122.9%。计划同实际完全符合一般不可能，但就当时的情况，调整计划反映了对形势的过于严重的估计，所以计划指标压得比较低。如果同上年的实绩相比，国民经济两大产业部门就将是不同的情景。农业总产值由下降转为增长 6.2%，工业总产值则在上年下降 38.2% 的基础上降幅收窄为 16.6%。1959 年和 1960 年曾经两年呈现工业高速增长、农业连续下降的反向运动；1962 年却是农业增长、工业下降的又一种反向运动形态。前后相反的表现提供了怎样的信息，需要分析。

第二节　经济再平衡与"超调"假定

国民经济危机的治理，撇开在不同社会制度下的不同情况，其实质，都是经济再平衡的过程。中国自 1960 年下半年以来几年的情况，也不例外。为了便于研究，这里列出以下两表：

表16—3　　　　1962年工农业总产值指数同1953年以来的比较

（均以上年为100）

年份	工农业总产值	农业总产值	工业总产值	在工业总产值中	
				轻工业	重工业
1953	114.4	103.1	130.3	126.7	136.9
1954	109.5	103.4	116.3	114.3	119.8
1955	106.6	107.6	105.6	100.0	114.5
1956	116.5	105.0	128.1	119.7	139.7
1957	107.9	103.6	111.5	105.7	118.4
1958	132.2	102.4	154.8	133.7	178.8
1959	119.5	86.4	136.1	122.0	148.1
1960	105.4	87.4	111.2	90.2	125.9
1961	69.1	97.6	61.8	78.4	53.5
1962	89.8	106.2	83.4	91.6	77.4

资料来源：中国国家统计局：《中国统计年鉴（1984）》，中国统计出版社1984年版，第25页。

表16—4　　　　1962年工农业主要产品产量指数同前三年比较

（均以上年为100）

年份	粮食	棉花	油料	钢	煤炭
1959	85.0	86.8	86.0	173.4	136.7
1960	84.4	62.2	47.3	134.5	107.6
1961	102.8	75.3	93.5	46.6	70.0
1962	108.5	93.8	110.5	76.7	79.1

资料来源：中国国家统计局：《中国统计年鉴（1984）》，中国统计出版社1984年版，第145、146、225页。

第一个五年计划时期，农业发展滞后的问题已经出现。按总产值计算，农业平均每年增长速度为4.5%，工业平均每年增长速度为18.0%，其中重工业平均每年增长速度为25.4%。1952年在工农业总产值中，农业和工业的权重为56.9∶43.1，1957年就改变为43.3∶56.7。农业、轻工业和重工业在工农业总产值中的权重，在同时期内则由56.9∶27.8∶15.3改变为43.3:31.2:25.5。当时已经感到农业发展不足，轻工业受到掣肘，不仅影响人民生活，而且也成为156项骨干工程为中心的国家工业化资金积累的制约因素。1953—1957年国民收入平均每年增长8.9%，财政收入平均每年增长12.3%，固定资产投资平均每年增长28.3%，积累率由1952年的21.4%上升为24.9%，基本建设拨款占财政支出的比重由26.5%上升为40.7%。[①] 当时，在国民收入中，农业的直接贡献1952年为57.7%，1957年为46.8%。间接贡献中，以农产品为原料的工业产值占轻工业总产值的比重1952年为87.5%，1957年为81.6%；农副产品及其加工品出口额占出口总额的比重1952年为82.1%，1957年为71.6%。[②] 如果全部计算，农业的贡献份额是很大的。所以，1956年毛泽东在《论十大关系》中，总结国内外的经验，从中国的国情出发，提出必须实行发展工业同发展农业同时并举的方针。然而，如毛泽东所说，就是在提出要两条腿走路、不要一条腿走路以后，反而成一条腿了，比较过去更严重了。1958—1960年工业连续三年高速度增长，农业1959年和1960年连续两年大幅度下降。以1957年为基期，1960年重工业产值增长了233.4%，农业反而下降22.8%，农业、轻工业和重工业在工农业总产值中的权重，在同时期内则由43.3:31.2:25.5改变为21.8:26.1:52.1。粮食、棉花和油料等主要农产品产量大幅度减产，粮食由1957年的3900亿斤下降为2870亿斤，全国人均粮食占有量由612斤下降到430斤，兼顾保证温饱与维持社会简单再生产都发生了困难。姑且不论其中有哪些主客观原因，这种情况肯定是极不正常的，不可能继续下去。1961年工业由大起到大落，急剧下降38.2%，其中重工业下降46.5%，降幅将近一半。应该说，这不完全是计划机关自觉进行的经济调整，更像是通常经济危机才能看到的那种强制性调整。或如现在所说，不是"软着陆"，而是"硬着陆"。尽管中国这场经济危机是特殊形态的经济危机，但它毕竟是经济危机，具有经济危机的一般属性，即一定的破坏性。在这个意义上，1962年在农业转为恢复性增长的同时，尽管工业继续下降16.6%。从总的情况看，还是向着经济再平衡方向的

---

① 参见中国国家统计局国民经济平衡统计司编《国民收入统计资料汇编（1949—1985）》，中国统计出版社1987年版，第57、65页。

② 同上书，第75页。

前进，例如当年农轻重的比例关系已由1960年的21.8∶26.1∶52.1改变为38.8∶28.9∶32.3。①

然而，1962年生产生产资料的甲类工业重工业②继续大幅下降，出现新中国成立以来连续第二年两位数的负增长，就不能不看到其中存在过度紧缩的因素。1961年接近50%的降幅几乎是自由落体式的下跌，应该是触底的信号，1962年即使再下降也不至于很大，而结果却不是这样。1962年工业总产值完成920亿元，比上年下降16.6%。其中，轻工业除以农业为原料的棉纱、棉布、丝织品、食糖等仍有减产以外，以工业为原料来源的产品大多有不同程度的增加，二者相抵下降8.4%，同上年相比降幅明显收窄。重工业在上年下降46.5%的基础上再下降22.6%，两年下降69.1%。几种主要重工业产品产量的完成情况是：钢667万吨，同上年相比（下同）减少203万吨；铁805万吨，减少476万吨；钢材455万吨，减少158万吨；发电量458亿度，减少22亿度；其他如矿山、发电、重型设备制造、金属切削机床和铁路客货车等，都减产较多。造成这种情况，不能忽视西楼会议后改变了1961年第二次庐山会议确定的指导思想与经济工作部署，在1961年工业已经深幅下降的基础上，又采取极其严厉的紧缩方针，从而开始趋稳的工业生产调头向下。例如，1962年上半年工业生产完成产值431.5亿元，为年计划的49%，是很不错的。其中，支农产品、以工业品为原料的轻工产品和重工业产品中的短线产品，比上年同期都有上升，主要产品的质量趋向好转。优质钢和合金钢的比重由36.2%和8.1%上升为44.8%和11.1%，铜、铝等8种有色金属产品基本达到出口标准或用户要求。但深入分析，从第二季度开始，生产水平已经开始逐月降低，日均工业产值一季度为2.57亿元，4月份为2.41亿元，5月份为2.35亿元，6月份为2.25亿元，特别是煤和木材等短线产品继续下降。原煤1月份以后逐月下降，6月份平均日产量仅相当1月份的80%，掘进和剥离工作仍无好转，一线劳动力不足，出勤率和工

---

① 参见中国国家统计局工业交通物资统计司编《中国工业经济统计资料（1949—1984）》，中国统计出版社1985年版，第95页。

② 在严格的意义上说，甲类工业并不就是重工业。由于重工业的主要生产品属于生产资料，在通常的观念里，往往不对二者过细区分，这里相互通用。

时利用率都比较低。① 煤炭生产在第二次庐山会议上，邓小平是要求作为"二马出头"之一来保的。后来，情况的改变，井下工人及其家属的口粮供应问题，政治思想工作问题，为采掘比例失调等问题所掩盖，迟迟没有解决好，影响很大。

重工业继续深幅下降，也与大幅度削减基建投资有关。1962年国家财政基本建设拨款由上年的110.2亿元削减为55.7亿元，由上年占30.0%降到仅占18.2%，降幅近50.0%；加上预算外部分，基本建设投资总额为71.26亿元，比1961年减少56.16亿元，降低到"一五"以来的最低点，退到基本维持简单再生产的水平。当年施工的大中型项目1003个，同上年相比，又砍掉406个。绝大多数重工业企业开工不足，设备能力大量闲置。炼钢能力只能利用35%，炼铁能力只能利用41%，电站设备、采矿设备、动力机械等12种主要产品的金属切削机床设备能力只能利用15%至50%。企业亏损面和亏损额也随之迅速扩大。1961年包括重工业企业在内的整个工业企业亏损27亿元，加上小型冶金企业亏损补贴的15亿元，共42亿元。按中央财经小组1962年5月提出的调整计划，工业生产指标普遍大幅度下调。以1960年实绩为基数，下调幅度为：工业总产值47%，其中，重工业总产值57%。主要工业产品产量除原油外，钢产量为68%，短线产品原煤、发电量和木材等鉴于采掘、采育比例失调，下调幅度都很大。生产能力调整幅度大的钢铁、水泥和机械工业中的重型设备、电站设备、汽车、机床、电动机等，它们的综合生产能力都减少50%左右。与此同时，企业"关、停、并、转"的力度不断加大。1961年已经"关、停"2.5万家工业企业，1962年1—10月，全国县以上工业企业又"关、停"1.9万家，两年共减少4.4万家，为1960年底全民所有制工业企业总数9.6万家的45%，保留下来的企业数量和职工人数在大多数地区已经降低到1957年的水平。有一部分需要截长补短；是否都属于这种情况？截长补短的是否需要砍到这种程度？在经济困难时期看似闲置的生产能力，有一部分要不要暂时保留以备来日？不考虑这些因素，在1961年基础上的继续大砍大压，难以避免出现"超调"的后果。

---

① 国家经委：《1962年上半年工业生产情况》（1962年7月20日），李富春7月21日报送毛泽东、中央常委及书记处。

所以采取比较严厉的紧缩措施,源于对经济形势的严峻分析。例如,1962年基建投资,西楼会议后调整方案原来压到46亿元,比1953年还低。其中,工业和交通部门的投资为29.09亿元,能够用于维持现有生产水平的投入仅为19.1亿元,而上年度它们的折旧基金就27.4亿元,远不能还清过去几年在设备更新、维护和矿山开拓、延伸等方面的欠账;用于扩大生产能力的为7.85亿元,其余2亿元用于必要的维护性工程及其他投资。财经小组认为,就是今后两三年也难于增加,必须踏步两三年。但最后还是不得不追加到67.6亿元,1962年积累率由1961年的19.2%下降到10.4%。

另外,投资过度压缩的另一个重要考虑,是为了平衡财政收支,解决1962年将有30亿元赤字的问题。财政政策和货币政策全面收紧的结果,当年出现8亿元盈余。银根过紧反而不利于经济的恢复,还可能引起经济的过度萎缩。

1964年,李富春和薄一波一道赴攀枝花考察,发现基建项目不分青红皂白,一概下马的做法不利于后续发展,在写给党中央和毛泽东的报告里提出了这一问题。报告认为,自第一个五年计划开始大规模经济建设以来,钢材短缺一直是面临的突出矛盾之一。这不但是由于旧中国钢铁工业基础薄弱,钢铁工业建设周期又比较长,而且还有铁矿资源条件的一定限制。历来说,中国地大物博,其实铁矿资源并不很丰富,尤其是富铁矿的蕴藏很不丰富。樊西地区资源条件这样好,不要说从战备观点考虑问题,即使从一般加强基础工业的角度考虑,这里已经展开的工作也是应该继续进行下去的。可是,为什么在1962年上半年将这里已经铺开的摊子几乎都撤光了呢?考察中间,李富春同志和我不约而同地提出了这个问题。经与吕正操(时任铁道部部长)、吕东(时任冶金工业部部长)以及地方的一些同志交谈后,11月10日,富春同志和我专门就此又向毛主席和党中央写了一份报告,《关于攀枝花地区工业基地建设上马下马经验教训的报告(简报第四号)》,陈述我们的看法。早在20世纪30年代,中国的地质工作者就在攀西地区发现了这个聚宝盆,并在国外引起注意。国民党政府对这一地区虽做过勘察,但并不重视。新中国建立后,1954年,我们在这里重新部署了地质工作。之后,铁路的选线工作也提上了日程。从1958年下半年起,"大跃进"也在这个地区体现出来了。钢铁、有色金属、煤炭、森林、铁路等众多的部门,都在这里布置力量,地方也纷纷举办小型项目,各路人马争着"上马"。到1960年底,攀枝花周围地区一共上了8万人左右,单是西昌专区就上了6万人左右,显然带有一定的盲目性。根据当时的情况,首先应该做的,是在这里进一步展开地质工作、科学实验研究和修筑铁路,其他尚无条件。所以,一哄而上是不能持久的。1961年下半年开始"下马",1962年春又大下。除了个别项目以外,差不多全部下马了。应该说,大多数是应该下的。但不分青红皂白又一股脑地下,就有问题了。有些基本工程和工作就下的不妥,其中有两件事,既有条件也应该继续进行的,也停了下来,给后来的工作造成不应有的损失。一件是成昆铁路北段沙木拉打和官林坝隧道工程。当时把仅仅留下的3千多人,借口没有投资(每年一处只需200万元,而铁道部的投资压得最少时一年也有六七千万),也全部撤走了。另一件则是攀枝花铁矿铁、钒、钛的分离试验研究工作,也全部停下来了。1962年,冶金部有一位副部长在这里坐镇,监督"下马"。虽然许多技术人员想不通,要继续留在这里,但这位副部长硬是把他们调到了贵州。富春同志和我估计,这两项工程的停顿,给攀钢重新"上马"建设造成的影响是很大的,从建设进度说,可能耽误两三年时间。当然,也有做得好的,那就是地质部。他们也减了人,但没有全撤,而是保留了一个小规模的地质队,在物质条件很差的情况下,坚持了两年多的工作,不仅把攀枝花地区的铁矿储量搞清楚了,还找到了2亿吨不含钒钛的普通铁矿。这也说明,并非完全没有条件保持必要的前期工作,为以后再"上马"打基础。前一段的仓促上马,中央和地方一窝蜂地竞相铺摊子;后一段说下都下,一刀切,都给工作造成了损失。造成这种现象的原因,我们在报告里指出了两条。其一,是对于建设西南后方战略基地认识不足,没有远见。当时不论"上马"或者"下马",都没有考虑过这一战略部署。不论中央主管部门或者地方,如果有一家坚持要搞,都可能坚持下来。但是,都没有这样做。这是造成上述错误的主要原因,应引以为训。其二,是分散主义,各自为政。不论"上马"或者"下马",都缺乏统一考虑,统筹安排。报告指出的第二种原因,绝非攀西地区仅有,现在看,也并非那一个时期才存在,这恐怕是我们的经济工作比较容易出现的问题。[①]

[①] 参见李富春、薄一波《关于攀枝花地区工业基地建设上马下马经验教训的报告(简报第4号)》。

还有两条材料：一条是冶金部长王鹤寿1962年9月11日在报送《在解决（冶金产品）品种质量方面有什么成效》的报告时写给毛泽东的一封信，表达他关于冶金产品数量与质量的关系问题的看法，隐含产量指标压缩过分。他说："品种质量"和"产量"是有密切关系的，我们想离开一定的产量水平、一定的发展速度来讲品种质量是困难的。两者可以分开来考虑，但也不能完全分开来考虑。这个问题有不同的看法，不是几句话能讲清楚的。但是我们想明年的生产指标，似应稍高于今年。否则不仅影响稀缺品种的绝对数量，而且很多设备停产，在生产安排上也比较困难。另一条是1962年12月28日科学院党组关于国防尖端科学研究问题的报告，提出科学院人员精简有过头的问题。报告说：1958—1960年，科学院曾经有很大的发展，当时发展最为迅速的就是承担国防科研的这批研究机构。贯彻八字方针，科学院一直作为精简重点。三年来精简近3.5万人，占1960年8月原有人数5.7万的61%。除行政人员、技工和辅助人员是主要对象，精简前，科研人员与辅助人员的比例为1：2，辅助人员多了些；现在全院平均是1：0.4，特别是承担国防尖端的精简更多，电子学研究所的比例降到8：1。现在许多研究工作已很有苗头，由于技术与辅助人员缺乏，工作进展受到影响。建议1963年增加编制，其中承担国防尖端的研究所需增加3500人。

1962年紧缩力度大，除了对于经济形势严峻性的估计以外，也与经济指导思想有关。拿削减赤字来说，要求一年内就要实现财政收支平衡、略有结余的目标，势必过度紧缩，损害复苏。前面提到，山东省的批评就是证明。1962年财政收入完成313.6亿元，比上年增加42.5亿元；财政支出305.3亿元，比上年减少50.7亿元；收支相抵结余8.3亿元。此后的三年，每年都有多少不等的盈余。这也说明紧缩的力度有考虑的余地，紧缩与发展二者关系的处理有待商榷。从1961—1965年的五年，基本建设类似于"休眠"，除三年"大跃进"时期建设项目的收尾配套，基本没有像样的新项目开工建设，不能认为是很正常的。基本建设既要"瞻前"又要"顾后"，否则对后续期的发展不利。时隔20年后，薄一波在回顾这段历史时，对于1962年基建投资压缩到46亿元这一点，也承认"这样做，事后看，基本建设投资规模是砍得狠了一些，确实'伤筋动骨'"（之后，追加到67.6亿元），尽管又说这是必要的。① 实际上，平衡财政收支，可以用节支的办法，也可以用增产的办法，或者有所侧重的二者兼用。消弭赤字可以当年实现，也可以分期消化。在这方面，1962年的做法不是没有可议之处。

第三节 三年过渡阶段的任务

一 两年的大调整及初步成效

从1960年北戴河会议决定大办农业、大办粮食到1962年底，经济调整实际上已逾两年。如果说前两年围绕上述目标主要是解决工业生产指标和基本建设规模要退够的问题，1962年北戴河会议后的情况具备了新的特点。按照会议公报的提法，"合理的调整"代替了"不要拒绝伤筋动骨"的主张。工业在转向为农业服务的轨道的同时，积极打开从西方引进先进技术的大门，首先确定引进化工、化肥、石油和合成纤维工业项目，以利于加强农业基础和解决迫切需要解决的问题。两年来，主要做了以下几项工作：

（一）农业和农村政策的调整。一是解决生产力方面的问题，一是解决生产关系方面的问题。前者，在主要依靠人畜力耕作的条件下，从各方面精简和抽调劳动力充实农业第一线，工业部门加紧生产急需的中小农具和其他农业生产资料。后者，纠正"五风"，调整政策，调整所有制关系，确立人民公社三级所有、队（相当于原初级社）为基础的体制至少30年不变。

（二）精简职工，减少城镇人口。自1953年实施第一个五年计划开始，人口城镇化速度超过粮食等农产品增长速度。与1957年相比，1958年职工人数和城镇人口分别猛增2093万人和772万人，分别增加67.49%和7.76%，粮食产量仅增加2.56%，增产的不到100亿斤粮食还不够征购增加的部分。1960年底职工人数又由1957年的3101万人增加到5969万人，增加92.49%；城镇人口由9949万人增加到13073万人，增加31.40%。同期，粮食产量则由3900亿斤下降到2870亿斤，降低26.40%。粮食征购和净征购的绝对量虽比前两年大减，在当年粮食产量中的占比仍远高于1957年。1961年共减少城镇人口1000万，其中精简

---

① 参见薄一波《若干重大决策与事件的回顾》下卷，人民出版社1997年版，第1101页。

职工 872 万。在此基础上，1962 年又减少城镇人口 1048 万，其中精简职工 850 万。两年时间共减少城镇人口 2048 万。这些被精简回到农村的职工和他们的家属，在国家有困难的时候，能够识大体，顾全大局，在共和国的历史上值得大书一笔。

（三）进一步调整财经管理权限，加强集中统一领导。收回 1958 年"大跃进"中下放过头的权力，曾经是第一次纠"左"就采取的举措。七千人大会后，加强集中统一成为全党的共识，特别是加强财政信贷的集中统一管理被提到突出的位置。

（四）压缩基本建设投资，削减建设项目。三年"大跃进"期间，基本建设投资总额平均每年增长 42.9%，远远超过同期国民收入平均每年增长 9.6% 的速度。经济遭遇困难，大幅度压缩基本建设规模，首当其冲。1961 年基本建设投资总额减至 127.42 亿元，比 1960 年的 388.69 亿元削减 67.2%。1962 年又压缩为 71.26 亿元，在 1961 年基础上又削减 44.1%，建设规模不及 1953 年。投资削减后的在建项目，1962 年为 2.5 万多个，比上年减少 1 万多个，其中大中型项目由 1409 个减至 1003 个，减少 406 个。这些继续施工的项目，主要是与农业有关、与安排市场有关、与出口换汇有关的项目，如人造纤维、合成脂肪酸、农业机械、农药、化肥等；再就是原材料和燃料工业和其他急需"填平补齐"的配套工程项目。

（五）工业的调整首先是降低生产指标，关、停、并、转一部分企业，并尽可能兼顾优化部门结构和产品结构，改善经济增长的质量。1958年以来，以钢产量赶超英国为号召，迅速把生产力布局在较大范围内展开，出现了前所未有的国家工业化的高速度。但是，它带来的一个突出问题是，生产生活资料的甲部类的发展速度和规模远远超过生产生活资料的乙部类的发展速度和规模，国民经济的农业、轻工业和重工业三大产业部门的比例关系严重失调。尤其是在农业连年受灾大量减产，基本建设规模大幅度压缩的情况下，关、停、并、转一部分工业企业，同时优化结构，是非常必要的。"关、停、并、转"，首先是"关、停"。1961 年"关、停" 2.5 万家；1962 年 1—10 月，县以上工业企业又"关、停" 1.9 万家，两年共减少 4.4 万家，为 1960 年底全民所有制工业企业总数 9.6 万家的 45%，保留下来的企业数量和职工人数在大多数地区已经是 1957 年水平。其中，企业裁并幅度大的首先是冶金行业，其次是建材行业，化工和机械行业也比较大,它们分别比原有企业数目减少70.5%、50.7%、42.2%和31.6%;生产能力调整幅度大的有钢铁、水泥和机械工业中的重型设备、电站设备、汽车、机床、电动机等17种长线产品,它们的综合生产能力都减少50%左右。煤炭、石油、纯碱、化肥、聚氯乙烯、搪瓷制品、自行车、合成洗涤剂等14种短线产品和拖拉机、内燃机、交通运输车辆的生产能力,都保留了下来,并在"并转"中得到了一定的充实和加强。以机械工业为例,第一,改变了500多家企业的生产方向,其中110家企业(职工约3万人,机床5500台)转产农业机械;其他部分转产氮肥设备、工程机械、精密机床、仪器仪表等短线产品。第二,划出一部分企业专门从事设备修理,加强了设备修理力量,增加了备品、配件的生产能力。过去由修配转为制造的,责令其归队。第三,调整了主机与配套产品的关系,确定一批企业生产船舶、氮肥设备、石油设备和某些军工生产的配套产品。总之,工业企业的关、停、并、转体现了面向农业、面向市场,充实短线的方针,实际上是一次工业的重大改组,有助于工业的健康发展。与此同时,继续保留生产的企业,采取措施加强管理工作,经济效益明显改善。1961年和1962年两年,新增加的钢材和机械设备品种分别比1960年增加8%和18.7%。石油已能生产出178个品种,占工农业、交通运输常用品种的96.7%。重点钢铁企业生产合格率,1962年也由1960年的86.6%提高到98%。[①]

二 国民经济的重要转折

1962年是国民经济实现重要转折的一年。这一年国民经济计划完成情况比预计要好。最突出的是农业率先复苏。其标志是:

(一)农业生产力迅速恢复并在若干方面有新的发展。与1957年比较,1962年农业劳动力和一般农具的拥有量都恢复并超过那时的水平。农业劳动力一项比上年增加1500多万人。大牲畜改变连续两年减少的情况,由上年的6949万头回升为7020万头。一批基建项目停、缓建,耕地增加600多万亩。农业改良机具和农业机械化开始加快步伐,详见表16—5、表16—6:

[①] 参见柳随年、吴群敢主编《中国社会主义经济简史》,黑龙江人民出版社1985年版,第293—294页。

表16—5　　　　　1962年主要农业机械拥有量　　　　（年底数）

年份	农业机械动力（万马力）	农用大中型拖拉机（混合台）	农用小型及手扶拖拉机（台）	大中型机引农具（万部）	农用排灌动力机械（万马力）	联合收割机（台）	农用载重汽车（辆）
1957	165	14674	—	—	56.4	1789	4084
1962	1029	54938	919	19.2	614.7	5906	8239

资料来源：中国国家统计局：《中国统计年鉴（1984）》，中国统计出版社1984年版，第169页。大中型拖拉机包括20马力及以上的。

表16—6　　　1962年化肥施用量小水电站和农村用电量　　（年底数）

年份	机耕面积（万公顷）	灌溉面积（万公顷）合计	其中机电灌溉	机电灌溉面积占灌溉面积（%）	化肥施用量（万吨）	农村小型水电站 个数（个）	发电能力（万千瓦）	农村用电量（亿度）
1957	263.6	2733.9	120.2	4.4	37.3	544	2.0	1.4
1962	828.4	3054.5	606.5	19.9	63.0	7436	25.2	16.1

注：（1）化肥施用量为按有效成分计算的销售量。（2）农村用电量包括国家电网的供应量和农村自办电站的供应量。

资料来源：中国国家统计局：《中国统计年鉴（1984）》，中国统计出版社1984年版，第175页。

上列二表提供的资料说明，农业生产力不仅是恢复，而且有发展，包括政策调整焕发起来的人的积极性。化肥、拖拉机和排灌机械的供应量，即使同1960年相比，也都有显著增长。

（二）农业生产的明显回升。1962年农业总产值达到584亿元，比上年增长6.2%，结束了前三年连续下降的局面。粮食总产量达到3200亿斤，比上年增加250亿斤，增长8.5%。棉花比上年继续减产100万担，但减幅明显缩小，如计算单产，则超过上年，这表明主要是播种面积仍在减少。从这一角度看，农业还没有完全恢复。油料作物产量达到4006.6万担，比上年增加379.6万担，增长10.5%。生猪年末达到9997万头，由连续四年下降到比上年增加2445万头，增长32.4%。肉猪出栏头数也由上年的 3300 万头增加到 4400 万头，净增 1000 万头。全国约有 1/4 的县，农业已经恢复到或超过了 1957 年的水平。值得指出的是，1962 年水旱灾害仍属不轻的年份，与 1959 年不相上下（受灾面积少于 1959 年，成灾面积反而多出近 300 万亩）。在这种情况下，除有的省、有的地区包产到户和分田到户一类的做法较为严重以外，从全国说，绝大多数的农户（一般估计约占总农户的 80%）没有这样做。这说明，主要依靠人民公社集体经济，能够战胜灾荒，恢复和发展农业。以山东省为例，据中央农村工作部副部长陈正人说，鲁西北有三个专区 1961 年粮食产量就比上一年增产 21%，最高的一个县增产 54%。全省 5300 万人口，1962 年除口粮以外，自由流出的粮食五六亿斤，还拿出两亿斤用于救灾，没有非正常死亡现象发生，浮肿病也是个别的。这位副部长总结说，他们的路子是靠集体，适当放宽"小自由"。所以，山东境内气象一新。[①] 八届十中全会作出《进一步巩固集体经济，发展农业生产的决定》的必要性，被实践初步证明。

农业的复苏，使主要以农业为原料来源的一部分轻纺工业开始趋稳，由上年下跌 21.6% 收窄为 8.4%，并在市场上得到反映。1962 年消费品货源同社会购买力之间由前两年出现巨大差额变为多出 41.5 亿元。这里有继续严控集团购买力的成绩，商品可供量确实明显增加了。自由市场的价格也大幅度下降。夏收后猪肉价格下降一半，粮食差不多下降 4 倍。年末货币流量比上年减少 19.2 亿元，全国集市贸易价格比上年下降 35%。全民所有制职工平均实际工资，由上年的 415 元增加到 440 元。全国城乡居民平均消费水平比上年提高 4.5%。如果说 1961 年粮食生产的轻微回升只是显示农业企稳的迹象，1962 年的上述情况应该能够证明，农业已经或正在走出危机，确定性地进入上升通道。这一事实，还由于工业所开始的转型即转移到为农业服务的轨道上来，将得以巩固和加强。1962 年合成氨、农用化肥、小农具、拖拉机等支农生产资料产品都有不同程度的增长。

中国 20 世纪 60 年代初主要由农业危机引发的这场特殊形态的经济危机，也由于农业的率先复苏，出现重要转折。整个国民经济正在迎来新的曙光。经济调整工作将不再是"退"和"下"的问题。虽然在总体上，

---

① 参见陈正人在中央工作会议小组会的发言，1962 年 8 月 7 日。

新的繁荣即新的增长周期的到来尚待时日，在继续进行经济修复工作的同时，着重于提高产品的质量，增加产品的品种，加强薄弱环节和短线产品的生产，已经具备必要的条件。其意义不亚于数量型的发展，甚至是更为重要的发展。

三 过渡阶段的任务

经济形势的好转，是在国际上同乘机反华的帝国主义、修正主义、反动民族主义的斗争中实现的，也是同受到美帝国主义支持的蒋介石集团妄图反攻大陆的斗争中实现的。其中，同印度尼赫鲁政府扩张主义的斗争，对于维护国家领土完整和民族大团结具有重要意义。一个时期以来，印度尼赫鲁政府视中国政府维护中印世代友好大局为软弱可欺，肆无忌惮地蚕食中国领土，打死中国边防士兵。他们错误地估计形势，以为不管怎样步步进逼，中国终将退让。中国在一忍再忍、谈判的大门被彻底关死的情况下，毛泽东决定实行自卫反击。10月20日清晨，中国边防军在中印边境东西两段开始反击，曾经气焰嚣张的印度军队溃不成军。即使在这种情况下，中国政府依然没有放弃友好谈判的努力。11月19日毛泽东从当天的《参考资料》上看到，印度总理和总统在11月18日的讲话中都表示，希望通过和平谈判解决中印边界冲突。他抓住这一契机，做出了一项战争史上罕有的举动：在中国边防部队自卫反击作战取得胜利的情况下，中国政府决定主动采取措施，宣布从11月22日零时起，全线停火、后撤。翌年2月28日，中国边防部队完成预定后撤计划。4月2日，又宣布释放和遣返全部被俘的印度军事人员，共计3213人。这是继1958年金门打炮以后，毛泽东又为世界战争史增添奇绝的一笔。战争是政治的继续。和平建设是中国最大的愿望。必要的自卫反击既是维护中国领土主权完整的需要，也是保障和平建设的需要。印度不是中国的敌人，中国的真正威胁不是来自印度，对印度的工作归根到底服从和服务于整个国际战略的要求。在必要时用拳头对它施以"教训"，同样是考虑到整个国际战略的要求。毛泽东把这场战争称为"军事政治仗"或叫做"政治军事仗"，决定了它的有限的特定的目的。逞一时痛快，正是国际反华势力的愿望。中印边界局势后来的长期稳定，证明了这场自卫反击作战的决策和决断的远见。

1963年的新年钟声敲响的时候，中国经济又一次处在十字路口。是继续实施经济调整，还是开始执行第三个五年计划，需要做出选择。鉴于国民经济实现了重大转折，开始赢得经济工作的主动权；世界形势和周边环境也日益向好；国际反对现代修正主义的斗争和国内反对贪污盗窃、反对投机倒把、反对铺张浪费、反对分散主义、反对官僚主义的五反运动同时展开，党和政府又决定拿出近9亿元，给部分职工增加工资，提高部分地区的工资类别，这都进一步激发起人气，使以发展代替调整的愿望变得强烈起来。在1962年底召开的全国计划会议上，地方纷纷要求扩大基本建设规模，增加招收职工指标。进入1963年，各地以"三五"计划开局年的姿态，争相喊出打好第一仗，夺取开门红的口号。3月1日，中央发出的一份指示也认为，国民经济将会"以比较快的速度向前发展"，"进入一个新的高涨时期。"第一季度，国民经济确实出现了久已不见的良好的发展势头。在农业方面，春耕准备工作比往年抓得早，截至3月底，全国农田水利冬修工程完成土石方比上年同期增加40%，冬季施肥一般增加20%左右，前三个月修好的拖拉机、排灌机械占应修任务的75%和62%。大部分越冬作物长势良好，夏收可望有一个好收成。在工业方面，煤炭、木材、棉纱等主要工业产品产量稳步增长。根据有季度计划的44种产品初步统计，有41种产品超额完成季度计划。产品质量也有所提高，原材料的消耗定额有所降低，工业企业劳动生产率大约比上年同期提高30%左右。在市场供应方面，情况大有好转。过去"见队就排，见货就买"的紧张现象基本消除，并改变了1960年7月以来城镇居民存款连续下降的情况。在财政信贷方面，财政收入大于支出，结余10.4亿元；货币回笼20.5亿元。[①] 对于这种情况应当怎样看待，采取怎样的方针？在6月1日至15日的全国计划工作座谈会上，出现了分歧。有些人提出，把调整作为主要任务的时期已经过去，"八字方针"可以不再提了；另一些人有异议，说还存在不少遗留问题，需要进一步贯彻"八字方针"。7月1日，在中央政治局第115次会议上，李富春发言介绍，关于明年任务的提法，要不要继续提"八字方针"，总的来说有两种意见：一种意见还要继续提，一种意见可以不提。主张继续提的，也有两种意见：一种是少数，觉得还应该以调整为中心；多数觉得应该是以提高、充实为中心。主

[①] 参见《当代中国的计划工作》办公室编《中华人民共和国国民经济和社会发展计划大事辑要（1949—1985）》，红旗出版社1987年版，第201页。

张不提的根据是，认为三年来作为调整的主要任务已基本完成，国民经济全面好转了。①

面对莫衷一是的情况，毛泽东的决断是：把1963—1965年的三年作为第二个五年计划和第三个五年计划之间的一个独立的带有过渡性质的阶段。在这个阶段，除继续调整，一定还要有所发展；不仅要使整个国民经济得到很好的恢复，为后续发展打下扎实基础，而且通过进一步总结经验，规划未来的发展目标，做好下一步的准备。7月下旬，周恩来在中共中央书记处传达毛泽东关于1963年至1965年三年继续调整的想法，即三年调整，重点是巩固、充实、提高。提高质量，增加品种，提高劳动生产率，学会管理，填平补齐，成龙配套。今后三年，必须创造条件，为第三个五年计划做好准备。② 8月6日，薄一波向国务院各部委负责人进行传达。他说，"毛主席最近指出，1963年、1964年、1965年仍然是作为调整的年代"。我们原来打算，今年是第三个五年计划开始。现在不搞了。1966年开始第三个五年计划。假如1963年到1965年是调整，加上1961年、1962年两年，实际上就是五年调整。目的就是把我们的工作搞得更好，把基础打得更扎实，把各方面的关系调整得更好，把第三个五年计划搞得更好，不要仓仓促促。③

做出这样的抉择，是基于下述认识：从"二五"最后一年的计划执行结果看，主要工农业产品产量除原煤、原油、发电量达到八大提出的《建议》指标以外，其他主要产品都低于《建议》的指标。五年基本建设投资总额比"一五"时期增加87.7%，1962年工业总产值仅比1957年增长19.9%，国民收入则下降14.5%。人民生活水平不仅没有提高，反而有所下降。说明国民经济还没有完全恢复元气。同年9月召开的中共中央工作会议，在肯定国民经济全面好转，形势十分有利的同时，也一致认为仍存在不少问题。主要是：（1）农业生产还没有完全恢复到1957年的水平，粮食在几年内还要进口，特别是经济作物和林业、畜牧业的恢复，需要花很大的力量。（2）整个工业和交通运输业，特别是基础工业，在提高质量、增加品种、填平补齐、成龙配套、设备维护和更新等方面，需要

---

① 参见田松年《1963—1965年国民经济继续调整决策的形成及实施》，《党的文献》1998年第4期。

② 转引自《国家计委会议纪要》（1963年7月30日）。

③ 参见薄一波《关于1964年计划的问题》，《党的文献》1998年第4期。

进行大量工作。（3）许多企业的经营管理，还要花大力进行整顿。尤其是亏损企业为数还不少，要进行工作加以改变。（4）外债还没有全部偿还，还有1.6亿卢布的苏联债务，要到1965年才能还清。那时候，才有可能用较多的外汇进口建设所需要的先进设备和先进技术。（5）开展农村"四清"运动和城市的"五反"运动，打击和粉碎城乡资本主义势力的猖狂进攻，进一步巩固和壮大全民所有制和集体所有制经济，需要有一定的时间。（6）在国际上的反修斗争，也要经过几年工作才有可能争取一个新的局面。会议从上述分析出发，达成如下共识：从1963年起，再用三年时间，继续进行调整、巩固、充实、提高的工作，作为今后发展的过渡阶段。在这个阶段上，贯彻执行以下四条方针：第一，以农业为基础、以工业为主导的发展国民经济的总方针；第二，自力更生，奋发图强，艰苦奋斗，勤俭建国的方针；第三，国民经济按照解决吃穿用，加强基础工业，兼顾国防、突破尖端的次序安排的方针；第四，继续实行调整巩固充实提高的方针。确保农业生产达到或超过1957年的水平；工业生产在1957年的基础上提高50%左右；国民经济工业和农业之间和工业内部、农业内部的比例关系以及消费和积累之间的关系，力争在新的基础上达到基本协调；工业的各部门要填平补齐，成龙配套，搞好设备更新和专业化协作；国民经济的管理工作经过整顿走上正常轨道。确定1963年到1965年为两个五年计划之间的过渡阶段，整合了党内的不同意见，汲取了各方面主张的合理成分，又照顾到实践业已反映出来的谋求发展的愿望。对照西楼会议后中央财经小组的方案（以下简称"方案"），上述决策（简称"决策"）肯定并吸收了它包含的一部分意见和建议，同时也有分析地扬弃其已落后于实际的某些看法和主张。前面谈到，陈云曾将1963年至1972年的十年明确地区分为两个阶段，各为五年，并且确定前一阶段是恢复阶段。他认为，这对"妥善部署财经各部门的工作很有好处。如果不是这样，笼统地要大家执行十年规划，又想发展，又要下马，又想扩大规模，又要'精兵简政'，就会彼此矛盾，举棋不定。而分成两个阶段，基本建设和若干重工业生产的指标先下后上，任务就比较明确"。这对于1961年和1962年两年来说是适合的，当时也正是这样做的。从1963年开始经济形势有了明显变化，就不完全是恢复问题了。比较二者，相同点是都肯定调整作为一个独立的阶段。在这个阶段上的部分目标和任务具有一致性。二者的区别在于：确定该阶段的时限和工作重点等均有不同。"方案"规定时限为1963—1967年的五年,认为主要问题是恢复;"决策"以1963—1965年的三年为限,重点是以巩固充实提高为主,还要有所发展,为下一个五年计划做一定的准备,带有过渡的性质。这不仅仅是提法上的不同,承担的任务也有了很大的区别。

第十七章

国民经济的恢复性增长与内涵式发展

1963年,中国经济在经过大约两年的煎熬以后,终于全面复苏。在1963—1965年间,国民经济按照巩固充实提高的要求,继续进行调整,勾勒出一幅恢复性增长与内涵式发展互相结合、彼此促进的图景。1964年,经济调整的任务就基本完成,国民经济的各项重要指标绝大部分都恢复到或超过了1957年的水平。同危机前相比,有退有进,总体上比那时合理。1965年,实际上拉开了新一轮繁荣期的序幕。在此期间,还就未来的发展问题进行研究,为即将开始的第三个五年计划进行准备。这一时期,积累了1958—1960年三年大发展所缺乏的宝贵经验,有助于提高国民经济的管理水平。

第一节 继续调整与再生产理论

一切社会生产,都是再生产。马克思曾把再生产按规模区分为简单再生产和扩大再生产两种基本类型,认为前者是后者的起点和基础。在《资本论》第二卷,他又从实现形式的角度把扩大再生产概括为外延型和内含型两种:"如果生产场所扩大了,就是在外延上扩大;如果生产资料效率提高了,就是在内含上扩大。"[①] 尽管经济学界对此有不同的理解,但它对于社会主义经济建设具有重要的理论和实践意义,则是一致肯定的。社会主义再生产,本质上是扩大再生产。尤其是对于经济落后的中国,为了迅速实现社会主义工业化,尽快建立并壮大基础薄弱的基本工业

---

① [德] 马克思:《资本论》第二卷,人民出版社1975年版,第192页。

部门，主要采取了外延式的扩大再生产方式，即通过较大规模的基本建设投资，大量兴建新工业企业和改扩建一部分原有工业企业。这样做，从长远看，是很必要的，但与当年生产和人民的现实利益有矛盾。如果平衡点安排不当，两方面都会受到损害。马克思指出，基本建设的特殊性质，使它与当年生产形成了一组矛盾的对立物。如他所说，"有些事业在较长时间内取走劳动力和生产资料，而在这个时间内不提供任何有效用的产品；而另一些生产部门不仅在一年间不断地或者多次地取走劳动力和生产资料，而且也提供生活资料和生产资料。在社会公有的生产的基础上，必须确定前者按什么规模进行，才不致有损于后者。在社会公有的生产中，和在资本主义的生产中一样，在劳动期间较短的生产部门，工人将照旧只在较短时间内取走产品而不提供产品，在劳动期间长的生产部门，则在提供产品之前，在较长时间内不断取走产品。因此，这种情况是由各该劳动过程的物质条件造成的，而不是由这个过程的社会形式造成的。"马克思所说的"有些事业"，指的就是我们现在说的基本建设。他说，这种情形是由各该劳动过程的物质条件造成的，而不是由这个过程的社会形式造成的。就是说，不论哪一种社会制度下，都是一样。所以，他特别指出：如果我们设想一个社会不是资本主义社会，而是共产主义社会，"问题就简单地归结为：社会必须预先计算好，能把多少劳动、生产资料和生活资料用在这样一些产业部门而不致受任何损害，这些部门，如铁路建设，在一年或一年以上的较长时间内不提供任何生产资料和生活资料，不提供任何有用效果，但会从全年总生产中取走劳动、生产资料和生活资料"①。果然，问题恰恰是发生在没有能够做到如马克思说的那样，"预先计算好"的环节上。1956年的跃进式发展，基建规模过大，造成各方面的紧张。总结经验，认识到国家计划的安排要先生产，后基建："在原材料供应紧张的时候，首先要保证生活必需品的生产部门最低限度的需要，其次要保证必要的生产资料生产的需要，剩余的部分用于基本建设。先保证生产、后供应基建这种排队的必要，主要是为了维持最低限度的人民生活的需要，避免盲目扩大基本建设规模，挤掉生活必需品的生产。在财力、物力的供应上，生活必需品的生产必须先于基建，这是民生和建设的关系合理

---

① ［德］马克思：《资本论》第二卷，人民出版社1975年版，第396—397、350页。

安排的问题。"① 当时这一问题还不算很严重，经过不长时间的调整就得到解决。所以，主导思想包括大多数党的高级干部没有给予特别重视，较多注意的是反冒进的问题。在这个意义上，1958—1960年三年"大跃进"中的一些失误，不妨视为前次问题在更加严重程度上的重复。

国民经济这次"大跃进"中的问题，应该说发现比较早，动手纠正也不晚。中经第一次庐山会议的波折，问题积累愈来愈多。三年累计基本建设投资额为1007.41亿元，积累率按算术平均数高达39.1%。同期，国家财政收入总额为1447.00亿元，财政支出中基建拨款按算术平均数高达55.0%，远远超过"一五"时期的经验数据40.0%。1958—1960年国家预算内投资额为886.20亿元，其余121.21亿元名义上是地方自筹，实际上很大一部分是靠挤占企业流动资金、挪用更新改造基金和经常性的设备维修费用以及变相从银行贷款等非法渠道筹得，无异于"挖肉补疮"，埋伏了其他方面的欠账。基本建设的严重失控，首先损害了农业部门（当然，还有其他原因以及自然灾害因素），继而又损害了工业部门，致使国民经济"发生巨大的紊乱"，酿成一场危机。不但不能实现扩大再生产，甚至不能维持简单再生产，出现了由农业开始传导到工业和整个国民经济的萎缩性再生产。

如上所述，1962年危机出现转折，1963—1965年开始迈进过渡性阶段。一方面是国民经济以1957年为目标的恢复性增长，另一方面则是以巩固充实提高为内容的着重内涵式的发展，恢复与发展互相交织。前者主要是把萎缩性的再生产提升到已经达到的生产总规模上，仍属于简单再生产范畴；后者则是对现有生产能力进行调整、改组、充实和加强，虽然较少有追加资金的投入，即除了实际上是补偿性的基本建设投资以外，1965年才有少量扩张性的投资（主要是开始了三线建设的投入），但是，产出总量不仅超过了先前的水平，更重要的是产品的质量和性能的显著进步（同样数量，技术含量不同）。这意味着另一种含义的扩大再生产。在这里，又存在简单再生产和扩大再生产的互相交织。这是1963—1965年的继续调整与前两年的调整的最大不同，它与1958—1960年三年的着重外延式的扩大再生产，共同构成一篇文章的上下篇。

---

① 《陈云文选》（1956—1985年），人民出版社1986年版，第45页。

第二节 伴随复苏的发展

进入1963年，中国经济的复苏步伐明显加快。当年计划的安排是，农业总产值增长8.5%，工业总产值增长5.7%。财政收入和支出均为327亿元。社会商品零售总额比上年略有增长，为563亿元。主要工农业产品产量指标：粮食3186亿—3216亿斤，棉花2100万—2200万担，钢670万吨，煤炭20046万吨。预算内基本建设投资安排77.1亿元，其中，拟用于农业和直接支援农业的占33.3%，用于轻工市场和直接为轻工市场服务的占5.9%，用于国防和为国防工业服务的占14.3%，用于重工业的投资除去直接为农业、轻工业和国防服务的部分以外，占31.4%，主要是用于基础工业建设，实际上许多也是间接为农业、轻工业和国防工业服务。77.1亿元投资中，用于维持简单再生产的部分占44.4%，用于扩大再生产的部分占55.6%。大中型项目由原安排的692个减少为668个，并且推迟了125个项目的部分工程。1963年，要求再减少职工256万人到172万人，减少城镇人口600万人。计划执行结果，各方面都超额完成。同上年相比，农业总产值增长11.6%，工业总产值增长8.5%。财政收入342.3亿元，收支相抵结余2.7亿元。全年货币净回笼10亿元左右。主要工农业产品产量指标，粮、棉在部分地区遭受比较严重灾害的情况下分别达到3400亿斤和2400万担，同上年相比（下同）分别增加200亿斤和900万担；钢762万吨，增加95万吨；煤炭一项虽然超额完成计划，却比上年减少300万吨。预算内基本建设投资完成80.69亿元，比上年增加24亿元，固定资产交付使用率由79%提高到81%。许多重要工业产品的质量明显提高，电炉钢的质量超过了历史最高水平。产品品种规格增加。上半年钢铁工业试制成功新品种300多个，民用机械新增280多种新品种。全民所有制工业全员劳动生产率比上年提高26.7%；百元固定资产实现利润由上年的8.9元提高到13.6元，百元产值占用流动资金由上年的38.7元降为34.6元。商品供应量增加，城乡人民生活继续有所改善。年末全民所有制商业库存总额达418.1亿元，比上年增加35亿元，零售物价总指数比上年下降9%，加上部分职工增加工资，全民所有制职工年平均实际工资由1962年的440元增加到507元，农民人均纯收入由上年的99.1元提高到101.3元。

中共中央批准的 1964 年国民经济计划，要争取农业有一个更好的收成，工业生产持续上升，基本建设着重做好水利工程和基础工业的充实提高、填平补齐、配套成龙、更新改造工作，国防工业有所壮大，人民生活继续改善，整个国民经济进一步全面好转。计划主要指标规定：工农业总产值 1467 亿元，比 1963 年预计（下同）增长 8% 左右。其中，农业总产值 490 亿元左右，增长 7% 以上；工业总产值 977 亿元左右，增长 8% 左右。粮食 3410 亿斤至 3435 亿斤，棉花 2442 万担至 2553 万担，三种油料 5238 万担，生猪年末存栏 1.28 亿头；钢 840 万吨，煤炭 2.13 亿吨，原油 760 万吨。财政收入 382 亿元左右，增长 11.9% 左右。预算内基本建设投资 111.08 亿元，施工的大中型项目 858 个。

1963 年以来，城乡陆续开展"五反"和社会主义教育运动，掀起学习毛主席著作，学解放军、学大庆、学大寨的热潮，重新焕发起工人、农民和知识分子的积极性。10 月 16 日，中国成功爆炸自行研制的原子弹，笼罩中国上空多年的阴霾被罗布泊的蘑菇云彻底驱散，把人民的民族自豪感和自信心提升到新高度，推动生产建设再现蓬勃发展的新局面。到 1964 年底，工农业总产值（按可比价格计算，下同）增长 17.5%，超额完成国家计划。其中，工业总产值增长 19.6%，完成计划的 112.8%；农业总产值增长 13.5%，为国家计划的 111.2%。工业总产值中，重工业产值比上年增长 21%，轻工业产值比上年增长 17.8%。工农业主要产品产量增幅大都比较高。除煤炭以外，工业不仅产量增加，品种、质量等各项经济技术指标的进步都极为显著。钢产量达到 964 万吨，比上年增加 202 万吨；原油 848 万吨，比上年增加 200 万吨。工业技术水平进一步提升。据冶金、一机、农机、化工、石油五个工业部门统计，试制成功的重要新产品就达 7000 多种，石油工业有 46 种主要油品的质量已经赶上或超过苏联。全民所有制工业企业全员劳动生产率又比上年提高 20.1%。农产品产量，粮食 3750 亿斤，比上年增加 350 亿斤，比计划高线指标多 315 亿斤；棉花 3325 万担，比上年增加 925 万担，比计划高线指标多 772 万担；三种油料 5994 万担，比上年增加 1576 万担，比计划多 756 万担；其他经济作物和农牧业产品也都有较多增产，猪只年末存栏达到 15247 万只，为计划的 119.1%。各地学习大寨精神，自力更生地兴建了一批小型农田水利工程，建成一批旱涝保收、稳产高产农田。基本建设完成投资 144.12 亿元，重回百亿元以上，比上年增加 45.96 亿元，增幅高达 46.8%。其中，预算内基建投资完成118.53亿元，固定资产交付使用率比上年再提高0.9%。财政收入大幅度增加，并继续保持盈余。市场供应明显好转，人民生活继续改善。这一年社会商品零售总额638.2亿元，比上年增长5.6%，剔除物价下降因素，实际商品供应比上年增长9.4%。绝大部分商品已经可以敞开供应，质量提高，花色品种增多。商品库存也有一定的补充。社会商品零售价总指数下降3.7%，高价、议价商品下降30%以上，牌市差价接近正常。城乡人民平均消费水平比上年提高3.4%，按人口平均的粮食、食油、猪肉、棉花等主要消费品的消费量均比上年有较多增加。此外，还提前全部还清了对苏联和东欧六国的贸易欠账，美元外汇结存继续增加。

第三节 跃进的另一重含义和"大跃进"的新诠释

1964年12月21日，第三届全国人民代表大会第一次会议在北京开幕，国务院总理周恩来在政府工作报告中宣布：中国的国民经济，经过1958年到1960年的大发展，从1961年起，进入一个调整、巩固、充实、提高的时期。现在调整国民经济的任务已经基本完成，工农业生产已经全面高涨，整个国民经济已经全面好转，并且将要进入一个新的发展时期。他说，在过去几年中，我们根据总路线的基本精神，初步地总结了群众的实践经验，制定了一系列的具体政策，提出了一些工作条例草案。这些具体政策和条例草案，虽然有一些还有缺点，但是对国民经济的调整起了重要的作用。同时，我们集中主要力量，加强了农业战线，努力增加人民生活必需品的生产；调整了工业和农业的关系，并且使工业和其他部门的工作转移到以农业为基础的轨道上来；调整了工业内部的关系，加强了薄弱环节，发展了新型工业。这样我国国民经济各部门的关系就在新的基础上比较协调了，我们的经济力量也比过去增强了。农业生产前两年连续增产，今年又获得了更好的收成，达到了过去较高年份的水平。工业生产有新的发展，品种、质量出现新的跃进。四年来主要工业产品品种大约增加两万四千种，比1958年到1960年大发展时期增加的品种还多两倍。产品质量普遍提高，有些已经达到或者接近世界先进水平。在这里，周恩来把经济调整时期在增加工业产品品种、提高工业产品质量方面所做的工作和取得的成就评价为"新的跃进"。这具有不同寻常的意义。不禁使人想起

1957年，他在政府工作报告中总结1956年的经济工作和经济发展成就时，首次使用"跃进的发展"的提法。工业"品种、质量出现新的跃进"，不妨视为经济跃进的另一重意义。它意味着经济增长质量的改观和工业技术水平的进步。在这方面，周恩来特别提到中国科学研究水平的提高。他说，我们已经有一批第一流的科学家和工程师，有些研究成果已经可以认为是先进水平的了。现在我们已经能够完全依靠自己的力量，设计和建设许多重要的现代化的工业企业，设计和制造许多高级的、大型的、精密的机器设备，生产大批质量高、品种规格比较齐全的原料、材料、燃料。我们自己制造的成套设备是增加了。1964年10月16日，爆炸成功的我国第一颗原子弹，是我们自己制造出来的。外国的原子科学家也不能不承认，我国这次实验，已经超过了美国、英国和法国初期核试验的水平。

周恩来回忆说，大家记得，当我们前几年面临严重困难的时候，一贯敌视中国人民的帝国主义者、现代修正主义者和各国反动派，演出了反华大合唱，说什么中国的经济"崩溃了"，"大跃进"失败了，"人民公社"垮台了，人民政府破产了等等。但是，曾几何时，这些老爷们在无情的事实面前，不得不承认：屹立在东方的中华人民共和国更加巩固，更加强大了。他说，这些成就的取得，是坚决执行自力更生的方针的结果。我们依靠人民公社的集体力量，充分发挥广大农民集体生产的积极性，迅速恢复和发展了农业生产。我们依靠广大工人和科学技术人员的创造性劳动，增强了自力更生进行生产建设的力量。这一时期，我们不但没有借一文外债，而且把过去的外债几乎全部还清了。我们欠苏联的各项借款和应付利息共计十四亿零六百万新卢布，已经按期偿还了十三亿八千九百万新卢布，剩下的尾数一千七百万新卢布，我们已经向苏方提出，用今年对苏贸易顺差额中的一部分提前全部还清。"我国国民经济调整工作的巨大成就，自力更生地进行建设的力量的增强，充分地证明了社会主义制度的优越性，证明了我国各族人民奋发图强的伟大力量，证明了社会主义建设总路线的正确，证明了马克思列宁主义、毛泽东思想是战无不胜的。"

周恩来在政府工作报告今后任务的部分，在讲到技术革命的问题时，有一段毛泽东加写的话，对大跃进作出新的诠释："我们不能走世界各国技术发展的老路，跟在别人后面一步一步地爬行。我们必须打破常规，尽量采用先进技术,在一个不太长的历史时期内,把我国建设成为一个社会主义的现代化的强国。我们所说的大跃进,就是这个意思。难道这是做不到的吗?是吹牛皮、放大炮吗?不,是做得到的。既不是吹牛皮,也不是放大炮。只要看我们的历史就可以知道了。我们不是在我们的国家里把貌似强大的帝国主义、封建主义、资本主义从基本上打倒了吗?我们不是从一个一穷二白的基地上经过十五年的努力,在社会主义革命和社会主义建设的各个方面,也达到了可观的水平吗?我们不是也爆炸了一颗原子弹吗?过去西方人加给我们的所谓东方病夫的称号,现在不是抛掉了吗?为什么西方资产阶级能够做到的事,东方无产阶级就不能够做到呢?中国大革命家,我们的先辈孙中山先生,在本世纪初期就说过,中国将要出现一个大跃进。他的这种预见,必将在几十年的时间内实现。这是一种必然趋势,是任何反动势力所阻挡不了的。"①

顺便指出,如果把粮食产量的计算口径调整一致,总产量的恢复比预计时间提前得更多。陈云和周恩来在西楼会议及其后所说1957年粮食产量3700亿斤不包括大豆,按扣除大豆后的产量计算,1965年为3767.8亿斤,已经超过1957年。又:粮食中的薯类1963年以前按每4斤鲜薯折粮食1斤计算,1964年及以后按每5斤鲜薯折粮食1斤计算。② 按同口径比较的原则,将1957年薯类也以5折1计算,则该年不包括大豆的粮食产量应是3612.32亿斤,而不是3700亿斤;1965年退后一年的1964年,不包括大豆的粮食产量就已经达到3592.6亿斤,仅比1957年的粮食产量少不到20亿斤,比当时预计的需要四五年甚至更长时间才能恢复到1957年的水平快了许多。③

第四节 承前启后的1965年与过渡
阶段结束时的国民经济

正当中国的经济即将进入新的繁荣的时候,它的外部环境又出现了新情况。1964年8月,美国帝国主义悍然出动飞机轰炸北越,把战火

---

① 以上周恩来政府工作报告中引语,均见《人民日报》1964年12月31日。
② 中国国家统计局:《中国统计年鉴(1984)》,中国统计出版社1984年版,第561页。
③ 根据中国国家统计局《中国统计年鉴(1984)》(中国统计出版社1984年版)第145页有关数据换算所得。

烧到中国的南大门。同年10月取代赫鲁晓夫的苏联新领导，公然发出危险信号，要颠覆中国的最高领导人。战争的危机感，促使毛泽东和他的同事不容有其他选择，必须采取相应举措以防不测。原拟把解决"吃、穿、用"作为未来发展的首要目标，现在决定让位于备战，把西南腹心地区作为三线尽快建设成为战略大后方，以备战时支持积极防御作战，平时则有利于广大落后地区的开发与发展，兼顾平战结合的需要。经中共中央批准的《1965年计划纲要（草案）》，即按这一要求进行安排，并把1965年三线建设计划与第三个五年计划相衔接。具体任务是：在交通运输方面，采取分头、分段、多点同时施工的办法，集中力量建设西南三线铁路干线，争取1965年第三季度修通川黔线；1966年修通滇黔线；1969年修通成昆线。在基础工业方面，除进行攀枝花的冶炼试验、地质勘探和其他准备工程，酒泉的矿山建设和选矿、烧结实验以外，利用沿海一线搬来的部分设备，在西南、西北地区分别建设10个中小钢铁企业。1965年计划主要指标是：工农业总产值1735亿元，同1964年预计完成情况相比（下同）增长9.8%。其中，工业总产值增长11.8%，农业总产值增长5.8%。主要工农业产品产量，钢1040万吨，原煤20893万吨，发电量610亿度，原油970万吨；化肥640万吨；粮食3700亿至3850亿斤，棉花3000万至3200万担。社会商品零售总额659亿元。新增固定职工40万人。国家财政收支各442.3亿元。预算内基本建设投资总额为134亿元，其中，三线投资42亿元；大型项目690个，其中三线187个。

  1965年是承前启后的一年。除继续完成三年过渡阶段的某些遗留任务以外，较大量的工作是启动了以三线建设为重点的国家经济资源的重新配置，其实质是国民经济的又一次重大调整，主要是区域经济发展战略和区域经济布局的大调整。到1965年结束的时候，不仅年度计划主要指标都很好地完成了，三年过渡阶段的任务也都圆满超额完成。

  详情参看下列各表：

表 17—1　　　　　1965 年工农业总产值指数与历史比较

（按可比价格计算，以 1952 年为 100）

年份	工农业总产值	农业总产值	工业总产值	在工业总产值中 轻工业	在工业总产值中 重工业
1957	167.8	124.8	228.6	183.3	310.7
1958	221.9	127.8	353.9	245.1	555.5
1959	265.0	110.4	481.7	299.0	822.7
1960	279.3	96.4	535.7	269.7	1035.8
1961	192.5	94.1	331.1	211.4	554.2
1962	173.0	99.9	276.1	193.6	429.0
1963	189.6	111.6	299.6	198.1	488.2
1964	222.9	126.7	358.3	233.4	590.7
1965	268.3	137.1	452.9	344.7	651.0

资料来源：中国国家统计局：《中国统计年鉴（1984）》，中国统计出版社 1984 年版，第 24 页。

表 17—2　　　1965 年工农业总产值构成与 1957 年以来各年比较

（按当年价格计算）

年份	占工农业总产值（%）农业	占工农业总产值（%）工业	占工农业总产值（%）轻工业	占工农业总产值（%）重工业	占工业总产值（%）轻工业	占工业总产值（%）重工业
1957	43.3	56.7	31.2	25.5	55.0	45.0
1958	34.3	65.7	30.5	35.2	46.5	53.5
1959	25.1	74.9	31.1	43.8	41.5	58.5
1960	21.8	78.2	26.1	52.1	33.4	66.6
1961	34.5	65.5	27.8	37.7	42.5	57.6
1962	38.8	61.2	28.9	32.3	47.2	52.8
1963	39.3	60.7	27.2	33.5	44.8	55.2
1964	38.2	61.8	27.4	34.4	44.3	55.7
1965	37.3	62.7	32.3	30.4	51.6	48.4

资料来源：中国国家统计局：《中国统计年鉴（1984）》，中国统计出版社 1984 年版，第 27 页。

表17—3　　　　1965年粮棉钢煤产量与1957年以来各年比较

年份	粮食（亿斤）	棉花（万担）	钢（万吨）	煤炭（亿吨）
1957	3900.9	3280.0	535	1.31
1958	4000.0	3937.5	800	2.70
1959	3400.0	3417.6	1387	3.69
1960	2870.0	2125.8	1866	3.97
1961	2950.0	1600.0	870	2.78
1962	3200.0	1500.0	667	2.20
1963	3400.0	2400.0	762	2.17
1964	3750.0	3325.4	964	2.15
1965	3890.5	4195.5	1223	2.32

资料来源：中国国家统计局：《中国统计年鉴（1984）》，中国统计出版社1984年版，第145、146、225页。

表17—4　　　　1957年以来积累、财政收支、基建拨款占比变化

年份	积累占国民收入使用额（%）	财政收入占国民收入（%）	基建拨款占财政支出（%）
1957	24.9	34.2	40.7
1958	33.9	34.7	56.0
1959	43.8	39.9（39.8）	54.7
1960	39.6	46.9	54.2
1961	19.2	35.8（35.7）	30.0
1962	10.4	33.9	18.2
1963	17.5	34.2	23.6
1964	22.2	34.3	31.0
1965	27.1	34.1	34.0

注：括号内数字是用不包括国外借款的财政收入计算的。

资料来源：中国国家统计局：《中国统计年鉴（1984）》，中国统计出版社1984年版，第35页。

从上列各表数据看，（1）按产值指标比较，除重工业产值超过1957年仍低于1959年和1960年以外，农业和轻工业都是新中国成立以来的最高水平。（2）列出的粮棉钢煤四种主要工农业产品产量都超过1957年水平。（3）工农业总产值构成所显示的农、轻、重的比例关系，1957年以

来积累、基建拨款占比变化所显示的积累与消费的关系，从 1958 年至 1960 年重工业过重、积累率过高、国家建设规模过大这一极端，到 1961 年至 1962 年被迫走向又一极端，尔后的三年渐渐恢复到相互较为协调的状态。1965 年农业与工业比值为 37.3∶62.7，轻工业与重工业比值为 51.6∶48.4；消费与积累比值为 72.9∶27.1；积累占国民收入使用额的 27.1%，财政收入占国民收入的 34.1%，基建拨款占财政支出 34.0%，大体适合于当时的情况和国民经济的发展水平。这是几年艰苦努力取得的重大成果。同时，不应忽视，它们是有条件的。在工业化的一定阶段上，甲部类（重工业）发展更快一些（优先发展）是必需的，它的比重占得较大一些也是合理的。一个"一穷二白"的发展中大国，为了实现工业化目标，造福子孙后代，除了节衣缩食，增加积累，没有其他的选择。多年的经验数据，积累率保持在 30% 左右是必要的，超过 35% 的后果有前车之鉴，经常低于 30% 也将不利于发展。当国民经济走上下一轮增长的轨道，积累率的一定回升和重工业比重的适度提高是必然的。

1965 年还有几点值得关注：

（1）经济效益指标继续向好，说明增长具有较高质量。据上海、天津、辽宁等七省市对 4000 多种产品的调查，质量继续提高或者稳定在上年水平的占 92%，全民所有制工业企业全员劳动生产率比上年提高 22.5%，是过去少有的。基本建设建成投产的大中型项目 289 个，项目投产率 22.9%，是新中国建立以来投产项目最多的一年；固定资产交付使用率 93.6%，为新中国成立以来最高。

（2）三线地区发展提速。基建重点开始转向三线，资源由沿海向内地配置。川贵线已经通车，云贵线完成铺轨任务的 84%。成昆线也开始全线施工；攀枝花、酒泉两大钢铁基地的准备工作进展也很快。这一年，三线地区工业生产增长 31%，内地在全国工业总产值中的比重比 1957 年上升 2.8 个百分点。

（3）化肥、化纤、塑料、合成洗涤剂以及电子工业等若干新兴工业，都是在这个时期打下的基础。大庆油田的艰苦会战也是在这一时期。新兴原子能工业，在中央 1961 年 7 月最艰难的时刻作出自力更生突破尖端技术的决定后，终于在 1964 年成功地爆炸了中国第一颗原子弹。

（4）就业结构和就业方式出现新变化。1965 年底全民所有制职工比上年增加 273 万人，大部分为新投产企业和建设单位，特别是在三线地区；原有工交企业不仅没有增人，反而精简职工 82.5 万人。这一年，推行灵活多样的亦工亦农劳动制度，总数达 200 多万人。安置上山下乡的社会劳动力约 57 万人。许多城市建立劳动服务大队，举办企业服务公司，组织家属半天劳动，为生产建设和居民生活服务。随着就业面的扩大，城乡居民的收入相应增加。农民人均纯收入比上年增加 4.8%，达到 107.2 元；全民所有制职工工资总额由上年的 224 亿元增至 235 亿元。[①]

这表明，党和政府关于经济形势的估计及其对经济调整工作的指导符合实际，收到预期效果。

[①] 本节 1963 年、1964 年和 1965 年的年度计划及执行结果，参引了《当代中国的计划工作》办公室编《中华人民共和国国民经济和社会发展计划大事辑要（1949—1985）》（红旗出版社 1987 年版）中各该年的有关资料。

第十八章

旨在巩固提高的举措及其效果

在三年过渡阶段，以巩固提高为中心而展开的工作，有经济的继续调整和整顿，也有为发展进行的填平补齐和少量的新项目建设，更有为寻求适合社会主义大生产经济管理体制而继续进行的改革探索。这些工作，从不同的方面促进了国民经济的加快复苏与发展，并为第三个五年计划做了准备。

第一节 充实国民经济的"瓶颈"部门与薄弱环节

一 继续充实支农工业部门

把重工业转移到主要为农业服务的轨道上来，是一个艰巨的结构调整过程。这期间，在已有工作的基础上，在以下几个方面有较大进展。（1）充实和加强中小农具和农业机械的生产能力。在加快天津、沈阳拖拉机厂等农业机械企业建设的同时，把一部分有条件的企业转产农业机械和拖拉机、内燃机配件，加强农业机械系统的生产能力。从一般机械工业转产农业机械的有110家企业，拥有约三万职工、5500台机床。1965年农业机械总动力由1962年的1029万马力增加到1494万马力，比1960年增长86.5%。（2）在不断削减基本建设项目的情况下，重点保留了太原、兰州、大连、吉林等六大化肥厂的建设。1963年合成氨新增生产能力10.8万吨，1964年增加到16.0万吨，1965年达到51.8万吨；化学肥料新增生产能力1963年为11.61万吨，1964年增加到26万吨，1965年达到88.1万吨，从而使化肥产量迅速增加，1965年化肥年产量比1960年增加了3倍多。（3）加快发展以各种非农产品为原料的轻工业部门，这不仅是满足市场的需要，更有利于舒缓粮食生产和其他经济作物争夺土地资源的矛盾，保持粮食生产的稳定发展。这是适合中国人多地少的特殊国情的一项可行选择。为此，冶金、化工、机械等工业部门采取措施，加强轻工设备及其所需要的原材料的生产。在解决穿的问题上，发展天然纤维和发展化学纤维并举。1965年产化学纤维产量由1960年的1.06万吨增加到5.01万吨，增长4倍；塑料产量1965年也由1960年的5.4万吨增加到9.7万吨，增长80%，与1957年相比分别增长250倍和6倍以上。

二　加强采掘采伐工业部门

为解决采掘、采伐工业与加工工业不相适应的矛盾，这一时期，把有限的基本建设投资，在煤炭和钢铁工业部门主要用于矿井建设与矿山建设；有色金属工业的投资，也主要用在铜、铝、镍的矿山建设，重点又是放在现有矿山的掘进与剥离上，补偿欠账。到1965年，除非金属矿山以外，煤矿、黑色金属矿、有色金属矿、辅助原料矿以及化学矿山、建筑材料矿山等其他矿山的采掘采剥关系基本上都能达到正常水平，开拓准备和可采数量基本达到规定的要求。这一时期，还整顿了采掘、采伐工业的生产管理，充实和加强采掘工业的地质勘探工作，增拨经费，增加技术设备，充实地质队伍，为下一步的矿山建设储备资源。森工部门一方面解决木材生产中的关键问题，一方面抓木材的节约、回收和综合利用，抓基本建设工作。1961—1963年全国共修建林区道路6874公里，扩大了现有企业的采伐面积，在一定程度上缓解了东北、内蒙古主要林区的过伐问题。

三　充实维修力量，加强设备的维修和更新工作

三年过渡阶段，在前两年基本完成一般设备的维修任务后，具备了集中力量解决大型精密设备和进口设备的修理以及关键配件的供应问题。到1964年底，黑色金属和有色金属矿山的设备完好率达到80%左右，一般设备完好率达到85%—90%，载重汽车1965年完好率达到86.2%。还有计划地更换了老基地、老企业已失去生产效能和不能保证安全生产的设备，改造了有碍提高产品质量的关键设备，补充了专用试验、检验、计量仪器，并着手整顿、简化设备机型，改善工矿设备的维修管理，以便合理组织配件生产以及有计划地进行设备更新工作。

四　努力完成新增生产能力的填平补齐，成龙配套

从 1963 年开始，有计划地安排了"大跃进"中仓促建设起来的新企业、新工程、新基地的填平补齐、成龙配套工作，解决辅助设施以及交通运输、原材料、燃料、动力供应等外部协作条件等方面的问题。对矿井的回采、掘进、提升、排水、通风、供电、排矸、筛分、井上和井下运输等设备，都按照矿井的综合生产能力，逐步填平补齐。对于新老工业基地职工住房、文教卫生设施等方面的生活欠账，也做了可能的安排。这三年非生产性建设投资由"二五"时期的 13.2% 上升到 17%。

五　整顿企业管理，把抓质量抓降低成本摆到突出位置

按照《工业七十条》的要求，继续分批分期地开展企业整顿工作。企业内部进一步健全党委领导下以厂长负责制为中心的各项技术经济责任制度和岗位责任制度，改善和加强经营管理，把提高产品质量、增加产品品种、降低成本摆到突出位置。在这方面，采取的主要措施包括：稀缺资源首先保证那些产品质量高、品种多、原材料消耗低的重点企业的需要。其次，加强生产技术指导，有重点地对"小洋群"企业进行技术改造。再次，严格企业的技术管理，建立健全企业技术工作总工程师负责制，保证各种设备经常处于良好状态，保证产品质量必须符合标准。最后，加强国防工业所需新型材料的研究、试制和生产，充实国防工业生产能力。经过上述工作，仅 1961 年和 1962 年两年就增加了大约 100 个钢的新品种、1500 个机械产品的新品种，多项产品质量达到或超过历史最好水平。反映工业企业经济效益的经济技术指标，也接近或超过过去的水平。国营工业企业全员劳动生产率 1963—1965 年平均每年提高 23%，1965 年达到 8943 元，比 1960 年提高 53%，为历史最高水平；1965 年每百元产值占用流动资金比 1962 年减少 1/3 以上；工业部门亏损额由 1961 年的 46.5 亿元下降为 6 亿元，盈利额由 1962 年的 76.3 亿元增加到 217 亿元，增长近两倍。

第二节　继续改革经济管理体制

一　组建社会主义的托拉斯

这是尝试用资本主义的一种企业形态来重新组织社会主义的工业企业。在20世纪60年代初，为克服暂时经济困难的被迫重新强调集权，收回并非都是下放不当的经济管理权力，出现了有违初衷的体制"复归"现象。不过"一放""一收"，也说明解决经济管理体制的弊病，不单纯是分权的问题。一放一收之后，积累了许多矛盾：一个企业多头领导，四面八方伸手；主管部门又都追求自成体系，资源配置很不经济。据国家经委调查，沈阳市463户国营工业企业中，中央直属企业102户，省属企业54户，其余为市属企业。它们分别隶属中央17个部（委）的38个局，省的18个厅和市的20个局级公司。管理企业的机构各立门户，条块分割。在这种局面下，企业不得不走"大而全""小而全"的办厂道路。例如，上百户的大中型机械厂，不问技术是否可行和经济是否合理，都搞铸造、锻压、标准件、工具等车间或工段，重复建设，互不协作。一些精密设备和仪器哪家都有，谁也不成套，闲置现象严重。设想解决这一问题的办法，托拉斯可能是一种好形式。20世纪50年代中期，在私人资本主义工商业全行业公私合营高潮中，上海通过组织各种不同的专业公司，对中小合营工厂进行生产改组，实际上就类似托拉斯的形式，或者就是一种托拉斯。1960年3月在天津召开的一次中央会议上，重新提出了这一问题。会后，邓小平向毛泽东汇报讨论情况，说大家赞成生产关系甚至上层建筑要有个改革，恐怕要走托拉斯的道路。毛泽东说："资产阶级发明这个托拉斯，是一个进步的方法。托拉斯制度实际上是个进步的制度，问题是个所有制，资本主义国家是资本家所有，我们是国有。"[①] 此后面临稳定经济的紧迫任务，从议到做又经过了一段时间。进入三年过渡时期，时机比较成熟，遂提上日程。刘少奇提出，像淮南煤矿和马鞍山钢铁厂就可以搞托拉斯。上边可以归冶金部管，也可以归煤炭部管，由一个部主管，由此类推。他说，我们现在的办法，是中央各部和省、市的厅、局

---

① 中共中央文献研究室编：《毛泽东年谱（1949—1976）》第四卷，中央文献出版社2013年版，第363页。

都干预经济,这是超经济的办法。由行政机关管,不如由公司管。今后,各部的局改成公司,不是行政组织,而是企业组织。要敢于提出学习资本主义国家经济管理方面的好经验。他们的垄断公司内部很有组织。我们的管理方式应该比他们进步,不能比他们更坏、更差、比他们还落后。①

举办托拉斯,有一个绕不开的矛盾,就是中央和地方的关系的问题。在1963年12月15日召开的全国工业、交通工作会议上,国家经委就试办托拉斯的问题征询意见,有人担心可能增加中央和地方的矛盾。12月26日,问题提到刘少奇那里。刘少奇指出:"办托拉斯本身与地方就有矛盾。解决这一矛盾有一个原则,就是怎样管理更有利。要撇开个人主义、地方主义、行业主义。至于利润分成、产品分成的问题,可以放在财政制度中去研究,作为另外一个问题来处理。"按他的设想,把一些政府机构改变为企业性质的公司,不但可以解决工业组织程度低的问题,而且还以此来带动解决社会主义国家如何管理社会化大生产的问题。把政府机构和企业组织分开,相应简化一部分政府机构,并把政府机关由直接插手企业,转变到进行检查、监督和做好综合平衡工作上来。他说,美国石油有上亿吨,在国外也有,也只是几个垄断公司管理。用行政办法管理企业,苏联这样搞,证明不行。他还说,搞托拉斯以后,党和政府不是不管,而是怎样管的问题。今后主要是管计划平衡、仲裁、监督、思想政治工作;生产由公司工厂去管。② 1964年1月6日和7日,国家经委又分别向邓小平和毛泽东汇报上述情况。邓小平在肯定托拉斯这种组织形式的同时,指出托拉斯一定要和科学实验结合起来,他说,资本家搞竞争,靠的就是这一手。③ 毛泽东说:目前这种按行政方法管理经济的办法,不好,要改。当谈到企业管理不好的原因时,他说,商业为什么不能按经济渠道经营管理,为什么只能按行政设置机构?打破省、专、县界嘛!就是要按经济渠

---

① 参见刘少奇在听取薄一波关于工业的问题汇报时的讲话(1963年10月24日),中共中央文献研究室编《刘少奇论新中国经济建设》,中央文献出版社1993年版,第526—528页。

② 参见刘少奇听取全国工交会议情况汇报时的讲话(1963年12月26日),中共中央文献研究室编《刘少奇论新中国经济建设》,中央文献出版社1993年版,第529—531页。

③ 参见中共中央文献研究室编《邓小平年谱(1904—1974)》(下),中央文献出版社2009年版,第1788页。

道办事。①

同年6月，国家经委党组草拟出《关于试办工业、交通托拉斯的意见报告（草稿）》。试办数量由原设想30多个改为12个，首先选择少数与各方面矛盾较少的行业进行试点。

6月29日，周恩来亲自召集会议讨论，并讲了以下几点意见：（一）全国性的托拉斯及其分公司同所在地区和地方的关系问题，要单写一段。组织托拉斯以后，还要照顾地方。地方上对全国性的托拉斯，既有责任，也有权利和要求。（二）成立托拉斯以后，仍要注意搞好同外部的协作关系，同地方的协作关系，包括原料、产品、零配件等生产供应方面的协作，不能什么都自己搞。（三）在文件总纲里，要把托拉斯的发展前途写明。随着托拉斯职能的扩大，部的机构要缩小，将来有些专业部，如石油部，可改变为大企业，石油部本身就可以变成总托拉斯。（四）托拉斯要按照经济的办法来办，按照经济规律的要求来管理，行政的职能转化为经济的职能。地方同托拉斯的关系，也要由行政关系为主转化以经济关系为主。（五）请主办托拉斯的有关部就不同类型的托拉斯，如盐、卷烟、长江航运、华东煤炭、铝业等行业，写出具体试办实施方案，作为文件的附件，一并送中央审查。② 会后，国家经委党组对文件多次修稿，8月17日，中共中央、国务院批准了修改后的报告，要求中央主管部门和各级党委要集中力量，首先把第一批托拉斯办好。试办托拉斯以后，现行的有关计划、财政、物资、劳动等各项管理制度要做相应的改进，中央责成各有关部门制定具体改进办法。③

第一批试办的12个托拉斯中，全国性的9个，地区性的3个。无论全国性的还是地区性的，首先发生的一个问题，便是改变将要集中的一批企业的隶属关系。这不单纯是行政隶属关系的变更，而且相应地涉及经济关系的变动。所以，伴随着企业的重组，将是社会主义生产关系和上层建筑的或多或少的调整。有些地方和部门的领导，不是通过正常的途径提出

---

① 参见中共中央文献研究室编《毛泽东年谱（1949—1976）》第五卷，中央文献出版社2013年版，第302—303页。

② 参见中共中央文献研究室编《周恩来年谱（1949—1976）》中卷，中央文献出版社1997年版，第652页。

③ 参见中共中央文献研究室编《建国以来重要文献选编》第19册，中央文献出版社1998年版，第136—137页。

意见，改进试点工作，而是采取不合作态度，调走拟收企业的人员和设备，或突击令其改行、转产，使原定要收的企业收不上来。由于中央的支持，试办工作才得以向前推进。刘少奇还希望石油部带头，石油和煤炭两个部都改为公司，部长当公司经理，各厅局为分公司，进行实验。① 他要薄一波面对地方的阻力采取坚决态度，不能动摇。他说，地方同志的意见，凡是对的，应当采纳，凡是不对的，应加以说明。为了说服各地方同志，他要求经委总结烟草公司的经验，说明统一之后的好处，也说明缺点，并提出下一步烟厂合理布局的意见，以便中央转发。同时提出组织医药公司的报告，由中央批准后实行。② 不久，经党中央和国务院批准，中国医药工业公司正式成立。此前，全国297个生产西药的单位，除四个大型原料药厂由化工部直接管理外，其余均由工业、卫生、商业、农垦、文教、公安、手工业各个部门和省、市、专区、县分散经营。刘少奇针对这种过于分散，不少小厂产品低劣的情况，指示所有医药企业一律归公司管理，药品一律归卫生部门鉴定。医药工业公司成立后，首先对全国生产西药的单位全部实行集中统一管理，关、停、并、转125个技术水平低、生产条件差、药品质量低劣的单位，同时，抓药品质量的提高工作。

1965年初召开的全国工业、交通工作会议，对试办托拉斯的成绩给予充分肯定，要求1965年除把已办的12个托拉斯办好以外，再选择条件较为成熟的重要产业，试办一批不同类型的托拉斯。正当着手扩大试点范围的时候，北京市的一份情况反映，引起一场"风波"。同年4月10日，北京市委研究室约请北京医药行业座谈当前药品供应中的问题，形成题为《全国医药"托拉斯"成立后的新情况》的座谈会纪要，上报北京市委。"纪要"反映医药托拉斯统一安排生产后，北京市药品品种和供应量减少，一批常用药严重脱销。这种统法不能适应医药供需的特殊情况。4月26日彭真（时兼任北京市长）将"纪要"送呈毛泽东和刘少奇、邓小平，说明这份材料反映的问题值得注意。他建议对这批托拉斯的试办经验加以总结，再考虑建立第二批。4月29日，毛泽东批示薄一波等，要求

---

① 参见刘少奇听取薄一波汇报工交口工作时讲话（1964年9月22日、23日、25日）。
② 参见刘少奇写给薄一波的一封信（1964年10月2日）。

"迅速、周密地解决"。[①]

薄一波接到毛泽东的批示和北京市的反映，当即研究解决办法。国家经委会同医药工业公司、化工部向中央先后报送了三份材料，说明北京市座谈会反映的有些问题，是过去长期没有解决的问题，医药工业公司正在着手解决；对于试办托拉斯过程中存在的问题，主要是集中统一管理全国西药生产单位时，统筹安排不够，丢掉了一些小产品。看来，他们并不认为都是托拉斯集中统一的过错。5月10日至6月7日，国家经委又召开托拉斯试点工作座谈会。座谈会上，尽管对搞托拉斯仍有质疑的声音，经过讨论，还是达成较为一致的意见，肯定工业必须组织起来，必须按照经济原则解决各项矛盾。会议形成的《托拉斯试点工作座谈会纪要》，对有关问题提出了以下解决办法：

（1）关于托拉斯由哪一级主办与规模大小的问题。应根据该行业在国民经济中的地位和特点，决定采取哪种形式。国民经济中的某些重要行业，如煤炭、石油、基本化工、重要机械、纺织等，可以办全国性的托拉斯，由中央部门管理；有些行业，如制糖、玻璃、塑料制品等轻工业行业，某些通用机械、铸锻件等工艺加工、通用设备修理等，可以举办地方性的托拉斯，由省或大工业市管理。

（2）关于全国性托拉斯的行业管理与上收地方工厂的问题。根据不同的情况采取不同的做法。对需要和可能集中统一管理的行业，可以把企业都收归托拉斯管理；有些行业，可以只收重要企业，一般性企业仍隶属地方，但托拉斯有责任对该行业实行统一规划，统筹安排生产建设，根据需要和可能把重要原材料的申请和分配以及产品的调拨和销售统管起来。这种托拉斯，可以建立若干分公司，把一个地区内同一行业的工厂组织起来，分公司由托拉斯领导或与地方双重领导。有些行业如铸锻件、标准件、通用设备修理等，在成立地方性托拉斯的时候也可把当地中央直属企业中的有关车间或设备、人员统一组织起来。

（3）关于托拉斯改组生产、调整企业的问题。要兼顾整体与局部、当前与长远、经济与国防战备几方面的需要。不仅要求产品数量的增加，

---

① 中共中央文献研究室编：《毛泽东年谱（1949—1976）》第五卷，中央文献出版社2013年版，第493页。

而且要求产品品种的增加和产品质量的提高。要组织好内部的生产协作，也要重视外部的生产协作，不能随意中断原有的协作关系。需要调整的，应在妥善安排后才能调整。凡是适宜外部协作的，应委托外部协作，不能什么都自己搞，"万能不求人"。

（4）托拉斯内部的体制问题。要处理好公司、分公司和厂矿三级管理权限的划分，把集中经营和分级管理结合起来。不能什么都集中到公司和分公司，尤其不能因为实行统一核算而削弱厂矿一级的经济核算。要发挥各级的积极性。

座谈会决定，1965年工作重点继续放在办好现有托拉斯上，暂不扩大全国性托拉斯的试点范围；少数条件比较成熟的行业和地方，可再试办若干区域的或地方的托拉斯。坚持既积极又谨慎的方针，防止因大的偏差而出现反复。

座谈会后，北京、天津、广州、武汉、沈阳等城市都酝酿选择几个行业，计划举办若干地方性或区域性的托拉斯，有的还提出了托拉斯管理草案。上海的态度不同。同年6月下旬，上海市委两位负责人召集上海纺织、机械、医药、橡胶等几个分公司汇报工作，并进行了三次座谈。国家经委派企业局的同志与会。会上，一位主要领导表示了他对试办托拉斯问题的几点意见。（1）关于中央与地方的关系问题，他认为：办托拉斯，不能用资本主义的一套，也不能用修正主义的一套。苏联的市委是不管生产的，不像我们市委什么都要管。因此，别的地方搞了托拉斯以后，市里不大管了，我们要管，即使是中央办的托拉斯，也有双重领导关系。（2）关于试办托拉斯的方法问题，他说：原来的设想是，先办半年，什么都不要动，看看是否应该并厂，生产如何调整，哪些该统，哪些不该统。现在，上海的厂不是并少了，而是并多了。这些托拉斯是在中央强调试办托拉斯的情况下搞的。医药、橡胶公司搞七统一、八统一，把下面都统上来了，叫厂里只搞生产，有些简单化。你们不要过早地大吹其优越性。（3）关于对待托拉斯的态度问题，他表示：托拉斯的方向是正确的，但还没有经验。新事物难免要发生问题，我们不要专门找缺点，你们也不要专门讲优点。从这里不难看出，关于试办托拉斯的问题，党内是存在不同意见的，在有些做法上分歧还不是很小。此后"文化大革命"开始，这项工作没有再进行下去。

二 探索把物资部门办成"第二商业部"

尝试用商品流通的办法组织工业品生产资料的流通，也是一个新生事物。在马克思主义创始人那里，社会主义社会是不存在商品，因而也不存在商品流通的。社会主义成为现实以后，苏联提供了在存在两种公有制的情况下，还需要有商品交换。1952年，斯大林发表了《苏联社会主义经济问题》的著作。他总结苏联社会主义建设的经验，说生活资料还是商品，需要经过商品流通才能进入消费。这是一个前进。但他又认为生产资料还不是商品，因而不能进入流通，只能通过计划调拨的形式，把生产者与使用者（消费者）连接起来。按照斯大林这一思想建立起来的流通体制和管理模式，人民日用生活资料产品照旧纳入商品流通的范围，由遍布城乡的商业机构经营；进入生产消费的那一部分社会产品即生产资料产品，由于不再被当作商品看待，因而原则上是不能够进入商品流通的，必须纳入计划渠道，由国家计划机关自上而下地进行分配和调拨。在我国，虽然有一部分不宜远程运输和在地区间调拨的生产资料，可以进入商业渠道或者由生产企业自己销售，它毕竟不占重要地位。作为工业品生产资料，从总体上说是被排除在商品流通之外，主要由商业渠道以外的物资管理部门按照国家计划分配和调拨。这就排斥了价值规律的作用，也割断了产销之间的有机联系，失去了对生产和消费的调节作用。随着经验的积累和计划管理体制弊病的暴露，在执政党的一部分领导人中，对斯大林的上述观点的正确性逐渐产生疑问。毛泽东一直质疑苏联反对把拖拉机卖给集体农庄的做法。1958年11月，毛泽东在读斯大林《苏联社会主义经济问题》一书时，明确表示斯大林的这一观点值得研究。他说："在我们这里，很大一部分生产资料不是商品，这就是在全民所有制范围内调拨的产品。也有一部分生产资料是商品，我们不仅把拖拉机等农业生产资料卖给公社，而且为了公社办工业，把一部分工业生产资料卖给公社。这些产品，都是商品。国家卖给公社以后，它的所有权转让了，而且在公社与公社之间，还可以转让这些产品的所有权。"刘少奇也早有这样的看法。1956年11月，当周恩来在党的八届二中全会上发言时，刘少奇曾插话说：生产资料不是商品，这个观点恐怕还值得研究。之后，他明确表示：许多生产资料可以作为商品进行流通。他根据多年来物资工作存在的问题，反复思索的结果，提出国家应建立统一管理全国物资流通的专业机构物资部，并且要把它办成管理和经营生产资料的"第二商业部"。当时，国家商业部是管理经营生活资料的全国性专业机构，其下属分支机构构成了覆盖城乡的庞大商业网。刘少奇要求把物资部办成第二商业部，也就意味着应该仿照商业部的做法，建立和发展广大的物资流通网络，按照商业原则组织生产资料流通。他提出：物资部门要从生产出发，为生产服务，尽力帮助生产企业解决好厂外物资供销问题；不但要管好列入计划内的物资，而且要管好计划上没有列的那些物质。他强调管理机构要精干，经营系统要充实加强，要按照经济区域和生产资料流通的需要，设置经营网点；要做好供销服务工作，发展定点供应、直达供货，搞好门市供应、摆样展销，开办代购、代销、代加工、待发运等流通信托服务，开展原材料成型供应和机电产品修配改制等流通加工服务，组织服务，上门服务，方便用户，搞活流通。他以商业部系统能够组织好全国几亿人口的生活资料供应为例，相信物资机构也一定能够组织好几十万家生产企业的生产资料供应工作。

这一时期的物资管理体制改革，就是按照把物资部门办成经营工业品生产资料的第二商业部的目标进行的。它包括设立专门的国家物资管理机构，组织全国统一的覆盖全部工业品生产资料的物资营销网络，像商业部门那样，开展凡生产消费所需要的灵活多样的营销活动和服务活动。1959年先是在国家经委范围内设立统管物资的机构——国家经委物资办公室，由一位副主任分管这项工作。不久，随着中央重新集中经济管理权以克服经济困难的需要，一步步加快了专设独立的国家物资部门的进程。在1960年2月23日至3月1日召开的全国物资工作会议上，提出改进物资工作的总方向是，实行统一领导、分级管理，使全国的物资机构形成一个有机整体，实现统一调度物资。会后，经过一段调查研究之后，以国家经委党组名义，向中央正式提出了《关于加强物资供应工作和建立物资管理机构的请示报告》，建议成立国家经委物资管理总局。1960年5月18日，中共中央批复同意。经委物资总局成立，迅即展开工作。当时采取的一项重大举措，就是接管各个工业部门的销售机构和业务，在此基础上组建了61个一级供应站（其中金属站5个、机电站28个、木材站10个、轻工站7个、建材站6个、化工站5个），省、自治区和直辖市的物资局则建立了一批二级供应站。

实施物资的统一管理，意见较大的是各个工业部门，他们的要求是实行各部门的产供销一体化。国家经委物资总局一度让步，恢复了煤炭、石油、化工、建材、轻工和火工产品（民用爆破器材）的分部门管理。但是，中央认为，要纠正"大跃进"中物资管理分散混乱的局面，就不容许各自为政的情况再发生。1962年3月8日，国家经委向刘少奇汇报物资工作，他重申，物资机构要加强，物资工作必须统一，并提出了几个重要观点：（1）物质部门是先行部门，不是后勤部门。国家计划工作，必须建立在物资工作的基础上。不掌握物资，计划是空的。物资还要留有余地，计划才能够兑现。过去指标高，缺口大，不好办。今后指标低，就比较容易办些。（2）物资部门是综合部门，要有全面观点。物资管理必须是全面管理，集中统一管理。（3）物资部门要管三类物资。一、二类物资如钢、铁、煤、木材等，比较容易管，用少数人管就行了。在这方面"满天飞"① 的人并不多。"满天飞"最多的是计划上没有列、没有人管、没有人注意的三类物资，物资部门在这方面可以有很大作为。（4）物资经营管理机构要充实加强，物资系统应实行垂直领导。要把各个系统的物资机构人员逐步统一起来，建立由国家管理的物资经营网点。要培养各类专业人员。可以办专门的大学，或在一些大学和中专设置材料管理系。②

根据这些指示精神，国家经委党组同年4月拟定出《关于在物资工作上贯彻执行集中统一方针，实行全面管理的初步方案》，经征询大区意见，着手在北京、鞍钢、石家庄、无锡试点，还准备在各大区选点试行。在各部中，选定一机部和冶金部进行试点。"初步方案"还建议，以国家经委物资管理总局为基础，建立国家物资管理总局，对地方物资管理机构实行垂直领导。1963年5月，经国务院批准，国家经委物资管理总局升格为国家物资管理总局。这标志着物资管理工作走上新的轨道。1964年9月5日，国家物资管理总局又升格为国家物资部，以国家计委为主，由国家计委、经委、建委代管。至此，物资管理体制改革获得了重要进展。经过几年的工作，到1965年底，全国物资系统已设置各种物资经营网点3744个，生产资料服务公司152个，共有职工20万人，拥有固定资产4.7亿元，自有流动资金54.4亿元，初步形成遍布全国的物资管理系统

---

① 在物资供应不足的时候，企业常常派人常年在外到处寻觅，人们把这种情况比喻为采购人员"满天飞"。——作者注

② 参见中共中央文献研究室编《刘少奇论新中国经济建设》，中央文献出版社1993年版，第497—499页。

和经营网络。物资工作打下的这个基础,在后来长达10年的"文革"期间,对于保障三线建设和全国的物资供应,发挥了重要作用。

三 改革工业企业固定资产管理制度的努力

工业企业固定资产折旧年限长,管理制度不利于技术进步的问题,早就存在,三年经济调整中迫切要求解决,与基本建设投资大幅度缩减后,着重内涵式发展被提到重要位置有着很大的关系。形成于"一五"时期的工业企业固定资产管理制度,深受苏联的影响。最大的问题,是把本属维持企业简单再生产的固定资产折旧问题,主要看成财政体制问题,掩盖了它首先是生产管理问题的基本性质。从而把这笔补偿基金性质的折旧费转化为财政收入,上缴国库,成为积累的一部分。混淆补偿基金和收入的界限的结果,对于企业来说,补偿不足,机器设备不能及时更新,不得不依靠吃老本过日子,阻碍技术进步和劳动生产率的提高。对于国家来说,造成利润不实,财政虚收,在这一基础上安排的积累和消费的比例关系,也将受到相应的歪曲。中国经济中,长时期存在的一方面既有企业技术老化,另一方面基本建设规模又往往过大,同这种情况不能说没有关系。

工业企业固定资产管理制度中的又一严重问题是,折旧年限过长,折旧率偏低。这与理论上不承认固定资产在技术进步条件下的无形磨损有关。20世纪50年代,仿效苏联的固定资产管理制度,连同它所依据的否认无形磨损的理论观点一起搬了过来。据有关资料,我国企业固定资产折旧年限一般按30年左右计算,平均折旧率为3.7%。这比马克思当年计算的10年左右一个固定资产更新周期①还长得多。第二次世界大战以后,西方一些工业发达国家实行快速折旧,把折旧年限缩短到10年以下,以适应科学技术日新月异的需要。我国固定资产不仅折旧年限长,而且折旧基金又集中到国家手里,通过再分配将其中的很大一部分用在了基本建设上,真正用于设备更新的只是一部分。据广州市反映,他们1961年上缴的折旧费为2745万元,当年以"四项费用"②名义又下拨给他们1036万元,不到上缴额的一半。"四项费用"的使用范围比设备更新要宽,用于

---

① 参见马克思《资本论》第三卷第二册第八章第二节,人民出版社1975年版。
② "四项费用"是从第一个五年计划开始,国家通过财政拨款形式专以老企业为对象设立的技术措施费、新产品试制费、零星购置费和劳动保护费等四项基金的简称。

更新设备的部分肯定少于此数。据统计，1953 年到 1966 年的 14 年中，国家财政共集中企业折旧基金 355 亿元，同期，财政拨给企业的挖潜改造资金和新产品试制费共计 124.6 亿元，仅占 35.1%。既有企业包括新建设的企业必然年复一年地留下越来越大的设备更新缺口，也就不足为怪了。基本建设是在或长或短的时间内，只投入不产出的。承担即期生产任务的，主要是既有的企业。而国家总是年年要求这些企业通过挖潜，实现增产增收。这实际上是一种"杀鸡取卵"的政策。中国最大的老工业基地上海，深受其害。这里一大批企业，陈旧落后的机器设备早该退役、更新，为数不少的老厂甚至已经没有折旧基金可提，却必须继续服役，承担生产任务，设备一修再修，修理工作量越来越大，工业产品竟成了"手工艺品"。老一代经济学家孙冶方 20 世纪 60 年代初在那里调查，发现"大修理并不一定比重置、重建合算"，他们还是不得不这样做。在固定资产管理制度中，大修理名正言顺，有正规资金渠道。要购置新设备，立项就比较困难。按规定，设备大修一不能移位，二不能变形，希望同设备更新相结合也难以走通。中国的固定资产管理被称为"复制古董、冻结技术进步"，就是这种僵化体制必然导致的结果。企业意见很大，又无能为力。

　　面对企业的意见，国家曾几次考虑，寻找一种解决办法。1958 年 5 月 22 日，国务院决定从 1958 年起，在国营企业实行利润留成制度，将财政预算拨付的四项费用作为利润留成的一部分，由企业自主支配。这虽然有利于发挥企业的积极性，也出现了把本应属于四项费用的利润挪作他用的现象。1962 年 1 月 10 日，财政部和国家计委发出《关于颁发国营企业四项费用管理办法的通知》，自 1962 年起，除商业部门仍实行利润留成的办法以外，其他各部门的企业不再实行利润留成制度，所需要的四项费用改由国家拨款；企业主管部门在国家分配的四项费用拨款指标范围内，分别确定企业的四项费用标准。但是，改由国家拨款，又碰到了资金不足的问题。改过来再改回去，问题依然没有解决。1962 年 9 月 30 日，国家计委副主任范慕韩就他安排 1963 年设备更新计划遇到的困难，以及同财政部有关同志的分歧，给李富春写信，建议将这笔钱从国家基本建设投资中划出来，作为维持简单再生产的补偿基金对待，交由国家计委和经委掌握使用。他还援引马克思关于折旧问题的一段话作为根据。李富春将这封信转给李先念和薄一波，并报刘少奇、周恩来和邓小平等几位中央领导。他同时附信提议折旧基金仍可打入财政收入，但专门用于设备更新和维持简单再生产使用，另列计划，不再列入基本建设投资计划，以免与扩大再生产相混淆。① 李先念看了范的意见，认为有道理，批给财政部党组讨论。薄一波觉得这是一个重要的经济政策问题，也是涉及社会主义经济管理的问题，便批给几位同志斟酌研究。同年11月18日，李富春又给党内几位有声望的经济学家写了一封信，征询关于企业折旧基金作为财政收入等问题的看法。时任中国科学院经济研究所所长的孙冶方11月22日复信李富春，明确表达了否定意见。他说，把固定资产折旧费，打入财政收入，在理论上是不能成立的。因为这是把老本当作了收入，当作了新创造价值。在实践上，其危害是：（1）造成财政收入的虚假性。（2）造成对老企业老设备的"欠账"。（3）企业自己无法考虑设备更新和大小修理的统筹安排，阻碍了技术进步，还造成了大修理费的浪费。（4）使上级机关特别是中央一级领导机关，直接干预本应由企业负责的属于简单再生产范围内的许多工作，而自己陷入被动。② 孙冶方的看法，触及了固定资产管理中的要害问题，稍显不足的是没有提出折旧本身存在的问题，即折旧率过低，补偿不足，越来越不能适应技术进步和经济发展需要的问题。当然，与前者相比，在当时还是第二位的，因为即使补偿不足的折旧费应不应该交给企业，尚属疑问。

1962年11月19日，全国工业、交通工作会议在广州举行。会议提出的问题之一，是要求在两三年内，加强技术措施，加强设备维修保养，并有计划地进行设备更新。问题是没有相应的资金保证，现有的四项费用严重不足。这是积累多年的问题，牵涉到方方面面。薄一波遂授意汇集整理，作为专门问题上报。他还写了一封信，于11月28日连同整理的材料，一并给邓小平、李富春并送交中央。③ 这份材料反映，目前老企业要改造，新企业要配套，国家财政拨付的四项费用远不能适应需要。一是太少，二是地方分得更有限。以1962年为例，全国四项费用13亿元，拨给地方1/3，仅为4.3亿元，而地方工业产值在全国工业总产值中的占比1961年就达到了78%，两相比较很不适应。这份材料还比较说，世界上

---

① 参见有关范慕韩所提意见的几件材料，1962年。
② 参见孙冶方给李富春的信，1962年11月22日。
③ 参见薄一波对四项费用问题的意见，1962年11月28日。

工业先进国家设备更新期为十年左右，我们的许多老企业机器设备已四五十年还在服役。同是一万纺锭，美国用工只30多人，苏联50多人，我们却要80至100人。有的老厂厂房已是危房，生产时甚至必须派人监看，防备意外。近几年新建的企业，也因为缺少部分关键设备或厂房，达不到设计要求。广州会议的意见，应该说引起了一定的关注。1963年搞"关于工业发展问题"的文件时，对折旧基金的管理使用，试图重新作出规定。文件提出："工业的固定资产的折旧费，不要当作财政收入，应当尽可能留给企业，目的是有利于企业的设备更新和技术改造，增加产品的数量和品种，提高产品的质量。有的折旧费，可以留给部门，或者留给地方，以利于在企业之间、地区之间，进行适当的调剂。"同年9月，上述"关于工业发展问题"的文件初稿提交中央工作会议讨论。财政部党组提出异议，并写报告给李先念转报周恩来和邓小平。他们认为，这样做，仅仅是把这笔钱搬了家，就全国来说，并不可能增加对简单再生产的投资，只是管理方法的不同。而其后果，则会出现新厂有余、老厂不足，部门和地方之间也会出现苦乐不均的现象。国家掌握这笔钱，就可以避免这样的矛盾，有计划地安排使用。[1] 邓小平看后，批印中央工作会议。由于"关于工业发展问题（初稿）"最后未能形成正式文件，折旧问题的解决暂时搁浅。

1963年10月11日，全国计划会议就偿还老企业欠账、填平补齐和设备更新的投资安排问题，再度提了出来。关于老企业设备的更新，被区分为两种情况，通过不同途径解决。一种是老企业的老、旧、残伤设备的更换，在1964年基本建设投资中尽可能安排；一种是属于技术改造范围的，在长远计划中按轻重缓急，分期分批加以解决。这虽然不治本，也算是在现行体制下治标的办法。

1964年2月25日，石油部党组余秋里等向国家经委汇报工作，提出石油企业固定资产折旧年限过长，折旧不足，大修理费不敷应用的问题。据他们讲，1963年，仅大修理费缺口就达1000万元。许多设备和油井不能彻底检修，影响了生产能力的利用。他们要求从1964年开始，提高石油企业现行先行折旧率，相应增加大修理基金提取额。考虑到财政的承受能力，他们保证在完成向国家上缴任务的前提下，建议减少利润指标

---

[1] 吴波（财政部副部长）给李（先念）副总理的信及财政部对折旧的意见，1963年9月。

4806万元，作为折旧基金的增加额。此外，再增加2259万元的大修理基金，这笔钱从增产节约中筹措，也不减少国家收入。这是企业和国家两利的办法。薄一波当即表示同意，要他们给国家计委和经委写一个有说服力的专题报告。事后，依然没有结果。1964年11月5日，国家经委和计委两家协商联合发出通知，决定从1965年开始，从企业每年上缴的固定资产基本折旧基金中，抽出一部分以预算拨款的方式，进行固定资产更新。根据设备、材料和财政资金的可能，1965年计划拨款5亿元，用于当前迫切需要更新而又是生产国家急需产品的企业的固定资产更新上，不得用于基本建设的填平补齐。在问题得不到根本解决前，又不失为一项变通措施。1966年秋，一批老企业忍无可忍，联名上书中央，呼吁把折旧基金下放给企业。"官司"通了天，毛泽东说了话，国家计委和财政部方做了点改进。[①] 所谓的改进，也就是同意把折旧基金的一部分留给企业使用，其他的改进都是枝枝节节，无关宏旨。至此，固定资产管理制度改革的努力虽不能说毫无成果，也是"虎头蛇尾"。

四 劳动制度、价格体系及经济管理权限的微调

启动于1959年第一次庐山会议、七千人大会后得以强化的收权举措，对于克服严重经济困难起了历史性作用。在三年过渡阶段，为适应变化着的新情况，同时也为了纠正已经发现的集中过度的缺点，在中央与地方、国家与企业的关系上，开始了微调，并在推广专业化生产与协作、试行两种劳动制度和调整价格体系等方面采取了一些具有改革意义的动作。

地方工业基本建设，除大中型项目须由中央安排外，小型项目可由中央各有关部同有关地方安排，此类项目节约的投资归地方调剂使用。地方自筹资金进行基本建设，除大中型项目应报国家计委审批外，其余项目可由省市自治区自行安排。农、林、水、文教卫生、交通运输、商业、城市建设等19个非工业部门属于地方管理的基本建设投资，划出一笔资金由地方统筹安排。1964年、1965年两年拨给地方的基建投资占预算内投资20%以上。

[①] 参见《当代中国》丛书编辑部编《当代中国的固定资产投资管理》，中国社会科学出版社1989年版，第128页。

在物资管理与分配方面，国管物资由 340 种减为 63 种。地方小钢铁企业生产的产品，超过国家计划的部分，凡是主要原料、燃料由地方自己解决的，留地方使用；主要原料、燃料由中央和地方共同解决的，由中央和地方对半分成；主要原料、燃料由中央分配的，留给地方 20%。地方企业生产的铁矿石和生铁，在完成国家上调任务后，多交部分按 50% 折算换给钢材。企业在生产中产生的废次材、边角料，由地方分配。地方回收的废次钢铁，除去国家计划规定地方企业炼钢和铸造任务需要的炉料以外，其余部分地方与中央三七分成。地方统销煤矿生产的煤炭，完成国家计划后的超额部分中央和地方对半分成。森工企业生产的小规格材、等外材划归地方使用。用地方外汇进口和分成原料、材料，在地方企业生产的产品，由省市自治区分配。

自 1956 年毛泽东提出要处理好国家和工厂的关系问题以来，有所改进，前两年的紧缩与收权，企业的手脚捆绑得更紧了。1965 年 12 月国务院发布关于《国营工业、交通企业财务管理的几项规定（草案）》，在财权方面给这些企业以松动。（1）把技术组织措施费、零星固定资产购置费、劳动安全保护措施费中的一部分划给企业，由企业自己掌握使用，还可以和固定资产更新资金合并使用。（2）企业小型技术措施需要的费用，在完成国家财政任务、成本计划和不要求国家增拨材料的条件下，每项措施的费用大中型企业在 1000 元以下、小型企业在 500 元以下的，可以摊入成本。（3）除主要生产设备的购置费作为固定资产处理外，企业购置辅助性生产工具和其他低值易耗品，每种的购置费小型企业在 200 元以内、中型企业在 500 元以内、大型企业在 800 元以内的，可以摊入生产成本；超过以上规定数额的，经有关部门批准，可以作为低值易耗品处理。（4）企业修建生产上零星、小型、简易建筑物，在不影响当年企业成本和财务计划的前提下，建筑面积不超过 20 平方米的，所需费用可以摊入成本。（5）将大修基金和中、小修费用合并为一个科目，称修理费。企业可以用作临时流动资金参加周转，也可用于结合大修工程进行必要的技术改造，但不能移作他用。（6）取消从超过国家计划收入中提取奖金的办法，提高完成国家计划后提取奖金的比例，按企业的工资总额计算，由原来的 3.5% 提高到 5%。

在劳动管理方面，着手试行两种劳动制度。两种劳动制度的思想是由刘少奇与两种教育制度一起提出来的。① 他认为，把半工半读、半农半读的教育制度和亦工亦农的劳动制度作为正规的教育制度和劳动制度，有利于普及教育；从长远看可以逐步消灭体力劳动和脑力劳动的差别，培养既能体力劳动又能脑力劳动的新人；可以充分利用农村剩余劳动力，缩小城乡差别、工农差别，对个人、集体和国家都有好处。② 他的这一思想和倡议，得到毛泽东和其他中央领导人的赞同，1964年5月着手在全国逐步推行。在矿山试行轮换工制度，在季节性工厂（如糖厂）试行季节性的临时工制度，在一些企业推行半工半读制度。厂社结合，以厂带社，季节工、合同工、轮换工、发包工等形式灵活多样，劳动用工制度弹性大为增加。1965年，全国实行亦工亦农制度的人数有200多万人。

在价格管理方面，对价格体系进行局部微调。价格体系中积累不少问题，例如，粮食和许多农产品的收购价格前两年有不同程度的提高，而销售价和使用这些农产品作原料的工业部门的出厂价却没有相应提高，形成购销价格倒挂和部分轻工企业不应有的损失。再如，粮食收购价格调高以后，棉花、蚕茧等的收购价格照旧，导致比价关系的不合理。在计划经济体制下，计划价格如不能适时调整，管理过于僵滞，将不能反映价值规律的要求，不利于经济结构的调整和经济的发展。国务院为此专门设立全国物价委员会，通盘研究这一问题。鉴于当时的财政经济状况，这一时期采取小步走的方针。1963年3月19日，国务院决定首先把农村的粮食销售价格提高到同收购价格持平，但销售给农村国家职工的粮食价格暂时不动；在城市和农村销售的行业用粮和工业用粮提高到不亏本的水平；棉花收购价格平均提高10%，棉絮、棉布和针织品的价格不动。同年4月12日，经中共中央和国务院批准，全国物价委员会就1963年物价调整做出通盘部署。当时国家为保持主要生活资料价格基本稳定，每年要支出30亿—40亿元财政补贴，还不得不提高许多次要生活资料的价格。"价格委"认为要解决这些问题，至少要用两三年时间。目前只能在保证物价总水平基本不动的条件下，着重解决当前那些迫切需要解决而且可能解决的问题。此后，在棉花收购价全国平均提高10%的同时，恢复产棉区地

---

① 参见《刘少奇选集》下卷，人民出版社1985年版，第324、325页。
② 参见刘少奇：《半工半读，亦工亦农》（1964年8于1日）、《实行固定工和合同工并存的劳动制度》（1964年8月22日），《刘少奇选集》下卷，人民出版社1985年版。

区差价，适当提高内蒙古、新疆、青海、甘肃、宁夏等地个别畜产品的收购价格，南方部分地区向农民收购木材的价格平均提高 5% 左右；消费品零售价格有升有降。中央规定的 18 类主要消费品零售价基本不动，继续降低高价商品的销价（1963 年的高价利润将由上年的 21 亿元减少到 10 亿元），在部分地区提高了在农村销售的煤炭、食盐和其他工业品的价格；适当降低了包括拖拉机、拖带农具及排灌机械、拖拉机和内燃机的配件、农业用电、农业排灌用柴油等农业生产资料的出厂价，其中农业用电每度降 5 分，并争取通过降低成本降低铁制中小农具和竹木制农具的销售价格；重工业产品出厂价在不做重大调整的原则下少数产品有升有降，降价的主要是农业机械和中小农具等；煤炭只调整突出不合理的部分地区矿务局的出厂价格和市场销售价格，其他由国家继续补贴，并规定每增产一吨煤炭，国家增加补贴 2.5 元。1965 年 1 月 19 日，中共中央、国务院决定：（1）把城镇粮食统销价格提高到同统购价格持平。全国平均每百斤粮食大约需要提高 1 元，提价总金额约 3 亿元，对收入低的职工另给粮价补贴。（2）适当提高煤炭的市场销售价。全国平均每吨大约提高 1 元，提价金额约 7000 万元。（3）在不影响棉布市场销售价格总水平的条件下，提高某些低档布价格，同时合理调整各地区棉布的地区差价和批零差价。(4) 农产品收购价格稳定一个时期。从 1965 年开始，对提供商品粮较多的生产队，实行加价奖励的办法。（5）农业生产资料价格应当继续降低，质次价高的轻工业和手工业产品要继续整顿，争取把它降到合理水平。这一时期国家在敏感的价格问题上的谨慎做法，减少了社会的不安，有利于维护国民经济的复苏势头。

第三节　迈出从西方引进先进技术设备第一步

为了进一步提高中国工业的技术水平，填补缺门，从 1963 年起，对外技术设备引进的目光开始转向西方资本主义发达国家。在中国来说，同西方做生意，即使过去也并不存在障碍，问题是在对方。随着中国国际地位的提高，外部条件开始发生变化。这一时期，先后与日本、英国、法国等国签订了 80 多项工程合同，其中成套设备 56 项。此外还从东欧引进成套设备和单项设备，合计 3 亿美元，其中成套设备 2.8 亿美元，占 91%。这批技术设备引进，体现了服务于解决迫切政治经济任务的特点。

第一，解决"吃、穿、用"的项目多。与50年代相比，化学工业项目比重由6%上升到28%，纺织工业项目比重由1.5%上升到11%。

第二，填补缺门的关键性项目多。如维尼纶、腈纶等合成纤维和高压聚乙烯、聚丙烯等塑料生产技术；铂重整加氢制苯类产品的联合装置，沙子裂解炉制乙烯、天然气制合成氨以及重油气化合成氨等石油化工技术；密闭鼓风炉炼铝、锌，氧气顶吹转炉炼钢，大型炼钢电炉，20辊及8辊轧机和合金钢冶炼、轧制等金属冶炼和加工技术；新型建筑材料加气混凝土以及24吨柴油载重卡车、液压元件、硅半导体材料等制造技术。

第三，小型多。这是考虑到当时经济情况和外汇支付能力作出的安排。规模稍大的有北京维尼纶、兰州化学工业公司有机合成厂和太原钢铁公司三个新建、扩建工程，各支付外汇4000万美元左右；其次是四川江油特殊合金钢项目、泸州天然气化工厂和淮南电厂，各支付外汇1000多万美元，其余都是1000万美元以下的中小型项目，主要用于现有企业的技术改造。上述项目都为当时所急需，不少项目基本上做到投产顺利，较快地达到或超过设计能力，取得比较好的技术经济效果。

第十九章

"大跃进"年代的自然灾害与救灾

"大跃进"年代的1959—1961年间，中国连续三年遭受严重的自然灾害，造成农业大幅度减产，进而影响到整个国民经济。适值工作上的失误等原因，由农业危机引发了国民经济危机，酿成1960—1962年三年的严重经济困难。1960年及稍后的饥馑，局部地区疾病流行，人口出生率下降，死亡率上升，中共中央和国务院为此展开紧急救灾工作。通常所说"天灾"与"人祸"的交织，构成中华人民共和国历史发展中沉重的一页。本章将就这一时期的严重自然灾害及其影响作简要回顾与讨论。

第一节 中国农业的重要性与脆弱性

在世界上，中国属于自然灾害多发国家，加以历代统治者罔顾百姓，水利失修，水旱灾害愈加严重，尤以黄河、淮河两大水系为甚。晚清时期，自然灾害明显增多，其中又以水、旱灾害最为频繁，危害最大。如直隶的永定河，经康熙年间的治理，河患减少，水流趋于稳定。随着清王朝的衰落，水旱灾害也肆虐起来。清后期时常出现规模巨大、破坏力极强的特大型灾害。咸丰五年（1855年）黄河在河南省兰阳县（今兰考县）铜瓦厢决口，黄河由此改道。这是清朝近300年间黄河泛滥最严重的一次。洪水"浩瀚奔腾，水面横宽数十里至百余里不等"。河南、直隶、山东40余州县被淹没，数百万人受灾，直至3年后决口才被堵塞。光绪初年，山西、陕西、直隶、河南、山东5省发生震惊中外的特大旱灾——"丁戊奇荒"。许多地区庄家绝收，草根树皮剥蚀殆尽，不少人以观音土充饥，往往因泥土于肚内胀发，破肠而死。全家饿毙，村庄全无人息的景况，随处可见。① 另据光绪年间河东河道总督许振祎记载，永定河水"几于岁岁有患，防不胜防"。广东珠江水系清末为害甚烈。时任两广总督张之洞称，以往每数年、十数年一见的水灾，现在"几于无岁无之"。据历史学家统计，1880 年至 1910 年，直隶、山东、河南、山西、江苏、浙江、安徽、湖北 8 省，每年遭受各类自然灾害州县的数量，江苏受灾比率最高，平均每年竟有 89% 的州县遭灾。其次是安徽，州县年均受灾率为 75%。其中 7 省州县的年均受灾率在 40%—80% 之间。这些数字清晰地反映了晚清自然灾害的广泛性及长期性。

民国时期，军阀混战，政府腐败，水利工程年久失修，又遭受战争破坏，加之沿江沿湖各自围垦，造成水路淤塞，有雨即涝，无雨即旱。发生在 1942—1943 年的中原大饥荒或华北大饥荒，涵盖整个黄河中下游河南、河北、山西、山东、陕西和湖北北部、安徽北部数省和地区。在这广大的区域内，除了抗日根据地发动救灾以外，其他地区反而继续鱼肉百姓。据披露，1942 年按《河南灾情实况》中《河南省各行政区人口受灾损失统计表》附注中所列，此次旱灾死亡人数达 300 万。另外一种说法是 500 万。② 在当时美国《时代》周刊驻重庆记者白修德的笔下，河南旱灾的死亡人数也是 500 万。地处中原的河南省从 1941 年开始出现旱情，收成大减，有些地方甚至已经"绝收"，农民开始吃草根、树皮。到 1942 年，持续一年的旱情更加严重，这时草根几乎被挖完，树皮几乎被剥光，灾民开始大量死亡，在许多地方出现了"人相食"的惨状。1943 年灾区气候依然干旱，灾情进一步恶化。白修德来到河南灾区，路旁、田野中一具具尸体随处可见，到处都是野狗在啃咬死尸。白修德拍下了多幅野狗从沙土堆中扒出尸体来啃的照片。从灾民的口中得知吃人已不鲜见。③ 又据凤凰网凤凰资讯 2009 年 9 月 9 日所载，1946 年和 1947 年两年南方发生大饥荒，仅广东、广西、湖南三省就饿死 1750 万人。新闻记者当时实拍的照片，部分记录了历史的真实情况。

新中国建立前夕，1949 年 4 月，国家首先组建起水利部，把水利建设提上日程。1950 年，毛泽东发出"一定要把淮河治好"的号召，开始

---

① 陈桦：《晚清的灾荒与义赈》，《中国社会科学报》2013 年 1 月 30 日。
② 《瞭望东方周刊》2012 年 8 月 27 日。
③ 参见［美］白修德著《探索历史》，马清槐、方生译，三联书店 1987 年版，第 113 页。

了大江大河的治理。1952年他亲临黄河视察，提出"要把黄河的事情办好"的要求。在经济尚未完全恢复之际，加大水利建设投资，由消极除害转向积极兴利，兴建了官厅水库、佛子岭水库等大型水利工程，在防治水患方面发挥了重要作用。但是，要抵御自然灾害对于农业生产的严重威胁，却不是短期能够办到的。直到1957年农田灌溉面积仅有4.1亿亩，只占整个耕地面积的1/4左右。

中国又是世界上人口最多而可耕地面积严重不足的国家。整个国土面积大约960万平方公里，折合144亿亩，仅次于苏联，和加拿大、美国差不多。但是，如果按人口平均，每人只有13.8亩，不仅比苏联、加拿大、美国少得多，比世界平均数49亩也低得多。在整个国土面积中，山地占33%，丘陵占10%，高原占26%，盆地占19%，平原只占12%，其中，可供利用的面积是66.5亿亩，占46%，按人口平均6.36亩还不到，是世界平均数33亩的1/5。在可供利用的土地中，耕地面积是14.5亿亩，占国土面积的10.09%，每人平均1.39亩，全世界的平均数为5.5亩，即是印度这样人多地少的国家，每人平均也有4亩左右。据美国卫星照片提供的资料，中国耕地不止这些，可能有22亿亩。按这个数字计算，每人平均也只有2.1亩，仅为印度的1/2。再看其他农业资源，按人平均的林地面积不到世界平均数的1/8；按人平均的草原面积不到世界平均数的1/3。农业资源不仅严重不足，而且水土流失严重。据统计，现在，每年因水土流失损失掉的氮、磷、钾肥大约是4000万吨，超过一年的化肥施用量。[①]在当时，它依靠有限的耕地养活占世界1/5左右的人口，是很不容易的。

农业是生物性产业，它对自然环境和自然条件的依赖远比工业和任何产业都大。尤其是在20世纪五六十年代，中国农业传统耕作方式的改革刚刚起步，抵御自然灾害的能力还很薄弱，农业产业在自然灾害多发的情况下，凸显出它的脆弱性。第一个五年计划时期，经济发展在年度之间频繁波动，其中重要的原因是受农业的影响。截至1957年底，全国总人口6.47亿，农村人口占总人口的84.6%；全国工农业总产值1241亿元（当年价，下同），农业总产值占43.3%。当时轻工业70%的原料来自农业产品，轻工业产值里还有相当一部分是农业的贡献，也许这一部分可以称为农业的间接产值或转化产值，就是说，农业的真实产值绝不止43.3%。

---

① 参见李鑫、马泉山《经济方针政策简论》，经济管理出版社1991年版，第60—61页。

例如，1955年工业生产只增长5.6%，是"一五"期间增长速度最低的一年。重要原因之一是1954年棉花遭遇自然灾害歉收，棉纺厂原料不足，棉纱减产近68万件，仅此一项减少产值17亿元，影响1955年工业增长速度减少4.1个百分点。卷烟、麻袋生产也有类似情况。粮食减产，对国计民生的影响更大。1953—1957年间，农业收成大体上是"两丰两歉一平"，即两个丰年、两个歉年、一个平年，经济波动的幅度还不十分大。进入第二个五年计划时期，这种情况起了较大的变化。

第二节 1959—1961年的自然灾害及其特点

1959—1961年的自然灾害，有两个显著的特点。一是面积大，灾情重，有的年份多种灾害交替发生，较难应对；二是具有连续性，三年叠加，变本加厉，加重了危害的剧烈程度。就总体看，这三年是以旱灾为主，历史上有大旱三载之说，1959—1961年正是这种情况。据《中国水旱灾害》资料记载，1959年7—9月在渭河、黄河中下游以南、南岭、武夷山以北地区普遍少雨，其中以湖北、河南、陕西关中和陕南、湖南北部四川东部旱情最重，接着华南出现秋旱，福建、广东等地出现60天无雨。1960年受旱范围继续扩大，河北、河南北部、山东西部、山西、陕西关中、辽宁西部等地的冬小麦产区，冬春少雨雪，干旱一直持续到初夏。山东省汶水、潍水等8条主要河流断流，黄河下游范县至济南段断流40多天。广东、海南旱情持续7个月，云南、四川、贵州冬春连旱。1961年持续干旱，河北、内蒙古东部和西部、东北北部、河南、安徽、江苏大部、甘肃、青海、陕西、湖北、四川、广东、广西和海南部分地区年降雨量偏少，位于少雨中心的邯郸、德州、济南、菏泽、江淮平原大部地区六七月出现少雨天气，旱情加剧。按受旱程度区分，1959年列为4级干旱[①]的省份有7个，列为5级干旱[②]的省份有3个；1960年列为4级干旱的省份有7个，列为5级干旱的省份增加到5个；1961年列为4级干旱的省份增加到12个，列为5级干旱的省份为3个。这三年大旱虽比不上1637—

[①] 4级干旱一般指单季、单月成灾较轻和局部干旱。
[②] 5级干旱一般指持续时间长，影响范围大和灾情严重的干旱，如"春夏旱，赤地千里，人食树皮草根""夏秋旱，禾尽槁""夏亢旱，饥""四至八月不雨，百谷不登""河涸""塘干""井泉竭""江南大旱""湖广大旱"等。

1642年明朝崇祯年间连续四至六年极为严重的旱灾和1876—1878年清朝光绪年间连续三年的干旱，但超过了1942—1943年民国时期的大旱灾。1942年列入4级干旱的省份16个，列入5级干旱的省份1个；1943年列入4级干旱的省份13个，列入5级干旱的省份2个。该书统计分析认为，新中国1949—1990年的42年中，全国受旱面积超过3亿亩、成灾面积超过1.5亿亩的重旱年有12年，成灾面积超过2.25亿亩的大旱年有五年。按成灾面积大小，1961年和1960年分别被列第1位和第3位。42年中，受灾率（受灾面积与播种面积的比率）超过15%和成灾率（成灾面积与播种面积的比率）超过5%的有十五年，其中包括1959—1961年的连续大旱；受灾率超过20%和成灾率超过10%的有6年，其中包括1960年和1961年。按该书计算，1959—1961年的三年中，因受旱成灾的粮食损失量分别为216亿斤、225.6亿斤、264.5亿斤，合计706.1亿斤。作者特别说明，粮食减产量系根据全国不完全统计求得，实际减产量比以上数字要高。① 以上记述，主要限于旱灾，以便与历史上遭遇大旱年相比较。实际上，1959年旱灾、蝗灾、霜冻、洪涝、风雹等多种灾害频繁发生，尤其集中在河南、山东、黑龙江、四川、湖北、湖南、安徽几个产粮大省，危害极大。据国家统计局资料，这一年全国受灾面积近6.70亿亩，减产30%以上的成灾面积2.06亿亩，成灾面积占受灾面积的30.8%。

继1959年大灾之后，1960年灾害更为严重。华北、西北持续干旱，有的长达三四百天不雨。入夏，华东和东南沿海连遭台风袭击，洪水泛滥。久旱之后，旱区又连降暴雨，发生洪涝灾害。山东部分地区30多天内降暴雨19次，平地积水3—4米深。东北辽河、太子河泛滥，流量为有史以来最大，淹没辽宁、吉林等地2155.5万亩农田，"鞍山、本溪等地区农田、村庄受到毁灭性打击"。河北省报告，7月28日至8月2日6天内，积水达310万亩，倒塌房屋10万间，砸死41人、91头牲口。毛泽东焦急万分，8月4日电告各省市区党委第一书记，要他们在三天内，查告分区分县雨情，各列一个表送给他。② 水灾不仅影响农业生产，还影响到工业生产和基本建设。冶金部党组8月12日报告：这次辽宁水灾，仅8

---

① 参见国家防汛抗旱总指挥部办公室、水利部南京水文水资源研究所《中国水旱灾害》，中国水利水电出版社1997年版，第283、287、288、289、305、307、308、309页。
② 参见中共中央文献研究室编《毛泽东年谱（1949—1976）》第四卷，中央文献出版社2013年版，第437页。

月份将减产30万吨钢、30万吨铁和25万吨钢材。8月以后如不能完全修复而继续减产部分，可能再损失上述数字的1/4到1/3左右，间接损失尚未计算在内，如将影响国防尖端产品交货，全国急需的十大品种钢材将进一步告急，影响机械工业和基本建设计划的完成。这一年的3—5月和9月，东部和西北部发生严重霜冻灾害，波及11个省区，受灾面积2072万亩。3—9月，还发生了由南向北推进、波及21个省区的风雹灾害，受灾面积达5884万亩。1960年受灾面积合计达9.82亿亩，成灾面积合计3.75亿亩，成灾面积占受灾面积的38.2%。

1961年，全国连续第三年发生特大灾害。从1960年冬季持续到1961年3月下旬，黄河、淮河流域1.95亿亩农田遭受大旱，4—6月，旱情扩大到长江流域的广大地区，河北、山东、河南三个主要产粮区的小麦比1960年最低水平又减产50%，湖北省有1000万亩土地未能播种，河南省有1000万亩农田基本失收。4—5月，淮河流域遭受霜冻、大风灾害，淮北地区有5600万亩农田受灾，倒塌损毁房屋504万间。同年4—6月，珠江、湘江、赣江、闽江流域两次普降暴雨，洪水决口，泛滥成灾，水淹10个县、市城。7—8月，海河、黄河平原连降暴雨，发生严重水涝灾害，其中河北、山东部分地区为百年未遇，受灾面积达2400万亩，占播种面积的54%，近1500万亩农田失收。直到9月，灾区还有900万亩土地积水未退，聊城、沧州有3500个村庄被水包围，280万人断粮，沧州专区死亡人数占总人口的4.9%。7月下旬至8月，东北局部地区遭受暴风雨侵袭，山洪暴发冲入伊春市，交通、电讯中断，工厂停产。松花江流域105万亩农田绝收。8月至10月，东南地区的广东、福建、浙江、江西、江苏、安徽等省遭受台风袭击11次，其中12级以上台风占9次，是新中国成立五十年来所仅有。淹没农田2700万亩，人口死亡、财产损失都超过1960年。1961年全年受灾面积总计9.26亿亩，仅次于1960年，成灾面积4.32亿亩，为1949年直到20世纪90年代中期的峰值，其中减产80%以上的绝收面积高达1/4。

1959年、1960年和1961年连续三年的自然灾害，达到相当严重的程度，成为出现三年严重经济困难的一个直接原因。1960年10月29日，周恩来在中央政治局扩大会议上说："这样大的灾荒那是我们开国十一年所未有的，拿我们这个年龄的人来说，从20世纪记事起，也没有听说过。"1961年9月，英国元帅蒙哥马利访问中国，一个"特别的理由"就是了解是否发生了大的自然灾害。他在分别会见毛泽东、刘少奇时，几次问到这个问题。刘少奇认为：当前的"一连三年大灾"是八十年来没有的。毛泽东也同意说："过去局部性旱灾有过，但全国性的没有。"他还指出，中国水利灌溉抵御旱灾的作用"还差得很远。中国几千年来，加上我们十二年的工作，只有三分之一不到的耕地有灌溉。其他地方还是靠天吃饭。"[①]

第三节　国家的紧急救灾措施

从1959年出现大面积春荒起，毛泽东和中共中央就一直高度关注农村情况。除想方设法努力增加粮食生产，对于节约用粮也抓得很紧。1959年4月17日，毛泽东看到4月6日国务院秘书厅关于山东、江苏、河南、河北、安徽五省缺粮情况及处理办法的报告和中央救灾委员会办公室4月9日关于15省春荒情况统计表，当即批给周恩来，要他立刻印出30份，并亲为这份文件拟定了《十五省二千五百一十七万人无饭吃大问题》的引人注目的总题目，要求在三天内用飞机送到15个省的第一书记手里，迅即处理，"以救二千五百一十七万人的暂时（两个月）紧急危机"。与此同时，东部沿海发生风暴灾害，有关省市奋力抗灾。4月24日，他在李先念的报告上批示："再接再厉，视死如归，在同地球开战中要有此种气概。"4月23日，中央救灾委员会办公室编印的《救灾工作简报》第17期刊载了内务部关于加强工作春荒有所好转的报告。4月26日，毛泽东看后又批示：此件发各省委、市委、自治区党委。请你们对这个问题，务必要采取措施，妥善安排，度过春荒，安全地接上麦收和早稻，多种瓜菜，注意有吃而又省吃，闲时少吃，忙时多吃。千万不可大意。[②] 6月20日，毛泽东看到新华社《内部参考》第2801期登载的《广东水灾继续发展，全省工作中心转入抗洪救灾》和《广州市人民极度关心汛情的发展》两篇报道，批示给胡乔木、吴冷西说："广东大雨，要如实公开报道。全国灾情，照样公开报道，唤起人民全力抗争。一点也不要隐瞒。政府救

[①] 转引自陈东林《从灾害经济学角度对"三年自然灾害"时期的考察》，《当代中国史研究》2004年第1期。

[②] 参见中共中央文献研究室编《建国以来毛泽东文稿》第八册，中央文献出版社1993年版，第209、217、226页。

济，人民生产自救，要大力报道提倡。工业方面重大事故灾害，也要报道，讲究对策。"① 应当承认，最初，曾一度对农村缺粮状况以及庐山会议精神向下传达的严重负面作用估计不足。后来，救灾与继续纠"左"同步进行。一面调整政策，与广大群众一道纠正错误；一面采取了一系列紧急救灾措施。

一 统筹调粮并决定进口粮食缓解危机

1960年上半年是饥荒最严重的时期。中央接连发出指示，指导紧急调运粮食。采取"以早济晚"和"以晚济早"的季节性调剂，即夏秋季节，先把南方收获较早的小麦、早稻等调运到东北，接济东北秋粮收获前的市场供应；然后，又在冬春季节里，将东北晚熟粮食反调给关内缺粮地区度过春荒。这就有了回旋余地。中共中央为此成立了副总理李先念负责的中央粮棉油调运指挥部，规定铁路、汽车的货运都要服从粮食的紧急调运任务。1960年上半年，动用包括1540辆军车在内的各种运输工具为运粮服务，还进口1200多辆汽车专门用于运粮。据不完全统计，1960年参加运粮的群众达5700多万人次、畜力310多万次、民间运输工具470多万车次、30多万条船次，从南方11个大米产区调出粮食90.6亿斤，其中有72.8亿斤是挖用库存调出的。1960年7月至1961年6月，从山区到平原，从支线到干线，把历年积压在山区的"死角粮""难运粮"42亿斤运了出来，把"死粮"变成"活粮"，有力地支持了城镇、工矿区的粮食供应。除大量调动偏远地区库存以外，1961年和1962年省际季节性调剂的运量占省间总运量的12.3%，其中1961年吉林、黑龙江两省由于季节性调剂，增加省间运量26.3亿斤。为缓解粮食紧张局面，国家决定进口粮食。从作出决定到第一船进口粮运到天津，只用了一个月时间。截至1961年6月30日，抢运到国内的进口粮累计215万吨（43亿斤），正用在"刀刃上"，避免了京、津、沪、辽和重灾区粮食脱销的危险。1961年7月1日到1962年6月30日的粮食年度，进口粮食117亿斤。为筹措外汇，保证粮食进口，国家不仅尽力组织农副产品和工矿产品出口，还连续两年出售黄金和白银，分别共计136万两和16000万两，1962年2月出售的黄金和白银价值1.31亿美元。与此同时，减少了其他物资的进口。在

---

① 《毛泽东文集》第八卷，中央文献出版社1999年版，第74页。

进口物资中，粮食、化肥、农药、药品、油脂列在前几位。此外，还顶住政治压力，停止还债性质的粮食出口。对苏联的出口额由1960年的预计31.9亿卢布减为22.2亿卢布，基本上不再以粮、棉、油等主要农副产品抵债，日用工业品和矿产品则大体照旧；对东欧国家的还债粮、油也推迟交货。

二 减少征购，调减农业税，减轻农民负担

1961年7月1日至1962年6月30日的粮食年度，实际征购粮679亿斤，比当年计划征购数717.5亿斤减少38.5亿斤，比上一粮食年度实际征购数837亿斤减少158亿斤，折合原粮190亿斤，全国平均每个农民少缴售30多斤，相当于一个月的口粮。国家还分别在1960年、1961年两次大幅度调减农业税，由1958年的338亿斤降低到215亿斤（正税，细粮，下同）。1961年由于照顾灾区，当年农业税实际只征收194亿斤。1959—1961年国家还向农村返销了大量粮食。三年平均每年返销农村的粮食为364.4亿斤，占三年平均征购量的34.4%，比1957年增加81亿斤。与此同时，在粮食销价不动的前提下，从1961年夏收起，全国粮食收购价平均提高20%，连同1960年已经实行的对主要产粮区的加价奖励共计提高25%，预计农民提价受益可达65亿元到75亿元。其他农副产品的收购价也有提高。1962年与1957年相比，农副产品收购价格平均提高32.3%，其中粮食提高36.1%，经济作物提高14.7%，畜产品提高31.6%，其他农副产品提高40.9%。国家还对多产粮食和多提供商品粮的公社和生产队给予奖励。这一时期，还大量减少城镇人口。据统计，1961年1月到1963年6月，全国职工减少1887万人，城镇人口减少2600万人，吃商品粮人数减少2800万人。城市粮食销量相应下降，城镇非农业销售由1960年的631亿斤压缩到1962年的470亿斤，减少161亿斤。这既可以减少粮食征购量，又增加了农村劳动力，有利于农业的恢复。

三 党和国家领导人带头党政军民上下节衣缩食，共渡难关

国家为此建立了严格的票证制度，通过平均分配，保证最基本的口粮供应。包括党和国家领导人在内，同普通百姓一样，都不得以权谋求特殊。1960年9月，要求城乡口粮标准都必须适当降低，淮河以南维持人

均原粮 360 斤，淮河以北 300 斤左右，东北严寒地区稍高些，灾区稍低些；城市供应标准也相应降低，除高温、高空、井下和担负重体力劳动的职工以外，其余全部城市人口每人每月压低口粮标准两斤左右（商品粮），直辖市、省辖市和县城等城镇居民每月的食用油定量分别从 10 两、7 两和 4 两压低到 7 两、5 两和 3 两。口号是"工农兵学商，一齐来渡荒"。严令所有农村干部包括县级干部在内，口粮标准必须和农村一样；地区以上包括中央机关在内的干部，也应降低供应标准，严禁任何干部谋求特殊。为弥补口粮不足，号召发展生长期较短的瓜果、菜蔬和代食品生产。"低标准、瓜菜代"在战胜灾荒中起了重要作用。中共中央曾专门发出指示，成立以周恩来为首的五人领导小组，推动这一工作。在这种节衣缩食的特殊困难情况下，关心人民的健康状况成为头等重要的问题。1960 年入冬，中共中央在北方五省市农业书记会议上，专门规定了一条，要求在冬春划出一百天，在农村严格实行半日劳动、半日休息的制度，停止民兵训练和体育比赛；水利专业队和短途运输专业队要保证执行八小时劳动、八小时睡眠的制度。与此同时，开展群众性的保健工作，对体质虚弱的进行体格检查，突击治疗疾病。

四 对重灾区的特别救助

一是增加各类救济款的支出力度。1960 年到 1963 年，国家共发放农村社会救济款 4.8 亿元，超过 1950—1959 年发放救济款的总和。二是加强对灾区粮食的基本保障工作，实行灾歉减免和先留后购的粮食征购政策，先后向灾区增加投放统销粮 44 亿斤，防止万一断粮。内务部提出"不怕标准低，就怕口粮断"，要求深入检查，如实反映情况，决不允许采取官僚主义态度。三是派医务人员深入灾区救死扶伤，抢救生命。从 1959 年 11 月起，从省、地区（市）、县三级机构共抽调医务人员 8 万多名，组成巡回医疗队，设立疗养病院（浮肿病院）收治病人，到灾区无偿为群众治病，免费供应价值 1725 万元的各种药品。经过努力，到 1961 年底河南省基本上控制了疫病的发生与流行。四川省成立了除害灭病领导小组和专门机构，统一领导和督促各地人民政府采取集中与分散相结合的办法进行治疗。水肿病人较多的地方，以公社为单位，有的还以生产大队为单位，成立临时浮肿病医院，对危重病人实行集中治疗，给以一定的糖、油、细粮照顾。安徽各灾区均设立临时浮肿病医疗站，增派医务人员分片包干负责，采取集中治疗和送药上门以及单设食堂增加营养等办法，大力救治。据粗略估算，这一时期，全国至少建立了10万以上的医疗站点，为挽救大量生命发挥了关键性作用，仅河南省就建立了超过2万个浮肿病人临时救助站，收治患者360多万人次。到1962年，农村情况显著改善，浮肿病以及营养性死亡现象基本消除。[①] 这是救灾史上的一大胜利。在最困难的时期，从中央到地方，党和国家各级干部保持了廉洁作风和严格纪律。最高领导人和普通老百姓一样，减少口粮，同甘共苦，克服困难。全国绝大部分地区和单位都能顾全大局，在中央统一指挥下，相互支援，互济互助，表现出中国共产党和人民政府对人民高度负责的精神，也显示出中华民族极大的亲和力和凝聚力。这是战胜严重困难的决定性因素。不仅如此，他们还迎着困难，顶住来自境外的压力和蒋介石窜犯大陆的叫嚣，在必须前进的领域，勒紧裤带，咬紧牙关，顽强奋斗，取得一批可贵的业绩。这同并不久远的1942—1943年国民党时期一遇荒年的凄惨景象，适成强烈对照（参看附录）。

有比较才有鉴别。从两种不同社会制度下所经历的大灾大难的对比中，应该说，中国党和政府的努力，使人民群众在百年不遇的大灾年景，把灾难和生命财产损失降低到了较小的程度。如果这一时期党和政府的工作做得更好，少犯一些错误，情况肯定会更好。无论如何，对于一个在一穷二白基础上诞生不过十年的新中国，经历百年不遇的三年大旱，能够做到这种程度，是了不起的。在中华民族的历史上，没有哪一个王朝包括近代历届政府，遇到类似情况有这样的作为：事前能够领导抗灾，事后能够与民共甘苦地救灾，把危害降低到尽可能小的程度。研究20世纪50年代末60年代初我国连续几年的自然灾害以及党和政府领导全国人民进行的英雄的抗灾斗争，让年轻一代了解历史的本来面貌，是很有必要的。

[①] 本节参引了尚长风《三年经济困难时期的紧急救灾措施》（载《当代中国史研究》2009年第4期）一文的有关资料，谨致谢意。

第五篇　起飞实验的综合观察

本篇带有小结性质,对1956年至1965年的经济起飞试验做总体上的考察。

从社会主义改造基本完成到"文化大革命"前夕的十年,即1956—1965年,是中国共产党领导全国各族人民开始转入全面地、大规模地社会主义建设的时期。也是探索加快发展的中国工业化道路的重要时期。这一时期尽管遭遇过严重挫折,正如《中国共产党中央委员会关于建国以来党的若干历史问题的决议》所指出的,"仍然取得了很大的成就。以一九六六年同一九五六年相比,全国工业固定资产按原价计算,增长了三倍。棉纱、原煤、发电量、原油、钢和机械设备等主要工业产品的产量,都有巨大的增长。从一九六五年起实现了石油全部自给。电子工业、石油化工等一批新兴的工业部门建设了起来。工业布局有了改善。农业的基本建设和技术改造开始大规模地展开,并逐渐收到成效。全国农业用拖拉机和化肥使用量都增长六倍以上,农村用电量增长七十倍。高等学校的毕业生为前七年的四点九倍。经过整顿,教育质量得到显著提高。科学技术工作也有比较突出的成果。"[1] 在共和国1956—1965年这十年里,完成的基本建设投资总额为1926.58亿元,1958—1960年的三年就占52.29%,为1007.41亿元。其中,十年完成的工业基本建设投资总额为1079.08亿元,1958—1960年的三年占56.66%,为611.42亿元。[2] "一五"时期156个苏联援建骨干项目有62个在这三年建成投产,从新中国成立到

---

[1] 《中国共产党中央委员会关于建国以来党的若干历史问题的决议》,人民出版社1981年版,第16页。

[2] 国家统计局固定资产投资统计司编:《中国固定资产投资统计资料(1950—1985)》,中国统计出版社1987年版,第43、44、76、79页。

1964年重工业部门新建设的大中型企业2/3以上是在这三年开工上马。可以设想，如果没有1958—1960年的大发展，上述建国以来若干历史问题决议指出的十年间的一系列巨大成就很难得到解释，到1965年基本上建立起了一定技术水平的工业体系和机械制造体系也不可能有合理的说明。对十年的观察和研究，首先聚焦这三年，是很自然的。

第二十章

概　说

在取得民主革命的胜利，建立中华人民共和国，接着又基本完成社会主义革命，建立起崭新的社会主义基本经济制度以后，中国国民经济尝试了十年起飞实验。可以说，取得了重大的成就，也经历过严重挫折和困难，走着一条不平坦的道路，积累了正反两方面的经验。无论是经验抑或是教训，都是极其宝贵的收获。

第一节　宝贵的收获

从社会主义改造基本完成到"文化大革命"前夕的十年，即1956—1965年，是中国共产党领导全国各族人民开始转入全面的大规模的社会主义建设的时期。也是探索加快发展的中国工业化道路的重要时期。这一时期尽管遭遇过严重挫折，正如《中国共产党中央委员会关于建国以来党的若干历史问题的决议》所指出的，"仍然取得了很大的成就。以1966年同1956年相比，全国工业固定资产按原价计算，增长了三倍。棉纱、原煤、发电量、原油、钢和机械设备等主要工业产品的产量，都有巨大的增长。从1965年起实现了石油全部自给。电子工业、石油化工等一批新兴的工业部门建设了起来。工业布局有了改善。农业的基本建设和技术改造开始大规模地展开，并逐渐收到成效。全国农业用拖拉机和化肥使用量都增长六倍以上，农村用电量增长七十倍。高等学校的毕业生为前七年的四点九倍。经过整顿，教育质量得到显著提高。科学技术工作也有比较突出的成果。"[①] 1956—1966

[①]《中国共产党中央委员会关于建国以来党的若干历史问题的决议》，人民出版社1981年版，第16页。

年十年完成的基本建设投资总额为 1926.58 亿元，1958—1960 年的三年就占 52.29%，为 1007.41 亿元。其中，十年完成的工业基本建设投资总额为 1079.08 亿元，1958—1960 年的三年占 56.66%，为 611.42 亿元。决议还指出，党在这十年中积累了领导社会主义建设的重要经验。党中央在调整国民经济的过程中陆续制定的农村人民公社工作条例和有关工业、商业、教育、科学、文艺等方面的工作条例草案，比较系统地总结了社会主义建设的经验，分别规定了适合当时情况的各项具体政策，至今对我们仍然有重要的借鉴作用。"总之，我们现在赖以进行现代化建设的物质技术基础，很大一部分是这个期间建设起来的；全国经济文化建设等方面的骨干力量和他们的经验，大部分也是在这个期间培养和积累起来的。这是这个期间党的工作的主导方面。"[①]

第二节 不平坦的道路

同革命的道路是曲折的一样，社会主义建设的道路也不会一帆风顺，必然会遇到这样那样的困难，甚至是想象不到的困难，在缺乏经验的情况下，更不可避免。在这种时候，经济的运行，由于面对矛盾的不同，所要完成的任务有区别，将会呈现出阶段性。但是，要具体加以区分，并不很容易。这是由于经济现象的继承性和延续性的固有属性，常使这种阶段性互相交叉，变得比较模糊的缘故。所以，这种划分，不能不具有相对的性质，而且不免因一定需要而显示其主观选择的色彩。这一点，对于本书也不例外。问题只在于，哪一种划分方法更符合历史的实际和经济运行本身的实际。

本书对于十年起飞实验的阶段划分，在结构的设计上已有体现，大致框架如下：

1956 年的"跃进的发展"。

1957 年的适当收缩调整。同前一年相反相成，组成国民经济波浪式发展中的一个波浪。

1958—1960 年的三年"大跃进"，其间，有一段有始无终的调整。

[①] 国家统计局固定资产投资统计司编：《中国固定资产投资统计资料（1950—1985）》，中国统计出版社 1987 年版，第 43、44、76、79 页。

1960年夏的北戴河会议决定大办农业、大办粮食，实际上标志着由"大跃进"再度转向经济调整。

1961—1962年的大踏步后退，进行深度调整。接着，1963—1965年作为三年过渡阶段，除以巩固提高为主继续调整以外，还要兼顾发展。前后五年的经济调整同三年"大跃进"构成国民经济波浪式发展的一个相对完整的周期。

第三节　现行统计中一个有待商榷的问题

现行统计中的一个值得商榷的问题是，仍把1958—1962年作为第二个五年计划期的整体对待。尽管有原来党和政府的文献根据，但与历史的发展实际已经不相符合，也同后来党和政府文献改变了的提法不能衔接。涵盖1958—1962年的第二个五年计划，由于后两年面临新的方针任务，名虽存而实已变。1961—1962年的基调主要不是发展，而是退够，进行经济调整。邓小平在1961年第二次庐山会议的讲话里，明确把1961年和1962年两年与原定第三个五年计划合并在一起，按他的说法，就是这七年分两段：1961—1963年为第一段，基本上把调整两个字搞好；第二段就是后四年，再跃进。他要国家计委按此思路提出一个七年计划。尽管后来阶段的划分有所不同，1961年、1962年两年明显区别于原定"二五"计划的深度调整性质，并没有改变。1963年7月3日，李富春在第二届全国人民代表大会常务委员会第19次会议上的报告，也把第二个五年计划期间划分为两个阶段。他说：就经济建设工作来说，第二个五年计划大体上可以分为两个阶段：前三年，国民经济取得了大发展；后两年，对国民经济进行了一系列调整。在这里，他引用了周恩来总理所讲过的关于调整必要性的话，并说明国家计委正是根据中共中央和国务院的指示，编制了两年调整计划的控制数字，又分年安排了国民经济计划。[①] 不需多加引证，李富春的根本意图是就"二五"计划后两年的实质性改变向国家最高权力机构作出报告。

1964年12月，第三届全国人民代表大会举行第一次会议，周恩来作

---

① 参见李富春《第二个五年计划的执行情况》（1963年7月3日），《李富春选集》，中国计划出版社1992年版，第320—335页。

政府工作报告。他直接把 1961 年和 1962 年两年和 1963—1965 年看做一个整体,与 1958—1960 年的三年大发展并列为两个具有不同内涵的阶段。他说:"我国的国民经济,经过一九五八年到一九六零年的大发展,从一九六一年起,进入一个调整、巩固、充实、提高的时期。现在。调整国民经济的任务已基本完成,工农业生产已经全面高涨,整个国民经济已经全面好转,并且将要进入一个新的发展时期。"①

以上所述表明:涵盖 1958—1962 年的第二个五年计划期,已经不是原来意义上的计划期,其间的五年已经成为前后两个方针任务很不相同的阶段,已经不适宜于拿原定的五年计划期来衡量五年的国民经济发展状况。迄今的统计方法,又退了回去,有违上面所引李富春和周恩来报告的提法。它最主要的问题是,简单地应用五年国民经济运行状况的平均数,作为观察和判断这一时期中国经济实践的统计学根据,不能准确反映历史情况。例如,它得出"二五"时期社会总产值平均每年负增长 0.4%(按可比价格计算,下同),国民收入平均每年负增长 3.1%,工农业总产值平均每年仅增长 0.6%,其中农业总产值平均每年负增长 4.3%,② 既在客观上掩盖了前三年大发展的事实;也无助于揭示后两年工业深幅下跌的真实原因,还可能产生误导作用。同时,这种统计方法,将无法解释另一组数据,即同期的建设实绩。在社会总产值和国民收入负增长,工农业生产几近停滞甚至下降的情况下,基本建设何以会有巨大进展?以第一个五年计划时期为基期(下列数据均为 100),第二个五年计划期间完成的基本建设投资额(主要是前三年完成,下同)为 205%,新增固定资产为 175%。其中,完成的工业基本建设投资额为 291%,新增工业固定资产为 257.5%。仅 1958—1960 年间新增的生产能力,炼钢、炼铁、煤炭开采、发电机组容量、合成氨、化学肥料、棉纺锭、原盐等就分别为 445%、395%、213%、304%、266%、651%、193% 和 391%。据《中华人民共和国史稿》的资料,1958 年到 1965 年,国民经济各部门基本建设投资达到 1627.98 亿元,投产大中型项目 936 个。1965 年同 1957 年相比,主要工业产品的产量,钢增长 1.29 倍,达到 1223 万吨;原煤增长

---

① 周恩来:《政府工作报告》,《人民日报》1964 年 12 月 31 日。
② 中国国家统计局:《中国统计年鉴(1984)》,中国统计出版社 1984 年版,第 21、36、30 页。

77.1%，达到 2.32 亿吨；发电量增长 2.5 倍，达到 676 亿度；原油增长 6.75 倍，达到 1131 万吨；天然气增长 14.71 倍，达到 11 亿立方米；水泥增长 1.38 倍，达到 1634 万吨。农业产品产量也有所增长，其中棉花增长 27.93%，达到 4195.5 万担。"从产业结构看，中国已经初步建成具有相当规模和一定技术水平的工业体系。"① 在 1958—1965 年的 1627.98 亿元基本建设投资中，1007.41 亿元即占了 61.9% 是在 1958—1960 年完成的。② 没有这一前提，要取得上述那样大的成就，是困难的。

现行统计方法，给当代经济史的研究带来诸多问题。刘国光、张卓元、董志凯、武力主持的《中国十个五年计划研究报告》，关于第二个五年计划的研究，可能意识到了这一问题的存在，他们在分析这一时期计划的完成情况时，区别了 1958—1960 年、1961—1962 年和 1963—1965 年几个时段。③ 作者的看法尽管可以讨论，但这种依照经济自身的不同发展阶段予以区分，以便于具体分析，是值得重视的。

对这一时期的经济运行分段评析，上面提到，党和政府当年就已经提出。周恩来把 1958—1960 年的三年划为一段，1961—1965 年的五年划为一段，是一个解决方法。此外一个解决办法，就是把后五年再细分为两段：1961—1962 年为一段，1963—1965 年为一段。前者是两分法，后者是三分法，共同点都是把 1958—1960 年作为一段，差别是对后五年的不同处理。两分法比较简便，三分法更贴合实际情况。这两种断限方法与现行统计方法的根本区别在于，是否反映了第二个五年计划期间所发生的重大变化，即国民经济因发生严重困难（本书视为经济危机）从而呈现出前三年和后两年的阶段性划分的事实。计划是意识形态的东西，计划因客观情况发生重大变化而改变是顺理成章的。计划改变了，统计方法却不做相应调整，是值得考虑的。

---

① 当代中国研究所著：《中华人民共和国史稿》第二卷，人民出版社、当代中国出版社 2012 年版，第 221—222 页。
② 中国国家统计局：《中国统计年鉴（1984）》，中国统计出版社 1984 年版，第 301 页。
③ 参见刘国光主编《中国十个五年计划研究报告》，人民出版社 2006 年版，第 237—242 页表 4—7 到表 4—15 各表。

第二十一章

1958 年的考察

1958 年是三年"大跃进"的第一年。它以全民大炼钢铁和农村人民公社化运动而显得分外突出，需要独立出来加以分析。

人们熟知经济学重视投入产出的比较，而要应用到宏观经济问题的研究中，一般很困难。关于"大跃进"得失的讨论，近似于这一问题。定性分析已属不易，定量分析难度更大，因为它有着太多的复杂的因素。例如，局部与整体的关系，一时一地与长远的关系，物质因素与政治因素的关系，人为因素与非人为因素的关系，等等。在这些方面，也许更多的是属于得失分析的方法论的范畴。

1958 年"大跃进"之前，曾有一次小跃进，被周恩来称为"跃进的发展"的 1956 年的实践，笔者视为 1958 年的预演，有必要稍加考察。

第一节 1956 年的示范效应

同上年相比，1956 年社会总产值增长 17.9%（按可比价格计算，下同），国民收入增长 14.1%。其中，工农业总产值增长 16.5%，工业总产值增长 28.1%。完成基本建设投资 155.28 亿元，为上年的 154.7%。其中，完成工业基本建设投资 68.20 亿元，为上年的 158.8%。一举扭转了执行"一五"计划中的被动，被周恩来概括为"跃进的发展"。他说："在我国发展国民经济的第一个五年计划中，我们已经正确地规划了建设和改造相结合的步骤。而 1956 年，伴随着社会主义改造的高潮的到来，我国的社会主义建设有了一个跃进的发展，经济事业和文教事业的发展规模和速度，都大大地超过了五年计划的前三年，有的甚至超过了前三年的总和。"①

例如，工业总产值（不包括手工业产值，下同），在五年计划的前三年共增加 177 亿元，而 1956 年这一年就增加了 139 亿元。正是由于这种迅速的发展，1956 年的工业总产值达到了 586 亿元，超过了五年计划所要求的 1957 年的指标。从主要工业产品看，钢产量前三年共增加了 150 万吨，而 1956 年就增加了 161 万吨。金属切削机床的制造，前三年由于调整设备和改变型号的原因，虽然在台数上比 1952 年没有显著的增加，但是在新的品种增加和质量的提高方面，都有了很大的发展，到 1956 年，在这一新的基础上，又比 1955 年增加了 12200 多台。此外，如电力、煤炭、石油、化学肥料、水泥等重工业产品，1956 年的产量比前三年的产量都有较多的增加。喷气式飞机、载重汽车、大型发电设备和单轴自动车床等重要新产品也都是在这一年制造成功的。轻工业生产由于 1955 年农业丰收的有利条件，增长速度很快。例如，棉纱产量前三年共增加了 35 万件，而 1956 年就增加了 127 万件；棉布的产量前三年共增加了 2050 万匹，而 1956 年就增加了 4300 万匹；食糖产量前三年共增加了 16 万吨，而 1956 年就增加了将近 11 万吨。再如农业，1956 年在严重的自然灾害中，总产值仍然增加了 27.4 亿元，超过前三年平均每年增加 23.8 亿元的水平。1956 年，在国家和农业合作社的通力合作下，农业建设有了很大的发展。前三年共开垦荒地 3600 万亩，而 1956 年就开垦荒地 2900 万亩；前三年扩大的灌溉面积共 4100 多万亩，而 1956 年就扩大了 1 亿多亩。

在基本建设方面，1956 年全国完成的投资额将近 140 亿元，等于五年计划规定的投资总额的三分之一，因而改变了前三年基本建设投资只完成五年计划一半稍多的情况，使前四年完成的比重达到 86%，这就保证了第一个五年的基本建设计划能够超额完成。1956 年新增加的钢的生产能力，就有 142 万吨；新建和修复的铁路，就有 3108 公里。

在其他方面，同生产和建设的迅速发展相适应，1956 年在运输方面和贸易方面，也都有很大的发展。全国现代运输工具前三年的货运量共增

---

① 周恩来：《在第一届全国人民代表大会第四次会议上的政府工作报告》（1957 年 6 月 26 日），转引自学习杂志编辑部编《社会主义教育课程的阅读文件汇编》第一编，人民出版社 1958 年版，第 224 页。

加了11200万吨，而1956年就增加了9300万吨；商业机构零售总额前三年共增加113亿元，而1956年就增加62亿元。文化教育事业也有很大的发展。

显然，1956年的建设成就是极其巨大的。这就使国家有比较充足的力量来支援新生的合作社经济和公私合营经济，从而加强了社会主义经济的阵地，巩固了社会主义革命的胜利；同时，又保证了第一个五年计划的各项指标有可能比较顺利地完成和超额完成，从而准备了实行第二个五年计划的有利条件。①

1956年的主要问题是，在某些方面过了一些，所以，1957年采取了适当收缩，进行必要调整的方针。这一年，同1956年相比，社会总产值增长6.1%（按可比价格计算，下同），国民收入增长4.5%。其中，工农业总产值增长7.9%，工业总产值增长11.5%。工业总产值中重工业总产值增长18.4%，轻工业增长5.7%。完成基本建设投资143.32亿元，为上年的92.3%，其中，完成工业基本建设投资72.40亿元，为上年的106.2%。② 完成了调整任务，但部分指标安排不够积极，有一定松劲情绪，发展难免有些影响。1956年有点"过"，1957年有点"不及"，都很难完全避免。总体看，这两年适成互补，相得益彰。

第二节　高昂的代价

1956年的跃进成就，使毛泽东深信加快中国工业化的速度是可能的。他发动的1958年"大跃进"，在一定意义上是1956年在更大规模和更深程度上的复制，夺得了国民经济更高的增长率和工业化更快地推进。这一年，中国社会总产值增长32.7%（按可比价格计算，下同），国民收入增长22.0%。其中，工农业总产值增长32.2%，工业总产值增长54.8%。完成基本建设投资269.00亿元，为上年的187.7%。其中，完成工业基

---

① 参见周恩来《在第一届全国人民代表大会第四次会议上的政府工作报告》（1957年6月26日），转引自学习杂志编辑部编《社会主义教育课程的阅读文件汇编》第一编，人民出版社1958年版，第224—226页。

② 参见中国国家统计局《中国统计年鉴（1984）》，中国统计出版社1984年版，第21、26、30页；国家统计局固定资产投资统计司编《中国固定资产投资统计资料（1950—1985）》，中国统计出版社1987年版，第43、79页。

本建设投资 173.00 亿元，为上年的 239.0%。[①] 生产和建设这样高速度地增长，它的花费也是巨大的，支付了很高的成本。

1958 年作为三年"大跃进"的第一个阶段，农业战线由大搞农田基本建设、办大社进而发展成为一场人民公社化运动；工业战线则由赶超英国发展到全党全民为钢产量翻番展开大炼钢铁运动。革命热情被推向极端，高指标伴随瞎指挥和浮夸风、"共产风"，干了不少荒唐事，闹出许多不可思议的笑话。在农业战线上，搞瞎指挥的结果，有些原本是好事也走了样。比如深翻地，在一些地方变成翻得越深越好，竟有翻到一丈二尺深的，把生土翻上来，难以长庄稼。"合理密植"，被说成越密越好，有的一亩地下种上百斤甚至几百斤，给插红旗；而按农民自己的经验下种少的，则给插上白旗。结果，插红旗的庄稼长得密不透风，减了产，再不就是只收一堆秕子，插白旗的反而真正增了产。在工具改革中，不分青红皂白搞所谓"车子化运动"，"滚珠轴承化运动"，绳索牵引机化运动，也事与愿违，造成浪费。兴修农田水利工程，治山治水，也有不少地方违背了科学规律。山西省一个和尚同农民合作，在山坡上用挖鱼鳞坑的办法蓄水，效果很好。后来推广到平原地区，搞所谓"葡萄串""满天星"，成了灾难。华东地区 1958 年以来，国家投资 22.8 亿元，修大型水库 20 多座，中型水库 300 多座，小型水库 2000 多座，占用耕地 2600 万亩，移民近 2400 万人，但不少工程不配套，不能发挥效益。有些工程打乱了原来的排水体系，还加重了内涝和盐碱化。这一点，身为华东局第一书记的柯庆施也不得不承认，他们花的钱和器材不少，而事情却没有办好，有些甚至办坏了，许多钱浪费了。农业生产的过高指标，过急要求引发的浮夸风，竟放所谓高产"卫星"，最终导致高估产，后患尤为严重。6 月 8 日，河南省遂平县率先放出亩产小麦 2105 斤的"卫星"。6 月 26 日，江西省贵溪县放出水稻亩产 2340 斤的"卫星"。随后，越放越大。9 月 18 日，《人民日报》报道广西壮族自治区环江县红旗农业社亩产水稻 130434 斤；9 月 22 日，《人民日报》报道青海省寨什克农场小麦亩产 8585 斤，分别制造了小麦、水稻亩产最高纪录。

[①] 中国国家统计局：《中国统计年鉴（1984）》，中国统计出版社 1984 年版，第 21、26、30 页；国家统计局固定资产投资统计司编：《中国固定资产投资统计资料（1950—1985）》，中国统计出版社 1987 年版，第 43、79—80 页。

这一时期，报纸上昏话不绝。《人民日报》7月23日社论《今年夏季大丰收说明了什么》宣称：我国农业发展速度已经进入一个"由渐进到跃进的阶段"，"只要我们需要，要生产多少就可以生产出多少粮食出来"，完全抹杀客观条件的制约作用。该报在8月3日《年底算账派输定了》的社论里，竟然宣扬"地的产是人的胆决定了的"错误观点，批判所谓"唯条件论"。"人有多大胆，地有多大产"这个违背辩证唯物论原理的命题，接连出现在报端，或见诸主管农业的负责人的文章，或见诸报纸的社论。8月27日，《人民日报》更以《人有多大胆，地有多大产》的通栏标题，刊登关于山东寿张县亩产万斤粮的高额丰产运动调查报告。一些人被这些假典型误导，认为中外所有农业科学书籍讲的那些规律都将被推翻，而出现新的高产规律。1958年对粮、棉和其他农产品的高估产，以及1959年年度计划和长期计划关于粮棉等农产品的高指标，就是在这种背景下形成的。农业高估产，是作出全党全民大办工业，大炼钢铁决策的一个重要前提。农业高估产，又直接派生出高征购。

成都会议提出几年内争取地方工业产值超过农业产值的要求，催生了全民大办工业的热情。为让地方放手大干，除允许各省市自治区可以发行地方建设公债以外，还决定劳动力的招收调剂由各省市自治区负责管理，不必报经中央批准。在基本建设计划方面，大部分大中型建设项目都由地方、各部自行审批。这就为1958年职工队伍和基本建设规模的急剧膨胀开了绿灯。工业不发达的甘肃省同年1—3月建厂有1000多个，只有地、县办厂；3—5月建厂3500多个，由地、县普及到乡、社；5—6月建厂达22万多个，县、乡、社、队以致机关学校各个行业都参与到大办地方工业的洪流当中。[①] 乡、社、队工业名为"白手起家"，实际是靠平调下级或者社员的财物起家。这是"共产风"的风源之一。

在工业战线，以批判苏联"一长制"为切入点的破除不合理的企业管理制度，以企业和经济管理权下放为主要内容的经济体制改革，一度造成经济管理和企业管理的极大混乱。许多企业，不加区别地把举凡带有强制性或限制性的规章、规程都看作捆绑工人手脚的条条框框，予以打破或

[①] 参见柳随年、吴群敢主编《中国社会主义经济简史》，黑龙江人民出版社1985年版，第226页。

取缔；任意裁并管理科、室，精简业务技术人员，酿成管理的无序，甚至推行所谓"工人自我管理""无人管理"，出现了上下班随便，干活随便，吃饭随便，开会随便等等的怪事。"鞍钢"1958年下放辽宁省后，把坚持技术规程和管理制度的工程技术人员和行政管理人员当作"白旗"，宣布停职反省。在炼铁厂，把在苏联学习过的炼铁专家、总工程师当作"大白旗"拔掉。第一炼钢厂厂长在大会上宣布"1954年以来的厂长调度命令全部无效，要像土改时烧地契一样烧毁"。乱破规章制度，乱拔"白旗"的结果，炼铁厂发生了新中国成立以来少有的死亡22人的恶性事故。当时全国最大的10号高炉投产不到一个月，发生9起重大事故。[①]

钢铁翻番，所付代价更高。首先，小土群冶炼出的产品质量低，浪费大。其次，占用了农业第一线过多的青壮年劳动力，影响了秋收，当年丰产不丰收。再次，国家财政仅此一项先后补贴40亿元，这是1958年出现赤字的一个重要原因。

毛泽东后来（1959年）说："去年我们至少有三大错误：第一，计划过大，指标过高，勉强去完成，必然破坏比例关系，经济失调；第二，权力下放过多，结果各自为政，政策也乱了，钱也花多了；第三，公社化过快，没有经过试验，一下子推开，大刮共产风，干部也不会当家。现在粮食供应紧张，主要是虚报产量，还有吃饭不要钱，敞开肚皮，吃多了。""大跃进本来是好事，但四大指标（钢、煤、粮食和棉花四项指标）订高了，结果天天被动。"他把1958年他初次抓工业，比作1927年领导秋收起义时的第一仗一样，打了败仗。他说："我过去只注意人和人的关系，没有注意人和自然的关系。过去搞民主革命，忙不过来，打仗占了大部分时间。后来搞社会主义革命，主要精力是搞阶级斗争。去年北戴河会议才开始搞经济建设，特别是抓工业。看来，我第一次抓工业，像我1927年搞秋收起义时那样，第一仗打了败仗。"[②] 但是，如果从绝对意义上去解读毛泽东自我批评的这句话，以为1958年"大跃进"就是一场败仗，那就未免以偏概全了。除上面所说，它的另一面就是这一年取得的不一般的成就。

---

① 参见冶金部1959年1月12日报告。
② 转引自吴冷西《忆毛主席》，新华出版社1995年版，第134、135页。

第三节 不一般的成就

1959年4月15日,《人民日报》发表《中华人民共和国国家统计局关于1958年国民经济发展情况的公报》(以下简称公报),向国内外宣布1958年"大跃进"取得的伟大成就。不久就发觉有些方面如粮棉等农产品产量严重不实,周恩来曾亲自核查计算,剔除水分。但其他方面,经与现今《统计年鉴》(以下简称年鉴)有关数据核对,出入不大,有高的,也有低于年鉴的,作为反映当时历史情况的文献资料,予以转录,供研究。

"公报"原文如下:

1958年是我国工农业生产大跃进的一年。工农业总产值比上年增长65%;钢铁、煤炭、粮食、棉花等工农业产品的产量,都比上年增长了1倍左右;基本建设投资总额大大地超过了以往任何一年。

在工农业生产大跃进的形势下,我国农村在农业合作化的基础上,已经胜利地实现了人民公社化。到1958年底,全国农村原有的70多万个农业生产合作社合并为26000多个人民公社,参加公社的户数达到1.2亿户,占全国农户总数的99%以上。

随着文化革命运动的开展,全国各地出现了工厂、公社办学校,学校办工厂、农场的新气象。

在国民经济大跃进的基础上,全国就业人数极大增加,失业现象已经消除,农民群众在公社化的条件下,生活有了可靠的保证。

一 工业

1958年钢产量(包括一部分土钢)达到1108万吨,比上年增长1倍以上,即增加573万吨。生铁产量(包括一部分土铁)达到1369万吨,比上年增长1.31倍,即增加775万吨。钢铁产量在这一年实现翻一番的伟大成就,是经过全国人民群众英勇奋斗而取得的。

在钢铁工业的带动下,1958年整个工业生产发展的速度超过了新中国成立以来的任何一年。工业(包括手工业,下同)总产值比1957年增长66%。

1958年32种主要工业产品产量的增长情况如下：

	1957年产量（1）	1958年产量（2）	（2）比（1）增长（%）
钢	535万吨	1108万吨	107
生铁	594万吨	1369万吨	131
发电量	193亿度	275亿度	42
煤炭	1.3亿吨	2.7亿吨	108
原油	146万吨	226万吨	55
水泥	686万吨	930万吨	36
木材	2787万立方公尺	3500万立方公尺	26
硫酸	63.2万吨	74万吨	17
纯碱	50.6万吨	64万吨	26
烧碱	19.8万吨	27万吨	36
化学肥料（不包括硝酸铵）	63.1万吨	81.8万吨	29
抗菌素	34.6万吨	145吨	319
发电设备	19.8万千瓦	80万千瓦	304
金属切削机床（不包括简易机床）	2.8万台	5万台	79
机车	167台	350台	110
货车	7300辆	11000辆	51
汽车	7500辆	16000辆	113
民用船舶	5.4万载重量吨	9万载重量吨	67
拖拉机	—	957台	—
谷物联合收割机	124台	545台	340
机动脱粒机	—	740台	—
动力机械（注）	69万马力	200万马力	190
棉纺机	48.4万锭	100万锭	107
造纸设备	0.7万吨	1.5万吨	114
制糖设备	0.9万吨	1.5万吨	67
棉纱	465万件	610万件	31
棉布	50.5亿公尺	57亿公尺	13
纸	122万吨	163万吨	34
食用植物油	110万吨	125万吨	14
糖	86.4万吨	90万吨	4
原盐	827.7万吨	1040万吨	26
卷烟	446万箱	475万箱	7

注：动力机械是柴油机、汽油机、煤气机和锅炉机的总称。

在工业生产高速度的发展中，生产资料生产有了更迅速的增长，与上年比较，生产资料增长103%，生活资料增长34%。工业总产值中生产资料的比重为57%。

在工业大跃进的运动中，全国广大农村办起了许多用土办法或者半洋半土的办法进行生产的小型的炼铁厂、煤矿、炼油厂、发电站、水泥厂、肥料厂、农具制造修配厂、食品加工厂等类厂（场）矿。这些厂矿的产品，例如，土机床、土铁、土钢、土化肥、土水泥以及某些日用品，在支援地方工农业生产和供应人民生活需要方面开始起了一定的作用。

在整风运动以后，很多企业实行了干部参加劳动、工人参加管理的办法，改革了某些不合理的规章制度，推广了企业领导人员、技术人员和工人群众互相结合进行技术改革的经验，生产能力迅速提高。例如，大型的和用洋法生产的高炉每立方公尺有效容积每昼夜产铁1.49吨，比上年提高12%；平炉每平方公尺炉底面积每昼夜产钢7.78吨，比上年提高8%；原煤生产工人平均每人每日采煤1.45吨，比上年提高25%。

1958年试制成功了许多新产品，其中有：多种低合金高强度结构钢、复合不锈钢板、高度550公厘的大型工字钢、容积1513立方公尺的高炉、2300公厘中板轧机、容量25000千瓦的火力发电设备、载重量5000吨海轮、2500吨的锻造水压机、高级绝缘材料有机硅树脂等。

1958年中央各工业部直属工业企业的产品成本比上年降低12.5%。

二　基本建设

1958年基本建设的规模和速度大大地超过了以往任何一年。全国完成基本建设投资总额267亿元，相当于第一个五年计划期间投资总额的一半，其中通过国家预算的基本建设投资214亿元，完成年度计划147%，比1957年增长70%。此外，人民公社还进行了一些基本建设。

1958年基本建设投资较多地集中在工业建设方面。在基本建设投资总额中，工业建设占65%，农林水利建设占10%，交通运输建设占13%，其他建设占12%。

1958年施工的限额以上的工矿企业共有1000多个，全部建成和部分建成投入生产的约有700个，其中在苏联援助下的重大建设项目有45个。全部投入生产的重要建设项目有：武汉钢铁公司的一号高炉、鞍山钢铁公司的四号和五号大平炉、武汉重型机床厂、洛阳矿山机器厂第一期工程、哈尔滨汽轮机厂第二期工程、双鸭山洗煤厂、淮南谢家集洗煤厂、阜新新丘立井、洛阳热电站、本溪电厂、兰州西固热电站第一期工程、兰州炼油厂第一期工程、华侨糖厂、桂平糖厂、南平造纸厂第一期工程、邯郸第一和第四棉纺织厂、郑州国棉六厂等。

1958年建筑工业在首先保证重点建设项目的原则下，开展了多快好省的快速施工方法，大大缩短了工期，节约了投资。武汉钢铁公司日产2000吨铁的高炉原计划两年建成，经过快速施工，只用了14个月即建成投入了生产。鞍山钢铁公司的大型平炉经过快速施工只用了5个多月即建成投入生产。很多钢铁联合企业、电站、矿井等建设投资都比过去节约。1958年有很多建设单位实行了基本建设投资的包干制度，开始收到了节约国家投资、扩大建设规模、加快建设速度的效果。

许多设计单位简化了设计程序，缩短了设计时间，基本上扭转了过去设计赶不上施工的现象。

1958年在地质勘探工作勘探方面，掀起了群众找矿运动，在整个地质工作战线上，获得了巨大的战果。全国共找到了大小矿点16万多处，其中已有许多矿点经过检查证实是大型矿床。过去有些被认为缺乏矿产的地区，也发现了许多有价值的矿产地。全国完成机械岩心钻探工作量740多万公尺，比上年增加1倍以上。石油深钻井进尺118万公尺，比上年增加近2倍。对于主要矿产储藏情况，1958年已经探明的数量比上年都有很大的增长，例如，已经探明的煤矿C1级以上的数量比上年增加60%，铁、铜、铝等矿C1级以上的数量比上年都有很大的增加。

三　农业

1958年我国农业生产获得了高产丰收。粮食总产量达到7500亿斤，比上年增长了1倍。棉花总产量达到6638万担，比上年也增长了1倍。其他主要农作物产量比上年增长的百分比是，大豆24%，花生56%，油菜籽24%，甜菜93%，甘蔗30%，烤烟115%，黄洋麻8%。

1958年全国粮食平均每亩的产量（按播种面积计算）为412斤，棉花平均每亩产量为77斤。

按耕种面积计算，1958年全国已有许多的县市提前实现了十二年农业发展纲要规定的粮食每亩年产量分别达到400斤、500斤、800斤的指标，许多产棉地区也提前达到了十二年农业发展纲要规定的每亩年产棉花60斤、80斤、100斤的要求。

1958年有很大一部分地区遭受到严重的自然灾害。勇敢勤劳的五亿多农民，在中共中央和毛主席的领导下，开展了向自然界的英勇进军，从1957年10月到1958年9月的一年之间，在兴修农田水利方面，完成土石方580亿公方，扩大灌溉面积4.8亿亩；水土保持初步控制面积约达32万平方公里。这些水利工程使遭受严重干旱威胁的4.7亿亩耕地，有3.8亿亩未成灾，以成灾的耕地中，也在不同程度上减轻了损失；同时还大大减轻了夏季特大暴雨的危害程度。

一年来，各地正确地执行了关于土（土壤）、肥（肥料）、水（水利）、种（种子）、密（密植）、保（植物保护）、管（田间管理）、工（工具改革）等农业生产的"八字宪法"，促进了农业生产的高产丰收。

到1958年底，全国共有牛、马、驴、骡、骆驼等大家畜8506万头，比上年底略有增加。小家畜28886万头，其中，生猪1.8亿头，山、绵羊10886万头，都比上年有不同程度的增加。

1958年茶叶产量比上年增加26%，家蚕茧产量比上年增加24%。

1958年春秋两季群众造林面积共达4亿亩，比上年增长5倍。

1958年全国气象台、气象站比上年增加67%。群众性的气象组织也有很大发展。

四　交通运输和邮电

在1958年有55条新的铁路线先后施工，29条原有线路进行复线建设或改建，加上企业专用线，全年铁路铺轨里程共达3564公里，比上年增长1倍多，其中复线为900多公里。全年新建公路（包括简易公路）15万公里，比上年增长7倍多。全年整治和新增的内河航道达1万公里，贯通五大水系，淤塞了一百多年的南北大运河的疏浚和改建工程，已在山东、江苏两省分段施工。到1958年底，全国铁路通车里程达到31193公里，公路通车里程达到40多万公里，内河通航里程达到15万多公里，民用航空航线长度达到3.3万公里。

在1958年秋冬两季，在群众的热情支持下，各地广泛地组织了社会上的运输力量，有力地援助了钢铁生产。各地运输企业积极开展了合理的多拉、多载、快装、快卸和技术革新的群众运动，大大提高了车船的运输效率，铁路机车平均牵引总重量比上年提高 12%，货运汽车平均年运量比上年增长 55%。1958 年货运量和货物周转量比上年都有很大的增长，其中，铁路货运量增长 39%，货物周转量增长 38%，交通部直属企业货运量增长 20%，货物周转量增长 28%。

1958 年全国邮电业务量比上年增长 41%。

五　国内外商业

随着生产建设的发展和劳动就业人数的增加，1958 年我国人民的购买力有了进一步的增长。全国社会商品零售额比上年增加 16%。主要消费品的零售量与上年比较，粮食增加 16%，棉布增加 17%，针织品增加 45%，胶鞋增加 52%，机制纸增加 55%，暖水瓶增加 29%，收音机增加 1.6 倍，搪瓷器皿、火柴、肥皂、自行车、缝纫机、钟、钢笔、金笔等都有显著的增加。商业部门对农村的生产资料供应有了特别迅速的增加，全年农业生产资料供应总额达 67 亿元，比上年增加 1 倍以上，其中：化学肥料增加 39%，农药增加 2.2 倍，动力机械增加 3 倍。

1958 年国营及合作社商业收购的农副产品总额比上年增加 26%，其中，粮食增加 17%，棉花增加 36%，烤烟增加 24%。

1958 年市场物价始终保持稳定。

1958 年进出口贸易总额比上年增加 23%。苏联和其他社会主义兄弟国家为了支援我国的建设，不仅按照计划供应了订货，而且还提前补充供应了很多重要工业设备。我国对亚非国家的贸易，在平等互利、互通有无的原则下，发展了相互间的贸易，加强了友好关系。我国对西方国家的贸易往来也有一些增加。

六　人民的物质生活和文化生活

1958 年全国职工平均人数达到 3200 多万人，比上年增加了约 800 万人，职工队伍空前扩大。旧社会遗留下来的失业现象已经消灭。同时，在人民公社化以后，由于家务劳动的社会化，全国约有几千万妇女劳动力，从烦琐家务劳动中解脱出来，参加了社会劳动，大大增强了劳动战线。

在全国职工总数中，工业、基本建设、交通运输、农林水利等部门职工人数所占的比重由上年的 73% 上升到 1958 年的 85%，而国家机关的职工则比上年有所减少。物质生产部门的职工的迅速增加保证了生产建设的飞跃发展。

由于全国劳动人民生产积极性的提高和技术革新运动的开展，社会劳动生产率提高了。在原有工业企业中职工的劳动生产率有了很大的提高。

1958年是我国苦战三年的第一年，全国人民进一步发扬了艰苦奋斗和勤俭节约的优良传统。但是，由于就业人数的大量增加，生产部门的职工在年中又普遍得到一次跃进奖金，职工家庭的收入比上年增加了。农村人民公社实行了工资制与供给制相结合的分配制度，人民公社的集体福利事业也有了很大的发展，普遍地建立了公共食堂、托儿所、幼儿园、敬老院、妇产院等。

我国多数县已经基本上普及了小学教育，小学生人数达到8600万人，学龄儿童85%已经入学。高等学校本专科学生达到66万人，比上年增加50%以上；中等学校学生达到1200万人，比上年增加70%。高等学校本专科毕业的学生为7万人，比上年增加28%；中等专业学校毕业的学生为19万人，比上年增加30%。许多人民公社和厂矿企业自办了各种业余学校。各级各类学校在执行党的教育与生产劳动相结合的方针方面，开始取得了显著的成绩。

1958年科学研究事业有了新的发展。全国有半数左右的县市设立了初级的程度不等的科学研究机构。我国已经建成了重水型实验性原子反应堆和回旋加速器。

1958年摄制艺术影片103部，新闻、纪录片900多本，比上年都增加了1.6倍。各种戏剧、音乐、美术、舞蹈等艺术活动也有极大的发展。出版物增加很多。

1958年"除四害、讲卫生"的群众运动有了很大的开展。苍蝇、蚊子、老鼠、麻雀及其他害虫已经大大减少，城乡卫生面貌进一步改观。流行在长江以北的黑热病已经基本消灭。血吸虫病也在部分流行地区基本上消灭。

医疗机构增加很多，全国病床已达44万张，比上年增加20%。在中西医团结合作下，我国的医学获得了显著的发展。

1958年群众性的体育事业有了很大的发展，我国创造了举重、游泳、跳伞等8项次世界纪录和840项次全国纪录。

上述公报说明了我国1958年社会主义建设各个战线在"大跃进"中所取得的伟大成就。这些成就，是全国人民努力执行党的社会主义建设总路线和英勇劳动的结果,同时,也是和以苏联为首的社会主义各国的援助分不开的。在1958年伟大成就的基础上,全国人民在中共中央和毛主席的领导下,正在努力争取1959年社会主义建设继续大跃进的新胜利。[①]

下面,我们依照公报顺序与国家统计局《中国统计年鉴(1984)》数字对照研究。

(一)工业

公报称,1958年工业总产值比1957年增长66%,工业生产发展速度超过新中国成立以来任何一年。按1984年中国统计年鉴(下同)统计,则为54.8%,工业生产发展速度仍旧超过新中国成立以来任何一年。二者相差11.2个百分点。据分析,主要源于统计口径存在差异:(1)公报钢铁产量包括土钢土铁产量,年鉴则不包括。土钢土铁均为几百万吨,数额不小。(2)年鉴增长率按可比价格计算,公报没有说明,倘按当年价格计算,又会有误差。(3)也可能会有产品品种范围不尽相同的情况,如果考虑到这些因素,二者当不会有多大差别。公报列举的几项经济效益指标和试制成功的几种新产品,没有找到对应的核实资料,较难判断真伪。关于新发现和新发明,在"大跃进"中并不少见。

(二)基本建设

公报提供1958年完成基本建设投资总额为267亿元,其中国家预算基本建设投资214亿元,比1957年增长70%。当年施工的限额以上工矿企业共有1000多个,全部建成和部分建成投入生产的约有700个,其中在苏联援助下的重大建设项目有45个。年鉴基本建设投资数据分别为269亿元和216.44亿元,还略多一点。施工的限额以上工矿企业没有对应的数字,整个施工项目为104946个,全部建成投产项目为87527个,其中,在苏联援助下的重大建设项目有36个,比公报数45个少9个。公报数包括部分建成投产的,年鉴专指全部建成投产的。

(三)农业

公报公布的粮食等农作物产量,大牲畜和小家畜等饲养数量,与年鉴数字相差悬殊。详见表21—1和表21—2:

[①] 参见《中华人民共和国国家统计局关于1958年国民经济发展情况的公报》,《人民日报》1959年4月15日。

表 21—1　　　　1958 年粮食等农作物产量两次统计结果比较

	粮食		棉花		其他农作物比 1957 年增减（%）				
	总产	单产	总产	单产	花生	油菜籽	甜菜	甘蔗	烤烟
公报数	7500	412	6638	77	56	24	93	30	115
年鉴数	4000	209	3937.5		11.1	12.6	105	20.8	51
二者相差（%）	-87.5	-97.1	-68.6		-404.5	-90.5	12.9	-44.2	-125.5

注：（1）粮食总产：亿斤，单产：斤；棉花总产：万担，单产：斤。（2）年鉴数为中国国家统计局：《中国统计年鉴（1984）》，中国统计出版社 1984 年版，第 145—147 页。（3）表中第三项百分数意在观察当年估产与核实实绩差距有多大。

表 21—2　　　1958 年大牲畜和小家畜饲养量两次统计结果比较　　　单位：万头

	大牲畜	肉猪出栏头数	猪年底头数	山绵羊年底头数
公报数	8506		18000	10886
年鉴数	7768	8800	13829	9569
二者相差（%）	-9.5		-30.2	-29.4

注：（1）年鉴数中国国家统计局：《中国统计年鉴（1984）》，中国统计出版社 1984 年版，第 159—160 页。（2）表中第三项百分数意在观察当年估产与核实实绩差距有多大。

公报农产品产量除个别项目外，都高于后来核实的产量，其中粮食和棉花产量高出很多。

（四）交通运输和邮电

公报数和 1984 年年鉴数的比较，见表 21—3：

表 21—3　　　　1958 年交通运输和邮电两次统计结果比较

	通车通航里程或线路长度（万公里）				货运量增长（%）		货运周转量增长（%）	
	铁路	公路	内河通航	民用航空	铁路	交直企业	铁路	交直企业
公报数	3.1193	40 多	15 多	3.3	39	20	38	28
年鉴数	3.02	42.18	15.2	3.3	39	41.5	37.8	60.4

注：（1）年鉴数中国国家统计局：《中国统计年鉴（1984）》，中国统计出版社 1984 年版，第 273、281、285 页。（2）铁路通车里程年鉴数系铁路营业里程。（3）货运量和货运周转量增长数都以 1957 年为基期。（4）货运量和货运周转量两项，公报数专指交通部直属企业公路运输；年鉴数泛指整个公路交通运输。1958 年动员了各种运输工具，以适应货运量大增的需要。

从上表看，公报所列交通运输情况是反映了实际的。公报说全国邮电业务量比上年增长41%，年鉴数为42.18%。

第五部分国内外商业与第六部分人民的物质生活和文化生活，公报列举的主要指标同1984年年鉴公布的指标，大体是吻合的。公报指出，1958年职工队伍空前扩大，旧社会遗留下来的失业现象已经消灭。这当然是值得称道的。但是，这又是大发展中每每出现的问题，就是职工增加过多，或者超过实际的需要，或者占用了不应该占用的农业第一线的劳动力。1956年小跃进中曾经出现过，这次大跃进在更大的程度上再现了。它带来了诸多问题，给国民经济造成很大压力。

从以上考察的结果看，1958年统计数据失实的情况主要是在农业方面，特别表现在粮食和棉花等主要农产品产量的估产上。造成的原因，大致有四点：一是浮夸风作怪。二是领导机关尤其是中央主管农业的高层领导，自己的头脑也发热，又不做调查研究，很容易上当。三是缺乏新情况下的估产经验。合作化加上公社化，土地大规模连片种植，各级干部广种试验田，普遍举办大片丰产方，同过去相比变化很大。1958年的庄稼长势比起常年本来更好些，丰产方里的庄稼显得更好，面对这种情况，有经验的老农也未必能够估得透。在浮夸风的气氛下，很难避免高估产。四是不能小视的损失和铺张浪费。这里有两笔账：一笔是损失账。大办水利和大办钢铁过多占用农业第一线的劳动力，给农业造成的损失。一般公认1958年丰产不丰收。这笔包括在估产的数字里后来没有成为实际产量的数目究竟有多大？难以算清。笔者1958年在河北省北部农村，经历了秋收。那时成熟的玉米、红薯、花生、棉花都等着收获，青壮年劳动力一部分在水利工地，一部分在钢铁厂，生产队所剩不多，妇女和老人、小孩成为主要劳动力。入冬一场大雪覆盖在棉田里，棉杠上还稀稀拉拉挂着棉桃。红薯、花生需要人工刨挖，红薯更要小心碰伤。眼看霜冻，为抢时间，只得套上牲口用犁铧冲，有的翻了出来，翻不到的就扔在了地里。翻出来的有的带伤也难以保存。连丢带糟蹋，损失不少。另一笔是铺张浪费账。笔者所见，公社干部仿佛把大跃进和公社化当成民间办喜庆事，有时借机大操大办，杀猪宰鸡，举杯相庆。公共食堂不讲定量，还有煮食青玉米棒子的现象（合作化前一般农户是舍不得这种吃法的）。这些也都在估产之内，如果计算这些因素，绝不会是一个很小的数目。1958年的粮食产量曾两次核实。第一次核实为 4800 亿斤。[①] 第二次核实为 4000 亿斤。从时间说，这时，经济困难已经到来，粮食问题的严重性尖锐地摆在各级领导的面前。这时，早已经不是高估产的时候，而是要少报了。从多方面的情况看，考虑到上面所说的损失浪费，即使第一次核实的 4800 亿斤仍偏高，绝不止 4000 亿斤。如果这一推断能够成立，比 1957 年 3900 亿斤就不是增产 100 亿斤，增长 2.6%。

公报列举 1958 年扩大灌溉面积 4.8 亿亩，水土保持初步控制面积约达 32 万平方公里。据《中国社会主义经济简史》的资料，这一年大办水利的实际效果显然被夸大了。该书作者说："至于大办水利，各地在这一年内先后动员了 7000 万人，最高时达 1 亿人以上，经过半年多的时间，完成土石方 580 亿立方米，新增灌溉面积约 4 亿多亩。实际上，因计划不周，盲目施工，在这一年完成的水利工程中，真正见效的，远远低于此数。"[②] 还有一种情况，有些水利工程由于配套工程没有相应地跟上去，或者做得不到位，有干渠，有支渠，没有毛渠，还是不能发挥应有的效益。填平补齐了，以后会发挥效益。公报还说，这些水利工程使遭受严重干旱威胁的 4.7 亿亩耕地有 3.8 亿亩未成灾，已成灾的耕地中也在不同程度上减轻了损失；同时还大大减轻了夏季大暴雨的危害程度。据 1984 年《中国统计年鉴》统计，1958 年农田受灾面积为 4.644 亿亩，是新中国成立以来的最高年份，成灾面积为 1.173 亿亩，未成灾面积达 3.471 亿亩，成灾面积占受灾面积的 25.3%，又是新中国成立以来的最低年份。[③] 同公报的有关说明相符合。就是说，1958 年的灾情并不轻，刚举办起来的人民公社经过努力，有那样的收成，来之不易。

撇开浮夸和虚报的成分，按经过核实国家统计局正式公布的数字，1958 年中国国民经济总的发展速度，应该说是新中国成立以来最高的年份。这一年，社会总产值达到 2138 亿元，比上年的 1606 亿元增长 32.7%（产值按当年价格计算，增长幅度按可比价格计算，下同）。其中，工农业总产值为 1649 亿元，比上年的 1241 亿元增长 32.2%。"一五"时期，社会总产值年均增长 11.3%，增长最高的年份 1953 年为 18.7%；工农业

---

① 参见吴冷西《忆毛主席》，新华出版社 1995 年版，第 135 页。
② 柳随年、吴群敢主编：《中国社会主义经济简史》，黑龙江人民出版社 1985 年版，第 239 页。
③ 参见中国国家统计局《中国统计年鉴（1984）》，中国统计出版社 1984 年版，第 190 页。

总产值年均增长 10.9%，增长最高的年份 1956 年为 16.5%。两相比较，1958 年社会总产值分别高出 21.4 个百分点和 14 个百分点；工农业总产值分别高出 21.3 个百分点和 15.7 个百分点。工农业总产值单独计算，1958 年工业总产值 1083 亿元，比上年的 704 亿元增长 54.8%；农业总产值 566 亿元，增长 2.4%。"一五"时期工业总产值年均增长 18%，增长最高的 1953 年为 30.3%；农业总产值年均增长 4.5%，增长最高的 1955 年为 7.6%。两相比较，1958 年工业总产值分别高 36.8 个百分点和 24.5 个百分点，农业总产值分别低 2.1 个百分点和 5.6 个百分点。

按人代会通过的 1958 年国民经济计划检查，工农业总产值为计划的 118.8%，钢产量（不包括土钢）为 128%，原煤为计划的 179.1%，粮食为计划的 96.9%，棉花为计划的 112.5%，预算内基本建设投资为计划的 147.2%，财政收入为计划的 116.7%。

全国人民代表大会通过的 1958 年粮食计划指标为 4128 亿斤，之后中共中央关于 1958 年国民经济计划的第二本账，曾将这一指标提高为 4397 亿斤。原来预计产量将达到 6000 亿斤，核实后的实际产量为 4000 亿斤。出现这样大的差额，浮夸风和高估产占很大因素；此外，过多抽调农业青壮年劳动力大炼钢铁、兴修水利和举办其他小型工业，留在农村的劳动力比上年减少 3818 万人，农业与工业劳动者的比例由上年的 13.8:1 下降到 3.5:1。在此期间，各地还动员人民公社大约 20% 的畜力车、手推车、30% 的木帆船参加大炼钢铁运输，[①] 在农业机械化实现以前，严重削弱了农业第一线的实力，影响很大。不少成熟了的庄家丢在田间，烂在地里，丰产不能丰收，这笔损失虽难以计算，未必是可以忽略的小数。

这里还有一个问题，就是群众运动中某些劳动用工和投工及其创造的价值，或有待未来可能实现的价值，例如：群众性的找矿报矿活动，人民公社兴办农田基本建设投工，承担国家交通运输建设或本地本村简易公路用工，人民解放军承担的生产建设工程，等等，在统计工作中未必都计算了进去，或许根本没有得到应有的反映。在这方面，笔者意外了解到一个有趣的资料：四川省犍为县芭蕉沟有一家始建于抗日战争时期的煤矿，生产的煤炭原来通过水路外运。1958 年在这条水路上修水电站受到影响，

[①] 引自柳随年、吴群敢主编《中国社会主义经济简史》，黑龙江人民出版社 1985 年版，第 235、238—239 页。

不得不走旱路，动手修建一条土铁路，把煤炭运送到煤炭集散地。全长19.84公里，为标准轨1/2的窄轨铁路。山路崎岖，弯道很多。1958年8月动工，1959年7月建成通车。轨距只600毫米，用改装的汽车牵引，只运煤炭。1960年又进行一次全线大改造，轨距改为762毫米，使用河北石家庄动力机械厂生产的功率较大的蒸汽机车牵引。为满足当地群众生产生活需要，每趟运煤列车开始加挂客运车厢和货运车厢，从此，蒸汽小火车成为沟通山区农民同外部世界联系的唯一交通工具，为活跃当地经济起着重要的作用。每当集市贸易的一天，群众买卖生产生活用品连同交易的牲畜、家畜家禽都通过小火车运输，至今仍在运行。为适用旅游经济的发展，现在又增加了观光车厢和观光项目，让年轻人了解"大跃进"年代的遗存。据说，它已被认为是现今世界仅存的仍在运行的窄轨蒸汽小火车，喻为18世纪以蒸汽机为标志的工业革命活化石。慕名前来乘坐的国外游客日渐增多。诸如此类的情况，要计算和统计这类生产性活动所创造的财富，可能比较困难，却是应该考虑的，以便于确切反映那个年代的成就。

第四节　评析

1958年"大跃进"中的问题，公报没有提及。这一年，经济指标过高，许多工作要求过急，社会变革迈的步子过大，积累了不少问题。

一是国民经济失衡：以1957年为基期，1958年工业增长54.8%（按可比价格计算，下同），其中重工业增长78.8%，轻工业增长33.7%，农业仅增长2.4%。工农业两大产业部门的比例关系由1957年的56.7:43.3一下改变为65.7:34.3；农轻重的比例关系（按当年价格计算）由1957年的43.27:31.18:25.54改变为34.32:30.50:35.17。在钢铁翻番的带动下，基本建设增加近90%，其中，工业投资由1957年占50.5%增加到64.3%，农业和水利投资仅比上年增加1个百分点，为9.8%，积累率比上年攀升9个百分点，由上年的24.9%猛增到33.9%。1956年以来调整农轻重比例关系的愿望不但没有如愿，反而适得其反。

二是经济管理失控，生产秩序混乱。这主要是企业和经济管理权力下放过头，破除不合理的规章制度不讲界限的结果。宏观管理和微观管理都出现不同程度的无政府状态。

三是农村人民公社盛行平均主义和"共产风"。北戴河关于人民公社的决议本身有一定缺点,埋伏了漏洞;推行中没有安排试点阶段,一阵风刮起来,基层干部良莠不齐,不可能不出乱子。合作化得以避免的破坏,在公社化运动中在一定程度上发生了。1958年大牲畜数量和小家畜数量的普遍下降就是警示。

解决这些问题,需要付出时间,也需要支付一定的成本,就像1957年那样,在适度放慢发展速度中恢复新的平衡,积蓄下一次跃进的力量。虽然不一定需要停止发展地去做,从各方面的情况看,比那次调整面临的任务更为艰巨是可以肯定的。

面临1958年"大跃进"的上述结果,从局部看,例如,1958年北戴河会议后的几个月里,几千万人大炼钢铁,炼出的几百万吨土铁、土钢成本很高而质量却不符合国家标准,计算投入产出,应该说是"得不偿失"。但是,如果从总体方面考察和分析1958年"大跃进",也许可以用一种并不很确切的比喻,它多少类似于军事上打了一场消耗战。人们知道,在国内革命战争中,毛泽东是反对打消耗战的,他所说抓工业的第一仗就打了败仗,是否就是在这个意义上说的?他自己没有说明。无论如何,恐怕他认为这一仗不很合算,或者很不合算,不然也不会说打了败仗。从经济学上说,就是不符合价值规律的要求,不是以最小投入获得最大产出,至少不是以较少投入获得较多产出,或者以同样的投入获得较多的产出。

人们还可以从较长一点的时段和更为宽广一些的范围来观察。1959年4月18日,周恩来在第二届人大第一次会议上所作的政府工作报告中,曾经讲到1958年"大跃进"一年干了几年的事。他评价1958年国民经济增长率很高,许多工农业产品的产量一年增加的数量超过几年。当时农产品的产量还没经过核实,农业产值的计算也不实,剔除这一部分,他列举1958年工业和手工业比1957年增长66%;生铁、钢(包括一部分土钢、土铁)煤炭、发电设备、机车、汽车、动力机械等产品的产量,都比1957年增长1倍以上。许多工业产品的产量,在1958年一年增加的数量,超过了1957年比1952年增加的数量。

他说:"我国国民经济发展的速度,在资本主义制度下是从来没有过的,也是不可能有的。拿钢来说,英国早在1880年,年产量就已经达到131万吨,到1935年,年产量才增加到1002万吨。我国的钢产量在1952

年是 135 万吨，到 1958 年就增加到 1108 万吨（包括土钢，不包括土钢则为 800 万吨，不包括土钢超过 1000 万吨是在 1959 年——作者注）。这就是说，在钢产量上，英国走了五十多年的路，我们只花了六年。拿煤来说，英国早在 1854 年就已经能够生产 6570 万吨，同我国 1952 年生产 6649 万吨的水平大体相等。经过了五十多年的时间，到 1907 年，英国的煤产量才增加到 2.7 亿吨。而我国也只花了六年的时间，就在 1958 年达到了这个水平。英国的煤产量在 20 世纪初期曾经两次接近 3 亿吨，但是，最近三十多年来，一直处于下降和停滞的状态，到 1958 年只有 2.2 亿吨左右，已经落在我国的后面。"

"报告"还列举基本建设方面的情况："到 1958 年，我们扩大了地方管理工业建设和工业生产的权限，从而大大提高了各级地方组织和劳动群众大办工业的积极性，大大加快了建设的进度，迅速提高了工业的产量。1958 年由中央和省、市、自治区两级举办的限额以上的新建和扩建的工矿企业共有 1000 多个，其中全部建成和部分建成而投入生产的约有 700 个，比第一个五年计划期间全部建成和部分建成投产的工矿企业的总和 537 个还多；由省、市、自治区、专区、县兴办了大量的限额以下的洋土结合的工矿单位，这些工矿单位绝大部分在 1958 年内已经建成或者部分建成投入生产。此外，人民公社还举办了很多基本上是采用土法生产的工矿单位。由于这些建设，我国的工业生产能力就迅速增长起来了。[①]

下面，根据国家统计局正式公布的数据，看看 1958 年一年在哪些方面干了几年的事。

（一）工农业生产主要是工业生产方面：按可比价格计算，1957 年工农业总产值比 1953 年增长 53.4%，而 1958 年一年增长了 54.1%；其中，工业总产值 1957 年比 1952 年增长 128.6%，1958 年则增长了 125.3%，几乎跨越了五年时间。[②] 60 种可比的主要工业产品，分别以 1957 年比 1952 年、1957 年比 1953 年、1957 年比 1954 年和 1957 年比 1955 年增加的数量为参照，依顺序区分为四类，考察 1958 年一年增加的数量，加以比对，情况如下：

[①] 周恩来：《政府工作报告》，1959 年 4 月 18 日在第二届全国人民代表大会第一次会议上，《人民日报》1959 年 4 月 19 日。
[②] 参见中国国家统计局《中国统计年鉴（1984）》，中国统计出版社 1984 年版，第 24 页。

相当或超过第一类的有 25 种，计为：纱、布、毛线、麻袋、缝纫机、灯泡、罐头、收音机、电影放映机、日用搪瓷制品、原煤、生铁、焦炭、轮胎外胎、发电设备、交流电动机、变压器、泵、风机、金属切削机床、滚珠轴承、内燃机（商品量）、铁路机车、铁路客车、铁路货车。

相当或超过第二类的有 4 种，计为：饮料酒、塑料制品、铁合金、胶鞋。

相当或超过第三类的有 5 种，计为：原油、发电量、水泥、电石、汽车。

相当或超过第四类的有 10 种，计为：呢绒、丝织品、原盐、钢、木材、纯碱、烧碱、合成氨、塑料、矿山设备。

其余的 16 种工业产品，1958 年的产量也都超过 1957 年的产量，有些产品超过的幅度还很大，增长幅度大于 1957 年比 1956 年增加的幅度。①

（二）固定资产投资方面：第一个五年计划期间，全民所有制范围总共完成固定资产投资 611.58 亿元，1958 年一年完成的固定资产投资就有 279.06 亿元，为 611.58 亿元的 45.63%，几近前两年的 90%。其中，"一五"期间完成基本建设投资 588.47 亿元，1958 年完成 269 亿元，超过前两年的 90%。在基本建设投资中，1958 年完成的工业基本建设投资为 1956 年和 1957 年两年总和的 123%。② 值得注意的是，支农工业和新的消费部门的生产能力大幅度增长。拖拉机制造形成了年产 7000 台生产能力；合成氨新增生产能力为前三年总和；化学肥料新增生产能力为前三年的 245%；正在形成新消费热点的缝纫机新增 15.5 万台生产能力，为前两年的 209.5%，手表填补了过去的空白，形成 10 万只生产能力。

（三）在交通运输方面：1958 年铁路营业里程一年增加的数量超过前四年增加的数量，公路里程一年增加的数量超过了前五年。货运量和货物周转量 1958 年一年增加的数量都超过 1957 年比 1954 年增加的数量。③

---

① 根据国家统计局工业交通物资统计司编《中国工业经济统计资料（1949—1984）》，中国统计出版社 1985 年版，第 43—57 页有关数据计算。

② 参见中国国家统计局《中国统计年鉴（1984）》，中国统计出版社 1984 年版，第 301 页；国家统计局固定资产投资统计司编《中国固定资产投资资料（1950—1985）》，中国统计出版社 1987 年版，第 71 页。

③ 参见中国国家统计局《中国统计年鉴（1984）》，中国统计出版社 1984 年版，第 273、281、285 页。

1958年"大跃进"的结果：

第一，国家建设打开了局面，生产力布局在全国范围内展开。现在的许多钢铁企业都是1958年打下的基础。如果说"一五"时期新建和重大改扩建工矿企业还是寥若晨星，1958年已开始出现星罗棋布的格局。

第二，打破了人们对于办工业的神秘感。从中央到地方，省（市、自治区）、地、县直到公社各级领导都把办工业提上日程，不再是少数人冷冷清清办工业，有了一种热气腾腾的气氛，国民经济长期保持较高的发展速度具备了更有利的条件。这就是说，全党全民对于工业化的认识大为增进，有了亲身感知，取得一些初步经验。这些，都将在较长的时期里和更大的范围里受益，转化为财富。1958年支付的较高成本，付出的高昂代价，摊薄在后续期里，得失关系就会迥然不同。从这个意义上说，这又是符合价值规律的，还是做到了以较少投入获得较多产出。这种情况很类似一项重大的研发活动，前期投入一般都很巨大，一旦成功，成本就会降低，前期投入不仅会收回来，而且会成倍地收回来。"万事开头难"，世间事物最初无不费时费力，付出较高的代价。人们不会因此拒绝探索新路，致力于新发现、新发明。讨论到这里，有必要提到一份很有价值的史料。1960年1月9日，冶金部长王鹤寿向毛泽东报送了中共冶金工业部党组1月8日关于钢铁"小洋群"情况的报告。报告说：钢铁"小洋群"企业，共计一千三百多个，已经负担了1959年全国生铁产量一半的生产任务。冶金工业中最可宝贵的最突出的先进经验，是从"小洋群"企业中创造出来的。我们选择了四百多个条件较好的"小洋群"企业，拟逐步培植成小型钢铁厂。其中将来有望发展成年产十万、二十万、三十万吨规模钢铁厂的，有一百个左右。毛泽东当即批印给中央各同志。[①] 这一事实应是印证着上述论点。从1958年"小土群"到"小洋群"，再到一百家左右小型钢铁厂，用较短时间获得千万吨计的钢铁产量，在相当程度上摊薄了当年"小土群"的成本。类似的情况，在其他方面也会存在。

---

① 参见中共中央文献研究室编《毛泽东年谱（1949—1976）》第四卷，中央文献出版社2013年版，第307页。

第二十二章

1958—1960年的考察

"二五"的前三年1958年至1960年，被称为三年"大跃进"时期。这是新中国成立以来国民经济增长率最高，建设规模最大，国家工业化速度推进最快的时段。社会总产值年均增长18.5%（按可比价格计算，下同），国民收入年均增长9.6%。其中，工农业总产值年均增长19.0%，工业总产值年均增长34.0%。三年完成基本建设投资1007.41亿元，其中，完成工业基本建设投资611.42亿元。具体分析，其中存在很大的盲目性，潜藏着风险。1960年增长率以两位数急剧下滑，国民收入负增长，农业在1959年因灾大幅度减产后，1960年灾情继续发展，城乡粮食供应吃紧，农村饥馑蔓延，这是明显示警。这一年夏季的北戴河会议，决定从大办工业转向大办农业，大办粮食，从各方面特别是从工业方面压缩劳动力充实农业第一线，实际上拉开了经济调整的序幕。就这一点说，这应是"大跃进"的下限。当时，在保粮的同时还要保钢，延误了调整的时间。也因此，这三年也是当代中国经济史研究中难点较多的时段。得与失，就是一个突出的问题。

第一节　得在哪里

1958年开始的"大跃进"，持续到1960年（实际是1960年上半年）。动员并整合起全国的人力、物力、财力，展开规模空前的基本建设，极大地推进了中国的工业化进程。这一时期，充分发挥中央和地方两个积极性，实行大中小型项目并举，土法和洋法生产结合，打破常规，敢想、敢干，发扬共产主义大协作精神，赢得了生产建设的高速度。三年中，完成基本建设投资1007.41亿元，施工项目总数达到283312个，全部建成投产的共计223443个，项目建成投产率为78.9%。① 其中，施工的大中型项目为2128个，建成投产或部分建成投产的有1104个。② 而被称为大规模经济建设开端的第一个五年计划时期，完成基本建设投资总额588.47亿元，施工项目不过1万有余，其中大中型项目为921个，建成投产或部分建成投产的537个，前后的悬殊，显现三年的大发展。

1958—1960年间的主要成就，表现在以下几个方面：

一 提前完成第二个五年计划主要工业生产指标

在三年"大跃进"中，中国工业生产的发展速度，远远地超过了第一个五年。在这三年中，工业总产值平均每年递增32.3%，而第一个五年只有18%；钢产量平均每年增加444万吨，而第一个五年平均每年只增加80万吨；煤炭产量平均每年增加9045万吨，而第一个五年平均每年只增加1285万吨。

各项产品增长情况以及同第一个五年的比较，详见表22—1：

表22—1　　"一五"期间和"二五"计划前三年主要工业生产指标增长情况对照表

	1952年	1957年	1960年	平均每年增加绝对数 第一个五年	1958—1960年	平均增长速度 第一个五年	1958—1960年
工业总产值（亿元）	343.3	704（783.9）	1630.0	88.1	308.7	18.0	32.3
其中：生产资料	122.2	330（379.4）	1090.0	51.4	253.3	25.4	48.9
消费资料	221.1	374（404.5）	540.0	36.7	55.3	12.9	13.0
钢（万吨）	134.9	535.0	1867.0	80.0	444.0	31.7	51.6
原煤（万吨）	6649.0	13073.0	40207.8	1284.8	9044.9	14.4	45.4
发电量（亿度）	72.6	193.4	594.2	24.2	133.6	21.6	45.4
原油（万吨）	43.6	145.8	521.2	20.4	125.1	27.3	52.9

---

① 参见国家统计局固定资产投资统计司编《中国固定资产投资统计资料（1950—1985）》，中国统计出版社1987年版，第43、114页。

② 参见1961年庐山会议《参考资料》（1961年9月25日）。

续表

	1952 年	1957 年	1960 年	平均每年增加绝对数		平均增长速度	
				第一个五年	1958—1960 年	第一个五年	1958—1960 年
铝锭（万吨）	—	2.92	12.06	—	3.04	—	60.5
原木（万立米）	120.0	2787.0	4132.5	333.4	448.5	20.0	14.1
水泥（万吨）	286.0	686.0	1561.3	80	291.7	19.1	31.6
化学肥料（万吨）	19.4	73.4	208.3	10.8	44.9	30.5	41.6
冶金设备（万吨）	—	0.48	17.4	—	5.64	—	231.0
发电设备（万千瓦）	0.67	19.8	342.65	3.83	107.6	97.0	159.0
金属切削机床（万台）	1.37	2.46	11.3	0.22	2.95	12.4	66.2
棉纱（万件）	362.0	465.0	602.5	20.6	45.8	5.2	9.0
棉布（亿米）	38.3	50.5	54.5	2.4	1.3	5.7	2.5
机制纸（万吨）	37.2	91.3	180.3	10.8	29.6	19.7	25.5
食用植物油（万吨）	98.3	110.0	101.8	2.34	-2.7	2.3	-2.6
糖（万吨）	45.1	86.4	43.9	8.26	-14.2	13.9	-20.2
盐（万吨）	494.5	827.7	1299.4	66.6	157.2	10.9	16.3

注：（1）工业总产值 1957 年栏内，括弧内的数字是按照 1952 年不变价格计算，不带括弧的数字是按照 1957 年不变价格计算。（2）工业总产值每年平均增长速度，第一个五年是按照 1952 年不变价格计算的，1958—1960 年是按照 1957 年不变价格计算的。

资料来源：1961 年庐山会议《参考资料》（1961 年 9 月 25 日）。

由于连续三年的"大跃进"，八大建议公布的 1962 年计划达到的 17 种主要工业产品的产量指标，到 1960 年已经完成和超额完成的有钢、原煤、发电量、原油、铝锭、原木、水泥、发电设备、冶金设备、机床、盐、机制纸等 12 种；1959 年已经提前完成，但因棉花减产 1960 年没有达到八大建议指标的有棉花、棉布两种；没有完成的有化学肥料、糖、食用植物油 3 种。详见表 22—2：

表 22—2　　1960 年实绩同党的八大建议的 1962 年水平比较表

项目	1960 年实绩（1）	八大建议 1962 年水平（2）	（1）比（2）增减数
一、工农业总产值			
工业总产值比 1957 年增长	131.5%	比 1952 年增加 100%	31.5%
农业总产值比 1957 年增长	−20%	比 1952 年增加 35%	—
二、重工业产品产量			
完成和超过八大建议的			
有十种			
钢	1867 万吨	1050 万—1200 万吨	667 万—817 万吨
原煤	4207.8 万吨	19000 万—21000 万吨	19207.8 万—21207.8 万吨
发电量	594.2 亿度	400 亿—430 亿度	164.2 亿—194.2 亿度
原油	521.2 万吨	500 万—600 万吨	21.2 万—（−78.8）万吨
铝锭	12.1 万吨	10 万—12 万吨	0.1 万—2.1 万吨
原木	4132.5 万立方米	3100 万—3400 万立方米	732.5 万—1032.5 万立米
水泥	1561.3 万吨	1250 万—1450 万吨	111.3 万—311.3 万吨
发电设备	339.7 万千瓦	140 万—150 万千瓦	189.7 万—199.7 万千瓦
冶金设备	17.4 万吨	3 万—4 万吨	13.4 万—14.4 万吨
金属切削机床	14.9 万台	6 万—6.5 万台	8.4 万—8.9 万台
未达到八大建议的有一种			
化学肥料	208.3 万吨	300 万—320 万吨	−91.7 万—111.7 万吨
三、轻工业产品产量			
完成和超过八大建议的			
有二种			
盐	1299.4 万吨	1000 万—1100 万吨	199.4 万—299.4 万吨
机制纸	212.5 万吨	150 万—160 万吨	52.5 万—62.5 万吨
未达到八大建议的有四种			
棉纱	602.5 万件	800 万—900 万件	−197.5 万—297.5 万件
棉布	54.5 亿米	72.9 亿—80.6 亿米	−18.4 亿—26.1 亿米
糖	43.9 万吨	240 万—250 万吨	−196.1 万—206.1 万吨
食用植物油	101.8 万吨	310 万—320 万吨	−208.2 万—218.2 万吨
四、农业指标七种			
未达到八大建议水平			
粮食	2660 亿斤	5000 亿斤	−2340 亿斤
棉花	2109 万担	4800 万担	−2691 万担
大豆	140 亿斤	250 亿斤	−110 亿斤

续表

项目	1960 年实绩（1）	八大建议 1962 年水平（2）	（1）比（2）增减数
牛	5727 万头	9000 万头	-3273 万头
马	662 万头	1100 万头	-438 万头
羊	11359 万头	17000 万头	-5641 万头
猪	8693 万头	25000 万头	-16307 万头

注：(1) 1959 年实际完成棉纱 843.6 万件、棉布 75.7 亿米，都曾经达到过八大建议的 1962 年水平。(2) 1960 年粮食和大豆的产量系过秤入仓数。

资料来源：1961 年庐山会议《参考资料》（1961 年 9 日 25 日）。

二 基本工业设备能力成倍增长

1960 年同 1957 年比较：

煤炭部直属矿的矿井由 294 对增加到 568 对，设计能力由 11222 多万吨增加到 19412 多万吨，增加 73%。

55 立方米以上的炼铁高炉由 43 座增加到 334 座，高炉的有效容积由 14111 立方米增加到 49722 立方米，增加 2.52 倍。炼钢平炉由 42 座增加到 83 座，平炉炉底面积由 1684 平方米增加到 3694.6 平方米，增加 1.19 倍。

原油开采能力由 173.4 万吨增加到 480.5 万吨，增加 1.77 倍；其中天然油开采能力由 102 万吨增加到 359.8 万吨，增加 2.53 倍。

硫酸生产能力由 64.8 万吨增加到 152 万吨，增加 1.35 倍。纯碱生产能力由 51.7 万吨增加到 68 万吨，增加 32%。烧碱生产能力由 21.7 万吨增加到 50 万吨，增加 1.3 倍。合成氨生产能力由 19.9 万吨增加到 56.2 万吨，增加 1.8 倍。

现代化机床拥有量由 24.67 万台增加到 50 多万台，增加约 1 倍。发电设备拥有量由 463.5 万千瓦增加到 1216.7 万千瓦，增加 1.63 倍。

棉纺锭拥有量由 756 万枚增加到 1006 万枚，增加 33%。

详见表 22—3：

表 22—3　　1957—1960 年现代生产设备增加情况

	1957 年	1960 年	1960 年比 1957 年增长倍数
煤炭部直属煤矿的矿井	294 对	568 对	0.93 倍
设计能力	11222 多万吨	19412 多万吨	0.73 倍
55 立方米以上的高炉	43 座	334 座	6.77 倍
有效容积	14111 立方米	49722 立方米	2.52 倍
平炉	42 座	83 座	0.98 倍
炉底面积	1684 平方米	3694.6 平方米	1.19 倍
原油开采能力	173.4 万吨	480.5 万吨	1.77 倍
其中：天然油	102 万吨	359.8 万吨	2.53 倍
硫酸生产能力	64.8 万吨	152 万吨	1.35 倍
其中：小型	—	26.5 万吨	—
纯碱生产能力	51.7 万吨	68 万吨	0.32 倍
烧碱生产能力	21.7 万吨	50 万吨	1.3 倍
现代化机床拥有量	24.67 万台	50 多万吨	1.03 倍
发电设备拥有量	463.5 万千瓦	1216.7 万千瓦	1.63 倍
棉纺锭拥有量	756 万枚	1006 万枚	0.33 倍
铁路通车里程	29862 公里	34507 公里	0.16 倍
铺轨里程	第一个五年为 9322 公里	1958—1960 年为 11934 公里	

资料来源：1961 年庐山会议《参考资料》（1961 年 9 月 25 日）。

另据统计，1958—1960 年三年，累计基本建设新增固定资产 702.33 亿元，相当于"一五"计划期间五年累计新增额的 152.6%。三年中施工建设的大中型项目达 2148 个，相当于"一五"计划期间施工项目的 155.2%。据 1964 年统计，截止到 1964 年重工业各主要部门累计新建的大中型项目中，有 2/3 是在这三年中开工建设的。三年中建成投产的大中型项目共 510 个，相当于"一五"计划期间建成投产的大中型项目总数的 85.7%。此外，还有部分建成投产的大中型项目近 1000 个，比"一五"计划期间增加近一倍。"一五"计划期间开工建设的"156"项骨干项目的续建工程，除三门峡水利枢纽和一个军工项目外，全部在此期间建成投产，"一五"计划期间动工兴建的其他大中型项目也基本上都在此期间建成投产。

由于"一五"计划时期动工的大型骨干项目等的建成投产，三年中主要产品的生产能力有较快的增加，重工业的主要产品新增生产能力尽管有的是简易投产，未能真正形成综合生产能力，但总的说，与"一五"计划期间五年累计新增生产能力相比，都有成倍或几倍的增加。①

详见表22—4：

表22—4　　　　　　1958—1960年累计新增生产能力

	单位	1958—1960年累计新增生产能力	1953—1957年累计新增生产能力	后三年为前五年的百分比（%）
1. 铁矿开采	万吨	2177.0	1643.4	132.5
2. 炼焦	万吨	1109.0	329.1	337.0
3. 炼铁	万吨	1339.0	338.6	395.5
4. 炼钢	万吨	1254.0	281.6	445.3
5. 轧钢（一次精轧）	万吨	686.3	158.8	432.2
6. 铜采矿	万吨	1149.7	218.7	525.7
7. 铜冶炼	万吨	9.2	0.7	1314.3
8. 铜电解	万吨	10.0	1.9	526.3
9. 铝电解	万吨	8.0	3.9	205.1
10. 煤炭开采	万吨	13574.0	6376.0	212.9
11. 天然石油开采	万吨	501.3	131.2	382.0
12. 石油加工	万吨	389.4	114.7	339.5
13. 发电机组容量	万千瓦	750.3	246.9	303.9
14. 化学肥料	万吨	60.13	9.24	650.8
15. 化学农药	万吨	7.06	2.1	336.2
16. 水泥	万吨	1141.2	261.3	436.7
17. 化学纤维	万吨	0.53	0.50	106.0
18. 棉纺锭	万锭	287.4	201.0	143.0
19. 机制糖	万吨	106.1	62	171.1
20. 新建铁路正线铺轨里程	公里	4198.0	4861.0	86.4
21. 新建复线铺轨里程	公里	2761.0	894.0	308.3
22. 沿海港口吞吐量	万吨	1409.0	835.0	168.7
23. 新建公路	公里	33572.0	83403.0	40.3

资料来源：《当代中国》丛书编辑部编：《当代中国的基本建设》（上），中国社会科学出版社1989年版，第120页。

---

① 参见《当代中国》丛书编辑部编《当代中国的基本建设》（上），中国社会科学出版社1989年版，第118—119页。

生产能力的成倍增长，进一步提高了中国工业的自给率。1960年同1957年比较，钢材的自给率由85%提高到93%，机械设备的自给率由60%左右提高到85%以上。第一个五年进口了大量的成套设备，而现在，已经开始出口成套设备。从1955年到1960年，对外援助的成套设备项目已签协议的共达282项，到1960年底，已经完成73项，其中1957年以前完成的仅12项，1958年到1960年完成的为61项。

三　技术力量的迅速增长

全国科学技术队伍的总人数，1957年为122.6万人，1960年增加到196.9万人，增加了61%。其中，工程技术人员为82万人，增加66%；农业技术人员为16.7万人，增加48%，科学研究人员9.05万人，增加192%。

科学研究机构1957年为580个，1960年达到1293个，增加122%。其中，中央各部直属的370个，地方所属的923个。

四　建立一些新的工业部门，增加许多新品种产品

在建立和加强新的工业部门方面：

1. 建立了农业机械工业。
2. 建立了重型机械工业、精密机床工业和仪表工业。
3. 开始建立了有机合成工业（合成橡胶、各种塑料、合成纤维、合成洗涤剂等）。
4. 开始建立新的国防工业，即原子能工业和导弹工业（虽然尚未生产），并且加强了无线电工业、航空工业和造船工业。

在增加新品种的产品方面：

钢铁工业：钢种由1957年的372种增加到1960年的850种；钢材的品种规格从1957年的4000种左右增加到1960年的8520种。八个主要品种的钢材由1957年的182万吨增加到1960年的620万吨，即增加1.5倍。在增加的品种中，包括汽车、拖拉机工业和电机工业用的冷轧薄钢板、可以节约金属材料的热弯型钢、化学工业用的复合不锈钢板、大量输送煤气、蒸汽、石油用的大口径电焊钢管，以及坦克装甲钢板等许多新的品种。

有色金属工业：1957年进行工业性生产的有色金属品种为21种，1960年工业性生产和半工业性生产的品种已经增加到40种，其中主要的有：冶炼合金钢和特殊钢用的硼、镧、铈和无线电工业用的锗。

化学工业：聚氯乙烯的生产，1957年只有111吨，1960年上升到12878吨，增加115倍。1957年完全没有生产1960年已经能成批生产的有：还原染料、活性染料、合成纤维（1960年生产280吨）、合成橡胶（1960年生产3629吨）和高级绝缘材料（有机硅，1960年生产169吨，环氧树脂，1960年生产513吨）。此外，链霉素、金霉素、土霉素等新品种的抗生素，也已成批生产。

建筑材料工业：水泥品种，1960年已经达到29种，其中成批生产的有16种，已经接近工业发达国家的水平。高级玻璃纤维制品1960年生产550吨。

五　工业地区的畸形分布显著改善

三年来，施工的大中型工业建设项目共2128个，其中属于内地（即除去沿海七省二市）共1188个，占55.8%；建成或者部分建成的大中型工业建设项目共1104个，其中属于内地各省的有572个，占53.6%。在工业总产值中，内地各省、区所占比重，已由1957年的35%上升为1960年的40%。主要工业产品产量方面：

钢的生产，1957年全国有10个省区（内蒙古、江西、浙江、福建、河南、广西、贵州、甘肃、宁夏和西藏）不能生产钢，目前除西藏外，都能生产。在全国钢产量中，内地各省区所占的比重，由1957年的17.4%上升为1960年的31%。

煤炭，内地各省区煤炭产量所占的比重，由1957年的12.5%上升到1960年的18%。

天然石油，第一个五年期间的主要产区是甘肃和新疆，而1961年东北松辽地区的产量预计将占全国天然油总产量的58%，相当于1957年全国天然油产量的3倍。

更重要的是，开始进行对西南、西北后方基地的建设：

三年来，在钢铁工业中，除了扩建重庆、昆明、乌鲁木齐等钢厂，建成宝鸡钢管厂，开始建设成都钢管厂、西安钢厂以外，还建成了一批中小型的钢铁冶炼企业，钢产量由1957年的38.7万吨增加到1960年的170

万吨。

有色金属工业，除了重点建设东川、易门、白银厂等铜矿以外，还开始建设甘肃永昌镍矿、贵州铝业公司。

电力工业，进行了刘家峡、盐锅峡、以礼河等大型水电站和一些火电站的建设，西南和西北的发电机容量由1957年的50.6万千瓦增加到1960年的175万千瓦。

西南、西北原煤的建井规模，1957年为802万吨，1960年则为5646万吨。

在西南、西北地区已经建成和继续建设着一批新的国防工业。

六 对于地质资源的埋藏量有了更多了解

1960年同1957年比较，已经探明的主要矿产资源的工业储量有了迅速的增长：铁矿由55.8亿吨增加到148.9亿吨，增加1.67倍；原煤由543.8亿吨增加到1627.2亿吨，增加1.99倍；原油由5563万吨增加到67000万吨，增加11倍，铜矿（按含铜量计算）由621.5万吨增加到1758万吨，增加1.8倍；铝矿（按铝矾土计算）由1.09亿吨增加到6.5亿吨，增加4.96倍；铅矿（按含铅量计算）由330万吨增加到1205万吨，增加2.65倍；锌矿（按含锌量计算）由474.8万吨增加到1900万吨，增加3倍；镍矿（按含镍量计算）由1.95万吨增加到130万吨，增加65.5倍；钨矿（按含钨量计算）由55.3万吨增加到142万吨，增加1.57倍；锡矿（按含锡量计算）由120万吨增加到247万吨，增加1.06倍；钼矿（按含钼量计算）由105.6万吨增加到205万吨，增加94%。此外，在内蒙古和新疆已发现铬矿。

七 工业的技术水平显著提高

（一）在设计和施工方面，已经能够担负年产钢300万吨的钢铁联合企业、年产煤300万吨的露天煤矿和年产煤180万吨的竖井、设备容量为100万千瓦的水电站和60万千瓦的火电站以及年产12万吨重型设备的重型机械厂等大型企业的设计和建筑安装工作；在土木建筑方面，已经能够担负像武汉长江大桥、首都十大工程这样一些规模巨大、技术复杂的建筑。

（二）在设备制造方面，机床工业有了很大的发展。1957年基本的机床品种为219种，1960年增加到468种，其中专用机床1957年为24种，1960年增加到90种。高精度的精密机床1958年开始试制，到1960年已试制和生产了13个品种，共160多台，预计当年可生产200台，并且试制成新品种8种。在重型设备方面，年产25000吨合成氨的化肥设备，1513立方米的高炉，500吨的平炉，20吨的电炉，2500吨的自由锻水压机，3200公尺的石油钻机等也都正式生产；并且试制成功1150毫米的初轧机、950/800毫米的轨探轧机、12500吨的自由锻造水压机和8立方米电铲等重大新产品。在发电设备方面，已经能够成批生产5万千瓦的火力发电设备和72500千瓦的水力发电设备；水内冷发电设备，已经试制54台，正在进行系统的研究实验，使之更加完善。现在，一般的金属切削机床、锻压设备、柴油机、钻探机、桥式起重机等已实现基本自给。

（三）在仪器仪表工业方面，三年来，新产品增加了两倍左右，并且试制成功了一些比较重大的高级精密仪器仪表，如电子显微镜，分析复杂化合气体用的质谱仪，1000摄氏度以上的高温材料试验机，目镜的直径达到300毫米的大倍率望远镜等。另外，如无线电测量仪器，1958年以前还是空白，目前已经投入生产的品种有100多种。

八 科学研究的巨大进步

（一）在工业方面，除前面已经提到的以外，在实验研究工作中，还结合中国自己的资源特点，创制了不少新的合金钢种。如硼钢、无镍稀土装甲钢板、无镍少铬炮钢等，并已小批生产。在高温合金和精密合金的实验研究方面，已经基本上掌握了新型喷气式飞机所需要的高温合金的生产技术；对于制造精密仪表用的精密合金，有40种已经进行了工业性试制，有6种进行了半工业性试验，有12种已经在实验室试制成功。在有色金属方面，掌握了生产技术的铜合金由1957年的24种增加到1960年的85种，铝合金由1957年的20种增加到1960年的55种。在电子计算技术方面，研究试制了数字计算机74台，其中101型计算机已经达到1万次/秒以上。

（二）在农业科学研究方面，以"八字宪法"为纲，进行了广泛的实验研究工作，总结各地区主要农作物的生产经验，找出了不同地区、不同作物的增产关键。此外，在改造自然的科学考察和实验研究方面，在气象方面，在人工降雨和融化冰山方面，在医药科学的研究方面等，也都进行了大量的工作。

第二节 失在哪里

三年"大跃进"中，问题也不少，有些问题还很严重。在1961年庐山会议印发的一份《参考资料》中，对于这一时期的缺点和错误，列举了以下几点：

首先，计划指标过高，要求过急。突出的表现就是某些工业部门发展过快，另一些工业部门没有及时跟上，加上农业连续三年遭到严重的自然灾害，使工业发展中必然出现的新的不平衡更加突出，使工业内部的比例关系、工业部门同其他部门的比例关系严重失调。其表现是：

1. 工农业发展不平衡：三年来（1960年同1957年相比，下同），工业总产值增长1.3倍（由704亿元增为1630亿元），农业总产值则减少20%（由537亿元减为430亿元）；钢产量增长2.5倍，生铁产量增长3.6倍，而粮食和大豆的产量则由3900亿斤减少到2800亿斤。

2. 轻重工业发展不平衡：三年来，重工业增长2.3倍（重工业产值由330亿元增加到1090亿元），轻工业增长44%（轻工业产值由374亿元增加到540亿元）。

3. 采掘工业同冶炼工业发展不平衡：三年来，13立方米以上高炉的有效容积增长5.6倍（由1.4万立方米增加到9.2万立方米），而铁矿石的机械化半机械化的开采能力仅增长2倍（由1900万吨增加到6000万吨左右）；铜的冶炼能力增长3.2倍（由年产2.5万吨增加到10.5万吨），而采矿能力仅增长1.8倍（由日采矿10600吨增加到30000吨）；铝的电解能力增长2.4倍（由5万吨增加到12万吨），而铝氧的生产能力仅增长1.2倍（由12万吨增加到28万吨）。

4. 原材料工业与加工工业发展不平衡：三年来，金属切削机床的生产量增长3倍（由2.8万台增加到11.3万台），电站设备的生产量增长16倍（由19.8万千瓦增加到340万千瓦），而钢材的生产量仅增长1.7倍（可供分配钢材由415万吨增加到1111万吨），铜的生产量仅增长1.5倍（由2.2万吨增加到5.6万吨），铝的生产量仅增长3.1倍（由2.9万吨增加到12.06万吨）。

5. 燃料工业与其他工业发展不平衡：三年来，炼铁能力增长5.6倍，发电设备的拥有量增长 1.6 倍,而煤炭部直属矿的设计能力仅增长 73%(由 1.1 亿多吨增加到 1.9 亿多吨)。

6. 工业生产与交通运输发展不平衡:三年来,工业生产增长 1.3 倍;而铁路交付营业的线路里程仅增长 27%(由 26708 公里增加到 33920 公里),铁道部的标准轨机车仅增长 42%(由 4251 台增加到 6037 台),货车仅增长 51%(由 90249 辆增加到 136379 辆),交通运输部门的汽车净增长 43%(由 43976 辆增加到 62783 辆),而且有 30%左右失修。

其次,基本建设战线过长,不能尽快发挥投资效果。三年中,基本建设投资共计 995.7 亿元,比第一个五年合计的 550 亿元增加 81%;其中计划内的投资由第一个五年的 493 亿元增加到 778.5 亿元,占同期财政收入的比重,由第一个五年的 36.5%,增加到 48.8%。计划内的基建战线已经过长,计划外又层层加码。计划外投资由 1957 年的 11.9 亿元增加到 1960 年的 87 亿元,由占当年完成全部投资的 8.6%升至 22.7%以上。

战线过长,项目过多,年年被迫缩短基本建设战线,往往缩了又增,打了折扣。1959 年原计划施工的大中型项目为 1562 个,经过三次调整,缩减为 1000 个,但实际施工的仍达 1341 个。1960 年原计划施工的 1613 个,后调整为 1534 个,但实际施工的却达 1878 个。

战线过长,年年被迫调整,造成大量的投资、设备、材料积压在停建的半拉子工程上,投资效果不能及时发挥,竣工投产的项目减少,增加产品生产能力的计划不能完成。例如,1957 年施工的限额以上工业厂矿 700 多个项目中,当年全部竣工的 192 个;1960 年 1 千多个项目中全部竣工的只有 120 多个;1960 年计划移交煤炭矿井规模为 4630 万吨,实际只完成 1306 万吨;计划新增合成氨能力为 29.4 万吨,实际完成 14.1 万吨;计划新增铁矿石开采能力为 2330 万吨,实际完成 937 万吨。

再次,任务过重、要求过急助长了浮夸风和瞎指挥。这一时期,企业管理工作受到很大冲击,责任制度废弛,设备损坏严重,劳动生产率下降,产品质量降低。

在设备方面:

据对 21 个黑色矿山调查,在现有 14824 台设备中,完好运转的占 41%,带病运转的占 30.1%,待修的占 19.5%,准备报废的占 9.1%。对 44 个有色矿山的调查,在现有 23000 台设备中,完好运转的占 58%。

煤炭部直属矿的设备,1961 年初待修的比例比 1957 年增加 1 倍以上，运转的设备大约有25%属于带病运转。

化学工业以永利沽厂为例，1960年底的73台主要设备正常运转为24%，带病运转和严重失修的各占38%。

森林工业截至1960年7月中旬，东北、内蒙古所属森工机械设备共17981台，其中运转的（包括带病运转的在内）为10878台，占60.5%，破损及在修的为7103台，占39.5%。

机械工业的设备，失修情况也相当严重。

轻工业中，东北三省1101台造纸机，失修的竟612台，占55.6%。上海市造纸、食品、油脂、化妆品等行业共有蒸汽管道40000米，有30%急需检修。

铁道部1960年底拥有机车5600台，货车13万辆，客车9500辆。1961年需安排大、中修的机车为2200台，货车1.5万辆，客车2400辆。此外，还封存了机车1千多台和货车1万辆，等待分批修复。

1960年底全国拥有货运汽车33万辆，完好运转的仅为61%。

全国8.7万台拖拉机，待修的占40%左右。

在劳动生产率方面：

三年来，工业中各行各业的劳动生产率，有的企业上升，有的企业下降；有的年份上升，有的年份下降。但总的看来，由于职工增加过多，许多企业管理不善，劳动生产率是下降的。据统计，同1957年相比，1960年全国工业企业生产工人的劳动生产率下降14.8%。分行业看，有的上升，如电力工业、金属加工工业；有的下降，如煤炭工业和钢铁工业。在同一个行业中，一般是大型企业有所提高，中小企业有所下降。如煤炭工业生产工人的劳动生产率，1960年比1957年下降18%，其中大型企业提高7.4%，中小型企业分别下降6.8%和42.3%。过细分析，在大型企业中，也有许多企业是下降的。以实物劳动生产率为例，同1957年相比，鞍山钢铁公司下降26.1%，太原钢铁公司下降7.1%，重庆钢铁公司下降36.7%；在大型煤矿企业中，抚顺提高17.5%，开滦提高32.3%，但淮南下降8.4%，焦作下降9%，阳泉下降4.7%。

在产品质量方面：

1. 重工业主要产品质量：

（1）重点企业生铁合格率：1957年为99.46%，1960年为85.87%。

（2）重点企业平炉钢合格率：1957年为99.03%，1960年为96.35%。

（3）重点企业电炉钢合格率：1957 年为 98.58%，1960 年为 94.66%。

（4）重点企业转炉钢合格率：1957 年为 98.8%，1960 年按放宽后的标准计算为 97.37%。

（5）煤炭部直属企业原煤碳分：1957 年为 22.05%，1960 为年 23.24%。

（6）煤炭部直属企业原煤含矸率：1957 年为 3.1%，1960 年 3.12%。

2. 轻工业主要产品质量：

（1）纸张：存在的主要问题是"黑、粗、厚、脆"。由于烧碱缺乏，白纸生产量 1957 年曾达到 53.7 万吨，1960 年为 44.7 万吨，减少了 9 万吨。

（2）陶瓷：主要是出口瓷质量差，合格率低，不够洁白，有斑点，存在"粗、厚、重"和变形的毛病。例如，湖南建湘瓷厂出口瓷的合格率只有 5%。

（3）皮鞋：主要是鞋底不耐磨，透水，面皮容易掉色、掉浆，特别是出口皮鞋质量不合格，外国按次品作价，几年来赔款率由 13% 上升到 28%。

（4）灯泡：普通灯泡 1957 年一般可点 1000 小时以上，现在除上海老厂以外，其他厂和新厂的质量一般只能点 200 小时左右。

最后，职工增加过多，加重农业和市场供应的负担。

1957 年年末职工人数为 2450 万人，1960 年增加到 5040 多万人，三年共增加 2590 多万人，增加一倍以上。1957 年全国工资总额为 156.4 亿元，1960 年增加到 263 亿元，增加 106.8 亿元，增长 68.3%；同期，消费品零售额只增加了 35%，存在巨大差额。随着职工人数的增加，城市人口由 1957 年的 9949 万人增加到 1960 年的 13503 万人，净增 3554 万人。在农业连续遭受严重灾害的情况下，商品粮和副食品的供应更加紧张。①

以上所述说明：这次"大跃进"没有很好汲取 1956 年小跃进以后，

---

① 以上均引自 1961 年庐山会议《参考资料》（1961 年 9 月 25 日）。经与国家统计局正式出版的《中国统计年鉴》及其他专业统计资料中的数据核对，凡有对应的部分大同小异。例如，1960 年工业和农业总产值，《参考资料》所列分别为 1530 亿元和 430 亿元，《中国统计年鉴》公布则分别为 1637 亿元和 457 亿元；同年钢和粮食产量，《参考资料》所列分别为 1867 万吨和 2800 亿斤，《统计年鉴》公布则分别为 1866 万吨和 2870 亿斤。再如，1958—1960 年三年全国完成基本建设投资总额，按《统计年鉴》为 1007.41 亿元，《参考资料》所列则为 995.7 亿元，误差很小。

1957年适当收缩、进行必要调整的经验。1958年秋发现问题还是比较早的，采取的实为调整的纠"左"措施也是及时的，问题是没有坚持下去，更没有如几次所讲1960年再踏步一年，而是转变了方向。否则，许多失误应是可以避免，至少造成的损失是能够减轻很多的。这只能是事后的认识。问题是已经成为现实，就必然付出更高的代价。

这里要补充的是，农村社队工业在1958年全民大办钢铁运动中遍地开花，成为一支别具特色的工业新军。应该说，这是"大跃进"的一个硕果。1960年社办工业企业总数达到11.7万家，占当年工业企业总数的46.1%，占集体工业企业总数的74.1%。这些社队工业，在很大程度上还属于手工作坊式生产的小型工业企业，在之后的经济调整中，大部分都没有能够保留下来。在20世纪70年代前后方再度崛起。这是后话。

第三节 不能省却的一笔补偿性投入

本节首先要讨论一个问题，大发展之后要不要有一笔补偿性投入？1958—1960年三年"大跃进"之后，接着在1961年到1962年、1963年到1965年先后花费五年时间进行经济调整，投入基本建设投资620.57亿元。其中，相当一部分时间以及一部分人力、财力和物力，专门用来解决过去的问题。不管这一部分花费能不能精确计量，从理论上说，它应该摊销到前三年，计入"大跃进"的成本。本章第一节罗列的三年大发展"得"的方面，它有一笔巨额投入，仅此并不是全部。第二节列举的"失"的方面，是需要补偿的，这一笔费用，就是它的追加投入，通常所说的"还账"，就表明了它的属性。

大发展需要支付一笔补偿性投入，发展慢一点或适度增长是不是就可以省却这笔费用？应该说，这不可能。它所能做到的，是尽量把这笔费用降低而永远不可能降为零，因为任何一种发展速度都不会一点问题都不会发生。在通常情况下，速度高，带来的问题往往较多也较大些，一旦调整，工程要下马，企业需关停并转，工作不容易做，又造成浪费。速度低一些，补救起来，可能容易些。所以，安排计划，指标不能过高，要求不能过急，要留有余地。但如果由此认为慢一些必定比快一些好，也未必。因为社会经济矛盾未必仅仅同高速度联系在一起而不可能同"慢腾腾"的发展相联系。在我国，几亿人口的现实需要同社会生产的矛盾，就是在很长时期内都一直存在的突出问题。这可能是最重要的经济比例关系问题。照顾了其他的比例关系而听任社会生产长期不能解决几亿人口的现实需要问题，将不利于国家的长治久安。毛泽东说，"我们这样大的国家，老是稳、慢，就会出大祸，快一点就会好一些。"① 可能就是考虑到了这一点。他以极大的热情探索中国多快好省发展的途径，其根本意义可能也在这里。放眼当今世界，不仅亚洲、非洲和拉丁美洲众多发展中国家，而且在资本主义发达国家甚至是头号资本主义国家美国，也都为经济能不能发展稍快一些而绞尽脑汁。现在普遍忧虑的主要不是快而是慢可能带来的问题。在一些国家里，发展迟缓影响到社会政治稳定。就是中国目前仍保持着世界上少有的7%左右的增长率，仍然警惕着经济下行的巨大压力。在一种意义上，各国面对的可能不是慢一些比快一些好，而是快一些可能比慢一些要好。这是很值得深思的。

回到本题。1961—1962年，这是"二五"的后两年，中国经济的严重困难时期，也是国民经济深度调整、强调要退够的时期。两年中，社会总产值跌幅高达43.5%（按可比价格计算，下同），年均21.8%；国民收入跌幅36.2%，年均18.1%。其中，工农业总产值分别为41.0%和20.5%，工业总产值分别为54.8%和27.4%。两年合计基本建设投资198.68亿元，每年平均不足百亿元，1962年仅71.26亿元。其中，工业基本建设投资116.88亿元，1962年仅40.09亿元，略多于1954年。② 表面看，问题极其严重，也因此，我们把它视为经济危机进行研究。而进一步分析，其中含有积极因素。党和政府在吃了苦头以后，痛定思痛，总结经验，采取坚决措施，纠正错误，端正政策，调整经济关系，并开始收到显著成效。1961年经济跌幅虽深，粮食生产首先呈现企稳回升迹象。这是经济见底的信号。1962年农业恢复性增长，工业跌幅明显收窄，国民经济面临转折。

1963—1965年，这是三年过渡阶段，在继续调整中兼顾发展。调整已不是退的问题，而是巩固提高，重在内涵式发展。三年平均社会总产值

---

① 中共中央文献研究室编：《毛泽东年谱（1949—1976）》第三卷，中央文献出版社2013年版，第335—336页。

② 参见中国国家统计局《中国统计年鉴（1984）》，中国统计出版社1984年版，第21、26、30、301页；国家统计局固定资产投资统计司编《中国固定资产投资统计资料（1950—1985）》，中国统计出版社1987年版，第80—81页。

年均增长 15.5%（按可比价格计算，下同），国民收入年均增长 14.7%，财政年年保持盈余。其中，工农业总产值年均增长 15.7%，工业总产值年均增长 17.9%，农业总产值年均增长 11.1%。三年基本建设投资总额为 421.89 亿元，平均每年 140.63 亿元。其中，工业基本建设投资 210.18 亿元，平均每年 70.06 亿元。[①] 重点是做前几年建设的许多工矿企业的成龙配套、填平补齐工作以及未完工程，同时，也有若干新建工业项目。这一时期施工的大中型项目 1097 个，建成投产 243 个，新增固定资产 269.0 亿元，比"一五"时期多 34.1%。主要工业产品的新增生产能力，铁矿开采 388.8 万吨，炼钢 99.5 万吨，煤炭开采 3738 万吨，发电机组容量 328.8 万千瓦，石油开采 989.9 万吨，硫酸 70.6 万吨，合成氨 84.1 万吨，化肥 132.46 万吨，水泥 254.5 万吨，化学纤维 4.6 万吨，原盐 69.1 万吨，棉纺锭 65.9 万锭。除了钢铁冶炼、煤炭和原盐、棉纺锭以外，其他都大大超过"一五"时期的新增生产能力。经过三年"大跃进"期间突击性的大规模建设和调整时期的成龙配套、填平补齐，1965 年全国工业固定资产原值已达到 1040 亿元，比 1957 年增长了 2 倍。这一时期，固定资产交付使用率为 87.2%，比第一个五年计划时期高 3.6 个百分点，为新中国成立以来最高。如果说 1958—1960 年的三年是疾风暴雨式的大发展，工作节奏是大刀阔斧；那么，1963—1965 年则是在前两年较大幅度调整基础上展开精雕细刻式的工作，纠正前几年的缺陷，弥补它不足的方面，巩固提高一步。这一时期，反映投资效果和投入产出收益比的各项技术经济指标，重现 1957 年那种明显好于大发展时的情况，甚至达到新中国成立后的峰值。这是规律性的现象。前期大量投入（基本建设）而没有产出或很少产出；这一时期，主要解决填平补齐，续建和收尾，致力于提高质量和增加品种，基本上没有较大的新建项目，投入少、见效快、收益高是必然的。离开 1958—1960 年大发展的前提，单把 1963—1965 年切割出来片面观察，去比附"二五"期间或 1958—1960 年间的同类指标，从而得出某种理论性政策性结论，是很难经得起推敲的。如前所说，这一时期还有它不足的问题，收缩有些过度，投入不足，对于必要的发展注意

[①] 参见中国国家统计局《中国统计年鉴（1984）》，中国统计出版社 1984 年版，第 81 页；国家统计局固定资产投资统计司编《中国固定资产投资统计资料（1950—1985）》，中国统计出版社 1987 年版，第 80—81 页。

不够；但这是次要的，积极的方面是主要的，取得的成就是第一位的。

1961—1962年和1963—1965年前后两段的五年时间，总体上都是进行经济调整。1956年跃进之后，1957年只用一年时间调整，而且仍维持着一定的经济增长速度。这次"大跃进"之后何以用五年时间调整，国民经济在几年里严重受挫？这是需要具体分析的。从一方面说，这次"大跃进"持续了将近三年，中间缺少一次完整意义上的调整（纠"左"中途夭折），积累的问题不仅多，而且严重；另一方面，更为重要的是，有三年特大自然灾害的加入。以1957年为基期，1959年和1960年连年大旱，粮食两年减产1531.8亿斤，相当于1957年全国粮食总产量的39.3%，这是很难简单地用工作上的缺点错误来解释的。粮食大量减产，表明农业已陷入危机。1960年夏召开的北戴河会议，决定由大办工业转为大办农业、大办粮食，期望1961年能有一个好收成，却不料旱灾发展得更为严重，粮食继续大量减产。三年大旱，三年粮食累计减产2483.7亿斤。[①] 如果说1959年和1960年两年，还有"共产风"危害的因素，1961年基本上已经不存在这一问题，粮食仍减产950.9亿斤，相当于1957年全国粮食总产量的24.4%，应该可以证明天灾是最主要的因素。这一时期，粮食生产退回到相当于1951年的水平。油料、棉花和其他经济作物都大量减产。肉、禽、蛋的生产都受到严重影响。这时的全国人口比20世纪50年代初增加1亿多，比1957年增加将近1亿人。口粮不足，城乡饥馑，导致整个国民经济的危机。在这种情况下，用五年时间调整恢复经济，实际上比一般人想象的要快得多。在弄清这些情况以后，就应该说，五年时间的调整和它的花费，不能都归结到三年"大跃进"的缘故，用线性思维方式简单拿后者反证前者得失。不妨设想，如果没有三年特大自然灾害，仅有工作缺点错误，国民经济不会出现危机，经济调整将是另一种情况。历史发展中的偶然因素是存在的。人们所期望的目标并不总能如愿以偿，偶然因素有时在很大程度上对历史进程起着加速或者延缓的作用。[②] 不承认这一点，不是唯物主义的态度。

从总的方面看，1958—1960年的"大跃进"与1961—1965年的调整

[①] 参见中国国家统计局《中国统计年鉴（1984）》，中国统计出版社1984年版，第145页。
[②] 参见人民出版社编辑部编《马克思主义经典作家论历史科学》，人民出版社1961年版，第153页。

巩固充实提高，构成了 1958—1965 年这一发展周期的上、下篇，即便没有严重的天灾和人为的失误，大发展之后的间歇与调整也有它的必要性。这一时段经济发展的速度与效益能够兼顾，工农业比例关系处理得也比较好，说明掌握得当，多快好省是可以做到的。

第二十三章

1958—1965 年的整体考察

以上两章就 1958 年"大跃进"和 1958—1960 年三年（实际不到三年）"大跃进"分别作了考察，并提出一个阶段在迅猛发展（其实是超越客观可能的过快发展）之后需要一笔补偿性投入的问题，本章将 1958—1965 年作为整体进行考察，是合乎逻辑的。

第一节 作为发展周期的 1958—1965 年

如将 1958—1965 年视为一个整体，就将看到，在第一个五年计划的基础上，过渡时期总路线规定的用十五年左右的时间即三个五年计划初步实现社会主义工业化的目标，按当时的理解和要求衡量，在很大程度上已提前实现。它的主要表现就是：在这一时期结束时，中国已经初步建立起了一个具有相当技术水平和规模的工业体系和机械制造体系，并开始有了自己的高新技术产业，突破国防尖端，爆炸了独立研制的原子弹。相应地，以铁路为骨干的现代交通运输和邮电通讯在全国各大区域联结成网，县城和重要集镇基本上可以通汽车，邮路和电话通信直接延伸到广大农村，95% 以上的农村人民公社通邮、通电话。[①]

党和国家确立并开始实施发展国民经济要以农业为基础，重工业要转移到为农业服务的轨道上来，各行各业都要支援农业的战略方针和部署，

[①] 参看当代中国研究所著《中华人民共和国史稿》第二卷，人民出版社、当代中国出版社 2012 年版，第 221—224 页。该书说，到 1965 年底，"从产业结构看，中国已经初步建成具有相当规模和一定技术水平的工业体系。"（第 222 页）"逐步建立起门类比较齐全的机械制造体系，已经能够独立设计和制造一部分现代化大型设备，到 1964 年，主要机械设备自给率已由 1957 年的 60% 提高到 90% 多。"（第 222—223 页）

可能是这一时期取得的更为重要的收获。它对于中国的工业化和现代化事业将具有长远的意义。"一五"计划期，农林水利和气象投资额在整个基本建设投资中的比重为7.1%，"二五"计划期提高为11.2%，1963—1965年又提高到17.6%。1958—1965年平均每年投资26.27亿元，为"一五"计划期平均每年投资额的3.14倍。重化工业部门加强了支农工业，并着手按照为农业服务的方向调整产业结构。以1957年为基期，1965年支农工业有的从无到有，例如拖拉机和手扶拖拉机；有的生产能力增长迅速，例如化学肥料增长1232倍。[①] 作为执行上述方针的重大物质成果，就是农业基础的强化及农业技术改造开始提速。

集体所有制农业经济的加强，表现在两个方面：其一，是所有制的调整。解决了高级合作化以来没有解决甚至也还没有认识到的两个平均主义的问题。在农村人民公社化运动中，经过艰难摸索，找到了具有较大适应性的三级所有、队为基础的社会主义大农业的规模化经营模式。它既适合于现实的农业生产力发展水平，又易于容纳未来前进一步的需要；既有利于农业的规模经营，又有利于开展农业的基本建设和进而发展农村工业。实践初步证明，人民公社的这一体制以及按劳分配、等价交换和大集体、小自由的一系列政策，适合现阶段的生产力水平和广大农民的觉悟程度，能够充分调动以集体生产积极性为主的集体和个人两个积极性。其二，是在恢复和充实传统的人畜力耕作方式所必需的生产要素的同时，加大了劳动效率高或增产潜力大的技术含量高的生产要素投入。1965年农业战线劳动力不仅数量超过1957年，从城市精简下放农村的两千万人都是素质较高的劳动力，质量也超过1957年。中小农具拥有量、大牲畜头数和猪的存栏（一头猪就是一个小化肥厂）都超过1957年。现代生产要素愈来愈多的注入，说明传统农业向现代农业的转变加快了速度。据统计，到1964年，全国半机械化农机具保有量，包括耕作、提水、植保、收获脱粒、运输、畜牧和农副产品加工等机具约3000万件。1965年农业机械总动力由1957年的165万马力增加到1494万马力，农用排灌动力机械由1957年的56.4万马力增加到614.7万马力，农用汽车由1957年的4084辆增加到11063辆，农用化肥施用量由1957年的37.3万吨增加到194.2

---

① 参见国家统计局固定资产投资统计司编《中国固定资产投资统计资料（1950—1985）》，中国统计出版社1987年版，第76、78、137页。

万吨，农药由1957年的6.5万吨增加到19.3万吨，农村用电量由1957年的1.4亿度增加到37.1亿度，机耕面积由1957年的265.6万公顷增加到1557.9万公顷，机电灌溉面积由1957年的120.2万公顷增加到809.3万公顷，分别增加两倍到十几倍。1965年与1957年相比，机耕面积在耕地总面积中的比重由2.4%上升到15%，机灌面积在灌溉总面积中的比重由4.4%上升到24.5%，每亩耕地用电量由0.1度上升到2.4度，每亩耕地施用的化肥量由0.4斤上升到2.5斤，都翻几番到十几番。[①]

农业是生物性产业，改善自然条件，提高抵御自然灾害的能力，具有极大的重要性。这一时期，群众性的以小型为主的农田水利基本建设和国家投资兴建大中型的水利工程并举，开始收到农田灌溉、防洪排涝和发电的综合效益。防洪本身也是一种生产力。1959—1961年严重自然灾害中的洪涝灾害，从反面证明了这一点。1958—1965年间，国家水利建设投资共计136.8亿元，平均每年17.1亿元，相当于第一个五年计划时期每年投资的3.35倍。修建了大量水利工程，其中大中型施工项目就有290多项。除继续根治淮河以外，开始治理黄河、海河、长江部分支流及珠江、辽河等。建成的大中型项目150多个，比"一五"时期全部建设项目还多1.2倍。这中间也出现一些问题，大部分还是成功的，许多工程至今仍在发挥作用。例如，对历史上危害很大的黄河，大规模加高加固了下游大堤，修建了控制黄河流域面积92%、蓄水354亿立方米的三门峡水利枢纽和刘家峡、盐锅峡、青铜峡、东平湖等大型水库，黄河下游一般的洪水已可防御，实现了几十年的安澜。海河水系山区修建了密云、岳城、岗南、黄壁庄、王快、于桥、龙门等大型水库和一系列中小型水库，蓄水量大大增加；开挖了平原水库和新的河道，让河水绕开天津的海河入海，从而加大了泄洪能力。长江流域首先是对全流域的水利资源开发进行勘测研究，制定规划要点，并在有的支流上开始进行局部性工程建设，如汉江蓄水283亿立方米的丹江口水库，其他支流上的柘溪、鸭河口等大型工程。辽河、松花江等其他几大水系的治理，也都注意了防洪和灌溉的综合考虑。北京在修建大型综合工程密云水库后，又开挖了京密引水工程，不

[①] 参见国家统计局固定资产投资统计司编《中国固定资产投资统计资料（1950—1985）》，中国统计出版社1987年版，第76页；中国国家统计局《中国统计年鉴（1984）》，中国统计出版社1984年版，第159、160页；柳随年、吴群敢主编《中国社会主义经济简史》，黑龙江人民出版社1985年版，第329、330页。

仅根治了潮白河，使下游400多万亩农田免除洪水侵袭，而且有效地解决了北京工农业用水。珠江三角洲兴建了20多处大中型蓄水饮水工程，建成2500个电动排灌站。1965年全国灌溉面积达到近5亿亩，比1957年增加8574万亩，灌溉面积在全部耕地中的比重由1957年的24.4%上升到32%。

自毛泽东提出发展农业与畜牧业应并重，农业与林业要互相结合以后，一方面大力恢复和发展粮食生产，另一方面努力恢复和发展畜牧业与家庭饲养业。到1965年，大牲畜年底头数和养猪年底存栏都超过了1957年。猪的年底头数创造历史新高，达到16693万头，为1957年的114.4%。这一时期，在植树造林，推广优良品种，改良土壤，控制水土流失，建立气象预报等方面也取得不少成绩。到1965年，东北地区西部和内蒙古东部防护林带、广东沿海2000多公里长的沿海防护林、长城内外的防风林，很多地方已经郁闭成林，连接成带。各地还因地制宜地大量种植本地油料和果树等，经济林逐年增加。在繁殖良种和掌握气象方面，1965年全国已有1780多个县建立了良种繁殖场，农作物三级良种繁殖推广体系逐步形成；全国有90%以上的专区（盟）和80%以上的县（旗）建立了气象服务台、站，建成遍布全国的气象服务网。[①]

综合以上多种因素看，农业基础远胜于1957年，这是农业长期发展的有利条件。1965年农业生产水平也恢复并超过1957年。1965年农业总产值为1957年的110%（按可比价格计算）。主要农产品产量，不包括大豆的粮食总产量1964年就恢复到1957年水平；包括大豆的粮食总产量1965年为3989.8亿斤（薯类按1957年同口径4斤折1斤原粮计算），超过1957年88.9亿斤，而不是如《中国统计年鉴》数据还稍逊于1957年。单位面积产量1957年为194.6斤，1965年增加到222.3斤，提高27.7斤，提高14.2%。油料仍低于1957年，棉花、甘蔗、甜菜等经济作物总产量则分别增加27.9%、28.9%、32.2%。面对连续三年的大灾，占世界近1/4的人口用不到世界1/7的耕地面积，主要依靠自己救自己，不仅挺了过来，以这样快的速度恢复了农业，而且有新的发展，这是许多人没

[①] 中国国家统计局：《中国统计年鉴（1984）》，中国统计出版社1984年版，第169、175页；柳随年、吴群敢主编：《中国社会主义经济简史》，黑龙江人民出版社1985年版，第329、330页。

有想到甚至不相信的。

1965年的新中国，在新中国成立后的十几年里，能够在"一穷二白"的基地上，主要依靠自力更生，战胜各种困难（包括内外敌人的捣乱与自然灾害的破坏），实现上述目标，这是发达国家需要经过漫长岁月才能走完的道路。与原来工业基础比中国要好的印度相比，同早已启动工业化的几个拉美国家相比，在同一时期内，中国取得的成就，也都胜过他们。中共中央和毛泽东关于中国工业化道路的理论与基本政策在实践中得到初步的验证。

第二节 基本问题在于中国工业化道路仍在探索中

被本书称为中国的经济起飞实验，也是探索中国工业化道路的一次规模宏大的实践。它的思想政治收获，集中表现为八大二次会议制定的社会主义建设总路线和一系列两条腿走路的方针，并在执行中积累的正反两方面的经验。它的物质成果，是在第一个五年建设成就基础上初步建立起的独立工业体系。1958—1965年八年奋斗，广大干部和人民群众做出巨大的贡献，也付出很大的牺牲，包括在严重困难的日子里经受的艰难困苦。

探索总难免会有失误。但是，如果不是那么性急，多少要好些。搞过头了，代价很高，教训深刻。三年困难时期的磨难，有天灾因素，而毛泽东和中共中央把着重点放在反思和批评自己的缺点错误，总结经验，做好今后的工作上，表现了他们对人民负责的郑重态度。

求成过急，是毛泽东失误的重要原因之一。在"大跃进"的发动时期，毛泽东曾说，不能慢，慢要出大问题。在"大跃进"出现失误后的1959年，他又曾说，社会主义建设不能十分急，越急越办不成事。"不能不急，不能过急"。这里牵涉对于中国国情的认识和把握，也牵涉到经验的积累。

求成过急，归根到底，是他在一定程度上脱离了中国的实际，违背了他一贯倡导的实事求是的根本原则。毛泽东一生重视实际情况的调查研究，为什么他自己却违背了这一原则？是需要从客观条件的变化中寻找答案的。新中国成立后，毛泽东深深为他难以同群众直接接触所苦恼。他激烈抨击那一套过于烦琐的警卫制度，不止一次地批评阻止他接近人民群众的身边工作人员，又不能不体谅他们的苦衷。他渴望听到来自基层、来自普通工人农民的声音，了解到真实的情况。他为此做了种种努力。他一年当中很大一部分时间到全国各地视察和考察，做调查研究。他不限于同省、地、市、县领导干部接触，还要同区乡干部、公社、大队和生产队的基层干部接触。看人民公社，看工厂，看商店，看学校，进车间，到田间。为了接触一般群众，有时出其不意地临时下车，到农户家里攀谈。尽管如此，他能够了解到的情况，距离生活的真实也不免打折扣。1958年他没有相信成千上万斤的高产卫星，主要依靠自己种过田的经验。主管农业的副总理向他报告当年粮食产量可望达到八九千亿斤，他不相信，说能有六七千亿斤就不错了。这也只是打了一点折扣，这同后来核实的数字距离仍不小。毛泽东所以相信实际工作部门的报告，对粮食形势作出乐观估计，一是这一年人们的干劲，二是他沿途（铁路、公路两旁）所见。不管是沿途，还是在人民公社，他能看到的，一般都是实验田性质的大片丰产方，丰产田，干部们的试验田，这是一般大田难以比肩的。当年的高估产，除浮夸的因素，据说同以这些丰产方、丰产田做根据不无关系。毛泽东被误导相信农业问题不大了，可以逐步推行"三三制"的耕作制度，少种多收，更进一步作出大炼钢铁的决定，也就不奇怪了。

毛泽东难以完全了解真实的情况，省、市、自治区和中央部一级甚至地区一级也不是很容易了解到真实的情况。一个时期对实际若明若暗。"报喜不报忧"成为很大的问题。其中原因比较复杂。例如，对于公社规模的大小，过渡的快慢，搞工业，办养猪场等等，公社和大队干部同生产小队干部和社员大多意见不同。毛泽东为突破封锁，还提出开几级干部会，同级至少应有二人出席，要有不同意见的人；县的几级干部会要有最基层的生产队干部参加，而且比例要大。令毛泽东痛切认识到必须果断解决公社内部两个平均主义弊病的，当归功于"瞒产私分"现象。生产队干部和社员一起，用"瞒产私分"抗争。毛泽东透过现象看到了本质，反躬自省，检讨政策。他不仅阻止了反"瞒产私分"的做法，而且还要"谢谢五亿农民'瞒产私分'"！从这里，他进一步感到还是要到群众中去做调查研究。他号召大兴调查研究之风，亲自组织调查组，率先垂范。调查研究的结果是起草了《农村六十条》，推动一系列工作条例的制定。

从主观上说，认识社会主义经济建设的规律，需要有一个过程。人们认识世界，即使是杰出人物，也不可能一次完成。正如毛泽东本人在

《十年总结》一文里所说的:"哪里有完全不犯错误、一次就完成了真理的所谓圣人呢?真理不是一次完成的,而是逐步完成的。我们是辩证唯物论的认识论者,不是形而上学的认识论者。自由是必然的认识和世界的改造。由必然王国到自由王国的飞跃,是在一个长期认识过程中逐步地完成的。对于我国的社会主义革命和建设,我们已经有了十年的经验了,已经懂得了不少的东西了。但是我们对于社会主义时期的革命和建设,还有一个很大的盲目性,还有一个很大的未被认识的必然王国。我们还不深刻地认识它。我们要以第二个十年时间去调查它,去研究它,从其中找出它的固有的规律,以便利用这些规律为社会主义的革命和建设服务。对中国如此,对整个世界也应当如此。"在这个意义上,关于中国工业化道路的探索还只是开始,社会主义建设总路线和一系列两条腿走路的方针有待实践的进一步检验。因为路线问题不是理论问题,而是实践问题,它只能在多次反复中由实践来证明。

第二十四章

1956—1965年十年建设成就

1956—1965年中国经济起飞实验的十年间，关于社会主义建设成就的检阅，主要限于工业建设方面。它是国家工业化进程的基本标志。以下按上述几个时段分节简要描述。

第一节 1956—1957年竣工投产的建设项目

截至1957年底，已经开始施工的156项工程项目中，全部竣工投产的共50个。中国第一家3万辆载重汽车的长春汽车制造厂，1953年7月15日破土动工，按期于1956年7月12日生产出国产第一辆解放牌汽车，结束了中国不能制造汽车的历史。

第一座飞机制造厂于1956年9月9日试制成功中国第一架喷气式飞机。第一座电子管厂北京电子管厂同年10月建成投产后，试制成功十几种电子管。为现代工业提供动力的煤炭、石油、电力等工业部门，在156项重点工程中占有相当大的比重。截至1957年建成投产的，煤炭方面有辽宁抚顺老虎台矿和胜利矿，阜新海州露天矿和平安立井，辽源中央立井，黑龙江鹤岗东山一号立井，兴安台十号立井等。电力方面有辽宁抚顺、大连，黑龙江富拉尔基、佳木斯，山西太原，湖南株洲，河南郑州，陕西西安等电站。不仅大大加强了东北工业基地的能源供应，而且为新工业基地的建设创造了一定的条件。冶金工业和化学工业方面，在156项工程建设中，有鞍钢、武钢和包钢等大型和特大型项目。鞍山钢铁公司的改扩建项目和新建项目又是重中之重的项目。其中六号、八号炼铁炉和薄板厂、第二初轧厂及本溪钢铁公司，分别于1954年和1957年竣工投产。武汉钢铁公司及包头钢铁公司第一期工程分别于1955年、1956年正式施工。156项中的三个化学工业项目吉林染料厂、吉林氮肥厂和吉林电石厂，组成了全国最大的化学工业基地吉林化工区。1954年和1955年先后开始施工，1957年10月25日正式投入生产，当年生产品种达37个。

第二节　1958—1960年竣工投产的建设项目

1958—1960年三年"大跃进"中，基本建设投资总规模达到1007.41亿元；1961—1965年为620.57亿元，前后8年合计1627.98亿元，新增固定资产1229.61亿元。其中，用于工业方面的基本建设投资为938.48亿元，竣工投产的大中型项目531个，新增固定资产702.64亿元。截至1965年底，全国独立核算工业固定资产原值达1040亿元，比1957年增长2.1倍。[①] 1958—1965年间，新建、扩建竣工投产的这500多家骨干企业，很大一部分都是在1958—1960年开工兴建。

在冶金工业方面，黑色金属工业的最大钢铁基地鞍山钢铁公司逐步建成，新建的两大钢铁基地武汉钢铁公司和包头钢铁公司的大型高炉、大型平炉先后投产；石景山钢铁厂，太原钢铁公司，天津钢厂，唐山钢铁厂，上海一、三、五钢铁厂，马鞍山钢铁公司和重庆钢铁公司等也陆续建成。有色金属工业建成投产的企业有白银、中条山、金川、赣东北等有色公司和一批重要冶炼厂。

能源工业方面，建设了几十个煤炭企业和发电厂。重要煤炭企业有内蒙古乌达、山西晋城、安徽淮北、山东肥城、河南焦作、鹤壁和平顶山、贵州水城、甘肃石炭井等矿务局，另外还有河北马头和邯郸、湖南株洲等洗煤厂。重要电力企业有北京高井、河北邯郸、沈阳铁西、吉林二道江、黑龙江哈尔滨、上海吴泾和闵行、江苏南京、山东黄台、湖北黄石、河南安阳、云南宣威、内蒙古包头（第一）等火电厂，广西西津、湖南柘溪、浙江新安江、甘肃刘家峡等水电站。

机械、化工、建材、森工和轻纺等工业部门，也都建成了大批重要企业。新建的机械企业有：杭州制氧机厂，抚顺挖掘机厂、沈阳和上海重型机器厂，邯郸石油化工机械厂，上海和昆明机床厂，上海光学仪器厂，开

---

①　参见国家统计局工业交通物资统计司编《中国工业经济统计资料（1949—1984）》，中国统计出版社1985年版，第75、83页。

封热工仪表厂，南京分析仪器厂，北京、南京、济南和上海汽车厂，武汉锅炉厂和保定变压器厂等。

化学工业方面，建成的企业有：北京和上海焦化厂，保定电影胶片厂，太原氮肥厂和制药厂，吴泾、衢州、广州、开封、石家庄和云南解放军等化肥厂。

建材工业方面，建成的企业有：邯郸、武汉和四川耀县等水泥厂，秦皇岛耀华玻璃厂，西安和山东水泥制品厂，内蒙古吉文和伊图里河、吉林湾沟、黑龙江双子河等林区。

轻纺工业方面，建成的企业有：保定（第一）、介休、南京、萧山、潍坊、西北（第七）等纺织厂，郑州印染厂，北京毛纺厂，株洲苎麻厂，北京维尼纶厂，介休、金城、丹东、石岘、吉林、红叶、华丰、青州和汉阳等造纸厂，仙游、蒲田、漳州和南京等糖厂，北京、天津和上海手表厂，天津照相机厂，天津合成洗涤剂厂等。[①]

第三节　1961—1962 年继续施工的建设项目

大庆油田：位于黑龙江省松辽平原上。1959 年初探明该地区是一个面积达 2000 多平方公里的有利于含油的构造带，在其南部还基本探明了一个含油面积约 200 公里的油田。1960 年国务院部署各部和东北地区，大力支援松辽地区的石油大会战。为争取时间和提高速度，勘探、建设、生产三个程序交叉进行。当年共打井 339 口，生产原油 97 万吨，证实了大庆长垣各构造连片大面积含油，中心高产区面积达 500 平方公里以上，为大庆油田以后的大规模建设奠定了基础。

马鞍山钢铁公司：位于长江中下游安徽省境内，北临南京，南近芜湖。1958 年开工兴建，1962 年基本建成，累计完成投资 3.3 亿元。陆续建成南山露天开采、桃冲坑采铁矿；18 平方米烧结机 4 台；84 立方米高炉 2 座，255 立方米高炉 9 座，72 立方米高炉 4 座；炼钢方面建成 3 吨涡鼓型转炉 19 座，3 吨、5 吨电炉各 1 座，8 吨顶吹转炉 2 座；轧钢方面建成小型轧机 3 套；配套建成耐火材料厂、焦化厂、铁合金车间、机修厂

[①] 参引自柳随年、吴群敢主编《中国社会主义经济简史》，黑龙江人民出版社 1985 年版，第 322 页。

等。1963年10月14日，建成中国第一个火车车轮箍厂。

柘溪水电站：位于湖南省境内。1958年开工兴建，1975年全部建成，建设工期17年。装机总容量为44.75万千瓦，累计投资2亿多元，平均每千瓦投资462元。

富春江七里垄水电站：位于浙江省富春江干流上。1958年7月破土兴建，1976年12月全部建成，建设工期18年5个月。装机总容量为29.7万千瓦，完成投资2.6亿元，平均每千瓦投资887元。

丹江口水利枢纽：位于湖北省境内。1958年7月开工兴建，1973年10月全部建成，工期15年，水库容量200亿立方米，装机容量为90万千瓦；累计投资9.2亿元。

刘家峡水电站：位于黄河干流甘肃省永靖县。1958年12月开始建设，1975年2月全部建成投产，工期17年；装机容量为122.5万千瓦；累计投资6亿元，千瓦投资为495元。

云峰水电站：位于中国和朝鲜民主主义人民共和国边境的鸭绿江上。1959年中朝双方共同兴建，1967年4月4台10万千瓦机组全部投产发电，总容量为40万千瓦。

水府庙水库：位于湖南省湘水支流、涟水中游。1958年9月开工兴建，1959年9月建成，工期1年。这座水库大坝高35米，堤长238米，库容5.6亿立方米，是韶山灌区的源头。

新丰江水电站：位于广东境内的新丰江上。1958年7月开工兴建，1960年8月第二台机组发电，工期2年，总投资2.2亿元。水库总库容139亿立方米，单支墩大头坝，装有4台机组，容量共29.25万千瓦。

西津水电站：位于广西境内的郁江上。1958年10月动工兴建，4台机组安装投产，总装机容量为23.44万千瓦，总投资1.98亿元，竣工结算为1.83亿元。

淠史杭灌区工程：位于大别山区。江淮丘陵，是淠河、史河、杭埠河三个相邻灌区的总称，是中国最大的灌区之一。工程于1958年开始动工兴建，由地方组成指挥部，以民工为主，土法施工，分期开发，分期受益。灌区工程包括总干、分干渠以及上千座中小型反调节水库，纵横安徽、河南的12个县市，面积达1.3万多平方公里。

江都排灌站：位于江苏省中部，连接长江与淮河两大水系。该站1961年开始兴建，包括4座大型电力排灌站，装有大型电机、水泵各33

台，总装机容量4.98万千瓦，设计抽水能力为400立方米/秒，与它配套的还有12座节制闸、5座船闸、两条输水干河，是一项实行跨流域调度，远距离输水，发挥灌溉、排涝、排洪、发电、调节航运水位，提供城乡工业和生活用水等综合效益的工程。在1965年里下河排涝和1966年、1967年抗旱中该排灌站都发挥了显著作用。

林县红旗渠：位于河南省境内。1960年动工兴建，1969年7月全部建成，总干渠长70.6公里，工程完工后，林县水浇地面积从不到1万亩扩大到60万亩。

贵州水城水泥厂：位于贵州省水城。1958年5月开工建设，1971年5月建成投产。建设工期13年。建设总规模为年产水泥35万吨，投资5500万元，单位生产能力投资100元/吨。

卓子山水泥厂：位于内蒙古境内。1958年10月开工兴建，建设规模为年产水泥50万吨。1971年建成投产，建设工期13年，投资完成近5000万元，每吨水泥生产能力投资100元。

永安水泥厂：位于福建省永安县。1959年10月开工兴建，1974年11月建成投产，建设工期15年；建设规模为年产水泥50万吨；投资4700万元，每吨水泥投资94元。

成昆铁路：起自四川省成都市，终至云南省昆明市。1958年2月开工兴建，1970年7月1日建成通车，建设工期12年零5个月。全线长1085公里，平均每1.7公里有一座大型或中型桥梁，每2.5公里有一座隧道。全线共有大、中、小桥991座，总延长为92.7公里；隧道及明洞427座，总延长为341公里。桥、遂总长共占线路总长度的40%。全线总计投资33.1亿元，平均每公里投资305万元。

南京长江大桥：位于江苏省南京市。1959年6月开工兴建，1968年10月1日建成正式通车。这是中国自行设计和施工建造的最大的铁路公路两用桥。上层为公路桥，车行道宽15米，两侧人行道各宽2.25米；下层为双线铁路桥。正桥10孔，共长1576米，连同两端引桥总长：铁路桥6772米，公路桥4589米。建设工期9年零4个月。铁路桥投资2.9亿元，每米造价4.2万元。

太原化肥厂：位于山西省太原市。1958年4月开工兴建，1962年4月建成投产，建设周期4年，投资2.2亿元，建设规模为年产合成氨7.5万吨。

兰州合成橡胶厂：位于甘肃省兰州市。1958年2月开工兴建，1962年建成投产，建设规模为年产丁苯橡胶13500吨，投资1.2亿元。

湖南铁合金厂：位于湖南省境内。1960年3月动工兴建，1973年建成投产，建设周期13年；建设规模为年产铁合金3.2万吨；投资5000万元，单位生产能力投资为1550元/吨。

上面介绍的几个水电建设项目，有一个明显特点，就是这一时期不断地投入财力、物力和人力，却没有或很少有相应的回报，而受益主要是在1975年以后。

第四节 1963—1965年建设的部分重要项目

韶关电厂：位于广东省韶关市。1965年5月开工建设，建设规模为发电机组17.4万千瓦，计划投资5500万元。1972年11月全部建成投产，建设工期7年半，累计完成投资5600万元，累计新增固定资产5590万元，千瓦投资325元。

南京热电站：位于江苏省南京市。1965年10月开工建设，建设规模为发电机组15万千瓦，计划投资7000万元。1971年7月建成投产，建设工期6年，累计投资3500万元，累计新增固定资产3300万元，千瓦投资233元。

映秀湾水电站：位于四川省境内。1965年4月开工兴建，1972年5月全部建成，建设工期7年零1个月，装机总容量为13.5万千瓦，全部投资1.5亿元，平均每千瓦投资1100元。

通让铁路：起自内蒙古通辽，终至黑龙江省让湖路。1964年7月开工兴建，1966年12月建成通车。建设工期2年零5个月，投资2.2亿元，全长411公里，单位造价为53万元/公里。

西北铝加工厂：位于甘肃省境内。1965年2月开始建设，建设规模为年铝加工能力1万吨，计划投资1.2亿元。1972年全部建成投产，建设工期7年，累计完成投资1.1亿元，累计新增固定资产8000万元。

西南铝加工厂：位于四川省境内。1965年4月开工建设，建设规模为年铝加工能力2.45万吨，计划投资3.5亿元。1974年全部建成投产，建设工期9年，累计完成投资3.5亿元，累计新增固定资产2.7亿元，单位生产能力投资1.4万元。

东方汽轮机厂：位于四川省境内。1965 年 10 月开始建设，建设规模为年产电站汽轮机 60 万千瓦、燃气轮机 16 万千瓦，计划投资 1.18 亿元。1974 年 10 月全部建成投产，建设工期 9 年，累计投资 1.2 亿元，累计新增固定资产 1.1 亿元。

汪家寨斜井：位于贵州省水城矿区。1965 年 11 月开工建设，1971 年 12 月建成投产，建设工期 6 年零 1 个月。建设规模为年开采原煤 90 万吨。投资 6800 万元，单位生产能力投资为 76 元/吨。

兴平化肥厂：位于陕西省境内。1965 年 10 月动工兴建，1973 年 12 月建成投产，建设工期 8 年零 2 个月。建设规模为年产合成氨 5 万吨、硝铵 11 万吨，累计投资 1 亿元。[①]

第五节　典型案例分析

一　中国第一台万吨水压机的诞生

第一个五年计划的实施，掀起了中国工业化的高潮。在电力、冶金、重型机械和国防工业的快速发展中，对于大型锻件的要求成为一个亟待解决的问题。当时国内没有大型压力设备，20 世纪 50 年代初期修复的几台日本遗留和赔偿的中小型水压机，无法满足锻造大型锻件的需要，必须依赖进口。当时设想利用东北现有条件，自己制造一台万吨级锻造水压机。这个意见一经提出，便被否定。据说理由是"要造万吨水压机，首先得有万吨水压机"。因为万吨水压机的四根支柱，要用 200 吨大钢锭锻制，没有万吨级的水压机是不行的。东北当时的水压机最大（也是国内最大）负荷只有 6000 吨。这就是说，要想自己制造万吨水压机，首先要进口一台万吨水压机，还要建设一座万吨级的重型机器厂，不然，只能是空谈。

1958 年"大跃进"的形势，深深鼓舞着每一个中国人，学徒出身后来到延安的"老兵工"沈鸿（时任煤炭工业部副部长）也不例外。他尤其为毛泽东的破除科学技术高不可攀的迷信和"卑贱者最聪明，高贵者最愚蠢"的批语所激励。在同年 5 月中共八大二次会议期间，他毅然上书毛泽东，提出自己设计制造万吨水压机的建议。他在信中说：我拥护您

---

① 引自刘国光主编《中国十个五年计划研究报告》，人民出版社 2006 年版，第 247—250 页《"二五"与调整时期重大项目完成情况》一节的资料。

的创议,编一本技术科学创造和发明者小传,对鼓舞我们学习科学技术,一定会起很大作用。我少时就从《世界十大成功人传》及科学名人传两书中得到启发。爱迪生只读几个月书。我比他已经多读了四年,为什么不能学技术呢?法拉第是个印刷厂学徒,成为电的理论科学家。我这个布店学徒,为什么不能成为一个工程师呢?对技术科学,现在确实存在着不少迷信。当1956年第三机械部布置生产双轮双铧犁及锅驮机时,就有人说,锅驮机有危险,是炸弹。我们为了证实此事,用了六台大小不同的锅驮机到北京来连续开动十天十夜,结果一个炸弹也没有发生。其实锅驮机是锅炉上面驮一个蒸汽机,而火车头是蒸汽机上面驮个锅,所以火车头也可叫做"机驮锅",从来也没有说坐火车就坐在炸弹上!一切锅炉都有爆炸的可能,这应该靠技术来掌握它,不然家家户户得烧水锅,同样也会炸死人。说锅驮机是炸弹的同志们,不从实践中去解决问题,而用迷信来吓人,幸经我们试验,不然今天还要加一个恢复锅驮机的名誉。他接着说,机械工业中,一说到大型、精密、复杂这三个名词,就可以把很多人吓住,而没有想,人家哪儿来的,为什么我们不行。再讲一个水压机事,这事大概您很关心,国民党在1947年自日本拆来了四台1000—2500吨的水压机,为了大型、复杂、平衡合理等的迷信,迄今只有一台装起来了,而自己许多大锻件,还要依靠进口。十五年赶上英国,万吨级的水压机我国应有若干台,分布在主要工业区。机器的来路有二:一条是进口,还有一条自己也造。上海应有一台,我和柯庆施同志(上海市委第一书记)谈过,如果上海愿造,我也可以参加。这事,我自1954年参观苏联乌拉尔重机厂回来后,就经常在思索,我看我们可以做得成,费他一年或一年半的时间,做一台万吨级的水压机,做得不好一些也可以用十年。这对于我们自锻大件,有很大帮助。您看如何?

毛泽东看到沈鸿的信的当天(1958年5月22日),就批给邓小平,要求即刻付印,作为八大二次会议文件印发给全体代表。毛泽东还要人去问柯庆施,上海能不能干,愿不愿干?柯庆施满口答应,要厂有厂,要人有人,要材料有材料,一定要把万吨水压机搞出来!在毛泽东的支持下,沈鸿为首的工作班子(沈任总设计师、林宗棠任副总设计师)以上海为基地(万吨水压机安装在上海闵行重型机器厂内,由江南造船厂承担建造任务),组织全国协作攻关。

制造万吨水压机毕竟不是轻而易举的事。一无资料、二无经验、三无必需的设备，除沈鸿以外，其他设计人员甚至还没有亲眼看见过。不过，他们不是畏缩不前，而是振奋精神，不辞辛劳，尽一切可能地搜集需要的资料，几乎跑遍全国各地的水压机车间，认真考察和了解设备的结构原理及性能，反复比对，得出结论，形成自己的设计。为了检验第一张设计草图正确与否，他们用纸片、木板、竹竿、铁皮、胶泥、沙土等材料做成各种各样的模型和模拟实验机，并吸收有经验的老工人参与。经过反复实践，一直修改到第十五个草图，被认为完成了较为满意的设计方案，进入实际制造阶段。

按科学态度办事，始终是沈鸿遵循的原则。1960 年，上海市将万吨水压机车间列为重点建设项目，希望当年年底就把水压机安装起来。沈鸿却认为，"现在毛坯尚不完整，草率将事，必致影响质量，投资这样多，费力这样大，得到一台有名无实的大水压机，倒不如给予最低限度的充分时间，多三五个月，而得到一台比较能够合用的大水压机更为合算。"实际上，在做试验机期间，每逢五一、八一、十一等就有人号召逢"一"献礼，把机器装起来，但沈鸿总是坚持实事求是的原则，不草率从事。他在一封信中说，"如果稍多一些考虑时间，则终可避免若干可以避免的错误。口头上我们虽然说用上三年五载就可以，实际上这台机器至少也要用上 50 年或者 100 年，可以用这样长时间的机器，在制造时采取突击方式要在短短三五个月内制成，就难免要影响使用寿命。"当时，还有专家建议，万吨水压机要可锻造 200 吨以上的钢锭，建设单位也总是想能大尽量大。沈鸿却将上限定在 150 吨，说这样决定是不会犯决策错误的。在"大跃进"年代，沈鸿保持着一份难得的冷静。他为此决定先造了一台 1200 吨的试验水压机，在进行各种试验取得成功后，把它放大十倍，最后完成万吨水压机的设计蓝图，开始正式建造。同制造 1200 吨试验水压机相比，万吨级水压机在原理上结构上并无很大差别，真正的难度在于它的零件非常大，当时没有制造它所需要的相应设备，也就是说还不完全具备生产 12000 吨水压机的条件。在这种情况下，沈鸿不是消极地等待，而是主动地去争取，去创造。他选择了一种成熟的电渣焊的技术，用拼焊方法，将不能做的庞大的零件先做成较小件，然后将它们用电渣焊拼合起来。这类似于"蚂蚁啃骨头"的办法。一位外国专家对电渣焊很不以为然，看了他们的图纸也有些摇头。这不免让工作班子里有人产生疑虑。沈鸿察觉后，鼓励他们要相信自己，要有自信心。事实说明，电渣焊与

"蚂蚁啃骨头"相结合，适应了当时的需要，堪称是适合中国当时工业发展水平的一项代用技术或适用技术。这一关键性的选择，不但万吨级水压机提前几年出现了，而且对全国科技界和工业界都有很大的启迪作用。即使如此，按照这一方案，实施起来，困难仍很多。以水压机的四根立柱为例，当时没有足够大的钢锭和相应的锻造能力，想了多种方案，最后决定用锰钒铸钢筒体八段，电渣焊接成为长18米的大钢柱，每根净重80吨。这四根擎天柱是12000吨水压机最关键的部件。这一关的攻破，其他难关如许多高压容器、高压缸等等便迎刃而解。技术难关的突破固然有赖于沈鸿决断有方，而如果没有那些具有丰富实践经验的技术人员的配合与身怀绝技的老技术工人的成功操作，同样不行。1961年12月13日，万吨水压机开始总体安装，历时2个月。在上海交通大学和第一机械工业部机械科学研究院等单位协助下，又用三四个月时间，经对这个身高20余米，体重千余吨的"巨人"作应力测定试验合格后，开始进行超负荷试验，强攻"水"关。这时，高压水泵发出嗡嗡的声响，压力表指针缓缓上升：8000吨，正常；10000吨，良好；12000吨，没问题；16000吨，机器完好无损。"我们成功了！我们成功了！……"庆祝总装一次成功的掌声、欢呼声，在高大的厂房里回荡。沈鸿噙着激动的泪花说："万吨水压机的4万多个零部件一次总装成功，体现了上海机械制造的水平！也体现了上海的大协作精神！"

这台万吨级锻造水压机，从调研设计到投产，历时4年，其中1年半时间进行调研、设计和试验，2年加工制造，半年时间安装试车，经受住了16000吨压力的超负荷试运转。1962年6月22日，万吨水压机正式举行开工典礼。《人民日报》、《解放日报》等刊文宣传；画家谢之光创造了油画《巨人站起来了》；毛泽东等党和国家领导人先后前来参观。1966年还发行了以它为主题的邮票。一时间，上海万吨水压机名噪全国。通往上海重型机器厂的路上，车水马龙，热闹非凡，参观者络绎不绝。人们注意到，在参观的人群中，有一位特殊的客人，美国著名记者兼作家埃德加·斯诺，早在1936年斯诺冲破阻挠，只身来到陕北革命根据地访问，受到毛泽东和中共领袖们的热烈欢迎。他根据所见所闻，写了一本《西行漫记》轰动全世界。现在，他来到上海，专门来看万吨水压机。因为在西方世界，一些政客和媒体对中国制造万吨水压机极尽嘲讽。先是说"中国人造不出来，是在吹牛"，当听到制造成功了，又说"中国人的万吨水压机质量不过关"。斯诺要亲眼看一看，到底怎样。斯诺来到上海重型机器厂，先关照接待人员："让我先亲眼看看，然后再听你们介绍。"当他步入万吨水压车间，瞥见这庞然大物，就直截了当地提了个意想不到的问题："你们花这么大的财力和人力，造这样大的机器，有必要吗？"陪同人员没有正面回答，而是说："请斯诺先生看看万吨水压机的操作，再给我们提宝贵意见。"说话间，巨大的加热炉炉门自动打开了，大吊车抓住红彤彤的大钢锭直奔那钢铁巨人。转眼间，这个大钢锭被锻造成像擀面棍形状的锻件。斯诺看着这神奇的一幕，半晌，他才问："这是做什么的？"陪同人员回答说："这是舰艇上燃气轮机大轴。如果没有这台万吨水压机，我们得依靠进口。"随后，又一一向他介绍其他成品：这是船舶上的"螺旋桨轴"和"舵桨轴"，这是汽轮机、发电机、水泵的"大轴"，这是冶炼轧钢机上的"支承轴"、"工作辊"……斯诺听着，不住地点头说："我理解了，要建设强大的新中国，必须有这样威力强大的机器！"

1965年，上海人民出版社出版《万吨水压机的诞生》。沈鸿撰文称，万吨水压机"是总路线、大跃进的产物，也是自力更生、奋发图强的结果"。万吨水压机投入生产后，为国家电力、冶金、化学、机械和国防工业等部门锻造了大批特型锻件，直到现在，仍在正常运转。时隔24年，1989年中国青年出版社出版的《历史曾经证明——万吨水压的故事》一书中，林宗棠总结说："鼓足干劲、力争上游的号召，虽然有可能产生夸大主观意志和主观努力的作用这一负效果，但当时在鼓励人民发挥积极性和创造精神这一方面，也收到了正面效果。"[①]

二 中国第一枚导弹核武器成功爆炸

在新中国的国防工业和国防科学技术发展史上，有许多令世界震撼的奇迹，中国第一枚导弹核武器成功爆炸就是其中之一。

还在中国工业幼稚期的1955年，富有远见的中国领导人就着手部署了自己的国防尖端研制工作。这也体现着中国工业化所奉行的"迎头赶上"发达国家的战略构想。在第二次世界大战结束的初期，美国凭借它

[①] 根据谢汝良《新中国第一台万吨水压机的故事》（载20070227凯迪社区 http://www.haosou.com/）和徐迪《1962：沉甸甸的"争气机"》（载2009年6月16日《瞭望东方周刊》）改写，谨向他们鞠躬致意。

对于导弹和核武器的垄断，嚣张一时。不久，苏联也掌握了它。中国一度希望借助苏联的帮助，少走些弯路，缩短"迎头赶上"的时间。赫鲁晓夫为了推行他的苏美合作主宰世界的路线，违背先前的承诺，撕毁同中国签订的国防新技术合作合同，中国开始走上依靠自力更生，突破国防尖端的道路。这是一条备尝艰辛的道路。参与研制的科技人员从刚毕业的大学生，到卓有成就、国内外享有盛名的科学家，经年隐姓埋名默默地奉献着自己的大好年华。不久前从抗美援朝前线归国的解放军指战员重新又走上新的战场，风餐露宿在杳无人烟的戈壁荒原。赫鲁晓夫卡中国的脖子，扬言没有苏联的帮助，中国10年内休想造出原子弹。他们愤怒了，要用革命加拼命的精神，造成"争气弹"，回击赫鲁晓夫们。在三年经济困难时期，毛泽东和中共中央决定国防尖端工程不仅不能停止，而且还要抓紧。两弹一星的研制人员响应党和国家的号召，以顽强的意志，忍饥耐寒，攻克了前进道路上的一道道障碍。1964年成功爆炸了第一颗原子弹。这一成就，震动了世界。西方震惊之余，竭力贬低这一成就，说中国光有原子弹，没有运载工具，等于有弹无枪。美国国防部长麦克纳马拉认为，中国虽有原子弹，但在5年之内不会有运载工具。他推断中国至少要10年之后才能掌握导弹核武器。

初期的导弹和核武器是分离的。美国1945年8月投掷于日本广岛的"枪式"原子弹，直径28英寸，长120英寸，重7000磅；投掷于长崎的"内爆式"原子弹，直径60英寸，长128英寸，重10000磅。当时的导弹最多只能携带1800磅的弹头，导弹的命中精度也很低。德国最先研制成功的V-2导弹，飞行130英里就要偏离目标5英里以上。1944年6月15日子夜，德国发射V-2型导弹偷袭英国伦敦，竟有一枚导弹在飞行途中失灵，掉过头来直向德国首都柏林飞去，在希特勒的防空指挥部上空爆炸。历经改进，导弹和原子弹能够结合在一起，真正符合实战需要，是在1958年。为实现这一目标，美国空军调集了大批科研人员，研制可用于实战的导弹核武器。经过7年的努力，于1958年研制成功世界上第一个由弹道导弹同氢弹头配套组成的导弹核武器——"雷神"中程战略导弹。从美国第一颗原子弹爆炸成功算起，其间经历了13年。

导弹核武器是美苏当时推行核威胁战略的一张王牌，相互在国防尖端技术上进行激烈较量的主要焦点。他们又相互勾结搞核垄断，"只许州官放火，不许百姓点灯"。为了打破超级大国的核垄断、核讹诈和核威胁，中国决心也要掌握导弹核武器。1964年9月启动的研制计划，确定同时在两条战线展开工作。一条战线是加快现代火箭技术的研究。火箭是导弹核武器的运载工具。一开始是仿制苏联的产品，第一枚仿制的近程导弹发射成功后，由仿制转向自行设计。其间，经历过失败和挫折，但研制人员没有气馁，终于从失败走向成功。1964年7月，连续发射3枚自行设计制造的中程导弹，全部达到预期目的。之后，按照钱学森的思路，以自行设计的中程导弹为基础，研制能运载核弹头的改进型运载火箭，使导弹的射程、精度、使用性能等指标，符合导弹核武器的实战要求。在科研人员的奋力拼搏下，改进型运载火箭从方案设计到完成飞行试验，仅用了10个月时间。1966年6月30日，当改进型运载火箭进行弹头引爆控制系统考核飞行试验时，周恩来亲自来到戈壁滩上的导弹发射基地，指导和观看发射试验。发射试验圆满成功，他兴奋地指挥参试人员唱起了歌曲《东方红》。

另一条战线是研制适于导弹运载的小型核弹头。第一颗原子弹的爆炸成功，表明中国已经掌握了有关裂变反应方面的核理论，掌握了核武器基本材料的物理和化学特性，具备了制造核装置和进行核试验的能力。但导弹运载的核弹头，要求既小型化又威力大，还要经受住弹头再入环境的考验。研究人员提出，要进行原子弹空爆试验，验证原子弹在动态下的技术性能，为研制核弹头提供参考数据。1965年5月14日，一架装有原子弹的轰炸机从西北某机场起飞，飞临试验场上空，飞行员按照预定程序，将原子弹投掷下去。一阵巨响，原子弹在距地面一定高度的爆炸目标中心点所要求的范围内，准确实现空爆，达到了预定目标。

自中国成功爆炸第一颗原子弹，美苏两国和台湾当局就密切关注着中国核技术的发展。美国空军和台湾当局多次派出无人驾驶高空侦察机，潜入内地上空，窃取情报，先后有6架美国和台湾的侦察机被防空部队用导弹击落。面对一次次失败，他们虽不甘心，又无可奈何。在两条战线取得上述突破性进展的基础上，业已具备"两弹"结合，进行弹道式导弹核武器全程发射试验的条件。1966年3月11日，周恩来主持的中央专委第十五次会议决定"两弹"结合试验将在中国自己的国土上进行，核弹的落点在新疆核试验场的沙漠深处。用导弹运载核弹头在本国国土上进行热核试验，这在世界核武器试验史上从未有过，美国也从未敢在它的国土上进行这种试验。在周恩来主持下作出的这一决定，是建立在审慎和科学的基础之上的。考虑到采用地面各种环境条件模拟试验和地下核爆试验，都不能完全模拟飞行过程中的真实状态，起不到综合检验的作用；采用飞行"冷"试验方式（不配置真实核弹），也不能综合检验原子弹头在飞行过程中的真实状态；只有采用全射程、全威力、正常弹道、低空爆炸的试验方式进行"热"试验，既可达到试验目的，又符合实战情况。对于在本土上作这样试验的可行性和可靠性，专家们也进行了认真分析和制定了应急对策。从导弹的可靠性及试验的安全问题分析，经过改进的导弹本身有自毁装置，如在导弹飞行过程中发生故障不能正常飞行时，可由地面发出指令将弹体炸毁；核弹头有保险开关，如导弹弹体炸毁，因保险开关打不开，不会引起核弹核裂变。按周恩来的说法，就是要保证万无一失。最后，聂荣臻、钱学森向毛泽东汇报，他听后高兴地说："谁说我们中国人搞不成导弹核武器，现在不是搞出来了吗？"同时，他又要求："一定要认真充分地作好准备，要从坏处着想，不要打无准备之仗。"根据毛泽东和周恩来的指示，各有关部门再次进行了认真充分的准备。10月24日，毛泽东和周恩来最后批准实施导弹核武器发射试验。聂荣臻受中央委托，亲临发射现场主持发射试验。10月27日凌晨，东方欲晓，微风轻拂，万里晴空。乳白色的导弹竖立在发射台上，控制室里，操作手们全神贯注地注视着各种仪表的变化。只见两颗绿色信号弹划破晨空。"点火！"随着指挥员命令的下达，操作手迅速准确地按下了发射电钮。顷刻，巨声隆隆，大地颤抖，火光冲天，导弹像一条巨龙，载着核弹头，向千里之外的预定目标飞去。接着，落区报告，核弹精确命中目标，成功实现核爆炸。西方报刊惊呼："中国这种闪电般的进步，是神话般地不可思议。"从第一颗原子弹爆炸到第一枚导弹核武器诞生，美国用了13年，而年轻的中华人民共和国只用了2年，这令人难以置信的神奇速度！[①]

三　大庆油田的开发

1964年，党和国家把学习石油部和学习解放军并列，作为向全国人民发出的庄严号召，也以此表彰他们在苏联赫鲁晓夫修正主义集团用石油卡中国脖子的时候，用革命加拼命的精神拿下大庆油田，为实现石油基本

[①] 本节参引了人民网，2006年9月16日（http://www.haosou.com）军事背景的资料，仅致谢意。

自给作出的出色贡献。2月9日，毛泽东在会见新西兰共产党总书记威尔科克斯和夫人时说：北京有好几十个部，只有一个部即石油工业部，学解放军学得比较好。他们用比较少的投资、比较短的时间、全部自己制造的设备，在三年中找到了一个大油田，建成了年产量600万吨的油田，和建设了一个大的炼油厂，而且比苏联的要先进。所以，我们现在的石油问题基本上解决了，进口的石油很少了。几天后，在2月13日的春节座谈会上又说：过去我们的工作有错误，一是瞎指挥，二是高征购，主要是这两条。现在已经改过来了，但又有点走到反面——有的地方不指挥，那就没有劲了，这不好，要鼓起劲来。所以，要学习解放军，学大庆，石油部在大庆搞了一个大油田，投资少、时间短、收获大。出自毛泽东之口，表扬中央国家机关一个部的工作，号召向它学习，新中国成立以来还不曾有过。联想到八年前也是2月，他在听取这个部当时的负责人的工作汇报时，了解到西北地区、东北松辽平原、华北平原的广大地区都是很有希望找到石油的地区时，满怀期待地讲过这样一段话：美国人（指有些美国地质学家）讲中国地质老，没有石油，看起来是有的。怎么样，石油部也给我们树立点希望。当他得知1955年天然石油产量不足50万吨，远不能适应国民经济发展的需要，在戈壁荒滩、沙漠野外勘探开发工作十分辛苦时，他说："搞石油艰苦啦！看来发展石油工业还得革命加拼命。"如今，在国家和人民遇到严重困难，国内外敌对势力又虎视眈眈，石油成为突出的政治经济问题的时候，石油战线的英雄儿女，居然迎难而上，在大庆展开气壮山河的石油会战，打了一场漂亮的翻身仗，"一战"而扭转石油工业的落后局面，中国的石油和石油制品，从此得以立足国内，由被动转向主动，怎不令共和国的领袖感到欣慰！周恩来还特别表扬了大庆石油会战的指挥者，石油部的主要负责人余秋里。他说，余秋里在大庆会战中有成绩，当然还有其他领导同志，但他是主要负责人。"在他去以前，石油部几乎将近搞了十年，成绩很小。自从余秋里同志领导石油部以后，成绩显著。他是在最困难的时候打了最困难的仗。在困难时期，我1962年、1963年两次去大庆，受到启发和教育。大庆确实具有艰苦朴素的作风，那时候，其他的任何厂矿都没有像他们那样。"

（一）一项重要的政治经济任务

中国是世界上发现和利用石油最早的国家。但是，近代以来，由于国外地质学界有陆相地层不生石油的理论，而中国正是陆相地层国家，因而一直被认为是一个贫油的国家。事实上，中国有的地质学家，对这种理论是持怀疑态度的。1928年，美国在陕北的石油勘探失败后，著名地质学家李四光就断言，美国的勘探失败，并不说明中国贫油。1941年，另一位地质学家潘吉祥通过潜心研究，也认为陆相地层是可以生油的。但是，潘教授的理论在当时并没有得到应有的重视。全国解放以前，中国主要依靠从西方国家进口油品，美孚油曾经充斥国内市场。新中国建立后，"一五"期间，由于条件的限制，石油勘探工作进展缓慢。1953年，毛泽东不无忧虑地对地质部长李四光先生说：要进行建设，石油是不可缺少的，天上飞的，地下跑的，没有石油都转不动。李四光先生以他潜心研究的结果深信，中国天然石油的蕴藏量应该是丰富的，关键是要抓紧做地质勘查工作。而这正是一个相当薄弱的环节。中国的石油地质勘探工作，从1907年到1952年，全部探井进尺为12万4千3百米，仅为苏联1927年（第一个五年计划的前一年）一年探井进尺的32%。第一个五年计划全部钻探进尺，还赶不上罗马尼亚1955年一年的工作量。按这样的规模计算，地质勘探的分布平均每个地区仅有3600米，不足以及早探明石油资源情况。石油地质勘探工作的落后，直接导致石油产量的低下。1955年计划生产原油104万吨，仅能满足需要的34.8%。石油数量不足，航空用油更为缺乏，成为建设计划最大的一个缺口。国产石油不足，只能依靠进口。由于美国带头对中国进行经济封锁，国内大部分石油消费，只能依赖于苏联和罗马尼亚等国。由于运程过远，成本昂贵，石油消费是当时国民经济的一个沉重负担；而且，随着经济的发展，石油的需要量将越来越大，经济上的沉重负担姑且不论，一旦"兄弟阋墙"，油源断绝，其影响将是巨大的。1960年代初期，这一情况果然发生了。赫鲁晓夫趁中国经济遇到困难之际，落井下石。断绝对中国的石油供应，就是其手段之一。1959年，中国原油产量373万吨，油品自给率40%。民用油品严重不足，北京长安街上过往的公共汽车，不得不背着大煤气包，用燃烧煤气代替烧油。国防部队执勤和训练，也因为缺油受到影响。1959年8月以来，印度军队在中印边界东、西两段，接连制造事端，苏联塔斯社则偏袒印度，使中苏两党、两国的分歧，公然暴露在世人面前。在这种情况下，石油问题具有了异常尖锐的性质，成为党和国家日程上亟待解决的政治经济问题。

也就是在这一年的9月26日，石油部在黑龙江大同长垣高台子构造上的松基三井，首次喷出工业油流。这一年，恰逢建国十年大庆。国庆前夕，松辽地区捷报传到哈尔滨，黑龙江省委第一书记欧阳钦遂提议，将这口井的所在地大同镇更名为大庆。这就成了大庆油田名称的由来。几乎在同时，地质部在吉林省扶余三号构造上的扶二七井，也获得工业油流，从而发现了扶余油田。

1960年1月5日，石油工业部根据大庆地区初步勘探成果，要求国家增加投资，调集更多的设备和人员，在大庆进行石油勘探开发会战。同年2月13日，石油部党组在给中共中央写的《关于东北松辽地区石油勘探情况和今后工作部署问题的报告》中说，最近，我们对东北松辽地区石油勘探情况和今后工作部署问题，做了反复的研究和讨论。从现在已经掌握的资料来看，可以说形势很好，来头很大。目前，已经在大庆地区，探明了一块200平方公里储油面积的大油田。初步估算，可采储量在1亿吨以上，大体相当于新疆克拉玛依油田。产油情况很好，开采和建设有很多便利条件。报告认为，整个大庆地区，从地质资料上看，是一个很大的适于储油的构造带，面积达2000余平方公里。现在拿到手里的这块油田，即是其中的一小部分，边界尚未摸到。这个报告认为，这几年，这个地区的石油勘探工作进展迅速，取得了很大的效果，但总的来讲还是一个开始，要想把油田全部探明，要投入开采，还需要做更大的、更艰巨的工作。根据这个地区的情况，应该下一个狠心，用最大的干劲，用最高的速度，迅速探明更大的油田面积和更多的新油田。为此，我们打算集中石油系统可能集中的力量，用打歼灭战的办法，来一个声势浩大的大会战，一鼓作气地拿下这个地区。2月20日，党中央正式批转石油部党组的报告，支持他们的会战部署，增拨2亿元的资金，几万吨的钢材和设备，并将3万名退伍军人调往大庆，以加强会战力量；同时要求有关省市自治区和国务院有关部委，给予支援。

（二）革命加拼命干革命

1960年以来，石油部遵照毛泽东关于集中优势兵力打歼灭战的原则，从全国30几个石油厂矿、院校，抽调几万名职工，调集几万吨器材设备，在大庆地区展开的石油会战，瞄准一个目标，就是为了高速度、高水平地拿到这个大油田，开发这个大油田，打破美苏对中国的经济封锁。这一仗，他们确实打得很艰苦。几万人一下子拥到大草原上，还有包括大学教授、博士在内的几千名工程技术人员，各方面遇到的困难很多。那个地方天寒地冻，一无房屋，二无床铺，上面青天一顶，下面草原一片，连锅灶也紧缺得很。而且还是沼泽地，蚊子多得吓人，脚上、头上到处咬。1960年那一年，雨水特别多，从4月26日起，一直到国庆节，三天两头下雨，难上加难。生活方面艰苦，生产条件也很艰难。几十台大钻机，在草原上一下子摆开，设备不齐全、不配套，汽车、吊车不足，没有公路，道路泥泞，供水、供电设备更差，又面临着紧迫而繁重的任务，转眼冬季就要到来，几万会战职工硬是拿出革命加拼命的精神，鼓足干劲，团结一致，千方百计打上去。用1202钻井队队长、铁人王进喜的话说，就是"少活二十年，也要拿下大油田"。那时，运输条件困难，现场只有大型卡车几百辆，吊车十来台，实际需要大型卡车和工程车辆几千台，起重吊车几十台，怎么办？王进喜的办法，自己动手，横竖不能等。在他的带动下，硬是靠几万人的革命干劲，采用人拉、肩扛加滚杠的办法，把几万吨设备器材从火车上卸下来，连五六十吨重的大钻机，也是用这种办法拖到几公里外的井场上安装起来。

当时的工业用水也是很大的问题。打油井一定要用水。钻机安装起来了，运水的车辆很少，水供不上来。大家就排成一个长队，用水桶、脸盆，从几百米以外的水池子打水，一打就是几十吨，保证了钻井需要。脸盆真正成了"万能工具"，洗脸用它，洗脚用它，烧开水用它，煮饭用它，盛菜用它，搞工业用水用它，搞文化娱乐活动没有锣鼓也敲它。

房子的问题更大。大部分职工都是露营。寒冷地区冬天来得又早，国庆节前后就下雪，没有房子，站不住脚。要先准备好房子再干，就得晚几年。怎么办？出路只有一条，就是发动群众，边干边挤出时间自己动手修土房子。从领导干部算起，局长、总工程师、博士、教授、一般干部、工人，不分地位高低，职务大小，男女老少一齐上阵。从7月开始，连续大干三个多月，盖起30多万平方米的土房子，度过了第一个冬天。

在三年经济困难时期，吃饭是头等大事。在最困难的时候，粮食、蔬菜供应不上，就打草籽，挖野菜，度过了这一关。从1961年起，他们又发动职工集体开荒种地，农副业生产规模逐年扩大，解决了粮菜供应不足的困难，肉食也有所增加。

（三）高速度高水平拿下大油田

在大庆油田开发区，从1959年9月第一口油井见油，到1960年年底探明油田面积并大体算出储量，仅用一年多的时间。苏联最大的油田罗马什金油田，是他们勘探速度最快的一个油田，从1948年头一口油井见油到1951年，用三年多时间，才大致了解油田面积。大庆会战三年多，共计打油井1000多口，井深都在1000米以上，同1958年和1959年两年相比，每台钻机平均每月打井速度提高1倍多；同1957年相比，提高3倍多。苏联部长会议命名的格林尼亚功勋钻井队，1960年用11个半月时间打井31300米，而大庆油田1202钻井队1961年九个半月就打井31746米。已建成年产原油几百万吨的生产规模和大型炼油厂第一期工程，质量良好。三年多时间，建成了集油、输油、储油、注水、供电、机修、通讯、道路等八大系统工程，成为世界上特大油田之一，探明储量大体可适应石油工业近期发展需要。苏联第二大油田杜伊玛兹油田，从1945年到1955年用了十年多的时间，建成年产原油995万吨的生产规模；大庆油田大约五年时间就能达到它的规模，速度将比他们快1倍。大庆油井合格率99.6%，岩心收获率95.6%。苏联教科书上说岩心收获率达到45%就是好的，他们实际上比这低得多，杜伊玛兹油田的岩心收获率1960年只有30.5%。

　　油田建设工程良好。已经建成验收的输油、输气、输水管线几百公里，有十几万个焊口，一次试压不漏油、不漏气、不漏水达99.92%。1964年建成的100多项工程，全部达标，试车、投产一次成功。大型炼油厂，全部自己设计、自己施工。第一期工程从1962年4月开始施工，1963年10月投产，历时仅一年半，同苏联负责设计、供应设备并帮助施工的兰州炼油厂比较，建设速度加快一年多时间，装置布局更为合理，做到"四个一次"：工程质量最后验收一次合格；一次投产成功；产品质量一次合格；油品收率一次达到设计要求。

　　三年多累计生产原油1000多万吨，油田生产管理水平不断提高。在大庆油田已经开发的区域内，所有生产井，全部做到井场无油污，井下无落物，苏联油田管理上从没有做到这一点。这表明中国油田生产管理跃进到一个新的水平。在勘探、钻井、采油、运输、供水、仓库和生活管理等各个方面，都建立了基层岗位责任制，油田生产建立起严格的正常的秩序。

　　会战开始，大庆提出的口号是：要"高速度、高水平地拿下这个大油田"。为检验是否达到了这一要求，1964年他们邀请国内五六百位专家，到大庆去作鉴定，还特邀在苏联、罗马尼亚、美国、意大利等国留过学的人参加，要大家挑毛病。这些专家到大庆看到地质资料那么多，那么好，看到井场没有油污，不漏油、不漏气，连声称赞了不起，说这是没有看到过的，一再问他们是怎么做到的。有的说，油井有油污并不稀奇，似乎井场无油污就不叫作油田。大庆油田恰恰没有油污，这绝不是件小事，是很不容易办到的。因为地底下的压力很大，管道上稍微有一点漏孔，油就会冒出来。过去办不到的事，现在做到了，这反映了油田的建设水平和生产管理水平，也反映出他们掌握地下油层动态的水平。

（四）科学的态度，严细的作风

大庆油田的高速度、高水平开发，体现了革命干劲和科学态度的结合。在开发过程中，进行了大量的科学研究工作，解决了世界油田开发上的几个重大难题。

首先，大庆油田开发方案的制订，资料依据比较充分，制订出的方案也就比较符合油田实际，建立在科学的基础上，执行起来就比较顺利。苏联杜伊马兹油田开始制订开发方案时，仅凭16口探井的资料，1270多块岩心样品的分析数据。大庆油田制定开发方案，掌握着85口探井的资料，28000多块岩心样品的分析数据，对地下情况的认识比他们要准确得多，方案的科学程度自然更高一些。油田开发最重要的工作对象是在地下，人们不可能做到了如指掌，但通过工作捕捉较多的地下信息，使认识同实际的距离尽可能缩小，是能够做到也是应该做到的。大庆人做到了这一点。再如开采多油层的油田，需要有几个封隔器才能分层开采，分层注水。国外一般是采用钢制的封隔器，很不安全。他们根据大庆多油层的特点，创造了水力皮球式多级封隔器，既安全，效果又好，可封隔五六个油层，要封割哪一层就封隔哪一层，注水要注哪一层就注哪一层。

大庆原油的特点，是含蜡多，凝固点高，黏度大，在地面28摄氏度就不流动了。如何集中和输送这种原油，是个大难题。印度尼西亚有这种原油，但它位于赤道附近，是采用两根管子输送，一根管子送油，一根管子用热水加温伴送。这样就需要大量锅炉、管线，建设慢，投资大，费用高。他们发动众人攻关，创造了一个又科学，又简单，又经济，又安全的办法，经受了几年的考验，效果很好。与苏联设计的克拉玛依油田的输送方法比较，节省钢材33%，节省投资13.5%。

（五）多快好省是能够做到的

大庆的实践证明，社会主义建设总路线关于多快好省的要求是能够做到的。1960—1963年的四年里，国家在大庆的投资合计7亿1千万元；同期，大庆上缴利润9亿4千4百万元，折旧1亿1千6百万元，合计10亿6千万元，投资回收率达149%。除全部收回投资以外，还为国家积累资金3亿5千万元。大庆油田真正做到了又多、又快、又好、又省。

更为重要的是，他们锻炼培养出一支有阶级觉悟，有一定技术素养，干劲大，作风好，有组织、有纪律，能吃苦耐劳，敢于打硬仗的石油工业队伍。大庆油田的勘探和开发，完全是中国人自己搞起来的，没有半个洋人插手。它证明了中国完全能够依靠自己，自力更生，高速度、高水平地勘探大油田，开发大油田，而且比过去照抄别人搞得更快、更好。

石油工业部在总结大庆油田会战工作的时候，并没有把功劳都记在自己的账上。他们认为，这是在中共中央和国务院的领导下，包括人民解放军在内，中央各部委、各省、市、自治区以及油田所在地区的中央局和省委大力支持和通力合作的结果，尤其是大庆油田的发现，是在地质部作了大量的普查勘探工作的基础上进行的，地质战线作出了宝贵的贡献。他们得出结论说，大庆石油会战，是打了一个政治仗，打了一个志气仗，打了一个科学技术仗。会战的三年，是艰苦奋斗、紧张战斗的三年；是大跃进的三年；是锻炼成长的三年；是大学毛主席著作的三年。归根结底，大庆油田的成就，是由于总路线的指引，毛泽东思想的指引。大庆石油会战的胜利，是总路线的胜利。在重新审视大庆人在那个年代所做的一切及其所具有的意义后，这些略带标语口号式的语言，就很难有理由认为是一种套话，反而觉得入情入理，贴合实际。①

四　大寨精神与中国农业的发展道路

（一）穷山沟里出好文章

1964年3月28日，在停靠河北邯郸的专列上，山西省委第一书记陶鲁笳向毛泽东汇报工作。他汇报了大寨改天换地、改变面貌的事迹，介绍了党支部书记陈永贵的情况。毛泽东听到陈永贵曾提出"参加生产，领导生产"的口号，赞许说：很好嘛，就像打仗一样，纸上谈兵不行。你

---

① 根据《石油工业部关于大庆石油会战情况的报告》（1963年12月28日、29日）加工整理。

不参加打仗，怎么会指挥战争呢！陶汇报陈永贵要求党员的劳动要好于一般社员，支部委员要好于一般党员，支部书记要好于一般委员，只有这样，党支部才有资格领导生产。初级社成立时，村里的地主富农分子暗中说，看这些穷小子们还办社哩，兔子尾巴长不了，用不了几年，非让他们吃塌了不可。陈永贵听说了在党员会上说：我们每个党员都要横下一条心，决不占公家一点便宜，让他们看看，共产党员根本不是他们说的那种人。十年来，全村工分账一清二楚，定期向群众公布。群众称他们的支部书记是贴心书记，会计是保险会计。大寨的评工记分，照陈永贵的说法是"有制度，不烦琐；有差别，不悬殊"。毛泽东说：这办法好，评工记分就是不要搞烦琐哲学，又有差别，又不悬殊，才能调动广大群众的社会主义劳动积极性。陶接着汇报说，陈永贵这个人，群众说他有才干，他领导群众搞集体生产，年年有新套套。他常说，你没有新套套，天还是那个天，地还是那个地，它不会给你增产一斤粮食。他的新套套，不是凭空想出来的，是在和群众一起劳动的实践中捉摸出来的，是经常请教山西农学院的科学技术人员，经过科学实验得出来的，所以很见效。他说，集体生产有了新套套，才能变思想，变技术，变土地，才能稳产高产。从建立初级社以来，大寨年年改变着生产条件，年年增产，年年增加上交国家的征购粮。大跃进那几年，许多社浮夸虚报，说粮食亩产已经过长江，超过八百斤甚至一千斤，大寨却如实上报单产四百多斤。1963年8月初，大寨遭受特大洪灾，他把全村动员起来，不分男女老少，齐心协力，夜以继日，战天斗地，创造出了惊人的奇迹。被洪水冲倒在泥浆里的秋禾，一棵棵被扶起来，培土施肥，给救活了。除少量完全被冲垮的梯田绝收外，获得亩产700多斤的高产纪录。接着，他们研究了洪水为害的规律，修订第二个10年造地规划，建设抵御旱涝能力更强的稳产高产新梯田、沟坝田、河滩田。被洪水冲毁了的旧大寨，也按照统一规划，用集体积累，重建家园。他们以白天治坡、夜间治窝的惊人毅力，建起焕然一新的大寨。仅仅半年多时间，半数社员就搬进新居。他们在又长又高的坡面，用石灰写上了"愚公移山，改天换地"八个大字。

毛泽东听了汇报，问陈永贵是哪几个字，识字不识字？陶鲁笳写了"陈永贵"三个字说："他42岁扫盲，今年50岁，现在能读报，还懂得什么叫逻辑。不久前他在太原作报告，作家赵树理听了很佩服，对我说，陈永贵的讲话，没有引经据典，但他的观点完全合乎毛泽东思想，合乎辩证法。"毛泽东夸奖说:"穷山沟里出好文章。唐朝时你们山西有个大学问家柳宗元,他在我们湖南零陵县做过官,那里也是个穷山区,他在那里写过许多好文章。"

(二) 愚公移山,改天换地

大寨是太行山区昔阳县的一个穷山村,相传是宋代打仗时安营扎寨的地方。大寨所在的虎头山山坡上是一条条深深浅浅、宽宽窄窄的山沟,沟沟相连的是一道道高高低低、长长短短的山梁。山坡上到处是石头,一块块巴掌大的地不是挂在山梁上就是挤在沟边,七零八落分成4700块散布在一面坡上。解放前,全村75户,800亩耕地,其中一半归4家地主、富农所有;占全村户数78%的贫下中农仅占有20%的耕地。那时即便好年景亩产也不过一百四五十斤。新中国成立后,经过土地改革,1952年冬实现初级合作化。陈永贵担任社长,贾进才担任党支部书记。1953年贾让贤推荐陈担任支部书记,自己任副书记。贾让贤的故事被广为传颂,人们说大寨能有出色成绩,贾进才当为第一功。陈永贵当一把手以后,村里工作蒸蒸日上。1953年秋,党支部同群众商量,制订了一个十年造地计划。按陈永贵的说法:治坡修地,一年不行两年,两年不行五年,五年不行十年,一辈子不行还有子孙! 所谓造地,就是农田基本建设。第一仗选定白驼沟。沟长五百多米,宽十几米,怪石嶙峋,荆棘密布。全村男劳力加在一起58人。1953年冬,数九寒天,白驼沟北风凛冽,大雪纷飞,连七十多岁的老汉都上了阵。妇女把各家的饭集中起来送去,玉茭糊糊都成了冰坨。没有炸药,没有机械,只有镢头、铁锹、钢钎、大锤。把怪石移开,荆条除根,修平荒地。砸下的石头,铲下的土填在沟里,再垒上一层层石坝,修成一片片阶梯形的土"台子"。这就是后来被称为大寨田的梯田。58条汉子,齐心合力,起早贪黑,原计划两个月的工程,只用了48天。全村投工1500多个,修筑24道堤坝。完工后量了量,得地5亩。初战告捷,全村敲锣打鼓,欢庆胜利。陈永贵说:"还是毛主席说得好,组织起来力量大。"白驼沟改名合作沟。接着治理后底沟,筑起25道石坎,增加25亩好地;第二年早春,又在小背峪沟造了8亩好地。到1955年冬,零零散散的几条沟变成了能打粮食的梯田,1956年迎来造地后的第一个丰收年,粮食亩产达到349斤,大寨成为昔阳的先进典型。

1955年年底,大寨成立高级农业生产合作社。陈永贵和支部一班人认为这更有利于调动社员们的积极性。这一次胃口更大,目标是治理沟长一千五六百米、宽十三四米、落差二百多米的名为狼窝掌的一条沟。这里山高坡陡，乱石遍地，荒草没腰，野狼乱窜，洪灾不断，历年来危害也最大，治理好了提供的粮田也将更多。1956年一个冬天下来，填了几万立方米土石，垒起了38道大坝，造出来20亩好地，世世代代造孽的狼窝掌沟在他们手中居然变成了梯田，老人们激动得哭了，从来没有见过这么好的梯田！春天到了，狼窝掌开天辟地播种上庄稼，期待着丰收！不料盛夏一场瓢泼大雨，梯田荡然无存。就此罢手。还是再干？社员都看着党支部。"干！干还有奔头，不干那才叫白忙活了。"陈永贵在社员大会上表了态。这次总结教训，把石坝地基挖到1.5米，第一层的坝身垒成4层，石头挑大的用。整整三个月，垮倒的坝又立了起来。又一个春天，播种，施肥，转眼间，狼窝掌又是一片葱茏。这里每到夏季，大雨倾盆，山洪猛似野兽，人们担心的一幕重演了。当陈永贵跌跌撞撞爬到山梁，狼窝掌已是翻江倒海，转眼间，38道堤坝全部垮塌，造出的梯田又全部毁掉。大寨人确实有一股倔强劲，他们的回答仍旧是一个字：干！接着干！这一次，他们从自己住的窑洞得到启发，把坝做成拱形。于是，三战狼窝掌的战斗打响了。全村17对夫妻一起进了沟，7户社员全家上了阵。石坝除了垒成拱形，地基要5米深，根基要7层到8层，大石块间的缝隙用石子填充，灰浆浇灌。计划一个月的工程二十天就完成了。筑起32条大坝，最高的垒到9米，灌浆的石灰就用了6万斤。狼窝掌终于被制服了。仅这条沟生产的玉米就够大寨全村的口粮。

（三）"三不要"和"三不少"

从1953年到1962年，从初战白驼沟到三战狼窝掌，大寨人劈山填沟，重新安排山河，在7条山沟里垒起了总长7.5公里的180多条大坝，把4700多块地修成了2900块，把几百块坡地垒成水平梯田。但在1963年，大寨人真正遇到了一场大考验。一场百年不遇的特大洪水袭向虎头山。倾盆大雨从8月2日一直持续到8日，7天7夜。全县平均降雨590毫米，等于1962年全年的雨量，百年不遇，灾情严重。大寨全村709亩土地，140亩地基被冲毁，40亩上塌下淤禾苗全无，200亩庄稼倒伏在于泥水里。80户社员中78户塌房，145眼窑洞全部塌毁的113眼，126间房屋倒塌78间。淤没粮食23000多斤，其中社员的粮食约13000多斤。陈永贵当时正在县城参加昔阳县第四届人民代表大会，8日下午人代会一结束，他不顾河水大涨，急忙赶回村里，看到大家垂头丧气，叫苦不迭，有的失声痛哭。陈永贵先问大家："人冲走了没有？牲口冲走了没有？"大家说没有，他说："没有冲走一个人，没有冲走一头牲口，这就是大喜事，应该开庆祝会，还哭什么。毛主席说过，人是第一可宝贵的，有了人，什么人间奇迹都可以创造出来。老天爷也是个纸老虎，欺软怕硬，你硬了，他就软了。我们每个人都有两只手，靠两只手我们就能改天换地。旧的不去新的不来嘛！"当时，最重要的是首先得安置群众。1961年大队建了4间大房子，现在派上了用场，全村男女老少三四百口人集中住在一起，秸秆打成地铺睡人，大柳树下支起几口大柴锅做饭。吃住暂时解决了，就是安排地里的活，整修毁坏的堤坝，扶起倒下的庄稼。200多亩玉茭、谷子东倒西歪，有的成片被污泥深深淤埋着。全村老幼一齐上阵，白天治坡，晚上治窝。

大寨遭了灾，牵动着各界人士的心，表示支援的信函、电话不断。陈永贵和贾进才商议，自己能干的事还是自己干，自力更生。县里来电话，要给大寨拨一笔医疗费。"人没有伤亡，要什么医疗费！"大寨人谢绝了第一笔援助。接着一辆满载昔阳县机关干部捐献的苇席、棉衣、被褥的大马车驶到村口。"全昔阳都遭了灾，还有更需要的村子，拉回去给他们吧。"党支部又谢绝了这批物资。第三次，县里拨出1000元救济款，再次被支部退回。他们向群众宣布党支部的决定：大寨在大灾年里，不要救济物资，不要救济粮，不要救济款；还要做到粮食亩产不少，群众口粮不少，上交国家公粮不少。陈永贵解释说："有我们一把镢头两只手，一根扁担两箩头，只要自力更生，艰苦奋斗，就一定能战胜穷山恶水，一定能战胜自然灾害。"

这一年奋斗结果，"三不要"的要求做到了；"三不少"的目标，经最后算账，有收成的土地564亩，粮食总产42万斤，仅比上年712亩粮田少产13.2万斤，亩产745斤，接近1962年水平；社员口粮400斤，提交商品粮24万斤，后两项都不少于上年。1953—1963年的11年中，这个大队在逐步改善社员生活的同时，向国家共交售175.8万斤粮食，每户每年平均交售2000斤。与此同时，一排排新窑洞、新房屋陆续落成，社员们喜迁新居。旧大寨变成了新大寨，旧貌换新颜。1963年11月，昔阳县委和山西省委先后发文肯定大寨抗洪壮举，号召向大寨学习。12月28日，《人民日报》在显著位置刊登名为《大寨大队受灾严重红旗不倒》的报道，高度赞扬大寨人取得的不同凡响的成绩。

（四）农业主要靠大寨精神

前面提到，1964年3月28日，毛泽东听了陶鲁笳汇报大寨大队的情况。他从外地视察回京不久，4月20日，周恩来便指派农业部长廖鲁言到大寨大队调查，同时总结大寨自力更生，艰苦奋斗，按照农业"八字宪法"建设稳产高产农田的经验。他特别赞赏大寨多年努力建起的水平梯田，这是活土层在一尺以上、蓄水保肥、抗旱保墒的"海绵田"。他认为，这对于发展我国旱作农业具有普遍的科学意义。他回京后，向毛泽东和周恩来作了书面汇报。同年5月中旬，中央北京工作会议在讨论第三个五年计划时，毛泽东提出：农业主要依靠大寨精神，自己更生，要在种好16亿亩地的基础上，建设4亿多亩稳产高产田。

1964年12月，周恩来在第三届全国人民代表大会上所做的《政府工作报告》中，第一次公开表彰大寨是农业战线的一个先进典型，号召向大寨学习。这个经过毛泽东审阅、修改的报告指出："山西省昔阳县大寨公社大寨大队，是一个依靠人民公社集体力量，自力更生地进行农业建设、发展农业生产的先进典型。""大寨大队所坚持的政治挂帅、思想领先的原则，自力更生、艰苦奋斗的精神，爱国家、爱集体的共产主义风格，都是值得大大提倡的。"这实际上是提出了在中国工业化的现阶段农业发展道路的问题，即发展农业，主要是发扬大寨精神，依靠人民公社的集体力量和五亿多农民的生产积极性，同时国家也必须给予必要而又可能的财力物力的支持。只有这样，农业才能获得比较快的发展。

两个五年计划的经验反复证明，农业状况对整个国民经济和国家工业化有着举足轻重的作用。而中国的农业，物质技术基础都比较薄弱，耕作方式基本上同中世纪没有根本区别。在小农经济时代，人少力薄无力扩大再生产，集体化以后，时间并不长，三年来的天灾人祸，有限的家底许多又被掏空。所以，农业扩大再生产内在要求国家的支援，这是一方面；另一方面，要根本改变农业面貌，归根结底取决于工业的发展，国家工业化事业的基本完成，而这又需要大量的资金。资金的稀缺，是中国工业化以来长期感到棘手的问题。工业化资金的积累除了依靠自己，在当时的情况下，很难有其他指靠。内部积累一是工业本身，在工业还处于较为幼稚的阶段，仅此一项是不够的，它还需要从农业获得一部分。除了农副业税，就是通过工农业产品剪刀差，国家从农民那里筹集的一部分资金，这实际上是一种变相的农业税收，工业利润特别是轻工业利润中就包含了这一部分。这样就出现了两个"双重性"的问题。农业既渴望国家资金支持又必须承担为国家提供一定积累的任务;国家方面既有责任又有义务给农业以资金支持,又不得不从农业那里再取走一部分资金。这很明显是一个双重矛盾的问题。可以说,这是大规模经济建设以来经济政策中处理难度极高的问题。几年来的经济困难,全党和全国人民都深深感到加强对农业支持力度的必要和重要,也正是在这时国际形势发展的需要,加快建设三线后方基地的资金需求日益迫切起来。工业建设和支持农业争夺资金的矛盾成为决策层必须面对的问题,也就是在这种情况下,大寨的经验为毛泽东提供了有益启示,在李富春向他汇报第三个五年计划安排的时候,他说了上面的一篇话:发展农业主要靠大寨精神。应该说这不完全是权宜之计。中国是一个大农业国,农业人口1964年仍占81.6%,国家可能拿出的支农资金(这无疑是很必要的,而且应该每年都有增加)对于全国的人民公社和生产队也毕竟有限;而如果他们自己能像大寨那样,主要立足于自力更生,艰苦奋斗,通过劳动积累改变生产条件,提高产量,再转化为资金积累,实现扩大再生产,就会产生聚沙成丘的力量,远远超过国家所能提供的资金支持。在第三和第四个五年计划时期,尽管其间有"文化大革命"运动这一重大因素的影响,农业生产条件特别是农田水利建设取得很大成绩,农业生产在通常气象条件下实现了较长时间的连续增产,说明了走农业学大寨的道路是功不可没的。[①]

五 中国农民的骄傲:"人工天河"红旗渠

20世纪60年代,正当中国极为困难的一段时间,地处太行山区的河南林县人民,在该县中共县委和县政府的领带下,以人们难以置信的决心和毅力,干了一桩惊天地、泣鬼神的壮举——劈山掘岭修建"人工天河"红旗渠。这是他们响应毛泽东的号召,向恶劣凶顽的大自然的挑战,矢志用自己的双手改变穷困面貌!当年的县委书记杨贵35年后回忆起这场斗争,仍不胜感慨。

这里历史上地脊民贫。贫穷的症结是什么呢?县委组织调查,得出的结论是:缺水。当时全县九十来万亩耕地,只有1万多亩水浇地,其他全

[①] 参见陶鲁笳《毛主席教我们当省委书记》(中央文献出版社1996年版)一书中《毛主席与农业学大寨》一节,文中有关内容转引自该文,仅向作者表示感谢。

是靠天收。麦子平均亩产仅有七八十斤，秋粮也不过百斤。遇到旱灾，不是下不了种，就是庄稼枯死，没有收成。全县550个较大的村庄，就有375个村、30万人一年四季远道取水吃，一年为远道取水误工约300万个，还经常发生争水打架斗殴伤人亡命事件。

翻阅《林县志》，从明初到民国九年的五百多年间，林县就发生严重旱灾20余次，造成人吃人的年份有7次。1942年，夏秋两季都没收成，加上日本扫荡，国民党反动派抢掠，老百姓采树叶、剥榆皮、挖草根充饥，后来竟然吃起了白甘土。这一年，全县外处逃荒1万余户，饿死人不计其数。城关赵老奄村41户，有31户逃亡山西。河顺东马安村500口人，208口被饿死。通过调查，县区领导同志共同的想法是：必须在"水"的问题上打翻身仗。"为官一任，造福一方"。林县的工作要从"水"字上起步。

1958年元旦，县委在奄子沟召开扩大会议，推广奄子沟水土保持工作经验，并作出在全县开展"一千个奄子沟"运动的决议。这一年，毛主席号召全国大办水利。11月1日，毛泽东主席赴郑州召开中央工作会议（即第一次郑州会议），在新乡火车站接见豫北的县委书记。毛主席对我们说："水利是农业的命脉，要把农业搞上去，必须大搞水利。"12月，国务院总理周恩来又亲自签署奖状，授予林县人民委员会。

1959年夏季，林县又遇到前所未有的大旱，境内淇、淅、洹、露四条河流都干了，已建成的水渠无水可引。很多村庄群众又不得不翻山越岭远道取水吃。事实证明：现有水利工程不能从根本上改变林县干旱缺水的面貌，单靠在林县境内解决水源问题已不可能。县委便组织了三个调查组分头到县外考察，寻找水源。发现浊漳河长年有20多个流量，枯水季节也有10多个流量。这一年的10月10日，县委召开全委（扩大）会议，提出兴建引漳入林工程，并讨论了引漳入林的有利条件和不利因素。县委的决定得到新乡地委和河南省委的支持。省委领导还给山西省委写信，请求他们同意引水。山西省委、省政府领导热情支持，同意从候壁断下引水。1960年2月，一场根本改变林县缺水面貌的艰苦卓绝的"引漳入林"工程红旗渠的建设，就这样开始了。

当时，正值国家经济困难。工程建设开始后，遇到的问题很多。首先是经济上的困难。县财政收入很少，完全靠上边投资又不可能，只能主要依靠群众自力更生，解决这一问题。他们采取了出劳力按受益面积摊工，工地做活按定额记工，回队参加当年分配的办法。上工地的民工自带镢头、铁锨、抬筐，个人没有的生产队负责筹备。吃饭是民工自带口粮，不足部分由集体储备粮补足，县里每天补两毛钱的生活费。工具修理由各公社负责。小推车到工地记工分，后来给点磨损费。县里负责买炸药、钢钎、水泥等大件物料。为了筹集资金，县委发动大家外出打工。林县群众历来有外出搞建筑的传统优势，各社、队组织了很多工程队，到全国各大中城市承揽工程，收入中的一部分上缴县财政，其余归社队，最后都补充到水利建设中。开山的炸药，除省里批给的500吨以外，其余都是自己制造，仅此一项就节约140余万元。所用石灰，全部自己烧造，自己办起水泥厂生产水泥。整个总干渠、三条干渠及支渠配套工程，共投工3793万个，投资6918万元，其中，国家补助1026万元，占14.83%，自筹资金5892万元，占85.17%。

工程建设过程中，技术人员在冰天雪地，跋山涉水，饥了啃口干粮，渴了吞一口冰雪，白天跑一天，晚上回来计算到深夜，及时拿出了实测数据，给县委决策提供了可靠依据。民工们住山崖、石洞，打土窑，搭席棚，白天干一天，晚上被子潮得不能沾身，也毫无怨言。渠首大坝截流时，任村公社的男女青年奋不顾身，跳进冰冷的河水，结成人墙，挡住激流，保证了截流的成功。强攻红石嶂时，这里仰天壁立万仞，低头万丈深渊，红旗渠要从齐整整如刀切的山嶂上通过。承担这项任务的东岗公社组织了70余名强壮劳力，腰系绳索，凌空打钎放炮。因为石质坚硬，只好先打成小炮眼，再炮里套炮，打成12个直径1米多、深18米、能装1000公斤炸药的连环炮，一齐爆发，使半架山应声劈倒，在悬崖绝壁上炸出了渠基。青年洞开凿时，缺粮少菜，大家忍着饥饿苦干，硬是用蚂蚁啃骨头的精神，干了一年零五个月，才把洞打通。

依靠群众，无往不胜。林县人民不仅能吃苦耐劳，而且有无限的智慧和灵巧的双手。红旗渠总干渠和露水河西支浊河在白家庄发生交叉矛盾。工程技术人员就设计了一个空心坝，坝中过渠水，坝上行洪水，渠水不犯河水。没有吊装设备，大家就用游杆当"吊车"上石料。开凿8华里长的曙光洞，两头对打不知道打到何年，他们就在渠线上打了34个竖井，增加工作面，并战胜了流沙、漏水、排烟、塌方、冒顶等种种困难，只用一年多时间，就完成了这个红旗渠上最长的隧洞。

经过艰苦卓绝的奋斗，1966年秋红旗渠总干渠及三条干渠终于竣工通水。这期间，林县人民的 80 位优秀儿女为它献出了宝贵的生命。1968 年 7 月至 1969 年 7 月，又修成配套支渠 1180 公里。总计全渠长两千余里。随着红旗渠的修建，县里兴办了一批小水泥、小机械工厂和小煤窑，工业也蓬勃地发展了起来。

周恩来总理给予红旗渠的修建莫大的关怀和帮助。国家补助林县的红旗渠建设资金中，有一部分就是 1961 年周总理指示省里拨给的。他称赞红旗渠为"人工天河"，是中国农民的骄傲。

红旗渠通水后，至 1993 年，可计算的经济效益 5.8 亿元。其实，更宝贵的，应该是留给我们的教益，这是一笔无法计量的财富。[1]

---

[1] 摘自杨贵《红旗渠建设回忆》，原载《当代中国史研究》1995 年第 3 期。

结　　语

一、从社会主义改造基本完成到"文化大革命"前夕的十年，1956—1965年，是中国共产党领导全国各族人民开始转入全面的、大规模的社会主义建设的时期，也是"以苏为鉴"探索适合自己国情的中国工业化道路的时期。在国内完成和基本完成民主革命和社会主义革命、国际上世界大战短时期打不起来的情况下，毛泽东抓住这一历史时机，提出加快中国发展，争取提前完成过渡时期总路线原定要15年完成的社会主义工业化任务，并为此发动了1956年跃进、1958—1960年三年"大跃进"和农村人民公社化运动。几亿人民打破迷信，发扬自觉能动性，奋战在各条战线上。1956—1965年十年间完成基本建设投资1926.58亿元，其中，1958—1965年完成1627.98亿元，投产大中型项目936个。以1966年同1956相比，全国工业固定资产按原价计算，增长了三倍。棉纱、原煤发电量、原油、钢和机械设备等主要工业产品的产量，都有巨大的增长。1964年成功爆炸自己独立研制的原子弹。从1965年起实现了石油全部自给。电子工业、石油化工等一批新兴的工业部门建设了起来。工业布局有所改善。从产业结构看，中国已经初步建成具有相当规模和一定技术水平的工业体系和机械制造工业体系。农业的基本建设和技术改造开始大规模展开，并逐渐收到成效。全国农业用拖拉机和化肥使用量都增长六倍以上，农村用电量增长七十倍。这是一场征服大自然的伟大斗争。如同《中国共产党中央委员会关于建国以来党的若干历史问题的决议》所指出："我们现在赖以进行现代化建设的物质技术基础，很大一部分是这一时期建设起来的；全国经济文化建设等方面的骨干力量和他们的经验，大部分也是在这个期间培养和积累起来的。这是这个期间党的工作的主导方面。"①

二、这十年中，也有严重的失误。这主要表现在1958—1960年三年"大跃进"和农村人民公社化运动的过高和过急要求上。指导思想急于求成。计划指标过高，安排任务过重，生产关系变革过急，干部压力过大，导致瞎指挥、浮夸风、"共产风"泛滥成灾。应该说，社会主义建设总路线要求的多快好省，是能够统一也应该统一的。但经验证明，这需要一定的条件，离开一定的条件，像以上所说做得过头了，就会破坏它们之间的关系。"大跃进"期间，在一段时间只注意多快，好省被严重忽视，最后多快也受到损害。其主要的原因，在于对"建设一个新世界"同"破坏一个旧世界"的不同情况和特点缺乏深刻认识，尤其是对于在一个人口众多的落后国家里"要建设一个新世界"的艰巨性和复杂性估计不足，对于中国社会主义建设的规律知之甚少。这是主观同客观的矛盾。解决这个矛盾，需要实践经验的积累，需要经过成功和失败的多次反复，不可能一蹴而就。

三、一国经济每当大发展之后，不可避免地需要经历或长或短、或深或浅的调整，不论采取怎样的形式。"大跃进"，也不能理解为每年都必须保持较高的发展速度，年度间一定的间歇不可或缺，其重要性并不亚于跃进本身，宁可说是它的必要组成部分。波浪式发展，这是经济发展的规律，类似于现在说的"过几年上一个台阶"。这是邓小平根据新情况对这一经验的通俗概括，它有助于协调经济发展较高速度同国民经济综合平衡的关系，实现多快好省的统一。在这一问题上，当年见机迟、行动慢，尤其是对于粮食增产一再寄予期望到头来连年落空，丧失了最佳调整时机，这是一个很大的教训。

四、20世纪60年代初中国的严重经济困难，实际是一场经济危机。但它根本不同于资本主义固有矛盾决定的那种周期性生产过剩危机。它是由天灾"人祸"导致农业连年歉收首先引发粮食危机，进而向整个国民经济扩散最终形成的一场特殊形态的经济危机。苏联政府背信弃义地撕毁合同，加重了它的严重程度。这场危机，严重打击了中国经济，使人民饱受极大的磨难。它深刻地教育我们：建立在生产资料公有制基础上的社会主义经济制度，不是仅仅具有优越性的一面，例如，惊人的资源动员能力

---

① 《中国共产党中央委员会关于建国以来党的若干历史问题的决议》，人民出版社1981年版，第18页。

和按照需要有计划配置资源的可能性;而且在一定条件下,例如,遭遇超出人类抵御能力的自然灾害的袭击,以及经济工作如果在较长时间内或者在较为严重的程度上违背客观经济规律和自然规律,同样会发生经济危机。必须保持清醒的头脑,实施积极而又稳妥的发展政策,并留有必要的储备以预防不测。这也是不久以后,毛泽东提出备战备荒为人民战略方针的重要背景之一。

五、造成这场危机的有工作上的缺点和失误,即所谓"人祸";也有持续三年的特大自然灾害。在一段时间里,二者交织一起,互相放大,加剧了危害的程度。在某些局部地区,某些局部环节上,"人祸"甚至是造成严重后果的主要因素。但从整体看,1959—1961年的自然灾害超出了当时国家和人民的抵御能力,成为导致深重灾难的终极原因。作出这一判断的基本根据是:同1957年相比,以成灾率反而降低所表示的人们抵御自然灾害的主观努力,还不足以把它的危害降低到相当于1957年的程度,最终不能阻止农业大量减产形成的粮食危机。美国科技称雄世界,农业已经过关,仍不能无视干旱等灾害对农业丰歉的影响。中国用有限耕地养活众多人口,这是一般国家都没有的特殊国情。新中国开始改变旧中国正常年景下也必须依赖吃进口粮的局面,但要保证灾荒年无虞,一般说还是不容易的。① 以1957年为基期,1959—1961年三个歉年合计少收粮食将近2500亿斤。城乡人均粮食消费由1957年的406.12斤降低到1961年的317.57斤。食油和肉、禽、蛋的供应也都大量减少。热量不足,食物中蛋白又少,面对水旱灾害又需要继续加强抗灾斗争,体质下降,疾病增加,从而导致营养性死亡人口增加,人口出生率下降。如实分析上述情况,有助于解释三年"大跃进"之后中国何以会陷入一场经济危机,也有助于正确认识"大跃进"中的许多问题。在这一问题上,毛泽东和中共中央则把关注的重点放在反思主观原因方面,并用极大的精力纠正自己的失误,从中汲取教训,显示了共产党人对待错误的郑重态度。

---

① 1973年11月24日,邓小平在会见日本青年团协议会访华团时,曾谈到过这一情况。他说:"我国有八亿人口,第一件事是要有饭吃。你们研究一下我国的历史就可以知道,解放前,整个中国处于半饥饿状态,可以说,我们的老祖宗从来没有解决这个问题,遇到灾荒,就有成百万人死亡。解放后,毛主席提出了以农业为基础的指导方针,要解决农业问题,有饭吃,在这个基础上才能发展工业。可以说,解放后,在中国历史上第一次解决了吃饭问题。当然,富裕的还不多。"——中共中央文献研究室编:《邓小平年谱(1904—1974)》(下),中央文献出版社2009年版,第1089—1990页。

六、这一时期,党和政府领导全国各族人民同严重灾荒的斗争,谱写了一曲悲壮的凯歌。面对大灾大难,从最高领导人到各级干部,与人民同甘苦,一道克服困难。在最艰难的时期,国内口粮实行"低标准,瓜菜代"。这是在极端情况下,从保障生命的角度采取的非常措施。这种大体均等分配,同旧中国荒年一部分人优裕生活依旧、一般民众和灾区百姓惨遭饥饿的情况大不同。应该让年轻一代了解今天是怎样过来的。历史有大真实、小真实(撇开多年来有意无意被传播的谣言和扭曲信息)。小真实是现象,大真实是本质。小真实一眼就能看到,常常让人眼花缭乱,看不清本质。做廓清的工作,是历史研究的一项任务。

七、毛泽东是"大跃进"的发动者和领导者。"大跃进"中的缺点错误,他在总体上负有主要责任。毛泽东本人也并不回避这一点,他在不同场合不厌其烦地进行自我批评。对于长期从事革命斗争的毛泽东,搞社会主义建设,同他最初"弃文就武"领兵打仗一样,是全新的课题,需要学习,积累经验。然而,在一系列胜利之后,毛泽东不免过于乐观和自信。他提出要破除对科学技术高不可攀、工业很难搞的迷信。从鼓励全党解放思想的意义上,是十分必要的;另一方面,随之也产生一种负效应,低估了它的复杂性和艰巨性,轻易做出诸如钢铁生产在一年内翻一番的决策,赶超英国的时间表也一再提前。在碰了钉子以后,始感叹"事不经过不知难!"也可见伟人也会犯错误,不存在先知先觉。任何人要真正获得一项真理性的认识,都要经过亲身实践。我们站在21世纪的高度俯视半世纪前那场"大跃进"中的问题,探讨毛泽东失误的原因,这是不能忽略的认识论原理。①

---

① 1965年1月24日,毛泽东主持中共中央政治局常委扩大会议,听取国家计委余秋里汇报。当余秋里汇报到中央的方针政策完全正确时,毛泽东说:"不一定都正确,要有分析,要一分为二,有正确的,也有错误的。十五年来,正确的总是主要的,没有搞修正主义嘛!多快好省搞了多快,忘了好省,那也能说正确吗?哪能都怪计委?不能都怪计委。犯点错误也有好处,取得经验,有免疫性。高征购、瞎指挥、一七千百项,都是不正确的。多快好省,你们注意,不要闹(一九)五八年、(一九)五九年、(一九)六〇年那样的盲目多快,结果也不多,也不快。"(中共中央文献研究室编:《毛泽东年谱(1949—1976)》第五卷,中央文献出版社2013年版,第473—474页。)毛泽东1970年11月13日,在会见巴基斯坦总统叶海亚汗时,又一次谈到管理经济很不容易,说中国钢铁工业在一千万吨到一千八百万吨之间徘徊了十年左右,还是上不去。现在许多人觉悟了,今后十年有可能上去。接着他提醒:"现在倒要警惕,要防止有些人动不动就要翻一番。这个积极性一上来,又要发生事。一是材料不够,一是设备、投资跟不上,全国紧张。"(中共中央文献研究室编:《毛泽东年谱(1949—1976)》第六卷,中央文献出版社2013年版,第352页。)看来,毛泽东不断地在反思,在总结,直到晚年,都很注意防止重复大跃进中求成过急的教训。

八、毛泽东也是经济调整的倡导者和主导者。他最早察觉"左"的问题已经成为主要倾向并召开一系列会议着手纠正，可惜中途遭遇曲折。除了意外因素，这里还存在一个如何协调纠"左"与保护干部和群众积极性的问题。在右的一面开始发展的情况下，兼顾二者更属不易。把民主革命时期群众路线的经验和凝聚的优良作风，怎样恰当运用到社会主义经济建设中，是有待继续探索的课题。此后，在他的主持下，由大办工业转为大办农业，由大跃进转向实施调整，决定精简城镇人口等重大举措；他主持制定《农村六十条》，推动农业率先复苏，并以此带动一系列工作条例的出台；而后，把1963—1965年作为相对独立阶段，在继续调整中着重巩固提高的工作。他首先预见经济见底，并先后指导七千人大会和八届十中全会的顺利举行，成为圆满完成调整任务的思想政治保证。

九、在社会经济比沙皇俄国还要落后的中国建设社会主义，必然要有一个艰难的探索过程。1956年，毛泽东在八大预备会议第二次会议上讲话说："应该肯定，我们的中央是马克思主义的中央，我们的党是马克思主义的党。我们的党能够领导民主革命，这已经在历史上证明了，又能够领导社会主义革命，现在也证明了，我们的社会主义革命已经基本上胜利了。我们党能够领导经济建设，这一点还没有完全证明，需要经过三个五年计划。"[①] 这是符合认识规律的。在这一过程中，在一些问题上党内出现不同的认识，是很正常的。亿万人民的实践是最好的检验。人民群众的实践又推动党在新的基础上的团结，不断增进着对于中国社会主义建设的规律性认识。实践不会完结，认识也不会完结，探索还将继续下去。

[①] 《毛泽东文集》第七卷，人民出版社1999年版，第103—104页。

参考文献(部分,以引用先后为序)

一

《中国共产党中央委员会关于建国以来党的若干历史问题的决议》,人民出版社1981年版。
《马克思恩格斯全集》第23卷,人民出版社1972年版。
[德]马克思、[德]恩格斯:《共产党宣言》,人民出版社1964年第6版。
[美]W.W.罗斯托编:《从起飞进入持续增长的经济学》,贺力平等译,四川人民出版社1988年版。
中共中央文献研究室编:《毛泽东年谱(1949—1976)》六卷本,中央文献出版社2013年版。
《毛泽东文集》第6卷,人民出版社1999年版。
《毛泽东著作选读》下册,人民出版社1986年版。
学习杂志编辑部编:《社会主义教育课程的阅读文件汇编》第一编,人民出版社1958年版。
《邓小平文选》第三卷,人民出版社1993年版。
《毛泽东选集》第四卷,人民出版社1960年版。
中共中央办公厅编:《中国农村的社会主义高潮》上中下册,人民出版社1956年版。
陶鲁笳:《毛主席教我们当省委书记》,中央文献出版社1996年版。
吴冷西:《忆毛主席》,新华出版社1995年版。
《毛泽东文集》第七卷,人民出版社1999年版。
《毛泽东选集》第五卷,人民出版社1977年版。
薄一波:《若干重大决策与事件的回顾》上下卷,人民出版社1997年版。
《中华人民共和国发展国民经济的第一个五年计划(1953—1957)》,人民出版社1955年版。

《当代中国的计划工作》办公室编：《中华人民共和国国民经济和社会发展计划大事辑要（1949—1985）》，红旗出版社1987年版。

《刘少奇选集》下卷，人民出版社1985年版。

《李富春选集》，中国计划出版社1992年版。

中共中央文献研究室编：《周恩来经济文选》，中央文献出版社1993年版。

中共中央文献研究室编：《周恩来年谱（1949—1976）》上中下三卷本，中央文献出版社1997年版。

中共中央文献研究室编：《周恩来传（1949—1976）》四卷本，中央文献出版社1998年版。

吴冷西：《十年论战——1956—1966中苏关系回忆录》，中央文献出版社1999年版。

当代中国研究所：《中华人民共和国史稿》四卷本，人民出版社、当代中国出版社2012年版。

中共中央文献研究室编：《毛泽东传（1949—1976）》上下卷，中央文献出版社2003年版。

《杨尚昆日记》（上），中央文献出版社2001年版。

《列宁选集》第三卷，人民出版社1960年版。

中共中央文献研究室编：《邓小平年谱（1904—1974）》上中下卷，中央文献出版社2009年版。

从进：《曲折发展的岁月》，河南人民出版社1989年版。

薄一波：《领袖元帅与战友》，中央文献出版社2008年版。

中共中央文献研究室编：《建国以来毛泽东文稿》第七册，中央文献出版社1992年版。

中共中央文献研究室编：《建国以来重要文献选编》第11册，中央文献出版社1995年版。

刘国光主编：《中国十个五年计划研究报告》，人民出版社2006年版。

《斯大林全集》第八卷，人民出版社1954年版。

《周恩来选集》下卷，人民出版社1984年版。

中共中央办公厅编：《中国共产党第八次代表大会文献》，人民出版社1957年版。

参考文献(部分,以引用先后为序) 511

李银桥著、权延赤执笔:《走向神坛的毛泽东》,中外文化出版公司1989年版。

马齐彬、陈文斌等编:《中国共产党执政四十年(增订本)》,中共党史出版社1991年版。

中共中央办公厅编:《中国农村的社会主义高潮》中册,人民出版社1956年版。

中华人民共和国国家农业委员会办公厅编:《农业集体化重要文件汇编(1958—1981)》(下),中共中央党校出版社1981年版。

《人民日报社论选辑》(1958年第五辑),人民日报出版社。

《当代中国》丛书编辑部编:《当代中国的经济体制改革》,中国社会科学出版社1984年版。

辞海编辑委员会编:《辞海(缩印本)》,上海辞书出版社1980年版。

中共中央文献研究室编:《陈云年谱(1905—1995)》上中下卷,中央文献出版社2000年版。

《缅怀毛泽东》编辑组编:《缅怀毛泽东》,中央文献出版社1993年版。

中国社会科学院工业经济研究所情报资料室编:《中国工业经济法规汇编(1949—1981)》。

柳随年、吴群敢主编:《中国社会主义经济简史》,黑龙江人民出版社1985年版。

斯大林:《苏联社会主义经济问题》,人民出版社1952年版。

《马克思恩格斯列宁斯大林论共产主义社会》,人民出版社1958年版。

《毛泽东文集》第八卷,人民出版社1999年版。

中共中央文献研究室编:《建国以来毛泽东文稿》第八册,中央文献出版社1993年版。

《陈云文选(1956—1985)》,人民出版社1986年版。

中共中央文献研究室编:《刘少奇年谱(1898—1969)》下卷,中央文献出版社1996年版。

中共中央文献研究室编:《朱德年谱(1886—1976)》下卷,中央文献出版社2006年版。

李锐:《庐山会议实录》,春秋出版社、湖南教育出版社1989年版。

黄峥执笔:《王光美访谈录》,中央文献出版社2006年版。

中共中央文献研究室编:《建国以来毛泽东文稿》第九册,中央文献出版社 1996 年版。

中国国家统计局：《中国统计年鉴（1984）》，中国统计出版社 1984 年版。

《列宁全集》第 33 卷，人民出版社 1957 年版。

《斯大林全集》第七卷，人民出版社 1958 年版。

《陈云文选（1949—1956）》，人民出版社 1984 年版。

费正清、罗德里克·麦克法夸尔主编：《剑桥中华人民共和国史》，王建朗等译，陶文钊等校，上海人民出版社 1990 年版。

国家统计局国民经济平衡统计司编：《国民收入统计资料汇编（1949—1985）》，中国统计出版社 1987 年版。

中共中央文献研究室编：《建国以来重要文献选编》第 14 册，中央文献出版社 1997 年版。

中共中央文献研究室主编：《邓小平传（1904—1974）》，中央文献出版社 2014 年版。

《不怕鬼的故事》，人民文学出版社 1961 年版。

张素华：《变局：七千人大会始末》，中国青年出版社 2012 年版。

《毛泽东诗词选》，人民文学出版社 1986 年版。

中共中央文献研究室编：《刘少奇论新中国经济建设》，中央文献出版社 1993 年版。

《邓小平文选（1938—1965）》，人民出版社 1989 年版。

中共中央文献研究室编：《陈云传（1905—1995）》上中下卷，中央文献出版社 2005 年版。

逄先知：《毛泽东和他的秘书田家英》，中央文献出版社 1989 年版。

中共中央文献研究室编：《邓小平传（1904—1974）》（下），中央文献出版社 2014 年版。

《邓小平文选》第一卷，人民出版社 1994 年版。

国家统计局国民经济平衡统计司编：《国民收入统计资料汇编（1949—1985）》，中国统计出版社 1987 年版。

国家统计局工业交通物资统计司编：《中国工业经济统计资料（1949—1984）》，中国统计出版社 1985 年版。

［德］马克思：《资本论》第二卷，人民出版社 1975 年版。

中共中央文献研究室编：《建国以来重要文献选编》第 19 册，中央文献出版社 1998 年版。

参考文献(部分,以引用先后为序)

马克思：《资本论》第三卷，人民出版社1975年版。
《当代中国》丛书编辑部编：《当代中国的固定资产投资管理》，中国社会科学出版社1989年版。
[美]白修德著：《探索历史》，马清槐、方生译，三联书店1987年版。
李鑫、马泉山：《经济方针政策简论》，经济管理出版社1991年版。
国家防汛抗旱总指挥部办公室、水利部南京水文水资源研究所：《中国水旱灾害》，中国水利水电出版社1997年版。
雷颐：《历史的裂缝》，广西师范大学出版社2007年版。
国家统计局固定资产投资统计司编：《中国固定资产投资统计资料（1950—1985）》，中国统计出版社1987年版。
《当代中国》丛书编辑部编：《当代中国的基本建设》（上），中国社会科学出版社1989年版。
人民出版社编辑部编：《马克思主义经典作家论历史科学》，人民出版社1961年版。
陶鲁笳：《毛主席教我们当省委书记》，中央文献出版社1996年版。

二

陈东林：《从灾害经济学角度对"三年自然灾害"时期的考察》，(《当代中国史研究》2004年第1期。
孙经先：《"饿死三千万"不是事实》，原载《中国社会科学报》2013年8月23日A07版。
《中国共产党中央委员会关于整风运动的指示》，《人民日报》1957年5月1日第一版。
《国家计划委员会负责人谈第一个五年计划执行情况和成就》，《人民日报》1957年10月1日第三版。
《人民日报》社论：《发动全民,讨论四十条纲要,掀起农业生产的新高潮》，《人民日报》1957年11月13日第一版。
《总结四年工作经验教训迎接第二个五年计划——中国工会代表大会今天开幕》，《人民日报》1957年12月2日第一版。
《人民日报》社论：《必须坚持多快好省的建设方针》，《人民日报》1957年12月12日第一版。
《人民日报》社论：《既反对保守主义,也要反对急躁情绪》，《人民日报》1956 年 6 月 20 日第一版。

《人民日报》社论：《乘风破浪》，《人民日报》1958 年 1 月 1 日第一版。

《刘少奇视察山东工厂农村》，《光明日报》1958 年 8 月 4 日第一版。

赵云山、赵本荣：《徐水共产主义试点始末》，《党史通讯》1987 年第六期。

康濯：《徐水人民公社颂》，《人民日报》1958 年 9 月 1 日。

中共中央办公厅派赴山东寿张一位干部的来信：《人有多大胆，地有多大产》，《人民日报》1958 年 8 月 27 日第一版。

《人民日报》社论：《高举人民公社的红旗前进》，《人民日报》1958 年 9 月 3 日第一版。

《人民日报》社论：《从"卫星"公社的简章谈如何办公社》，《人民日报》1958 年 9 月 4 日第一版。

康濯：《少奇同志在徐水》，《人民日报》1958 年 9 月 18 日。

刘少奇在江苏视察，《人民日报》1958 年 9 月 30 日。

《新华半月刊》1958 年第 13 号。

散木：《"朱可夫事件"对中国的影响》，原载《同舟共进》2012 年第 3 期，转引自《作家文摘》1522 期第 12 版。

林蕴晖：《朱可夫事件与彭德怀庐山罢官》，《今晚报》2009 年 5 月 18 日。

郝吉林：《朱可夫事件是彭德怀罢官的深层次原因》，20110915 郝吉林博文。

［美］本鲁·坎：《1959—1961 年中国饥荒程度的分析》，赵凌云译自《中国的饥馑：1959—1961》（麦克米伦公司 1988 年版），译文原载于《发展研究》1991 年第 3 期（该刊译文原题中 1958—1961 疑有误，笔者引用时改为 1959—1961，特此说明）。

邓力群：《参加广州调查和起草"人民公社六十条"》，《党的文献》2012 年第 1 期。

袁宝华：《对国民经济的艰苦调整》，《当代中国史研究》2002 年第 1 期。

张素华：《七千人大会报告的讨论修改情况》，《党的文献》1999 年第 6 期。

李保文：《老县长回忆"七千人大会"》，《文史月刊》2006 年第 1 期。

罗晓红：《1959 年四川调粮真相》，原载《党史文苑》2011 年 8 月（上），转引自《作家文摘》2011 年 1466 期第 12 版。

《英媒文章紧缩政策将让欧洲"失落十年"》,《参考消息》2013年12月27日第10版。

保罗·克鲁格曼:《欧洲将为"任性"付出代价》,《参考消息》2015年1月27日第10版。

《中国共产党第八届中央委员会第十次全体会议的公报》,《人民日报》1962年9月29日。

田松年:《1963—1965年国民经济继续调整决策的形成及实施》,《党的文献》1998年第4期。

薄一波:《关于1964年计划的问题》,《党的文献》1998年第4期。

周恩来:《政府工作报告》,《人民日报》1964年12月31日。

陈桦:《晚清的灾荒与义赈》,《中国社会科学报》2013年1月30日A-06版。

尚长风:《三年经济困难时期的紧急救灾措施》,《当代中国史研究》2009年第4期。

吴智文、曾俊良:《1943年广东大旱灾》,原载《羊城晚报》2010年4月4日,转引自《作家文摘》2010年1326期第12版。

《饿殍遍野:实拍40年代中期南方大饥荒》,http://news.ifeng.com/history/zhongguojindaishi/200909/0909_ 。

《中华人民共和国国家统计局关于1958年国民经济发展情况的公报》,《人民日报》1959年4月15日。

周恩来:《政府工作报告》,《人民日报》1959年4月19日。

杨贵:《红旗渠建设回忆》,《当代中国史研究》1995年第3期。